U0454199

THiNKr

新思

新一代人的思想

The
—Force—

·现代意大利史·
从拿破仑时代
到21世纪

of
—Destiny—

A
History of Italy
Since 1796

［英］克里斯托弗·达根 著

郑昕远 译

Christopher
Duggan

中信出版集团 | 北京

图书在版编目（CIP）数据

命运之力：现代意大利史，从拿破仑时代到 21 世纪 /
（英）克里斯托弗·达根著；郑昕远译 . -- 北京：中信
出版社，2022.6（2022.10 重印）
书名原文：The Force of Destiny: A History of
Italy Since 1796
ISBN 978-7-5217-4228-2

Ⅰ . ①命… Ⅱ . ①克… ②郑… Ⅲ . ①意大利－历史
Ⅳ . ① K546

中国版本图书馆 CIP 数据核字（2022）第 058357 号

命运之力：现代意大利史，从拿破仑时代到 21 世纪
著者： ［英］克里斯托弗·达根
译者： 郑昕远
出版发行：中信出版集团股份有限公司
（北京市朝阳区惠新东街甲 4 号富盛大厦 2 座 邮编 100029）
承印者： 河北鹏润印刷有限公司

开本：880mm×1230mm 1/32　　　印张：22.75
插页：16　　　　　　　　　　　　字数：528 千字
版次：2022 年 6 月第 1 版　　　　印次：2022 年 10 月第 2 次印刷
京权图字：01–2022–1843　　　　　书号：ISBN 978–7–5217–4228–2
定价：138.00 元

目 录

第五章 战争，1887—1918

第六章 法西斯主义，1919—1943

第七章 政党

序　言

　　作曲家朱塞佩·威尔第（Giuseppe Verdi）在政见方面并非强势老练，却似乎总能准确把握住听众的情绪。1861年初，他受圣彼得堡皇家剧院的委托创作了一部新歌剧。就在几个月前，恰似机缘巧合的一系列惊人事件促成了意大利统一，皮埃蒙特–撒丁王国国王维克托·伊曼纽尔二世（Victor Emmanuel II）成为意大利国王，卡米洛·加富尔（Camillo Cavour）伯爵就任第一任首相。在此背景下，威尔第迅速为新作定下主题，故事取自西班牙著名作家及政治家里瓦斯（Rivas）公爵30年前创作的《唐·阿尔瓦罗》（*Don Alvaro*），或称《命运之力》。从1861年的夏末至秋季，威尔第潜心创作，1862年11月，我们今天称之为《命运之力》（*La forza del destino*）的歌剧在圣彼得堡首演。演出大获成功，沙皇将圣斯坦尼斯拉夫勋章授予作曲家威尔第，尽管俄国音乐界的民族主义者不满帝国勋章竟被外国人揽入囊中，组织抗议示威，搅乱了剧组的第三次演出。[1]

　　的确，《命运之力》中有呼吁意大利对奥地利作战的意味，例如"奥地利是意大利与其子民无休止的灾祸"，这部歌剧也因此在亚平宁半岛巡演时激起了意大利观众的爱国之情：在1862年，意大利东北部仍有大片地区在奥地利的统治之下，人们期待着能有一次全新的军事行动实现国家统一。但除此之外，《命运之力》并未表达出明显的政治倾向。然而，在这部歌剧（也是威尔第唯一采用抽象剧名的作品）中，有一种精神却贯穿始终，令无数意大利爱国者产生了共鸣，它仿佛抓住了1859年至1860年间政治动荡的本质——有一种力量，一双看不见的手，将历史轨迹引向既定的方向，而这一切都不以人们的意志与行动为转移。此前，大部分意大利人彼此之间都显得冷漠甚至抱有敌意，民族运动中温和派与民主派相互对抗，地域分裂根深蒂固，各群体间缺乏坚固的经济文化与语言联结，而罗马天主教会、奥地利和法国这三个欧洲大陆强权更是激烈反对意大利统一（拿破仑三世曾乐见皮埃蒙特扩展疆域，但绝不愿意欧洲出现一个可与法国抗衡的统一的意大利）。纵使面对这些看似不可跨越的重重阻碍，意大利仍然实现了全国统一，这不正是受到了这股力量的牵引吗？

　　加富尔伯爵对亚平宁半岛未来方向的清晰认知无人能及，他也在某种程度上左右着时局。然而1861年6月，在新王国正式宣告成立仅仅几个星期后，加富尔伯爵骤然离世，这让许多意大利人开始意识到，意大利统一在很大程度上是个巧合。威尔第称加富尔伯爵为"我族人民的普罗米修斯"，他坦承自己在听闻伯爵死讯后，"像个孩子一样"放声痛哭。[2] 1861年下半年，半岛南部的社会秩序迅速恶化，政府财政捉襟见肘，全国开始滑向内战的深渊，这一切都使意大利的前景显得更加晦暗凶险。威尔第在完成《命运之力》的乐谱后不久，就接受邀约为1862年春季伦敦世界博览会的国际音乐会谱曲，他创作了一支名为《国家颂歌》（*Inno delle nazioni*）的康塔塔乐曲。曲中，一位"吟游诗人"呼吁世界和平，向神明祈求意大利的政治统一与精神复兴，但他的唱词所传达的，并非自信的期许，而像是一种犹疑的渴望：

> 意大利，意大利，我那遭遇背叛的祖国，
> 愿仁慈的上天仍然保佑你，
> 直到你重新崛起的那一日，向着太阳，重获自由！
> 意大利，意大利，我的祖国！

1796 年，拿破仑·波拿巴的法国革命军翻越阿尔卑斯山，挺进皮埃蒙特与伦巴第，带来了新的理念——意大利人民可以建立一个自由独立的国家。从那时起，为亚平宁半岛上的全新一体化国家设定基调便始终是一大难题。而更艰难的，是设法将上千万目不识丁、分散居住在山区的农民动员起来，让他们从此对"意大利"这个概念心怀忠诚。自从公元 5 世纪西罗马帝国崩溃，亚平宁半岛就不断面临外部入侵。在一次又一次的混乱浩劫中，教会与近乎自治的中北部城镇成了最稳固的政权中心。然而，个人的效忠对象却往往是更小的群体——派系、政党、城区、宗教团体或是家族。被法国大革命创造的爱国主义思想吸引的人们，面临的首要任务便是设法将"民族国家"根植在这极度分裂的政治环境中。同时，罗马天主教教义中的普世主义也是他们需要对抗的因素。

本书旨在详细考察，一个由受过良好教育的人士组成、初始规模不大的群体，如何在拿破仑入侵的影响下，以及在拿破仑激发的种种乐观或怨恨的情绪中，着手宣扬意大利民族国家的概念。本书还将探究，一个曾以古罗马文明与文艺复兴著称的国家，为何竟在最近几个世纪里明显落后于欧洲其他国家——无论在经济、文

化还是政治层面。此前，大部分相关论述都是以意大利的民族特性为中心，援引 18 世纪（或更早）作家们常用的概念，这些作家曾致力于从伦理角度解释城邦与帝国的兴亡。"意大利复兴运动"（Risorgimento）的目标不仅是确保意大利免受外国统治（最初是法国，1815 年后则是奥地利）的独立地位，其本质上更是为了根除几个世纪以来暴君独裁与宗教统治的遗毒。据称，正是它们使意大利民众一味顺从，缺乏纪律，过度沉迷物质而不再崇尚武力。这种探讨意大利问题的范式在 1860 年统一后仍长期盛行，因意大利内政与外交政策引发的失望情绪而得到强化，并在法西斯主义中达到巅峰。

1815 年后，绝对主义政府复辟，迫使半岛上的爱国主义势力以秘密结社的方式推进民族独立的事业。但正如热那亚起义者朱塞佩·马志尼（Giuseppe Mazzini）遭遇一系列暴动失败后，于 19 世纪 30 年代初期认识到的那样，比起革命领导力和组织形式，成败的关键更在于教育，在于团结大多数"人民"——要将他们动员起来，支持发展进步与国家统一的事业。而他相信，达成这一目标的关键在于，善用对大部分意大利人而言最强大的语言与习俗体系——天主教传统——来巩固民族国家的信念。因此，他强调上帝、信仰、责任感、教义的纯正性、布道意识、殉教及牺牲在建立全新、统一的意大利国家中的核心作用。其后的岁月里，宗教与政治相互渗透，政治运动若想获得大众的热情支持就必须利用教会模式的观念逐渐成为意大利历史的不变主题，一直延续到 21 世纪。这种观念部分源于本能，但常常也是人们精明算计得出的结论。

从那时起直至意大利统一的几十年里，围绕这个国家的主要讨论范式已经定型；而意大利复兴运动期间爱国者们求索的问题同样被带到了新王国，持续影响着意大利的政治文化生活，直到第二次世界大战（当然，部分要素仍然继续影响着意大利的历史进程）。这些问题包括民族性与教育，恢复昔日伟大成就的渴望，对如何联系人民群众的困惑，对共同历史的寻求，自由与统一、地方主义与中央集权的平衡，以及教会应处的位置。这些问题之所以在1860年后仍至关重要，是因为人们普遍认为，民族运动仅仅带来了意大利物质层面的统一，这在很大程度上还是外国干预的结果，而常被提及的"精神整合"尚未达成。亚平宁半岛约有2 000万居民，只有较少一部分在情感上对新国家有归属感，许多人甚至公开表露敌意。正如皮埃蒙特政治家马西莫·德·阿泽利奥（Massimo d'Azeglio）观察后做出的著名评论：意大利已被创造出来，但创造意大利人的任务尚未完成。

意大利统一的巧合性造成了1860年后希望与恐惧交织的局面。人们敏锐地意识到，新王国并不稳固，其制度也十分脆弱——议会与王室都无法在道德上树立权威。而教会作为亚平宁半岛最具影响力的组织持敌视态度，直到1929年才正式承认意大利的国家地位，这进一步扩大了国家与其民众之间的鸿沟。19世纪70年代迅速崛起的革命社会主义更突出了"真实意大利"与"法定意大利"之间的分裂。这番形势迫使国家统治者们为达成精神上的整合采用了许多战略，希望能够"创造意大利人"，而其中部分战略却是相互冲突的。许多政策所追求的目标——包括中央集权、选举权改革、兵役制度以及教育（广义上的教育，与"教学"相区别）政策——不是未能实现就是适得其反。这逐渐催生出一种观点，即战争将是弥合国家内部分裂、提升国家权威的最佳途径。毕竟，无论英国、法国、美国还是德国（1864—1870年），世界上所有大国不都是在军事成就的熔炉中锻造而成的吗？

　　但国家缺乏内部凝聚力并不是战争冲动的唯一诱因。意大利复兴运动遗留的华丽辞藻传统，以及马志尼、温琴佐·焦贝尔蒂（Vincenzo Gioberti）等人时常对意大利光辉前途的夸张论断也是战争的催化剂。诚然，这类夸大的宣言主要是为了动员大众，巩固统一，但它们不可避免地与国家复兴的形象联系在一起。1860 年后，感到幻灭的爱国者们迅速转而谴责新王国平庸无奇，并将其与意大利复兴运动的"浪漫诗篇"对立起来。外交政策屡屡失败，外国政府频繁表现出蔑视态度，让人们逐渐厌弃议会中谨慎的自由主义思想，开始接受好战的民族主义语言。人们的期望与国家物质资源有限这一现实之间的巨大落差自意大利复兴运动时期便已显现，如今日益凸显，德国宰相奥托·冯·俾斯麦曾经表示："意大利胃口不小，却没有一副好牙口。"

　　这股日益蔓延的夸耀之风在"民族诗人"乔苏埃·卡尔杜齐（Giosuè Carducci）和加布里埃尔·邓南遮（Gabriele D'Annunzio）的作品中也清晰可见。弗朗切斯科·克里斯皮（Francesco Crispi）在 19 世纪八九十年代的政治手段，以及随后民族主义者与墨索里尼的所作所为，都与意大利精英文化中的理想主义传统一脉相承。他们的信念一定程度上源自宗教，认为塑造历史的是精神而非物质：只要意大利人学会胸怀野心，摆脱过去的犬儒主义与消极被动，这个国家有什么理由不会再次成为欧洲强权？ 1859—1860 年意大利王国惊人的诞生方式，深深地影响了之后的几代人，使得乔瓦尼·焦利蒂（Giovanni Giolitti）这样清醒的政治家也会偶尔将谨慎抛诸脑后，发起后果难料的冒险行动——例如他在 1911 年，意大利统一 50 周年之际突然进军利比亚。既然上帝曾经庇佑加富尔和加里波第，其他人为何就不能效仿他们，冒险突进呢？但一味冒险总不免陷入傲慢自大的陷阱，正如 20 世纪 40 年代的历史所揭示的那样，这份傲慢终将引来报应。

"人民"构成民族（nation），民族则与主权国家（state）紧密相连。这一观念自 18 世纪 90 年代诞生后，如同凶猛的精灵从魔瓶中被释放出来一般。意大利的案例表明，统一这个概念中包含的必要成分，不仅具有解放性，也可能具有摧毁性、强迫性。马志尼梦想人类世界由自由国家组成，人们生活安逸，世界和平。但他的个人生涯便足以表明，构建起一个号称是天然创造的社会是一回事，而令上千万彼此不同的人相信他们生来就属于这个社会，则完全是另一回事。况且，各个国家还远没有获得足够的安全保障与内部团结，来宣告国家构建的完成。马志尼本质上是浪漫主义者，相比获得成就的喜悦，他更看重追寻过程中的痛苦。他常常强调，道德认同与"使命"不可分离——这对国际关系的和谐而言可不是个好兆头。

本书希望探索在过去的两个世纪里，民族主义观念如何在意大利发展壮大，并考察政治家、学者等群体为弥合想象的共同体与现实之间的鸿沟而提出的部分方案（尽管所谓现实本身也常常是想象的产物，而非客观描述）。鉴于历史中思想与情感的源流纵横交错、无穷无尽，一切作品不可避免地仅能构建起关于精神与物质世界之间复杂互动的部分图景；而人与人之间对问题的不同见解与反应模式，也意味着书中关于某些层面的讨论必然存在缺失和不足。不过，我希望在叙述过程中阐明，该用何种术语来表述意大利民族的难题为何会在其近代历史中反复出现，我们虽不应将这些民族国家的术语当作历史发展的必然产物，但它们仍应被视为构成历史图景的要素与模型，而历史学者的任务就是对它们进行辨认和区分。

过去几十年间，民族国家在出版物中形象不佳，这一现象在欧洲大陆尤甚。历史学著作往往强调（小范围）地域认同在现代依然存在，大多数人真正的效忠对象不止一个。但是，忠诚具有多层次的事实并不能成为审判民族国家的依据，也无权指控是它引发了20世纪的众多悲剧。自古至今，人类都有优先效忠于某个集体的需求，效忠对象可能是一个部落、一座城市，或者某个替代性的种族、地理或文化团体。同时，人类也有着坚定维护集体认同感的冲动，不论团体规模大小，而这种冲动很容易走向侵犯与排斥异己，特别是在受不安全感侵扰之时。我们没理由认为，欧洲这样的超国家结构就不会面临同样焦虑不安的自我定义变迁——尤其是在当下，世界上的意识形态分歧让"基督教世界"的概念又从尘封的历史中走向前台，被视作现今焦虑的一种可能解决方案。

在意大利，20世纪90年代初期至中期的政治动荡致使第一共和国终结，引发了人们对统一之优劣的激烈辩论，以及对意大利历史遗产哪些应得到传承，哪些应被谴责的持久争论。北方联盟宣称意大利南部完全可以被视作另一个国家，并谴责意大利复兴运动为国家带来了桎梏。南部则抗议北部一直以来近乎殖民主义、种族主义的态度，在部分南方人士看来，19世纪60年代的罪已与种族大屠杀无异。右翼政党寻求为法西斯主义恢复名誉，谴责左派无法直面反法西斯组织在二战中（及刚刚结束时）犯下的政治罪行，左派则以捍卫抵抗运动成果的方式回击，不断强调墨索里尼政权对自由、民主的剥夺，以及毫无人性的暴行。

这些辩论往往尖锐而激烈，并且与时下的党派政治斗争紧密相连，给意大利现代历史的讨论制造了一个艰难的环境：对史实进行夸张、裁剪与扭曲的情况比比皆是。没有历史学家可以不受这些激烈争论的影响，即使是以旁观者的身份写作。本研究主题的一部分正是在第一共和国破裂后的混乱局势中逐渐凸显出来的，例如对意大利为何没能建立起坚实的民族或国家认同的探究。但我的写作并未采用任何单一的思想体系。在观察意大利过去两个世纪中发生的事件时，我尽可能想象自己置身其中，而诸如"统一是否是个错误"这类问题在历史学上毫无意义。这不意味着应该用道德中立的视角看待过去：理解将削弱指责，但当人们吸取了历史的教训，看清某些思想与行动必将引向的结局时，他们依然有责任反对那些为人类带来苦难与破坏的政治体系与观点。

在本书的写作过程中，许多人曾给予我莫大帮助。过去10年间，一群杰出的意大利学者使对意大利复兴运动的研究焕发新生，考察了这一民族讯息的产生与传播机制。他们的著作为我提供了宝贵资料，尤其是阿尔贝托·班蒂（Alberto Banti）的开创性研究。在此，我尤其感谢英国国家学术院在2003—2005年给予我两年的研究教授（Research Readership）职务，让我得以从大学的教学任务中抽出身来，阅读大量相关文献，进行梳理反思。多年以来，雷丁大学意大利研究系的同事们给了我无尽的支持与学术启迪，感谢他们在我离开这段时间里的辛勤付出。理查德·博斯沃思在通读文稿后提出了诸多高明见解，帮助我完善语言风格，提高事实精准性。弗兰切斯卡·梅迪奥利为本书的前几章提供了敏锐的参考意见。在特定问题上，大卫·拉文、露西·里亚、斯蒂芬·贡德勒、克里斯·瓦格斯塔夫、约翰·富特、琳达·里索和格拉齐亚·德·米凯莱都曾慷慨相助。对于任何尚存的错误，我自然将承担全部责任。我还想感谢埃莱娜·贾尼尼·贝洛蒂，她精彩绝伦的小说《安静之前》（*Prima della quieta*）让我初次了解意大利·多纳蒂（Italia Donati）的案子。项目伊始，我的代理人费利西蒂·布赖恩便给予我充分的信任与鼓励，企鹅出版社的编辑西蒙·温德尔始终充满热情，以极高的职业水准帮助我修订文稿，对此我心怀感激。编辑马克·汉斯利也令我受益匪浅。我最想感谢的是我的家人。本书是我自艾米和汤姆出生以来完成的第二个大部头。研究"人性的曲木"*过程中，我难免会被悲观吞噬，但孩子们的成长不断提醒我那些生命中最重要而美好的东西——对于一名作者而言，还能有什么更好的良药呢？我衷心感谢家人的陪伴，谨将此书献给亲爱的珍妮弗。

我并未列出参考书目，本书的类型决定了其所用的资料范围极为宽广而内容庞杂（大部分为意大利语文献）。读者若有意深入阅读其他英语文献，可参阅 D. 比尔斯（D. Beales）与 E. 比亚吉尼（E. Biagini）的《意大利复兴运动与意大利统一》（*The Risorgimento and the Unification of Italy*，伦敦，2003 年）、D. 麦克·史密斯（D. Mack Smith）的《现代意大利政治史》（*Modern Italy: A Political History*，纽黑文和伦敦，1997 年）和 P. 金斯伯格（P. Ginsborg）的《1980—2001 年的意大利及其困境》（*Italy and Its Discontents 1980–2001*，伦敦，2001 年）。

为了避免文中出现大量意大利语词汇，我大体上采用英译名指代书籍、诗歌以及画作，除非其意大利语名称已家喻户晓或别有深意。除维克托·伊曼纽尔（Victor Emmanuel）与斐迪南（Ferdinand）以外，我并未使用其他意大利王室成员的英语名字。

---

* "人性的曲木"出自康德的名言："人性这根曲木造不出什么笔直的东西。"——译者注

第一章

觉醒，1796—1815

拯救，1796—1799

战士们……祖国有权对你们寄予厚望。你们能够不辜负这份期待吗？奋勇杀敌，攻占城市，跨越河流，都是你们尚未完成的任务。每一名战士都在燃烧自己，只为将法国人民的荣耀散播四海。每一名战士都热切地推行这光荣的和平。每一名战士都希望荣归故土，骄傲地宣布："我曾在攻克意大利的军队中战斗！"战友们，胜利必将属于我们。但是……你们必须尊重那些即将被拯救的人民……意大利人民，法国军队即将斩断束缚你们的铁链，心怀骄傲等待吧。

拿破仑·波拿巴，
意大利军团动员宣言，1796 年 4 月 26 日

然而我能向哪里寻求庇护呢？在意大利？一片任人糟践的土地，永远只是战胜国的奖品。面对那些肆意踩躏、嘲笑和贱卖我们的恶徒，我怎能不流下愤怒的泪水？这些破坏狂，他们打着自由的旗号，就像教皇打着十字军东征的旗号那样强取豪夺。可恨！绝望的仇恨之火常常让我想要一死了之，用匕首划开胸膛，将全部热血洒在祖国的土地上！

乌戈·福斯科洛，

《雅各布·奥尔蒂斯的最后书简》，1802 年

拿破仑的到来

1796 年 5 月 15 日星期日，正值五旬节，拿破仑·波拿巴胜利攻占米兰。短短一个多月的时间里，拿破仑率领一支装备简陋的 3 万人军队，闪电般打赢了一系列战役，从皮埃蒙特人与奥地利人手中夺下了整个意大利中北部。对于这片最新攻下的领土，拿破仑的具体意图尚不明确。人们在晚春的阳光下拥上街头，注视着法国军队占领米兰街头，巨大的不确定性想必让他们既恐惧又兴奋。在发动侵略前，法国当局宣布拿破仑此举旨在解放"意大利人民"，"斩断束缚他们的锁链"[1]。拿破仑本人亦承诺将以海洋为界建立共和国，米兰会成为新的都城，永享"法兰西不变的友谊"[2]。然而，一切不过是空头承诺。

衣衫褴褛的法军进入米兰之时，年迈的经济学家彼得罗·韦里（Pietro Verri）也在围观人群中。18 世纪 60 年代至 70 年代，一场浩荡的改革运动席卷了多数意大利城邦，韦里曾是改革的主要引领者。同许多学者一样，面对缓慢的转变速度与挥霍无度的政府，韦里的幻想逐渐破灭，最终在 1786 年停止参与公众事务。法国大革命的爆发让他重新燃起希望。韦里从这群法国士兵身上感知到一种强大的能量，在他看来，这份能量根植在"民族"（nation）的归属

感激发的自信之中，大大弥补了装备的匮乏与纪律的涣散：

> 他们前进的阵型涣散，身上挂着各式各样褴褛的军装。他
> 们早已弹尽粮绝，有些人失去了手臂，就连马匹也骨瘦如柴，
> 奄奄一息。他们放哨时干脆瘫坐在地上。他们看起来不像是军
> 队，倒像是一群袭击邻邦的骁勇之徒。在他们浓烈的民族信仰
> 面前，战术、纪律和技能都不过是点缀——这些人为自己而
> 战，而他们的对手［奥地利士兵］却仿佛提线木偶，仅为逃
> 避惩罚而机械地回击。[3]

韦里的朋友加斯帕罗·安焦利尼（Gasparo Angiolini）同样对
攻占米兰的法国军队怀抱仰慕之情。安焦利尼是一名杰出的舞者及
编舞师，1731 年生于佛罗伦萨的戏剧世家。和同时代许多才华横
溢的意大利艺术家一样，他在青年时代逃离家乡的陈腐束缚，到欧
洲北部的宫廷里去碰运气。经过 10 年的游历，安焦利尼成为维也
纳宫廷剧院的芭蕾舞团团长。在那里，他与杰出的歌剧作曲家克里
斯托夫·维利巴尔德·冯·格鲁克（Christoph Willibald von Gluck）
相遇，共同创造出一种戏剧性叙述风格——情节芭蕾（ballet
d'action）。1766 年，他前往圣彼得堡，接替奥地利著名编舞师弗
朗茨·希尔菲丁（Franz Hilverding）在皇家剧院的职务。1778 年，
他功成名就，满载着荣誉与金钱回到祖国，在米兰的斯卡拉歌剧
院任编舞师。他的宅邸"马尔加恰塔"（Malgacciata）位于米兰市
外，往来宾客皆为文化名流，包括诗人朱塞佩·帕里尼（Giuseppe
Parini）、法学家切萨雷·贝卡里亚（Cesare Beccaria）等。[4]

身在异国他乡，安焦利尼常与意大利其他城邦的同胞相伴，逐

渐对构建于文化层面的伟大民族产生了强烈归属感。但他同样越发意识到，意大利已经失去了曾经在艺术领域的辉煌成就，被欧洲其他国家远远甩在了身后。这一观点在 18 世纪中期十分流行，意大利以及外国评论者们常常使用"沉睡""苏醒"等修辞描述意大利的文艺形势。1752 年，威尼斯杰出的哲学家与艺术评论家弗朗切斯科·阿尔加罗蒂（Francesco Algarotti）伯爵在柏林写道，意大利引领其他民族"睁开双眼"，脱离野蛮世界，但如今，意大利"正在小憩"。事态的发展让他陷入了哲学式的悲伤："就让过去的成就抚慰我们的心灵吧……现在是其他民族主导的时代；但我们也曾做过主宰。"5

阿尔加罗蒂式的无可奈何在当时并非罕见，但自 18 世纪 60 年代以来，意大利的受教育阶层开始有了一种越来越强烈的懊恼情绪。如果意大利正在沉睡，就必须将它唤醒；就算使用强制手段，也要让意大利追赶上其他国家的步伐。置身于圣彼得堡金碧辉煌的宫廷建筑中，加斯帕罗·安焦利尼［他的同乡巴尔托洛梅奥·拉斯特雷利（Bartolomeo Rastrelli）也在这座城市，这位建筑师为圣彼得堡设计修建了许多精美建筑，包括冬宫］也受到了这种积极奋进的新情绪的影响。他曾在一篇有名的批判文章中写道，当欧洲北部的舞蹈与戏剧取得了非凡的成就时，意大利的剧场却上演着劣质的节目，让曾经作为"一切学问的主导者"的意大利民族"蒙羞"、"受辱"，"每一个优秀的意大利人都为此失尽了颜面"。但他相信复兴即将到来："在任何一个时代，意大利都会诞生契马布埃（Cimabues）……但丁、乔瓦尼·皮科·德拉·米兰多拉、伽利略一般的人物，以傲人的天资促进各个领域发展，重振人文艺术与科学。"6

1796 年拿破仑与法军的到来让安焦利尼热血沸腾。此前数十年里，他与意大利许多受教育人士一样，吸收了追求道德与物质进步的启蒙思想。在他们看来，无论对米兰还是对整个意大利来说，法国人的占领预示着自由与复兴的新时代。安焦利尼急切地展示自己对于革命秩序的热情，他在马尔加恰塔宅邸前打造了一棵奇特的"自由之树"，那是一棵高大的橡树，高高的枝丫上绑了一顶亮铜色的弗里吉亚帽*，其下挂着两面巨帆，在风中猎猎招展。他在邻近村镇的广场上也设置了相似的"自由之树"，并将当地农民召集起来，宣讲这场重大的变革。而农民似乎只是感到极度困惑与愤怒。[7]

此后三年，安焦利尼必然看到了米兰的勃勃生机——正如司汤达在小说《帕尔马修道院》中所写的那样，城市从"沉睡中醒来"，男人们的野心不再寄托于"当富贵人家的小姐出阁时，在粉红塔夫绸的小手绢上印上十四行诗"，而是全心全意为"本民族"服务。[8]尽管饱受痛风折磨，安焦利尼还是竭尽所能，为辅佐新政权而投入财富与超强的才干，一心将革命的福音传播给人民。他制作宣传册，将政治思想匆匆记在笔记本中，再印发给身边的友人。他还开始为修建国家剧院出力，而且也为当时广受欢迎（而富有教育意义）的音乐剧《一个民主主义者的梦》（*The Dream of a Democrat*）、《共和主义者与西尔维奥》（*The Republican and Silvio*）以及《真正的爱国者》（*The True Patriot*）的创作做出过贡献。但没过多久，这份浓烈的革命热情让他付出了惨重的代价。[9]

1796 年的意大利并非一个国家，显然也不属于同一"民族"。

---

* 弗里吉亚帽（Phrygian cap）是一种无檐软帽，在法国大革命时期成为自由的象征。——编者注

自公元 5 世纪西罗马帝国分崩离析，亚平宁半岛便持续为各路侵略者相继占领——匈人、哥特人、伦巴第人、拜占庭人、阿拉伯人、诺曼人、霍亨斯陶芬王朝、阿拉贡人、安茹王朝——令这片土地的政治、文化与经济四分五裂。在中世纪，热那亚、米兰、维罗纳、帕多瓦、博洛尼亚、比萨、佛罗伦萨和锡耶纳这些较为繁华的意大利城市曾反抗阿尔卑斯山北部德意志君主的名义主权，建立了自治的城邦。然而，城邦之间的恶战加深了彼此间的嫌隙，罗马教皇在意大利中心建立独立教皇国的野心进一步助长了分裂之势。16 世纪，西班牙人鏖战数十年，最终在半岛大部分地区确立了最高统治权，又在 18 世纪初被奥地利取代。政治分裂根深蒂固，待到拿破仑进军之际，意大利仍分裂为各自独立的城邦——热那亚共和国、皮埃蒙特-撒丁王国、威尼斯共和国、摩德纳公国、帕尔马公国、托斯卡纳大公国、教皇国和那不勒斯王国，而米兰公国当时是奥地利帝国的一部分。

然而，法国大革命为"民族"（nation）、"祖国"（fatherland）注入了新鲜的意义与非凡的活力，使"意大利"作为一个政治单位的重要性有望增强。过去，意大利语中的"民族"（nazione）与"祖国"（patria）并没有固定用法（与其他地方一样），它们可以仅仅指代人们出生的地区或城市，或（更常见的用法）是代表似乎共享相同文化遗产的一群人。于是，"威尼斯民族"、"伦巴第民族"、"皮埃蒙特民族"、"那不勒斯民族"以及"西西里民族"的说法很常见。从 18 世纪早期开始，关于"意大利民族"的讨论日渐增多，但它仍主要指代文化上共享同一语言与文学的人们，并无要求意大利人舍弃对现存城邦之政治忠诚的意味。

一篇名为《意大利人的祖国》（Of the fatherland of the Italians）

的文章中有关意大利民族的论述颇具代表性。该文章于 1765 年刊登于彼得罗·韦里主编的期刊《咖啡馆》（*Il Caffè*），其中记述了一场想象中的谈话：一位陌生顾客走进米兰的咖啡馆，人家问他是不是"外国人"。那位顾客回答说自己是意大利人，"而且在意大利的土地上，意大利人从来不是外国人"。可人家却不买他的账，表示意大利的"人们都习惯将所有不生于本城城墙内的人称作外国人"。陌生客人继续争辩说，意大利自罗马时代已成为一个民族，但正是由于意大利人不能包容彼此间的分歧，不能认识到彼此同属一个祖国，半岛的进步事业才遭遇如此磨难。但是，他也对文化与政治层面的爱国主义做出了明确区分：虽然意大利人必须一同努力，在科学与文艺领域增添"民族荣耀"，但他们依然有义务遵从本城邦的法律。[10]

法国大革命的爆发改变了这一条件。以彼得罗·韦里为代表、自称"爱国者"的意大利人密切关注着法国的事态，他们开始思考"意大利民族"是否也可以成为一个政治单元。托斯卡纳青年菲利波·博纳罗蒂（Filippo Buonarroti）是该思想路线的领军人物，他是米开朗琪罗的远亲后代。博纳罗蒂抱有"雅各宾派"的激进民主式革命观点，担心法国政府并非希望"解放"半岛，而是旨在实现一种征服。为预先消除这种危险，他敦促意大利爱国者们抢在法国军队之前，以"意大利的自由"之名策划暴动：

> 我们不能无所作为，等待祖国得到解放的幸福时刻自行到来。而一切的重中之重在于，意大利爱国者必须摒弃对出生地的愚蠢归属感：出生在那不勒斯、米兰或是都灵并没有什么不同。我们同属一片土地，一个祖国。凡意大利人皆是兄弟……

我们必须共同发展事业，彼此商讨决定最佳行动方式。[11]

1796 年 5 月，在拿破仑抵达米兰前不久，博纳罗蒂因参与"平等会"（Equals）推翻巴黎政府的密谋而被捕。然而，意大利应组成一个国家的观点却在爱国者中间持续发酵，在无数报纸、宣传册上，在政治社团中得到公开宣扬，这些社团在法国军队节节胜利后在意大利北部大量出现。拿破仑对这类言论加以鼓励，尽管私下对意大利统一极度怀疑——1794 年他向一位高级外交官表示"这个想法很美好"，但他看不到皮埃蒙特人、伦巴第人、热那亚人、罗马人与那不勒斯人成为"同一民族"[12] 的可能性——但在公开场合，他曾表达对"布鲁图和西庇阿后裔"的敬意与爱慕，希望意大利人民能在遭受了几个世纪的奴役后，从迟钝与麻木中重新站起来。[13]

1796 年 9 月，米兰的法国当局举办了一场征文大赛，题目为："何种形式的自由政体最有益于意大利的福祉？"几乎可以肯定，比赛的策划人正是拿破仑。令人注目的是，这场征文大赛公开讨论的许多主题后来主宰了有关意大利统一的争论，在意大利国家建成后的几十年里依然受到关注。大赛组委会认为这些论文应当起到教育目的：几个世纪以来，意大利人因受独裁政治压迫而愚昧无知，这正是他们直至当时未能表现出赢取自由所需的"能量迹象"的原因。有识之士们于是受邀向"人民"展现自由平等的理想，告诉人们这些原则会带来怎样的益处，并追忆意大利古老的荣耀。参赛作品所用语言包括法语、意大利语和拉丁语，奖品为价值 200 泽基尼*的金奖杯。[14]

---

*　泽基尼（zecchini），当时威尼斯发行的一种金币。——译者注

在组委会收到的 57 篇参赛文章中，大部分作品声称意大利应建立起像法国一样的统一共和国。优胜者是来自皮亚琴察的年轻哲学家梅尔基奥雷·焦亚（Melchiorre Gioia），他提出意大利几个世纪以来未能获得自由，其主要原因不是人们常说的气候问题（著名法国作家孟德斯鸠曾在 1748 年出版的《论法的精神》中提出，炎热的气候会诱发人们的懒惰与奴性，而寒冷带来能量与独立精神），而是政治分裂。而因为意大利缺乏历史统一性，所以中央集权制比联邦制政体更为适宜。意大利人的民族特性"较弱"，容易陷入争吵。若国家保持割裂状态，人们将为地方领导权征战不止，制造"无尽的残暴动乱"。与此同时，外国敌对势力也会"乐见派系斗争与民族仇恨的加深"，伺机发动侵略。随着自由平等思想的传播，意大利人之间将萌生出手足之情，不会再有"西西里人、佛罗伦萨人或都灵人，唯有意大利人与人类同胞"。[15]

但并非所有参赛文章都如此充满信心。在一位威尼斯作家看来，意大利历史中的分裂倾向可谓根深蒂固，新生的统一共和国的民主政府必须辛苦努力，才能将意大利人融合成拥有"民族精神与特性"的"单一民族"。理性将是教育的主要工具，首都需选址于半岛中部，同美国一样，新首都应是为此目的专门规划设计而成的，其行政区划应建立在理性而非历史原则上，从而避免各地区在此问题上产生不平情绪。地方首府应由竞选产生以避免争执，各地公共建筑应遵照标准样式修建，规模相当。通过这种方式，意大利人才能逐渐舍弃陈腐的旧习惯，重新成为"公民"，视祖国高于一切。[16]

参赛者们大多赞同，意大利若要克服历史上的分裂，增强国力抵御外国入侵，建立统一共和国是最佳方案。不过，仍有小部分人认为该提议不切实际。皮埃蒙特的民主派人士乔瓦尼·兰扎（Giovanni Ranza）曾是一名神父，他认为地区间的差异过于显著，统一或许是通往成功的机会，但也可能只是对"永动机与哲人石"[*]的追寻。他提议建立由 11 个州组成的联邦共和国，国民议会设在比萨（并在此修建纪念碑，献给"我们的母亲"法兰西共和国）。[17] 其他支持联邦制的作者认为，南北气候差异以及山地平原间的地形分隔造就了居民的不同特质，南方人敏捷活泼，更有"希腊"精神，而北方人更接近沉静清醒的"日耳曼人"。"生活富足的伦巴第人性情直率，他们不必与狡黠的热那亚人以及聪慧的托斯卡纳人共用同一部法律。又有哪个利古里亚或威尼斯蠢蛋会对那不勒斯的贵族高看一眼呢？"[18]

　　许多文章突出探讨了意大利民族特质这一问题，多数作者认为意大利已变得腐朽衰败，曾经创造出罗马帝国与中世纪自由城邦的美德而今荡然无存。梅尔基奥雷·焦亚等人相信，自由的良药足以净化意大利人堕落的罪行，其他作者则声称还需要其他条件。有人提出，意大利需要一场"充满活力的公共教育运动"，让人们充分认识到独裁政治与罗马天主教造成的破坏，只有这样，意大利人才能从惰性中苏醒，恢复曾助其成为世界领袖的"血性与自由"。[19]公共教育的范围相当宽广：各类社团、协会、报刊、学校、法律、公共仪式、戏剧、诗歌与音乐都可以成为宣扬意大利的爱国之情的渠道。[20]

　　米兰举办的这场以探讨意大利政体为主题的大赛，结果并不令

---

[*]　哲人石（philosopher's stone），炼金术士不懈追求的神话般的物质，可将普通轻贱金属转化为贵重金属（比如黄金）。——译者注

人惊讶——大多数参赛者选择了法兰西共和国作为参照模型。除了普遍认同意大利人经受了多年分裂之痛，需要接受民主与自由教育以外，作者们几乎没有讨论究竟什么才是意大利民族，就连意大利的地理范围都模糊不清。部分作者似乎不假思索地将意大利等同于"伦巴第国家"，认为新成立的共和国应仅限于北方地区，而其他作者则将整个亚平宁半岛归入意大利领土范围，但西西里岛被排除在外。至少有一名作者希望将科西嘉岛、马耳他岛以及瑞士的意大利语区也囊括在内。尽管如此，征文比赛暗含这样的假设：意大利是一个民族。这一点将在之后几年中成为强大的驱动力，激发了受教育者们进一步反思与辩论。

拿破仑从米兰率兵朝东南进发，于 1796 年夏季至初秋占领了博洛尼亚、费拉拉、摩德纳、雷焦（Reggio）和教皇国北部辖地。此后数月中，年轻的将军开始立宪实验——这是意大利在拿破仑时代经历的一系列政治改造中的第一项。12 月，来自博洛尼亚、费拉拉、摩德纳和雷焦的代表召开议会，骄傲地宣布奇斯帕达纳共和国（Cispadane Republic）*成立（"同一民族，同一家庭"）。新共和国选定白、绿、红三色旗（横条旗，竖条旗到 1805 年才被采用）为国旗，举行选举并起草宪法，但它在 1797 年 5 月被拿破仑废除，被奇萨尔皮尼共和国（Cisalpine Republic）†取代，新国家包括了伦巴第、雷焦、摩德纳、马萨（Massa）和卡拉拉（Carrara）。同时，利古里亚共和国取代了曾经的热那亚共和国。

法国政府对待意大利的态度异常矛盾。尽管将自由挂在嘴边，

---

* 奇斯帕达纳意为"波河南岸"。——编者注
† 奇萨尔皮尼意为"阿尔卑斯山南"。——编者注

法国入侵意大利北部的真正目的赤裸而务实：作为对欧洲北部主战场的战略延伸，征服意大利是为了法国在与奥地利谈判时有更多筹码，促使奥地利讲和并认同莱茵河边界。至于亚平宁半岛的统一，根本不在计划范围内。事实上，统一的意大利只会对法国产生威胁，最好的方案就是使其在法国的控制下保持分裂。从某种意义上讲，拿破仑的确曾以意大利为跳板谋求个人成就：正如高卢之于恺撒，意大利是拿破仑追逐政治事业的权力根基，为此，他不惜讨好意大利爱国者，玩一场远超巴黎上层预期的民族游戏。即便如此，他对意大利统一也没有真正兴趣。

"解放"带来的高昂物质代价很快清晰可见，法国政府濒临破产，巴黎对意大利张开了血盆大口。1796 年 5 月，拿破仑接到命令："不要在意大利留下任何我国政治形势允许你带走的和有利用价值的东西。"[21] 米兰被要求立即赔偿 2 000 万法郎，摩德纳是 750 万，帕尔马则是 200 万。大量马匹、骡子、公牛和谷物也在征收范围内。当教皇在 6 月签下停战协议时，他面对的是一笔 2 100 万里拉的赔款账单，且要以金锭、银锭、硬币与军用物资的形式支付。据估计，在 1796 年底之前，意大利领土内遭到掠夺的财富价值约达 5 800 万法郎（包括金钱和物品），而劫掠行径在之后两年间毫无减少的迹象。

对于受过教育的精英而言，最令人愤慨的是法国对艺术品的抢夺。这场劫掠的主导者依然是巴黎政府，拿破仑被告知法国人民不仅需要"军事战利品的荣耀"，还应得到"优质艺术品魅力的安抚"。[22] 在米兰，法国人掠走了教堂与修道院中的画作、安布洛其亚图书馆中的 13 卷达·芬奇手稿（只有一卷在 1816 年被归还），以及彼特拉克注解的维吉尔作品手抄本。根据停战协议，摩德纳与帕尔马的公爵各自应向拿破仑奉上 20 幅画作，教皇更是需要赔偿 100 件艺术品与 500 份手稿。[23] 拉斐尔、柯勒乔、提香，以及卡拉齐兄弟的作品连带着自由事业的荣光，统统被打包运回了巴黎。

威尼斯经受的创伤尤其惨烈。1797 年 5 月，法国军队以一艘驶进了潟湖的法方船只的遭遇为借口，占领威尼斯，结束了这座城市上千年的独立。法国对威尼斯的掠夺旷日持久，甚至在 10 月拿破仑根据《坎波福尔米奥条约》（Treaty of Campoformio）将威尼斯交给奥地利后依然持续。圣乔瓦尼与保罗（San Giovanni e Paolo）、耶稣会（Gesuiti）、菜园圣母（Madonna dell'Orto）、圣扎卡里亚（San Zaccaria）等教堂以及总督府遭到洗劫，丁托列托、贝利尼、提香、帕里斯·博尔多内等名家的作品被搬运一空。在众多掠夺品中，最珍贵的是委罗内塞的两幅巨幅油画——圣塞巴斯蒂亚诺教堂的《利未家的宴会》（Feast of Levi）和圣乔治·马焦雷教堂食堂中的《迦拿的婚宴》（Wedding Feast at Cana）——后者目前收藏在卢浮宫。除此以外，几百件稀有书籍、雕塑、手稿、印刷品与地图亦未能幸免。最强烈的羞辱当数圣马可教堂四匹铜马的丧失。它们在教堂门上屹立了 600 年之久，是威尼斯曾经辉煌的最高象征，却在 1797 年 12 月 7 日被卸下送往巴黎，先后用于装饰杜伊勒里宫和卡鲁塞尔凯旋门。[24]

随着威尼斯在《坎波福尔米奥条约》中被划归奥地利，众多意大利爱国者收回了对拿破仑的信任。愤怒的人群中，有一位来自威尼斯古老世家的 19 岁青年乌戈·福斯科洛（Ugo Foscolo），他是一名颇具天赋却有些矫揉造作的作家。他与同代人一样曾为法军的到来而欢欣鼓舞，于 1797 年春离开威尼斯，应征加入拿破仑的军队。同年 5 月，他写下颂歌《致解放者波拿巴》，献给奇萨尔皮尼共和国的中心城市雷焦。他赞颂雷焦的市民们率先将"昏昏欲睡的意大利"唤醒，还以激情澎湃的玄奥诗词抒发了对自由意大利的期盼（"意大利，意大利，伴随超脱尘世的圣光 / 黎明回归地平线 / 迎来永恒的白昼"）。诗歌中蕴含着模糊的渴望，却也暗透出对重生机会的病态悲观。在未来的几十年中，这将是浪漫民族主义的主旋律。[25]

当《坎波福尔米奥条约》签订的消息传入福斯科洛耳中时，这位诗人的反应极富戏剧性："［他］发出骇人的哀号，狂乱地挥舞着双手，将匕首插进讲台［当时他在发表演讲］，发誓将亲手捅穿背信弃义的波拿巴的心脏。"[26] 后来，他似乎没有打算履行誓言，而是将愤怒抒发在创作中，成就了意大利复兴运动时期极具影响力的著作。《雅各布·奥尔蒂斯的最后书简》（The Last Letters of Jacopo Ortis）出版于 1802 年，讲述了威尼斯对奥投降后，一名当地年轻人被迫逃离故土的故事。他逃往尤佳宁（Euganean）山区，爱上了一个名叫特蕾莎的女孩，但女孩已与一位侯爵定下了婚事。深受情伤与丧国（既指威尼斯也指意大利）之痛，年轻人再次远行寻求慰藉。但不论意大利的壮美风景还是昔日荣光的遗迹，都不足以抚慰他的心灵，它们无一不在提醒他，意大利正遭受外国的支配，就如特蕾莎一般失去了自由。两年后他回到家中，发现特蕾莎已嫁为人妻，遂自杀。

福斯科洛笔下悲壮的浪漫主义男主角为许多意大利爱国者提供了一个强有力的榜样，遭遇放逐后经历的一切苦难与自我牺牲如今都笼罩在崇高的光辉中。这种放逐既是身体上的，也是情感上的："意大利土地上的所有意大利人都经受着放逐。"[27] 此外，性渴望与意大利遭受的奴役之间的联系，成为随后几年里民族事业颇具吸引力的重要因素，尤其是对于那些梦想在斗争中实现自我的浪漫主义青年来说。他们幻想意大利是被践踏的母亲、姐姐、妹妹，或未婚妻——必须为意大利的自由而战，为挽回她的清誉而复仇。然而，正如小说没有指明特蕾莎与祖国的真正含义，意大利民族运动也终将（相当危险地）陷入目标不明的境地：为意大利而奋斗的人们永远不会满足。意大利只会是一种在物质或道德层面不断被重塑的理想。

还有一位重要作家也对法国深感失望，与福斯科洛一样，他也在塑造意大利民族的文化因素方面发挥了重要作用。维托里奥·阿尔菲耶里（Vittorio Alfieri）伯爵 1749 年生于皮埃蒙特，在投身文学创作之前，他曾周游欧洲，尽享赛马与女人的乐趣。与当时许多意大利流亡者一样，国外的生活让他在文化层面体会到强烈的爱国情怀。作为皮埃蒙特贵族，他从小日常交流与写作用的语言是法语；而在阿尔菲耶里看来，语言是民族身份的首要标志。1776 年他前往托斯卡纳为自己"去法语化"（用他本人的话说），为前往意大利语发源地的爱国朝圣之旅开创了先河。50 年后，著名小说家亚历山德罗·曼佐尼（Alessandro Manzoni）也踏上了这一旅程。阿尔菲耶里自此致力于戏剧创作，一系列悲剧作品大获成功。这些悲剧大多依托于古典主题，以反抗压迫与独裁、为自由奋斗的个人英雄主义为主题。

阿尔菲耶里的著作亦往往歌颂男性气概，部分原因在于他从法式礼节中看到了一种软弱的世界主义，对此感到憎恶；另一方面，他也希望将意大利人从颓丧中唤醒，拾回意大利语族人民那原始甚至野蛮的力量，正是这些力量曾孕育出斯凯沃拉、布鲁图、格拉古兄弟，乃至古罗马的辉煌。阿尔菲耶里认为作家的义务在于激励人民：他将民族复兴的先知诗人这一角色扮演得淋漓尽致——位居福斯科洛、乔苏埃·卡尔杜齐、加布里埃尔·邓南遮等人的行列之首——将"沸腾的热情……对伟大征程与荣耀的无尽渴求"注入"人们的心中"。[28] 他相信意大利的使命是引领世界走出腐朽与堕落，迎来自由的新纪元。

阿尔菲耶里与他的情妇奥尔巴尼女伯爵路易丝在巴黎定居，这位夫人的丈夫查理·爱德华·斯图亚特（"英俊王子查理"）是一位酗酒成性的浪荡子。初到巴黎，阿尔菲耶里对法国大革命满怀热情，但随之而来的恐怖统治抹杀了他的激情。1792 年，他从法国首都逃回意大利，在佛罗伦萨度过了六年时光。他谴责法国的霸权野心，煽动意大利人对"这些翻山越岭而来的野蛮人"的仇恨之情。[29] 阿尔菲耶里的怒火是发自内心的——尤其在 1796 年拿破仑入侵以后——却并非没有企图。他相信，只要意大利人民团结一心、淡化分歧，他们的民族终将再创辉煌成就。而拥有共同的敌人是最有效、动员性最强的民族黏合剂。正如他死后面世的诗歌《憎恶高卢》（*Il Misogallo*）中所写：

> 意大利，法兰西人憎恨的对象！无论在何种旗帜与面具下，这都是你根本而唯一的政治存在……愿从今天开始，"憎恶高卢"在你的语言中等同于"自由的意大利"。无须多时，法兰西人终将失去优势的资源与人口，你也将摆脱过去邪恶的习俗、分裂与歧见。你将凭实力再次强盛，从此不再于恐惧中憎恶法兰西，而是在嘲讽中蔑视他们。[30]

阿尔菲耶里传达的并非思想，而是情绪与道德感，但这反而使他对未来几代人的影响更为深远。文学评论家弗朗切斯科·德·桑克提斯（Francesco De Sanctis）在意大利统一后曾出任教育大臣，其间他热情地拥护使意大利民族放下分歧、实现精神统一的理想。在他眼中，阿尔菲耶里如同"一尊孤独的巨型雕像，晃动着手指苦心训诫"。[31] 阿尔菲耶里希望通过教育让意大利人明白他们拥有共同的祖国，明白他们应齐心协力地爱护与保卫它。而曾经光辉的过去应将他们从懒惰中唤醒，驱使他们奋力挣脱外国统治的枷锁。他寻求一种"强烈的感情"与"男子气概"，在《憎恶高卢》的终篇写下预言："复兴的意大利民族［将］勇赴沙场，击败法兰西，从此不再怯懦地躲在别国身后。"[32]

然而，福斯科洛和阿尔菲耶里的爱国主义劝告无法轻易消除历史遗留的问题。拿破仑的到来与奥地利在意大利北部统治的崩塌如同打开了泄洪闸门，古老的地方争端集中爆发。波河谷地的城市一经解放便派遣代表团前往巴黎，以独立共和国的身份申请兼并更多领土。米兰的胃口尤其大，欲将热那亚、曼托瓦、威尼斯内陆，甚至整个威尼斯与达尔马提亚都收入囊中。摩德纳希望吞并费拉拉，费拉拉又打着琴托（Cento）和皮耶韦（Pieve）的主意。而相比于博洛尼亚，费拉拉更希望被米兰统治。博洛尼亚垂涎罗马涅、费拉拉和安科纳；安科纳想要马尔凯，愿望落空后转而申请并入奇萨尔皮尼共和国——只求不再落入罗马的统治之下。讽刺的是，此时的地方自治主义又成了意大利统一的助燃剂：布雷西亚和雷焦将统一视为摆脱威尼斯及摩德纳恶劣统治的手段。

愈演愈烈的争端给奇萨尔皮尼共和国政府的统治带来了严重阻碍，仿佛嘲笑着建立"统一而不可分割"的意大利民族的呼声。无论从性情还是教育背景来看，拿破仑都是一个坚定的中央集权信奉者。面对意大利城邦间无休止的争端，他深感沮丧，并悲伤地评论说，巴黎是法国的绝对中心，而在意大利，米兰要与博洛尼亚、帕维亚、帕多瓦和威尼斯同台竞争。[33] 拿破仑曾试图兼顾各方利益，却鲜有成效。他在1797年及几年之后都试图依照法国模式建立一个国家研究院，选址在博洛尼亚，以此作为定都米兰的补偿，但在米兰的坚决反对下，计划未能实现。（1810年，各方达成了最终解决方案。皇家科学、文学和艺术研究院定址米兰，而博洛尼亚、帕多瓦、维罗纳和威尼斯分设了四个附属部门，定期举办学术研讨。）

这些争端不仅源于地区自豪感与历史记忆，更是出于对就业、交易和税收的功利主义考量。1796年在征文大赛中获奖的梅尔基奥雷·焦亚之所以拥护统一的意大利国家，正是出于结束地方与宗派纷争的愿望。但在1798年他失望地发现，奇萨尔皮尼共和国深陷于财政抵制，并因围绕公共项目承包安排和国家机构选址的纷争而裹足不前。

[一名政客]希望共和国仅从布雷西亚购入枪支，但公开招标更符合国家的利益；[另一位]欲将曼托瓦彩票引进米兰，弃正义和善良于不顾；雷焦的居民希望上诉法庭设在雷焦，博洛尼亚抗议缴纳食品税，就好像他们此前没有这项税款。[34]

但是，城市纷争造成的破坏远比不上城市与乡村间的分裂。18世纪90年代初，意大利部分地区的农民偶尔会表达其对税收、过高的食品价格，或封建负担的不满，他们的想法由阿尔卑斯山的另一边渗透而来（"什么付款，什么税，什么宫廷！我们要像法国人那样！" 1793年12月，一群愤怒的暴民在意大利南部小镇的广场上高声疾呼，地方议会正在商讨如何征收上交国王的公共税收）;[35] 但总体而言，意大利的农民往往全盘接受教会宣扬的观点，将法国大革命视为不信上帝者的猖獗恶行（还把这场革命和来自国家的各种征收与更繁重的任务，尤其是兵役联系起来）。司汤达对 1796 年那种田园牧歌式的描写大多出于想象——法国士兵们站在农舍前"为农妇摇晃着襁褓中的婴孩"，与当地姑娘们跳起"莫非林那舞"（monferrina）与"萨尔塔列洛舞"（saltarello）。[36] 而现实是，当拿破仑军队挺进北方的农村时，他们遇到的是恐惧，有时甚至是猛烈的反抗。

农民的恐惧与愤怒在狂烈的宗教热忱中得到宣泄，罗马涅与马尔凯的神父召集民众进行公开祈祷，祈求神的怜悯，击退那些进攻教皇国的渎神"野兽"，前往洛雷托圣殿（Holy House at Loreto）朝圣的教徒源源不断。在安科纳，有人声称见到画中圣母马利亚的眼睛眨了一下。消息快速传开，马尔凯各地民众纷纷拥进教堂，奇迹一次又一次展现在狂喜的人群面前。诸如圣山镇教堂的钟声在午夜响起而钟楼里空无一人，圣地中病人奇迹般痊愈的故事频频传来。"那段日子里，不论罗马还是教皇国的其他地方都有不少声称看到神迹的传闻，实在令人难以置信，"诗人贾科莫·莱奥帕尔迪（Giacomo Leopardi）的父亲记述道，"神迹的图像被大量印发，相关出版物一本接着一本出现，许多明智之人都信以为真。"[37]

在许多地方，人们对法国人的敌意已演化为暴力行动。1796 年5 月，约 5 000 名农民与工匠冲进帕维亚，击溃了驻守部队。一个月后，在卢戈（Lugo），主保圣人圣伊拉罗（Saint Illaro）的银制圣骨匣被法国人劫走，引发惨烈暴动，暴徒割下法国士兵的头颅游街示众。[38] 1797 年 4 月，维罗纳爆发了持续 5 天的恶性街头斗殴事件，伴随着"圣马可万岁！圣马可万岁！"的吼声，约 200 名法国士兵被杀。在暴力中扮演领导角色的往往是神职人员。在法军残忍镇压维罗纳起义时，一位名为路易吉·弗兰齐尼（Luigi Franzini）的神父遭到逮捕并被枪毙。他曾在布道中激励维罗纳人杀死"那些野蛮人"（"让他们的血成为我们救赎的标志，因为没有自由可以不经流血而得到保障"），这些讲稿在他的家中被发现。[39]

部分最严重的流血事件发生在意大利中部。为巩固在意大利的地位，降低南部势力进攻奇萨尔皮尼共和国的可能性，法国政府于1798 年 1 月决定进军教皇国。当贝尔蒂埃参谋长率领的法军到达"永恒之城"罗马的外围时，几百名罗马爱国者正聚集在古罗马广场的遗址上，宣告共和国成立。而后他们登上卡匹托尔山，栽下自由之树，让白、红、黑三色的共和国新旗帜在空中飘扬。攻占罗马城后，贝尔蒂埃参谋长在卡匹托尔广场发表了一番慷慨激昂、引经据典的演说，劝诫罗马人重振过去的辉煌。民众做出了迅猛的回应，教皇的仓皇逃离与赋予犹太人平等公民权的法案将他们激怒，特拉斯提弗列区的起义者们高喊起"圣母万岁，教皇万岁"的口号。这场起义被法军无情镇压，之后几个月里，相似的起义（与同样残忍的镇压）在罗马以外的城市中不断上演。约 5 000 名农民围攻翁布里亚的卡斯泰洛城（Castello），屠杀了约 300 名驻守士兵，其中大多为法国人。[40]

那不勒斯共和国，1799

城乡差距与贫富差距最悬殊的意大利南部见证了最恐怖的暴行。法军攻占罗马后，那不勒斯王国与法国的关系急剧恶化。1798

年 5 月，国王斐迪南四世与奥地利签署协议，为发动战争做准备。8 月 1 日，法国舰队在尼罗河河口海战中被纳尔逊击溃，激起了那不勒斯宫廷上下一片欢呼（"啊，勇敢的纳尔逊，伟大的胜者，意大利的拯救者"，玛丽亚·卡罗琳娜王后不断呼喊着）。9 月 22 日纳尔逊在盛大的欢迎仪式中登陆那不勒斯，国王出海几千米与"我们的解放者"握手致意，岸边的乐队奏响了《统治吧，不列颠》与《英雄今日得胜归》。纳尔逊与年迈的英国大使威廉·汉密尔顿爵士夫妇同住，大使年轻貌美的妻子艾玛为他准备了柔软的枕头与驴奶沐浴。[41]

11 月 23 日，那不勒斯军队在奥地利将军马克（Mack，不讲意大利语）的带领下向罗马共和国发起进攻，并成功击退法军。11 月 29 日，斐迪南四世骄傲地策马进入罗马，居住在法尔内塞宫内，发布请回教皇的声明。但他的胜利十分短暂，马克将军的失策使法军将领尚皮奥内（Championnet）手下的一小撮士兵得以重组反击，那不勒斯军队最终不得不舍弃罗马。约 1 万人银铛入狱，其余士兵在混乱中逃散而去。尚皮奥内向南打到卡普阿，那不勒斯宫廷惊慌失措，国王与王后同纳尔逊一道趁 12 月 21 日夜间秘密逃离那不勒斯，乘船躲到巴勒莫。彼时，那不勒斯城居住着 40 万人，是意大利规模最大的城市。

王室出逃后，这座城市岌岌可危，即将滑入无政府的混乱深渊。这是一座天堂与地狱并存的城市，富有的贵族们居住在富丽堂皇的城市宫殿，流连于皇宫和圣卡罗歌剧院之间。然而，除了主要由律师组成的少数中产阶级外，其余的民众大多是勉强度日的穷苦百姓，靠各式各样的手段维持生存，其中不乏心灵手巧的手艺人。这些百姓被统称为"流浪者"（lazzari 或 lazzaroni），该词可能出自那句老话"像拉撒路一样赤裸"。[42] 在外人看来，这些流浪者唤起的恐怖与唤起的敬意相当，"他们是令人作呕的暴民、大地上可怕的毒瘤"，1799 年夏尔·德·布罗斯（Charles de Brosses）在其著名的书信体游记中写道；"构成一幅生动的画面"，斯塔尔夫人在 1807 年的小说《科琳娜，或意大利》（Corinne, or Italy）中写道。[43] 这群人有着强烈的集体认同，几乎发自肺腑地信奉着国王与教会——当然，那不勒斯的主保圣人圣真纳罗（San Gennaro）是他们信仰的核心，他的血液保存在教堂的两个小玻璃瓶中，每年会奇迹般液化两次以示恩惠。

1 月中旬，停战协议签署的消息传来，马克将军同意将王国的一半领土移交法国。流浪者们愤怒地涌上街头，占领城市堡垒并释放囚犯，对任何可能支持雅各宾派的人一律捕杀。而与此同时，另一群"爱国者"宣布组成"委员会"，帮助法国顺利进军，品性高尚的记者兼诗人埃莉诺拉·丰塞卡·皮门特尔（Eleanora Fonseca Pimentel）也在此行列。城市日渐混乱，斐迪南四世在那不勒斯的代理人皮尼亚泰利王子（Prince Pignatelli）出逃西西里，而马克将军干脆寻求法国人的庇护。只有当那不勒斯年迈的枢机主教下令鸣钟，带着盛放圣真纳罗鲜血的玻璃瓶游行穿过城市中心的时候，人们才会短暂地恢复平静，虔诚地跪地祷告。

1 月 21 日，一面黄、红、蓝三色旗在圣埃莫堡上空升起，四声礼炮炸响后，那不勒斯共和国宣告成立。法军进入城市后遭到人民的愤怒抵制。整整两天里，流浪者们发动了一场放火抢劫、肆意杀戮的狂欢。圣埃莫堡的爱国者们猛烈炮轰街道以支援法军。1 月 23 日傍晚，尚皮奥内将军取得了城市大部分地区的控制权，下令称凡放下武器者皆免受惩处。次日，他前往大教堂进一步表达和解的诚意。教堂里，大主教安排咏唱赞美诗以感恩上帝，此时圣真纳罗的血液不符合常态地提前液化，为法军的最终胜利一锤定音。

然而，法军指导下的那不勒斯共和国始终没能赢得民心。新政府成员多是律师、神职人员、作家，以及希腊语和植物学教授，他们首要关注的是如何终结封建制度。1月底，一项新颁布的法律废除了限定继承权与长子继承制，但立法工作在封建制度的关键问题上陷入了僵局，对土地应收归国家还是交还贵族无法达成共识。4月最终通过了一项法律，但为时已晚。高税收也是造成民众不满的原因，财政负担大多落在了农民身上。没过多久，在广大乡村居民的心中，那不勒斯共和国已经成了地主利益的同义词，古老的阶级仇恨也刺激着对新政权的反抗。巴西利卡塔（Basilicata）的一首反抗歌曲这样唱道："鼓声擂响 / 贫苦的人们揭竿而起。钟声鸣起 / 小人物们永垂不朽 / 琴声传来 / 雅各宾派必将灭亡！"[44]

共和国的领袖们相信教育是赢得民心的法宝，宪法草案声明每个公民都有义务"照亮并教导他人"，并规定每个区设立特别委员会，监控并纠正人民的行为。[45] 以教育为己任的报纸与刊物在几个月内激增，其中爱国者埃莉诺拉·丰塞卡·皮门特尔主编的《那不勒斯监察报》（Monitore napolitano）最为著名。她敏锐地认识到未受教育的"平民"（pleb）与国家间的鸿沟，呼吁用那不勒斯方言进行宣传演讲，"让公民教育触及那些只会讲方言的人"，并利用木偶戏等民间娱乐形式宣扬共和理念。她表示，民众之所以不信任爱国者，"是出于不理解"。"国民教育体系"必须建立，将目不识丁的穷人改造为负责任的"人民"。[46]

正当共和国努力寻求民众支持之时，玛丽亚·卡罗琳娜王后与她的情人——首席大臣约翰·阿克顿（John Acton）——开始策划从西西里返回那不勒斯夺回政权。斐迪南四世正沉迷于狩猎享乐，却也欣然加入了这项计划。他们推举枢机主教法布里齐奥·鲁福（Fabrizio Ruffo）为反对革命的军队领导人，他是玛丽亚·卡罗琳娜与阿克顿的密友，以勇猛（和桃色绯闻）闻名。2月初，在一小队支持者的护送下，鲁福于卡拉布里亚南部登陆，他的封建庄园就坐落在那里。鲁福向"勇敢无畏的卡拉布里亚人"宣告，他们应该团结"在我们可敬君王的圣十字战旗下"，为教皇和"宗教、国王与祖国受到的侮辱"报仇雪恨，除掉那些想"剥夺我们的神圣信仰、摧毁《福音书》中的神圣道德、掠夺我们的财产、侮辱我们的女人"的"阴谋派系"。[47]

在鲁福北行至那不勒斯的途中，志愿从军者蜂拥而至。他向人们承诺，但凡为他而战的人都有权享有"爱国者的财物……那些曾公开与他们对抗的城镇与土地现在任由他们掠夺"。[48]这一点鲁福说到做到。在科特罗内伊（Cotrone），32名法国驻守士兵的投降未能阻挡袭击，城镇在两天里被洗劫一空，城中居民无论男女，无论士兵还是平民，皆难逃被屠杀。当时的历史学者彼得罗·科莱塔（Pietro Colletta）记述道："[第三天]清晨，城中建起了一座装饰着十字架的宏伟圣坛，随军神父为神圣信仰军团举行弥撒后，身着华丽紫袍的枢机主教对前两日的战绩表示赞许。他宽恕了激战中的罪孽，将手臂举向空中画出十字，为追随者们祈祷。"[49]

国王在后方持续怂恿鲁福（"你对那些背叛我的人如此仁慈，这让我很伤心"，他在3月28日的信中写道），[50]"基督教军队"途经的其他城镇亦难逃与科特罗内伊相同的命运。鲁福的军队尽是匪徒与逃犯，一路受到西南海岸英俄巡逻战舰的保护，最终于6月

13 日抵达那不勒斯外围，当天正是帕多瓦圣安东尼的纪念日。至此，队伍规模已达 4 万人。在一场露天弥撒中，鲁福将他们置于圣安东尼的庇护之下——圣真纳罗已经失去价值，他的血液已为法国人液化——翌日，军团正式向城市发起入侵。

战事残忍至极，即使 1 月的屠杀也不能与之相提并论。在之后的几十年里，这场持续了整整两个星期的灾难都深深铭刻在集体记忆之中。那不勒斯的流浪者们加入这场暴行，与卡拉布里亚人一同呼喊着"国王万岁"上街游荡，砍倒"自由之树"，劫掠、烧毁富人的房屋，抢劫教堂和修道院，滥杀一切看起来像是拥护共和国的人。许多共和派戴上假辫子，试图掩盖自己随性的"雅各宾派"发型，却只是徒劳。"想要发现雅各宾 / 只需背后抓辫子 / 辫子一拽就脱落 / 此人定是共和贼"，一首打油诗这样唱道。[51] 身首分离的尸体与残肢堆满街头，日记作者卡洛·德·尼古拉（Carlo De Nicola）感到无尽的恐惧与恶心。7 月 2 日，两名雅各宾派分子被施以火刑，愤怒的暴民们将烧焦的尸体切成条吞下肚去，"就连孩子"也分食了人肉。"这座城市沦为食人魔的屠宰场。"[52]

鲁福已尽其所能防止大屠杀恶化，他与仍然坚守在堡垒里的法国人和共和派守军达成协议，却遭到了纳尔逊的无情反驳。纳尔逊于 6 月 24 日随英国舰队到达那不勒斯湾，他宣称鲁福的协议无效，并立即在自己的船上绞杀了一名反对者，并在未经基督教葬礼的情况下抛尸大海，亲自表明对待敌人无须怜悯。国王和王后同样一心复仇。7 月 10 日斐迪南回到首都，狂喜的人群欢呼着："我们想见天父！"随后数月，几十名爱国者受到揭发，均被处以绞刑或斩首。其中包括许多杰出的知识分子，例如那不勒斯大学的植物学教授多梅尼科·奇里洛（Domenico Cirillo），他是林奈的好友，同时也是伦敦皇家学会的会员。埃莉诺拉·丰塞卡·皮门特尔也在其中，她于 8 月 20 日走向绞刑架时，身着合体的棕色半裙，口中念着维吉尔的诗句："说不定哪天这些事情也能带来欢乐。"围观的民众无法领会这文辞的深意，在她被绞死的一刻大声欢呼。[53]

寻觅民族之魂

"我是意大利人，"科琳娜打断道，"请原谅，我的阁下。在您的身上，我看到了您与您的同胞都拥有的那种民族自豪感。但我们这里的人要谦逊得多，我们既不像法国人那样自满，也不像英国人那样骄傲。我们只求外国人的稍稍纵容。长期以来，我们不被视为一个民族整体，作为个体，我们常常为不被允许拥有民族尊严而困惑。但当你真正了解意大利人，你会在他们身上看到一些远古辉煌的印记。这些稀薄的、几乎被抹去的印记会在美好的时代重新闪耀。"

斯塔尔夫人，《科琳娜，或意大利》，1807 年

我不相信一切美好的制度只能来自埃及、希腊、色雷斯这样的地方。只要有人类存在，就能建立起优秀的制度。大自然给予我们生命，若是认为我们必须呼吸其他民族的空气才能维持生命，实在荒谬。

温琴佐·科科，
《柏拉图在意大利》，1804—1806 年

柏拉图在意大利

那不勒斯共和国的陷落只是 1799 年法国在意统治权崩塌过程的一部分。1799 年春，奥地利与俄国军队迅速占领意大利北部。米兰与都灵相继于 4 月、5 月被攻占；法军在年初匆忙入侵托斯卡纳，却不得不在夏季撤离；罗马共和国曾顽强坚持了一段时间，也在 9 月崩溃。联合部队在人民起义的帮助下势不可挡。皮埃蒙特一支名为"基督教民众"（Massa cristiana）的农民军团在乡间烧杀抢掠，屠杀法国支持者，高呼"国王万岁！皇帝万岁！耶稣与圣母万岁！"托斯卡纳也出现了一支相似的武装团伙，领导者曾任龙骑兵长官，他带领自己的妻子、妻子的情人、一位英国外交官，在众多神职人员的支持下称霸乡间，大喊"圣母万岁！"

相比之下，反对法国统治、希望建立统一共和国的意大利爱国者们没能掀起波澜。受 1797 年至 1798 年事件的影响，部分雅各宾派将统一视为最佳或者唯一能够确保意大利免受外国控制的方法。一个名为"光线会"（Society of Rays）的秘密组织在意大利北部成立，博洛尼亚、摩德纳、雷焦和米兰皆设有分部。该组织希望在半岛"重新散播"统一与抵抗法国入侵的信息，但缺乏有效协作，其领导人也在共和制与联邦制之间摇摆不定。[1] 1799 年，意大利爱国者们又几次向巴黎政府请愿，望其实施意大利统一的政策，以对南部法军形成有力支持，但法国政府不为所动。

面对爱国主义的黯淡前景，曾在 1796 年心怀热望的编舞师加斯帕罗·安焦利尼等人备感愤怒。奇萨尔皮尼共和国解体后，奥地利方面逮捕了安焦利尼，就其宅邸外的"自由之树"进行责问（这棵树在 1798 年被农民砍倒并被焚毁）。遭到监禁后，他被驱逐至达尔马提亚。安焦利尼刑满被释放回到伦巴第时早已心灰意冷。1803 年，他在生命的最后时光里写下一部激情澎湃的回忆录，抒发对意大利人未能阻止法军侵略与半岛分裂的深深痛惜。"既往的一切都怪我们不懂如何共同行事，我们缺少民族之魂……啊，意大利! 啊，意大利! 你究竟沦落到了何种卑贱地步? ……意大利，你何时醒来? ……你曾居欧洲之巅，如今却跌入谷底，任何国家都能将你制服……意大利唯有重燃战斗精神，才能复仇反击，让敌人在耻辱中退败。"[2]

同一时期，一位名叫温琴佐·科科（Vincenzo Cuoco）的年轻作家也因意大利的局势而痛苦不堪。1770 年，科科生于意大利南部莫利塞（Molise）的守旧中产家庭，长大后到那不勒斯攻读法律。他没有完成学业，历史与哲学才是他内心的归属。他很快融入精英阶层的知识分子圈，结交了马里奥·帕加诺（Mario Pagano）、温琴佐·鲁索（Vincenzo Russo）等人——他们都因支持那不勒斯共和国而在 1799 年遭到处决。国王斐迪南四世归来后，科科与那不勒斯共和国虽无太多关联，却也被没收财产，驱逐出境。流亡期间他反思那不勒斯的悲剧，在 1801 年出版了《1799 年那不勒斯革命的历史研究》（*Historical Essay on the Neapolitan Revolution*）一书，影响极为深远。

科科认为，那不勒斯革命的致命缺陷在于领导群体与人民大众之间的巨大裂痕。过去几十年里，那不勒斯的文化独特性全然丧失，政府与宫廷里随处可见外国人的身影——约翰·阿克顿以及女王的密友艾玛·汉密尔顿——知识分子们热切地炫耀着阿尔卑斯山以北的最新思想。"我们一会儿是法国人，一会儿又成了德意志人、英格兰人。我们什么也不是了。"[3] 1799 年的革命是一场从法国移植到那不勒斯土壤中的"被动革命"，依托着法国的宪法与法国的思想。可想而知，这对大部分那不勒斯平民而言毫无意义：

我们的革命是被动的，而成功的唯一途径是赢得民心。但是，爱国者与人民各有不同的观点、不同的行事方式，甚至不同的语言……那不勒斯民族仿佛可以一分为二，彼此相隔两个世纪，气温相差两度。[4]

科科或许曾经受到保守派作家埃德蒙·伯克（Edmund Burke）和约瑟夫·德·迈斯特（Joseph de Maistre）的影响，但 18 世纪初那不勒斯的伟大哲学家詹巴蒂斯塔·维科（Giambattista Vico）无疑是他的真正向导。维科详细阐释了民族衰落与振兴的循环发展，并提出民族与个体一样，都有着独特的性格，被历史事件塑造，又在语言与文化中表现出来。当科科与其他 19 世纪初的爱国者试图打造现实中的意大利民族时（假设它曾经存在，而大部分人已将其存在视作理所当然），他们面对的一个关键问题是：历史塑造的民族性格能否以及如何改变。科科在书中提出，如果领导人能够更关注大众的需求，1799 年革命本有可能成功。例如，那不勒斯共和国可以设立各地区代表机构，并更多地关注税收、土地等基本民生问题。但他同时感到民众难以改变，他们缺乏必要的公民素质，比如"对祖国与军人美德的爱"。[5]

科科虽以"那不勒斯民族"为主题，却也随意使用"意大利民族"的概念。1800 年 6 月，拿破仑在马伦戈战役中击败奥地利，米兰重新落入法国手中，科科随之在米兰定居，他对"意大利民族"的兴趣也日益浓厚。（讽刺的是）科科改变的部分原因在于，他与其他来自南部的流亡者在伦巴第完全被当作外国人看待。[6] 1803 年，他创办《意大利报》（Il Giornale Italiano），以培育民族之魂、为意大利人树立统一与独立的理想为宗旨。他主张，意大利人要以曾经的辉煌为荣，他们应学着了解自己的国家，不再崇洋媚外。国家应承担起教育的义务，在强烈宗教氛围的协助下（宗教观念已近乎人民的本能）创造公民，灌输民族尊严以及为荣耀奋斗的精神。国家还必须进行军事教育：科科与马基雅弗利一样，认为军事力量是政治生命力的基石。[7]

科科是第一位明确将教育摆在民族问题首位的意大利作家，他指出，问题的关键是怎样将几个世纪以来被外国统治者削弱的流浪者与农民改造得爱国、独立、统一又守纪。这个民族问题的视角在此后几十年里掀起了巨大波澜。意大利民族理想最重要的践行者朱塞佩·马志尼也将教育意大利人视为上帝赋予的使命，这并非巧合。年轻时，马志尼曾将科科在《意大利报》上发表的文章抄写下来，并勤奋地加以批注。[8]但是，假如意大利人真的需要通过教育改造民族性，那什么才是理想中的教育成果呢？意大利人又希望成为一个怎样的民族呢？

这一时期的部分爱国者将罗马共和国视为意大利国家的范本，其中包括戏剧家阿尔菲耶里。然而，这个模糊的范本自身也问题重重。阿尔菲耶里钦佩古罗马人的原始力量、英雄气概以及无私精神——他们可以将手伸进火盆，可以亲眼看着自己的儿子因叛国被处死而不为所动（从某种意义上讲，他书写自传也是为了证明自己已跨越曾经放纵的青年时代，并将自己重塑为一个坚定独立、受责任驱动的"全新的人"）——但很难将其当作范例推而广之。毕竟，阿尔菲耶里既已谴责法国的帝国主义野心，又怎能鼓励意大利效仿那曾经征服四海（包括高卢）的祖先呢？

除了爱国精神与军事实力，罗马人还在许多方面吸引着科科，但富有哲思的性情促使他渴望为意大利找寻一个暴虐程度较低的范本。

于是，他将目标锁定于一个更古老的神秘文明，在他眼中，该文明比后来的古罗马与古希腊更为高明。科科在一本深奥而杂糅（但相当成功）的小说里中首次提及这一古老起源，小说名为《柏拉图在意大利》（*Plato in Italy*）。故事中，哲学家柏拉图与一位叫作克里奥布卢斯（Cleobolus）的同伴从希腊前往意大利，与当地一位智者交谈。他们从谈话中发现了一个伟大的国家——"伊特鲁里亚"（Etruscan）。这个国家的人民"在法律、农业、战争与贸易上都颇有建树"，但后期因道德堕落，遭外国入侵者而倾覆，失去了独立与统一：

> 具体是什么时候，我不好说……我唯一可以告诉你们的是，在那个时代，所有意大利人团结在"伊特鲁里亚"政权之下……今天，意大利只有一小部分地区仍沿用这个名字。据我所知，工业与贸易创造出财富，而财富带来了感官享受与轻松的生活，先后削弱了人民与政府的力量。国家衰亡，艺术在沉寂中被人遗忘，邪恶滋生了压迫与贫穷……意大利又一次沦为荒漠，人们像野兽一样生存。[9]

这部小说出版于 1804 年至 1806 年间，法国当时正再次收紧对半岛的控制权，科科希望此书能为当下的意大利提供一条出路，对其影响力抱有极高期待。他曾对拿破仑的继子欧仁·德·博阿尔内（Eugène de Beauharnais）说，以文字宣扬意大利曾经的辉煌能"提高意大利人的公共道德水平，激发他们心中的统一之魂、爱国之情与参军热忱，这些都是他们目前缺乏的"。[10] 他的雄心或许充满夸大的成分，但正是这份雄心在几十年里激励着许多意大利爱国者。公民道德的缺失让他们备感痛惜，于是迫切地寻求民族复兴。举例而言，皮埃蒙特神父温琴佐·焦贝尔蒂在 1843 年出版了畅销书《论意大利道德与文明的至高性》（*On the Moral and Civil Primacy of the Italians*），他也同科科一样，为激发民族主义情感而宣扬意大利曾经的文化昌盛（以及先于罗马的意大利民族之源）。

在科科看来，意大利的原初文明并非虚构的神话。1710 年，詹巴蒂斯塔·维科通过拉丁文语言学研究，论证了意大利曾在古希腊以前建立起高度复杂的社会。1723 年至 1724 年，一部讲述"伊特鲁里亚"历史的鸿篇巨制出版，此时作者已经去世，他名叫托马斯·登普斯特（Thomas Dempster），是一个苏格兰古怪探险家，曾在比萨任法律教授。在本书的激励下，一个名副其实的"伊特鲁里亚学"产业很快出现了。1726 年，科尔托纳（Cortona）建立了一个专门传播伊特鲁里亚相关知识的学会。通过考古发现的精美的彩绘墓室、雕塑以及其他意大利中部的壮观艺术品激励着马里奥·瓜尔纳奇（Mario Guarnacci，1767 年《古意大利》的作者，他曾将伊特鲁里亚工艺品以及 5 000 本藏书遗赠给沃尔泰拉城（Volterra），创建了欧洲最早的公共博物馆之一）等学者，他们宣称伊特鲁里亚不仅是罗马文明的源头，更是世界文明的起点。[11]

普罗克汝斯特斯之床 *：拿破仑统治

1800 年法军在亚平宁半岛重掌领导权以来，自由统一的古意

---

* 普罗克汝斯特斯之床（Procrustean bed）比喻以非自然或暴力手段使人服从的事物。普罗克汝斯特斯是希腊神话中的一名强盗，他把受害者绑在床上，根据床的尺寸拉长或砍掉他们的四肢。——译者注

大利文明被罗马颠覆的叙事引发了强烈的爱国主义共鸣。拿破仑发动雾月十八日政变，建立执政府后，于 1800 年春第二次入侵意大利，开启了新一轮立宪实验，过去的国界又一次被任意设计的新边界线取代。伦巴第和艾米利亚（Emilia）又一次成为奇萨尔皮尼共和国的领土，1801 年威尼托的部分地区也被划进来，随后是摩德纳、罗马涅和马尔凯。1802 年，奇萨尔皮尼共和国被重塑为意大利共和国，又在 1805 年被改为意大利王国。皮埃蒙特先是在 1801 年被划定为"法国军管区"，翌年则被法国吞并（撒丁岛仍在萨伏依王朝的统治下，受英国舰队保护）。托斯卡纳由一位波旁家族成员统治，成为伊特鲁里亚王国（1807 年被法国吞并）。1805 年，曾经的卢卡共和国作为公国被赠予拿破仑的妹妹埃莉萨（Elisa）。意大利南部在 1806 年被攻陷，先后成为拿破仑的兄长约瑟夫和妹夫若阿基姆·缪拉（Joachim Murat）统领下的王国。教皇国于 1809 年被吞并，教皇庇护七世被押解至法国。

意大利爱国者们主要将希望寄托于奇萨尔皮尼共和国，1800 年以来，米兰再度成为探讨独立国家议题的中心。人们曾讨论在整个意大利实行联邦制（拿破仑的外交部长塔列朗倾向于这个提议），或南北分离，建立北部意大利王国。但拿破仑无暇细思。奇萨尔皮尼共和国广受尊敬的拿破仑的副官弗朗切斯科·梅尔齐·戴瑞（Francesco Melzi d'Eril）伯爵接受了巴黎的限制条例，但心怀爱国主义志向。他希望共和国经高效治理并培养出一支优秀军队后，成为意大利民族的天然核心，向外辐射爱国品德而逐渐将半岛的其他地域吸纳进来。"我们现在还不是一国之民；但我们必须凝聚成一个民族，从统一中汲取力量，以智慧换取幸福，以真正的民族情感赢得独立。"[12]

在 1796 年至 1797 年间，拿破仑对意大利统一的言论非常抵触——分而治之（divide et impera）更符合他的口味——但从政治上看，适当保留人们的爱国主义希冀才是上策。他为奇萨尔皮尼共和国起草宪法，赋予了总统近乎绝对的权力（除了第二条规定主权属于"全体公民"），而后在 1801 年邀请 441 位知名人士前往里昂召开协商会议，通过宪法草案，确保自己当选总统。很显然，许多代表感到共和国的独立事业受到了侮辱。为表安抚，拿破仑在 1 月 26 日召开了最后一场全体大会，在将军与官员的众星捧月中发表演讲，陈述未来的计划，证明自己就职总统的正当性。然而，每当他道出"奇萨尔皮尼"一词时，总会有代表高呼"意大利"。当他要求通读最终版宪法时，"意大利，意大利，意大利"的呼喊声已此起彼伏。拿破仑屈从了，在代表们热烈的欢呼声中，奇萨尔皮尼更名为意大利共和国。[13]

而从政治上看，这场胜利微不足道。弗朗切斯科·梅尔齐·戴瑞被指派为副总统，之后三年中，他设法为共和国争取到部分自治权（尽管拿破仑几乎要求他每日报告），建立起一个相对高效、保守的政府，维持法律与秩序、健全的公共金融体系、理性的财政及行政管理，同时支持地主阶级的利益。但在关键问题上，拿破仑说一不二。于是，戴瑞试图在共和国推行意大利独特刑事及民事法典的计划失败了：拿破仑坚决要求遵照法国法典。同样，戴瑞亦未能扩展共和国的疆域，尽管卢卡、帕尔马和利古里亚已表现出合并的意愿。拿破仑也不允许共和国单独设立外交代表，其全部外交政策皆由巴黎决定。

1805 年，意大利共和国变为意大利王国，随着新总督欧仁·德·博阿尔内上任，国内政策自由度再次降低。部分原因在于，战争需求的增长要求意大利对法国百依百顺，在经济与人力方面提供全力支持。另一方面，拿破仑也不再像过去那样抑制对意大利的偏见，在当时的法国人中间，这种偏见极为寻常。"你把意大利人当孩子看真是大错特错，"1805 年 7 月他对欧仁说，"他们身上有邪恶。别让他们忘了，我才是主人，我可以为所欲为。所有民族都需要被灌输这个意识，尤其是意大利人，因为他们只会听命于主人。他们唯有惧怕你才会尊重你，而唯有当他们意识到，你已看穿他们虚伪狡诈的本质，他们才会惧怕你。"[14] 欧仁将这番话牢记在心，明白一旦米兰起事，"你必须请命消灭他们"。

拿破仑深知庄严场景能带来尊崇与敬仰，希望在米兰举行盛大加冕仪式。倒霉的梅尔齐·戴瑞被命令率代表团献上王冠。梅尔齐最初犹豫不决，但后来还是同意了，他寄希望于使伦巴第成为独立君主国以缓和对意大利自主性的沉重打击。但这注定是一场徒劳。1805 年 4 月，拿破仑从枫丹白露出发，穿过塞尼山口（Mont Cénis Pass）来到伦巴第平原。他在马伦戈驻足，追忆往昔战役，下令建立纪念碑缅怀烈士。5 月 9 日，他在狂热的恭迎中抵达米兰。其后三周，无数大臣、议员、将军、法官、高级神职人员、作家与科学家慕名而来，惊叹于他亲切和蔼的作风，以及对细节的高度领悟与把握。5 月 23 日，一场盛大华丽的仪式在大教堂举行，拿破仑被授予意大利国王的头衔，头戴伦巴第铁王冠（曾在中世纪的国王加冕仪式上使用，实际上是嵌有细铁条的黄金王冠，据说铁条是由耶稣十字架受难时使用的铁钉熔制的），遵照古老的伦巴第仪式宣布："上帝赐予我王冠。谁触到王冠，谁就会遭殃。"据称，人民爆发出无尽的热情。[15]

仅存的自治彻底流产，梅尔齐·戴瑞在幻灭中痛苦万分，但如他一样志存高远的爱国者不过是少数。拿破仑政权承诺增加就业机会，将此前封建地主及教会所有的土地公开出售，大部分中产阶级对此心满意足，宣誓效忠。传统贵族对新秩序不满，失落地退避在各自的庄园，司汤达《帕尔马修道院》中的马尔凯塞·德尔·唐戈（他总是阴郁地重复，"思想是意大利毁灭的源头"）便是一个典型例子。[16] 但总的来说，他们采取了默许而非公开敌视的态度。知识分子和艺术家们受到拿破仑与欧仁的殷勤拉拢，并在他们的鼓动下歌颂帝国。在波拿巴家族的热情资助下，安东尼奥·卡诺瓦（Antonio Canova）成为欧洲最著名的建筑师（画家大卫曾提到，若要给他写信，地址须写"安东尼奥·卡诺瓦，欧洲"），[17] 加斯帕雷·斯蓬蒂尼（Gaspare Spontini）的歌剧也在巴黎大获成功，其中包括《贞洁的修女》（*La Vestale*）。乌戈·福斯科洛的密友温琴佐·蒙蒂（Vincenzo Monti）是一位诗人，他在拿破仑当政时期荣膺桂冠诗人，事业取得巨大成功。

拿破仑热衷于整齐划一，相信意大利可以照搬法国的管理制度。在法国的统治下，整个意大利大陆地区（西西里岛和撒丁岛从未落入他的掌控）实行着近乎相同的行政体制与章程。各地划分出行省（department/province），由政府委派省长（prefect，南方称intendant），其下设区（district）与市镇（commune），同样由中央指定长官。社会中"备受尊敬"的人物组成协商委员会，但影响力仅限于协商：选举民主制是拿破仑避之不及的。司法制度被重塑为三个等级，财政体系进行了合理化改革（直接税收被分为四类），内部关税壁垒被移除，度量衡与货币得到了标准化。法国刑法、民法以及商法典被引入意大利，封建领地与特权的残余（在意大利南部影响甚大）被废除。政府与教会的关系则沿袭 1801 年法国与教皇达成的政教协定。

如此统一的管理模式深受理性市民的欣赏，其成果也往往十分显著。对于那个时代的人们而言，有一样设施的引进最能体现新行政秩序的进步之光，那就是路灯。"夜幕降临［那不勒斯］之后，那曾包庇着窃贼与淫魔的黑暗，如今被 1 920 盏明灯点亮。"历史学家彼得罗·科莱塔这样回忆道，而他正是新秩序的热情拥护者。[18] 但在意大利许多地方，新法律根本无法实施：部分社会群体自我隔绝程度太深，高昂的沟通成本阻碍了法律的执行。同时，许多民众也抗拒改变，这其中有保守主义成分，也有对该体系实行高税收、义务兵役与关闭修道院的反感。科莱塔满怀愤怒地提到，"人民"拒绝使用公制单位，"依然沿用古老而野蛮的重量、长度单位，数不清有多少种标准"。政府在管控赌博与卖淫时也遇到了相似的反抗。[19]

唤醒民族记忆

尽管年轻的诗人乌戈·福斯科洛在 1797 年《坎波福尔米奥条约》签订后，戏剧般地宣告要持刀刺穿拿破仑的心脏，但他最终选择了原谅。1799 年，他与法军并肩作战，在热那亚遭遇围攻时负伤。奥地利取得胜利后他逃离意大利，又在马真塔战役后回到米兰。1801 年，在奇萨尔皮尼共和国的请求下，他从军事任务与热烈的风流韵事中抽身，写信吁请拿破仑尊重意大利的独立与自由。在《为里昂议会向波拿巴致辞》(Oration to Bonaparte for the Congress of Lyon) 中，他引述了科科的核心思想：意大利的政治制度应符合其民族文化与特性。"任何不以人民的天然本性、艺术、力量与习俗为基础的宪法都是无用而危险的。"他希望拿破仑创建一个行政体系健全、经济繁荣发展的共和国，但它必须属于意大利："我与全体人民一同，认为我们的自由是：不接受任何不是意大利人的长官（波拿巴除外）……在民族独立被铁链束缚之处……没有自由。"[20]

然而，这民族究竟是什么，何人归属其中，他（和科科一样）不愿详谈。尽管如此，几年后他随拿破仑军队驻守法国北部阴云笼罩的海岸，翻译劳伦斯·斯特恩的《感伤旅行》（*Sentimental Journey*），还有了自己的孩子（母亲是一位英格兰女子）。这些人生经历让他对想象中的意大利共同体更加依恋，其最著名的作品《墓地哀思》（*On Tombs*）中将这种情感表现得淋漓尽致。这首长诗的写作契机为一项施加于意大利的法国法令：出于卫生考量禁止在教堂中埋葬尸体。福斯科洛认为禁令威胁着生者与死者——尤其是光荣的逝者——之间的联系，而这份联系对社会的精神健康至关重要。诗中，他回顾起在佛罗伦萨圣十字教堂瞻仰马基雅弗利、米开朗琪罗与伽利略之墓对自己（以及维托里奥·阿尔菲耶里）的想象世界带来的冲击，光辉历史的回忆激发出强大的精神力量，成就了"崇高的事业"。他想，如果雅典人没有对他们的英雄怀抱狂热的崇敬，为其竖起神圣的纪念碑，马拉松的希腊人还能否获得抵抗波斯人的"勇气与愤怒"？[21]

福斯科洛天生容易消化不良，但同胞们胆怯的匍匐姿态才是最让他愤怒的。正如他在《雅各布·奥尔蒂斯的最后书简》中所写："［意大利］，你的儿子们都去哪儿了？除了和谐一致中诞生的力量，你什么都不缺……可怜啊！我们总是在回忆祖先的自由与伟大，他们创造的辉煌是那么伟大，时刻映衬出我们如今遭受奴役的悲惨。"[22] 福斯科洛希望意大利人可以在缅怀"意大利辉煌"的创造者，比如葬在圣十字教堂的光荣先辈们时，坚定自己反抗法国统治者的决心。可悲的是，自从外国侵略者们攻破"防守薄弱的阿尔卑斯山区"，剥夺了意大利人的"武装、遗产、祖国与祭坛，只有记忆无法抹去"，这些曾经的"辉煌"，便是意大利仅剩的所有了。现在要靠"坚强的知识分子"（大概是指福斯科洛本人这样自封的先知诗人）扛起拯救民族的大旗了，"当意大利再一次闪耀着光荣的希望"，知识分子们会在伟人们的墓前"引领"意大利人行动起来。[23]

"意大利辉煌"大多指文艺上的成就：在颂歌中，福斯科洛提到了但丁、彼特拉克、帕里尼、阿尔菲耶里和马基雅弗利。这并不值得惊讶，因为长期以来，意大利语始终是意大利民族性的基石。而又正是由于民族问题与文学传统的密切联系，从阿尔菲耶里到福斯科洛等众多文人怀抱一种守卫民族良知的特权。但福斯科洛的激情不限于此，他尤其热切地向同胞讲述昔日的军事辉煌——意大利战斗精神的衰退是他最深的焦虑。写成《墓地哀思》一年后，他斥巨资再版了 17 世纪伟大的摩德纳元帅拉依蒙多·蒙特库科利（Raimondo Montecuccoli）的著作——该元帅是那个时代公认的卓越军事理论家。福斯科洛说，他的目的"不只在文学层面"：他希望"伟大同胞的事迹与训诫能够激发出意大利人的战士之魂……"[24]

1809 年 1 月 22 日，福斯科洛被推选为帕维亚大学修辞学系主任，促成此事的部分原因正是蒙特库科利著作的出版。就职演说当天，台下挤满了满怀仰慕的学生、学术人员与政要。这是个正式的职务，而福斯科洛为彰显自己身为意大利爱国者的独立精神，拒绝按惯例称颂拿破仑（这并没有妨碍演讲稿被迅速出版）。他演讲的主题是"文学的起源与使命"。他旁征博引古希腊文化中的事迹，时不时对意大利文艺复兴表示肯定，他用措辞讲究的意大利语宣称文学承载着文明的使命。福斯科洛相信文学最基本的目的是保护社会的价值体系与传统，"给那些有助于社会和谐的观点增添光芒"。他还激烈地谴责可能"侵蚀社会纽带"，可能将社会置于派系斗争、混乱与外国侵略威胁中的任何理念。[25]

话题转向意大利，福斯科洛越发慷慨激昂。如今的古典文化研究由外国学者主导，这令他深感痛惜。他严厉斥责意大利学者故步自封的傲慢，说他们跟不上马基雅弗利和伽利略的脚步，将思想装进华丽的外衣，与大众隔绝。他谴责受教育阶层的道德缺失，认为他们不具备以爱国主义与公共美德为基础的市民道德。毕竟，还有哪个国家拥有如此值得自豪的丰富历史经验？但又有谁继承了李维与马基雅弗利的遗产？

> 伟人们的德行、厄运与错误不能只被记述在教堂的方寸之地与象牙塔里！有太多编年史、家谱与地方志……可真正的意大利历史在哪里？啊，意大利人，我会将你们护送到历史的学问中去，再没有哪个国家的人民有更多令人悲痛的灾难、值得尊敬的美德与需要被回想起的伟大灵魂……[26]

福斯科洛最关心的是中产阶级（主要为城市居民）的教育问题，他们"幸运地处于愚者和文人（littérateur）之间"。这些人对民族的未来福祉至关重要：他们"有房，有地，有社会地位和继承权。他们一旦拥有了高洁的国民品行，就能够动用手中的资源与能量感染更多的人，进而影响整个国家"。只是目前，他们还在无知中沉沦。他们被高尚文化的售卖商忽视，只得以报纸、小说和流行诗歌为食，这些贫瘠的养料毫无语言与文学之美，任由他们沦为一切"愚蠢与邪恶"的猎物。只有这些受过教育和有原则的人士放下对普通人的蔑视，把教育大众如何高尚地生活、如何热爱意大利作为自己的使命时，才能将民族从腐朽中拯救出来——这个民族的精神与本质永远不朽：

> 我的公民同胞！如果不能将祖国从无知与邪恶中夺回，你们从自身的纯洁与明智中获得的安慰将是稀薄的！请以开放而慷慨的方式热爱你们的民族与文学吧。最终，你们将走向彼此，从联合中汲取勇气……请热爱祖国吧，你们就不会眼睁睁看着纯正而丰富的语言被外语词汇玷污……看看意大利吧！可爱的土地，维纳斯与缪斯的神殿！多少旅行者曾热情地记录你们光辉的形态！那些外国侵略者竟妄图横加指教，让你们受尽侮辱！但又有谁比生长在你美丽怀抱中的人们更能描摹你的精神？……无论是哥特人的野蛮行径、地方间的冲突、无数军队的破坏、神学家的怒斥还是修士的篡夺都不曾浇灭伊特鲁里亚人与拉丁人的不灭之火，这火焰曾激励着惨遭流放的但丁、深陷囹圄的马基雅弗利和历经恐怖审问的伽利略……跪在墓前向他们发问吧！询问他们何以伟大而不幸，他们对祖国、荣耀与真理的热爱如何将勇气的力量注入灵魂，又如何将祝福赐予我们。[27]

语毕，人群爆发出经久不息的热烈掌声与欢呼。然而福斯科洛将知识分子的团结寄希望于民族与民族文学，这终究只是幻想："意大利"一词虽能唤起充沛的情感，本质上却仍是空洞的言辞。

福斯科洛对于大部分同时代作家持鄙夷态度，认定他们皆是拿破仑政权的走狗，这让他逐渐陷入丑恶的斗争，也失去了温琴佐·蒙蒂的友谊。1811 年，他创作的悲剧《阿雅斯》(Ajace)在米兰斯卡拉歌剧院上演，却因敌对者的攻击遭遇惨败，不久即被禁止演出。福斯科洛被迫离开意大利王国。他回到托斯卡纳，在相对隔绝的环境中创作出曲高和寡的文字，其中一部使用《圣经》式的拉丁语讽刺米兰社会。他出色地扮演了一位《旧约》中的先知，刻薄而自傲。几年后，这部作品再度吸引了其他投身民族事业的自封传道者。

"美丽的意大利"：儿子与情人

维托里奥·阿尔菲耶里在 1803 年 10 月 8 日去世后，他的情妇奥尔巴尼女伯爵路易丝决定在佛罗伦萨圣十字教堂为他修建一座宏伟的纪念碑。负责此项工程的艺术家显然是安东尼奥·卡诺瓦——意大利最伟大的诗人应由意大利当时最伟大的雕塑家主持纪念。卡诺瓦当时已被各个欧洲宫廷的委托淹没，但奥尔巴尼女伯爵态度坚决，且有着高明的游说手段。在她的情人——法国画家弗朗索瓦·格扎维埃·法布尔（François Xavier Fabre）的帮助下，路易丝寻得了教皇国国务枢机卿孔萨尔维（Consalvi）的帮助，最终说服卡诺瓦应下了这项任务。

工程进展很慢。卡诺瓦最初的设计是在装饰着守护神的石碑上以浅浮雕展现逝者的肖像，但女伯爵并不满意：她支付了 1 万斯库多*，至少要换来一尊立体的雕塑。然而，卡诺瓦当时正忙于其他

---

* 斯库多（scudo），16—19 世纪意大利流通的一种银币。——编者注

重大委托，比如一尊巨型拿破仑裸体雕像"调节者马尔斯"（Mars the Pacifier），因此，一位反高卢作家的纪念碑只能排在后面。即便如此，双方还是在 1807 年就最终方案达成了一致：一个建在椭圆地基上的双层巨大石棺，以里尔琴、面具、花彩、花环与铭文为装饰，正前方是一位庄严女性的雕像，象征着意大利。女伯爵在托斯卡纳统治者埃莉萨·巴乔基（Elisa Baciocchi）的帮助下清理了许多古老的墓碑，终于如愿以偿地在尼科洛·马基雅弗利的墓旁腾出了一片空地。她还动用强大的私人关系，不顾圣十字教堂教士的反对在基座处刻上自己的名字：此前她与阿尔菲耶里的关系还只是坊间的传闻。[28]

　　1810 年 9 月，纪念碑在人们的热情欢呼中正式落成。卡诺瓦竭尽所能使成品看起来"庄严而雄伟"，他写道："为符合……这位伟大诗人强硬而激烈的文字"（据说，他曾为汲取灵感而阅读了阿尔菲耶里的作品，以及福斯科洛的《墓地哀思》）。这是意大利的形象首次在纪念碑上展现，这一点尤其博得了人群的喝彩。那尊高挑优雅的女子像与卡诺瓦此前为教皇克雷芒十四世墓设计的戒律像，以及计划施工的弗朗切斯科·佩萨罗（Francesco Pesaro）纪念碑的维纳斯像有几分相似，她头戴雉堞状的冠冕，身着飘逸的高腰古典长裙与披风，悲伤地微低着头，轻拭眼角的泪水。这尊雕像很快被意大利爱国者奉为强有力的标志：意大利母亲在为死去的儿子哭泣，同时，也在为这了无生气、没落的民族而悲恸。当福斯科洛于 1812 年前往圣十字教堂拜访他"圣洁的伙伴与先导"时，他在狂喜中奔赴阿尔菲耶里的纪念碑："啊！意大利是多么美丽啊！多么美丽！但是，她却站在墓前。"[29]

　　将意大利拟人化为头顶雉堞状冠冕的女子——象征其强大的市

民自治传统——这一传统始于古罗马而复现于18世纪。在米兰贝尔焦约索宫（Palazzo Belgioioso）的寓言式湿壁画《阿尔伯里克大帝的鼎盛时期》（*The Apotheosis of Alberic the Great*, 1777—1782年）中，画家马丁·诺勒（Martin Knoller）描绘出一名胸脯丰满的亚马孙女战士（预示着法国的自由民主革命，以及象征民族母亲以母乳喂养子女），在她佩戴冠冕的头顶上方，是一杆长矛与一颗明星，指向罗马军团的战旗，上面写着"从外国人手中解放的意大利"。不过，该象征手法在拿破仑时期才真正蓬勃兴盛，旨在将政治转化为世俗的宗教。

在雅各宾派当政的1796—1799年，意大利的拟人形象基本直接从法国复制而来：头戴弗里吉亚帽的年轻女子，往往裸露着胸脯，身穿古希腊或罗马的短袍，手持长矛与古罗马刀斧束棒。1801年，奇萨尔皮尼共和国举办了一场以致敬拿破仑为主题的绘画比赛，优胜作品将于不久后悬挂在米兰的波拿巴广场（该广场的纪念建筑始终没有完成）。这场比赛激发了艺术家对意大利拟人形象的创造活力，参赛作品在布雷拉学院展出，热情的民众蜂拥而至，主办方不得不调遣军队控制人群。朱塞佩·博西（Giuseppe Bossi）的优胜作品尤为令人震撼：当其他艺术家描绘意大利在拿破仑的引领下被动地恢复生机与自由时，博西那富有新古典主义庄重与宏伟格调的画卷展现了一位强健而威严的女性，她身着绿白相间的衣衫与红色紧身裙，头顶的冠冕由城墙与塔楼组成。她骄傲地坐在拿破仑身旁，伸出一只手接过拿破仑递来的橄榄枝与橡树叶（和平与忠实的象征），另一只手紧握着共和国的宪法。[30]

许多意大利的拟人形象在这个时代涌现，部分被制成印刷品获得了广泛传播。其中一幅是意大利著名艺术家安德烈·阿皮亚尼

（Andrea Appiani）创作的寓言画，画中的大力神赫拉克勒斯（象征法国人民）挥舞着大棒披荆斩棘，而智慧女神密涅瓦则将象征意大利共和国的头戴雉堞状冠冕的女子像送给拿破仑，后者正在命令维多利亚关闭雅努斯的大门（和平的标志）。[31] 阿皮亚尼亦将奇萨尔皮尼描绘为不修边幅的女性，戴着同样的头冠，身边环绕着一群赤身裸体的孩童，恳求着拿破仑的帮助。这一系列油画名为《拿破仑的胜利》（*Triumphs of Napoleon*），收藏于米兰王宫，是这一时期最重要的艺术宣传品。

高雅艺术并非意大利民族思想与形象仅有的孕育媒介。1796年后，意大利紧随法国革命的脚步，举办了多场民间庆典，意图在百姓间点燃对新政治秩序的热情。节日庆典的主题往往是当地历史上赫赫有名的人物：拉韦纳的但丁、费拉拉的阿里奥斯托（Ariosto）。1797年的一天，曼托瓦为维吉尔举办了一场纪念仪式，人们簇拥着这位伟大诗人，以及哥伦布、伽利略、卢梭、彼特拉克等杰出人物的雕像在街道上游行。出于省钱的考虑，同时在城市中的共和派精英看来，也是为了达成一个关键的政治目标（尽管普罗大众不太可能共享他们的喜悦），本来安放在教堂中的圣人雕像被直接抬出来，成了世俗的标志。[32]

许多精心策划的节日庆典在米兰举行。自1805年起，米兰一个大型竞技场开始组织体操比赛、赛马、双轮马车竞技以及模拟海战。在模拟海战中，参与者与观众往往身着古罗马的服饰。而与此同时，在斯福尔扎古堡附近被选定修建波拿巴广场的广阔空地上，"舞台布置"（mises en scène）诞生了。1803年6月26日的庆典尤为奢侈，由阿皮亚尼亲自主导设计。此次盛典中，最重要的作品之一是纳维利奥大运河（Naviglio Canal）边的意大利共和国巨型雕塑，底座上以浅浮雕刻画着一位挥舞双手欢欣舞蹈的年轻女子，象征法国与意大利共和国的雕像"含情脉脉地彼此拥抱……在最美的树荫下"，身旁是四尊名人塑像，"向世界宣告这最美好的联合"。在波拿巴广场中央，祭坛的烟雾中矗立着一座雄伟的纪念柱，柱子的顶端是一尊拿破仑像，柱身鼓起的石面上雕刻着法军穿越圣伯纳德大山口的壮观景象。不远处矗立着两根较小的圆柱，分别象征着法兰西与意大利共和国。

庆典仪式与实物象征皆为爱国主义这一全新市民信仰的传播工具，它们引导着民众的热情，将其凝聚在狂热的民族崇拜中。但在斯塔尔夫人 1807 年创作的小说《柯丽娜或意大利》（*Corinne, or Italy*）中，聪慧美丽的神秘主人公柯丽娜是那个时代最重要，或许也是最具影响力的意大利文学拟人形象，但这个形象那种鼓舞人心的力量被令人不安的控诉削弱了，更令人不安的是，这些控诉大多是含蓄，而且几乎是随意的，控诉的对象是那些没能让女主角开心，没能阻止她悲惨早逝的人。这也解释了该小说为何在英国、法国与美国的畅销程度远胜于意大利本土（整个 19 世纪，《柯丽娜》共发行了 40 个版本）。[33] 将意大利比作美丽而尊贵的已婚女子或悲伤的母亲，仅仅是在寻求安慰与支持，而毫无批判意味。通过一个觅不到相称伴侣的年轻美女的形象号召人们支持和行动，这有损于意大利的男子气概——尽管自尊受损后，反应或许将更加激烈。

《柯丽娜或意大利》的灵感来自斯塔尔夫人 1805 年的意大利之行，同行者包括孩子们的家庭教师——赫赫有名的德国学者、莎士比亚作品的德语译者奥古斯都·威廉·冯·施莱格尔（August Wilhelm von Schlegel），以及伟大的瑞士学者西蒙德·德·西斯蒙迪（Simonde de Sismondi）。彼时，西斯蒙迪正在潜心写作意大利中世纪共和史的第一卷，这部影响深远的著作歌颂了文艺复兴前几个世纪里的原始力量、军事才能与独立的城邦，激励了一代意大利爱国者。斯塔尔夫人出生于一个瑞士新教家庭，成长于大都会巴黎。她的父亲雅克·内克尔（Jacques Necker）是路易十六的财政总监，1789 年 7 月，他遭到免职的消息触发了攻占巴士底狱的行动。斯塔尔夫人很早便与一位瑞典贵族成婚，民族认同的相关问题令她兴致盎然。她尤其渴望探清，究竟是哪些制度与环境力量塑造了不同民族的特性。1805 年以前，她对意大利的评价很低：她情感与知识的重心从未偏离欧洲北部。然而，西斯蒙迪的影响、在罗马邂逅的炽热爱情，以及对拿破仑的专制与无情（无论对她还是对半岛）的愤怒让她逐渐放下了偏见——至少在出版的文字中是如此。

但私底下，她在旅途中毫无耐心、居高临下的行为可谓北方游客的典型。事实上，她自己也在《柯丽娜》中塑造了轻浮市侩的法国莱弗耶伯爵，讽刺这种作风（"说起民族，我只喜欢英格兰人和法国人……仰慕那些杂草丛生的废墟，根本毫无必要……今天的欧洲，随便哪座纪念碑都比那几根破柱子和发黑的浮雕值钱……"）。[34] 斯塔尔夫人匆匆游览了意大利北部和中部，对大部分纪念建筑与艺术品不屑一顾。施莱格尔希望多走走看看，两人没有一刻停止争吵。当地知识分子令她心生厌烦，不论走到哪里，这些阿谀奉承的文人都以诗歌与散文向她致敬。她宣称，除温琴佐·蒙蒂外，没人值得交谈。罗马之行改变了一切。在那里，这位 39 岁的沙龙女主人、卢梭与自由爱情的热情拥护者遇到了英俊潇洒的佩德罗·德·索萨·奥尔斯坦（Dom Pedro de Sousa Holstein），意大利在她眼中瞬间变得美丽诱人。这名男子比斯塔尔夫人年轻 15 岁，后来成为葡萄牙首相。[35]

1805 年至 1806 年，拿破仑加大了对亚平宁半岛的专制统治力度，同一时期，斯塔尔夫人在瑞士与法国写成《柯丽娜》。这样的时代背景，加之西斯蒙迪在她意大利之行中孜孜不倦的引导，最终使小说中带有尖锐的政治寓意（拿破仑立即识破了这种寓意，盛怒之下，他再次禁止斯塔尔夫人进入巴黎）。但从表面上看，这部小说不过讲述了一个过分夸张的浪漫故事。内尔维尔（Nelvil）勋爵是一位年轻英俊又厌世的苏格兰贵族，他在意大利调养身体时遇到了柯丽娜，当时这位生性活泼、情感奔放的诗人正在卡匹托尔广场领受一项荣誉，仪式盛大而庄重。二人沉浸在爱河之中，一起周游意大利，欣赏那美丽的自然风光与艺术瑰宝。但内尔维尔已故的父亲曾希望他迎娶一位端庄娴静的英格兰女子，爱情与责任之间的矛盾日益激化，他不得不返回英格兰。柯丽娜悄悄跟随其后，认为内尔维尔是为了别的女人抛弃了自己，终日郁郁寡欢，失去了姣好的容貌与满腹才情，逐渐走向死亡；但在临死前，她与内尔维尔重逢，他解释自己从未停止爱她，只因误以为是她抛弃了自己才选择离开，他们最终重归于好。

然而，《柯丽娜》也包含大量的理性讨论。故事中的意象与剧情紧紧围绕着民族与民族性，展现在有识之士的对话之中［"民族性"（nationality）这个词语就出自斯塔尔夫人的圈子，《柯丽娜》是欧洲文学中首次使用该词］。[36] 斯塔尔夫人希望以女主角的形象概括意大利的民族之魂（这是完整的意大利，而无涉地区间的分歧，从罗马、那不勒斯、佛罗伦萨到威尼斯，柯丽娜不论走到哪里，都能立即受到各个阶层人士的热情招待）。她的体态与多梅尼基诺（Domenichino）笔下那性感的库迈女祭司（Cumaean Sibyls）相仿（"她头裹印度风情的包头巾，缠绕在乌黑的秀发间……手臂透着炫目的光辉；她高挑的、微微丰腴的身子……让人瞬间体会到青春与幸福的讯息；她的双眼闪烁着智慧的光芒"）；从性格来看，她善于创造，聪慧而富有艺术气息，感情充沛而毫不做作。柯丽娜是意大利永恒的本质。但这是一种柏拉图式的理想，远非历史的现实，因为真实的意大利已在政治腐朽与分裂中走向道德衰败。卡斯特尔-福特（Castel-Forte）王子是当时意大利标志性的男子气概的典范，他说：

> 我们对外国人说："看着她吧，她是我们美丽意大利的化身；若不是命运以无知、嫉妒、纷争与懒惰惩处，我们本该如此。"我们心怀喜悦地注视着她，她是我们的水土与艺术里诞生的美好事物，是历史的果实，也是未来的开端。当外国人对这片曾经孕育启蒙欧洲的伟大思想的土地指手画脚，出言不逊时，当他们对我们的不幸没有丝毫惋惜时，让我们告诉他们："看看柯丽娜吧。"[37]

如果柯丽娜是意大利，那么她更多代表着阳光照耀下的意大利南部，慵懒而独有风情。内尔维尔则有着北方人的灵魂，理性而生来活跃，终年寒冷潮湿的雾气又催生出阴郁的内省气质。但作为盎格鲁与苏格兰混血儿，他同样也象征着斯塔尔夫人等人推崇的政治自由与顽强自治精神；贯穿整部小说的主题——由于意大利共和国近期遭受的镇压而显得尤为关键——便是意大利与自由的联姻是如何达成的。美好的爱情表明意大利能在自由的土壤中茁壮生长（在内尔维尔抛弃她以后，柯丽娜逐渐枯萎而濒临死亡），剧情也暗示着意大利有潜力恢复往日的荣光（这两个原因让西斯蒙迪将柯丽娜视为"一个长久以来被所有人的忘恩负义伤害的民族的崇高抵抗")。[38] 但是经历了几个世纪的奴役，意大利男性被认为道德沦丧而且软弱无力，那么又该由谁来复兴意大利呢？

肯定不能是法国人，他们对意大利缺乏爱与同情；大概也不是英国人［开篇几章设定在纳尔逊将军的特拉法尔加海战胜利前后，斯塔尔夫人或许最初对英军抱有期待；部分英格兰自由派怀有浪漫的秉性，他们的确愿意支持意大利民族主义，其中包括威廉·本廷克（William Bentinck）］。柯丽娜曾提到，自己之前的两个情人各有不足，他们一个是"尊贵的德意志贵族"，一个是罗马王子（很可能代表着中世纪的帝国与教皇）：前者空有一番蛮力而智力不足，也不愿在意大利生活；后者"与她品味一致，欣赏她的生活方式"，但缺乏保护她的力量。[39] 如此一来，保护柯丽娜的责任自然而然落到了意大利男人的肩上（"柯丽娜的……双眸渴望着一位男性朋友的守护，无论多么强悍的女子都离不开这种守护）。[40] 然而，他们要如何寻找到履行这项义务所必要的精神力与决心呢？

这个问题将在未来几年里一直困扰着意大利爱国者与外国的观察者。自 15 世纪末以来，它就已经成为敏锐的历史学者与哲学家们痛心焦虑的问题，西班牙、法国与德意志军队轮番征服半岛，丧国的屈辱让马基雅弗利等学者开始探寻这一切背后的症结，他们不禁要问，这片土地曾在古罗马时期培养出伟大的公民与战士，如今为何如此明显地缺乏公民美德和武德。他们倾向于将一切归咎于天主教。但若是如此，为什么信奉天主教的法国人却高喊着"祖国万岁！"征服了近乎整个欧洲？斯塔尔夫人认为，意大利的溃败是由于专制的政体与外国侵略者的自私贪婪。正如柯丽娜对内尔维尔勋爵所说，当他因意大利男性的软弱与缺乏使命感而轻视他们时

（就像斯塔尔夫人本人一样：她在旅行笔记中无情地批判意大利男性的"阴柔气质"）：[41]

> 你对意大利人的看法是很常见的……但你必须更加深入地了解这个国家再加以评判，它拥有光辉灿烂的过去。这个民族为何能在罗马的统治下武力强盛，在中世纪建立最自由的共和国，又在16世纪以文学、科学与艺术享誉欧洲？……今日即使不复往昔，为何不去批判意大利的政治处境，毕竟它曾在其他境遇下展现出那样截然不同的面貌？……在过去的每一个时代，外国侵略者从未停止攻占、破坏这片美丽的土地；但如今这些外国人却回过头来对被他们攻占、蹂躏过的民族冷嘲热讽！[42]

由此可见，她将意大利如今的堕落归因于几个世纪遭受的掠夺与分裂。但这一论点的问题在于，如果的确像斯塔尔夫人所说，"政府塑造了民族特性"，[43]那么腐朽堕落的民族又要从哪里获得挣脱专制暴政的道德基础呢？如果历史的偶然帮助意大利挣脱了枷锁（比如在外国势力的帮助下），又有什么可以在体制成功发挥教化作用前，阻止人民的邪恶将刚刚建立起的体制破坏殆尽？

这便是意大利爱国者——尤其是那些对民主深信不疑，信奉代议制政府与"民治、民享"的意大利的人奋力解决的另一难题。如何确保出席议会的代表不会反映出民众那难改的恶习与价值观呢？直到小说结尾，这个念头似乎仍然困扰着斯塔尔夫人。回到英格兰后，故国人民的尊严、秩序与繁荣强烈触动了内尔维尔勋爵，柯丽娜带给他的"诗情画意"最终让步于"对自由与道德的深刻情感"。此时，他对意大利只留下遗憾之情，那里容不下民意，也没有社会，"政治制度与社会状况都只反映出混乱、虚弱与无知"。[44] 当然，小说始终寄希望于品德高尚的少数人，他们或许能够成功教育意大利人，以文学为媒介规避审查（在引述了一段阿尔菲耶里的爱国诗篇后，柯丽娜表示，"我们的艺术品情感充沛，或许有一天我们的品性得以匹配我们的艺术天赋"）。不过，斯塔尔夫人同样意识到，一种相似的因果循环已严重削弱了文字对意大利社会的影响。柯丽娜承认，几个世纪的奴役已导致意大利作家"不再渴望真理，甚至常常失去表达真理的可能性"，华丽的辞藻与修辞技巧已经取代了严肃的思考与真实的情感。[45]

此后数十年间，意大利被拟人化为一个美丽女性——悲痛欲绝、寻求安慰的年轻母亲也好，必须谨防外国人抢夺（或复仇）的姐妹或未婚妻也罢，或者是像柯丽娜一样年轻性感，满腹诗情，渴望强大保护者怀抱的尤物——成为爱国主义文学与艺术最常见的主题，为民族救赎运动注入了强烈的性感召。这种性幻想与宗教热忱混合在一起，足以唤起一种巨大的力量，激励着年轻男子们以生命为代价筹划阴谋、构筑防御。1853 年，托斯卡纳的民主派人士朱塞佩·蒙塔内利（Giuseppe Montanelli）在回忆年轻时对意大利统一理想的一腔热血时，曾描写了他与朋友们怎样从书中汲取了"对祖国的宗教般信仰"，意大利又怎样"成为我们心爱的母亲，这位母亲受困于枷锁，我们对意大利的爱就像孩子对母亲那样"："我们期待有一天，能够拿起武器为拯救民族的事业而战，那将是我们人生中最美好的一天。"[46] 另一位民主派领袖戈弗雷多·马梅利（Goredo Mameli）在 1849 年 1 月书写下被意大利背叛后的沮丧，其中肆意地使用性与宗教比喻："意大利从坟墓中站了起来，美丽可人，以信仰为武装，身边围绕着无数情人。但许多人爱她，却让她手无缚鸡之力，许多人亲吻她，是为了犹大的 30 块银币。我们的可怜的祖国被钉死在了十字架上。"[47] 6 个月后，马梅利在保卫罗马抵抗法军的战争中殉道。

阴谋与抵抗

这个社会团体的理念来自一位才智非凡的博洛尼亚人，它被称为"柏拉图式的天文学"……太阳圈被分为了两个半球，一个位于博洛尼亚，另一个在米兰。两个半球之间仅有口头交流，不使用文字。这些话语通过一种天体在两个半球间传送，这种天体在执行任务时被称为彗星。半球的每一位成员同时也是一个分部的负责人，也被称为第一星，负责指挥这个分部。分部中的每颗星星都发出一道光束，是光的来源。光束里的每一位成员都被称为一条线，一道光束过于强大时，便会分裂为许多新的光束……［到 1802 年］，协会中共有 3 万条线。

G. 布雷甘泽描述"光线会"，约 1830 年

大人，我希望您能完整地感受到我有幸向您倾诉的一切真相：我们的民族已告别 20 年前的样貌，我们心怀渴望，又拥有达成目标的方法与能量，除非舍弃这些最珍贵的方向与情感，否则我们的民族绝不会后退。

费代里科·孔法洛涅里对卡斯尔雷勋爵如是说，

1814 年 5 月 18 日

农村起义

1807 年 11 月 29 日傍晚，拿破仑穿过潟湖抵达威尼斯。这是他第一次，也是唯一一次来到这座城市。天气寒冷潮湿，但威尼斯人竭尽全力表现出欢迎的姿态，他们在小圣西门教堂与赤足教堂之间的大运河入口处建起一座凯旋门，迎接这个将他们的独立地位一手终结，并移交给奥地利的人。10 天里，这位法国皇帝兼意大利国王受到了贵族与中产阶级的热情款待。为向他致敬，威尼斯组织了一场盛大的赛艇会，凤凰剧院举办光鲜的盛会（专门为他打造了一个王室包厢），演出包括一部新创作的康塔塔，名为《朱庇特的审判》（*The Judgement of Jove*）。作为奖励，拿破仑通过了一系列法令，设立学会，将圣马可教堂向公众开放（并将其改造为主教座堂）。他还下令清除广场西端，在原地新建舞厅。[1]

拿破仑从威尼斯前往米兰，于 12 月 17 日在刚刚竣工的竞技场上观看了一场模拟海战。航海主题是有意选取的——正是在去年的这一天，他下达法令加强对欧洲大陆港口的封锁，以抵制英国航运——拿破仑希望通过这个法令击溃英国经济。3 天后，他在米兰的选举团面前发表演讲，一如既往地用爱国主义言辞取悦听众，提起意大利往日的荣光，强调几个世纪的地区争端与分裂给民族造成的破坏。但正因为国家复兴仍需要大量努力，他说，法国人和意大利人应结为兄弟，伦巴第铁王冠应与法国的皇冠联合起来。换句话说，意大利应继续归属于法国。[2]

上层阶级自然也有人怨恨法国的统治，但他们的声音太小。急剧膨胀的爱国热情不一定会带来对拿破仑秩序的敌意，温琴佐·科科对出任米兰的行政岗位十分满意，并积极促成意大利的公民及政治教育；梅尔基奥雷·焦亚也成了受人尊敬的公务员。只有少数人会像福斯科洛那样，发出愤怒而沮丧的嘶吼。人们之所以采取默许的态度，很大程度上是由于拿破仑有意出台拉拢有产阶级的政策；在其政权的最后几年里，整合的速度逐渐加快，许多古老的贵族世家甚至也与拿破仑冰释前嫌，频频出入那不勒斯与都灵、佛罗伦萨与米兰的宫廷。

获取支持的一个重要方式是出售封建时代的"公有土地"。与法国相反，意大利的农民没能沾上一点好处，受益方皆是地主与城市中的专业阶层。在皮埃蒙特，加富尔、阿泽利奥、巴尔博（Balbos）等豪门大户攫取了大部分利益（这些家族都在随后的民族运动中发挥了重要作用）。意大利南部在被法军占领后的 1806 年废除了封建制度，曾试图确保农民分到一杯羹。问题的关键在于公有土地——那是当地百姓自古以来有权在上面放牧、收集木材的土地，因而是他们维持生计的重要资源。封地所有者与市镇方围绕土地展开复杂的利益争夺，一个特别委员会负责从中调停，在人民权利得到确立的地区，部分土地本应给予最贫穷的农民。但在实施过程中，地方强人往往能够消解政府官员的全部努力。直至 20 世纪，公有土地分配不均都是南方许多地区难以愈合的脓疮。

这些年间，教会的土地也涌入市场，保证了中产与上层阶级心满意足。1803 年，教皇与奇萨尔皮尼共和国达成政教协定，确立天主教为国教，教会在许多重要领域不受世俗政权管制。但协定签订没多久，拿破仑便弃之不顾。国家严格管控宗教秩序，不断没收教会财产，推行不经宗教仪式的婚礼与离异，教区也被重新划分。在法军于 1809 年占领教皇国并俘虏教皇后，教会的地位更是岌岌可危。在乡间地区，往往是神父领导反抗政府的人民暴动；但对于有产阶级来说，反教权带来的物质利益足够消除他们的精神疑虑。

在拿破仑的统治下，尽管财产税必然加重了，但小麦、大米、红酒等商品价格的抬升弥补了地主们的损失。1806年大陆封锁政策的启动使意大利的港口损失惨重，但意大利也因此成了法国最大的原材料供应商，贸易促进了农业生产与丝织业的蓬勃发展。经商者的利益也得到了保障：国内关税壁垒的清除、货币的统一、商法与民法典的更新以及筑路工程的勃兴［尤其是1802—1805年修建于意大利北部的辛普朗（Simplon）公路，这条标志性的公路穿越了阿尔卑斯山］都为商业发展创造了契机。而在制造业方面，意大利本就已经落入低谷，法国的工业进口也就没什么破坏的空间了。再者，为军队供应物资也能带来一些收益。

大部分农民或许都痛恨征兵，但上层阶级——或至少是那些没有花钱免除兵役的人——都将在"大军团"中服役视为荣耀与爱国情怀（尽管令人矛盾）的源泉：毕竟，意大利人能够战斗，且战斗力顽强。在军队问题上，拿破仑的民族态度模棱两可。一方面，他不愿看到意大利部队发展出独立认同感，因此将他们融进法军的主体中；另一方面，他又乐于见到意大利军团燃起爱国热情，这样才能提高集体荣誉感。在军队中，意大利语被规定为通用语，不鼓励使用方言；军官们被教导通过意大利"祖国"的观念培养士兵间的兄弟之情："从语言到行动，必须经常性地将意大利军队的概念灌输到士兵中间，"这是意大利战争大臣在1809年下达的指示，"要告诉他们，他们是为意大利的光荣而战。"[3]意大利的军事传统也得到了赞颂。例如，那不勒斯的流亡者及爱国人士弗朗切斯科·洛莫纳科（Francesco Lomonaco，他是一名医生，温琴佐·科科和乌戈·福斯科洛是他的病人也是他的朋友）在出版《但丁的一生》（*Life of Dante*）和《杰出意大利人的生活》（*Lives of the Illustrious Italians*）两部成功作品后，为摩德纳书写了长达三卷的《意大利军事长官的生活》（*Lives of the Famous Captains of Italy*，1804—1805 年）。

军队中存在着对旗帜的强烈信仰。1796 年 11 月 6 日，拿破仑在为伦巴第军团的第一个士兵授旗的时候首次使用了意大利三色旗：由红、白、绿色带组成，上面绘着橡叶环和作为共和派标志的弗里吉亚帽、布鲁图和卡修斯的短剑以及"不平等，毋宁死"的字样。两个月后，在雷焦举行的议会上，三色旗被确定为奇斯帕达纳共和国的国旗，此后拿破仑时期的所有意大利部队都扬起了同样的战旗。意大利士兵在德意志、西班牙与俄国的海外战场上死伤惨重（8.5 万人中只有 1.3 万人生还），三色旗承载着他们的集体认同与苦痛。1814 年，当《斯基亚雷诺-里齐诺停战协议》要求意大利士兵并入奥地利军队时，这毫不意外激起了广泛的抵抗。意大利部队拒绝转交旗帜，而是将其烧毁、撕成碎片，甚至将其和汤入肚。[4]

司汤达——必须承认他并不总是个可靠的记录者——相信，拿破仑统治时期的强制兵役对弥合地区分裂、消除许多意大利人的资产阶级软弱性起到了重要作用。他追忆起 1817 年法国人侵前，"贝加莫（Bergamo）的贵族曾对和平至上的米兰人怀有难言的轻蔑，他们曾袭击斯卡拉歌剧院的假面舞会，蓄意挑衅遇见的每一个人。'跟我去米兰扇他们几巴掌！'是贝加莫人常用的口号"。但是，拿破仑战争"重塑了这些地区各异的特质，米兰的绅士也丝毫不输贝加莫和雷焦的同胞，在拉布（Raab）原野和亚平宁半岛的战场上全力奋战"。[5]

军队生涯是否如司汤达所说为意大利注入了民族主义的长久影

响，这还不好说，但可以确定的是，意大利普通士兵中的爱国情感一直持续到 1815 年，也成为奥地利恢复统治早期各地起义的重要催化剂。作为"民族的学校"，军队也的确对意大利统一发挥了强大作用，以其深远的（有时也是危险的）影响塑造了 1860 年后政治生活的多个方面。而毋庸置疑的是，受过教育的意大利人在拿破仑军队服役的时候常常感到自己在为"意大利"的使命奋斗，包括习得军事技能以及弥补几个世纪的奴役造成的损害。1804 年 7 月，一位威尼斯中尉从加来写信给米兰友人：

> 作为意大利人，我将祖国的未来寄托在这次远征上，因为可以确定的是，如果整体和平中曾经提到意大利共和国，那只是因为这两种可悲的分裂……我们的主要目标是学会打仗，这是我们解放自我的唯一方法……现在谈自由还太早了。不如想想怎样成为战士，当有一天拥有了上万把刺刀，我们才能得到话语权。[6]

如果说拿破仑在意大利的统治成功赢得了中上层阶级的支持（只不过往往以煽动危险的爱国情绪为代价），那么他在安抚大众方面可就没有这么幸运了。温琴佐·科科曾将受教育者与文盲、富人与穷人、城镇与乡村间的鸿沟认定为 1799 年那不勒斯革命的阿喀琉斯之踵，这些重大问题延续到 1800 年后，在意大利本土上的每个角落持续削弱着国家权威。既然没有切实可行的政策将土地分给穷人，政府便无法安抚穷人在面对物价上涨、间接税款激增、公有土地丧失、强制征兵和宗教被压制时的愤怒（这不仅仅冒犯了他们的宗教感情，也剥夺了教会提供的救济和工作机会）。

1805 年末，随着奥地利根据《普莱斯堡和约》(Peace of Pressburg)将威尼斯和达尔马提亚割让给意大利王国，意大利北部乡村的动荡变得尤为严峻。主权的变更意味着农民再也无法像以前那样跨过边境逃脱兵役。发生在罗维戈(Rovigo)附近克雷斯皮诺(Crespino)的叛乱最具有代表性，拿破仑对此进行的严厉镇压也体现了他的一贯做法。动乱开始于 1805 年 10 月的抗税行动，当地 50 余名工人冲进市政厅，销毁了税务登记簿。支持者们从附近村庄赶来，抢夺了当地民兵团的武器，撞开城门任由奥地利军队进入。消息传到拿破仑耳中，他勃然大怒，于 2 月 11 日在杜伊勒里宫发布法令，宣布剥夺克雷斯皮诺人民的公民权，将他们当作"没有祖国的人"处置。他们需要缴纳两倍赋税，虽然可以免遭牢狱之灾，但要承受鞭笞的惩罚。他要求在市政厅入口的大理石上刻下这些字："法兰西皇帝及意大利国王拿破仑一世下令：克雷斯皮诺居民不是意大利公民。"不过这座城镇最终得到了赦免，以枪决一名鱼商为代价。[7]

但拿破仑不是每次都这样仁慈，1806 年 1 月，在皮亚琴察附近的山区里，镇压起义的指挥官下令"放火焚烧一个大型村落，射杀十几个叛徒"。[8]1809 年至 1810 年，政府应对意大利北部起义浪潮的措施更加残酷。增税和奥军入侵是起义的导火索，但城乡间根深蒂固的紧张对峙也常常起到助燃作用。在威尼托，8 000 名起义者在占领斯基奥(Schio)、费尔特雷(Feltre)和贝卢诺(Belluno)后包围了维琴察城，取消赋税并宣布恢复威尼斯法律；在罗维戈，叛乱者闯进犹太人与富商们的房子，烧毁公共档案；在罗马涅，抗税起义一波未平，一波又起，最终引发了对博洛尼亚的全面攻击。政府工作人员往往是农民愤怒的发泄口，深受其害的克里斯贝拉诺市长在 1809 年 10 月向上级汇报说，"这些怪物说着不同的语言，面目丑恶，做出来的事更是骇人听闻"——他们闯进市政厅，强奸了他的妻子。[9]

但这一次，最可怕的暴行依旧发生在意大利南部。在这里，1806 年以来法国重税暴敛、强制征兵（自 1809 年起）的统治以及对公有土地问题的不当处理引发了民众的愤怒；而古老的冲突从未消失，它们普遍存在于城市之间、城市内的党派之间，以及地主与农民之间（约瑟夫·波拿巴将这种暴力描述为"穷人向富人开战"）。英国人与波旁王室（被流放西西里）为这些暴徒与叛乱者提供了军事及经济支援，又将混乱提升了一个等级。残忍的游击战持续了 5 年之久，大多集中在卡拉布里亚和阿布鲁齐（Abruzzi），法国士兵折损了约 2 万人。如此暴力之举已与"爱国主义"毫无关系了，尽管它有时打着为"意大利"而战的旗号，但部分反叛者毫无疑问是为效忠国王与教会的心理所激励的。[10]

作战双方均采取了骇人听闻的血腥行径，据记载，只有一位名叫吉尼亚勒·韦尔萨切（Geniale Versace）的农民领袖（capimassa）有着善待俘虏的名声，因们们常常遭到阉割、鞭打、刺穿，最后被钉在十字架上折磨致死或被活活烧死。朱塞佩·罗泰拉（Giuseppe Rotella）绰号"行刑者"，传闻卡波·斯卡皮塔（Capo Scapitta）会吃掉刚刚砍下的敌军头颅。法军回以同样的残暴。1806 年 7 月，拿破仑告诉兄长约瑟夫·波拿巴："绝不要手下留情，至少要处决 600 名叛乱分子……烧毁至少 30 个村落领袖的房屋，把他们的财产分给部队。搜刮所有居民的武器，洗劫五六个问题最大的村子……将反叛村的公共财产充作军产。"[11]约瑟夫遵循指令，在 1806 年 12 月前迅速处决了阿布鲁齐三个省约 4 000 名造反者。

最有名的反叛者米凯莱·佩扎（Michele Pezza）是一名土匪，

曾被征为非正规军，外号"魔鬼的兄弟"（Fra Diavolo）。他生于1771年，父亲是拉齐奥大区伊特里小镇（Itri）一个拉马车的商人。很显然，佩扎从小就有了这个名号，一方面是因为他不服管教的个性，另一方面也源于他母亲向保罗圣方济各教堂许下的誓言（她也遵守了）——只要儿子能从疾病中活下来，就将他打扮成修道士的样子。18世纪90年代中期，佩扎在一场荣誉争端（许多土匪早期都有这样的经历）中杀害了两个人，而后逃进山里建立匪帮，但后来因加入波旁军队而被免责。1799年，他加入了枢机主教鲁福领导的基督教军队，手下有几千名嗜杀成性的志愿兵，在拿破仑共和国的覆灭与进攻罗马的法军驻地的过程中起到了关键作用。斐迪南四世奖赏给他2 500枚达克特*，并提拔其为上校。[12]

当法国人在1806年初入侵那不勒斯王国时，佩扎再一次领导非正规军持续不断地袭击法军，在坎帕尼亚的城镇与乡村实施恐怖统治（皆以斐迪南四世的名义）。资助他的英军7月向卡拉布里亚派遣了一支部队，在马伊达之战（Battle of Maida）中击败了法军（伦敦马伊达谷庄园以此命名，以纪念这场会战）。取得胜利后，佩扎试图在意大利南部发动起义，却没有成功。法国以1.7万达克特悬赏他的人头，决心将他缉拿归案。在这件事上，历史的神奇转折让他的命运（和他的名字）染上了浪漫主义的色彩，负责追捕他的是大诗人维克多·雨果的父亲西吉斯贝尔·雨果（Sigisbert Hugo）。他们在坎波巴索（Campobasso）附近追踪到佩扎及其手下，佩扎当时设法逃脱，但不久后（被敌对匪帮打伤后）被捕并被交给法军。他立即被带上法庭。英方要求将他当

---

* 达克特（ducat）是一种曾在欧洲多个国家流通的金币。——编者注

作战俘对待，但法方拒绝了，最终于1806年11月1日在那不勒斯将其作为罪犯处决。[13]

那不勒斯的国王与王后急忙对"魔鬼的兄弟"表示感谢，纪念他的成就——尽管他一生毁誉参半。巴勒莫的施洗者圣约翰教堂为他举行了庄严的弥撒，有许多显赫的政治人物与一支英军小队在场，主持者为教堂大主教。佩扎的墓碑上记录着他的崇高美德与光辉事迹，以及"为祖国而死"的荣耀。[14]政府对佩扎这类犯罪分子的公开支持预示着意大利南部未来几年的危险局面，法律的推行亦将受阻。很快，佩扎的一生与后来其他土匪一样被包装为浪漫传说，使得政府更难从道德角度谴责私人暴力。佩扎很快进入音乐的殿堂，得到了永生——丹尼尔·奥柏（Daniel Auber）的喜歌剧《魔鬼的兄弟》（1830年）大获成功，他在其中被塑造为一个风度翩翩的人物，假扮侯爵哄骗了科克堡领主及其夫人［尤金·斯克利伯（Eugène Scribe）将其改为"科伯恩"领主］，还偷走了帕梅拉夫人戴在脖子上的钻石。

西吉斯贝尔·雨果与其他拿破仑军官的行动确实发挥了一些作用，佩扎死后几年里，意大利南部的暴力暂歇。然而，那不勒斯新国王若阿基姆·缪拉在1809年新颁布的征兵令使故态复萌。神职人员依旧是暴动的核心人物，他们有时亲自领导叛乱，更多时候则教唆农民无视法律，违逆他们不敬上帝的主人：据说反叛者们会在开枪射杀"法国恶魔"前为火枪子弹刻上十字。[15]修道院往往成为他们的大本营，为他们提供食物与住所，也是储存军火的地方。但从总体来看，这些暴动都缺乏协调与系统指挥，即使一时间造成了相当恶劣的影响，尤其在卡拉布里亚（英国为暴徒秘密提供了武器和钱财），但法军在1811年前已平定了大部分叛乱。

秘密社团与反抗拿破仑

在极端压迫的政治氛围中，秘密行动是必要的政治手段。在拿破仑统治时代以及 1815 年后的王政复辟时代，现存秩序的反抗者被迫使用隐秘手段躲避警察与审查。方法之一是包装隐藏异见，比如在文化辩论（关于语言、文学风格以及历史研究）、诗歌、艺术与音乐象征，甚至时尚中假装持反对意见（18 世纪 90 年代以来，头发与胡子都是政治表达的丰富源泉）。另一种方法是依靠秘密组织，借助誓言与仪式防止渗透和背叛。但是，保密性并不只出于功利考量，也与 18 世纪知识界的震动有关：获取秘密知识是启蒙的关键，也是通往新式精英的钥匙，这个全新精英团体的基础是知识而非财富与社会阶级。

意大利的秘密社团大多脱胎于共济会，在 18 世纪 30 年代从英国传入托斯卡纳。尽管教皇明令禁止，共济会仍在半岛逐步扩散，到 80 年代已经获得了贵族与王室的赞助，成为一种社会地位的象征。然而在法国大革命爆发后，共济会被视为一种颠覆性力量，集会处被关闭，活动转入地下，在此过程中共济会呈现出更为激进的政治特征。18 世纪 90 年代，光线会出现在伦巴第与艾米利亚-罗马涅部分地区。该组织无疑继承了共济会的传统，拥有对抗法国、赢取民族独立的含糊计划。光线会在 1800 年后再次露头，或许是 1802 年 7 月博洛尼亚起义的幕后策划者。但与许多同时期宗派一样，光线会受到地方自治主义，以及缺少目标和领袖的阻碍，以失败告终。

这些年间，各地涌现出许多天主教秘密社团，成为反对拿破仑统治的先锋。相比共济会，它们与 1773 年遭到镇压的耶稣会有着更加密切的联系。支撑它们的是对法国反教会反教皇行为的愤怒，是 19 世纪初出现的保守浪漫主义，是对宗教、神秘、权威的崇尚以及审美上的传统主义。18 世纪 80 年代初成立的基督教友爱会（Christian Amity）活跃在皮埃蒙特，耶稣之心会（Society of the Heart of Jesus）则在意大利共和国活动（为梅尔齐·戴瑞及其政府制造了许多麻烦）。南部是三一会（Trinitari）与卡尔德拉里会（Calderari）的地盘，这些党派的资助者是波旁王朝的代理人，从 1799 年鲁福领导的神圣信仰运动中汲取了灵感。

而在所有秘密社团中，最重要的要数烧炭党（Carboneria）。我们无从知晓其成立的时间与地点，不同的记录指向苏格兰、朱拉（Jura），或者德意志的森林。烧炭党人或许在 18 世纪 90 年代就已渗透进意大利，却于 1806 年后才在那不勒斯王国形成势力，这在某种程度上多亏了英国的支持。这些烧炭党人基本都是因为反对拿破仑（这匹"毁了共和国"的"肥狼"）[16] 及法国统治而团结在一起，意大利独立也是他们共同的愿望。但与光线会一样，他们也不确定应该采用联邦共和制还是君主立宪制。烧炭党人的社会目标也存在问题，组织中的高层人员明显信奉激进的平等主义观点，即 18 世纪 90 年代菲利波·博纳罗蒂及其追随者所推崇的理念，但是，许多普通成员——主要由小地主、专业人士、士兵、公务员与神职人员组成——对这种极端观点心存蔑视，因而烧炭党计划中的这一成分便被弱化了。[17]

该组织的机构与行事作风皆沿袭自共济会，基层小组是被称为"销售组"（vendita）的地方组织，一组"销售"听命于一位"销售妈妈"（vendita madre），"销售妈妈"又向"高级销售"（high vendita）汇报。最初，组织中只有学徒与大师两个等级，后来又出现了第三个等级：领袖大师。大概在 1815 年后，一套七个等级的体系将其取代。每次晋级都有相应的仪式与教义问答，晋级后才能获取更高等级的知识。普通学徒仅接受一般的慈善、道德与信仰教育，而高级成员听命于政治指令，参与颠覆暴政的计划。所有烧炭党人均携带火枪和刺刀，每个月缴纳会费。为防止被警察安插间谍或告密，组织上下管理严格，任一分支仅与少数其他分支保持联系，认证标识与暗语在高级销售的指示下定期变更。[18]

在政治局势变幻莫测、农民起义与经济机遇并存的时代，烧炭党组织为人们提供了有效的支持网络与团结氛围。成员们从组织中获得的利益必定足以抵消被捕与入狱的风险。毋庸置疑，该组织的吸引力很大程度上就来自这些社交利益。不过，强烈的宗教特征构成了烧炭党的另一面，这是当时秘密社团的普遍特征，而后则融入民族统一运动的理念与意象中。烧炭党人所使用的语言与仪式在很大程度上借鉴了基督教的礼仪与象征，这必定也是其吸引力的来源之一，不论在感情还是智识上皆然。

烧炭党的核心教义要求人们在困境中不屈不挠，倾心追寻真理和美德并反对暴政。11 世纪的隐士圣特奥博尔德（Saint Theobald）是社团的守护神，他出身于贵族家庭，拒绝了尘世间的虚荣与财物，与友人瓦尔特（而后是与他的母亲）一同退隐到德意志与北意大利的森林之中，生活朴素。烧炭党人信仰中的另一关键形象是耶稣基督，他既是人也是神。基督受难故事中出现的要素——荆冠、铁钉与十字架——是他们的重要象征，仪式中也有许多关于基督经历的典故。在最常见的大师晋级仪式上，晋级者们被告知"宇宙的领袖大师"耶稣何以是至善人性的化身，又怎样因教育与解放众生而成了"凶残暴政的受害者"。而后，晋级者们须扮演耶稣，在本丢·彼拉多（Pontius Pilate）面前接受审判，并在被钉上十字架的表演高潮中向烧炭党宣誓忠诚。[19]

更高层级的晋级仪式较为政治化（也更具哥特风格），但整个环节仍充斥着宗教与礼拜仪式的暗示。1818 年的教义问答记述着领袖大师晋级仪式的过程——由"宗主教中尉"（Lieutenant of the Patriarch）在高级销售面前组织进行。晋级人员手持金合欢树枝（共济会中纯洁与坚贞的象征）和一颗头骨，进入一个蓝色的房间，房间内饰有白色、红色、黑色和绿色的彩带与金合欢树的图案，图案两端写有字母"L"与"E"，分别代表自由（Liberty）和平等（Equality），底部是用白、红、黑彩带绑在一起的一堆煤炭、斧子与匕首。中尉站在桌边，掀起盖布展示出一杯红色的液体，说："请看这杯血。这是在那罪无可赦的暴君死前，从他的静脉中抽取的血。倒在他的头骨上，再饮入腹中，你便与我们同在。"晋级者跪下，宣告"永不改痛恨暴君之心"，发誓为颠覆暴政不遗余力。随后，他学习打招呼的规定动作：右手手指弯曲，放置于左肩，再斜向下滑至右臀。最后的程序是洗礼：用红色液体湿润一块布料，然后让布料接触晋级者的眼睛、耳朵、鼻孔与嘴巴。中尉开口道："你的双耳只会听到暴君的痛苦呻吟与自由之民的欢声笑语……敌人的尸体散发出清甜的香气，你的嘴唇被暴君的鲜血封印了。"[20]

烧炭党人是意大利南部最重要的秘密社团，而北部的主要自由主义社团是"菲达德尔菲亚"（Fildadelfia）和"阿德尔菲亚"（Adelfia）。这些社团或许最早是由心怀不满的士兵从法国引入，后经意大利的雅各宾派扩充壮大，它们对于拿破仑统治下日益严重的社会保守主义感到愤慨。爱国领袖及反叛者菲利波·博纳罗蒂自 1809 年出狱后活跃于阿德尔菲亚，使组织焕发出生机，找到了方向（在之后的 25 年间，他将自己塑造为意大利宗派主义的领导人）。意大利北部的另一个秘密社团名为"格尔菲亚"（Guelfia），1813 年 10 月创建于罗马，却在罗马涅活跃壮大，很可能吸收了光线会的残余势力。这些社团隐蔽而且变幻莫测，拿破仑的警察机关陷入恐慌，几乎出现了妄想。但有迹象表明，它们仅在 1812 年底才真正得势，威胁到当局的统治。正是那一年底，俄法战争的惨况宣告了拿破仑帝国岌岌可危的形势。

通过宣传，秘密社团为"意大利"解放增添了感情力量，而明确的性意象则为宗教氛围浓重的民族拯救事业注入了荣耀与复仇的意味（更不要说直白的性欲）。一位格尔菲亚的成员临终前在向神父的忏悔中，透露了 1817 年一次教义问答的过程，十分生动。对话如下：

问：你是格尔菲亚人吗？

答：我的母亲嫁给了大海，她的胸脯是高高的山峰。

问：你的母亲是谁？

答：一位胸脯饱满的黑发女子，宇宙间最美的人。

问：你的母亲是什么样的人？

答：美丽、智慧、曾经强大。

问：大自然赋予了她什么？

答：一座鲜花盛开的迷人花园，微风轻拂，橄榄枝头、葡萄藤上硕果累累。

问：你的母亲现在如何？

答：她身受重伤，痛苦不堪。

问：何人所伤？

答：是她的邻居。但她堕落的儿子们也不能免罪。

问：他们为何伤她？

答：因为嫉妒她的美丽。

问：她何处受伤？

答：她的双乳与阴道。

问：她为何受到了伤害？

答：因为护卫们的疏忽。

问：她受伤多久了？

答：100 年间，共 14 次。

问：你去向何方？

答：去为母亲寻求治疗之法……

问：你母亲伤愈后将会如何？

答：她会更加美丽、强大，令人敬畏。

　　这名成员还透露出格尔菲亚成员相认的两个动作：将手贴放前额，而后用一根食指在手掌或手腕处轻敲 6 次，代表 "Italia"（意大利）的 6 个字母。另一个仪式足以揭示出秘密社团成员普遍缺乏学识的现状：每个月，格尔菲亚成员都有一日仅进食牛奶，他们在月光下小口饮奶，致敬农神萨图恩与 "伟大的母亲"。此处实为暗指诗人维吉尔对意大利的描述——"萨图恩的土地，丰收之母，人类之母"。[21]

　　西西里是秘密社团的重要支持来源，波旁王室于 1806 年为躲避法国大革命逃至此地，而后英国占领了这里。18 世纪 70 年代以来，英国企业家在马尔萨拉（Marsala）兴办葡萄酒产业，西西里岛与英国一度建立起密切的贸易往来。拿破仑统治时期，法国干红葡萄酒与勃艮第葡萄酒从英国餐桌上消失，英国随即掀起了饮用加烈葡萄酒的风潮，其与意大利的贸易联系进一步增强。到 1814 年，马尔萨拉共有四家英国公司，另外几家设在马扎拉（Mazara）。英国为维护其在西西里的利益，共向全岛派遣了约 30 位领事与副领事。西西里的贵族阶级往往坐拥大量土地，内部团结一致，他们非常珍惜与英国的联系，希望借此实现长久以来的独立梦想，使"西西里民族"摆脱可憎的那不勒斯的统治。在巴勒莫举办的沙龙上，以英式口音讲意大利语或西西里语甚至成为一种风尚。

斐迪南四世并不享受巴勒莫的生活，对西西里权贵也缺乏信任：其流亡政府的重要职务皆由那不勒斯人担任。他最关心的似乎是如何榨取岛上的财富，以支付对法作战的欠款（并供应宫廷的奢侈生活）。与当地贵族屡生冲突后，斐迪南四世试图通过议会颁布法令提高税收，反对者随即扬起起义大旗。斐迪南（更确切地说是他的王后、玛丽·安托瓦内特的姐姐——可怕的玛丽亚·卡罗琳娜，因为 1799 年斐迪南不愿在狩猎与植物研究以外浪费精力，一直活动于巴勒莫的树林里）动兵逮捕了五位叛军领袖（皆为王室成员），并将他们驱逐至监禁他们的岛上。至此，这场国王与西西里贵族间的权力争夺似乎将以斐迪南的胜利宣告结束。然而在 1811 年 7 月 22 日，英国指挥官本廷克勋爵登陆巴勒莫。

本廷克是一位身形高大、贵族做派的辉格党军人，他性情刚烈，近期才卸任金奈总督。他坚信英国肩负着传播文明的使命（后来在担任印度总督时，他废止了妻子殉夫的习俗），他还认同埃德蒙·伯克的理论，即民族是原始而近乎神秘的实体，须在合适的文明与政治体制中寻求表达。在他看来，对抗拿破仑法国专制暴政的最佳方案是激发人民对自由与独立的热情（"波拿巴创造国王，而英格兰创造民族", 抵达巴勒莫不久后, 他这样说)。[22] 本廷克当然将意大利视为一个民族, 但西西里却不应包含在内。西西里的地理、历史以及贵族对那不勒斯的敌意都表明, 这座岛屿自身即可构成一个民族。

到达西西里后, 本廷克迅速与议会反对派结盟, 迫使国王接受一个由西西里人组成的政府(其中三个部长由此前被驱逐的王室成员担任), 并将好管闲事的王后赶出巴勒莫。而后在 1812 年的夏季, 他批准引入英国的宪法体系, 废除封建制度, 宣告西西里的独立主权。他设立由上议院、下议院组成的两院制议会, 全权负责立法与赋税, 行政机关对议会负责。但本廷克对西西里的过度亲英表现感到不适, 至少, 他不认为英国宪法可以直接被照搬至西西里迥异的文化环境中。部分冷静理智的西西里人对此看法相似, 当地最具智慧的改革家保罗·巴尔萨莫(Paolo Balsamo)对本廷克发出警告: "西西里人得到了太多的自由, 放在男孩的手中就会成为一把手枪, 到疯子那里就是一把刀。"[23]

他们所恐惧的事情很快成真, 在缺乏妥协与信任传统, 没有高于个人利益的集体目标的情况下, 贵族阶级、国王与下议院激进中产阶级间不可避免地陷入激烈的权力斗争。新宪法通过仅 10 天后, 议会休会, 本廷克被迫沮丧地承认, 他曾对西西里抱有不切实际的希望。他判断这个民族仍处在"虚弱的婴儿期", 并未准备好迎接自由; "必须一手持丝带, 一手举着大棒"统治这座岛上的居民。自 1813 年秋天开始, 本廷克对西西里实行了 9 个月的独裁统治, 希望通过经济及体制改革为"公民自由"打下基础, 从而改变"人民的普遍特性", 让西西里人学会"政治自由"所要求的习惯与实践方法。[24]

本廷克一度希望，西西里的立宪政府能够激励意大利半岛人民奋起摆脱拿破仑统治的枷锁。西班牙也是可供借鉴的楷模：1808 年，西班牙爆发了大规模抗击法国军队的人民起义，在英国的支持下，起义军经过几年残酷游击战后，终于在 1812 年促成了全新的自由主义宪法。德意志的局势亦令人热血沸腾：1813 年 10 月，奥地利与普鲁士组成近 40 万人的庞大武装（辅以俄国与瑞典的军队）在莱比锡大败 20 万拿破仑军队，史称"民族大会战"（Battle of the Nations）。这场胜利是"德意志人民"团结一致维护本民族的关键时刻，为德意志民族主义打下了基础。

本廷克通过西西里的人脉与意大利半岛北部、南部的秘密社团建立起联系，鼓励其展开行动。1813—1814 年，烧炭党人的确在卡拉布里亚与阿布鲁齐的部分地区发动了反对若阿基姆·缪拉的暴动。然而，这些暴动无法冲破地区局限，缺乏强大的群众支持，很快就烟消云散了。伦敦出版机构发行的宣传材料亦输入意大利：1813 年至 1814 年，流亡伦敦的米兰人奥古斯托·博齐·格朗维尔（Augusto Bozzi Granville）创立了爱国主义文学期刊《意大利人》（L'Italico），以文字呼吁意大利同胞团结起来，挣脱外国统治的耻辱。[25]

在风云变幻的 1814 年初，持续 20 年之久的恶战走向尾声，支离破碎的欧洲版图很快将在战略、王权与民族主义的角逐中重组。当时，许多稍有权势的人都相信，即使小赌一把也能赚得盆满钵满。本廷克决心掀起一场意大利民族起义。他是个典型的英国人，对奥古斯都与维吉尔抱有怀旧的认同感。当然，他对意大利独立的支持并非没有较为实际的地缘政治考量。1814 年 1 月，本廷克对外交大臣卡斯尔雷勋爵说，如果意大利人的"民族能量"能够像在西班牙和德意志那样得到激发，"那么这个伟大的民族便不会像以前那样，只是一小群可悲而狭隘的王孙贵族的奴隶，而会成为抵御奥地利与法国的坚实堡垒……"[26]

但是，意大利究竟是否存在"民族能量"呢？英国政府认为答案是否定的，甚至本廷克自己也不抱多少希望。1812年10月，他告诉奥地利的弗兰茨大公，意大利人在法国统治下十分"被动"，根本不具备"西班牙人那样的气节"。而意大利人此前的所有反抗不过是"奴隶的抱怨，并非渴望征服的人或准备为了自由和独立赴死的人发出的低吼"。[27]但是，他仍期待看到起义的火花。1814年3月9日，他派遣一支由英国与西西里士兵组成的小型部队从里窝那港登陆托斯卡纳。几天后，他向所有意大利人发布声明，呼吁他们将信任寄托于英国，举起武器抗击法国。他没有得到任何回应。随后，他沿着海岸线"解放"了热那亚。由于担心（事实证明是对的）英国政府计划在战争结束后将这座城市移交给极端保守的撒丁国王——他绝不愿看到这样的结局——本廷克决定先发制人，遵照他心目中"热那亚民族的期待"恢复了古老的共和制。[28]

与此同时，奥地利部队占领威尼托并击退了欧仁·德·博阿尔内。在伦巴第，人们强烈渴望从意大利王国的废墟上抢救出一个独立的国家。然而，米兰贵族没能就何人担任新统治者达成共识。费代里科·孔法洛涅里（Federico Confalonieri）伯爵领导着一群所谓的"纯种意大利人"，实际上但凡不是法国人，他们皆可吸纳，他们寻求英国帮助以摆脱奥地利的钳制。其他伦巴第人则追随那不勒斯的若阿基姆·缪拉，有些甚至支持欧仁·德·博阿尔内，也有人看中了弗兰茨大公（出生在米兰的奥地利人）。1814年4月17日，年迈的弗朗切斯科·梅尔齐·戴瑞试图向有利于博阿尔内的方向推进，但此举激起了"纯种意大利人"的暴怒，他们发起城市暴动，处决了财政大臣并推翻了政府。博阿尔内选择放弃，将伦巴第交给 4 月 28 日抵达米兰的奥地利人。这时，距离拿破仑签署确保法国占领意大利北部的凯拉斯科（Cherasco）停战协议已过去八年。

事实上，与其说孔法洛涅里与其领导的"纯种意大利人"想要建立真正的意大利，不如说他们只想拥有独立伦巴第的主导权——这也是当时大部分人的真实诉求。据作家卢多维科·迪·布雷梅（Ludovico Di Breme）所言，米兰人乐于统治整个意大利，"但到了实际操作层面，他们认为意大利也就到奥托兰尼村（Ortolani，当时在米兰郊外）为止"。[29] 1814 年春，人们热衷于谈论民族与民族权利，孔法洛涅里为阻止伦巴第再度沦为奥地利帝国的行省，绝望地祈求卡斯尔雷勋爵认识到，意大利人在过去 20 年已经拥有成为一个民族的"欲望、手段与能量"。维也纳的统治是一种嘲弄："无论是自然障碍、语言差异还是民族特质、性情与习俗的分歧，都明白显示出德意志与意大利毫无关系。"但卡斯尔雷不为所动。他表示，伦巴第人完全没必要恐惧"奥地利的友善统治"。[30]

拿破仑统治的几年间，意大利政治民族的理念获得了新的意义、情感与能量，但辞藻与现实、思想与行动、受教育者的心理世界与普罗大众的心理世界之间仍有不可弥合的鸿沟。对于亚平宁半岛农村的上千万农民而言，"意大利"仍是一个空洞而无意义的词：他们在生存线上挣扎，凭着对家庭、村落与主保圣人的归属感，以及对征税官、征兵员以及地主的仇恨联系在一起。而在中上层阶级中间，1814 年至 1815 年旧王朝统治的复辟激发的情绪各不相同，无奈顺从者有之，热情欢迎者亦有之。虽然部分品性高洁者的确意识到许多问题，但彻底的愤怒与敌意却很少有。为若阿基姆·缪拉潜心工作几年后，温琴佐·科科很难接受波旁王朝的回归，精神崩溃后再也没有痊愈。最终，他在1823年辞世。乌戈·福斯科洛一度打算站在奥地利一边，但始终无法说服自己对奥地利皇帝宣誓忠诚。他先后流亡至瑞士与英格兰，并于1827年客死英格兰。

怀疑与听天由命的情绪笼罩着整个半岛，再具吸引力的条件也无法激起一点波澜。1815年3月30日，若阿基姆·缪拉在里米尼（Rimini）呼吁意大利人与他一道为独立与统一而奋斗。就在几天前，拿破仑在高昂的欢呼声中回到巴黎，就此揭开百日王朝——以6月的滑铁卢战役为终点——的序幕。若阿基姆·缪拉大声疾呼：

意大利人！实现意大利伟大使命的时候到了。上帝终于将你们召集在一起，组成一个独立的民族。从阿尔卑斯山到西西里海峡，一声呼喊响彻云霄："意大利独立！"……大自然以阿尔卑斯山作为你们的疆界，难道毫无意义吗？你们自成一体的语言、风俗，以及独特的民族特质筑起的疆域，难道毫无意义吗？绝不！绝不！让外国统治终结吧！你们曾是世界的主人，这份危险的荣耀让你们在过去的2000年里饱受征战与屠杀之辱。就让摆脱主人的控制成为你们今日的荣耀吧……我吁请你们——米兰、都灵、威尼斯、布雷西亚、摩德纳、雷焦与所有伟大的、受到压迫地区的崇高而不幸的意大利人……建立起一个强大的联盟吧，选择自己的政府、真正的民族代表与宪法……[31]

部分意大利爱国者被缪拉触动。科科与福斯科洛的朋友亚历山德罗·曼佐尼开始为缪拉与意大利统一书写颂诗（"唯有同心方可获得自由"）。当时，他还只是一位年轻的米兰作家，将在未来的文坛大放异彩。不过，刚刚写了 51 行，他又听说缪拉在 5 月 13 日的托伦蒂诺（Tolentino）之战中被奥地利人击败，于是匆匆收笔，这首诗终究只是断章（也应当如此）。[32] 即便如此，曼佐尼也曾以笔为剑，当时仅有 500 名志愿军响应缪拉的宣言。托伦蒂诺之战后，缪拉逃回法国，但在 10 月又带领 250 个忠心耿耿的支持者回到意大利南部，试图为那不勒斯的王位最后一搏。但他面对的只有卡拉布里亚人的敌意。被波旁军队围困于海岸后，他被关押于皮佐（Pizzo）要塞，10 月 13 日遭到处决。这位法国南部小乡村走出来的客栈老板之子，在法国大革命带来的激情、理想、机会主义与无止境机遇翻滚的狂暴世界上一跃成为将军、元帅、大公，直至国王。他在临终之际说："不要打脸，瞄准我的心脏！"[33]

第二章

布道，1815—1846

复辟、浪漫主义与叛乱，1815—1830

意大利！啊，意大利！美丽的地方
但是你现在和过去灾难的祸根
就是你天赋的美质，美是你的致命伤；
耻辱在你可爱的额上划下悲哀的皱纹，
你的史册是火焰般的字句所写成。
上帝啊！意大利不必这么妩媚，
只需返朴归真，要不就变得更强盛，
就能挽回你的权利，吓退那些盗匪。
他们总是使你流血，啜饮你洒下的伤心之泪。

拜伦勋爵，《恰尔德·哈洛尔德游记》，

第四章，42，1818 年

意大利啊，往昔的荣耀……
当你回首时，啊，我的祖国，
你看到流芳百世的无数英灵，
你会为自己遭人鄙视的境况而哭泣；

唯有愚笨之辈只感到悲痛而不愤慨：

你转过身来，羞愧又惊醒，

想到我们的祖先和子孙后代

一遍遍，你心如锥扎。

贾科莫·莱奥帕尔迪，《但丁纪念碑》，1818 年

公共义务

弗朗切斯科·阿耶兹（Francesco Hayez）是 19 世纪初意大利北部最杰出的画家。但实际上，竞争也并不激烈。自米兰新古典主义艺术家朱塞佩·博西和安德烈·阿皮亚尼分别于 1815 年和 1817 年离世，意大利面临一片艺术人才的荒漠。博西与阿皮亚尼都没有留下名徒，除阿耶兹外唯一值得称道的艺术家是博洛尼亚的佩拉希奥·帕拉吉（Pelagio Palagi），一位建筑师、装饰家、雕塑家、家具设计师与肖像画家，热衷于考古学（他私人收藏颇丰，包括古罗马、伊特鲁里亚、希腊以及埃及的大理石、青铜、金、银、玻璃制品，并擅长将其中图案借鉴至自己的作品中）。[1] 即便如此，帕拉吉只能算是小有成就，称不上伟大——他的画作始终带有一种学术派的保守气质，缺少生机与热情。与博西和阿皮亚尼一样，帕拉吉也因与拿破仑政权关系密切而受到波及。

1820 年，阿耶兹在布雷拉学院展出了一幅轰动性的历史题材画作。画中，一位无名的 15 世纪军事长官在家人的恳求下，拒绝了为威尼斯共和国出征的指令。那一年，阿耶兹 28 岁。1791 年，他出生于威尼斯一个普通人家，在 1809 年获得奖学金前往罗马学习古典主义和文艺复兴时期的艺术，接受雕塑家安东尼奥·卡诺瓦的指导。阿耶兹较少关心政治事务（在绘画之外，爱情是他的首要追求），拿破仑帝国最后几年里横扫欧洲的关键事件似乎并未对他造成深刻影响。免除兵役对他而言可谓巨大的解脱［刚刚在歌剧圈崭露头角的年轻作曲家罗西尼（Rossini）也是如此，他在1812年与阿耶兹相识并成为朋友］，[2]当奥地利人重回意大利北部时，阿耶兹刚刚完成教皇委派的任务并返回威尼斯发展自己的事业，直到1820年他才回到米兰。

阿耶兹早期作品的灵感偏向古典，但在1820年展出于布雷拉的画作中，他选择了中世纪的题材。他在回忆录中提到，无数个夜晚，他研读西斯蒙迪所著的意大利中世纪共和国历史（这本书迅速被意大利爱国者奉为经典），以寻求一个合适主题。但几乎可以肯定的是，他真正的灵感源泉是政治性较弱的《威尼斯共和国的历史》（*Histoire de la République de Venise*，1759—1768年），[3]作者是法国人马克-安托万·洛吉耶（Marc-Antoine Laugier）。画作展出时，阿耶兹为强调其历史渊源，加上了一个详尽的题目：《彼得罗·罗西（Pietro Rossi），帕尔马爵士，土地被维罗纳的德拉斯卡拉斯家族夺走。他在自己驻守的蓬特雷莫利城堡收到邀请，希望他指挥威尼斯军队向敌人进军，妻子和两个女儿却哭着央求他不要接受委任》。

米兰人立即将这幅画奉为革命性作品——宣示着浪漫主义对古典主义的超越。艺术评论家对作品的感染力赞赏有加，其对历史细节的关注（城堡建筑、人物服饰与骑士甲胄——而画面的色彩、手势与倾斜的头颅都显示出阿耶兹对文艺复兴时期威尼斯艺术家乔尔乔内、西玛和卡尔帕乔的研究）[4]以及打破陈规的人物造型亦引人注目，画中人物背对观众，面孔隐而不现，营造出紧张而神秘的氛围，吸引观众以想象力来构思叙事与表达。画面右侧，痛哭的女儿将爱国精神、崇敬与预言性完美地凝聚于一身，该人物的创作灵感来自卡诺瓦在圣十字教堂阿尔菲耶里墓前创作的意大利雕塑。[5] 阿耶兹对罗西所处的进退两难境地的成熟描绘也让批评家钦佩不已。罗西的面容与姿态中透出冷静、尊严、悲伤与自我反思的不确定性，这似乎很好地表达出了摆在他面前的选择的重要性：究竟是回应爱与家庭责任的召唤，还是抗击他的敌人德拉斯卡拉斯家族（他选择了后者，并身殒其间）。但是，阿耶兹 1820 年画作的成功也不仅仅来自其对浪漫主义的捍卫，政治因素同样发挥了重要作用。

当欧洲政治家于 1814 年 11 月齐聚维也纳协商政治新秩序时，他们最关心的是维持稳定与和平，遏制法国的帝国主义倾向，并将革命扼杀在摇篮里。他们认为，人民主权的观点是此前 25 年混乱局势的根源，决定为维护"正统主义"原则将其舍弃：沿袭拿破仑征服以前君主与国家的合法权利。简言之，这个方案意味着恢复 1789 年的国家边界，但在实行的过程中相对灵活。英国、奥地利、普鲁士与俄国等主要获胜国的野心加上对权力均势、抑制法国的需求，导致部分小国成了牺牲品，其中包括意大利的热那亚与威尼斯共和国。

至于"民族"的观念，如今已脱去法国大革命时期的革命性外衣，退回历史实用主义的保守领域。民族不再是永垂不朽的神秘实体，也不再需要从人们的自由意志中寻求表达，民族只存在于群体展现的保持政治独立性的能力中。故此，意大利并非一个民族。正如奥地利首相梅特涅亲王在 1847 年的残酷断言，意大利是"一个地理称谓"。[6] 意大利民族主义也不过是一小撮宗派人士及知识分子的妄想。这些人自以为他们有权威胁现有的政治社会秩序，搅乱人民大众的平静生活。说实话，普通百姓除了温饱安康、政治清明与法律严正以外，还有什么需求呢？

在维也纳议会的保守氛围中，英国自由主义者本廷克勋爵对意大利民族主义的支持被老派的王朝政治取代。各国一致同意，奥地利在德意志与比利时失去的领土应该以意大利的掌控权作为补偿。伦巴第、前威尼斯共和国、特伦蒂诺（Trentino）与瓦尔泰利纳（Valtellina）共同组成伦巴第-威尼西亚王国，作为哈布斯堡帝国的一部分，由维也纳派遣总督进行统治。托斯卡纳大公国由奥地利皇帝的弟弟——洛林家族的斐迪南三世（Ferdinand III of Lorraine）统治，帕尔马的公爵领地也被划给他的女儿玛丽亚·路易莎（Maria Luisa）。摩德纳将由奥地利-埃斯特家族的弗朗切斯科四世统治，卢卡归于帕尔马的波旁王室。在意大利中部与罗马涅，教皇国得到完整重建，但奥地利人有权在费拉拉、皮亚琴察与科马基奥（Comacchio）设立驻军站点，以便在出现问题时轻易地介入教皇领地。在南方，波旁的斐迪南四世恢复了曾经的王国（重新命名为两西西里王国，代表着失去独立资格的西西里人），却也以同意与奥地利建立永久防御联盟为代价。而皮埃蒙特-撒丁被视为法国与奥地利之间重要的战略缓冲地，因而成为意大利唯一完全独立的国家，统治者维克托·伊曼纽尔一世是一位主意颇多的反变革者。

但复辟不代表时针倒转。拿破仑时期引入的行政、法律以及其他改革大多沿袭至 1815 年以后。更重要的是，新的更加中央集权的政府机制、封建制度的终结，以及贵族和教会诸多古老特权的废除增强了君主权力，似乎终于以王权的胜利终结了国王与贵族、中央与地方间的斗争。即便国家权力的增强会引起不满——这在某些地区一定会发生——政府还是希望更高效的官僚及司法体系,学校、道路和公共设施的优化,以及更低(至少相对于拿破仑时期)、更公平的税收能平息这种不满。

不过,虽然意大利大部分地区的新政府形式被统称为"行政君主制",但实际上彼此区别较大。撒丁岛的封建制度直到19世纪30年代后期才最终被废除,皮埃蒙特与利古里亚的法典直到1848年才在该岛推行。在意大利南部,斐迪南愉快地保留了(既出于惰性又源于审慎思考)法国的司法结构与拿破仑法典(但依照教会的意愿做出了一些改变,比如禁止离婚),这让那不勒斯律师在之后几十年都有理由宣称,他们拥有整个意大利最复杂的法律体系。但在皮埃蒙特,脾气糟糕的维克托·伊曼纽尔恢复了拿破仑统治前的法律。1814年,维克托·伊曼纽尔结束了8年的流亡,头戴老式假发辫子,从撒丁岛回到都灵。他否定法律面前人人平等的原则,将自己的权力置于法庭裁决之上。社会对犹太人与新教徒的歧视卷土重来,贵族重获古老特权,长期占有剧院的包厢。但曾经的热那亚共和国无法接受如此保守的制度,维克托·伊曼纽尔被迫允许国民保留许多拿破仑改革的成果。[7]

意大利中部也在1815年后经历了各不相同的转变。在帕尔马的小范围领地上,新统治者玛丽亚·路易莎拒绝向教会妥协,她大力发展经济与公共教育,维持法国法律(毕竟她曾是拿破仑的第二任妻子)。但在邻近的摩德纳,野心勃勃的弗朗切斯科四世深受反动浪漫主义的影响,希望在这片封地里建立起王权与教权的紧密联盟。他将行政权归还给埃斯特家族,清扫拿破仑时期的一切立法,迎回耶稣会与其他宗教秩序,并力图拉拢名为"枢机主教会议"(Consistorials)的神秘主义天主教派别(据当时许多人所言,这个秘密教派密谋将奥地利人驱逐出伦巴第-威尼西亚，将意大利北部的大部分地区置于弗朗切斯科的统治之下）。[8] 斐迪南三世谨遵托斯卡纳大公国开明的改良主义传统，而教皇国拒绝任何沾染法国气息的事物——或者可以说是一切现代事物，连路灯与疫苗都被禁止。[9]

复辟时期的统治者希望重新建立一个等级鲜明、秩序井然的世界。他们希望通过教会的道德支持赢得民心，将百姓掌控于政权之下。但他们面临的经济形势极为严峻。行政体系的开销，尤其是奥地利庞大驻军给国库施加的压力，意味着他们不能将税收降至理想水平。关税和海关壁垒的恢复对农业与商业造成了恶劣影响，食品价格与供应剧烈波动。饥荒的威胁从未消退（1815—1817 年尤为惨烈），而贫穷是普遍现象：1829 年的一项调查显示，教皇国的 250 万人口中，共有 40 万名乞丐、无业游民和失业者。[10] 各国地主疯狂吞并土地，波旁王朝试图将意大利南部的公共土地分给农民，贪婪的地主却拖延法庭审判长达几十年之久，以阻止计划的推行。

义务征兵是民怨的另一源头。拿破仑时代改变了国家间军事冲突的性质——从规模有限的王侯功业转变为普鲁士将军卡尔·冯·克劳塞维茨所说的"总体战"。大规模军队是必要的（这导致在 19 世纪，激发公民忠诚的重要性远超 18 世纪）。伦巴第-威尼西亚在 1815 年 8 月引入征兵制度，激起农民的广泛不满；1820 年，兵役年限从 4 年提高到 8 年（大部分时期在海外服役）。[11] 1817 年，皮埃蒙特的常备军从 1.2 万人扩充到 3 万人，服役时长达 8 年。南部的兵役期相对较短，只有 6 年，但对境内骚乱的恐惧让波旁王朝在和平年代养兵 6 万。[12] 西西里人的忠诚度受到严重质疑，故不必履行兵役义务。

人民大众固然令复辟政府分外担忧，但天主教会的复兴令政府充满期待：宗教秩序、使命、大赦年与朝圣，以及无数恢复或新生的宗教风俗——尤其是有关圣母马利亚的念珠、痛苦圣母、马利亚月等——将浇灭农民的怒火。真正的问题在于受教育阶级。多年来，他们接触到的思想都与绝对主义完全对立，这些在拿破仑时期极具影响力的观点如今被曾经的贵族推翻——尤其是在教皇国与皮埃蒙特（尽管贵族因缺乏政治技巧，很快被迫做出转变）。[13] 在意大利南部，斐迪南国王留用了拿破仑政府的公务员与军官，但问题出在教育系统：毕业生人数远超社会岗位需求，尤其是律师。

矛盾的是，上层阶级最大的不满在于不彻底的复辟。拿破仑政权猛烈冲击了大部分古老贵族：令这些世家几代人引以为傲的地方势力与特权被一扫而空。地方影响力的丧失在一定程度上通过省级与市镇议会的建立得到补偿，贵族与专业人士占据了大部分席位，但这些议会的影响力始终不足。在 1814 年至 1815 年，公务员与军队自然是中央集权的有力支持者，但大部分保守派都极度渴望重新掌握过去的权力。[14] 愿望与现实的落差让他们诉诸宪政自由主义甚至民族统一理想，以求改变当前的复辟方案，重获影响力。

米兰在拿破仑统治下迸发的文化活力以及意大利共和国、意大利王国留下的印记，让奥地利总督海因里希·贝勒加德（Heinrich Bellegarde）伯爵意识到伦巴第和威尼西亚很难融入奥地利帝国。贝勒加德是一位富有政治头脑的出色军人，多年来忠心耿耿，却并不认同维也纳推行的中央集权政策（他的祖籍在萨伏依，这或许让他对意大利人的愿望更加感同身受）。他认为，允许高度自治才是上策。1815 年 7 月他告诉梅特涅，让伦巴第-威尼西亚行政系统尽可能独立且"民族化"，是奥地利在意大利保持影响力的最佳途径。拿破仑的统治使意大利民族统一的梦想逐渐成真（他抱怨道，米兰

"弥漫着统一的精神"），任何将不同意大利群体如德意志邦联那样聚集在一起的安排"都深受各方欢迎"。[15]

奥地利皇帝喜爱并敬仰意大利及其文化——他出生在托斯卡纳，也在那里长大——但他最关心的始终是整个帝国的良性运转。对他而言，意大利各省是重要的财政收入与兵力来源，但它们最关键的作用是帮助奥地利制约法国。几个世纪以来，伦巴第平原是法国与哈布斯堡斗争的焦点，正如梅特涅那句简短的评论："我们在波河守卫莱茵河。"[16] 这就是为什么维也纳如此坚决地掌控着伦巴第-威尼西亚，绝不迎合当地的自治情绪。梅特涅也非常喜爱意大利，但他中意的是意大利的过去，而非它的未来。1817 年访问亚平宁半岛时，他假扮为一名天真的游客而非政治观察者，为"巨大的雪花石膏竟如此贱卖"而惊呼，也愉快地欣赏着托斯卡纳农民的复杂与魅力。他感受到了意大利那宁静的、不能被打搅的美丽（"我可以说，'沉睡'是也必须是当代政治的基础"）。[17]

米兰对奥地利统治深怀怨恨。过高的税收受到民众的抨击——不过，当局从未公开王国预算，人们也就无从证实这项指控。针对皮埃蒙特与法国的超高贸易保护壁垒迫使商人们放弃热那亚与里昂的广阔市场，他们不得不在其他地方寻觅商机。官僚与司法机构的职位只向以德语为母语的人开放，引发了公务员与律师的不满。奥地利皇帝的确试图引入代议制度（拿破仑不曾准许）以纾解日益激化的矛盾，建立起由有产阶级代表组成的中央评议会（Central Congregation）。但这些代表由中央政府指定，仅仅起到顾问的作用。为化解伦巴第人与威尼斯人长久以来的竞争对抗，当局也曾（徒劳地）尝试将两个地区的行政单元分隔开，各设长官（以及分离的中央评议会）。但这个安排并不足以补偿丧失首都身份给米兰带来的损失。

因此，当奥地利当局为赢得有识精英支持、抑制意大利民族主义情绪而开放米兰，使其与先进的欧洲文化接轨时，他们很快发现事与愿违。当局有意聘请乌戈·福斯科洛主编新政府资助的文学期刊《意大利图书馆》(Biblioteca italiana)，福斯科洛几经犹豫最终拒绝，开始了流亡生涯。《意大利图书馆》于1816年1月面世，刊登了一篇由斯塔尔夫人撰写的有关文学翻译的文章，这本是个不痛不痒的主题，却很快成为奥地利知识分子辩论古典主义与浪漫主义孰优孰劣的政治战场。有关当局急于规避风险，《意大利图书馆》很快放弃了推行新浪漫主义的目的，中规中矩地传达着米兰的保守主义文化。

斯塔尔夫人不曾发表挑衅言论，但她的自由主义姿态与对意大利独立事业的支持尽人皆知，其文中的观点自然被赋予了重要的政治意义。她提出，意大利文学较为偏狭，若能以开放的胸怀吸纳同时代其他国家，尤其是英德两国的文学思潮，将受益匪浅。意大利写作多运用艺术技巧，缺少真诚与直率，而通过翻译接触欧洲的浪漫主义能够弥补这一缺憾。然而，当她提出意大利的艺术未能承担教育民众的公民使命时，这些言论已超出了纯文学探讨的范畴；话既出自斯塔尔夫人之口，则显然是指自由主义兼爱国主义教育。她尤其希望意大利剧场的氛围得以提升，正如席勒与施莱格尔影响下德意志的剧场。她提到，意大利人如今出了名地喜欢在演出时闲聊，而非专心观戏，这个习惯无益于提升"民族的智力"。艺术的目标应是快乐与"公共教育"的结合，以此追求真正的伟大。毕竟，意大利除了艺术还有什么为人称道之处呢？若艺术陨落，意大利人"将堕入深眠，即使太阳也无法将他们唤醒"。[18]

在斯塔尔夫人的启迪下，米兰的自由主义爱国者开始全力支持浪漫主义事业。艺术应当简明直率，必须忠于自然，题材必须源于当下或过去的真实生活。艺术应追求描绘出人类最充沛、最复杂的情感与经历。正如诗人乔瓦尼·贝尔谢（Giovanni Berchet）于1816年所言，艺术必须努力"提升人之品行"，这句话后来成为意大利浪漫主义的宣言。这意味着，意大利文艺要冲破传统的贵族圈子（贝尔谢认为贵族文化曲高和寡且混杂了其他文化的因素，"失去了民族的印记"），转而呈现给"所有会读会听的人"，即"人民"（未受教育的大众，或"霍屯督人"，曾经是不可能完成的任务）。作为伦巴第的新生代职业作家，贝尔谢与同僚以写作为生，希望将意大利塑造为"普遍文学化的国度"，由"上千万"既关注个人物质利益又心怀理想精神的读者组成（或多或少是一种空想）。[19]

1818年9月至1819年10月，奥地利审查机构终于不堪重负，伦巴第的自由浪漫主义团体得以在夹缝中发行其优秀的刊物《调解者》（*Il Conciliatore*）。该刊的供稿人包括几位重要的意大利知识分子，如满怀爱国热情的贵族费代里科·孔法洛涅里、律师吉安·多梅尼科·罗马尼奥西（Gian Domenico Romagnosi），作家西尔维奥·佩利科（Silvio Pellico）、卢多维科·迪·布雷梅（Ludovico Di Breme）、埃尔姆斯·维斯孔蒂（Ermes Visconti）和贝尔谢。《调解者》兼收并蓄，收录文章主题广泛，从经济、地理、法律到科学、宗教、教育和文学，无所不包。历史题材所占比重最大，斯塔尔夫人的好友西斯蒙迪于1818年完成意大利中世纪共和国历史巨著的最后一卷，同年该作被翻译为意大利语。正是《调解者》吹响了关注中世纪意大利的号角——不仅是因为当时欧洲北部的浪漫主义作家（尤其是沃尔特·司各特）喜爱中世纪主题，更是由于人们日益深信中世纪是意大利民族的根源，城邦的活力、公民尊严与战士美德为亚平宁半岛创造出独立、自由、经济繁荣与文化昌盛的辉煌景象。[20]

但《调解者》的受众范围究竟如何呢？主办方固然期待拥有广泛的读者群体。编辑们在撰写策划方案时称，长期以来，知识始终被限制在"修道院与学术机构"的少数意大利学者之中，他们就语法等无关尘世的主题展开深奥艰涩的辩论。而如今，现实有了转变，"公众"不愿参与严肃讨论的情形（由"长久和平导致的沉睡"及"意大利各群体缺少沟通"导致）已在过去 20 年的巨大社会变动中结束。"悲剧刺激着人们的神经"，教会人们思考并接受新观点。为满足人民的需求，米兰作家出于献身"公共利益"的热忱，"决心为意大利公民提供一份新刊物"。[21]然而，他们的乐观缺乏事实基础，这一小部分自命不凡的作家写下的文章仅在自由主义贵族的豪华沙龙里流传。《调解者》最终只有 240 个订户，几乎全部来自米兰城，不久便以停刊告终。而相比之下，全国约有 2 000 万居民。在未来的几十年里，如何与广大人民建立联系成为意大利爱国者们面对的最大问题。

1820 年夏天（阿耶兹展出那幅彼得罗·罗西在家庭幸福与战斗间痛苦抉择的油画的时候），空气中弥漫着革命的气息。这一年年初，加的斯军队哗变在西班牙掀起了革命的浪潮，国王被迫于 3 月恢复 1812 年的民主宪法。在西班牙局势的鼓舞下，意大利南部的秘密社团开始筹划起义。7 月初，30 名诺拉镇（Nola）烧炭党人在本地驻军的支持下沿乡间挺进阿韦利诺（Avellino），在洪亮的号角声中高呼"自由与宪法万岁"。两个团的部队从邻近的那不勒斯加入烧炭党起义军，领导人古列尔莫·佩佩（Guglielmo Pepe）

曾是拿破仑手下的军官，征战西班牙的亲身经历让他认识到游击战的巨大潜力。斐迪南国王很快屈从，答应叛军的要求并引进西班牙宪法。7月9日，暴动者在那不勒斯的街道上举行胜利游行，诺拉镇的"穆基乌斯·斯凯沃拉"（Mucius Scaevola）销售组成员光荣地领头前行，一路上奏响凯旋的乐章，黑、红、蓝的烧炭党旗帜在空中飞扬。几天后，革命之火扩散至西西里，但起义军自暴动之初便在对宪法的选择（西班牙宪法或1812年的西西里宪法），以及在何种程度上坚持西西里独立于那不勒斯等问题上产生了严重分歧。

革命的态势也影响着亚平宁半岛北部，维克托·伊曼纽尔一世在皮埃蒙特推行的反动政策激怒了贵族中的自由主义者。他们在19世纪20年代后期要求颁布宪法，发动战争解放伦巴第-威尼西亚，在萨伏依王朝的统治下建立"上意大利王国"（Kingdom of Upper Italy）。这些诉求似乎的确有机会成功——南部的起义让人们逐渐相信（事实亦如此）奥地利很快将被迫向南部派兵，北部武装势必松懈。那年秋季，皮埃蒙特人与伦巴第自由主义者加强了往来，米兰《调解者》编辑部成员率先开启叛乱的准备工作，他们大多是秘密社团阿德尔菲亚后期转变而成的"意大利同盟"的成员。不过，计划的实施完全取决于皮埃蒙特国王是否接受糖衣——针对宿敌奥地利的王朝扩张战争——包装下的立宪主义，而他们无法预测国王的选择。

面对意大利的起义动乱，奥地利向各大国请求军事支援。法国与俄国对奥地利在半岛丧失影响力喜闻乐见，却不愿看到那不勒斯引入西班牙的民主宪法。在英国，对意大利自由主义与独立的支持较为强势。伦敦虽不愿军事镇压革命起义，却也不会选择在维也纳会议后不久即与梅特涅产生龃龉。由此，当各国于 10 月齐聚西里西亚召开解决意大利问题的特拉波（Troppau）会议时，奥地利成功促成一项书面声明，允许其对两西西里王国进行军事干预以恢复专制。英法两国并未签署这份声明——预示着它们未来对意大利独立的支持——却也不打算否决奥地利的行动。出于对英法的尊重，梅特涅同意邀请斐迪南国王参加 1821 年 1 月在卢布尔雅那举办的另一场会议，以解释他为恢复秩序而采取的措施。

特拉波声明在那不勒斯自由主义者中间引发了恐慌，但斐迪南向议会与"民族"庄严起誓，在卢布尔雅那会议上，他定会确保人民享有"智慧而自由的宪法"。但他甫一出国便扯下面具，告诉梅特涅自己是被迫接受宪法的，请求奥地利武装介入。2 月初，奥地利军队跨越波河进入教皇国并向南征伐。那不勒斯很难组织起有力的反抗，军队中若阿基姆·缪拉曾经的支持者与更倾向于民主的烧炭党成员严重不和，造成军队分裂，他们无法为捍卫革命成果达成有效方案。事实上，那不勒斯最精良的部队已于夏季被派遣至西西里，阻止其独立企图（也为了支援当地贵族阶级。这些举起反旗的贵族搬起石头砸了自己的脚，城市与农村的劳动者很快找上他们，要求清算旧账，废除税收并取得土地）。拿破仑统治下的西班牙农民大起义也不大可能发生在那不勒斯，就像 1799 年那不勒斯的自由主义知识分子没能赢得农民大众的支持一样。因此，奥地利军队近乎畅通无阻地攻破边防，于 4 月 23 日侵入那不勒斯。在此过程中，唯有半岛战争的老兵古列尔莫·佩佩发起了顽强抵抗。

与此同时，皮埃蒙特爆发革命。当地局势自年初起急剧恶化：都灵大学的两名学生因在剧院佩戴红色贝雷帽而被捕，愤怒的人群在 1 月发起暴动并遭到军队的武力镇压，自由主义者在此后的数个星期里迅速筹划反奥起义。这些社团人士计划中的关键人物是未来的王位继承人卡洛·阿尔贝托（Carlo Alberto），一位严谨信奉宗教、不安全感强烈的年轻人（朱塞佩·马志尼称其为"王室中的哈姆雷特"）。[22] 拿破仑统治时期，他曾在法国被抚养长大，这应在他身上留下了自由主义与爱国的印记。那几个月里，阿尔贝托无疑欣然接受了贵族社团人士投来的关注，让他们一心相信他将在起义爆发后给予支持，说自己将说服国王维克托·伊曼纽尔通过宪法然后入侵伦巴第–威尼西亚。3 月 6 日，叛乱的主要密谋者拜访卡洛·阿尔贝托，告知他一切已准备就绪，"萨伏依王朝史上最光荣的时代"即将开始。[23] 他显然批准了此次行动，并与政变领导人——理想主义者圣罗萨伯爵圣托雷（Count Santorre di Santarosa）握手。三天后，一面三色旗（可能是意大利王国的绿、白、红三色旗）[24] 在亚历山德里亚要塞升起，起义正式开始。

但计划未能如愿。尽管皮埃蒙特其他地方的守军纷纷响应亚历山德里亚的起义号召，升起三色旗并要求引入西班牙宪法（尽管有些地方使用的是烧炭党的三色旗），但国王维克托·伊曼纽尔生怕激怒奥地利，无意支持起义计划，他迅速宣布退位，给予叛乱者致命一击。他将王位传给自己的弟弟、坚定的反革命者卡洛·菲利切（Carlo Felice，当时身在摩德纳），并任命卡洛·阿尔贝托为临时摄政王。卡洛·阿尔贝托如今进退两难，他本应履行承诺，于 3 月 15 日推行西班牙宪法，但不得不背负起另一个誓言："我宣誓效忠卡洛·菲利切国王，愿上帝帮助我。"[25] 两天后，米兰自由主义者派出代表团敦促其下令攻打伦巴第，却遭到拒绝。

卡洛·菲利切从摩德纳向卡洛·阿尔贝托发布声明（用法语明确表达：他蔑视关于意大利爱国主义的一切），宣称绝不容忍宪法或任何触犯"绝对王权"的事物。卡洛·阿尔贝托两头周旋,他并未将这份声明公之于世,而是任命圣罗萨为战争大臣,以安抚叛军,自己则在3月22日夜间秘密逃离都灵,前往忠于卡洛·菲利切的诺瓦拉寻求庇护。圣罗萨骤然失去依托,许多同谋者因卡洛·阿尔贝托的背叛而灰心丧气,圣罗萨果断动用全部兵力解放伦巴第并守卫革命成果,不断发布声明效忠国王,反复提及"敬意""荣耀""美德""同胞""祖国""民族"等词——但这个"民族"究竟是否仅限于意大利北部,我们不得而知。

圣罗萨完全是在对牛弹琴。这场革命发起于军队内部,其参与者甚至仅限于军官阶层。当失败似乎已成定局,普通士兵逐渐溃散。绝大多数民众对宪法与解放"伦巴第同胞"的言论无动于衷。在卡洛·菲利切向仍在卢布尔雅那开会的各大国请求援助,奥地利决定向皮埃蒙特派兵之后,圣罗萨的动员更是毫无起色。革命军残部向东来到诺瓦拉,希望得到当地驻军的支持,这已是他们最后的放手一搏("诺瓦拉的战士们!难道你们就要和祖国最残酷的敌人为伍吗?⋯⋯绝不!兄弟们!让我们并肩战斗!")。[26]然而,面对提契诺河西岸的1.5万名奥地利士兵,他们毫无胜算。4月8日,他们被彻底击败于诺瓦拉的城墙之外。奥军随后攻占了亚历山德里亚(出于羞辱的目的,他们将城市的钥匙呈给皇帝),增派驻兵,诺瓦拉的指挥官则向都灵进发。

与那不勒斯和西西里一样,皮埃蒙特的革命终究也惨淡收场。上千名反叛者逃至法国与瑞士或乘船前往西班牙。圣罗萨用假名在巴黎避难,并撰写回忆录。他与年轻的哲学家维克多·库辛(Victor Cousin)成为朋友,在其帮助下躲避警方的追捕。但他最终没能逃过监禁与流亡的命运,先是在英格兰奇斯威克(Chiswick)投奔乌戈·福斯科洛，而后移居诺丁汉以教法语和意大利语为生。1824年11月，他启程投身希腊的独立斗争，但意大利人在国际上的尴尬身份使他未获重用。1825年5月8日，埃及军队进攻斯法克蒂里亚岛（Sphacteria），圣罗萨战死沙场：据称，他死前状态十分糟糕，即使敌方手下留情也不一定能保住性命。没有人找到他的尸骸。[27]

圣罗萨与其他1821年流放者的命运深深打动了一位赤诚青年的心，这位笃信宗教的年轻人是沃尔特·司各特的忠实读者，喜爱一切浪漫主义文学，在生活中也有轻微的戏剧化倾向。他正是朱塞佩·马志尼。1821年4月，马志尼还是一名15岁的大学生，他与母亲在热那亚的码头边遇到了一群急于逃往西班牙的叛乱者，这些人绝望地向过路者乞求帮助。多年后他回忆起这个场景：

> 不远处，一个神情肃穆凶狠的男人叫住我们，他皮肤黝黑、胡须浓密，那锐利的目光深深烙在我的记忆中。他伸出双手，捧着一块白色的小手帕，简短地道明来意：为了意大利的流亡者们。母亲与她的朋友在手帕里放了一些钱……正是在那一天，我萌生了一种复杂的心情……我意识到我们意大利人能够，也应当为了祖国的自由而奋斗……后来，这些落难士兵中有许多人成了我的朋友，但这份回忆如影相随，在深夜的梦中不断重现……在学校的长椅上……在喧闹的学生生活中，我始终悲伤而且感到困扰，仿佛在那一瞬间就已长大。幼稚的我决定只穿黑衣，想象自己在为我的国家默哀……太过沉浸其中，母亲甚至担心我会自杀。[28]

1820年至1821年的革命被镇压后，意大利政府全面实行高压统治。教会的影响力几乎渗透到公共生活的各个领域，统治者试图以虔诚的社会氛围扼杀具有颠覆性的自由主义思想。天主教不容异见的道德戒律尤其体现在教育与审查制度上。轰轰烈烈的肃清工作在南部的军队、公务员乃至司法体系内展开，烧炭党人在重创下分崩离析，在各地通常以新名称与新仪式延续下去。在教皇国，犹太人的处境再度一落千丈，几百名政治嫌疑犯被捕，其中，秘密社团兴盛的罗马涅是重灾区。在皮埃蒙特，卡洛·菲利切谨遵其保守直觉，对知识分子毫无信任（"受教育者为恶，无知者为善"），[29]法院判处几十名反叛者死刑（几乎都在被告缺席的情况下），行政机关亦系统性清理了异见者。

　　一系列引人注目的政治审判在伦巴第展开，审判对象包括近百名意大利同盟、烧炭党等秘密社团成员。1823 年 11 月，费代里科·孔法洛涅里、路易吉·波罗-兰贝滕吉（Luigi Porro-Lambertenghi，《调解者》创始人之一）、乔治·帕拉维奇诺-特里武尔齐奥（Giorgio Pallavicino-Trivulzio）、弗朗切斯科·阿雷塞（Francesco Arese）等 12 位米兰知识界的领导人物被判处死刑。在此之前，作家西尔维奥·佩利科也接到了死亡判决。许多被告在接受讯问时崩溃，供出了其他共谋者的名字（无论后期宣传如何，奥地利当局的确公正执法，并未严刑逼供），伦巴第的秘密社团几乎被彻底铲除。大部分被判死刑者此前已逃亡海外，皇帝也同意为未及时出逃者减刑，以其他责罚代替死刑，但烈士的光环仍环绕着他们——尤其在 1832 年以后，西尔维奥·佩利科在施皮尔贝格城堡监狱的 8 年监禁日记译本面世，这本书对奥地利的国际声誉造成了极端恶劣的影响。[30]

　　在 19 世纪二三十年代，严格的审查制度阻碍自由主义者通过出版印刷传播思想，其他媒介逐渐成为宣扬爱国情感的载体。绘画原本只能展示给有限的观众，但阿耶兹及同时代画家的经典作品都以版画的形式广为复制。由此，彼得罗·罗西忍痛离开家人奔赴战场等画面歌颂了公共道德的关键特质，为自由主义者积攒了社会声望与力量。此外，在天主教艺术传统的耳濡目染下，社会已将承受苦难视为神圣性的考验，展现世俗痛苦的画作因而焕发出强大的震撼力。当弗朗切斯科·阿雷塞三年刑满被释放，从施皮尔贝格城堡回到米兰时，他请阿耶兹为自己创作了一幅肖像，画中的他坐在空荡的石牢房里，铁链束缚着双脚（这样画或许是出于良心的拷问：他曾向警方揭发同伙以换取最轻的责罚）。阿雷塞的高贵仪容与他那曲意逢迎的暗淡处境形成强烈对比，旨在带来强烈的感性冲击。

而当油画的主题取自意大利历史时，另一种效果又出现了：联系过去不仅具有启发性与指导性，还可以描绘出"民族"传统的轮廓，让当代意大利人体会传承之感。乔治·帕拉维奇诺-特里武尔齐奥买下阿耶兹的著名画作《彼得罗·罗西》后（他的死刑也被改为 20 年监禁，他几乎服满刑期），在施皮尔贝格的狱中决定委托佩拉希奥·帕拉吉为该画创作一幅姊妹篇（帕拉吉与阿耶兹是朋友亦是对手）。他指定的主题依旧是牺牲家庭幸福成就伟大使命：克里斯托弗·哥伦布在帕洛斯（Palos）港口与两个年幼的儿子道别，起航探索新世界。哥伦布是土生土长的热那亚人，人们自然有理由将他收录至意大利名人榜，歌颂其探险精神与非凡成就。在王朝复辟时期，哥伦布的事迹风靡伦巴第，以他为主题的人物传记及叙事史诗分别于 1818 年和 1826 年在米兰出版。哥伦布的形象亦出现在帕拉吉等艺术家的油画与歌剧作品中，其中包括年轻的那不勒斯作曲家路易吉·里奇（Luigi Ricci）于 1829 年创作的歌剧。[31]

然而，描绘中世纪意大利的热潮也带来了许多尴尬的问题。维科、科科等学者曾推翻文艺复兴及启蒙运动时期关于现代意大利起源于古罗马的观念，宣称前古典时期和平统一、富有修养的伊特鲁里亚文明才是意大利的真正起源。而 1815 年后的史学家大多认为欧洲各民族形成于公元 5 世纪后血腥的野蛮征伐时期，这一时期传递的爱国讯息则大多含混不清。哥伦布的确志存高远、精力充沛，但他为何不得不仰赖西班牙的资助呢？彼得罗·罗西当然也是一位决心击垮敌人的勇猛战士，但他的敌人又是谁呢？不是外国入侵者也不是压迫者，而是维罗纳的贵族——换句话说，是他的意大利同胞。

分裂的过去与分裂的当下

整个欧洲都在向中央集权的君主制政府过渡，只有意大利保持封建制度不变……意大利没有促进资产阶级发展的工业化或革命时期……［自 16 世纪起］束缚意大利各国的枷锁已各不相同。从希腊时代至今，中央政府对意大利的许多行省而言不过是个传说……［而且］根据地方习俗与法律自行统治。卡拉布里亚、巴西利卡塔、阿布鲁齐以及西西里的大部分地区皆是如此。另一方面，托斯卡纳从未像邻近地区那样体验过失去政治权利的痛苦。

亚历山大·赫尔岑，
《法国和意大利的来信》，1848 年 2 月 4 日

意大利面临的最根本问题是，它并不存在……这不是个简单的民族复兴问题，而是民族创造问题……我研究意大利历史已久，曾见过城市、辉煌的小镇、许多独立的原子，却没有我们能够称为一族人民的有机体。

埃德加·基内，《意大利革命》，1848—1851 年

"统一……在记忆中"：历史与民族

纵观意大利复兴运动时期，历史始终为爱国主义带来诸多隐患与阻碍，许多问题延续到统一以后。人们尽管普遍认同历史在塑造意大利人的民族意识以及教导其成为良好公民（这一点略存疑）方面起到了关键作用，但很难找到贯穿始终的主线。那不勒斯青年学者、未来公共教育大臣帕斯夸莱·维拉里（Pasquale Villari）在 1849 年自信地断言："意大利的历史是由一个民族（nation）下众多国家（state）组成的历史。"他还补充说，人们细致考察各国的历史后，会发现它们有着共同的民族结构。[1]但许多人认为，这样的观点过于乐观，甚至有些危险。米兰的共和主义者朱塞佩·费拉里（Giuseppe Ferrari）认识到了历史上分裂带来的不可估量的影响，因而热情拥护联邦制。他在 1858 年写道："意大利又在何处呢？意大利包括哪些部分呢？过去那些共和国、绅士、教皇、帝王与侵略，要靠什么联系在一起？个体与大众、宗派与战争，乃至战争与革命之间，存在着何种关联？学术界未能解答这些疑问。事实上，学者们不仅没能为我们指明方向，反而给混乱与冲突火上浇油……"[2]

18 世纪 90 年代以后，为意大利民族寻找历史源头的任务变得紧迫起来。当启蒙运动时期的世界主义逐渐被民族主义取代，意大利人是罗马人后裔（若非种族上的，至少也是文化上的）的传统观点不再适用。首先，古罗马的地理范围广阔，历史遗产影响着众多民族（法国革命者与拿破仑不也理所当然地引用了古罗马的公民道德与象征吗？），无法成为意大利的可靠范本。探索欧洲人的起源及特性成为浪漫主义学者的兴趣所在，也使得历史学在 19 世纪焕发出新的生机。1815年后，许多颇具影响力的意大利爱国者——包括亚历山德罗·曼佐尼、马西莫·德·阿泽利奥、切萨雷·巴尔博（Cesare Balbo）、温琴佐·焦贝尔蒂、朱塞佩·威尔第等杰出人物——从意大利历史（尤其是中世纪）中寻找素材，以此教育公众，激发人们对独立的热情，并证明他们对民族未来所持的美好愿景是正确的。

米兰著名作家亚历山德罗·曼佐尼一生的大部分时间都饱受焦虑折磨。恐慌频频向他袭来，他害怕暴风雨，畏惧人群，出门在外常常担心房屋倒塌或大地在脚下裂开。他见不得小水洼，麻雀发出的声响都令他不堪其扰。好几次他都以为自己会彻底发疯，就如好朋友温琴佐·科科那般。但随着年龄增长，他学会了与敏感的情绪和谐共处，坚持健康而规律的生活方式。他会在午餐前散步25分钟，摄入相同的食物，在固定时间入睡，并及时根据气温状况增减衣物。焦虑袭来，他就离开屋子到街上乡间走走，直到情绪平复。有时，他能在一天内走出三四十千米。[3]

曼佐尼的成长经历十分坎坷。他于1785年出生于米兰的贵族家庭（母亲是著名法学家切萨雷·贝卡里亚的女儿，据传言，亚历山德罗·曼佐尼是她与著名启蒙主义学者彼得罗·韦里的弟弟私通所生之子），父母却在他6岁时离异，也很少陪伴在他身边。曼佐尼在高强度的学习中寻找慰藉，小小年纪便展现出极高的文学天赋，引起福斯科洛、蒙蒂等米兰文学界知名人物的关注。1808年，他与瑞士女孩恩里切塔·布隆代尔（Enrichetta Blondel）组建家庭，为他的生活带来一些稳定的情感基础。1810年他再次皈依天主教并定居巴黎，融入斯塔尔夫人身边的自由主义知识分子圈子，热情地投入浪漫主义文学与历史研究。1815年后，他很快成为米兰文学界的主导人物。尽管没有直接为《调解者》供稿，曼佐尼仍然是浪漫主义的强力推动者，其笔下的悲剧《卡马尼奥拉伯爵》（*Count of Carmagnola*，1816—1819 年，也是阿耶兹一幅名画的主题）成为这场新运动的奠基作品之一。《调解者》团体中的贝尔谢和维斯孔蒂也与他成为密友。

曼佐尼的理想包括挣脱压迫获得自由，以及群体的团结——从亲朋好友之间的团结到一个民族乃至整个基督教世界的团结。1821年 3 月，当皮埃蒙特的革命看似即将蔓延至伦巴第，进而解放整个半岛时，他燃起了熊熊的爱国热情，舍弃了一贯慢节奏的写作习惯，迅速完成了一首颂诗。在诗中，他想象反叛者已抵达提契诺河东岸，庄严地宣誓解放意大利全境。全体意大利人，无论身在何处，都回以相同的誓言，手持利剑指向太阳，友爱地握手，声称将"并肩作战到生命最后一刻，抑或在自由的土地上做彼此的兄弟"。颂诗呼吁奥地利人离开这片"不堪其扰"的土地，并回顾了当初法老试图奴役以色列人时，上帝如何消灭了埃及军队。因为经历了漫长的苦难与懒散地寻求外力支援的日子，意大利的孩子们，这个拥有"统一武装、语言、信仰、记忆、血缘与心意"的民族终于拿起武器为自由而战，团结在旗帜的"神圣色彩"中，因同样的痛苦而强大。[4] 当然，1821 年 3 月至 4 月发生的一系列事件让曼佐尼放弃出版这部颂诗。直到 1848 年米兰起义军成功击退奥军之际，他才将此诗公布于世。[5]

武装、语言、信仰、记忆、血缘与心意——在曼佐尼设想的意大利人民所共有的六个特质之中，只有一个确实成立，即"信仰"（讽刺的是，当意大利最终实现政治统一后，这又是唯一没有被纳入民族国家考量范围的因素）。这份理想化的天真一方面来自艺术性虚构与政治宣传的需要，另一方面也显示出曼佐尼与其他同时代北方知识分子的无知。相比亚平宁山脉，他们反倒离阿尔卑斯山更近。他对半岛的绝大多数人口几乎一无所知，这些生活在意大利中部与南部的平凡百姓大多是文盲，普遍缺乏知识。他仅在一首诗中提及半岛的南部（神话典故中"海妖斯库拉的洞穴"），除此以外，其作品中提到的地点皆在北部。在以河流汇合比喻意大利人无怨无悔的融合时，他只选取了从皮埃蒙特和伦巴第流向波河的支流。曼佐尼与圣罗萨一样，实际上只将北部地区纳入想象中的意大利版图。

1821 年革命的失败及朋友们的牢狱之灾让曼佐尼深感悲痛，却也赋予了他全新的使命感。此后的几年成为他一生中最具创造力的阶段。他对历史的迷恋有增无减，最近一次拜访巴黎时，他与年轻的法国史学家奥古斯丁·梯叶里（Augustin Thierry）的深入交流更激发了他对意大利历史的兴趣。[6] 但曼佐尼与同时代意大利作家面临的共同问题是，如何避免在叙述历史时传递含糊不清，甚至相互冲突的信息。他在 1820 年发表的悲剧《卡马尼奥拉伯爵》围绕一位 15 世纪初的佣兵统帅展开，威尼斯人在雇用其攻打米兰后，又以叛国罪判处他死刑。剧中安排了一支负责伦理评价的歌队，在全剧的中心情节——1427 年麦克洛第欧（Maclodio）战役——中对威尼斯人庆贺战争胜利表达谴责。有什么值得庆祝的呢？"兄弟相残"，"天堂充满着对杀人者吟唱感恩节颂歌的憎恶"。[7] 问题不止于此，威尼斯人对整个意大利犯下了罪行：他们做好了万全准备，幸灾乐祸地看着无数人在战场上死去，而虎视眈眈的外国人伺机入侵，企图奴役这个因内战而羸弱的国家。

曼佐尼明确传达出了他的理念，但他对中世纪意大利史的聚焦不免凸显出内部分裂的根深蒂固与严峻性（因此，许多评论者——尤其是外国评论者——认为分裂不可弥合）。众所周知，英、法、西等欧洲国家在中世纪出现的内部矛盾已逐渐通过民族国家的框架化解，但意大利并未经历这个过程。以历史为镜映照今日意大利缺陷（尽管用以警示）的做法不仅对自由主义爱国者有利，亦能为保守势力提供支持。曼佐尼还面临另一个问题：他的天主教信仰。若想挣脱外国的钳制，意大利不仅要团结一致，还必须战斗，这就意味着他们必须将倡导和平的基督教价值观弃之不顾——这种价值观被普遍认为是削弱意大利战斗精神的罪魁祸首。卡马尼奥拉是一位战士，却也是基督徒。他拒绝利用战争胜利谋取利益，宽宏大量地释放了战俘。尽管被扣上叛国罪名并被处以死刑，他仍相信正义将在天堂出现——这样的想法势必导致顺从与不作为。

这正是（从爱国主义的角度来看）曼佐尼意大利历史观的致命弱点；但讽刺的是，这也正是他在19世纪二三十年代（及以后）赢得民众赞誉的重要原因。曼佐尼相信，通过追溯7世纪、8世纪伦巴第统治的黑暗时期，认真研读卢多维科·安东尼奥·穆拉托里（Ludovico Antonio Muratori）等文物研究者留下的档案残片，他将辨识出意大利"种族"和"民族"存在的信息，他们"人数众多……不被察觉地行走于大地上，属于他们的土地"，默默承受着外国统治者的压迫。[8]但这沉默究竟是好是坏，是卑贱还是基督教坚忍的表现？在1800—1822年意大利南北革命全面失败的背景下，曼佐尼以774年法兰克查理曼击败伦巴第人为主题创作出一部悲剧，其中安排了一支振奋人心的爱国主义歌队，代表他想象中曾经恭顺的、"没有名字的、散落的人群"站了起来。[9]但是，这部戏剧传达的是另一种思想：尘世间的不公正应被视作对基督徒灵魂的考验，是为死后的幸福铺平道路，而非赎罪的起点。

当曼佐尼完成其最具影响力的历史小说《约婚夫妇》(*The Betrothed*，1821—1825 年)后，他已彻底摒弃对战争精神与英雄气概的鼓吹。在伦巴第人与法兰克人统治半岛的黑暗年代里，那些沉默忍受苦难的人构成了"意大利民族"的基础——小说中谦卑温驯的伦佐和露琪娅正是他们的代表。这对乡村情侣生活在 17 世纪的伦巴第，却因为战争、饥荒与地主诡计的阻挠而难以成婚。此书当然展现了爱国情怀：例如，唐罗德里戈邪恶暴虐的行为暗示着西班牙统治的压迫。但民族拯救并非小说的主旨（事实上，"民族"一词直到 1827 年再版时才被增添进文本中）。[10] 曼佐尼真正关注的是主人公应对痛苦的方式。他对被动忍耐的基督教精神的颂扬自然与主战的爱国主义分子背道而驰，后者正竭尽全力将意大利人从冷漠中唤醒。1835 年，朱塞佩·马志尼在书评中质问道：

> 此书的热情何在？事实上，书中彻底摒弃了沸腾而暴烈的热情，而正是这种热情将灵魂带入天堂与地狱，让人类成为圣人或罪犯、伟人或弱者，通向殉道或胜利的结局……这里的欢愉乃家庭之乐，痛苦不会引向反抗，一切拯救只通过服从与祈祷获得……不断重复着同一句话：把你们的目光投向天国！[11]

另有爱国者持更加尖锐的批评态度。那不勒斯自由主义者路易吉·塞滕布里尼 (Luigi Settembrini) 在 19 世纪三四十年代致力于为南部人民灌输爱国理想（后来遭到监禁），他声称这部小说始终倡导对上帝意志的谅解与顺服，激发了"奴性与对祖国的否定"，因此将《约婚夫妇》判定为"反动之书"。[12]

但小说非常畅销，在1827年到1870年再版重印70次，大约卖出了25万册——考虑到当时意大利有限的读者基础，该数字已非常可观。爱国主义或许是吸引读者的间接因素——一部足以与英、法、德文学巨著媲美的意大利小说终于诞生了，其众多翻译版本与广泛的海外受众也提升了它在国内的知名度（"它是我一生中阅读体验最愉快的几本书之一"，法国浪漫主义作家拉马丁表示）。[13]1827年曼佐尼将书中的语言修改为"正确"意大利书面语以供全岛参考，更为其增添了爱国主义特质。这种书面语以当时的托斯卡纳口语为标准——因为该方言与但丁、薄伽丘和彼特拉克使用的语言最相近——并循序渐进地清除其中较为古老或地方性的用语（据说他在米兰雇用了一位年迈的佛罗伦萨家庭女教师，她对1840年至1842年的修订版本有着决定性影响）。不过，《约婚夫妇》最引人入胜的还是那以神职人员、地方政客、家庭、邪恶地主、阴谋诡计与性荣誉为中心的意大利历史画像。

信奉新教的历史学家西斯蒙迪创造出了更坚实的爱国主义愿景。他的成就主要有两方面。首先，他为意大利历史提供了真正的"民族主义"解读，为统一政治行动的正当性提供了辩护，这是启蒙时期地方历史著作［比如彼得罗·韦里的米兰历史或罗萨里奥·格雷戈里奥（Rosario Gregorio）的西西里历史］都不能做到的。他相信在9世纪至10世纪，熊熊"圣火"（celestial fire）曾席卷整个意大利"民族"，促使意大利人民展开政治行动（由博洛尼亚物理学家路易吉·加尔瓦尼率先提出的生命能量源于电能的理论曾流行一时，西斯蒙迪也受其影响。许多人因此开始思考如何将意大利从"沉睡"中唤醒这一问题）。西斯蒙迪的另一关键贡献在于，他不再将意大利的衰落归咎于民族特性与气候，而是从制度层面寻找原因。的确，意大利人堕落了，但罪魁祸首是政府腐败、教育缺失以及教会的恶劣影响，故此也不难找出解决措施。[14]

与曼佐尼相反，西斯蒙迪认为意大利曾从中世纪初的野蛮侵略中受益。经过与哥特人与伦巴第人的通婚，来自北方的粗犷力量与本地的爱国精神融合，产生了强大的力量，推动着11、12世纪的集体运动，如伦巴第联盟的建立和击败德意志皇帝腓特烈一世的1176年莱尼亚诺战役（Battle of Legnano）。西斯蒙迪认为，12世纪末是意大利历史的巅峰时期，这个新兴民族本该充分利用时势，以联邦制宪法巩固诸城邦为抗击腓特烈一世而建立的联盟关系。换句话说，意大利本应走上瑞士的道路以确保自由。[15]但意大利人白白错失了良机，战时情谊散去，意大利再次堕入分裂与内战的深渊，为16世纪西班牙征服半岛铺平了道路。

西斯蒙迪原本打算以1530年10月28日佛罗伦萨共和国的陷落作为其历史著作的终章，实际却书写到18世纪末拿破仑彻底击溃意大利的共和主义传统为止。作为一名热爱意大利的法国人，西斯蒙迪希望曾经富有"更多美德与能量"的事迹能使意大利的爱国热情重现生机，激励全体意大利人行动起来。[16]不过，目前还需要一个领导团体。在西斯蒙迪看来，除阿尔菲耶里（其遗孀与西斯蒙迪私交甚笃）以外，尚无人能为意大利人指明正确的方向。西斯蒙迪认为，出色的领导力可以为信奉民主的人们带来丰厚的政治回馈。他与众多透过卢梭的浪漫主义滤镜看待意大利的外国游客一样，相信古代的品性仍存在于意大利的普通百姓，尤其是农民之中，因为他们尚未被腐朽的社会玷污。[17]在另一个时代，"魔鬼的兄弟"或许也能成为爱好和平的威廉·退尔[*]？[18]

西斯蒙迪赞颂的中世纪共和国为意大利爱国者们提供了充分的历史论据，自19世纪20年代起，庞蒂达的誓言（1167年）、莱尼亚诺战役（1176年）、贝内文托之战（1266年）、西西里晚祷事件（1282年）、巴列塔决斗（1503年）、佛罗伦萨之围与贾维那纳之战（1530年）等历史故事便成了民族记忆的一部分。伟大人物的丰功伟绩也逐渐深入人心，例如12世纪的宗教改革者、教皇权力的破坏者布雷西亚的阿纳尔多（Arnaldo da Brescia），14世纪的罗马共和国护民官科拉·迪·里恩佐（Cola di Rienzo），以及16世纪早期的军官埃托雷·菲耶拉莫斯卡（Ettore Fieramosca）与弗朗切斯科·费鲁乔（Francesco Ferruccio）。但是，意大利爱国者们仅仅领会了西斯蒙迪代表作中的部分元素，而非其全局视野。因此同样的问题再度出现：作者想要传达的积极讯息很可能被历史叙事的整体基调削弱了。西斯蒙迪自然可以声称意大利在12世纪有望组建联邦制国家，但这毕竟没能成真；更关键的是，各个城邦在之后的数百年间交战不断，直至西班牙强力介入才稳定下来。西斯蒙迪强调的自由冲动也可以被视为无政府主义的冲动。

这正是意大利历史带来的难题：不同势力各行其是，乍一看完全无法支撑意大利民族的观念。因此，意大利复兴运动时期最具影响力的爱国文学往往将单一历史事件（莱尼亚诺战役、西西里晚祷事件、佛罗伦萨之围）改编为拯救民族的隐喻，且并未严格遵照史

---

[*] 威廉·退尔是瑞士传说中的英雄，他在13世纪英勇反抗哈布斯堡王朝的暴政。席勒在1804年根据他的故事创作了诗剧《威廉·退尔》，1829年罗西尼将其改编为歌剧。——编者注

实。1176 年战胜腓特烈一世、1282 年巴勒莫反法屠杀，以及 1530 年费鲁乔与王权斗争的事迹都被用来显示"意大利"抵御外国统治的民族观长久存在，却在之后几个世纪的堕落腐败中受到压制。这些故事也被用来展现意大利人曾经骁勇善战的一面，以历史驳斥外国人对意大利人本质懦弱的奚落（这让爱国者们深感愤怒）。

然而，历史并不能在意大利作为统一体的意义上满足爱国者们的需求。古罗马自然有其辉煌之处，但从公民政治角度来看，罗马共和国基本可以看作一部派系斗争与内战的历史，罗马帝国代表的则是内战与道德沦丧。著名的米兰经济学家及共和主义者卡洛·卡塔内奥（Carlo Cattaneo）等少数学者希望从中世纪的混乱局势中提取出正面讯息，通过城邦的生机与繁荣证明建立联邦制民族国家的合理性（鉴于大部分城市之间、城市与周边乡村之间关系恶劣，他自然无法说明该联邦制的具体政治原则）。相比之下，大部分爱国者都在虚构故事、野史（比如曼佐尼）或者神话领域（比如科科）寻找意大利历史的整体形象。

另一种观点则认为过去应被超越，新的意大利民族国家应吸取教训避免重蹈覆辙。这基本是历史学家卡洛·博塔（Carlo Botta）秉持的研究方法，其著作在意大利复兴运动时期最受爱国者的热情追捧［米凯莱·阿马里（Michele Amari）和彼得罗·科莱塔（Pietro Colletta）也受人敬仰，但他们只书写西西里和那不勒斯的历史］。博塔原是皮埃蒙特的一名医生，因反对教权、支持法国大革命而被迫于 1814 年逃往法国。流亡海外期间，他创作了三部叙事性意大利历史著作：与当时许多爱国主义文学一样，它们只能在法国、瑞士等海外国家或审查较松的托斯卡纳出版。第一部作品（共 6 卷，1824 年）涉及 1789—1814 年的历史，第二部（共 10 卷，1832 年）

续写了弗朗切斯科·圭恰迪尼（Francesco Guicciardini）的文艺复兴史，时间跨度从 1534 年至 1789 年，第三部（共 5 卷，1825—1827年）则从 4 世纪的君士坦丁写到拿破仑的衰落，考察了意大利历史的全历程。

博塔写道，罗马日益被军事征服与毫无男子气概的异国风俗侵染，法律让位于武力，"意大利的土壤……被罗马人手上流下的鲜血染红"。[19] 而后，基督教削弱了意大利人的战斗精神，异教徒趁机横扫这片四分五裂、爱国意志尽失的土地。中世纪是一段漫长而耻辱的历史。政治派系斗争分外猖獗："没有什么比党派之争更易带来腐败与堕落。"[20] 城市间的战争进入白热化，"组织维系自由比推翻暴政更艰难"。[21] "意大利"已没有意义：即使受人夸耀的伦巴第联盟也只是教皇党与皇帝党间斗争的延续。但丁与彼特拉克在文学方面的成就是这一时期仅有的亮色，促成了文艺复兴的到来。但在政治领域，半岛的分裂与腐朽毫无改观，终于导致 1494 年的外国侵略。其后漫长的岁月里，意大利始终萎靡不振，唯有少数艺术家与科学家的成就值得称道。启蒙运动时期发生了令人瞩目的进步，但 18 世纪的世界主义文化削弱了民族精神（"世界主义者……不是爱国者"）。[22] 拿破仑带来了诸多物质利益，但从整体上看，法国统治的弊大于利："阿谀奉承的不良风气、歌功颂德的文学作品、傀儡般的媒体、全然恭顺的民性、爱国情怀的丧失以及意大利光荣之名的彻底湮灭。[拿破仑]统治下的意大利已不再是意大利，而是法国。"[23]

宗派主义、分裂与爱国主义缺失——意大利残破与矛盾的历史在意大利复兴运动的爱国者中激起了焦虑。"我伟大的朋友拉马丁啊，你是否知道对意大利而言，再没有比'多样化'一词更加尖锐的冒犯……它道尽了我们不幸而屈辱的漫长历史。"1848 年春,曼佐尼这样写道。[24] 几百年羸弱与斗争的悲惨景象带来一种不安全感,影响着意大利复兴运动时期以及 1860 年后意大利政坛对意大利民族的想象,在不断逼近的混乱深渊面前,人们渴求"精神统一"与融合。古老的意大利既曾被内乱侵蚀,崭新的意大利就必须成为一片充满兄弟情谊(或姐妹情谊)、力量,以及以统一国家为目标的土地。正如年轻的民主主义者戈弗雷多·马梅利在 1847 年所写的(这是一首欢快的进行曲,在 1860 年后成为意大利非正式国歌,又在 1946 年成为新共和国的正式国歌,而此前三年的占领与内战使其呈现出一种讽刺意味):

> 意大利众兄弟,
> 看祖国正奋起,
> 已戴好
> 西庇阿头盔,英雄帽。
> 遭欺凌受嘲讥,
> 至今已数世纪,
> 只因为久分裂,
> 长涣散不团结。
> 高举起一面旗,
> 同信念同目的,
> 如今时机已到,让我们相靠近……
> 让我们团结紧,让我们更亲密,
> 示人民以道路,
> 循天主所指引。

齐发誓去战斗，为祖国求自由，

在上帝名义下，团结成一家。

当我们联合起，天下谁能敌？……

从阿尔卑斯山，到西西里岛，

皆为莱尼亚诺，人人都有着

费鲁乔的心意与双手……

每一声钟鸣，

都是晚祷的钟声。

我们要团结牢，

准备把头颅抛，

祖国在号召！[25]

拼贴画般的物质世界

朱塞佩·马志尼在 1860 年出版的《人的责任》（*The Duties of Man*）中曾写下一段著名文字，论述意大利工人为何对其民族负有义务，又负有何种义务。他说，上帝从未给予其他欧洲国家如此清晰的边界：

上帝好像特别宠爱你们这些在意大利出生的人，他把欧洲的一个边界十分明确的国家分配给了你们。在其他国家，边界不大稳定或者很不清晰，那里可能产生一些问题……在你们的国家就没有这个问题。上帝在你们周围划定了庄严的和无可争辩的边界：一面是欧洲最高的山脉，即阿尔卑斯山；另一面是大海，浩瀚无垠的大海……在这个疆界之内，你们的语言被人们使用和理解；超出这个范围，你们就没有任何权利了。西西里、撒丁、科西嘉以及它们之间一些较小的岛屿，连同意大利本土，毫无疑问都属于你们……[26]

马志尼的这部分认知更多是源于信仰而非亲身经验。除去家乡热那亚，他对意大利的了解仅限于几次托斯卡纳的短期旅行和1849年在罗马的暂时停留。成年后，流亡国外成为他生活的常态。他多数时候住在伦敦，享受着柏油马路、高速发展的铁路、马拉公交、全国及地方报纸（包括英国与外国报纸）、书店、图书馆、俱乐部以及高效邮政服务带来的便捷。单从欧洲地图来看，上帝似乎的确设计了完整不可分割的意大利半岛（邻近的岛屿也一样）。不过，但凡马志尼曾像1815年后的英国、法国、德意志游客那样游览过意大利（或像皮埃蒙特艺术家及政治家马西莫·德·阿泽利奥等少数英勇无畏的意大利北方人那样。阿泽利奥有别于同时代、同背景的大多数人，他相当了解西西里和那不勒斯，喜爱前者而排斥后者），多少会对地理条件与民族国家的联系持怀疑态度。

起伏的山脉造成意大利领土的分隔，相比于交通便捷、河路畅通的波河谷地，半岛大部分地区直至19世纪上半叶仍与外界隔绝，每年到秋冬两季，连月的暴雨更是将骡子、绵羊等牲畜通行的土路浸泡为湿黏的泥沼。"条条大路通罗马"或许曾是现实，但19世纪20年代仅有两条路通往罗马，皆危险重重。从罗马向南的主干道也只有两条，一条途经疟疾肆虐的蓬蒂内沼泽（Pontine marshes），另一条穿越苏尔莫纳和伊塞尔尼亚，两条路都终止于那不勒斯。因此，广阔的卡拉布里亚、巴西利卡塔和普利亚实际上是与半岛其他地区断裂开来的。自西向东跨越亚平宁山脉相当不易，罗马至安科纳（直线距离 200 千米）的水路交通较陆路快捷便宜得多，途中须绕行那不勒斯、雷焦卡拉布里亚、布林迪西与佩斯卡拉。内陆山区的大部分村镇极为闭塞，外来旅行者须克服诸多困难方可抵达：在 1 828 个南部市镇中，1 431 个直至 1860 年都不通公路。[27]

上述困境的成因包括工程技术困难与资金不足，修建铁路的计划也一拖再拖——不过在这个问题上，教会对黑暗隧道可能威胁伦理道德的担忧也构成了一大阻力。1839 年，第一段铁路在那不勒斯正式开通，主要功能在于维护王朝治安而非便民：这条全长 84 千米的铁路连接了卡塞塔的王宫与海堡、诺切拉、卡普阿与诺拉的军事基地。19 世纪 40 年代，意大利的其他国家也纷纷兴建铁路，但施工进度缓慢，10 年间仅有 620 千米轨道投入使用（同一时期，英国铁路总长达 1 万千米，德国为 6 000 千米，法国为 3 000 千米）。在皮埃蒙特以外，没有人认真思考如何以铁路助推国内经济，直到 1846 年，各国都没有修建跨国铁路网的计划，[28] 政府显然并未将半岛的物资整合提上日程。

这样的局面不难预料，这不仅是因为奥地利人有意阻碍半岛民族统一势力的形成，也在于意大利脆弱的经济本身。半岛的贸易大多向外国辐射，例如，曾经由意大利南部销往热那亚和威尼斯的谷物及橄榄油，在 18 世纪逐渐转为出口到欧洲北部富有的工业化经济体。英国成为"纺织用油"（纺织生产时使用）的重要贸易需求方，西西里的储量居世界前列的重要工业资源硫黄也大多销往海外。柑橘类水果销往英格兰、奥地利与德意志，成为富有城市家庭装点餐桌的异国果实，不久后又打开了俄国与美国市场——自 19

世纪初，美国成为意大利柑橘的主要市场。1855 年，两西西里王国出口总额中仅有 11.8% 来自与其他意大利国家的贸易（不包含对奥地利帝国的出口），同样，王国进口总额中仅 8.5% 来自半岛内部。[29]

1815 年意大利各国出台的贸易保护政策使局面更加恶化，托斯卡纳是仅有的例外。斐迪南三世决定延续此前的自由贸易政策，希望从大公国优越的市场地位，相对强势的农业，丰富的大理石、汞、铁等自然资源储备，以及擅长经商的地主贵族——吉诺里家族从 18 世纪中期开始在佛罗伦萨附近的多西亚生产高档陶瓷，贝蒂诺·里卡索利（Bettino Ricasoli）男爵则在 19 世纪 30 年代改良了红白葡萄的混合配比，将基安蒂（Chianti）打造为世界一流的葡萄酒品牌——那里获益。即便如此，托斯卡纳也同两西西里王国一样，主要与非意大利国家开展贸易，农产品大多从繁忙的里窝那自由港销往世界各地。在其他意大利国家，重重关税壁垒成为商贸活动的最大阻碍，从曼托瓦运送货物至 60 千米外的帕尔马须经过 7 道关卡，波河上共设有 80 个检查站，拦截商船搜查货物。1839 年，从佛罗伦萨到米兰 300 千米的路程要耗费 7 周之久。[30]

不过，国内市场的发展并未受到特别限制。直到 19 世纪 40 年代中期，意大利人才开始严肃思考经济一体化的计划，其主要倡导者——皮埃蒙特贵族出身的自由主义者切萨雷·巴尔博、卡米洛·加富尔等——更多出于政治而非商业目的。[31] 大部分意大利生产商似乎对危险而且不可预测的意大利统一市场心存警惕，他们的诉求更多指向国内消费税与货物税，很少反抗国家间的关税。19 世纪 20 年代至 30 年代，意大利少数农业及商业协会的保守排外性质与极端地方化措施均体现出偏狭的孤立主义。以历史悠久、声名显赫的佛罗伦萨自然科学院（Accademia dei Georgofili of Florence）为例，根据组织章程，该学院 50 名管理者必须全部为佛罗伦萨居民。这项规定只在 1870 年被打破。[32]

相比英德法，意大利的商业与制造业阶级人数较少，即便在大城市也难以形成规模。在 19 世纪初那不勒斯的 43 万人口中，仅有约 300 名商人与银行家掌控着农产品交易、公共工程、保险与收税。[33] 1815 年后，以纺织业与土木工程为代表的工业部门在政府的扶植下有所扩张（并取得了令人瞩目的成绩：1818 年那不勒斯制造出意大利第一艘汽轮，1828 年至 1832 年加里利亚诺河上筑起第一座铁索桥），但也不过是几十名企业家经营着几十个工厂。大部分工厂老板都是姓冯威勒、埃格、帕蒂森或格皮的瑞士与英国资本家，他们受波旁王室邀请到那不勒斯投资，以换取政府项目合同。鉴于这些制造商高度依赖宫廷的资助与保护，不难想见其对自由主义改革及开放国家市场所持的反对态度。[34]

即使在意大利经济实力最强的城市米兰，商业规模也极为有限。1838 年，在米兰的 15 万人口中，仅有 42 名银行家、25 位外币兑换商以及 196 个纺织制造商（丝绸与棉布是伦巴第的主要工业产品）。除此之外，还有几百名从事谷物、糖、皮革与织物等工农业产品交易的批发商——满打满算不过 1 000 人出头——另有 4 700 名地主（3 000 人拥有贵族头衔）以及由 170 名律师和 500 名工程师组成的职业中产阶级。[35] 与那不勒斯一样，米兰经济精英的眼界也局限于当地而非全国。奥地利的关税制度将生产商的贸易范围限制在帝国境内，自然招致许多不满，但伦巴第（与威尼托）的商贸活动本就呈现为内向型，至多向北扩展至阿尔卑斯山，没有迈向"全国"市场的动机。米兰的农业与工业团体更是明显表现出这种偏狭的地方孤立性，就像佛罗伦萨自然科学院那样，统一进程亦无法扭转其排外与守旧。1862年，皮埃蒙特的几位农民创立"意大利农业协会"（Italian Agrarian Association），旨在为农业营造民族主义的氛围，米兰大地主们于是建立起伦巴第农业协会作为响应。[36]

意大利精英阶层几乎没有推进更大范围的经济一体化，至于普罗大众更是毫无意愿。上千名工匠、商铺老板与家仆和文员构成城市社会中的中产阶级（当时被称为"popolo"，即"人民"），靠满足当地富裕阶级与游客的需求营生。中产阶级之下是不计其数的贫穷"plebe"，即"普通人"，靠沿街叫卖板栗与动物内脏，开马车门和提包，为医生接送病人，为律师接送客户，在建筑工地做临时工，或盗窃乞讨勉强度日。来自农村的短期移民源源不断地扩充着这一群体，每当土地上无活儿可干或食物紧缺时，大批农民就会从乡间涌向城市。罗马、那不勒斯、巴勒莫等南部城市的赤贫阶级尤其庞大，19世纪初几十年间，随着人口激增、土地产量下降以及农产品价格低落，许多农民被迫放弃农业生产。

大多数农村人口靠务农与打零工勉强糊口，很少接触城市市场，意大利南部乡间尤甚，相比波河谷地，从那里通往主要城镇的路途更为遥远曲折。季节性与永久性人口迁移现象非常普遍，在意大利北部，18世纪末开始的大规模土地兼并导致自耕农数量减少，大量农民失去土地进而失去生计。不过，大部分移民在引导下离开了意大利，前往法国东部城市（比如丝织品制造重镇里昂），以及更遥远的西班牙甚至南美。阿根廷尤其吸引意大利的季节性打工者，这些人被称为"golondrinas"，即"燕子"，每年冬季前往南半球劳作，又在夏天返回意大利。这类跨大西洋移民的数量在19世纪上半叶稳定增长，到70年代呈现井喷之势。

金钱与对美好生活的追求固然是意大利农民漂洋过海的重要原因，但定居国外，融入阿根廷、巴西与美国社会的意大利移民在谈及意大利恶劣的生存环境时，往往庆幸得以脱离苦海。极端贫困让人们忍饥挨饿，感染疟疾、糙皮病、霍乱等疾病（19 世纪中期意大利人出生时的平均预期寿命为 30 岁，英格兰为 40 岁，放眼整个欧洲，或许只有俄国低于意大利）。糟糕的物质条件暂且不提，意大利农民还时刻遭受地主及其代理人的残酷虐待。这一现象仅在托斯卡纳较为温和，该地深厚的家长式作风与分成租佃制有利于土地所有者与耕种者建立良好关系，但其他地方几乎没有缓和市场力量的机制。南部地主在经营大庄园（latifondo）时，偶尔会展现出封建主式的仁慈，[37] 但整体上看，有产阶级对农民抱有既轻蔑又恐惧的态度，城市中尤其如此。几个世纪以来，高高的城墙作为心理与现实的屏障，将黑暗而丑恶的乡村世界隔绝在外，让高度开化的城市文明免遭无知、肮脏、盗窃与农民暴动的侵扰。

　　1815 年半岛各地的货币与度量衡相差甚远，加重了经济分裂的局势，拿破仑为确立统一标准做出的尝试显然收效甚微。伦巴第-威尼西亚主要使用弗罗林（fiorino）与奥地利里拉作为流通硬币，皮埃蒙特铸造当地独有的里拉（基于法国十进制体系创造的独特货币），教皇国使用罗马斯库多（scudo），托斯卡纳采用卢卡斯库多和里拉，那不勒斯和西西里分别流通达克特和昂扎 (onza)。相比之下，各地计量长度、干湿重量与面积的基本单位则更加混乱复杂，甚至一国之内有多种标准并存。以皮埃蒙特-撒丁王国为例，皮埃蒙特地区通用的长度单位为特拉布科 (trabucco)、皮德（piede）、昂西亚（oncia）和拉索（raso），邻近的利古里亚使用卡内拉（cannella）和帕尔莫（palmo），撒丁岛通用的特拉布科又比皮埃蒙特的特拉布科长 6 厘米，通用的帕尔莫比利古里亚的长 1.5 厘米，同时还使用名为卡纳（canna）的单位。[38]

当然，这些差异并不能阻挡地区间的商贸往来，但仍然是当时半岛经济活动地域化且严重受限的表现。即使像卡米洛·加富尔这样精力充沛且擅长经商的农业大亨也只能在皮埃蒙特东部的狭窄经济走廊中发展，其最大的梦想不过是让自己在莱里（Leri）的庄园"成为韦尔切利省最富庶的土地"。[39] 在同代皮埃蒙特贵族中间，他的视野不可谓不广阔（他从利物浦进口海鸟粪和蝙蝠粪肥料，将美利奴绵羊贩卖给埃及的高官）。

亚平宁半岛的语言也同经济版图一般支离破碎。意大利语——或者说但丁、彼特拉克与薄伽丘使用的托斯卡纳方言——自文艺复兴时期以来一直是受教育者间通用的标准书面语（根据需要也可以用作口语）。统一运动时期使用标准意大利语的具体人数至今尚存争议，但根据最新估测，只有 10% 的人口将其用作第一语言，他们主要居住在托斯卡纳和罗马（大都会的混居环境促使人们使用通用语）。[40] 除此之外，我们可以合理假设接受过一定正规教育的人们（1861 年大概达到 22%）能听懂并阅读意大利语，但无法流畅表达及写作。即使将他们考虑在内，仍有大约 80% 人口仅靠地方方言交流，这些人无法理解，甚至从未接触过意大利语。当米兰贵族乔瓦尼·维斯孔蒂·韦诺斯塔与埃米利奥·维斯孔蒂·韦诺斯塔（Giovanni and Emilio Visconti Venosta）在 1853 年走出舒适圈去造访西西里时，当地人不知他们从何处而来，猜测他们一定是英国人。[41]

当然，多语言并存是 19 世纪欧洲大部分国家的常态，人们往往在家里说一种语言，工作时说一种语言，写作或办理业务时又要使用另一门语言。19 世纪二三十年代，匈牙利议会中的贵族人士以克罗地亚语或马扎尔语交流，出席会议时则用拉丁语。[42] 广大农村使用方言的现象也并非意大利独有，第三共和国统治下的法国也存在同样的现象。[43] 但是，意大利各地方言种类异常繁多，这反映出几个世纪以来的外部征服与占领——来自希腊人、阿拉伯人、诺曼人、加泰罗尼亚人、西班牙人、阿尔巴尼亚人、斯拉夫人——以及具有不同地方认同特色的相互竞争的城市的刻意追求。从结果来看，即使地理位置相近的两地也很难沟通。19世纪初，乌戈·福斯科洛曾表示——尽管他一贯采用夸张手法——米兰人和博洛尼亚人都"须经过数日学习"才能理解对方的语言。[44]

在许多复兴运动中的爱国者看来，意大利语言及其灿烂的文学传统是民族自豪感的主要源泉，但正如福斯科洛和曼佐尼坦言的那样，在19世纪初，意大利语已脱离人们的生活。[45] 上至贵族等受教育阶层，下至工匠与农民，人人都以方言交流。皮埃蒙特的布道活动使用方言，威尼斯的法官与律师以方言沟通，那不勒斯的宫廷中也使用方言。[46] 自18世纪中期起，新兴的文学传统巩固了方言的地位，代表人物包括威尼斯喜剧家卡洛·哥尔多尼（Carlo Goldoni）、巴勒莫抒情诗人乔瓦尼·梅利（Giovanni Meli），以及写下诸多脍炙人口的、诙谐的讽刺诗的米兰作家卡洛·波尔塔（Carlo Porta）和罗马作家朱塞佩·贝利（Giuseppe Belli）。在皮埃蒙特，国王与大臣通常以方言为口语，法语为书面语（加富尔关于意大利统一的大部分函件皆为法语）。卡洛·阿尔贝托的意大利语水平远高于常人，他若遇到同样熟悉意大利语的人，准会十分惊讶。根据皮埃蒙特一位爱国主义贵族女性的回忆，国王曾在1840年称赞她的意大利语：

"你的意大利语非常流利，是在佛罗伦萨上过大学吗？"

"没有，陛下。我一直居住在都灵。"

"太令我惊讶了，我们这里妇女的意大利语水平也就和法国人差不多。"

"这是因为宫廷通用法语。如果您能够用意大利语与人们交流，我的陛下，大家都会为此爱戴您……"

"大家，是啊，要是大家都像你一样。"[47]

司汤达的意大利：地方自治与无知愚昧

著名法国作家司汤达对意大利心怀热爱。他与斯塔尔夫人一样，将意大利视为艺术、美与想象力的沃土，这里没有社会的限制与陈规，让人类的热情与感性尽情释放。这一切想象似乎都是格勒诺布尔（Grenoble）的反面——他在那座冰冷、沉闷而压抑的城市度过了童年时光。司汤达期望意大利重新崛起，恢复往日的荣光，这一点他也与斯塔尔夫人如出一辙。尽管他认识到几个世纪的专制与教会统治逐渐侵蚀了意大利古老的公民及战士美德，司汤达依然相信在意大利人犬儒主义及恭顺的表象下潜藏着巨大的能量，只待重新点燃后便能撼动世界（"在1815年，谁又能猜想到在土耳其统治者面前百依百顺的希腊人，有一天竟呈现出英雄主义的姿态？"）。[48]但与斯塔尔夫人不同的是，司汤达深深敬仰着拿破仑，认为15年的法国统治为半岛带来了积极的震动。当斯塔尔夫人为如何在日益腐朽的社会恢复自由而忧虑时，司汤达认定民主只会在仁慈的独裁统治后实现。[49]

1816年至1817年，司汤达在意大利北部与中部游历，"幕后爱国主义"（patriotisme d'antichambre）的强大力量让他深感震惊。他所谓的"幕后爱国主义"，即人们对本城镇或村落怀有的狂热、极端的自豪感。他认为，这种对地方的强烈热爱并非没有可取之处，但它往往伴随着僵化褊狭的视野与对一切批评和变化的抵制。米兰是一座美妙的城市，也是司汤达最爱的城市。米兰人的确有权为城市中林立的尖顶新教堂、光彩夺目的歌剧院、带有高效的锡制排水系统的中央广场以及清洁的街道感到自豪，但他们仍秉持着中世纪共和国的价值观（"今天的意大利的确只是中世纪形态的延伸"），眼界有限。他们将热情倾注于当地主保圣人嘉禄·鲍荣茂（Carlo Borromeo）、斯卡拉歌剧院的演出、拿破仑马戏团的模拟海军战役、马车比赛和矮人套袋赛跑，以及周日的贵族游街仪式（百姓会拥向主街，观看"米兰贵族"乘马车行进）。相比之下，他们对政治漠不关心，将政府贬斥为"吸人血的毒虫"，不值得支持。同样，他们也普遍漠视文学作品（无人读小说），孔法洛涅里、佩利科等人举办的文学沙龙仅有几十名参与者，并未受到主流关注。[50]

　　如果浓烈的地区自豪感能同邻近城镇的兄弟之谊结合在一起，民族情感也许就能得以彰显，但亚平宁半岛还是充斥着敌意与仇恨（"意大利同时孕育着爱与恨"）。[51] 曾有人告知司汤达，贝加莫、帕维亚与诺瓦拉对米兰心怀憎恶，不仅如此，几乎所有意大利城市都敌视其邻近城市，唯有佛罗伦萨（司汤达说，它已经丧失与锡耶纳为敌的力量）和米兰（其居民过于关注"桌上的食物与身上的温暖大衣"）是例外：

　　　　不用说，不同地区的人们很难组成一个同一性的民族……（并且）我们的统治者可以不费吹灰之力实现目的：分而治之。

不幸的人民因仇恨碎成一盘散沙，受到维也纳、都灵、摩德纳、佛罗伦萨、罗马与那不勒斯的数个宫廷统治。[52]

当司汤达离开米兰，向南穿过艾米利亚-罗马涅和托斯卡纳时，他越发为沿途所见的偏见与无知而痛心，当地的"幕后爱国主义"甚至蒙上了超现实主义的色彩。每一个城镇与村落都仿佛一个封闭的宇宙，对一切批评与外界声音置若罔闻，再微不足道的人才、再寒酸的公共建筑也能被吹捧上天。人们的生活中充斥着迷信，神职人员主宰着穷人的情感世界，他们的祈祷与仪式被认为是确保丰收、避免自然灾害与抵制罪恶的关键。此外，普罗大众与受教育精英间的文化差异也引起了司汤达的警惕。在记录一个村庄如何接连数日受到天空中"黑色的鬼魂"（后来发现只是一头鹰）惊吓的事迹后，他写道："我对意大利的未来深感担忧。这个民族还将继续诞生贝卡里亚一般的哲学家、阿尔菲耶里一般的诗人与圣罗萨一般的战士，但这些闪闪发光的个体终究与广大民众相隔绝。"[53]

对于大多数百姓而言，生活艰难而动荡，而教会以色彩、音乐与神迹掌控他们的心神，成为苦难生活中的重要慰藉。1817年8月18日的罗马见闻让司汤达对此有所体悟。他看到77岁的教皇庇护七世站在讲台上，被抬着光荣地穿越脸上洋溢着虔诚敬慕之情的人所形成的人海："人们深信教皇……是他们获得永恒幸福或诅咒的最高裁决者。"5名手举巨型火把的修士吟唱着赞美诗走在队伍最前方，其后是大教堂的普通教士，被巨型红黄二色（这座城市的传统色彩）的横幅分为7个群体，"每一面颇具东方气息的横幅后都跟着一个古怪精妙的器械，顶端装有一口钟，每隔几分钟发出高昂而肃穆的鸣响"。这之后是枢机主教：

顷刻间，所有人跪伏在地，我的视线越过那覆盖着昂贵稀有织物的讲台，望见一位苍白干瘪却骄傲凛然的老者，厚重繁复的圣袍在他的双肩上高高堆起——他的身形仿佛与祭坛、摇晃的讲台与金色的太阳合为一个整体，连同我也融入其中，不可分离。明亮的日光下，他仿佛在爱怜中微微弯下身子。"你没诉我教皇是个死人"，我身旁的小孩向母亲抱怨道。再没有词可以更加精准地描述出这脱离尘世、凝固静止的幽灵。那一刻，置身人海之中，似乎我自己也可算作信徒中的一位——如果美丽也是一种宗教。[54]

意大利民族作为一种新的世俗宗教，要如何与古老的信仰竞争呢？

莱奥帕尔迪的意大利：社会的缺失

雷卡纳蒂（Recanati）是一座典型的教皇国省城，坐落在安科纳南部山区边缘，距万人瞻仰的洛雷托圣母教堂仅数千米之遥。城中的中世纪塔楼与城墙展示出它曾经的重要军事地位，宽阔的街道与庞大坚固的房屋则证明在 16 世纪、17 世纪，雷卡纳蒂曾经历一段商业繁荣时期。1798 年，在贾科莫·莱奥帕尔迪（Giacomo Leopardi）出生之时，雷卡纳蒂已不再富足，经济文化皆陷入停滞。17 座教堂的钟声主宰着这座城镇，昔日繁华与成就的痕迹随处可见：建于 13 世纪的主教府邸、保存 15 世纪教皇格列高利十二世石棺的大教堂、无数高塔和修道院、中央广场、广场两旁气势恢宏的宫殿（500 多年来，莱奥帕尔迪家族一直住在这里），以及不计其数的文艺复兴雕塑和油画，包括独树一帜的威尼斯天才画家洛伦佐·洛托（Lorenzo Lotto）创作的名画，其中一幅以天使报喜为主题，画面中还有一只受到惊吓的猫，古怪而富有戏剧色彩。

贾科莫·莱奥帕尔迪的父亲莫纳尔多是一位保守的贵族，身着古板的黑衣，书写宗教、哲学、文学及历史文章来攻击法国大革命的错误，捍卫基督教作为社会的基石的地位。他希望保护儿子远离现代世界的种种危险，因此请来耶稣会士做家庭教师，用所剩无几的家族遗产在莱奥帕尔迪宅邸中打造出一间巨大的图书室。贾科莫很早便展现出超凡的才智，18 岁便熟练掌握拉丁语、希腊语、希伯来语以及几种现代语言，撰写出一部天文史及有关古代科学的勘误论文，还创作了两部悲剧、无数原创诗歌，并有许多诗歌译作。但他并不快乐。不健康的脊柱状况使他身体畸形，他想离开家，离开雷卡纳蒂这座"我出生的原始城镇"。贾科莫骄傲的书生气质与对镇民的蔑视让他并不受当地人欢迎。[55]

浪漫主义的情怀将痛苦与成长经历转化为艺术素材，他与福斯科洛、曼佐尼和司汤达一样，在对意大利民族理想化的愿景中找到了不满情绪的出口。定义的含糊不清、性的意象与对复仇和战争的煽动让这份愿景更为强大。1818 年至 1821 年，莱奥帕尔迪写下一系列引人入胜的颂歌，对比昔日的辉煌成就与今日的"平庸""艰难"。他将意大利描绘为一位身负重伤的美丽女子，衣衫破碎，秀发凌乱，她坐在地上痛哭，锁链捆绑着她的双臂。他呼吁意大利的年轻男儿——"她的儿子们"——效仿古人，拾起武器将她拯救，"准备好为祖国牺牲"。他希望学者与作家回忆起但丁、塔索（Tasso）等文学家的伟大成就，以这些成就教化人民，迫使意大利人克服"懒惰"，再创"辉煌成就"。自 16 世纪以来，只有一个男人值得意大利为之自豪（但"其身处的怯懦时代不足称道"），那就是阿尔菲耶里。他的勇猛刚烈、"男子气概"与对独裁者的仇恨"不会来自我身处的贫瘠虚弱之地"，而是从北部的阿尔卑斯山而来。[56]

莱奥帕尔迪终于在 1822 年离开雷卡纳蒂前往罗马，并先后在米兰、博洛尼亚和佛罗伦萨停留，与曼佐尼等重要作家相识。但旅行没能让他对意大利同胞看法的有所改观，他依然为人们的犬儒主义、顺服与缺乏志向而痛心疾首。民族主义情怀之稀薄也令他警醒，而在同一时期，其他国家——以英法为主，也包括德意志以及后来的西班牙与希腊——似乎都涌动着爱国热潮，这种热潮激励着战士、政治家、工程师、商人、作家与艺术家爆发出无限潜能。经过深思熟虑，他意识到意大利当下的特质与民族感的缺失有密不可分的联系。1824 年，他在一篇名为《论意大利风俗现状》（On the Present State of the Customs of the Italians）的文章中分析了二者的关系（但 1906 年方才发表）。

他提出，意大利的根本问题在于"社会"即民族群体的缺失，半岛的各色居民之间没有联系，行为与品味没有规范，也就无法产生一致的荣辱感。在现代世界，这样的社会环境是不可或缺的，启蒙运动击碎了屹立千年的宗教支柱，留下一片真空地带（莱奥帕尔迪在这个问题上与父亲意见相左，他父亲固执地捍卫王权与教权，希望阻止变化的浪潮）。出于种种原因，加之缺乏伦敦、巴黎这样的首都城市，意大利人没有形成普遍的集体道德意识，而是局限于一家之内或一镇之间，也就无法产生理想情怀，无法抵御犬儒主义——这正是不断侵扰意大利人的邪恶品性，它毁灭了一切。意大利人尽是个人主义者，还为此自鸣得意，"每一个意大利城市，每一位意大利人都有自己的行事风格"，该问题在小型省城尤为明显。"散步（passeggiate）、节日与教堂"是大多意大利人唯一受到评判的场合，除此以外，并不存在其他形式的社会。"他们沿街漫步，观看演出与娱乐活动，参加弥撒与布道，庆祝宗教与世俗节日。这就是全部……"[57]

雷卡纳蒂的生活或许造成了莱奥帕尔迪的视野褊狭，但许多意大利复兴运动爱国者也都持有相似的观点。中产阶级或贵族出身的有识青年（大多为男性，也包含部分女性）认识到自身与广大民众间的巨大隔阂，他们梦想意大利终将光荣复兴，以统一的积极面貌继承过往的辉煌，但他们却面对着沉闷而分裂的现实局面。1837年，莱奥帕尔迪在维苏威山坡的宅邸中去世。他至死孤独而失意，却留下了19世纪最动人的抒情诗篇，他希望这些诗可以教育意大利读者，并为他们带来快乐。1821年，他在日记中写道："为了让我可怜的祖国重燃希望……我将在创作诗歌与散文时运用感性与热情、修辞与想象作为武器。"[58]他曾做出许多更具明显教化意味的尝试，但大多没能完成，包括《论意大利青年教育》《一位父亲写给儿子的信》《儿童伦理教育指南》等。接下来，将由其他人去寻找创造意大利民族群体意识的道路。

使徒和烈士：马志尼和民主派，1830—1844

上帝存在。纵使他不存在，对他的普遍信仰亦存在：人们普遍需要一个观念、一个中心、一个单一的原则……迷信、偏狭与教会专制都建立在这种信仰的冲动之上。让我们清除错误的阐释，使迷信、偏狭与教会专制失去信仰冲动的支撑。让我们牢牢把握住统一的观念与标志：我们要昭告世人，上帝是自由、平等与进步的缔造者。大众不理睬旁人的呼声，却不会无视上帝的意志。数百年的奴役使我们的人民如行尸走肉般麻木冷漠，想要唤醒他们，我们须诉诸宗教的狂热，发出十字军的呐喊：神的旨意（God wills it）！

朱塞佩·马志尼，
《与西斯蒙迪的通信》，1832 年

尊敬的神父……我们同你一样遵从耶稣基督的旨意，请您允许我这样说——我们是比您更虔诚的信徒……因为正是宗教本质的慈善与爱引领我们走向这残酷的结局……所以神父，放心吧，无论教皇格列高利露出怎样丑恶的嘴脸，明天我们也一定身在天堂（指向天空）。但在那里，不会有多明我会教徒。

处决前夜，安纳卡尔西·纳尔迪对
多明我会修士所言，1844 年

"意大利人无法战斗"

1826 年 2 月 19 日，温琴佐·科科的侄子加布里埃尔·佩佩在佛罗伦萨城外的田野间与法国著名诗人阿方斯·德·拉马丁（Alphonse de Lamartine）展开决斗。佩佩是一名战士，也是学者及作家，他在 1799 年支持拿破仑建立的共和国，并加入拿破仑的军队在意大利和西班牙服役，后于 1823 年定居托斯卡纳，成为吉安·彼得罗·维厄瑟（Gian Pietro Vieusseux）的文学圈子的成员。维厄瑟是一名瑞士商人，创立了一份名为《文选》(*Antologia*) 的自由主义刊物，延续着《调解者》的精神。佩佩在读到拉马丁纪念拜伦勋爵的诗歌后怒不可遏，因为这位法国诗人将意大利描述为"过去的""一片废墟"，一切都在"沉睡"（其中的名句称意大利为"死者之地"），战斗美德荡然无存，仅剩"背信弃义的感官享乐"。佩佩将拉马丁批驳为"无足轻重的诗人"，拉马丁向他提出挑战，却似乎将他错认成与他同姓的古列尔莫，此人更为有名。佩佩在决斗中获胜，重伤拉马丁的手臂并扬眉吐气地用自己的手帕为其止血。他在佛罗伦萨的爱国主义圈子里一战成名，[1] 1913 年，一座巨型纪念雕像在他的家乡莫利塞的奇维塔坎波马拉诺镇（Civitacampomarano）建成，国王的表亲出席了竣工仪式。

拉马丁笔下懒散、热衷享乐而丧失战斗力的形象是意大利长期面临的诋毁，这种风气尤其盛行于法国和德意志作家之间，最晚可追溯至 15 世纪末。[2] 然而，拥有广泛读者的欧洲作家对意大利的刻板印象激怒了同时代的意大利爱国者，事实上，他们怒不可遏——尤其是像佩佩这样在拿破仑时代立下出色战功，或曾在 19 世纪 20 年代至 30 年代的西班牙、希腊和南美解放战争中英勇参战的人物。马西莫·德·阿泽利奥和弗朗切斯科·多米尼科·圭拉齐（Francesco Domenico Guerrazzi）在 19 世纪 30 年代至 40 年代写下的爱国主义小说描绘了中世纪意大利的军事英雄主义，旨在提醒外国人（与意大利人）意大利人并非生来软弱。骁勇的游击战领袖朱塞佩·加里波第在 1860 年攻下两西西里王国，完成意大利统一事业，他认为自己毕生都在反击拉马丁的谬论。正如其回忆录中所写：

> 生于意大利是何其荣幸啊！在这片"死者之地"！像邻国说的那样，置身丧失战斗力的人民之间……蔑视危险、酷刑与死亡的一代年轻人站了起来，他们无畏地履行义务，砸碎奴役的枷锁……西庇阿和格拉古兄弟的祖国、以西西里晚祷与莱尼亚诺战役为荣的民族……尽管它可能一时沦陷于外国的铁蹄之下，但它的儿子们定能够震惊世界。[3]

奥地利轻而易举地平息了 1820—1821 年革命，并对军队与公务系统中的秘密党派人士进行肃清，这让爱国主义分子将目光聚焦于军事问题。如何在意大利促成 1808—1812 年西班牙那般有效的民族起义呢？西班牙始终是自由民族主义的灯塔，1821 年至 1823

年，数百名意大利人曾为推行西班牙宪法而战。但最牵动意大利自由主义者热情的战役是希腊独立战争：来自大山的独立斗士身穿基尔特裙，与农民游击队一同奋勇杀敌。事实上，"亲希腊独立主义"（Philhellenism）一度成为意大利重要的文化运动，"希腊委员会"于 1823 年出现在皮埃蒙特和托斯卡纳，上千名志愿军跨越爱奥尼亚海援助希腊的自由斗士。[4]《文选》等期刊发表了数十篇声援希腊的文章，福斯科洛、贝尔谢等文学家为起义赋诗，阿耶兹最著名的一幅画作《帕尔加的流亡者》（The Exiles of Parga，1826—1831 年）也以希腊为主题。该画描绘了 1818 年伊庇鲁斯附近小镇居民被迫流亡的场景，而一切只是因为英国人错将他们的土地卖给了土耳其。画面中，男女老少（其中包括旁观者阿耶兹，他如拉斐尔那样有些游离）在（革命的）晨光熹微中聚集，忧心忡忡却心怀爱国热情，手中紧握着家乡的泥土与柳树枝条，那些树下葬着他们的祖先。这种对祖先崇拜的诗意刻画此后将更强烈地展现在威尔第的音乐中——10 年后，威尔第在歌剧《纳布科》（Nabucco）中创作了一段歌颂希伯来奴隶的著名合唱曲。

希腊独立最终因英法俄的外交及军事支持得以巩固，这一事实也给予了意大利爱国者诸多启示，他们中许多人在 1821 后流亡至巴黎与伦敦——福斯科洛一直旅居伦敦，接待过贝尔谢、古列尔莫·佩佩、加布里埃尔·罗塞蒂（诗人但丁·罗塞蒂和克里斯蒂娜·罗塞蒂的父亲）、安东尼奥·帕尼泽（大英博物馆图书馆创始人）等各路意大利爱国者，直到 1827 年去世。置身全新的政治环境中，他们的起义热忱在实用自由主义（pragmatic liberalism）的熏陶下有所缓和。[5] 不过，西班牙式的人民起义神话仍然盛行，在希腊暴动成果的激励下，意大利的革命性宗派仍在欧洲运作，统筹者是年事已高的菲利波·博纳罗蒂，他在19世纪20年代将名下的"崇高完美主人"（Sublime Perfect Masters）改组为结构相对简明的共济会式组织"世界"（The World），在法国、比利时和意大利设立分部。

在博纳罗蒂的影响范围内，有一位名为卡洛·比安科·迪·圣若里奥（Carlo Bianco di Saint-Jorioz）的皮埃蒙特官员，他曾参与1821年皮埃蒙特革命与西班牙战争。在马耳他流亡期间，圣若里奥曾写下论述游击战的专著，声称西班牙的民族起义模式同样适用于意大利。他设想冷酷无情的农民军在乡村地区对奥军展开闪电攻击，切断通信渠道并削弱其斗志，使其军心涣散，最终灭亡。他或许有意弱化了西班牙半岛战争中的部分特征，尤其是当地神职人员发挥的主导作用以及英军对游击队的支持。即使存在这些疏漏，圣若里奥的著述依然在1830年出版后受到海外意大利人，尤其是身居法国的流亡者的热烈追捧。[6]在本书核心观点"武装兵团起义"的坚定信奉者中，有一位博纳罗蒂的青年支持者，他名为朱塞佩·马志尼。

然而，圣若里奥提出的论点甚至与其本人承认的现实相悖：意大利农民与西班牙（或希腊）农民不同，他们至今没有展示出任何民族主义爱国情感，甚至未曾对现有政府严肃地表达厌恶。长期奴役让他们变得怯懦、保守且注重物质。为祖国的建立而战斗是每个男人的义务，任何不纯粹的企图都是可耻的，但令人悲伤的事实是，大众只会为了"个人经济利益"参与行动。[7]因此，他认为民族主义革命中也需要包含社会的革命，并提议独立战争结束后立即将国有土地及从敌人手中没收的财产分配给农民。不过，这些引诱条件是否足以抗衡来自当地神父及地主的反革命压力，尚且未知。

经济还是理想？——革命驱动力始终是意大利复兴运动的一个重要主题，也是 1860 年以前（及之后）的主要争论点之一。绝大多数心怀民主信念的爱国者厌恶以物质作为驱动力，坚称唯有纯洁的信仰方能支撑行动，绝不能以个人利益为诱饵吸引支持。他们深受浪漫主义文化的熏陶，认为精神范畴是人类发展与成就的最高舞台，也是历史的主要动力，它驱使人类征战赴死、建造宏伟的大教堂，以及创作伟大的诗歌或在教堂的屋顶与墙壁留下传世之作。他们亦敏锐地察觉到，在意大利，物质主义是一个尤为严重的问题。常见的观点认为，文艺复兴时期对世俗物质的追求渗透进了意大利文化，亚平宁半岛从此走向衰落。相比于自由、独立等集体理想，人们更关注他们的衣着与财产。马志尼正是物质主义的严厉批评者。自 19 世纪 30 年代起，他为实现意大利统一而坚定不移地斗争，其核心信念近乎一种宗教责任感，即意大利人必须为本民族而战。其间，他无数次与提倡实用主义、强调经济社会议题的爱国者争执不下。

　　因为马志尼意识到，问题不在于意大利人是否可以战斗：他们每一位个体都与其他民族的人一样勇敢善战——如果将盗匪、叛乱与农民起义考虑在内，部分意大利人的战斗力甚至远超常人。真正的问题在于他们为何而战。于是，爱国者们梦想以集体行动取代意大利人对个人名誉与私人、派系宿怨的关注，从而成就现代独立民族国家的至高表现——"全民皆兵"，即组成愿为祖国牺牲一切的公民军队。1853 年，托斯卡纳重要的民主主义者朱塞佩·蒙塔内利在回忆录中写道，意大利复兴运动的使命是在战争与和平中将意大利融为一体："我们希望从外国的桎梏中解放，为民族打造单一的公民与战士主体身份。"[8] 皮埃蒙特信奉天主教的历史学家及政治家切萨雷·巴尔博曾说，他宁愿以三四位阿尔菲耶里、曼佐尼甚至但丁这样的人物换取"一位能够带领 20 万意大利士兵出生入死的战争领袖"。[9] 在半岛的另一端，西西里历史学家米凯莱·阿马里（曾孜孜不倦地在史书中寻找意大利军事复兴的迹象）在 1848 年 11 月听闻罗马一位重要政治家遭到刺杀的消息后，曾向好友倾诉他的悲伤，不是为了受害者，而是"因为人们又要开始为了短剑和匕首而大喊大叫，而意大利人早就该扔掉匕首，勇敢地挥舞刺刀了"。[10]

　　意大利复兴运动的主要爱国文本奋力传达正确的军事信息，但这不是一件容易的事，因为它们为彰显"民族主义"而选取的太多历史事件也都可以做截然相反的"非民族主义"解读。西西里晚祷事件是一个典型案例，它曾出现在阿耶兹的两幅画作、威尔第的歌剧（虽然歌词是从一个荷兰故事改编而来）以及阿马里的主要历史学著作中。这场人民起义于 1282 年的复活节星期一在巴勒莫爆发，屠杀了约 5 000 名法国人，被视为"意大利"爱国主义的集中体现。然而，西西里根深蒂固的分裂势力及许多岛民对那不勒斯的敌意表明，激发这场杀戮的或许是更加狭隘及地方性的情感。事实上，1842 年作品出版后立即被人指控有"地方自治主义"倾向，他在辩护中表示，"省级爱国主义"并不会破坏"意大利大家庭"的利益，因其本身是"诚挚且开明的"。他也曾因在书中某处将意大利内陆人称为"外国人"而受到批评，很快在之后的版本中对该处疏漏进行修正。[11]

　　1503 年的"巴列塔决斗"事件也很难被安放进爱国民族主义的模子里，该事件被马西莫·德·阿泽利奥的畅销小说《埃托罗·菲耶拉莫斯卡》（1833 年）以及 1839—1848 年的 6 部歌剧选为主题（1849 年，威尔第也受邀据此题材创作歌剧，但他没有答应。他说，那是意大利历史中"一个美丽的时刻"，但相关创作过多）。[12] 这场决斗发生在 16 世纪初法国与西班牙在意大利的战争中，起因似乎是法国人对意大利人信仰与勇气的奚落。13 名意大利骑士在巴列塔附近的普利亚与 13 名法国骑士展开决斗，意大利人赢得了胜利与荣耀。事实上，这场"决斗"可能不过是战争打响前帮助士兵恢复冬季战斗力的一场骑马比武，甚至不能确定是否存在人员伤亡。德·阿泽利奥选取该事件，希望能"或多或少点燃意大利人胸中的热情"。他最初考虑作画或写诗，后来决定写一部小说，"这样不只文坛精英，街道与广场上的人们也会阅读和谈论"。他说，自己相比于历史真实性更关注"民族再生"，由此以"决斗"比喻意大利从外国压迫中解放。他将意大利士兵的领导者埃托罗·菲耶拉莫斯卡塑造为无私的爱国主义英雄，而来自不同地区的骑士肩并肩抗击敌人，成为"意大利"的象征。[13] 小说中的浪漫情事与叛徒形象为情节增添了波澜。不出意料，小说弱化了意大利骑士身为西班牙雇佣兵的事实。

革命，1830—1831

1830 年 7 月 27 日，一场革命在巴黎爆发。三色旗飘扬的街道上种下了"自由之树"，革命者筑起街垒。经过三日斗争，守旧的查理十世国王被迫退位。继承王位的路易·菲利普展现出自由主义的风度，称自己为"法国人民的国王"（King of the French）而非"法国国王"（King of France）。暴动的浪潮席卷了整个欧洲。8 月25 日，布鲁塞尔天主教徒与讲法语者对荷兰新教统治者的长期积怨爆发，奥柏表现 1647 年那不勒斯起义的歌剧《波尔蒂契哑女》（*La Muette de Portici*，以维苏威火山喷发的爆炸性手法收尾）上演后，海牙掀起大规模人民暴乱。短短几周后，在英国、法国与普鲁士的支持下，比利时独立建国。同年 11 月，波兰人起义反抗沙皇尼古拉一世，结果却不尽人意。波兰人没有得到外国支援，残酷的游击战与常规作战持续约一年后，起义军被俄军击溃，成千上万名波兰人遭到杀害、监禁或驱逐。

欧洲风起云涌的战事令意大利自由主义者与秘密社团人士深感鼓舞。数年来，摩德纳公国始终是密谋活动的中心，而主要的幕后推动者竟是公爵弗朗切斯科四世（Francesco IV）本人。这位保守的亲王有着扩大统治疆域的浪漫宏图，希望成为更大国家的国王。他欲最大限度利用希腊独立战争给欧洲造成的紧张局势，促使奥地利在有机会获得巴尔干的土耳其领土的情况下，退出意大利半岛。他的主要代理人恩里科·米什莱（Enrico Misley）是一位年轻的法学毕业生，父亲是米兰著名的兽医学教授，与烧炭党人等秘密社团的密切联系则为米什莱增添了一份神秘色彩。米什莱曾在欧洲各国游历数年，与意大利流亡者、法国自由主义人士以及希腊、俄国使者建立了联系。他准备以教皇国为中心策划一场看似不可能成功的起义，最终目标是建立独立统一的意大利，并以弗朗切斯科四世为立宪君主。

巴黎的七月革命让弗朗切斯科受到惊吓，逐渐从米什莱的计划中退出，但路易·菲利普的继位给予了意大利秘密组织极大的鼓舞，他们如今相信，抗击奥地利的起义一定会得到奉行自由主义的法国新国王的支持。因此，预备起义的势头一直持续到 1830 年底，摩德纳公国、帕尔马公国、博洛尼亚城与罗马涅（教皇国的北部）

为密谋的焦点。在这些地区，自由主义者可以利用有产阶级的怨愤与不满，尤其是那些在 1815 年的和约中利益受损，又受到关税与其他贸易壁垒影响的人。作为教皇国最富庶的地区，罗马涅积压的愤怒也最深。教会施加的行政束缚、神职人员享受的免税政策及其占有的优质土地、拜占庭式的复杂法律体系以及源自罗马的蒙昧思想都让富有的教徒们深感厌恶。

1830 年教皇庇护八世的离世带来两个月的权力空白期，起义的气氛空前浓厚。2 月初，起义在摩德纳、帕尔马与博洛尼亚爆发，随后迅速蔓延至罗马涅、马尔凯及翁布里亚。在巴黎，菲利波·博纳罗蒂等流亡的民主派领导人物宣布支持他们的"朋友与兄弟们……从阿尔卑斯到埃特纳（Etna）"，敦促起义军推翻统治者，驱逐奥地利人，创造"独立、统一而自由的"意大利。一队志愿军在里昂集结后向皮埃蒙特发起进攻，却被法国政府阻拦——事实很快证明，法国政府远不像秘密社团想象中那样支持意大利革命。与此同时，博洛尼亚召开代表大会，共同商议后宣布教皇的世俗权力走到了终点。会议还宣称，起义各省将组成"一个国家，一个政府及一个家庭"——这句话同时展现出与会代表的决心与不安全感，因为意大利这片地区长期饱受地方竞争的困扰，而这种竞争极易破坏革命。[14]

旁观事态发展的路易·菲利普恐慌不断加深。除了担忧革命可能转而拥护危险的共和制外，他还看到波拿巴家族成员在意大利活跃的迹象，其中包括拿破仑的侄子，即未来的法兰西皇帝拿破仑三世，这位前烧炭党成员曾在马尔凯参加反教权志愿军。因此，路易·菲利普在 2 月底告知维也纳，法国不会阻碍奥地利夺回在意大利的统治权。弗朗切斯科四世在革命爆发后逃离摩德纳，又在奥军的随行下于一个月后的 3 月 4 日回到公国。三个星期后，摩德纳公国、帕尔马公国及教皇国的起义均被镇压。法国国内的反对势力对此表示抗议，认为未能阻止奥地利损害法国的威严，但一切都太晚了。

奥地利轻而易举地夺回统治权，使意大利秘密社团的弱点暴露无遗。事实证明，米什莱不该信任弗朗切斯科四世，正如 1821 年圣罗萨不应将皮埃蒙特与伦巴第立宪运动的希望天真地寄托在卡洛·阿尔贝托身上。奥地利在意大利本岛的势力如此强大，还能指望意大利亲王帮上什么忙呢？相信历经变革的法国定会鼎力相助也不过是一厢情愿，而更令人失望的是，民族情感的迹象十分微弱。1831 年起义的许多支持者所期待的只是国内政治经济改革，不是独立，更不是民族独立。几乎没有人准备好对奥作战——事实上，志愿军仅在 3 月 25 日与奥军在里米尼附近发生了一次严重冲突，交战范围也相当有限。

最后，地区间对抗依旧严峻。艾米利亚、罗马涅及马尔凯的城市并未表现出并肩作战的意向，博洛尼亚的引领角色受到广泛猜忌。1831 年 4 月，一位伦巴第自由主义者在写给同党派伙伴的信中表达了自己的懊丧：

> 10 年的羞辱与苦难都没能让人们醒悟，唯有联合才能带来力量，而唯有相互尊敬才能走向联合。许多秘密社团都是为了消除私人恩怨与地区间斗争而建立，但结局如何呢？有些社团竟无限制地激发个人野心，助长仇恨，导致恶意谣言与排外主义空前滋长……[15]

马志尼与民主派

1831 年是意大利民族主义运动的重要转折点，许多自由主义者从此对秘密社团与阴谋计划心怀疑虑。从基层民众至外国政府，支持起义的势力都十分微弱。人们认为，应该在现行国家制度下集中力量发展经济，提高政治与道德水准，而不是空谈统一与独立。报纸、期刊与书籍在前方引领思潮，塑造公众意见，并逐渐向统治者施加压力以便推动改革。此后 15 年间，"温和派"始终遵循这一策略。相比之下，较为激进的自由主义者总结出了截然不同的经验教训。他们认定王室成员及其政府绝不可能推动意大利发展，"人民"必须独自行动。为此，民族主义运动必须让"人民"受到热情的感召，将密谋活动的焦点从隐秘仪式转向公开的、语言与行为上的教育与煽动。

朱塞佩·马志尼将在接下来的 30 年里领导意大利爱国主义运动中的民主派，他格外欣赏阿耶兹的画作《"隐士"彼得号召十字军》(Peter the Hermit Preaches the Crusade)，将其誉为"民族艺术先锋"(Precursors of National Art) 流派的卓越之作。[16] 马志尼的欣赏并非巧合：该画作于 1829 年在布雷拉学院首次展出，一时带来巨大的轰动，人们立刻感受到了其中大胆的政治象征主义。一位艺术评论家指出，画前聚集的观众似乎（考虑到意大利浪漫主义者为自身设定的"公民"使命，可以说正中其下怀）正是作品的延伸部分。[17] 画面中弥漫的强烈宗教气息令马志尼尤为激动——从背景中云雾缭绕的群山，到在马背上挥舞着十字架的、精力充沛的彼得（"苍白而瘦削，却因热情与信念受人尊敬"），再到身旁聚集的一小群狂喜而热切的普通民众："无论身处何处，我们都与上帝相通……每个人都受到一种有约束力的真实力量驱动，心中回荡着'神的旨意，神的旨意'……我们在这里感受到那不可见的统一。"[18]

隐士彼得的热情布道驱动了成千上万欧洲农民在 11 世纪末背井离乡，冒着生命危险从土耳其人手中解放圣地。中世纪十字军运动与彼得事迹中所体现的宗教与政治的强力结合深深吸引着马志尼与同时代的许多激进知识分子，他们一直在寻求将散漫个体凝聚为一心一意的进步军队的灵丹妙药。十字军实际上成了 19 世纪 20 年代中期意大利爱国主义文艺的重要主题，从托马索·格罗西（Tommaso Grossi）的史诗《第一次十字军远征中的伦巴第人》（*The Lombards on the First Crusade*，1826 年，他的朋友阿耶兹为其创作了一系列平板印刷插图）[19] 到马西莫·德·阿泽利奥同年创作的油画《若斯兰·德·蒙莫朗西伯爵之死》（*The Death of Count Josselin de Montmorency*）。[20] 阿耶兹在 19 世纪 30 年代至 40 年代完成了两幅受十字军历史启发的画作，即《教皇乌尔班二世宣扬第一次十字军东征》（*Urban II Preaching the First Crusade*，画中教皇在克莱蒙的中央广场被狂热的人群包围，这回应了对《隐士彼得》一画过于拘谨的批评）以及一幅受格罗西诗歌《耶路撒冷外口渴难耐的第一次十字军东征士兵》（*Thirst Suffered by the First Crusaders outside Jerusalem*）启发的大型画卷。后者最初是卡洛·阿尔贝托国王委托创作的，1849 年的诺瓦拉战役使国王的十字军梦想破灭后，油画即被归藏在都灵王宫的角落。[21]

1831 年革命彻底失败后，马志尼开始将宗教置于意大利民族观念的中心。19 世纪 20 年代，马志尼在热那亚学习法律，心怀爱国热忱与浪漫情怀的他自然被秘密社团网络吸引，在 1829 年成为一名烧炭党人。他曾因同伴泄密而入狱三个月，此后被迫流亡，于

1831 年 3 月定居马赛。在那里，他融入了当地活跃的意大利自由主义群体，其中大部分是菲利波·博纳罗蒂的追随者，包括游击战理论家卡洛·比安科·迪·圣若里奥，圣若里奥领导着一个新建立的准军事秘密社团"阿波法西梅尼"（Apofasimeni），目标是创造"独立、统一而自由的"意大利。马志尼到达马赛不久便以"百夫长"（centurion）的身份加入组织，但几个月后他决定创建自己的社团：青年意大利（Giovine Italia）。该组织并非希望取代阿波法西梅尼或其他与博纳罗蒂相关的社团，而是想将各团体联系在一起，达成高效协作并设定共同议程，尤其是在意大利革命破灭以及法国"背叛"致使各派系前路迷茫的情况下。[22]

马志尼的倡议引来了猜忌，在 1831 年至 1833 年间，各秘密社团中的资历较长者对其发起了日益猛烈的批评，使青年意大利被迫站在了与他们敌对的位置上。从表面上看，青年意大利并未对阿波法西梅尼等社团造成威胁：它们目标相同，都是要建立独立自由的意大利共和国，也寻求以相似的方式——"教育与叛乱"——达成目标。再者，马志尼制订的起义计划直接借鉴了圣若里奥的指南，即组建游击队向敌人发起进攻，并使其成为未来大规模民族军队的核心。然而，马志尼在某些关键方面与老派社团存在较大差异。首先，他明确意大利的民族救亡运动只能由意大利人完成，意大利不会以任何形式附属于法国，也不会看其脸色行事。亲法的博纳罗蒂很难走上这条道路。其次，马志尼设想的共和国与老派社团的构思截然不同。在后者看来，新政权必须贯彻"平等"理念，富人的财产必须被没收后分配给穷人。马志尼当然也对改善百姓经济条件心怀热情，但他希望通过互助会、福利、普选及受教育权来达成这一目的，而非发动阶级斗争。马志尼绝非雅各宾派，他一生都是社会主义的死敌。

然而，马志尼的青年意大利与其他秘密社团的最大区别在于宗教层面，该层面将在未来100多年里持续影响意大利的民族问题，这种影响在许多方面都存在问题。早期的秘密社团并非信奉无神论，烧炭党的仪式、符号和语言都体现着基督教的印记；但这些宗教特征基本只关乎形式，它们为社团打造庄严的氛围，确保成员严肃宣誓并履行义务。马志尼要做的却是创造上帝、人民与民族国家的三位一体，将对统一、自由与独立的追求宗教化。他宣称上帝授意让意大利成为肩负伟大使命的优秀民族，意大利人自然有义务团结起来实现上帝的旨意，做好准备为这神圣的事业牺牲一切，包括生命。正如马志尼几年后回忆起自己在1831年的彻底觉悟（事实上，他对宗教的"皈依"比自己所描述的更为渐进）时所写：

> 那个时刻，即使最稚嫩的概念也像明星般划过我的灵魂，带来无限的希望。我看到重生的意大利一跃成为进步和博爱宗教的传教士，这种宗教远比她过去带给人类的一切更加伟大而宽广。对古罗马的崇敬刻在我的骨肉之中……为何不能诞生一个全新的罗马，一个由意大利人组成的罗马——我确信已看到其降临的征兆——创造更广阔的第三个统一体，将人间与天堂、权利与义务和谐地联系在一起，对人民而非个体道出"联合"（association）这个伟大的词——让自由与平等的人们在其中明白他们的使命？[23]

马志尼出身于虔诚的宗教家庭，母亲是一位热忱的非正统天主教徒，秉承朴素与反等级制度的观念，相信她唯一的儿子是上帝派来引领人类走向又一巅峰的使者。[24] 然而，真正对马志尼核心思想产生决定性影响的是法国哲学家、社会改革家圣西门（1760—1825年）的著作。在圣西门的影响下，马志尼坚信进步发展，坚信社会从个人主义时代向集体行动或"联合主义"（associationism）的现代性转变，并认识到了用一种公民信仰弥合 18 世纪理性与宗教裂痕的必要性。圣西门认为这种信仰极为关键，因为人类只有在强烈信奉某种指导性观念时才会进步（他在去世前不久告诫友人道："请记住，你必须满怀激情才可能成就一番伟业"）。马志尼使用的许多关键词在 19 世纪二三十年代的圣西门信徒中十分流行，包括"使命""使徒""信仰"，等等。[25]

对马志尼而言，民族是上帝授意组成的群体，每一个民族都肩负独特的使命。他从未阐明这些使命的确切内容，尽管他同斯塔尔夫人一样，也认为"历史上举足轻重"的欧洲民族都拥有鲜明的特性，这表明上帝为其安排了特殊角色——例如，德意志人生来擅长推断与哲学思考。而对于欧洲最终的政治版图，马志尼也没有清晰的规划。他不欣赏爱尔兰民族主义，在部分场合提出西班牙与葡萄牙应合而为一，荷兰与比利时则应分别融入德国与法国。他很难认同丹麦民族独立的诉求，认为斯堪的纳维亚半岛应组成单一政治体。但马志尼并未固守成见，部分原因在于他承认国家在不同时期须以不同方式重组，以应对实际政治需要。[26] 不过在以下问题上，他的态度非常明确：民族问题是现代世界的核心。每个民族都必须发出呼声，以"人民"的意志捍卫自由。只有在每个民族都找到合适的政治立足点后，上帝对人类的规划才最终实现，世界将永享和平。

马志尼许多思想的模糊性（遑论其常常表现出的傲慢与自以为

是）让资历较长的自由主义社团人士大为恼火，同时引发了 19 世纪 30 年代民主阵营的激烈纷争。然而这种模糊性很大程度上是有意为之。马志尼的目标是制造信仰，而信仰又是一种建立在希望与简单准则之上的天然直觉（"要记住，宗教是人民的一种欲望与需求"），[27] 平淡枯燥的分析并无益处。基督教因宣扬公正且幸福的死后世界图景而赢得人心，这个信念通过文字与口口相传，经人们的苦难与殉道事迹在国家间广泛传播。新福音的信徒也应遵循相似的轨道。他们的核心教条应简单明确：统一、独立与自由；他们的布道与行为应表现出坚定不移的信念。他们应愿为心中的伟业抛头颅洒热血（"自由之树在烈士鲜血的浇灌下苦壮成长"；[28] "因为在奉献牺牲中有一种崇高的东西，让女子诞下的男儿们低下头，心怀爱慕；因为他隐约感到，鲜血的背后——如同耶稣基督的鲜血的背后——终将出现人民的第二生命，真正的生命"）。[29] 意大利作为民族信仰的核心，应被塑造为一种各地区、各阶层人民都能产生共鸣的理想。

从某种层面上看，马志尼打造的宗教政治混合体是欧洲浪漫民族主义的自然衍生物，其中囊括了诸多神秘主义及弥赛亚式的因素（在 19 世纪 30 年代至 40 年代，著名作家亚当·密茨凯维奇也采用了相似的弥赛亚式语言宣扬波兰独立，将波兰的苦难视为神恩与复兴临近的迹象：波兰是"各民族的耶稣基督"）。但马志尼的视线不曾离开意大利的独特局势，其方案的关键方面皆依照意大利民族主义的特别需求量身打造。大约 1 400 年前罗马帝国崩溃后，意大利陷入四分五裂的境地：这将通过强大的中央集权国家制度（他坚决反对联邦制）以及富有凝聚力与认同感的首都选址——罗马——得以矫正。意大利人生性我行我素，易造成党派之争：这个问题将在鼓励建立联合会、拟定人人赞同的清晰议程的过程中渐渐解决。受教育阶级在推崇法国文化的同时深深憎恶法国人的傲慢；对意大利光辉历史及光明未来的宣扬将扭转这种屈从态度，因为马志尼宣称上帝已下达旨意，19世纪将是意大利的时代，正如18世纪曾是法国的时代。

但是，马志尼计划中最重要的环节还是将民族置于一种新世俗宗教的中心。部分原因在于，马志尼相信上帝如今通过"人民"与民族这样的媒介向世人显现，而教会在人间的重要使命已经结束。意大利是天主教的中心，因而拥有了摧毁中世纪教皇国、在废墟上开创民族国家新时代的使命："历史上第三次——唯有在罗马，才能实现现代的统一；正如唯有在罗马，才能开始破坏古代的统一。"[30] 但是，正因为意大利是教廷所在地，而意大利统一体似乎将一直面对天主教激烈的反对，任何大众化的民族运动都必须创造一个足以抵消教会伦理权力的强大敌对宗教，从而赢得普罗大众的心灵乃至思想。

马志尼明白任务的艰巨性。教会主宰着普通意大利民众的喜怒哀乐，拥有神职人员组成的强大队伍供其差遣。亚平宁半岛的多国政府坚定支持教会工作，允许其掌握教育与审查权，以及对思想危险者施以严惩（"在做宣传工作的使徒会被带上绞刑架的地方，你不能指望找到使徒"，1834年马志尼向一位朋友哀叹动员普通民众之难）。[31] 除此之外，仪式与盛景的强大传统也是教会的有力武器，更不用说那些享誉世界的艺术与建筑。辉煌的美学传统牢牢控制着民众的情感世界，让教会拥有其他竞争者难以匹敌的优势。

1849年3月，马志尼有生以来第一次来到罗马时，就对教会的巨大权力产生了深刻认识。"罗马承载着我青年时代的梦，是指引、培育我全部思想的理念，我灵魂信奉的宗教。我在傍晚踏入这座城市……羞怯地，几乎怀着爱慕之心。对我而言，罗马曾是——也将一直是……人类的圣殿。"[32] 尽管盼望着新时代的到来，他也不能忽视天主教的至高伦理地位，作为 1849 年革命之年春季的罗马共和国的领导人之一，他还是感到无法反对天主教。复活节星期日当天，他站在圣彼得大教堂的前方，头顶是米开朗琪罗绘制的壮美穹顶，他注视着神父在贝尼尼广场的柱廊间为数千名信徒祈福。他对身旁的画家尼诺·科斯塔（Nino Costa）说："这个宗教十分强大，也将在未来很长一段时间内维持强盛，因为它的视觉效果极为壮美。"[33]

在马志尼的带领下，青年意大利很快成为势力最强盛的秘密社团，这一方面源于他极具魅力的性格特点：在许多认识马志尼的人看来，他完全符合浪漫主义对天赐英才的想象——热情、专注，饱经苦难，时而肃穆阴沉，时而活泼机敏，对语言的把控几乎使语言有了魅惑人的效力（马赛的信徒将他描述为其所见过的所有男人和女人里"最美丽的生命"，"意大利历史上从未出现过如此神圣而动人的口才"）[34]。除此之外，他传达出的清晰的、以民族主义为核心的思想与对社会平等主义的摒弃也加快了该社团的壮大。与之前的社团一样，青年意大利也设置了入社仪式、通行口令和保护成员身份的假名，但摒弃了共济会式的等级制度，这种等级制度曾将开明的精英与无知的普通成员分隔开。青年意大利的组织结构简洁，设有中央及地方委员会，其下属刊物同样名为《青年意大利》，由马志尼担任主笔，支持者将其走私回意大利。1833 年初，社团宣称（应当是准确的）拥有 5 000 多名成员，大多来自中产阶级，但也包含部分城市中的商铺老板与手工艺人乃至穷人。利古里亚、伦巴第、艾米利亚和托斯卡纳是其主要势力范围，皮埃蒙特则仍是博纳罗蒂的地盘。双方都几乎没有向南方渗透。[35]

发动起义是马志尼最迫切的目标，其狂热的密谋活动很快引发了意大利各国政府的担忧。到 1833 年，警察报告通常称其为"有名的"或"臭名远扬的"马志尼，奥地利首相梅特涅不断从维也纳敦促法国政府逮捕并驱逐他。梅特涅或许有意夸大了青年意大利的势力与民主诉求，他称其成员多达 1 万人，大多来自"底层阶级与生活放荡糜烂的年轻人"。但这类传言不仅提升了当局的警觉与镇压力度，同时也巩固了马志尼在各个社团中的强势地位。[36] 此时加入马志尼派的人物有温琴佐·焦贝尔蒂，这位神父将在 19 世纪40 年代领导推进为实现民族统一而设定的温和天主教计划。此外还包括后来担任意大利首相的路易吉·卡洛·法里尼（Luigi Carlo Farini）、后来担任外交大臣的路易吉·梅莱加里（Luigi Melegari），以及诸多记者、作家、学者、议员和公务员，他们将确保马志尼的精神甚至全部教诲在 1860 年意大利统一后依然贯彻下去。

马志尼的目标是在那不勒斯发动起义，而后向北扩张。然而意大利政府早已察觉到暗流涌动，开始严加防范。1833 年，一场军事政变计划在皮埃蒙特遭到揭发，国王卡洛·阿尔贝托坚持严厉处罚，以儆效尤。12 名谋反者被当众处决，上百人锒铛入狱，马志尼在未出庭的情况下被判死刑，不得不离开法国前往日内瓦。他仍然不知疲倦地与追随者保持联络，准备发动革命，他坚信意大利的局势一触即发，微弱的火星便能燃起燎原之势。马志尼曾制订过更加孤注一掷的计划，其中包括率领波兰、德意志、意大利志愿军组成的四队人马入侵萨伏依（而后攻击皮埃蒙特-撒丁王国），以圣若里奥和一位前拿破仑政府的官员、1821 年皮埃蒙特革命老兵为军队统帅。事实证明，这是一场彻底的惨败。按计划，热那亚本该同时爆发起义，但几乎只有一位刚刚加入青年意大利组织的尼扎（尼斯）水手响应号召，他的名字叫朱塞佩·加里波第。他被判处死刑，但及时跨越边境逃至法国。

这场失败暴动致使半岛各地展开严酷镇压，作为革命组织的青年意大利迅速瓦解，马志尼必须接受的现实是，谋反在实际上失去了可能性。1834 年春，他与少数流亡者共同建立了名为"青年欧洲"（Young Europe）的新组织，希望统筹协调波兰、德意志等地的民族运动，但收效甚微。马志尼越发绝望。两年来，他在白雪皑皑、迷雾不散的汝拉山过着贫苦的生活，时刻提防警方的追捕。严重的精神危机将他拖垮，他只能感受到"怀疑"、"猜忌"和"由爱与信仰筑成的伦理大厦的土崩瓦解，而只有这座大厦能给予我战斗的力量"。然而，某天醒来，他的"灵魂充满宁静……以及被从极端危险边缘拯救回来的感觉"。他对意大利的信仰熬过了劫难，却对意大利人彻底幻灭。本国同胞给他带来的灰心失望似乎使他更加热爱抽象概念（和动物）："相比人类，我更喜爱猫咪的陪伴……我对人类感到厌恶！看到我对他们露出的狞笑了吗？这是他们应得的——我的公民同胞们比任何人都应得到这份讥笑——但我的祖国……我依然爱她。其实，我比以往更加真诚地爱她，带着更深的怀旧之情。"[37]

1837 年，马志尼离开瑞士前往英格兰，并在那里度过了大部分余下的人生。与大多流亡者一样，家庭有能力将他送到哪里他就待在哪里，靠当记者、翻译以及偶尔尝试做些买卖赚取微薄的薪水。伦敦居住着许多意大利流亡者，其中安东尼奥·帕尼泽等人与上流人士来往，但他们不会同马志尼一类的共和主义者建立联系，马志尼也没有主动找上他们。[38] 但最直接的好处在于，英格兰人普遍对意大利表示同情，虽然同情的力度不如 19 世纪 20 年代那般声势浩大，但在激进派内部依然不容小觑。哲学家约翰·斯图尔特·密尔（John Stuart Mill）非常激动地会见了"大名鼎鼎的马志尼……当今欧洲最杰出的反叛家与革命家"，并立即将他聘为《威斯敏斯特评论》（Westminster Review）的编委。[39] 有价值的人脉一个个找上门来，尽管马志尼不喜社交，知识分子与政治家的殷勤邀请却一刻不停。在伦敦的最初几年，他与托马斯·卡莱尔（Thomas Carlyle）——或者说他的妻子简（Jane）往来最为密切。住在邋遢的贫民窟里，吸烟凶狠却能弹一手美妙吉他的马志尼敏感、热情而孤独的气质深深吸引着她，也吸引着之后几位富有主见的中产阶级姑娘。

传教士

面对 1833—1834 年的革命失败及随后的警方镇压，意大利的民主派陷入了组织涣散的困顿局面。许多人逃往法国、瑞士或北非寻找庇护，皮埃蒙特神父温琴佐·焦贝尔蒂等人在布鲁塞尔定居，加里波第则在南美洲建立了一个意大利志愿军团，为乌拉圭独立而战。另有一批秘密社团分子前往西班牙，在不久前爆发的内战中声援自由主义事业，其中包括摩德纳革命家尼古拉·法布里齐（Nicola Fabrizi）。同时，经济拮据与幻想破灭让许多海外流亡者从此远离严肃政治活动。圣若里奥负债累累，终于于 1843 年在布鲁塞尔自杀身亡。反叛分子的精神领袖博纳罗蒂试图维持在意大利的影响力，建立了名为"真正意大利人"（True Italians）的新社团，公然高举雅各宾派及平等主义的旗帜。但他的主张越发显得过时，沉浸在浪漫民族主义中的年轻一代意大利爱国者也不再怀有亲法情结。1837年，他近乎孤独落寞地在巴黎逝世。

虽然萨伏依入侵失败导致马志尼将自己的政治资本输得精光，青年意大利却在民主派中赢得了广泛共鸣。多年以来，许多最极端的爱国者即便认为马志尼的教条主义与对"上帝"的强调过分夸张，难以容忍，却也认可他的基本前提——爱国主义分子应将自己视为一种崭新宗教信仰的传教士，形成相应的思想与行动模式。尽管弗朗切斯科·阿耶兹是一名不问立场、谨遵委托的职业艺术家——在19世纪30年代至40年代，他心无旁骛地为奥地利皇帝工作，包括为米兰王宫绘制巨幅寓言画（毁于1943年的空袭），描绘了帝国统治下和平繁荣的景象——但他也能理解意大利北部精英的爱国主义情感。在马志尼尚未崭露头角的1825年至1827年，阿耶兹曾受米兰富有的银行家恰尼（Ciani）男爵委托，分别为他的儿子菲利波和贾科莫创作了肖像画。两兄弟参与了1821年的起义，而后流亡瑞士、法国和英格兰。他们在画中被表现为使徒腓力与雅各，身着红、白、绿三色的袍子，"在旅行布道时"坐在岩石上。阿耶兹在回忆录中写道，他希望将二人描绘为致力于"教诲人们从外国人手中解放祖国"的传教士。[40]

在民主派中，这种以新信仰使徒自居的精神十分普遍。他们将彼此视为亲密的家人，以"兄弟""姐妹"互称（不像以往的宗派人士以"表亲"对待彼此）。他们往往以虔诚的语气、兄弟般的关怀书写信件，"致健康与兄弟情"是最典型的敬语。尽管时常争吵，他们总是能共渡难关，并给那些遇到麻烦的人或他们的亲戚提供情感和物质支持。仁慈、无私与体谅是备受推崇的美德，诚实、坦率

（当然不是对警察）、藐视钱财与坚忍不拔直面困境的精神也同样重要。他们几乎将苦难本身视为一种美德，其最高表现即是为理想奉献生命。许多著名的民主主义者，包括班迪耶拉（Bandiera）兄弟、卡洛·皮萨卡内（Carlo Pisacane）和菲利切·奥尔西尼（Felice Orsini），甚至主动投身毫无胜算的运动，舍身成仁。对苦难的赞扬也关乎一种特殊的政治观：不达理想誓不罢休。这种政治态度的主要后果表现为对现状的永不满足与决不妥协。1860 年后，民主派的行动招致了一种贬低意大利统一的风气，让人们相信复兴运动的使命远远没有结束。

相似的身份背景巩固了民主主义者之间的密切联系，他们几乎全部（意料之中）来自地主阶级与城市中产阶级。西西里革命家罗萨利诺·皮洛（Rosalino Pilo）等少数成员出身贵族世家（几乎都是小儿子），而像撒丁岛起义鼓动者乔治·阿斯普罗尼（Giorgio Asproni）那样有着贫农背景的则屈指可数。但阶级并非至关重要，对友谊与联盟没有决定性影响，民主派只在极偶尔的情况下（接触法国社会主义思想的结果）才会站在阶级的角度思考自身及其政治立场："人民"才是更加强有力的范畴，用以指代任何有政治意识的意大利人。成长过程中相似的文化环境才是民主派形成的关键：大部分成员出身于有着拿破仑传统的雅各宾派或自由派家族，日常以宪法和烧炭党为餐桌谈资。他们受教育水平较高，这通常是由于身负提高社会地位的家族期许。

民主派会在具体手段上产生分歧，但一致将（大部分温和派也是如此）独立、强大而统一的意大利视为最终目标。不过，问题在于，"自由解放"应该在多大程度上成为首要目标。摆脱外国统治的目标是毋庸置疑的，但内部政治自由却面临诸多困难。大多数民众的愚昧无知（属于"普通人"而非"人民"）以及每个新生国家都将面对的由反革命地主及教会构成的激烈反对势力深深困扰着意大利。民主派信奉人民主权论，但也相信（出于形势所迫）意大利民族先于并独立于人民意志而存在。这样一来，他们就可以要求为民族权利牺牲个人权利，马志尼的政治神学强调民族的神圣起源，更容易证明该立场的正当性。许多民主主义者早在统一前便预料到了未来必经的独裁统治阶段，只是无法判断这一阶段的持续时间。

民主派的主战场在于独立、强盛与统一的具体实现方法，这也是他们与温和派的最大分歧。朱塞佩·费拉里、卡洛·卡塔内奥等人声称，只有当意大利以联邦制接纳地区差异的历史现实时，国家与民族才有可能走向强盛。另有许多人遵从马志尼的观点，认为只有中央集权的国家体制才能抵御地区主义的弱点（但也没有排除一定程度行政自治的可能性）。共和制的支持者宣称民族统一与君主制水火不容，因为王室只注重王朝统治的利益，不会真正支持"人民"，也不会反对教权。但温琴佐·焦贝尔蒂等民主派不赞同马志尼的共和思想，不仅因其在政治上不现实，更因为（请西斯蒙迪原谅）这会重新引发中世纪时期的群体暴乱，阻碍意大利成为"富强统一、信仰上帝、和谐安宁"的国度。[41]

19 世纪 20 年代中期，与青年意大利及博纳罗蒂的真正意大利人相竞争的组织涌现出来，民主派阵营中的裂痕日益加深。在那不勒斯，朱塞佩·里恰尔迪（Giuseppe Ricciardi）建立起神秘组织"中央委员会"（Central Committee），试图将当地的激进分子动员起来。摩德纳叛乱者尼古拉·法布里齐则在马耳他的根据地建立了准军事组织"意大利军团"（Italic Legion），谋求以半岛最南端与西西里岛为先锋，发动全国游击战。在卡拉布里亚，年轻的理想主义知识分子贝内代托·穆索利诺（Benedetto Musolino）组建了名为"青年意大利之子"（Sons of Young Italy）的秘密社团，目标是建立由罗马的独裁者统治的军事共和国。该社团成员与当地农民一样身穿黑衣，佩有卡宾枪与短刀，社团的黑底旗帜上印着白色骷髅。[42] 穆索利诺对社会经济问题的重视让马志尼斥其为"物质主义者"和"共产主义者"。穆索利诺则反击说马志尼腐败且邪恶，只在乎自己，不管穷人死活。[43]

不过，如何吸纳更广泛的群众参与是所有民主派面对的共同难题。民主派分子都有较强，或者说超强的沟通能力：他们大多热衷于写信，热切地与朋友圈子维持联系，对自己在群体中的地位十分在意，生怕被排除在外。马志尼留存至今的信件约有 1 万封，字迹小而难以辨认，但他或许曾写出 5 万封信。但是，与未受教育者沟通要面临完全不同的情况：他们说着另一种语言（通常就是字面意思）。民主派志在将"普通人"转化为"人民"，正如小说家兼政治家圭拉齐所言："如果一个铁匠……能够写出诗句或散文，能够孝敬父母，做一个好丈夫、好父亲，衷心爱国，反对暴政而破除迷信，那他就不再是普通人，而是成了人民。"[44] 但若想达成这一目标，并创造出击溃现存秩序和统一意大利所需的人民力量，首先就必须让大众接受民主派的教育。而在目前的情况下，由于他们是"普通人"，他们不会主动接受。此外，在"意大利"被创造出来以前，民主派也不会有足够的政治空间施展拳脚，认真攻克教育的难关。托斯卡纳民主主义者朱塞佩·蒙塔内利在 19 世纪 50 年代中期这样描述了他们的困境（批评马志尼）：

我们需要有教育民众的自由，我们又需要民众去赢取自由。若想让相互分离的意大利人民产生民族意识，就必须使他们融合在一起，组成现实中的意大利。而若想实现这一宏愿，人民需要对提升民族意识这一结果心怀向往。没有人民，我们靠什么起义？没有起义，我们又哪儿来的人民呢？流亡海外、自我陶醉的传道者们以为喊喊"你们如果想要自由，就站起来反抗"就行了，简直就像对着病人说"你如果想好起来，就治疗一下"。[45]

班迪耶拉兄弟之死

1839 年，马志尼试图重启谋反计划并重组青年意大利。他担忧竞争组织的出现会分散革命力量，同时预测英国宪章运动会在欧洲掀起又一轮人民暴动的浪潮。意大利南部似乎是发动起义的理想地区——1837 年，在霍乱暴发后不久，一场极端残酷的社会经济危机席卷西西里——马志尼努力说服意大利军团领袖尼古拉·法布里齐与自己一道谋划行动。他担心南部的起义太过局限于地方，且过于关注物质利益，尤其忧虑西西里的叛乱最终只会带来该岛而非整个意大利的独立。法布里齐却对联合马志尼没什么兴趣，罗马涅与卡拉布里亚相继于 1843 年春和 1844 年爆发的几次小规模反叛更多与当地势力有关，而非马志尼或法布里齐的策动。

卡拉布里亚的起义集中在偏远的西拉山区，这里位于亚平宁半岛西南部，以法纪松弛、盗匪横行闻名。那不勒斯的自由主义者们为此筹备数月，1844 年 3 月 15 日黎明，上百名武装起义者挥舞着三色旗冲进科森扎市（Cosenza），高呼"自由万岁！"他们的目标是闯入省长办公厅，但一队警察迅速出击，双方激烈交火，最终警察队长［那不勒斯著名哲学家帕斯夸莱·加卢皮（Pasquale Galluppi）之子］与包括领袖在内的 4 名起义者被杀。其余起义者试图逃跑，却在几天后遭到围捕。在政府的压力下，法庭给予震慑性的重判，19 名叛乱者被当众枪决。这次起义没有取得任何实际成果，但它表明意大利人也能做出英勇之举（这始终是目的之一，马志尼说过，"失败的行动也好过不行动"）。[46] 此举同时赢得了海外的广泛报道，尤其在英法两国，流亡者通过媒体极力夸大，甚至渲染出更大规模的叛乱已经兴起，意大利南部大部分地区陷入交火的假象。[47]

来自威尼斯贵族阶级的阿蒂利奥·班迪耶拉和埃米利奥·班迪耶拉兄弟读到了这些报道，并在 1842 年创办了秘密社团"艾斯佩利亚"（Esperia），在奥地利军队中传播马志尼的思想。随后，他们因遭揭发而被当局追捕，一路逃到科孚岛。在那里，他们遇到了来自弗利的热情共和主义者朱塞佩·米列尔（Giuseppe Miller），这位青年意大利成员在 1844 年春天说服班迪耶拉兄弟远征卡拉布里亚，他声称胜利概率相当大。一同被说服的还有 18 名流亡者，他们大多来自罗马涅、马尔凯和艾米利亚［包括名字很好听的安纳卡尔西·纳尔迪（Anacarsi Nardi），他的叔叔在 1831 年革命时曾是摩德纳的"独裁官"］。队伍中还有一名来自卡拉布里亚的可怖人物朱塞佩·梅卢索（Giuseppe Meluso），他曾以贩卖积雪为生（因此其昵称为"雪人"），在犯下杀人罪后逃往科孚岛经营酒吧。他同意作为向导跟随此次远征。

6 月 16 日夜间，这 21 个人身穿军服，戴着红、白、绿三色帽章，携带步枪、军刀与短剑登陆克罗托内（Crotone）附近海岸。破晓时分，农民来到岸边进行收割，自然对这些陌生的"外国人"

心生警惕。[48]出于安抚及尽可能获得支持的目的，米列尔提议阿蒂利奥·班迪耶拉将一把镶嵌珠宝的军刀送给当地农民。这把刀是1840年苏丹阿卜杜勒·马吉德为表彰阿蒂利奥在叙利亚战争中的英勇行动而亲自赠予的。阿蒂利奥认为这份礼物过于厚重，最后送出了一把波斯匕首，敦促当地人召集人手与武装（他们会付钱），声称自己是正派人，不是土匪。但农民的疑虑似乎丝毫未减。反叛者们万分失望地听说卡拉布里亚并无武装叛乱，外国报道中600名盘踞山区的叛军也是无中生有。他们在离海岸较远的树林里躲避了一段时间后，决定尽快返回科孚岛。但是，他们担心警方已得知他们的行踪，不敢原路返回海岸，打算横穿至半岛另一端并从那里起程。6月17日，他们于夜间开始赶路。然而第二天清晨，一位名叫彼得罗·博凯恰佩（Pietro Boccheciampe）的成员神秘失踪。

意大利复兴运动中对重要爱国主义事件——西西里晚祷事件、巴列塔决斗、佛罗伦萨之围——的记述都会包含一个叛徒，这不仅是为了增加戏剧性，也是为了将问题转移到个别人身上，为失败找一个明确理由。同时，这也同民间故事、史诗以及《圣经》故事的惯用手法一样（最经典的是基督与犹大），可以突显出主人公的英雄主义与神圣气质。在班迪耶拉远征的故事中，博凯恰佩就被迫扮演了这个角色。马志尼后来直白控诉其背信弃义的行为，[49]但几乎没有证据表明博凯恰佩应当受到这样尖锐的批评。他的确决定向当局自首，在克罗托内的小餐馆花钱饱餐了一顿，而后走进地方长官办公厅。即便如此，他从未泄露此次远征的真实目的，那不勒斯警察长官对他的缄默不语毫无办法，只能将其押回卡拉布里亚与其他人一同接受审判。[50]

与此同时，余下20人来到圣乔瓦尼-因菲奥雷（San Giovanni

in Fiore）附近，这座小镇地处森林茂密的西拉高原，每年 5 个月因大雪与外界隔绝，神职人员与少数富裕地主在当地占据统治地位。出身地主阶级的当地警卫队指挥官多梅尼科·皮齐（Domenico Pizzi）将众人聚集到中央广场，派妇女到教堂为拯救国王而祈祷，命令身体健全的男性（包括教士）武装起来，动员他们高呼"我们的国王万岁！上帝保佑他！"他们向斯特拉戈拉（Stragola）进发，反叛者正在该地一家小客栈休息整顿，补充水源。听到圣乔瓦尼武装民团的呼喊，他们冲出房门，弹雨迎面袭来，米列尔和另外一名反叛者当场身亡，多人受伤。少数几人仓皇逃跑，后来也在克罗托内投降，挥舞白色手帕束手就擒。他们被捆绑起来，被剥夺了一切财物（包括为此次远征准备的 7.5 万里拉黄金），在屡遭酷刑凌辱后被投入监狱。米列尔和另一位死者的尸体在阳光下腐烂，无人理会。为奖赏圣乔瓦尼镇居民的忠诚之举，国王共赐予 18 人骑士身份，还赏赐了 34 枚弗朗切斯科一世金质勋章与 84 枚银质勋章、抚恤金以及一系列土地税及生产税豁免权（均在 1860 年后造成尴尬局面）。[51]

对叛乱者的审判结果早已注定，但班迪耶拉兄弟拒不承认犯下叛国罪，坚称其从流亡者圈内得到的确实消息称国王斐迪南正秘密策划利用南方的叛乱作为起点来统一意大利，因此来到卡拉布里亚予以支援。此次远征本是为助国王一臂之力，绝非企图颠覆政权。斐迪南有志于统一意大利的谣言（毫无依据）的确在当时流传广泛，但法官认为这些反叛者并非真正相信传言，只是想为死刑开脱，他的判断无疑是正确的。同时，人们在米列尔身上搜出一份热情的共和主义宣言，上面亦有班迪耶拉兄弟的签名。根据政府指示，法庭判处 9 名被告公开枪决。他们临死前表现出英雄无畏的精神，以烈士的姿态为民族事业捐躯，受到了意大利内外的一致认可，也令当局万分紧张。1844 年 7 月 25 日，他们被蒙着面押送经过科森扎的街道，光着脚，穿着黑色的囚服，却高唱萨韦里奥·梅尔卡丹特（Saverio Mercadante）的歌剧《卡里蒂》（*Donna Caritea*）中的合唱曲：

> 为祖国而死
>
> 生命已足够辉煌
>
> 月桂树的枝叶
>
> 将永不枯萎
>
> 在巅峰中消逝
>
> 好过在暴君镇压下
>
> 碌碌终日 [52]

行刑结束后（至少根据马志尼追随者的记述），围观的平民纷纷前去捡染血的子弹，每人分得了一绺受害者的头发，"仿佛分得了圣人的遗物"。[53]

教育者与改革者：温和派

邦联（confederation）是最适合意大利自然环境及历史的安排。正如焦贝尔蒂所观察的那样，意大利南北各地区人民之间的差异甚至不小于欧洲的南北各国，因此，几乎每个地区都曾拥有其独立的政府，未来也必将如此。

伊塔洛·巴尔博，《意大利的希望》，1844 年

第二场

在幼发拉底河岸边

希伯来奴隶合唱（戴着镣铐被迫劳作）

飞吧，思念，乘着金色的翅膀，飞向那山脉溪谷，

那里有甜蜜芬芳的空气，

熟悉的家园、永久的故乡！……

啊，我的祖国如此美丽和不幸，

啊，回忆令人欢喜和悲痛！

朱塞佩·威尔第和泰米斯托克莱·索莱拉，

《纳布科》，1842 年

发展

19世纪40年代初，全世界似乎都面对着势不可当的政治经济变迁。格奥尔格·黑格尔出版于1840年的《历史哲学讲演录》宣称社会不可避免地会向着更高程度的主体自由发展。与此同时，亚历克西斯·德·托克维尔《论美国的民主》第二卷的中心假设认为，全世界正无可挽回地走向大众与平等主义的新时代。英国宪章派组织大规模示威游行争取普选权，年轻的诗人阿尔弗雷德·丁尼生敏锐把握住了当时人们的焦虑情绪和《启示录》式的乐观精神（夏尔·傅立叶和罗伯特·欧文的乌托邦设想正是其典型），在1842年的《洛克斯利田庄》（*Locksley Hall*）一诗中写道："见到世界的远景，见到将会出现的种种神奇精妙"——在这远景中，商用飞艇在空中往来频频，蒸汽船与铁路象征人们"思想的行进"，"各民族国家的空中舰队"在云中厮杀，"在雷电的轰鸣声中，各族人民的军旗只顾往前冲"，直到普遍的和平在"全人类的议会里，全世界的联邦里"彻底巩固。[1]

欧洲愈演愈烈的变革态势在意大利同时唤起了焦虑与兴奋：保守派对可能出现的政治后果心怀恐惧，自由主义者则担心意大利又一次错失历史良机，被其他国家甩在身后。1843年，比利时这样的小国都已经修建了500千米铁路，但意大利只有不到80千米。制造业的确呈现出进步迹象，伦巴第出现了丝纺织厂和棉纺织厂，波旁政府则在那不勒斯推动开办纺织与工程作坊。但是，这些微小的成就根本不足以与英德法的大规模、高质量发展相提并论，农业多少能够被人引以为傲，尤其是在托斯卡纳及北方部分地区，但意大利农业的整体实力落后于欧洲北部的大部分地区，半岛南部每公顷的产量仅相当于英格兰的十分之一。[2]文化差距同样巨大。哈布斯堡王朝在伦巴第和威尼托建立了良好的初等、中等教育体系，但其他地区的情况无不糟糕透顶。各色学会通常被视为衡量现代主义的准绳（"为防止个人主义削弱社会联系而建立学会、协会等组织，是我们这个时代的重要特点"，1843年一位威尼斯政论作家写道），[3]但意大利在这方面少有进展，主要城市也毫无动静，仅有的几个团体几乎都是贵族阶级的娱乐小圈子。[4]

社会进步势必建立在传播知识与新思想的基础上。1840年前后，巴勒莫、佛罗伦萨、博洛尼亚、米兰等城市的学术刊物激增，它们往往以半岛的经济、文化与道德状况为研究对象。几年来，意大利的自由主义讨论主要集中在托斯卡纳，以吉安·彼得罗·维厄瑟为首的一群开明地主在相对宽容的审查环境里创立了《文选》、《农业报》（*Giornale agrario*）、《教育者指南》（*Guida dell'educatore*）等优秀期刊。在米兰，《统计、公共经济、历史、旅游和贸易博览》（*Annali universali di statistica, economia pubblica, storia, viaggi e commercio*）是知识分子的主要讨论阵地，主编吉安·多梅尼科·罗马尼奥西（Gian Domenico Romagnosi）是一名杰出的律师及哲学家，在1835年离世前一直为杂志工作。年轻的经济学家卡洛·卡塔内奥是主要撰稿人之一，他在1839年独立创办了《理工学院》（*Politecnico*），可以说是最具影响力的新晋刊物，在1848年革命前10年中塑造着受教育阶级的文化氛围。

卡塔内奥是彼得罗·韦里及米兰启蒙运动的经验主义与理性主义传统的继承人，厌恶他眼中的过度浪漫民族主义所具有的那种辞藻华丽和神秘主义的倾向。他的爱国情感清醒而注重实际，据可靠信息称，他的故乡是意大利（其实可以说是奥地利帝国）最富裕的区域。卡塔内奥坚信发展应是渐进的：在现存的国家框架中，公众的真知灼见将促使政府推进改革。改革的主要设计师将是城市的中产阶级，因为商贸与工业是"文明"（根据卡塔内奥的设想）发展的主因。而最重要的是，发展必须建立在多样性的基础上，因为历史是在不同观点的良性竞争与活力碰撞中向前迈进的。"多样性是生命，不可捉摸的统一则是死亡。"[5] 卡塔内奥与许多同代人一样热衷于从历史寻找经验教训，当其他人认为中世纪意大利的分裂导致了腐败、个人主义与独立丧失时，他却相信"百城"之争带来了繁荣的商业、井井有条的街道与复式记账法。不出所料，他随后成了联邦制的热情拥护者。

学术讨论帮助意大利知识分子创造出一个全国性共同体［用莱奥帕尔迪的话说即"社团"（society）］，而创造共同体的进程又在 1839 年意大利科学界召开的一系列年度大会的开幕式上得到巩固。会议仿照英德模式，旨在推动改革与知识交流。首届大会经利奥波德大公批准在比萨举办，招致了诸多敌意（教皇禁止其臣民参加此会），最终只有 421 位科学工作者出席大会，其中一半还是托斯卡纳本地人。不过，随后在都灵、佛罗伦萨、帕多瓦、卢卡、米兰与那不勒斯召开的大会渐入佳境，1845 年注册人数达到 1 613人。会议严格保证其学术性质：与会者聚焦于具体的经济社会议题，成立专项委员会推进工作。但爱国主义倾向很难完全避免。科西莫·里多尔菲（Cosimo Ridolfi）侯爵在为 1841 年佛罗伦萨会议（主题为农村民众教育）撰写公报时，情不自禁地在结尾处呼吁代表回到家乡，告诉同胞们"山海皆可平……不同地区的人们如今同属一个大家庭"。[6]

尽管全民族讨论的议题很少涉及经济，但 1834 年德意志关税同盟（Zollverein）的建立的确曾刺激人们探讨半岛商贸一体化的可能性。1843年，一位著名的托斯卡纳知识分子宣布欧洲的未来掌握在"政治经济皆强大"的国家手中，希望建立关税同盟以提升意大利的"财富与力量"。[7]人们亦期待铁路的修建能促进经济发展：皮埃蒙特经济学家伊拉里奥尼·佩蒂蒂·迪·罗雷托（Ilarione Petitti di Roreto）伯爵率先在1845年对此展开研究，年轻的加富尔伯爵翌年发表文章，以更加挑衅的姿态（因此发表在法国期刊上）谈及此事。经济只是加富尔考虑的一个方面，他表示广泛的铁路网能促使"厌烦了北方浓雾"的人们动身旅行，更重要的是，铁路将使意大利成为欧洲与东方贸易链中的关键一环，使其"重获中世纪时期的卓越商业地位"。但是，他最关注的是修建铁路的精神及政治收益。铁路将推动"基督教文明的进步与启蒙思想的传播"，必将带来"最好的未来……我们全心全意向往的未来……也就是意大利的民族独立"。[8]

加富尔与大多数同时代温和派一样，虽对实现民族独立的具体途径与时机不甚明了，但坚定支持和平过渡，反对革命手段。他们认为需要在当前的社会政治秩序框架中教育"人民"，而非像马志尼及其追随者那样煽动"人民"投身暴力行动。为此，开明的保守主义者在19世纪30年代至40年代持续发行"大众"杂志，尤其是在托斯卡纳、皮埃蒙特、伦巴第等天主教家长作风强势、识字率较高的地区。他们的目标是改善贫穷百姓的经济与生活状况，宣扬辛勤工作、诚实守信、节制饮酒的美德，同时反对迷信、不好的卫生和饮食习惯以及酗酒。当时始终存在一种恐惧情绪，即无论多么高尚克制的教导都将削弱民众的顺从，刺激其追求激烈的社会经济变革。但温和派希望在雇主与员工间建立强大的情感联系，从而遏制骚乱。退一步讲，无所作为就意味着将广大农村交给革命派，任其宣扬通过全民暴动来拯救意大利的理念。

保守主义者的杂志大多采用本杰明·富兰克林一个世纪前在美国开创的通俗文学历书体裁，提供宗教节日、当地市集、月历、播种收割等农村地区需要常年参考的实用性信息，同时夹杂着赞美工业化、自给自足与宗教虔诚的诗歌、故事和文章。恩里科·迈尔（Enrico Mayer）在托斯卡纳发行的《贫民教育者》（*Educatore del povero*，1833 年）与洛伦佐·瓦莱里奥（Lorenzo Valerio）在皮埃蒙特创办的《通俗读物》（*Letture popolari*，1836 年）都成功赢得了较广泛的受众，至少在小农场主与手工艺人中间是这样，而读者是否有效吸收了文章中的政治社会信息，则是另一回事。相比之下，马志尼在通俗读物领域的尝试收效甚微。《青年意大利》的目标受众仅为受教育的中产阶级，但马志尼也在 1933 年发行了三期《大众教育》（*Insegnamenti popolari*）。该报采用天主教教理问答形式，宣扬意大利统一独立的思想。然而，整整六页关于义务、权利与民族荣耀的抽象文字不大可能引起农民与工人的共鸣。19 世纪 40 年代初，他又创办了《大众传教》（*Apostolato popolare*），着重描写民族革命的社会收益，依旧未能成功。[9]

温和派实施的部分教化方案旨在达到长期持续的效果。1835年，由佛罗伦萨两位著名自由主义者领导的委员会为《小贾尼》（*Giannetto*）一书颁发 1 000 里拉奖金，表彰其"为儿童提供了道德指导与阅读练习"，该书作者路易吉·亚历桑德罗·帕拉维奇尼（Luigi Alessandro Parravicini）曾是威尼托的奥地利书刊审查员。这本书（被引人注目地描述为"供儿童与人民使用"）取得了巨大成功，直到 1910 年共再版 69 次。[10] 切萨雷·坎图（Cesare Cantù）和乔瓦尼·普拉蒂（Giovanni Prati）皆为伦巴第的高产作家，以诗歌和散文向人民大众宣扬农村生活的美德，歌颂劳动、顺从与友爱。家长式管理是卡泰丽娜·佩尔科托（Caterina Percoto）小说的重要主题，这位"农民的伯爵夫人"在弗留利经营家庭农场，是一个抽烟斗与大雪茄、雷厉风行的女子。自 1844 年以来，她创作了许多广受赞誉的农民故事，主人公往往在行善者或高尚神父的帮助下脱离苦海。[11]

印刷文字注定无法对文盲率极高的农村社会造成深刻影响，部分温和派因而倾向以更加视觉化的媒介沟通大众。托斯卡纳的尼科洛·普奇尼（Niccolò Puccini）是一位精力充沛的地主及艺术资助人，为受教育精英与工人阶级提供了聚会场所。那是一座建造于 18 世纪的大型别墅，位于皮斯托亚（Pistoia）附近的斯科尔尼奥（Scornio），普奇尼依靠雄厚的财力在 1824 年将其打造成了爱国主义的灯塔。别墅的著名花园向公众开放，里面到处陈列着意大利历史成就的象征物，激发人们对辉煌未来的向往。林荫路的树影下、小型广场与庙宇中，竖立着但丁、哥伦布、拉斐尔、马基雅弗利、米开朗琪罗、塔索、伽利略、穆拉托里、维科、阿尔菲耶里、博塔和卡诺瓦等伟人的塑像。一座仿哥特式城堡（提醒人们意大利诸共和国曾修建堡垒抵抗外国压迫）[12]中陈列着卡斯特鲁乔·卡斯特拉卡尼、卡尔马尼奥拉达莱·班德·内雷、乔瓦尼·达莱·班德·内雷等"意大利"战士的纪念碑，弗朗切斯科·费鲁乔的巨型雕像屹立在堡外的圆柱上。园中主要建筑是一座纪念"伟人"的先贤祠，放置着 14 位杰出意大利人（拿破仑也位列其中）的半身像，并为"意大利的未来恩师"预留了空位。普奇尼在祠堂墙壁上题字，警告那些没有"为意大利燃起怒火与爱意"的人，他们将在"意大利恢复荣耀的那天受到诅咒",失去"公民身份的圣洁长袍"。

　　普奇尼与 19 世纪三四十年代许多知名爱国者私交甚笃,圭拉齐、维厄瑟、焦贝尔蒂、莱奥帕尔迪和博塔都是家中常客。1836年 6 月 25 日是《康斯坦茨和约》的纪念日,1183 年的这一天,腓特烈一世与意大利北部城市签订停战协议。当日,普奇尼身为主人引领年长的西斯蒙迪参观花园。许多人因仰慕"我们意大利共和国的历史学家"之名而来,西斯蒙迪在人群的欢呼声中,瞻仰雕像,阅读铭文,并与杰出的剧作家乔瓦尼·巴蒂斯塔·尼科利尼(Giovanni Battista Niccolini)攀谈。[13] 与西斯蒙迪一样,普奇尼也热衷于援引历史来激励当下。他曾委托创作众多油画,描绘对象包括16 世纪佛罗伦萨共和派领袖与殉道者尼科洛·代·拉皮(Niccolò dei Lapi,马西莫·德·阿泽利奥承接此画却没有完成)、费鲁乔之死、西西里晚祷事件、1746 年热那亚反奥地利叛乱(起义发起人男孩"巴利拉"鼓舞疯狂的暴民前进的画面与德拉克洛瓦的《自由引导人民》如出一辙)和菲利波·斯特罗齐之死(旨在展示"壮美的死亡何以救赎声名狼藉的人生")。[14] 普奇尼的藏画(及其园中雕塑)多被制成版画,广为流传。[15]

　　普奇尼在与自由派知识分子维系友情方面投入了极大精力,但也腾出时间开展其他计划。他在皮斯托亚地区推动造福农业的公共工程,建立慈善机构,且尤其热衷于投身教育。他在自家的土地上开办学校,为当地穷人家的孩子们免费提供教育(以重视宗教及道德训诫为典型特征)。1842 年,他在宅邸的花园中举办了一系列精心安排的年度集会,取名"麦穗节",地主与农民相聚于此,共同庆祝丰收。集会第一日由神父布道,赞美劳动、家庭生活与务农的快乐,随后的两天里人们纵情欢歌,饱餐痛饮,为成就最高的农夫颁发奖励，还会有嘉宾受邀演讲，一派其乐融融的乡土氛围。[16] 1846 年，著名的西西里流亡者朱塞佩·拉法里纳（Giuseppe La Farina）在集会上发表激昂的演讲，宣称人类的未来发展将依赖人民的道德提升：

> 啊！民众的价值远超那些诽谤者的想象！对他们讲述故土与宗教，他们的心中将涌起充沛的情感。但这一切究竟该归咎于谁呢？——当民众心中的故土只限于自家的一小块耕地，最多不超过村落的边界；当他们无法区分正义与偏见，宗教也消解在物质主义、迷信与错误的混乱之中，应该归咎于谁呢？[17]

1848 年至 1849 年的动荡局势与民族革命希望的破灭使普奇尼陷入幻灭的泥沼，麦穗节停止举办，普奇尼退避进文艺的世界，依靠意大利往日的光辉记忆为自己疗伤。1851 年，他在皮斯托亚的高山小镇贾维那纳避暑。1530 年，弗朗切斯科·费鲁乔曾在这里为保卫佛罗伦萨共和国展开最后的战斗。翌年，普奇尼去世。[18] 他的宅邸连同花园在 19 世纪 60 年代被出售，很快化为一片废墟，藏品散落各地。铁路从庄园的遗址横穿而过，作为 19 世纪物质主义的终极象征，这条轨道可谓对普奇尼的最后羞辱。在生命的最后日子里，普奇尼对人民能否拥有美德感到悲观，许多温和派持同样的悲观态度，这也成为他们与民主派之间的重要差异。正如托斯卡纳民主主义者弗朗切斯科·圭拉齐 1848 年 9 月对普奇尼所言：

> 你不信任民众，这是个错误……当我想到大众的时候，我总是会想起阿尔巴诺那幅迷人的图画，爱（Love）骑在狮子背

上，弹着里尔琴鞭策它前进。当然，仍需无数思考与锤凿才能将这块大理石雕至完美，但终有一天，神将从中诞生。[19]

歌剧

19 世纪 40 年代初，音乐是民族思想最强有力的传播途径之一。歌剧深受意大利各地区、各阶层人士的热情喜爱，多尼采蒂、梅尔卡丹特和里奇最新作品的晚间演出往往是当局唯一准许公众抒发集体情感的场合。剧院仿佛城市社会的缩影：包厢是属于贵族阶级的，同沙龙一样尤其吸引女性的光临；正厅前排好比广场，挤满了学生、士兵、商人和中产阶级职业人士，以男性为主；高层顶部视野不佳的区域则由贫穷的手工艺人、小商贩、商店老板与侍从占据。喧闹和叫嚷贯穿演出始终，欧洲北部交响乐演出中观众噤声以表尊敬的惯例并未在意大利形成。德国作曲家奥托·尼古拉震惊地发现，器乐声与歌唱声几乎被闲谈声没过；柏辽兹则眼睁睁看着观众大声争执叫嚷，用棍棒敲击地面，仿佛身处股票交易所。[20]

复辟政府曾热情扶持歌剧产业，1815 年后共在意大利修建逾600 所新剧院，大多位于中北部地区。各政府都在一定程度上为市民生活考虑，延续了拿破仑时代的观点，即认为公共娱乐有助于在受控的环境中促进社会联系，避免年轻人在夜间混迹酒吧，上街寻衅滋事。[21] 审查机构确保歌剧作品中不含任何颠覆信号，警察则在正厅与高层巡逻，避免场面失控。此外，主要剧场往往在名义上是专为王室成员打造、供统治者与宫廷人士光顾的，此举具有政治意义：王室与其臣民在此同享欢愉。而问题在于，统治平稳时期用以展现公众忠诚与顺服的剧场，极易在不稳定的政治气候中变为公开抗议集会的场所。

转变发生在 19 世纪 40 年代，年轻的朱塞佩·威尔第敏锐地捕捉到意大利日益坚定自信的爱国主义信念。没有迹象表明威尔第本人对"意大利"怀有深刻情感——他一生的牵挂都系在帕尔马附近布塞托小镇那单调沉闷的农田上，1813 年他在那里出生（严格来说，那时他算是法国公民）——但是，他与发行商都对公众的需求格外敏感，规避审查的策略亦灵活多变。《纳布科》（1842 年）以受奴役人民对自由的向往为主题，包含伟大的爱国主义合唱曲《飞吧，思念》（Va pensiero）（"啊，我的祖国如此美丽和不幸"），却因为宗教设定通过了安全审查。无独有偶，威尔第另一部同样成功的歌剧《第一次十字军远征中的伦巴第人》（I Lombardi alla prima crociata，1843 年）名义上是献给奥地利的玛丽亚·路易莎，这或许是为了显示其毫无颠覆之意。[22] 至于《埃尔纳尼》（Ernani，1844 年）中高尚的密谋者刺杀查理五世的故事似乎有着极强的煽动性（"我们都是一家人……不再是复仇无门、被人忽视的奴隶"），却谨慎小心地将皇帝刻画为宽宏大量的高尚人物。[23]

揣度审查者的心思并非易事，各地区有其不同标准：那不勒斯和罗马比伦巴第和托斯卡纳更严苛，尤其是在宗教问题上。有时，不合格的歌剧经删改后得以登台，罗西尼生前最后也是唯一一部严肃的政治歌剧《威廉·退尔》（1829 年）原来的剧本是为法国的剧院创作的，为了在意大利演出，他只得将故事背景修改为苏格兰，并将其更名为《斯特灵的鲁道夫》（Rudolph of Stirling）。[24] 威尔第创作的《圣女贞德》（Giovanna d'Arco，1845 年）存在两方面问题：第一，女主角是官方认定的宗教异端；第二，它讲述了一族人民（法兰西）抵抗外国压迫者（英格兰）的故事。在意大利大部分地区，这场歌剧须将背景更改为 15 世纪的希腊，女主角换成莱斯沃斯岛的奥列塔方可演出。而相较于审查制度，有时地方剧院主管的偏好造成了更多问题。1844 年，威尼斯凤凰剧院执行委员会的贵族成员拒绝威尔第《两个福斯卡罗》（*I due Foscari*）的首演申请，因为剧中丑化了该家族 15 世纪的两位先人。[25]

新颖的合唱运用手法是威尔第早期歌剧的重要特征，它映射并推进着 19 世纪 40 年代中期激荡的政治氛围。马志尼在 1836 年的一篇文章中为意大利缺少真正动人心魂的激昂音乐而感到痛惜，那样的乐曲可以"为民众提供宗教与民族教育"，激励年轻人奔赴战场［他认为多尼采蒂的《马利诺·法列罗》（*Marino Faliero*）是一个良好的开端，但罗西尼的作品中皆是"心里没有上帝的人物"］。他提出作曲家应使歌剧合唱曲摆脱被动角色，使其上升为"人民"的动态象征——团结，自主，果断。[26] 我们无从知晓威尔第是否注意到了马志尼的观点，但从《纳布科》到《莱尼亚诺战役》（*La Battaglia di Legnano*，1849 年），合唱的确扮演着越发重要的角色，其中最成功的作品皆宣扬着人民为自由而奋斗的主旨，甚至在《麦克白》中，国王与王后的最大敌手都是由苏格兰民众组成的合唱队，而非麦克达夫。[27]

但在 19 世纪 40 年代，真正让歌剧成为传播民族主义情感有力媒介的并非作曲家本人，而是观众（或者说部分观众）。人们对歌剧情节强行做出政治解读，将演出现场变成了爱国主义示威集会。面对这样的局面，审查的作用微乎其微。1846—1848 年，意大利各地政府都不得不向汹涌的自由主义狂潮低头。1843 年，在《第一次十字军远征中的伦巴第人》的首演中，舞台上的十字军战士响应号召远征异教徒——"今天，圣地将是我们的！"台下的观众高喊"是的！是的！"并纵情欢呼。40年代中期，几乎所有提及"祖国"和"战争"的唱词都可能触发相似的回应，即便是那些此前政治意味并不明显的作品。例如，贝利尼的《诺玛》（*Norma*，1831年）在1846—1847年突然被视为一部"爱国主义"作品（尤其是剧中的德鲁依合唱曲《战争！战争！》），虽然压迫者正是罗马人。有时，情绪激昂的人群甚至拥向街头（可能经过预先计划）。1847年11月，多尼采蒂《杰玛·迪·维吉》（*Gemma di Vergy*，1834年）中的咏叹调"你们剥夺了我的心魂与神智、我的祖国、我的信仰与自由"就在巴勒莫激起了热烈的欢呼，人群与警察之间爆发冲突。审查员没能对这句歌词提高警惕，很有可能是因为其关于爱情、嫉妒与复仇的主题看上去与政治毫无瓜葛。[28]

温和方案

在1843年以前，温和派始终没能拿出一套对抗马志尼的清晰方案。这一年，温琴佐·焦贝尔蒂在布鲁塞尔出版了一部名为《意大利人的道德和公民卓越》（*On the Moral and Civil Primacy of the Italians*）的冗长赞美诗，颂扬意大利在智力及精神上的优越性。此书获得了难以想象的轰动反响，尽管在某些地区遭到禁止，仍在5年内售出8 000册。焦贝尔蒂在上千页缀满形容词的散文中写到了意大利几个世纪的宗教文化生活，他说，这一切都表明亚平宁曾受命通过道德领导力主导世界。这本书为意大利人的心理与政治带来了同样深远的影响。正如那不勒斯自由主义者路易吉·塞滕布里尼回忆的那样：

我们曾是散落各地的奴隶，受尽外国人的嘲笑。他们说我们是腐朽的族裔，说意大利是死亡之地……我们也这样看待自己，几个世纪悲惨的奴役让我们失去了自我意识。但这个男人说："你们意大利人是引领世界的民族。""我们意大利人？""是的，你们的道德和文明胜过任何民族"……这本书带来了无与伦比的影响力，让一个颓丧的民族重燃士气。[29]

从某些方面来看，本书是与马志尼的彻底决裂。焦贝尔蒂指出，民族独立不应依靠人民革命与共和制度，而是要将现存的意大利国家组成联盟，在教皇的主持下实现独立。马志尼将教权视为意大利重生的巨大阻力，而焦贝尔蒂认为它是民族身份认同的一部分，也是意大利未来辉煌的保证。但究其实质，焦贝尔蒂与马志尼的差异不如表面看上去那样明显。二人都将意大利的精神复兴视为最高目标，都希望民族独立而强大，无论在政治还是文化上都不再屈从于其他国家，尤其是法国；而且，他们都将罗马的光荣复兴视为梦想的彼岸。二人最主要的分歧在于实现复兴的途径。

焦贝尔蒂认为意大利"人民"只是抽象概念，是"一种愿望而非事实"，不能妄想在一夜之间将其建构为统一的基础。意大利因共同的宗教与书面语而统一，但被"不同的政府、法律、制度、方言、习俗、情感与行为方式"所分割，任何精神复兴都必须从这严酷的现实着手。但焦贝尔蒂著作的吸引力不仅仅在于它为意大利统一提供了保守的模型——王室成员保有大部分专制权力，只受到地方顾问机构与决定全国性事务的中央议会牵制[30]——也在于其刻意营造的神话氛围，焦贝尔蒂试图摇醒昏昏欲睡的意大利人，"以宏大优美的画面激发他们的想象力，让他们的心魂在狂喜中燃烧"。[31] 焦贝尔蒂坚信只有精神救赎才能带来政治救赎，而通往精神救赎的第一步是让意大利人认识到他们的过去，从而正视今日的自己："只有从自身找到火种，意大利才能获得新生。一个现代的意大利必须从历史中浴火重生，必须是它自己的，是民族的。"[32] 因此，他颂扬意大利辉煌的文化传统，并断言这些传统自古便同教权与罗马密不可分。

对历史的这份幻想暗中支持着意大利的民族延续性。焦贝尔蒂与维科、科科一样，认为意大利民族起源于遥远的过去。他没有诉诸古典时期，而是将民族构建于《圣经》的故事中，从而加深意大利人乃上帝选民的观念。他说，意大利源自"佩拉斯吉人"（Pelasgian），即挪亚儿子雅弗的后裔。佩拉斯吉人曾占据意大利的中部地区，建立起伊特鲁里亚、罗马与意大利文明。这个"种族"（stirpe）以精神力量为核心特征，意大利的古老名字"Vitellia"（字面意思"公牛之地"）足以说明这一点。在世界历史上，意大利人曾三次展示出超凡的"创造性影响力"：罗马的政治军事影响力、教皇制度的精神支配力，以及文艺复兴的文化感染力。但如今，意大利人天生"雄浑的男性力量"遭到浪费，意大利在过去几百年间"因教育松懈、耽于享乐与软弱而变得女性化"，被当作"女性"对待，"虽受诗人赞颂……但在现实中屡遭践踏，无足轻重"。焦贝尔蒂希望重新唤起祖国同胞的强势的支配欲。[33]

从表面上看，焦贝尔蒂的方案几乎不可能成功。爱国者们普遍认为，教皇不可能支持意大利民族统一这样现代化而且具有进步性的观点。的确，在1843年，78岁高龄、思想保守的教皇格列高利十六世似乎不可能与这位流亡海外的神父达成一致，何况对方还与青年意大利有些交集。但是，教会并非不可能谋求发展之路。许多意大利知识分子受到法国学者拉梅内和蒙塔朗贝尔启发，自 19 世纪 20 年代起试图将自由主义与天主教义相调和，其中包括作家亚历山德罗·曼佐尼和哲学家安东尼奥·罗斯米尼（Antonio Rosmini）。1835 年，达尔马提亚知名学者尼科洛·托马塞奥（Niccolò Tommaseo）在巴黎出版重要著作，以一个新的福音主义民主天主教的名义呼吁人民解放意大利。在历史学领域，自称"新归尔甫派"（neo-Guelph）的那不勒斯学者卡洛·特罗亚（Carlo Troya）等人将中世纪的教皇制度描绘为"意大利自由"的英雄捍卫者，抵挡着虎视眈眈的德意志皇帝。

出身皮埃蒙特贵族世家的切萨雷·巴尔博是著名的新归尔甫派历史学家，他曾在那不勒斯做官，于 19 世纪 20 年代因其自由主义观点遭到驱逐。巴尔博与大多同时代、同背景的人一样重视意大利独立，但更重视皮埃蒙特及其君主制度。《意大利人的道德和公民卓越》出版之际，他的表亲马西莫·德·阿泽利奥敦促他将自己的思想结集成书。巴尔博欣然动笔，在 1844 年出版了《意大利的希望》（Delle speranze d'Italia），将其献给焦贝尔蒂。事实证明，该书甚至比焦贝尔蒂此前的作品更加成功，不过比起那既不足以给人希望又没多少原创性的内容来说，积极简明的标题才是吸引大众读者的关键。媒体曾戏谑地称此书为《意大利的绝望》（Della disperazione d'Italia），倒也不是没有道理。[34]

巴尔博比焦贝尔蒂更加坚信此刻的意大利无法达成真正的统一，他斥责马志尼的观点"愚蠢幼稚"，有违历史与常识。经过腐朽而可怖的 16 世纪、17 世纪，尽管意大利人（尤其是皮埃蒙特人）于 18 世纪在"勤奋、公德、民族情感与独立欲望"方面取得了些许进步，但前路依然漫漫。懒惰是最普遍的恶习——气候条件与专制统治造成的恶果——意大利人需要放眼世界，学习其他国家的"基督教发展"成果。因此，焦贝尔蒂对意大利绝对卓越性的断言并不现实，应该认识到（讽刺的是，此处呼应了马志尼的观点）"多元卓越"的现实，比如某个民族走在工业前沿，其他民族在科学或者殖民非洲等方面领先。意大利将恢复在艺术与地中海贸易中的优势地位，但它的最高民族使命永远是守护和振兴教权。为完成使命，意大利需要完全独立。既然意大利人目前无法团结一致发动起义，各国王室也很难有效协作，外交便成了意大利的最大希望。[35] 巴尔博认为（并非他首创）[36]，奥地利终将放弃占领意大利，以换取正在瓦解的奥斯曼帝国在东部欧洲的领土。[37]

奥地利若撤出伦巴第-威尼西亚，皮埃蒙特将成为最大受益方。巴尔博此书的重要性在于，它展示出意大利统一可以与萨伏依王朝统治意大利北部的野心兼容并进。巴尔博在如何培养意大利人"美德"的扩展讨论中进一步推进了这条思路，他认为，尽管外交手段能将奥地利人赶出半岛，但意大利人必须依靠自己方能维持长期独立。他们必须恢复 12 世纪的优秀公民素养（virtù）（"我所写的一切可以总结……为两个词：同一个目标，独立；以及同一个方法，美德"），[38] 他们尤其必须再次学会战斗，因为军事训练是拯救长期和平为意大利带来的"娇气"、"羸弱"与"腐败"的最佳良药。皮埃蒙特人作为整个半岛最具战斗精神的群体，自然应成为军事教育的主导者。[39]

焦贝尔蒂的著作在天主教徒间掀起了激烈辩论，反对者认为，天主教会广济天下的恒久机制不应与转瞬即逝的狭隘政治事件，如意大利民族问题牵连起来。而巴尔博则将人们的目光引向皮埃蒙特。这个意大利西北部的小国多年来顽固守旧，国王卡洛·阿尔贝托（在 1831 年表亲卡洛·菲利切去世后继位）也无意打破王室先辈们故弄玄虚的政治传统。他生性严肃刻板而痴迷宗教（常常在两位耶稣会士的陪伴下用餐），将王权与教权紧密捆绑在一起。教会法庭与宗教审查持续运作，马基雅弗利等作家的书籍以及"民族"、"革命"、"自由"甚至"意大利"等词始终遭到禁止。但从19世纪30年代末开始，局势发生了转变。在公共舆论的压力下，皮埃蒙特废除了最后的封建残余，推行新的刑事与民事法律，减少关税以促进贸易，以求实现经济现代化。丝绸、棉布与羊毛纺织业由此蓬勃发展，到19世纪40年代中期，皮埃蒙特的总体发展水平已与伦巴第相匹敌。

但从意大利独立的角度来看，军队才是皮埃蒙特最关键的优势。作为法国与奥地利之间的缓冲国，皮埃蒙特的统治者始终将国家安全放在第一位。随着意大利北部公路（和铁路）网的日益完善，来自伦巴第的威胁越发严峻。19世纪30年代起，政府总收入中近乎一半被用于国防开支，经过改革，军队规模（包括预备役）在40年代中期逐渐扩大至15万人。皮埃蒙特军队的训练与装备水平无可挑剔，士兵们忠君爱国：经历过1833年政变的威胁，卡洛·阿尔贝托有意在军中树立君主崇拜，一位高级将领曾表示，皮埃蒙特军官们"真心实意地爱戴"王室成员。[40]在意大利的其他国家中，只有那不勒斯拥有规模相近的军队（8万人左右）。尽管作战能力优秀，那不勒斯军人对王朝统治者的忠心远远不及皮埃蒙特军人。

卡洛·阿尔贝托的压力与日俱增。1845年夏，皮埃蒙特最杰出的贵族之一马西莫·德·阿泽利奥突然停止写作（彼时他正在撰写一部关于12世纪"我们历史中最光彩夺目的片段"伦巴第联盟的历史小说）[41]，转而投身政治。他秘密前往罗马涅与社团人士沟通交流，听他们谈论在格列高利十六世任期终止之际对教皇国实现激烈变革的希冀，以及他们对密谋起事的幻灭和对皮埃蒙特提供帮助的期望。回到都灵后，德·阿泽利奥觐见国王卡洛·阿尔贝托，国王竟出人意料地表示愿助秘密社团人士一臂之力。"告诉这些绅士们安静等待，贸然行动只会一事无成。但也告诉他们，待时机成熟，我将为意大利奉上我与后辈的生命，以及我的全部军备、财富与士兵。"[42] 几个月后，德·阿泽利奥出版了一本名为《论罗马涅近期事件》(*On the Recent Events in the Romagna*，献给切萨雷·巴尔博)的精彩小册子，猛烈抨击教皇统治的残暴落后。他呼吁暂停一切人民起义的谋划——在大众"公民教育"完全空白的局面下任何叛乱都不会走向预期的目标——并敦促正直清醒的意大利人积极展开和平抗议（"青天白日下的谋划"），从而让国内外人民认识到自身所受的压迫，以及摆脱外国统治获得自由的欲望。[43]

在关于独立与驱逐奥地利统治的讨论中，德·阿泽利奥对宪法、代议制政府与个人权利避而不谈。这在某种程度上是出于现实考量。"独立第一，自由第二：首先我想要生存，而后才想要活得好。"乔治·帕拉维奇诺-特里武尔齐奥如是说。[44] 温和派与民主派中都有许多人赞同这种务实思想。然而，对达成统一目标前爆发严重分歧和分裂民族力量的恐惧并不是搁置内部自由问题的唯一原因。这中间隐含着另一种思想，即"民族国家"与"自由"无法在意大利自动结合，因为民族情感仍处于初级阶段，代议制很可能打造出一个个人、宗派与地方势力的角斗场，使政府无法稳定运行。"民族国家"须靠强力推行，目前大部分意大利人都无法自然地将其与维护个人权益联系起来。1796—1799 年雅各宾派骇人听闻的政策与中世纪城邦的混乱纷争成为悬于"自由"之上的不散阴云。1860 年前后，意大利自由主义者之所以很难就议会制政府形式达成共识，一个重要原因在于"政党"往往被等同于荼毒意大利已久的"派系分裂"。[45] 民族国家要求协调一致，而自由几乎只会导致相反的结果。

考虑到以上因素，再加上想尽量避免与意大利现有专制统治者为敌，温和派作家焦贝尔蒂等人提出，宪法改革应限制在"一小群杰出人物"组成的咨询会议中。[46] 尽管民主派普遍关心政治自由的实际安排，但他们依然更多地关注革命，而非独立统一后的政治制度（"说实话，我还没空思考国家内部的自由、行政、法律之类的问题"，马志尼在 1861 年向朋友坦白）。[47] 切实关注宪政问题的自由主义者常在英法等国流亡或旅居，在激烈的辩论中发展自身的观点。但他们大多认同，在意大利推行自由主义宪政将面临巨大的实际阻碍。

杰出的皮埃蒙特军官贾科莫·杜兰多（Giacomo Durando）是其中的代表人物。他曾在 19 世纪 30 年代参加卡洛斯战争，亲眼见证西班牙灾难性的地区冲突。1846 年，他出版了关于意大利民族问题的重要研究，声称单独一件政治紧身衣塞不下意大利的复杂多样性。出于地缘政治考量，他提议建立由南（"亚平宁"）北（"艾利达尼亚"）两个国家组成的联邦。教皇仍统治罗马，或许亦统治西西里与撒丁岛。他着重强调在伦巴第-威尼西亚、帕尔马、摩德纳和罗马涅并入扩大的皮埃蒙特王国后建立代议制度，作为对"亚民族性"的补偿。否则，人们将感到"只是驻军的制服从白色改成了蓝色，除此以外毫无变化"。[48] 但在其他人看来，这样的政治安排反而可能加剧地区分裂，阻碍民族情感的培养——所有联邦制度都必须建立在这种民族情感之上。在意大利，如何将统一与自由结合起来，显然是个难题。1848 年至 1849 年的革命将残忍地展示出其困难之大。

第三章

诗歌，1846—1860

革命，1846—1849

你们一定要平安凯旋，我祈求你们，一定要回来。我们一同忍受这残酷的分离，因为荣耀与义务高于一切……若是遵从感性，我会立即召唤你们回到身边……但我决定一生热爱意大利，将它奉为我的信仰，我愿牺牲一切履行义务。我没有召唤你们回来，不要以为是我不够爱你们……但奉献自己的时候到了，我在奉献中看到了忧郁而神圣的欢愉！

卡泰丽娜·弗兰切斯基·费鲁奇从比萨写给
驻布雷西亚的托斯卡纳营的丈夫与儿子的信，
1848 年 6 月 14 日

我们虽然渺小，却是人间的和平缔造者与热爱行善者，我们的最高使徒责成我们以平等的父爱对待所有的人民和所有的国家。我们必须拒绝那些人的暗示……他们希望罗马教皇成为意大利人民共同创建的新共和国的总统。相反……我们热情地劝诫［意大利人民］……对他们的王室保持忠诚……否则，他们不仅没有尽到自己的义务，还可能将整个意大利置于内部派系纷争的分裂境地。

教皇庇护九世训谕，1848 年 4 月 29 日

"啊，至高无上的庇护"

1846 年 6 月 16 日，经过两天的秘密会议，伊莫拉（Imola）主教乔瓦尼·马里亚·马斯塔伊–费雷蒂（Giovanni Maria Mastai-Ferretti）成为教皇庇护九世。此次教皇选举过程仓促，部分原因是担忧秘密社团趁漫长的权力过渡期在罗马涅发动起义。新任教皇是各方权力争夺下的折中人选，充满着未知数。他出身于马尔凯的贵族世家，以多行善事和亲切随和著称。担任主教期间，他在政治事务上保持低调，从未在教皇国改革议题上表现出自由主义或保守主义的倾向。因此，他的出任反响寥寥。但一个月后，他下令赦免政治犯。这并非新教皇上任后的罕见举动，却因狂热的政治氛围激起人群的沸腾。7 月 17 日傍晚，人们拥入奎里纳尔宫前的广场，据民主派人士朱塞佩·蒙塔内利回忆：

> 在那肃穆的时刻，我们仿佛置身于两个苍穹之间——夏日的繁星与广场上点燃的千百个火炬交相辉映。教皇身着白色短袍走出阳台，向匍匐的众人发布训谕。在场的每一个灵魂都融化在爱的海洋中，每一张面孔都流露出强烈的情感，人群中第一次发出未来将伴随着人民叛乱的呐喊："庇护九世万岁！"[1]

就在 1846 年 7 月 17 日傍晚，蒙塔内利获得顿悟。这位年轻而理想主义的比萨大学法学教授同马志尼一样，受圣西门影响颇深。多年来，他苦苦思索如何调动民众的情感，使其为意大利独立统一而战。教皇庇护九世上任后，民众的广泛参与似乎突然成为可能。无论庇护个人信仰如何，狂热的大众很可能将教皇推向改革之路，为民族主义事业注入宗教热忱。意大利与教皇齐心协力，如凤凰般从腐朽历史的灰烬中浴火重生的焦贝尔蒂式理想，似乎不再是知识分子的幻想：

> 教权改革的乌托邦幻想在我眼前铺展为美妙的宏愿……作为一个意大利人，我终于看到本民族四散的枝干重归一体，它的灵魂在罗马，它的首都不仅是意大利的首都，更是整个基督教世界的首都。意大利将由此再度位居欧洲前列，成为各民族的女祭司……[2]

庇护特赦激起的狂热情绪在教皇国内外迅速蔓延，喜悦的民众涌上街头恭贺新教皇。威尔第歌剧《埃尔纳尼》的特别版在剧院上演，将第三幕开场时查理五世致敬查理大帝的咏叹调"啊，至高无上的卡洛"（O sommo Carlo）修改为"啊，至高无上的庇护"（O sommo Pio）；同时，恰巧契合现实的歌词"宽恕所有罪行"（perdono a tutti）让人们大声欢呼"万岁"。[3]接下来的几个月里，民众的期待之情与日俱增，庇护九世对自己当选所带来的狂热浪潮毫无准备，只得在梵蒂冈的自由派和保守派间周旋，谨慎推行自由主义改革。他在11月组建特别委员会，全面考察司法系统、教育与经济，确定将罗马与外部世界相连的铁路修建计划。翌年春天，他放宽审查法律，成立政府咨询大会，由教皇国各地委派代表参加。庇护九世身上汇聚着太多期待的目光，马志尼甚至在 1847 年9 月写信敦促他领导意大利统一（"若以您为领袖……这场奋斗将拥有宗教意义，能减少我们面对的政治反动与内战的风险"）。[4] 几个星期后，教权与天主教曾经的仇敌朱塞佩·加里波第将其意大利军团的全部武力呈交给这位"为教会与祖国鞠躬尽瘁的人"。[5]

1847 年自始至终弥漫着紧张不安的氛围。与欧洲其他地区一样，意大利的农业面临严峻危机，1846 年的歉收带来了灾难性粮食减产与大范围饥荒，食物紧缺，物价飙升，士兵忍饥挨饿，农民涌向城市。但工业的进展同样不顺利，生产过剩导致多家工厂倒闭，失业率激增。各地公共秩序面临威胁，暴乱与起义频繁，即使没有新教皇即位这一契机，政府也必须依靠改革缓解压力。关税降低了，自由贸易需求随之增加（战胜《谷物法》后，理查德·科布登在 1847 年来意大利炫耀了一番）。11 月，教皇国、托斯卡纳和皮埃蒙特签订关税同盟的预备协议，与 1848 年德意志诸邦国建立的关税同盟十分相似。出版相关法律放宽了，司法、警察与公共行政体系也开始自由主义改革，就连皮埃蒙特也在秋天通过了新的地方政府法律，允许人民选举城镇议会代表。

温和派与民主派在动荡的局势中争夺权位。马志尼同许多人一样感知到欧洲正酝酿着重大革命，尽管他在意大利本土的支持者——年轻男性，通常是学生，留着"埃尔纳尼式"的胡子与"拿撒勒人"的发式，公开反对政府律令，以彰显其极端作风[6]——组织了秘密"委员会"，撰写煽动性手册，并在街道上激烈辩论，他本人却在伦敦试图将民意聚焦在民族问题上，聚焦在将奥地利人赶出半岛的需求上。另一方面，许多温和派人士担心逐渐累积的混乱终将失控，引发 18 世纪 90 年代那般疯狂的民众恐怖活动。他们的目标是以宪政渠道疏导骚动，促使政府进行必要改革。马西莫·德·阿泽利奥在 7 月发行宣传册，呼吁意大利各国王室组成"紧密同盟"，向同一个政治方案迈进。在他们背后，人数庞大的"进步的温和派"足以组成"意大利民意"。[7]

但是，在骚乱中平衡和平与革新并非易事。奥地利首相梅特涅无意迎合意大利的爱国情感。4 月，他不屑一顾地声称意大利只是一个"地理称谓"，7 月又派兵跨过波河进驻费拉拉和教皇国（根据《维也纳和约》），引发许多城市激烈的反奥地利游行，示威者挥舞三色旗高声疾呼。9 月初，意大利南部叛乱尚未爆发便遭残酷镇压，米兰的奥地利警察与庆祝新任大主教到来的人群产生冲突，亚平宁半岛内的好战情绪达到了新的高潮。托斯卡纳作为最自由的意大利国家，见证着爱国热情最剧烈的迸发。9 月 12 日，一场大规模集会在佛罗伦萨召开，来自意大利中北部的数千名自由主义代表前来支持建立民族联邦，高举"庇护九世万岁""宪法""意大利军团""武装""对外作战"等横幅。

那几个月里举办的公共集会带有浓郁的戏剧性色彩，汹涌的热情从歌剧院中溢出，1847 年下半年审查进一步放松，广受欢迎的"爱国"音乐开始拼台演出，包括《埃尔纳尼》第三幕、梅尔卡丹特的《贺拉斯和库里阿蒂》（*Orazi e Curiazi*）中的宣誓场景以及安东尼奥·劳达摩（Antonio Laudamo）的《埃托罗·费拉莫斯卡》中的咏叹调。[8]但戏剧性夸张同时也是一种有意发动城市民众的手段，据蒙塔内利所说，意大利人民素来拥有"诗意的"想象世界，"不应将大众灵魂中的奇思妙想从政治考量中摒除"。[9]1847 年 9 月 6 日，他站在比萨大教堂的台阶上向民众宣布当地意大利同盟组织的创立，第一次亲身感受到"诗"的力量，狂喜的人群高声重复他演讲的结束语"意大利已重新崛起",喊声穿越广场到达他的耳畔,令他"如痴如醉"。当天晚些时候,他在自家的露台上引导同盟成员宣读"民族誓言",情景宛如一出歌剧:

> 暴雨将至,气势恢宏的伦加诺露天剧场,我平日居住的地方,如今布满了彩色的横幅。我手举镶嵌黑边的民族旗帜,在伦巴第,人们视其为哀悼的象征。我问,我们是否会在危险中重逢,正如此刻我们在庆典中相聚。我问在场的父母,他们是否会将自己的儿子送上战场。回应传来:"会!"我问神父,他们是否会在钟声齐鸣时为军队祈福,我再次听到那神圣的诺言:"我们会,我们发誓!"而后我说:"我们所有人将共同前往!"众人高举双臂,泪水浸湿了双颊,齐声高呼三遍:"所有人!"那雄浑的呐喊至今回响在我的耳畔。[10]

革命

1848 年 1 月 12 日是巴勒莫的公共假日。这一天是国王的诞辰,人们悠闲地上街散步,在中央广场上吸烟交谈。几个月以来,西西里的紧张局势持续加剧,无数宣传册与海报在人群中流通,抨击波旁王朝的统治,呼吁推进全面改革并建立意大利同盟。被染成绿、白、红三色的鸽子在城市中飞翔,关于秘密革命委员会的流言满天飞——的确,包括贵族青年罗萨利诺·皮洛及其律师朋友弗朗切斯科·克里斯皮(未来的意大利首相)在内的年轻男性正与那不勒斯的自由主义者一同商议西西里的起义计划。去年 11 月底,当地剧场频繁爆发爱国主义示威,人群高呼"庇护九世万岁"和"意大利万岁"，包厢中的女性观众将围巾系在一起，象征意大利的同盟。骚乱发生后，警察施以残酷镇压，因此当一名广受欢迎的传教士于 1 月 12 日出现在旧城区的市集广场上，慷慨激昂地向人群演说时，小规模的争吵很快升级为当街斗殴，雪球越滚越大，一场义无反顾的反叛运动彻底爆发，叛乱者与警察、士兵展开激战。第二天一早，巴勒莫附近山区的农民兵团抄起家伙攻进城市，正如1820 年革命时期一样，他们热切地希望混入人群，成为任何新政治秩序中的无套裤汉，或仅仅烧杀抢掠，趁火打劫。

　　起义的浪潮逐渐从西西里向半岛其他地区扩散。那不勒斯大游行与奇伦托（Cilento）农民起义爆发后不久，心地善良但顽固守旧的两西西里国王斐迪南二世（相比于政治，他的热情更多倾注在13 个孩子与食物上）在 1 月 29 日勉强批准通过了一部宪法（次日，《埃尔纳尼》演出中"啊，至高无上的卡洛"改成了"啊，至高无上的斐迪南"）。在皮埃蒙特，卡洛·阿尔贝托宣布预备推行"法令"（他讨厌"宪法"一词），托斯卡纳的利奥波德大公也在 2 月11 日做出相似声明。庇护九世为策划体制改革而专设了一个委员会，同时公开呼吁民众保持冷静，遵守秩序，呼吁以振奋人心的语句收尾："伟大的上帝，请保佑意大利！"意大利以外的欧洲也受其影响，2 月末，巴黎爆发革命，要求路易·菲利普国王退位，叛乱的冲击波向东扩散，迅速吞没了整个德意志与欧洲中部。梅特涅在 3 月中旬逃离维也纳（安然暂住在萨里郡里士满俯瞰泰晤士河的豪宅中），任由伦巴第和威尼西亚淹没在起义的浪潮中。3 月 18 日，米兰人冲向街头，经过 5 天的激战将奥地利人逐出了城，威尼斯人很快效仿米兰人，在 3 月 22 日宣布重新建立威尼斯共和国。

　　米兰叛乱立即将国王卡洛·阿尔贝托置于水深火热的境地中。

皮埃蒙特各地爆发了支持对奥战争的示威游行，热那亚的骚动则有支持民主共和制度的趋势。3月23日，加富尔发表文章强烈敦促国王采取行动："撒丁王室最关键的时刻到了……摆在民族、政府与国王面前的只有一条路。战争！即刻发起战争，不容迟疑！"[11]但"意大利的哈姆雷特"卡洛·阿尔贝托疑虑重重：进攻伦巴第意味着破坏1814—1815年的条约，更不用说也要破坏1831年建立的奥地利-撒丁联盟。然而他很快认识到，除战争以外的唯一选项是失去王位。3月24日，他宣布有意发动军事干预，高调支持意大利事业。但在发往各大国的外交函件中，他表示此举仅是防止米兰滑向共和制的权宜之计——这显然更加接近真相。

不幸的是，这是一场没有准备的战争。总参谋部因内部斗争而四分五裂，没能制订作战计划；国王坚持担任最高统帅，结果他优柔寡断的老毛病动摇了军心。军队缓慢地向伦巴第行进（没有地图的协助），既没有在威尼托展开作战，也没有占领特伦蒂诺，切断奥军在布伦纳山口的主要通信线路。奥军因此得以安全退回波河谷地低处的"四边形"（Quadrilateral）要塞群。当国王最终率兵抵达米兰时（在最后一刻定制了70面三色旗，因为米兰人表示不愿看到城中出现萨伏依的旗帜），他明显更关注伦巴第与威尼托的合并而非民族解放战争的使命。正如许多民主派所担忧的那样，他的内心显然被古老的王朝旧梦占据。他慢待那些冲在战斗一线、更加激进的米兰爱国者，对意大利其他地区赶过来的士兵也不冷不热。整个4月他几乎毫无作为，放任奥军重新部署，向威尼托调派援兵。

卡洛·阿尔贝托对奥宣战曾让爱国主义群体为之振奋，流亡者从各国赶回来支持战事，意大利各地纷纷组建志愿军团赶往伦巴第。其他意大利统治者对卡洛·阿尔贝托的真实意图深表怀疑，但无论托斯卡纳的利奥波德还是那不勒斯的斐迪南都无力抵抗民众的强烈呼声，迫不得已派遣小股常规军前往支援。就连庇护九世也下令组建一支远征军，由皮埃蒙特将军乔瓦尼·杜兰多（贾科莫的兄弟）担任统帅。这支军队的使命原本仅限于在教皇国北部抵御奥地利入侵（或镇压内部暴动），阻止其进入威尼托，但杜兰多及其首席副官马西莫·德·阿泽利奥却心怀更高志向。他们意识到教皇的支持将对民族事业成功起到关键作用，决心操控民意将庇护九世拖入战争，尽管教皇本人明显抗拒与天主教的奥地利帝国发生冲突。

杜兰多与德·阿泽利奥高估了己方优势。当教皇国的士兵身穿胸前缝有十字架标志的军装，打扮成十字军战士的模样从罗马向北挺进时，德·阿泽利奥向媒体披露了一系列辞藻华丽的军事指令，将庇护九世推向民族主义阵营。第一条指令就大胆露骨："战士们！……曾经奋战在莱尼亚诺的高尚灵魂在天堂对你们微笑，伟大的庇护九世带给你们上帝的庇荫，意大利信任你们的勇气……庇护九世万岁！意大利独立万岁！"[12]第二条指令发布于4月5日，皮埃蒙特军队已进入伦巴第，其蛮横专断、不计后果的莽撞言辞深深激怒了庇护九世：

> 士兵们！……伟大的教皇伸出右手保佑着我们……［他］不得不承认意大利……在奥地利政府的压迫下遭受着劫掠、强暴、野蛮军队的虐待、纵火、谋杀与破坏……教皇祝福了你们的刀剑，今日必与卡洛·阿尔贝托的将士们携手歼灭上帝的敌人，意大利的敌人，那些曾侵犯庇护九世……暗杀伦巴第兄弟的人。这场文明对抗野蛮之战不仅是民族的战役，更是伟大的基督教战役……让我们高声呼喊：神的旨意！[13]

仅仅三周后，庇护发布训谕斥责这场战役，声称教皇是全基督教世界的领袖，并非只属于意大利。由教会批准甚至一手创造意大利民族国家的希望彻底破灭了。

　　民族运动遭到庇护九世的迎面痛击，许多志愿者郁郁寡欢地返回家乡，各国王室也撤回了为对奥战争派出的军事援助，转而解决自身的内政问题。在那不勒斯，斐迪南国王鼓起勇气反击改革者，于 5 月 15 日指挥军队与民主派当街交火。他随后解散议会并废除宪法。1848 年初夏，起义逐渐演化为分散的地方抗议活动，区域对抗与社会经济积怨浮出水面。西西里人再度执迷于摆脱那不勒斯统治的古老目标，与意大利其他地区背道而驰。而在伦巴第，民众对卡洛·阿尔贝托的质疑稳步升级为对皮埃蒙特的憎恨。各地农村务工者激烈要求获得土地与降低税收，城市劳工开展罢工活动，要求降低租金，减少工作时长并提高薪酬。年初尚信心满满的德·阿泽利奥如今恨铁不成钢："请上帝拯救意大利吧！不是从外国人，而是从意大利人手中！"[14]

　　到了 5、6 月份，建立一个皮埃蒙特领导的北部意大利王国的计划慢慢在卡洛·阿尔贝托脑海中成型。纵使疑虑重重，伦巴第、帕尔马、摩德纳与威尼斯内陆经过全民公投后支持合并（希望获得军事支援），唯有威尼斯拒绝妥协。历史的荣耀在威尼斯人心中复燃，在律师达尼埃莱·马宁（Daniele Manin）的引领下，他们坚持以联邦制实现意大利独立。然而在 7 月初，奥地利逐渐收复意大利东北部地区，威尼斯共和国不得不忍气吞声，以合并换取皮埃蒙特的军事支持。三个星期后，卡洛·阿尔贝托的军队在维罗纳附近的库斯托扎（Custoza）与奥军交战数日后溃败。这并非一场决定性战役，但士兵们已彻底丧失了信心。卡洛·阿尔贝托担心米兰爆发共和派政变，一心希望迅速回城。那年夏季的唯一军事胜利来自朱塞佩·加里波第，他在6月底率兵从南美洲乘坐"希望号"（Hope）抵达意大利，此时距其被判死刑已过去14年。他领导志愿军在马焦雷岛击败奥军（卡洛·阿尔贝托不会允许这样的危险人物与皮埃蒙特正规军并肩作战），而后越过边境逃往瑞士避难。

教皇训谕与卡洛·阿尔贝托的失败将温和派置于劣势，民主派在1848年末获得了主动权。然而，欧洲其他地方的革命之势截然相反，1848年夏季的城镇和乡村骚乱让中产阶级自由主义者陷入恐惧，被迫与保守派站在同一阵线，残酷镇压工人阶级运动。意大利的共和倾向在欧洲显得格格不入，民主派曾经为意大利统一寻求外国支持的希冀已成泡影。这年初秋，朱塞佩·蒙塔内利在被一系列叛乱与示威游行推动后在托斯卡纳召开意大利立宪会议（此前，人民以"皮埃蒙特人、托斯卡纳人、那不勒斯人与罗马人的身份战斗，而非作为意大利人"）；[15]10月末，他与作家圭拉齐被推举为激进政府的领袖。在罗马，庇护九世任命享誉世界的自由主义法学教授佩莱格里诺·罗西（Pellegrino Rossi）为首席大臣，试图抑制激进势力。但在11月15日，正当罗西走进议会大楼准备参加新议会的首场会议时，暗杀者持刀割破了他的颈部动脉，罗西倒地身亡。几天后，庇护九世乔装成普通神父的模样从奎里纳尔宫溜走，逃向加埃塔（Gaeta），将"永恒之城"的大门向马志尼与所有狂热的意大利爱国者敞开。2月9日，经选举产生的立宪会议宣布罗马共和国建立，教皇的世俗权力就此终止。

都灵心惊胆战地关注着意大利中部的共和运动进程。焦贝尔蒂在12月出任首相，希望入侵托斯卡纳和罗马，帮助庇护九世与利奥波德复辟，并发动统一的反抗奥地利的独立战争，从而挽救自己的意大利联邦梦。但卡洛·阿尔贝托没时间思考如此宏大的民族主义方案，只想集中力量重新占领伦巴第——此前在夏季他决定放弃伦巴第，与奥地利签订停战协议后返回皮埃蒙特。他在2月底辞退焦贝尔蒂，代之以一位碌碌无为的将军，准备重新向米兰开战。

在温和派领袖德·阿泽利奥看来，共和派在意大利中部的胜利只是民主派看不清现实的又一铁证。他在1848年末印发宣传册称，马志尼的思想显然出自一个不了解意大利现状的流亡者。[16] 共和制度只适合熟谙政治的公民群体，人们必须以公共利益为重，尊重法律；但对于90%的意大利人而言，政治不过意味着教皇与奥地利人，要么就是共济会与烧炭党人。在实现深刻的道德教育与公民教育之前，妄图将民族国家交托于"人民"，简直是疯了。在一个总人口2 500万，志愿军却只有5 000人的国家里，能有多少爱国情怀呢？[17] "我们需要改变自己……逃离越陷越深的泥沼，摆脱对政治事务一无所知的现状，看在上帝的份上，成为品质高尚的优秀民族，而不是像现在这样，可悲地堕落为闻名世界的笑柄！"[18]

3月20日，卡洛·阿尔贝托向奥地利再次开战，但他手下的军队大多士气极为低落，士兵们看不到战争的意义，去年惨遭奥军打击、被伦巴第视为外国侵略者的灾难场景还历历在目。而国王委托波兰将军赫扎诺夫斯基（Chrzanowski）担任总指挥的决定更是让人毫无信心：赫扎诺夫斯基对意大利地形的了解程度和他的意大利语水平（以及视力）一样糟糕。3月23日，皮埃蒙特军在诺瓦拉苦战一日后被拉德茨基（Radetzky）将军领导的奥地利精良部队击败。卡洛·阿尔贝托眼见大势已去，亲自投身到血战中，希望能够战死沙场。但他未能如愿，只得在当天傍晚宣布退位并流亡葡萄牙，由儿子维克托·伊曼纽尔继承王位。4个月后，他在波尔图的宅邸中去世。诺瓦拉战败的消息传到热那亚，整个城市陷入对奥军入侵的恐惧之中，在共和派的鼓动下，大规模起义在 4 月初爆发。皮埃蒙特将军阿方索·拉马尔莫拉（Alfonso Lamarmora，未来的意大利首相）迅速率领三支部队赶来，炮击城市，镇压起义，或许是想在诺瓦拉的惨败后找回胜利的感觉。整整 36 个小时里，皮埃蒙特士兵在城中肆意掠夺，强奸妇女。[19] 当拉马尔莫拉率兵进入利古里亚首府时，热那亚居民都紧闭门窗以示抗议。

意大利（与欧洲）各地的革命势力逐渐衰退。国王斐迪南在那不勒斯重新掌权后，派遣军队收复西西里岛，墨西拿也在 9 月初的血腥围攻后被攻占。巴勒莫的温和派领袖没有为保护革命成果做军事准备，一心幻想着英法在最后一刻出兵干预，从那不勒斯的爪牙之下将其解救。同卡洛·阿尔贝托一样，他们也委派波兰人出任军队统帅，希望避免西西里军官之间的争端。到 4 月中旬，波旁军队几乎掌控了整个西西里岛，民主派在西西里的短暂胜利就此结束。利奥波德逃离佛罗伦萨后，保王派农民叛乱频发，中产阶级对社会动荡的恐惧日益加深，蒙塔内利及其支持者联合罗马建立共和制的呼吁遭到拒绝。4 月 12 日，温和派邀请利奥波德回到佛罗伦萨，利奥波德立即请求奥地利助其恢复秩序，而奥地利乐意效劳。唯有威尼斯与罗马留存着革命的遗迹。在威尼斯，共和国在达尼埃莱·马宁的领导下，直到 8 月 24 日仍拒绝向奥军妥协。

1849 年春夏耀眼而短暂的罗马共和国让马志尼及民主派从各地革命中脱颖而出，广受赞誉。罗马和威尼斯人民对反革命军队做出了坚决抵抗——在布雷西亚和巴勒莫也曾短暂出现——使意大利左翼武装在国际工人运动中获得了尊贵的地位。19 世纪 50 年代，许多旅居伦敦和巴黎的意大利流亡者获得了前所未有的仁慈对待。

民主派的英勇战绩打破了意大利人毫无战斗力的古老偏见，正如罗马共和国领导人物卡洛·卡塔内奥所言："王家军队虚弱不堪……将由我们，而不是卡洛·阿尔贝托的部下，洗清那句污蔑之语：'意大利人不会打仗。'"[20] 罗马共和国更深远的影响或许在于其赋予了罗马神话光环——新归尔甫派与马志尼都试图将该神话与民族问题相捆绑。自此以后，意大利统一与"新罗马"的观念几乎无法分离，涅槃重生与帝国荣耀的弥赛亚式宣传如影随形。

深受古典文化熏陶的民众不可能不受触动，即使只接受过粗浅教育的人们也对古代英雄心怀向往，他们感到自己是贺拉斯兄弟、西庇阿与格拉古兄弟的后裔，而谨遵公民美德的先人们正是政治思想与政治行动的强大榜样。当朱塞佩·加里波第在 1848 年 12 月 12 日抵达"永恒之城"时，他向所有前来迎接的热情民众宣告，自己在南美洲从未"放下亲吻古罗马神圣遗迹的愿望"，[21] 意大利复兴运动的目标是民族"复兴"，重振"古罗马时代"。[22] 相较于美国革命与法国革命，罗马的历史更加让他相信民族主义革命需要与独裁专政并行，许多民主派也持相同看法。只有像辛辛纳图斯与安德烈亚·多里亚那样拥有强力与美德的伟大人物才能帮助国家度过严峻危机，他们的统治是"意大利自古至今最辉煌的制度"。尤其在几个世纪的腐朽堕落后，加里波第坚信当前道德沦丧的意大利需要经过长时间的专制统治，方可尝试议会政体。[23]

罗马共和国在群情激昂中宣布成立。1 月 27 日，威尔第的最新歌剧《莱尼亚诺战役》在阿根廷剧院首演，博得满堂喝彩。该剧以动人的合唱曲开场（"意大利万岁！它的儿子们相聚在神圣的条约下"），悲剧性的结尾令人怆然涕下——伟大的英雄亲手杀死腓特烈一世，将意大利从"野蛮人"的统治下解放出来，自己却身受重伤，在《感恩曲》(Te Deum)中亲吻着三色旗壮烈牺牲。一位坐在第四层的士兵在第三幕结束时过于激动，甚至将自己的剑、大衣与肩章，连同包厢中的所有座椅一同抛到了台上。[24]威尔第（从巴黎匆忙赶来参加首演，结束后立刻返回）一共谢幕 20 次。几天后，经 25 万人选举产生的第一次立宪会议正式召开。资深共和主义者卡洛·阿尔梅利尼（Carlo Armellini）在开幕演说中敬告在座议员，他们的肩膀上负担着开创一个崭新的、"人民的"意大利的历史期许："你们坐在两个伟大时代的坟墓之间，一面是意大利帝国的废墟，另一面是教皇时代的残骸，如今要靠你们在这些断壁残垣上建立新的大厦。"[25]

罗马共和国是一场宏伟的民主政府实验，尽管在奥地利、西班牙、那不勒斯（很快法国也加入其中）均响应教皇的求助并派兵干涉后，罗马在 3 月建立起"三人执政"的专制政体，以应对"独立战争"时期。这三人中，马志尼最具权威，而出乎许多人意料的是，马志尼表现出老练而变通的政治手腕，赢得了各方，尤其是国外旁观者的尊敬与爱戴。死刑、审查制度与各项关税全部被废除，一部极具进步性的宪法经春夏两季起草完成，构想实现普选，以及建立一个以自由、友爱、平等原则为基础的民主议会政体，承诺"提高公民的物质及道德水平"。许多人担心这样的激进主义会最终升级，导致攻击教会行为的发生，但这种情况并未发生。事实上，罗马天主教的安全与独立得到了全方位保障，共和国甚至明确禁止将忏悔室的木材用于修建路障。[26]

真正让世人遐想不已的是罗马共和国的保卫战。4 月底至 7 月初，加里波第、皮萨卡内、比克肖、贝尔塔尼、美第奇、尼科泰拉、萨菲、贝尔焦约索等著名复兴运动爱国者与路易·波拿巴派遣的 4 万法军展开殊死搏斗，路易·波拿巴刚刚就任法兰西第二共和国总统，希望借此赢得国内天主教徒的支持。数千名爱国者身殒战场，其中包括青年诗人戈弗雷多·马梅利，他始终热切希望意大利人学会为国捐躯（在所有独立战争中，竟只有几千名意大利人战死，这令他十分震惊，"比拿破仑·波拿巴军队一天内死去的士兵还少"）。[27]但共和国的胜算微乎其微，7 月 2 日，法军蓄势待发，准备攻打罗马，加里波第在圣彼得广场召集残部，号令所有仍存斗争意愿的士兵与他一同退入乡间，从农民大众中寻求支援。"我付不出军饷，也不能提供住处和食物。我们这条路的前方是饥饿、干渴、被迫的行军、战斗与死亡。"众人傲然挥舞利剑，高呼"我们一同前进！你就是意大利！加里波第万岁！"超过 4 000 人组成的兵团连夜逃出罗马，向北部托斯卡纳与马尔凯的山区前进。但农民对罗马共和国毫无热情，更不用说意大利复兴事业了。到 7 月底时，大部分志愿军已灰心丧气，四散而去。

在满目疮痍的惨败中，1848 年初的希望与喜悦皆成为哀痛的回忆——爱国主义的浪潮一度势不可当，似乎终将使意大利像维纳斯诞生一般冉冉升起。"志愿军团曾组成多么壮观的景象啊！"朱塞佩·蒙塔内利在回忆 3 月对奥作战时说："医生、律师、手工艺者、贵族、富人、穷人、教士、主人与仆从都为着意大利的共同理想齐步行进！我们最终成为意大利的战士，多么令人幸福啊！"[28]但这美好的希望却在教皇训谕、军事失利、外国的冷漠敌视、温和派与民主派的分歧，以及地域竞争中彻底破灭。弗朗切斯科·阿耶兹试图在一幅油画中描绘出 1848—1849 年许多爱国者的失望之情，他将意大利拟作一位有着乌黑长发的性感少女，微伏着身子坐在高背椅子上望向画外，幽怨的眼神中流露出一丝责备。与此前的画作中对民族与自由的革命式描绘类似，少女的白色连衣裙从肩膀滑落，露出胸脯。但她不是一位引领儿子们取得胜利的自信母亲，而是个遭人虐待甚至凌辱的女子，衣衫不整，脸上带着深色的淤青。她的腿上放着一本大书，该画以《新约与旧约冥思》（*Meditation on the Old and New Testament*）为名于1850年在布雷拉学院展出，我们仔细观察会发现，那本书的书脊处写着"意大利历史"的字样。阿耶兹自然希望将独立事业描绘为圣洁的神赋使命，但作为一名热心的历史读者，他是否也在忧郁地反思着意大利当今面临的困境与过去遗产之间的联系？

皮埃蒙特和加富尔

即使在皮埃蒙特，语言差异也是我们面对的一大难题，人们说着法语、皮埃蒙特语和热那亚语这三种母语，其中法语的通用程度最高。会议中三分之二的人无法理解热那亚语和皮埃蒙特语的发言，而除了时常讲法语的萨伏依人以外，几乎所有代表都会讲意大利语——但这只是一种死去的语言，从未出现在谈话之中，更不能流畅地表达真挚的感情。加富尔是一位天生的卓越演说家，说起意大利语时也免不了尴尬，你能明显感觉到他在翻译，阿泽利奥等人也不例外……

阿尔科纳蒂侯爵夫人致纳索·威廉·西尼尔的信，

1850 年 11 月 6 日

我写信是想告知您，美丽的卡斯蒂廖内伯爵夫人刚刚加入我们的外交行动。我邀请她与皇帝（拿破仑三世）暧昧调情，必要时色诱他。如果她成功了，我承诺为她父亲在圣彼得堡谋得一个大臣的职位。

卡米洛·加富尔伯爵致路易吉·西布拉里奥的信，

1856 年 2 月 22 日

如果我们抓住了马志尼，我希望能判他死刑，将他在阿卡索拉广场上处以绞刑……

卡米洛·加富尔伯爵，1857 年 7 月 8 日

宪政领导：皮埃蒙特

革命运动失败后，意大利各地的时钟皆向回摆动，唯有皮埃蒙特是个例外。1847—1848 年的自由主义改革没能为各王室带来希望中的国民对他们的敬仰与支持，反而仿佛打开了凶险的社会政治暴乱的泄洪闸。伦巴第重新收紧媒体审查，被指认支持革命的主要家族共被判处 2 000 万里拉的罚款。波河谷地低处的几百名农民被告上军事法庭，并因侵犯财产（或人身）罪而被判处死刑。那不勒斯自由主义者经历了残酷迫害，卡洛·波埃里奥、路易吉·塞滕布里尼等国际知名人物被发配至岛上监禁起来，民众若有对波旁王朝不忠的嫌疑将立即遭到警方的监视，并被禁止担任公职或从事特定职业。即使在托斯卡纳，曾经的开明包容也一去不返，圭拉齐被判处劳役（后减刑为流放），出版自由为强化的中央集权所取代。教皇国的庇护九世吃到了自由主义的苦头，决心再不与渎神者建立任何往来。尽管如此，罗马共和国曾经存在的痕迹并未完全消失。1849 年 4 月，立宪会议曾决定在苹丘花园中修建伟人半身像，这项计划仍被批准实行，只不过须将马基雅弗利更换为阿基米德，莱奥帕尔迪换为宙斯，萨佛纳罗拉换为彼得罗·阿雷蒂诺，格拉古换为维特鲁威。[1]

皮埃蒙特新任国王维克托·伊曼纽尔二世举止粗野，装腔作

势，对军队与野猪（和女人）热情高涨，对政治却漠不关心。父亲在诺瓦拉战败后，他强烈希望废除宪法，回归独裁统治传统。然而奥地利担心此举将壮大自由主义者的势力，甚至导致法国共和派的干涉，因此要求维克托·伊曼纽尔二世不要轻举妄动。事实上，作为 1861 年意大利统一法律基础的《宪章》（Statuto）极为落后，仅对人民主权做出了极小的让步。它在序言中将自身定义为"君主制的根本大法"，而非民族国家之法（事实上通篇也只简短地提及一次"民族"），[2] 从头至尾严密保障君权。国王是国家元首和行政领袖，有权任命大臣 (大臣对国王而非对议会负责)，同时担任最高军事统帅，全权制定外交政策。《宪章》极端守旧地规定正义"源于国王"，他因而有权任命法官并根据个人意愿推翻判决。上议院（或称参议院）议员皆由国王任命，下议院尽管经选举产生（选举权范围极有限），对其真正权力的规定却含糊不清：国王有权休会或解散议会，任何法律都必须得到他的批准方可施行。由此，《宪章》以书面形式给予皮埃蒙特君主掌控全国一切事务的权力。

即便如此，皮埃蒙特依然是 1849 年后唯一保留宪政的意大利国家，这也是它为什么能在往后 10 年中成为民族问题的合乎情理的旗手（无论在意大利内外）。况且在 19 世纪 50 年代，数百名流亡者从半岛各地逃至皮埃蒙特避难，更是将此地与意大利统一的宏愿深深牵连起来。他们中的许多人在警察的监视下艰难维持生计，甚至时而遭到驱逐，但部分流亡者还是成了受人尊敬的记者或学者，利用其影响力激发有关统一的辩论。他们也成了错误情报的一大源头。皮埃蒙特人大多对意大利中南部一无所知，而西西里难民朱塞佩·拉法里纳等人则有意夸耀其家乡的政治、经济或道德水平，逐渐令皮埃蒙特人深信不疑。加富尔在 19 世纪 50 年代末高度依赖拉法里纳关于意大利南部的建议，他承认，自己对那不勒斯的认识还不如对英格兰的。[3]

不过，皮埃蒙特在全民族中的领导地位并不突出。温琴佐·焦贝尔蒂坦言，这个横跨阿尔卑斯山的狭小王国可谓整个半岛最缺少意大利传统的地区。当地人的思想保守狭隘，受教育阶级将自身视为独立的民族。但在新归尔甫派理想破灭后，焦贝尔蒂被迫承认，如今唯有皮埃蒙特有能力扛起民族运动的大旗。1851 年，他在最后一部重要作品《论意大利公民复兴》(*On the Civil Renewal of Italy*) 中将 1848—1849 年的失败归咎于民主派的"清教主义"与意大利民族情感的缺失。但他同样相信意大利需要恢复战斗精神，皮埃蒙特虽然有着深厚的地方自治传统，但至少富有阳刚之气——都灵（Turin）一词就源自拉丁语"taurini"，意为"公牛人民"。皮埃蒙特因此为意大利提供了军事领导力。[4]但是，只有通过罗马才能实现精神支配权，为此教皇制度必须加以改革，舍弃教皇国的沉重负担。梵蒂冈不愿接受这一提议，将焦贝尔蒂列入了被禁作者名单。一年后，他颇具神秘色彩地死在巴黎的居所中，结束了多年来自我流放的生活。死时他的床上并排摆放着《效法基督》(*Imitation of Christ*) 与曼佐尼的《约婚夫妇》，如今看来更显得讽刺而非表现出希望。

分裂的民主派

尽管皮埃蒙特实行宪政（并拥有军队），民主派仍对其革命年间的暧昧做派心存芥蒂。1849 年后的数年间，许多人依然相信以人民暴动争取统一与独立的可能性，而如何发动民众采取行动仍旧是横在民主派面前的一道难题。对绝大多数农民而言，"意大利"还是一个空洞的概念；但 1848—1849 年意大利内外的社会动乱都显示出，土地所有权、税收以及薪酬等问题可以成为动员城镇乡村贫苦百姓的手段。许多重要的民主派人士因而在 1849 年后离开马志尼，走上了社会主义的道路，其中包括蒙塔内利、皮萨卡内以及米兰人朱塞佩·费拉里，费拉里试图说服伦巴第的卡洛·卡塔内奥重掌民主运动的领导权。但流亡中的卡塔内奥只想在瑞士安静地学习、写作，拒绝了费拉里的提议——这对联邦主义事业造成了重创，19 世纪 50 年代起，联邦制逐渐失去了与马志尼主义和皮埃蒙特统治分庭抗礼的地位。

1849 年后，民主派内部在另一个问题上的分歧变得更加明显，那就是南北方的相对优劣。在西西里岛，以及大陆上的卡拉布里亚、巴西利卡塔和坎帕尼亚，土地所有权、地方资源与乡镇政府统治权等问题引发了剧烈的社会、派系冲突。许多人相信，经过恰当的引领与组织，这些矛盾能够转化为原始的革命动力。西西里岛巴勒莫附近的山区乡镇中，黑帮成员（mafioso）领导的准军事农民团体也是危机时期的绝佳动员对象。马志尼并不看好以南方为基地开展统一运动的设想：行动动机必须纯粹，不能源于肮脏的物质利益。但在更注重实际的尼古拉·法布里齐、皮萨卡内等人看来，"南部主动权"极具吸引力。该方案的一个附加优势在于民主派可以领导运动的全过程，不必担心半岛另一端的皮埃蒙特出面干涉。1850 年起，由魅力型领袖（比如加里波第）领导千人远征军前往西西里西部与农民起义联手的行动方案，已在民主派间广泛讨论，这也的确成了 1860 年的成功模式。[5]

民主派阵营的分裂局面在 50 年代日益加深，但罗马与威尼斯顽强抵抗的余晖以及法国的共和国政体——仍有可能帮助意大利人抗击奥军——让革命派保持着乐观情绪。然而，西西里和伦巴第-威尼西亚的灾难性地方起义及其后的大规模逮捕与处决浇灭了他们的希望。随着 1851 年 12 月路易·波拿巴发动政变，并于次年宣告法兰西第二帝国成立，法国的支持已成为泡影。民主派内部开始相互指责，常常控诉彼此缺乏竞争力、向温和派投降或向警察出卖情报。流亡者极端贫困与缺乏安全感的处境使他们面临更大的生活压力，也进一步破坏了气氛，他们本来将意大利幻想为和谐友爱的应许之地，但日复一日的生存现实却无疑是一场噩梦。正如流亡者回忆的那样："同一片土地的人们面临着物质困境，却没有相互体谅，反而陷入厮杀与搏斗，满怀憎恨地厌恶彼此。"[6]

马志尼试图修复民主派之间的关系。罗马共和国陷落后的 18 个月里，他一直相对安全地居住在瑞士，偶尔前往法国与英格兰。他与其他流亡者保持密切联系，积极筹划着新一轮革命。1850 年，他以伦敦为总部成立"意大利民族委员会"（Italian National Committee），同时与法国、德意志及波兰友人携手创办"欧洲中央委员会"（Central Committee for Democratic Europe），以图将欧洲的流亡者团体统筹协调起来。该组织有意设定了含糊的纲领，对共和主义只字不提。尽管如此，许多意大利民主派不愿与这位病态般痴迷于宗教，且怀有教条主义倾向的人物站在同一阵线。曾经的共事者称其为"新穆罕默德"或"民主派沙皇"，[7]法国作家乔治·桑曾与他密切通信数年，无法忍受他对社会主义的排斥，谴责他"像教皇一样傲慢，宣告着：'我的教会之外，再无任何救赎！'"[8]

意大利民族委员会很快与法国人资助的"拉丁委员会"（Latin Committee）针锋相对，后者希望在意大利建立联邦共和制度，马志尼不得不承认自己对于民主运动的思想掌控力已经受限。但这也是他推动起义的原因之一：他始终相信，流血是建立同胞之谊的绝佳途径。他在伦敦观望着数十名自由主义爱国者遭奥地利当局虐待、惩处，其中还包括牧师，还得知那不勒斯的监狱中关押着2 000名政治犯，托斯卡纳则有4 000人锒铛入狱。教皇国将政治犯送上断头台（教会对现代化做出的奇怪妥协，诗人罗伯特·勃朗宁曾在骑马时路过罗马大竞技场，血流如注的无头尸体使他大受刺激）。[9]此等迫害让马志尼认为意大利人定会奋起反抗。怀抱着这样的误解，他计划在1853年2月的一个米兰周日狂欢节上发动起义，并由此将起义扩展至整个意大利。迎接他的是一场耻辱的惨败：只有少数几名奥地利士兵在最初交火时丧生，但叛乱领袖很快遭到围剿，16名起义者被处决。

米兰惨案与20年前的萨伏依入侵一样，使马志尼在意大利革命者中的信誉严重受损，许多曾经支持他的人开始物色新的领袖。不过在英格兰，他暂时保持较高的威信。1851年初，身为罗马共和国三人执政团一员的马志尼在赞誉声中回到伦敦，发现英国民众中燃起了对意大利独立的新热情。那年春末，年轻有为的保守派政治家威廉·格莱斯顿写信给阿伯丁伯爵，强烈谴责波旁政府"在政府体制中否定上帝"。这封信在英国内外造成极大轰动，为意大利赢得了更多公众支持。马志尼充分利用形势，创立名为"意大利之友"（Friends of Italy）的社团支援意大利独立运动。该社团共吸引了约800名英国成员（包括200位苏格兰人），其中央委员会囊括了几位著名的政治人物与报刊编辑，以及大量杰出知识分子，包括沃尔特·萨维奇·兰多、利·亨特、塞缪尔·斯迈尔斯、弗朗西斯·纽曼教授（枢机主教的兄弟）、历史学家詹姆斯·弗劳德和乔治·亨利·刘易斯（乔治·艾略特未来的伴侣，艾略特也是马志尼的热情拥护者）。[10] 短短两年内，会员费收入已达到 2 万英镑，大部分来自普通的工厂工人，他们在激进领导人的鼓舞下将个人政治抱负寄托于欧洲国家，包括波兰、匈牙利和意大利的受压迫人民的解放运动。[11]

马志尼仍不断发起注定失败的起义。即使在米兰惨败后，他因公开反对克里米亚战争以及反对皮埃蒙特成为意大利民族运动新领袖（在精力充沛的亲英派新首相加富尔指挥下）而自 1854 年起逐渐丧失英国人的支持，但比起意大利，他依然更熟悉英格兰，"我的第二故乡"。1841 年，在霍尔本，他为流浪于伦敦街头、靠手摇风琴、驯鼠及乞讨过活的穷苦意大利儿童创办了一所学校。除此之外，他还沉浸在自己"小集团"（他称之为"部落"）忠贞不移的友情之中。这个亲密的集体中很多人都是来自中产阶级的高雅女性，他们定期相聚在麦斯威山（Muswell Hill）的寓所中共进晚餐，一起谈天说地，唱歌下棋。在没有"天使之家"的陪伴时，马志尼在伦敦西部的狭小出租屋里度日，他常年叼着雪茄，在报海书山中写作，饲养的小鸟在他的头顶飞翔（他不能忍受将其关在笼中）。[12]

加富尔

远离了意大利，马志尼或许能在伦敦的雾气里（他喜欢这雾气）[13] 延续爱国主义的梦想，但许多在 19 世纪 40 年代一腔热血的人经受 50 年代初的现实打击后，陷入了一种不安的自责情绪中，甚至对自己曾经的天真轻信憎恶不已。遭到驱逐的米兰经济学家彼得罗·马埃斯特里（Pietro Maestri）从此转向客观的实证研究，争取得出更加温和务实的观点，以数据矫正花言巧语。他认为，真实的意大利与想象中的意大利之间存在危险的断层：

> 在每个时代，意大利人的问题都是只拥有理想中的祖国观念，而观念与历史、理论与社会实际之间的分离为意大利人的思想蒙上了反常的阴影。这种模糊的思想依托于推断，缺乏坚实基础且罔顾事实与教训。它不允许任何警惕意识妨碍对祖国理想前景的设想，于是，当现实在命定的道路上飞驰，希望最终走向幻灭，乌托邦也沦为一种诅咒。[14]

许多爱国者在希望破灭后开始疑惑，历史的力量或许远超此前想象。他们又像以前（以及未来）一样，倾向于将政治问题归咎于国民同胞的性格特点。德·阿泽利奥在 1849 年春天向友人痛心疾首地控诉说，去年的事件让他深刻意识到 20% 的意大利人"都是顽固不化的低能儿"，这一切都是他们应得的。[15]另一位重要的自由主义者米凯莱·阿马里在 1853 年悲伤地坦言，直到不久前他一直以为只有那不勒斯与西西里人"比古希腊人更加浮躁好斗"，但与南北方政治流放者共同生活的经历让他意识到意大利的历史是理所当然的：意大利人整体都有问题（"就连阿尔卑斯山附近的大雪也不能治愈我们焦躁的不稳定性"）。[16]在二人看来，信任意大利本土的力量，使其"成就自己"是完全不现实的。许多民主派也认同他们的观点。10 年前，阿马里曾将西西里晚祷事件视为政治救赎的模范，现如今他已将兴趣转向 10 世纪至 11 世纪，那时西西里在阿拉伯人的开明统治下成为欧洲最繁荣、最文明的地区之一。由此看来，美德来自善治的（甚至可以是外国的）政府体制，而非人民自决。

1853 年，阿马里开始将民族统一的希望寄托在皮埃蒙特这个在许多人看来最不具备意大利特性的王国。相比于朴素闭塞的都灵，皮埃蒙特现任首相反而对巴黎、伦敦与日内瓦更加熟悉。卡米洛·本索·迪·加富尔于 1810 年出生于贵族世家。他的父亲米凯莱在法国直接统治时期仕途一帆风顺，当上了意大利西北部总督卡米洛·博尔盖塞（拿破仑的妹夫，加富尔的名字就取自他的名字）的内侍。母亲阿代莱（Adèle）是一位瑞士女子，与日内瓦亲戚的密切来往深刻影响着加富尔文化政治观念的形成。年轻时，加富尔曾作为工兵监督法国边境防御工事，但他的学识与强烈的自我意识注定与军队生活格格不入。他在闲暇时潜心研读经济学（和拿破仑一样，他的数学造诣极高），遍览基佐、贡斯当、边沁等现代欧洲作家的著作，并热衷于赌博。加富尔一辈子沉迷于打牌，坐在绿色牌桌前享受"歌佛"（goffo）和"惠斯特"（whist）游戏带来的刺激的紧张感是他最大的爱好。[17]

丰富的英法旅行经历让他坚定地追求"进步"（他尤其喜爱参观工厂、煤气厂、监狱与学校），他相信，政治上的"中庸之道"（juste milieu）才是文明进步的良方。回到皮埃蒙特后，他在经营家族产业的同时成立了农业协会和惠斯特桥牌俱乐部，偶尔写写学术文章。19 世纪 40 年代中期，当焦贝尔蒂与巴尔博的著作掀起民众的热烈讨论时，他才开始积极参与政治。此时，加富尔对"意大利"这个概念既没有清晰的认识也没有强烈的归属感。他曾在晚年声称其自幼憧憬一个"伟大、辉煌而富强的意大利"，[18] 但注重实际的个性特征让他对现实与虚幻的差别有着清晰的认知。在加富尔看来，马志尼式的统一仅仅是危险的幻想。与大多数皮埃蒙特贵族一样，他也对本国心怀忠诚，常常将皮埃蒙特称为一个"民族"，并且追求他口中的"提升"（aggrandisement）。1845—1847年，身为赌徒的直觉让加富尔意识到，一场盛大的游戏即将在意大利，甚至整个欧洲开启，这将是一盘高风险、高回报的赌局，而他绝不甘心只做一个旁观者。

皮埃蒙特在1848—1849年战败，却也谈不上受到了重创。尽管加富尔为诺瓦拉惨败深感悲痛，将怒火指向国王、波兰指挥官、普通士兵与民主派，但共和派的失利与维克托·伊曼纽尔二世维持宪法和议会政体的做法让他获得了少许安慰。1848年6月，加富尔当选都灵众议院议员，他站在右翼保守派一方，很快显示出卓越的辩论天赋。1850年10月，首相马西莫·德·阿泽利奥任命他为贸易与农业大臣，很快他又兼任金融大臣。加富尔通过积极降低关税、拟定商贸条约来刺激经济，同时逐渐与德·阿泽利奥走向对立。德·阿泽利奥对政治的热情已大大减弱，1848年革命时膝盖所受的枪伤令他一直行动不便。加富尔有意建立起新的中间派联盟，作为比当前议会结构更加稳定的改革平台，防止皮埃蒙特政治向极右或极左倾斜。1851年12月的路易·波拿巴政变极大地减轻了共和派的威胁，却使反动保守势力壮大，形成了巨大的影响力。几个星期后，加富尔的内阁同事们震惊地听说他已与中左翼形成一个联盟（connubio）。此举之圆滑狡诈引发了争议，加富尔随即被迫辞职，但他知道自己有能力迅速回到政治舞台。他是对的，德·阿泽利奥不得不将首相之位拱手相让，他颇有风度地向国王推荐加富尔为继任者。

加富尔在成为首相前曾前往英国和法国旅行，他虽然动过周游意大利的念头，最后还是决定将时间花在自己最欣赏的国家上。他此行的目的之一在于探测法国总统路易·波拿巴的打算：作为拿破仑一世的侄子，他真的没有征服欧洲的野心吗？德·阿泽利奥在都灵成功维持宪政为皮埃蒙特赢得了英国的广泛尊敬，加富尔因而顺利会见了当时英国政坛的重要人物，包括帕默斯顿、格莱斯顿、迪斯累里和克拉伦登。他参观了伍尔威奇兵工厂，视察了伦敦的贫民窟，带着一本沃尔特·司各特的书北上苏格兰，欣赏高山湖泊，体验"浪漫情调"。[19]加富尔对英国的热爱到达顶峰，若是反动派掌握了都灵的政权，他甚至会考虑移居伦敦。巴黎之行到让他有些失望，但在那里他碰到了焦贝尔蒂与马宁，并与新政府的重要人物会面。9 月 5 日，他前往圣克卢宫与法国总统展开对话。路易·波拿巴耷拉着眼皮，以尊贵怠惰的态度接待了加富尔。他尽管常以捉摸不定的脾气示人，却让加富尔明确意识到，若皮埃蒙特抓住机会合理行事，法国将支持重新划分意大利版图，拔除奥地利势力。加富尔在致友人的信中兴奋地写道："我们的命运首先依托于法国。不管愿不愿意，我们都必须在这场即将降临欧洲的重大游戏中与法国搭档。"[20]

路易·波拿巴在 12 月登基成为法国皇帝拿破仑三世后，伦敦、柏林，尤其是维也纳不可避免地对欧洲权力均势产生担忧。不过对加富尔而言，法国从此成为他领导的皮埃蒙特政治的两大支柱之一，另一支柱是他在议会创建的中间派联盟。维克托·伊曼纽尔二世不喜欢这位刚愎自用、精力旺盛的首相，用他的话说，加富尔穿得像个"律师"，还动不动就挥舞拳头甚至踢翻家具。1854—1855年，加富尔推动通过了一项教会财产国有化法案，直接导致国王被教皇逐出教会（对于有着"耶路撒冷之王"自豪头衔的君主而言，实在够尴尬）。但维克托·伊曼纽尔已准备好承受羞辱以换取战场上的胜利，希望挽回库斯托扎和诺瓦拉的战败给萨伏依王朝的威信造成的破坏（不过加富尔曾指出他的情妇与其他男人私通，这严重挫伤了他的男性自尊心，他为此险些与自己的首相展开决斗）。

最早的战争机会出现在 1854 年。1848—1849 年革命期间，俄国曾在东欧为奥地利提供了关键帮助；作为回报，俄国认为己方有权进军奥斯曼的摩尔达维亚省与瓦拉几亚省（现代的罗马尼亚）。俄国一路向西边的地中海挺进，引起英国的警惕，后者将沙皇帝国视为其全球权力的最大威胁。1854 年 3 月，英国对俄宣战，向黑海派遣军舰。俄国曾希望英国采取孤立政策袖手旁观，却打错了算盘。拿破仑三世正积极寻觅机会破除维也纳体系的限制，他认为，若法国协助英国对付俄罗斯，英国也有义务支持法国在西欧抗击奥地利。从表面上看，皮埃蒙特完全没必要搅克里米亚的浑水，尤其是奥地利在搪塞许久后终于答应不给予俄国援助，以换取法国不干涉其在意大利统治的保证。但皮埃蒙特国王急于证明其军队的英勇善战，背着加富尔与法国秘密达成协议介入战争，迫使加富尔放下与内阁同僚之间的（强烈）分歧，顶住议会的反对，使皮埃蒙特参战，并与奥地利成为名义上的盟友。

加富尔并未指望从中获利，但希望 1.8 万名皮埃蒙特士兵能在战场上脱颖而出，为其在战后和谈时增添筹码。然而事与愿违，拉马尔莫拉将军的部队在战争中被边缘化，仅于 8 月 16 日在乔尔纳亚河（Tchernaya）参战，14 名士兵阵亡，另有 2 000 名参战人员死于霍乱。维克托·伊曼纽尔二世向英法提议亲自担任在克里米亚的所有军队的总司令，希望以此打破僵局，结果不出意料地遭到拒绝。同年秋天，国王采取更加实际的策略提升皮埃蒙特的地位，在加富尔的陪伴下出访巴黎与伦敦。德·阿泽利奥随同前往，一方面是因为他优雅的上流气质在宫廷环境里游刃有余，另一方面也是考虑到他出色的意大利语读写能力——如果这支外交使团号称代表意大利，但其对自己民族语言的掌握还不如格莱斯顿或罗素勋爵的意大利语水平，情况不免尴尬。此次访问进展顺利，虽然国王的唐突无礼、言语下流和缺乏政治圆通的表现（"必须将奥地利人赶尽杀绝"，他在一次宴会上的发言让维多利亚女王吓了一大跳）[21] 着实引人注目。维多利亚女王原谅了他，甚至萌生了一丝新鲜感，居高临下地将这古怪举止归因于意大利的"伦理道德低下"。[22]

1856 年 2 月，加富尔在巴黎的和平会议中拼尽全力为皮埃蒙特-伦巴第，或者说为摩德纳公国与帕尔马公国争取领土，但英法此时不愿与奥地利撕破脸，加富尔的唯一成就（不过已经相当可观）是促使与会代表在商议结束后，正式就意大利问题展开讨论。代表们对波旁王朝与教皇国的现状稍加批判，但这远未达到加富尔的预期。离开巴黎之前，加富尔多次会见威尼斯共和英雄达尼埃莱·马宁。对发动群众起义争取意大利独立失去信心的民主派流亡者迅速团结在马宁的领导下，将希望寄托于皮埃蒙特。加富尔曾在一封信中说马宁"有些乌托邦倾向"，太看重"意大利统一之类毫无意义的东西"（后来这句评价被从加富尔官方通信集中删去），但他明白，为将意大利爱国主义情怀汇集到皮埃蒙特，威尼斯人的支持极其重要，而加富尔可以操控这种爱国情怀，将其用作自己强势手段的筹码。而对于马宁来说，他虽对加富尔的"皮埃蒙特"野心心存疑虑，但他与友人们也在加富尔身上看到了利用价值。

从 1856 年春天开始，意大利民族问题逐渐抬头。马宁与同伴以及著名的流亡者乔治·帕拉维奇诺-特里武尔齐奥给各大报刊写信，强烈抨击马志尼的阴谋（"匕首理论"），代表许多曾经的共和主义者支持萨伏依王朝，因为维克托·伊曼纽尔二世明确肩负起"成就意大利，而非提升皮埃蒙特"的使命。为进一步引导民意，马宁与帕拉维奇诺创办了自1857年起被称为"意大利民族协会"（Italian National Society）的组织，旨在将所有希望意大利在皮埃蒙特领导下实现"统一独立"的人团结在一起，朱塞佩·加里波第正是该组织早期的重要支持者。"意大利民族协会"秘书长是现居都灵的西西里流亡者朱塞佩·拉法里纳，在他的努力运作下，该组织成为意大利政坛未来三年中的重要势力，吸引了几千名成员，产出无数报纸文章与宣传册，并与全国其他爱国组织建立起联系。加富尔与拉法里纳合作密切：拉法里纳后来表示（未必属实，他常一本正经地夸大其词），从1856年9月开始，他每天黎明前都在同首相秘密会谈。

意大利民族协会对马志尼构成了极大威胁，很大程度上是因为它照搬了马志尼模式——意大利民族被称为神圣实体，"自然的永恒律法"，"任何地区与城市、个人与派系、传统与理想、王朝与自由主张"都必须服从它；爱国主义是一种面向所有人的宗教（"任何通晓信仰之象征者，教堂都将对其敞开大门"，踏进教堂者"将在圣坛上发现……山墙上雕刻着意大利的圣像"）；意大利人有义务为祖国的"独立与富强"而努力，必要时献出生命。[23]而该组织与马志尼的不同之处在于其为达目的不择手段的冷酷做派。马志尼希望使信仰与自由协调一致，通过人民自发表达意志而实现上帝的旨意。这在拉法里纳、马宁和帕拉维奇诺看来是不切实际的：意大利人是几百年来分裂与堕落的产物，不可能自发拥护统一，必须以武力介入，也就是让皮埃蒙特的军队介入。意大利民族协会反复强调统一的根本性与优先性，自由必须向统一让步，因为历史一次又一次证明，意大利遭受的奴役及一系列问题的病因都在于分裂。[24]

这种决不妥协的愿景果然吸引了众多支持者，甚至包括皮埃蒙特的保守派，因为它将都灵主宰甚至征服半岛其他地区的野心合理化了。但是我们无法确定加富尔本人对此的信服程度，他与许多意大利北方人一样，显然认为托斯卡纳以南的文明程度截然不同，相比欧洲更加接近非洲——意大利北部与贫穷腐朽的南部统一不仅不现实，还会带来不良后果。加富尔倾向于集中精力创建内部一致性更强的较小的北部国家。[25] 拉法里纳极力说服加富尔，南方没有他想象的那样贫穷，两西西里王国的问题大多应归咎于无能的政府——换句话说，意大利南部在皮埃蒙特的优良统治下必将重现古典（以及阿拉伯统治）时期的辉煌。这些说辞或许打动了加富尔，让他在 1860 年宣布支持全意大利的统一，但同时也促使他认识到强力的中央集权政体必不可少。

皮埃蒙特既已成为民族运动的掌舵人，马志尼及其支持者便不顾一切地争取夺回主动权。他们猜测加富尔对南方兴趣寥寥，因此西西里从 1856 年起成为他们的主要目标。他们从国王斐迪南孤立无援的处境中获益——斐迪南常年与俄国维持密切盟友关系，如今经克里米亚一役，英法毫无顾忌地以敌对姿态促其改革。1856 年10 月，英法因斐迪南拒绝改革而与两西西里断交。拿破仑三世试图将其表亲吕西安·缪拉推上那不勒斯的王位，吕西安正是上一任国王若阿基姆·缪拉之子。加富尔从中看到了潜在利益并表示支持（他正在构建一个复杂网络，与这场"重大游戏"中的玩家们沟通和周旋，使他们——其实也包括他本人——无从判断自己的位置），引起了意大利民族协会成员与英国政府的警觉。英国政府不愿看到法国在地中海的权力进一步扩张，而马志尼及其同道者在一定程度上也是因为相信英国或许会支持"意大利"南部对抗法国的起义，才决心在西西里（1856 年 11 月，巴勒莫附近的革命以惨败收场）和那不勒斯策动革命。

加富尔亦有支持南方民主派的动机，倒不是希望他们成功，而是因为共和派的威胁更能突显加富尔一方是可接受的意大利民族主义者，增强他在政治谈判中的地位。同时，我们完全有理由相信，1857 年 6 月损失惨重的远征是卡洛·皮萨卡内与皮埃蒙特当局合谋策划的。[26] 按计划，皮萨卡内将带领少量人手从热那亚航行至蓬扎岛（Ponza），释放那里的政治犯，而后从坎帕尼亚南部登陆，动员当地农民暴动，最后来到预定同时爆发起义的那不勒斯。这类冒险计划面临着太多风险，皮萨卡内明白成功希望之渺茫，但他毅然决定采取行动。流亡中的艰辛生活让他与许多民主主义者身心俱疲，日益深陷绝望的情绪之中。他认为知识分子只有舍弃象牙塔内的生活，真正与受压迫人民共同生活并施予绝对领导，才能激发大众的活力，为大众赢得经济和政治的解放。即使失败，他至少感到为他人树立了英雄榜样。

6 月 28 日，皮萨卡内带领 40 多名同伴和 300 名蓬扎岛囚犯登陆萨普里，但他们释放的囚犯中仅有少数是政治犯，大部分根本指望不上，很快逃散四方，本该从那不勒斯赶来会合的上千名武装人员也不见踪影。这支小部队孤军向北行进，途中高声宣称要求颠覆斐迪南的暴政，而当地民众无动于衷。7 月 1 日，他们遭到政府军与警察部队的拦截，逾 50 人在交火中丧生，皮萨卡内等幸存者逃往桑扎镇（Sanza）。他们在当地修道院避难，愤怒的农民武装却在当地主教怂恿下对他们发起攻击，又致使 27 人丧生，20 多人被俘。皮萨卡内似乎选择了自我了结。[27]

反叛者们早已预料到这一结局，并在登陆萨普里之前发布声明称，一旦远征失败，他们必将"循着先烈的脚印"英勇赴死。[28]皮萨卡内还留下了一份遗嘱，在他死后不久被公之于世。他在遗嘱中宣称皮埃蒙特政府与奥地利统治并无优劣之分，意大利只能通过"密谋与叛乱"实现统一。其余内容大多挑衅好斗，为其特殊的政治信条狂热辩护（"我信奉社会主义，但和法国的社会主义不一样"）。[29]从爱国主义角度来看，路易吉·梅尔坎蒂尼（Luigi Mercantini）创作的纪念此次远征的诗歌《拾穗者》（The Gleaner）产生了更为深远的影响。此诗创作于 1857 年底，很快成为意大利复兴运动中的流行文学作品。这是一首哀伤的民谣，讲述了一位贫农姑娘站在海岸边，与登陆萨普里的"300 名勇士"（"他们曾年轻而健壮，如今已经死去"——事实上接受审判的 284 人并未被处以死刑）相会，看着他们跪下身来亲吻脚下的土地。她走到"金发碧眼"的英俊年轻领袖面前，（皮萨卡内其实是黑发，加里波第也常被这样错误地描写），拉着他的手，问他要去向何方。"妹妹，我将为美丽的祖国而死。"她一路跟随，亲眼看着他们在警察手中慷慨赴死（没有提到农民武装的角色），为他们的灵魂祈祷。[30]

统一，1858—1860

是否希望在维克托·伊曼纽尔二世宪政统治下与撒丁王国合并

帕尔马和皮亚琴察的全民公决，1859 年 8 月

是：63 107 人，否：504 人

并入维克托·伊曼纽尔二世的君主立宪政体，或建立独立王国

艾米利亚的全民公决，1860 年 3 月

合并：426 006 人，独立：756 人

与维克托·伊曼纽尔二世的君主立宪制联合，或建立独立王国

托斯卡纳的全民公决，1860 年 3 月

联合：366 571 人，独立：14 925 人

是否希望意大利以维克托·伊曼纽尔二世及其后裔为立宪君主组成不可分割的整体

半岛南部的全民公决，1860 年 10 月

是：1 302 064 人，否：10 312 人

是否希望意大利以维克托·伊曼纽尔二世及其后裔为立宪君主组成不可分割的整体

西西里岛的全民公决，1860 年 10 月

是：432 053 人，否：667 人

是否拥护以维克托·伊曼纽尔二世为国王的君主立宪制

马尔凯和翁布里亚的全民公决，1860 年 11 月

是：232 017 人，否：1 520 人

从实际的政治角度来看，萨普里远征凸显出以叛乱实现统一的不切实际，让大部分爱国者转向皮埃蒙特的领导与外交策略。但英雄主义的悲剧富有宣传价值，皮萨卡内之死让全世界许多自由主义者相信了意大利统一事业的正当性——尤其在英国，对天主教廷的敌意和认为奥地利已成为一个残暴专制国家的看法强化了人们对意大利独立的热情。几个月后，另一位意大利民主主义者孤注一掷的举动进一步抬高了复兴运动的道德地位。1858 年 1 月，不满现状的马志尼支持者菲利切·奥尔西尼（因写下出逃曼托瓦监狱的回忆录而闻名，这本书以惊世骇俗的"意大利的奥地利地牢"为标题发行了英语版本）[1] 试图暗杀拿破仑三世，希望皇帝之死能引发法国革命，进而点燃阿尔卑斯山的另一侧。皇帝乘坐马车前往巴黎歌剧院时（正巧去看《威廉·退尔》），车厢中被扔进了 3 枚强力

梨形手榴弹（"奥尔西尼炸弹"），共造成 8 人死亡，逾百人受伤，但拿破仑本人毫发无损，奥尔西尼利用随后的审判宣扬意大利自由事业，甚至写下一封激情澎湃的陈情书，恳求拿破仑三世放他回到意大利投身解放运动。奥尔西尼走向断头台时泰然自若的姿态广受尊敬。[2]

萨普里事件后，加富尔担心拿破仑三世（有理由）认为自己与叛乱者串通从而收回对皮埃蒙特的支持，但加富尔的一位密友在孚日山脉的普隆比耶尔（Plombières）温泉沐浴时得到了皇帝的绝对信任，拿破仑三世严肃地表示需要发动一场人民战争，以提高自己在国内以及法国在国际上的地位，目前只是在等待一个恰当的时机。加富尔听后大受鼓舞："皇帝是我们最好的朋友，是支持意大利事业的法国要人，是唯一真正对皮埃蒙特的提升有兴致的欧洲君主。与他同行，我们就能达成心愿。"[3] 但这份友谊代价高昂：皮埃蒙特的民主派受到了更严厉打击，宪法保障的自由被削弱。加富尔竭尽所能维持独立，但拿破仑三世在奥尔西尼刺杀事件后强硬表示，加富尔若不完全遵从法国的意愿，他将终止这份友谊，转而与奥地利结盟。加富尔感到走投无路，只得在之后数月中大量驱逐政治难民，同时限制新闻和陪审团自由。

1857 年印度民族大起义爆发后，英国将主要精力投入远东，拿破仑三世认为对奥宣战时机已到，在 1858 年晚春派遣私人医生至都灵，将其关于意大利的计划（将成为"拉丁民族"与日耳曼人争夺欧洲主权的大战的一部分）告知维克托·伊曼纽尔二世和加富尔，邀请加富尔到普隆比耶尔会谈。7 月 21 日，他们在乘坐敞篷马车穿越孚日乡村的漫长旅程中商定出半岛的未来规划。奥地利人将被逐出伦巴第与威尼西亚，意大利将成为教皇主持下的松散邦联，以法国的保护为后盾。维克托·伊曼纽尔二世将得到包括摩德纳和帕尔马在内的意大利北部，或许还加上罗马涅和马尔凯。托斯卡纳领土将得到扩张（统治者尚未决定），那不勒斯的斐迪南国王最好被吕西安·缪拉取代，教皇将仅仅保留罗马附近的一小块领土。至于挑起战争的借口，一个想法是在马萨和卡拉拉煽动起义，之后让叛军寻求皮埃蒙特的援助。都灵将拒绝请求，但在言辞上抨击奥地利的统治，以激发维也纳的反击，从而导致两国的争论，再使争论演变为冲突。[4]

法国能从这场战争中获取巨大利益，它将取代奥地利获得意大利的控制权，但拿破仑三世还希望国王的 15 岁女儿克洛蒂尔德与他的堂亲热罗姆·波拿巴结为夫妻。维克托·伊曼纽尔很难接受这场联姻，不仅因为克洛蒂尔德是个害羞而虔诚的小姑娘，更因为热罗姆已过中年，出了名地放荡淫乱。但加富尔最终说服了国王（"为达成神圣的目标，我们必须直面比小女孩的厌恶与宫廷的愤怒更危险的事情"）。[5]而最难解决的潜在问题是，拿破仑坚持要求将皮埃蒙特的两块重要领土——尼斯和萨伏依割让给法国。加富尔明白该协议不但违背宪法，更将引发民族主义者的强烈不满。尤其是尼斯，这里被广泛认可为意大利领土，是最著名的意大利爱国者加里波第的出生地。当法国与皮埃蒙特在 1859 年 1 月签订战争同盟协议时，加富尔必须确保与尼斯和萨伏依有关的条款完全保密。

制造与奥地利的冲突远没有加富尔想象中那么容易。随着皮埃蒙特迅速重整军备并加强孤立奥地利的外交举措，关于战争即将爆发的传言不断升级。1 月，维克托·伊曼纽尔在新的议会会议中发表了挑衅性的开场演说，谈到"痛苦的呐喊"从意大利另一边向他袭来。这个火药味十足的短语出自拿破仑，经加富尔及内阁成员的紧张推敲后予以采用，希望能使局势升温——结果远超预期。斯卡拉歌剧院的观众们高呼"威尔第（Verdi）万岁"——"威尔第"是"意大利国王维克托·伊曼纽尔"（Vittorio Emanuele Re D'Italia）名字的缩写，[6] 他们在贝利尼《诺玛》的演出过程中一跃而起，热情澎湃地高唱德鲁依合唱曲《战争，战争！》。[7] 加富尔需要制造这样一种政治氛围，即将奥地利表现为侵略者，皮埃蒙特则是无辜的受害者以及意大利权利与自由的和平捍卫者。该计划实施难度堪比杂技，需要一个天生赌徒的强悍神经与直觉（以及运气）。后来的意大利政治家也纷纷冒险效仿加富尔，以求实现推进复兴运动的宏愿。但在 1859 年初，国际社会却发视战争贩子是皮埃蒙特和法国，而非奥地利。

但凡意大利民众表现出些许战争热情，加富尔和拿破仑的处境都会好很多。而事实上，维克托·伊曼纽尔口中"痛苦的呐喊"只是一场哑剧，拉法里纳领导的意大利民族协会在 1858—1859 年冬天响应普隆比耶尔计划而发起的革命运动以失败告终。一个原因在于都灵发出的指示暧昧不清——加富尔与拉法里纳想要的是可用作对奥开战借口的可控起义，而不是可能被民主派劫持，并演变为人民解放战争的真刀真枪的血腥叛乱。这种情况下，与拉法里纳联系的意大利各秘密委员会皆不知如何行动，尤其是他们往往与流亡的马志尼派保持秘密往来，而那边又有一套截然不同的方案。[8] 平民百姓的无动于衷让拿破仑三世尤为失望，他对意大利人不满情绪的预估远超现实情况。没有了道德屏障，他越发像个毫无原则的危险侵略者，虎视眈眈地垂涎着法国以外的世界。更糟糕的是，他外交孤立奥地利的企图未能如愿，普鲁士很可能在法奥冲突中支持维也纳。面对众多不利因素，拿破仑三世在 3 月决定推迟战争。

加富尔闻讯勃然大怒。几天后，俄方提议召开和平解决奥地利问题的会议，英法皆表示赞同，更使加富尔暴跳如雷。他匆匆赶往巴黎试图扭转局势，但拿破仑三世已心灰意冷，无意挑起战事，其他外交家与政治家大多对加富尔十分反感，认为他带领皮埃蒙特将欧洲搅得一团糟。他绝望地回到都灵，几大强国在之后的两周里纷纷开展外交攻势促使皮埃蒙特与奥地利裁军，用英国外交大臣的话说，要阻止加富尔"威胁整个欧洲的暴力政策"。[9] 国际压力不断增加，加富尔的情绪波动也更加剧烈，最终在 4 月 19 日被迫同意裁军后，他宣称如今只能一枪崩了自己。他写信给侄子交代后事，随后将自己关在书房里焚烧私人书信，命令任何人不得入内。最后，似乎是他最密切的老友阻止了他的自杀企图。[10]

但他不知道奥地利已经做好了开战的准备。奥方虽然了解到拿破仑三世放弃支持皮埃蒙特，但也深信拿破仑早晚要拿奥地利开刀。同时，维也纳认为皮埃蒙特的屡次挑衅让奥地利在意大利威信无存，于是在 4 月 23 日向都灵下达最后通牒。这简直是绝佳时机。自从同意裁军后，加富尔瞬间成为英国自由派赞扬的对象，此时奥地利便成了恃强凌弱的侵略者。用马西莫·德·阿泽利奥的话说，这简直是天上掉下的馅饼，"百年一遇的超级彩票"。[11] 加富尔仿佛一下子飞上了云端。皮埃蒙特有三天时间应对，全军上下迅速整备，紧急指挥权全部交由国王掌管。加富尔担心英国出面斡旋会打消维也纳的意图，但他运气不错，最终得以在 4 月 26 日正式拒绝了在都灵等待的奥地利使节的最后通牒。他得意地向同僚们宣布："色子已经掷出去了；我们创造了历史，现在只需要坐下来吃晚饭。"[12]

历史的确已经注定，却并非像加富尔期待的那样。他最大的忧虑在于，若要确保法国不完全支配战后的和平谈判，意大利必须对战争做出足够的贡献。但皮埃蒙特军队只有6万名士兵，规模抵不上法军的一半，法军自然在5月末至6月肩负起波河谷地激战的重担。此外，曾在1848—1849年削弱皮埃蒙特军队的组织和结构问题在1859年再次浮现：他们仍旧没有伦巴第的完整地图和像样的战斗方案。但幸运之神依旧站在加富尔一方，奥军本可以在法军抵达前对皮埃蒙特施加多次致命打击，但奥地利指挥官在战争初期并未积极出战。皮埃蒙特军队在领导权方面也面临严重问题，维克托·伊曼纽尔二世坚持担任最高领袖，但他缺乏军事指挥经验（还迷恋过时的骑兵猛冲战略），而且刚愎自用，听不进去高级将领的意见，[13] 结果导致沟通低效，指挥层就战略争执不下，造成一系列重大战斗失误。例如，皮埃蒙特军队险些没能在6月4日按时赶到马真塔战役的战场，三个星期后，皮埃蒙特军队在其主导的圣马蒂诺战役中伤亡率远远超出正常范围。[14]

皮埃蒙特在战争中表现不佳，而同样让加富尔失望的是，战争中展露出的民族情感非常有限。从政治角度来看这非常尴尬，因为对欧洲其他国家而言，拿破仑三世进行干预的正当理由是将意大利人民从奥地利及其附庸国实施的具有压迫性和不得民心的统治中解放出来。4月27日，佛罗伦萨的街头的确爆发了示威游行（由来自都灵的80名警察伪装成公民发动），致使大公出逃；但即使当奥地利在马真塔被击败，皮埃蒙特占领米兰、摩德纳和帕尔马指日可待之时，拉法里纳与意大利民族协会向加富尔秘密承诺的大规模起义依旧毫无动静。即使在奥地利撤出博洛尼亚和安科纳之后，教皇国北部仍是一潭死水。加富尔在7月初向罗马涅的密友抱怨"至今看不到多少爱国主义的迹象"，"大众必须做点什么"，以显示对教皇统治的憎恨，从而解加富尔的燃眉之急。[15]而这位密友曾向他保证，当地人民有着与皮埃蒙特合并的强烈热情。

如同1848—1849年的对奥战争一样，部分问题在于人们普遍怀疑皮埃蒙特的主要目的是征服，而不是解放。许多伦巴第人对行进的皮埃蒙特军无动于衷，甚至表现出明显敌意，他们对这个野心勃勃的邻国怀有根深蒂固的不信任感（相反，法国人则受到米兰人的热情欢迎）。伦巴第-威尼西亚的意大利人军团在为奥军作战时表现十分英勇，这无疑也与古老的地区争端关系匪浅（加富尔曾希望有5万名意大利士兵叛离奥军，事实上少有人这样做）。[16]人们对皮埃蒙特动机的提防亦阻碍了志愿军的招募。战争爆发前的几个月里，数千名青年男子奔赴意大利西北部抗击奥军，但或许是出于政治原因，皮埃蒙特当局的态度不冷不热，最终只有3 500人加入加里波第指挥下的志愿军。直到拿破仑严厉道出"只有展现出作战能力，你们才能证明自己作为一个民族的价值"的狠话，加富尔才开始积极招募志愿军，但那时战争已走向尾声。卡尔·马克思指出，在1859年，整个意大利抗击奥地利的热情与志愿军规模甚至比不过1813年小国普鲁士对法作战的水平。[17]

6月24日，法国与皮埃蒙特在加尔达湖南部不远处的索尔费里诺（Solferino）取得重大胜利，战斗过程血腥而残暴。瑞士商人让·亨利·迪南（Jean Henri Dunant）碰巧经过，目睹了3万余死者与伤员在阳光的炙烤下伏卧战场的惨状，随后创办了红十字会。[18]但奥地利人尚有转圜之机，拿破仑三世眼见无法速战速决，决定推进和谈。加富尔密谋兼并托斯卡纳与罗马涅的意图让他心生警惕，同时他担心普鲁士很快就会参战支援奥地利。在国内，拿破仑三世还面临着天主教势力的反对。奥地利方面则担忧拉长战线会激发帝国内部的民族主义革命浪潮。8月11日，拿破仑与奥地利皇帝在比利亚弗兰卡（Villafranca）会面，确定将除摩德纳和帕尔马以外的伦巴第领土划归皮埃蒙特，建立意大利邦联，奥地利治下的意大利也是该邦联的成员。拿破仑决定放弃对尼斯与萨伏依的领土主张，但要求皮埃蒙特支付全部战争开销。维克托·伊曼纽尔二世事后才看到协议条款，而他表示同意。加富尔得知这可耻的协议后怒发冲冠，用尽所有恶毒之语辱骂国王。维克托·伊曼纽尔只是一言不发地坐着抽雪茄，加富尔则随即辞职。[19] 国王因为加富尔对其风流韵事的羞辱一直耿耿于怀，倒也乐于摆脱此人。

千人军

民主派在意大利北部战争的刺激下展开行动。人们普遍（也正确地）将拿破仑三世的军事干预视为牟利之举，认为他这样做不是为了推进统一事业，只是想取代奥地利在半岛的霸权。1859年7月，马志尼的忠诚追随者弗朗切斯科·克里斯皮从伦敦来到西西里，向潜在革命分子传授炸弹制作工艺，为10月4日即将爆发的叛乱做准备。[20] 加里波第仍在教皇国边境保留大规模志愿军，马志尼想说服他在同一时间进攻罗马。但加里波第不会违逆国王维克托·伊曼纽尔，国王又不会违逆拿破仑，拿破仑则显然不会同意马志尼的主张。西西里起义的准备工作仍在继续，但拉法里纳从都灵传来消息力劝起义者谨慎行事，计划最终取消。然而，农民兵团领袖已经意识到西西里岛可能爆发革命，在之后的几个月里欲与巴勒莫联合制订方案，囤积武器准备应战。弗朗切斯科·克里斯皮赶向都灵。

意大利中部的帕尔马、摩德纳、托斯卡纳和罗马涅皆在战时建立临时政府，并选举议会代表，代表们违抗法奥两国在比利亚弗兰卡商定的条款，要求并入皮埃蒙特。拿破仑三世不愿看到皮埃蒙特扩张至如此规模，但在帕默斯顿和约翰·罗素勋爵（罗素勋爵倾向于这种安排，因为这样可以遏制法国在半岛的影响力）领导的新辉格党政府上台后，法国皇帝提出的意大利邦联方案明显行不通了。拿破仑同意皮埃蒙特的兼并，但要求以尼斯和萨伏依作为补偿。加富尔于1月重新掌权，首要任务便是达成可行的领土划分协议。他选择的手段是以普选为基础的全民公投，简单操纵即可带来预期效果——1852年拿破仑便使用该手段被"选举"为皇帝。1860年11月至12月，意大利中部人民在精心设计的狂欢氛围中参加投票，锣鼓喧天，旗帜飞扬，地主亲自将农民送至现场。投票在公开场合举行，自然没有多少人敢投反对票。加富尔在选举前承诺各国将在合并后保有很大程度的地区自治权——他没有兑现——这个承诺或许帮他赢得了许多中产阶级保守人士的选票。[21]几周后，尼斯与萨伏依也通过相似的假公投被转交给法国。

同一时期，西西里的叛乱正在酝酿之中。这座岛屿几个月来始终处于狂热状态，煽动颠覆的传单与海报随处可见，恐怖行径与漫天谣言相互呼应。巴勒莫于4月初爆发起义，农民对土地与税收制度的积怨、当地派系争端，以及西西里中上层阶级对那不勒斯统治的普遍憎恨很快使动乱蔓延至全岛。4月10日，弗朗切斯科·克里斯皮的密友、重要的马志尼派流亡者罗萨利诺·皮洛携带一批手榴弹在墨西拿附近登陆，他留着异域风情的络腮胡与长发（国际革命的标志），一路向西。每经过一个城镇，他都大声宣布"从未打过败仗的"意大利最著名的军人朱塞佩·加里波第即将登陆西西里。[22]民众对此反响热烈：加里波第在南美洲、罗马共和国与

1859 年战争中取得的战绩，以及他仪表堂堂的外貌（许多印刷品与油画都将他描绘得形似耶稣）、不同寻常的朴素生活方式、率真的举止、无畏的精神，以及在战场上好似刀枪不入的气势都为他赢得了民众空前的痴迷。[23]

而事实上，加里波第并未同意登陆西西里。皮洛和克里斯皮曾在 2 月、3 月写信敦促他远征西西里岛以"拯救意大利事业"，但加里波第表示拒绝。[24] 显然，他们的策略是靠烘托期待氛围逼迫加里波第提供援助。3 月底时加富尔同意将加里波第家乡尼斯割让给拿破仑三世的消息显然激怒了这位杰出将领。加里波第尽管想做点令皮埃蒙特首相难堪的事（他一直怀疑这位首相不把意大利的利益放在心上），却一直按兵不动，直到西西里起义愈演愈烈，成功几乎已无悬念之时，他才慎重出击。克里斯皮等流亡者聚集在热那亚，在整个 4 月孜孜不倦地劝导加里波第领导远征，用刻意夸大其词的新闻报道或任何其他方式证明波旁王朝在西西里的统治必将终结。加里波第反复动摇后，直到 4 月底才做出决定（事实上，此时西西里岛各地起义已开始衰落）。[25] 5 月 6 日，仅 1 000 余名士兵乘坐蒸汽船从热那亚附近的夸尔托（Quarto）出发前往西西里。

加富尔进退两难。尽管加里波第的志愿军主要由马志尼派分子或曾经的马志尼派分子组成，但"千人军"（the Thousand）打出的旗号为"意大利与维克托·伊曼纽尔二世"。加富尔怎么可能公开反对由意大利最具声望的爱国者们领导的远征行动呢？尤其是他们宣称，远征目标是将意大利统一在皮埃蒙特国王的领导之下。但如果加里波第真的成功占领西西里，进而攻打亚平宁半岛的那不勒斯与罗马，不仅可能引发拿破仑三世的军事干涉（尽管英国可能会牵制法国），更重要的是皮埃蒙特（以及他自己）在民族问题上的主导权势必瓦解。加富尔在之后的 5 个月熬过了无数难眠之夜，他最怕看到加里波第在民众的欢呼声中胜利进军罗马卡匹托尔广场，以玻利瓦尔或华盛顿那样的形象广受国际赞誉。

表面上看，加里波第成功的可能性微乎其微，加富尔也竭尽所能制造阻碍。例如，他斩断了志愿军获得优质武器的渠道，千人军只得扛着拉法里纳（承认自己本可以提供更好的装备）提供的滑膛枪改装的生锈燧发枪，在缺乏弹药储备的情况下出征。但在加里波第出色领导力与绝佳运气的共同推动下，千人军安全登陆西西里西海岸的马尔萨拉，并在行军至卡拉塔菲米（Calatafimi）时击败了前来拦截的波旁部队。成功的消息为乡间步履维艰的起义注入了新活力，各地行政机关相继瓦解，政府官员与不得民心的地主遭到袭击和残杀。[26] 此前西西里民众大多不愿援助远征军，如今也受到胜利的鼓舞而支持叛乱。5 月末，起义军在三天激烈的巷战后占领巴勒莫，远征出人意料地成功在望。

加富尔必须阻止加里波第进一步行动。6 月初，他派拉法里纳前去巴勒莫张贴印有"我们要合并！"的海报。海报很快贴满了巴勒莫的各个角落，拉法里纳开始组织示威游行并向当地统治阶级施压，要求其迅速与皮埃蒙特结盟。[27] 西西里岛各地法律秩序的崩溃让许多有产阶级响应了拉法里纳的号召，他们希望皮埃蒙特尽快派遣正规军抵达西西里岛。与此同时，以巴勒莫贵族阶级为代表的西西里人普遍向往自治，尤其希望在皮埃蒙特的保护下，争取到满意的自治权。但加里波第及其首席政治顾问弗朗切斯科·克里斯皮坚决反对拉法里纳，他们明白一旦放弃西西里，就失去了进一步征服整个意大利的基础。7 月初，拉法里纳被驱逐离岛，在随后的一个月里加里波第顺利进军那不勒斯。

加富尔试图抢在加里波第之前策动那不勒斯叛乱，以争夺控制权，他派遣代理人处理必要事宜，命令甲板下藏有大量皮埃蒙特士兵的军舰停靠在岸边，等起义一打响立即登陆。然而糟糕的组织能力与都灵的猜忌导致计划流产。9月7日，加里波第在人民的欢欣鼓舞中，乘坐火车先于大部队抵达那不勒斯。他小心迎合当地民众，参加大教堂吟诵《感恩赞》的活动，拜访圣真纳罗礼拜堂，并在王宫的阳台上向前来恭迎的人群致意，宣告独裁的时代即将结束，高高竖起食指，做出象征意大利统一的姿势。[28] 这些"可耻"而"恶心"的行为让加富尔暴跳如雷，他将那不勒斯人辱骂为"一群没有脊梁的鸡"，认为他们性情"腐化"，"毫无反抗与战斗能力"。[29] 如今，为夺回主导权，他只有放手一搏，开始他政治生涯中最疯狂的一场豪赌：入侵教皇国。

　　他以阻止加里波第入侵罗马为借口，自称要在危险革命党人的枪炮之下把教皇拯救出来。此时马志尼、卡塔内奥等著名共和派的确正聚集在那不勒斯，这为加富尔的行动增加了说服力。他将自己的打算告知拿破仑三世并获得了拿破仑的批准，但前提是先在翁布里亚和马尔凯发起叛乱，以此使攻击教皇领地的行动看上去更像是为了解救教皇。可无论意大利民族协会如何努力，起义始终无法成形，皮埃蒙特军队被迫在毫无道德挡箭牌的情况下破坏国际法入侵教皇国。与此同时，加里波第与波旁军队在沃尔图诺河陷入苦战。随着维克托·伊曼纽尔二世率军南下，政治主导权明显向皮埃蒙特一方倾斜了。克里斯皮等民主派迅速召集代表大会制订南北统一方案，尽全力挽救局势。加里波第面对着巨大的兼并压力，最终在10月13日同意举行公投。一周后，那不勒斯和西西里选民前往投票点回答以下问题："（您）是否希望意大利以维克托·伊曼纽尔二

世及其后裔为立宪君主组成不可分割的整体？"1 734 117人选择
"是"，10 979人选择"否"。

　　击溃波旁军队后，加里波第率几千名士兵从英国志愿军搭建的
浮桥跨越沃尔图诺河，而后带领身着红衫的参谋部成员北上与维克
托·伊曼纽尔会合。两队人马在10月26日黎明相遇，当时皮埃
蒙特部队正向小镇泰阿诺（Teano）进发。高亢的呼喊声突然响彻
云霄，"国王！国王！"，《王家进行曲》的乐曲同时奏响。维克
托·伊曼纽尔身穿将军制服，骑着一匹深灰色斑纹的公马，军官与
侍从簇拥在旁。加里波第摘下帽子，但头上仍裹着丝质围巾，以保
护双耳免受深秋清晨的寒冷与潮湿的伤害。国王伸出手："我向你
致敬，亲爱的加里波第。你好吗？""我很好，陛下，您呢？""非
常不错！"加里波第随即转向他的士兵们，高喊："看啊，他是意
大利的国王！""国王万岁！"士兵们如此回应。两位统帅并排骑
行不久后分道扬镳。³⁰ 两周后，加里波第将全民公投结果送至那不
勒斯王宫大殿。翌日，他在意大利南部的统治正式终结（王家陆
军中尉拒绝了他在那不勒斯滞留一年的请求），回到家乡卡普雷拉
岛——撒丁岛北部的一座小岛屿。他被补偿了大量金银珠宝、名誉
头衔、豪华城堡甚至一艘私人蒸汽船。但他像真正的罗马共和主义
者那样拒绝领受这一切，只带着几包咖啡与糖、鳕鱼干和一包种子
乘坐"华盛顿号"离去。3月，议会通过法案宣布维克托·伊曼纽
尔二世为"意大利的国王，应上帝的旨意与民族的意志"。

　　除威尼托、特伦蒂诺、南蒂罗尔（South Tyrol），以及罗马城
及其毗邻领土以外，意大利成为统一王国。但这个新国家远非民
族意志的造物，甚至不能表达民族意志。若没有拿破仑三世的军
队、幸运的外交形势、加富尔和皮埃蒙特的野心、西西里农民的绝

望以及加里波第及其少数追随者的决心，统一根本不可能实现。从政治和文化角度来看，意大利复兴运动仅属于一小部分人，他们对民族的畅想往往来自文学与艺术的幻想世界，面对半岛四分五裂的现实，他们愿意暂时耽溺于幻想。而在一夜之间成了"意大利人"的 2 200 万人民中，绝大多数对此可谓无动于衷。"意大利"对许多人而言完全是个陌生的词。1860 年，一位法国人曾在那不勒斯的街头旁观人群欢呼"意大利万岁"，却听到一名男子向身边人困惑地发问："意大利是什么？"西西里人民更是普遍以为意大利（"La Talia"）是新任国王妻子的名字。[31]1860 年后，意大利统治者面对的主要挑战是如何使民众对"意大利"心生共鸣，即使他们的历史、教育与社会经济交流都没有为政治统一做好准备。

但当时人们常常谈及的"精神统一"实现起来必然比"物质统一"困难得多，需要一套作为指导样板的设想，供意大利民族制定自己的路线，不论这套设想是消极的还是积极的。这些设想大多构建于意大利复兴运动时期，几经变更与强化后进入新生国家的政治及文化生活中，主要内容包括：意大利拥有光辉灿烂的历史与尚未达成的世界使命，不能满足于仅成为"一个没有工业体系的扩大版比利时"；[32] 半岛人民必须摒弃其堕落腐朽的遗产，民族复兴要求意大利人彻底清除过去的罪恶与弱点，接受公民教育；分裂与失序是此前几百年意大利卑微处境的罪魁祸首，国家的未来将建立在内部凝聚力的基础上——尤其当跻身于国际冲突不可避免、大规模爱国军队必不可少的达尔文主义世界时，这种凝聚力对生存来说尤为重要；而欲达成稳固持久的统一，意大利人必须将一定程度的信仰与热情转移至世俗领域，从而塑造出马志尼与许多其他同时代意大利爱国者梦寐以求的信徒群体。

在 1860 年的狂热浪潮中，一位名叫卡洛·蒂瓦罗尼（Carlo Tivaroni）的威尼托年轻学生心怀意大利统一的炽热情怀。在抗击波旁王朝的最后阶段，他以志愿兵身份加入费拉拉的步兵（bersagliere）营，后来成为名噪一时的激进记者，并当选议会代表。他始终忠于民主派，尤其是伟大的英雄加里波第，但也认可温和派为维护统一做出的重要贡献。19 世纪八九十年代，他致力于记述法国大革命以来半岛上发生的重要事迹，几乎将意大利复兴运动描述为多方奇迹性协同的成果——相互竞争的势力竟实现了完美的（也是无意的）互补，最终实现了民族统一的目标。但蒂瓦罗尼与同许多相似出身的人一样，仅将物质统一视为复兴运动的一个阶段。1897 年，他在代表作的结尾写道：

> 达成物质统一后，须致力于实现精神统一，没有它，所谓的民族就不过是个体的集合，随时可能瓦解……精神统一是个严肃的议题，并非政府形式的问题……而是关乎本质，是现代国家的核心……当每个人都拥有统治阶级的道德意识，当爱国主义在乡间转播，当意大利各省都表现出相同的特性，到那时——也只有那时意大利才能满怀信心地向前看。否则，复兴运动终将是徒劳一场，除了显示意大利在心理上无法成为一个民族的事实，再无其他意义。[33]

第四章

散文，1861—1887

新的国家

我们已经参观了莫利塞省内的许多城镇……城镇！和猪舍差不了多少！……不知要花上多少年，才能将这些地方改善至我们熟悉的文明水平。没有公路，没有旅店，也没有医院——说实话，如今就连欧洲最落后地区都已拥有这些设施！……神赐予了此地人民怎样一个政府？该政府毫无正义与诚信可言——他们终日欺诈——像小孩一样懦弱……还有糟糕的宿怨。这些地方的仇敌相互残杀，不是普通的谋杀，而是屠宰……简言之，这片土地需要大破大立，或至少将居民遣送至非洲接受文明教化！

尼诺·比克肖，
从普利亚的圣塞韦罗写给妻子的信，1863 年

我们共同奋斗的目标是什么？是将意大利重塑为一个整体，一个民族。分裂的省市与相离的思想，究竟哪个更容易统一？在意大利，后者要比前者难得多。

马西莫·德·阿泽利奥，参议院发言，
1864 年 12 月 3 日

蓬泰兰多尔福，1861 年 8 月 14 日

　　那不勒斯东北部 60 千米处，有一座名为蓬泰兰多尔福（Pontelandolfo）的小城镇。在 1860 年 10 月 21 日公投并入新的意大利国家之前，蓬泰兰多尔福属于贝内文托公爵的领地，是深居两西西里王国内部的教皇国飞地，自中世纪起即在当地大主教的统治之下。小镇几乎与外界隔绝——在意大利中南部，无数领土都与蓬泰兰多尔福（常常被昵称为"蓬福"）面临相似的处境——海拔高度大约为 600 米，城墙外一侧是陡峭崖壁，下面是茂密的森林，北方高耸着马特斯山，南部崎岖多岩的山体一路向下通往沃尔图诺河。小镇中的 5 500 多位居民大多务农，许多是没有土地的农工，他们在黎明前携带农具赶往椴树广场，希望从富裕地主（galantuomini）的代理人那里分到一天的工作。这些地主保持与大众截然不同的光鲜仪表，身穿别致的燕尾服，头戴高顶礼帽，精心打理胡须（直到 1860 年都是那种牙刷形的胡子，而后则模仿维克托·伊曼纽尔蓄起了浮夸的八字胡），主宰着蓬泰兰多尔福政治经济的各个方面。[1]

　　相比之下，大多数蓬泰兰多尔福人过着艰难困苦的生活，尤其在 1806 年封建制度被废除后，大地主对公共土地的吞并更加肆无忌惮，人口压力导致当地资源严重匮乏，人均收入微薄：19 世纪上半叶，蓬泰兰多尔福的人口几乎增长了 80%，这在整个意大利南部相当普遍。[2] 在多岩的焦干土地上劳动 16 个小时仅能赚得 1/3 里拉，这点钱在购买一斤面包和少许蔬菜后就所剩无几。而一年中大概只有 100 天有活儿可干，贫农们若无法从自己的土地上收获农产品或靠养羊取奶补贴生计，就只能在野地里觅食——林间的野鸟、野兔、刺猬、野狼、野猪等相对充裕。其他时候，他们也会靠偷盗维生。

显而易见，许多家庭在温饱线上艰难挣扎，健康状态极差而且死亡率居高不下（1861 年全意大利的平均预期寿命刚刚达到 30 岁）[3]。因此，当地政府对土地与山羊征收的税款令人们深恶痛绝。[4]

但是，强烈的地方忠诚意识在一定程度上抵消了物质匮乏带来的愤怒，使得当地居民很难对更广阔的地理实体产生同等的归属感，尤其是"意大利"这个陌生而抽象的概念。蓬泰兰多尔福人熟悉本地的历史，每到丰收时节或佳节庆典，贫农诗人与说书人会通过歌曲与史诗将过去的记忆传播给众人。蓬泰兰多尔福的过去是一段不断遭受变幻莫测、充满敌意的外部世界侵扰的历史。据传说，上古时期的萨谟奈人为致敬赫拉克勒斯而建立了这座城镇，直到公元前 3 世纪罗马人派兵征伐为止，此地始终一派和平繁荣的幸福景象。在黑暗时代，一位名叫兰多尔福的伦巴第主教为小镇修建了一座桥，"蓬泰兰多尔福"（意为兰多尔福桥）的名字由此而来。但从此以后，破坏性攻击与自然灾害接踵而至——公元 862 年阿拉伯入侵者突袭小镇，1138 年诺曼人围城放火，1461 年阿拉贡人亦前来攻伐，1349 年、1456 年和 1688 年皆发生了灾难性的地震。到 1806 年，轮到法国人来烧杀抢掠了。因此，当加里波第在 1860 年 9 月率领部队抵达小镇时（皮埃蒙特人随之而来），当地人势必对这些解放者宣称的要开创一个富强、公正、自由的新时代的声明心存疑虑。

更糟糕的是，蓬泰兰多尔福农民与富裕地主的自有文化几乎无法得到新统治者的同情与理解。语言是最明显的阻碍：本地人的方言对外部世界来说完全是陌生的，驻守贝内文托省的士兵们很快就觉得自己好像身处国外，无论是在语言还是在情感层面。贫苦的农民普遍目不识丁，他们对外部世界的认识完全依赖于地主与教士的教导，以及前往周边的圣卢波、切雷托、瓜尔迪亚、坎波巴索等地赶集时听闻的只言片语。[5]暴力与谋杀是家常便饭，周边山区的匪帮与城镇居民（尤其是地主）保持着密切联系，这一切都让具有家国情怀的皮埃蒙特人与伦巴第人难以接受。这类勾结并非单纯是恐惧驱使的结果：富有的地主借助匪帮控制佃农与长工、守卫庄园，以及打击敌对者以取得钱财、食物和法律不能提供的保护，最后这一点是最重要的。

人们曾经期待宗教信仰能成为蓬泰兰多尔福人与皮埃蒙特人之间的情感纽带。但事实上，许多北方人根本瞧不起南方天主教对恶魔、预兆与神迹的迷信，也瞧不起南方天主教祈求丰收的祭典与非正统仪式、夸张的排场，以及令人费解的对古迹与主保圣人的崇拜。蓬泰兰多尔福的主保圣人是圣多纳托（San Donato），其惨遭破坏的手臂被保存在城镇外围小教堂的圣骨匣中；每年8月的第二个星期，全城居民会为其举行大规模的纪念庆典。当地大主教唐埃皮法尼奥·德·格雷戈里奥（Don Epifanio De Gregorio）或许也对本教区人民的异端宗教行为有所警觉与疑虑，他献给波旁国王的颂文《黑暗中的星辰，不朽的两西西里国王斐迪南二世》在1852年发表于那不勒斯，显示出他对圣职升迁的渴望。这位主教定然曾经希望摆脱这片偏远的乡村土地，任职于更加文明的教区。然而他有责任与教众共进退，最简单的方式即任人民沉浸在他们的愿望之中，无论这些愿望包含多少异教特征。他最好也对意大利农村盛行的巫术传统视而不见：教会官方常谴责女巫传播的魔法诅咒、辟邪物件与药水，但地方民众往往将其视为守护好运、避防恶魔之眼或者治愈疾病（在缺少医疗的情况下）的良方。[6]

1861年8月7日晚，一年一度的圣多纳托纪念庆典即将展开，约 40 名山匪骑马来到蓬泰兰多尔福城郊的小教堂,民众正聚在此处聆听晚祷。匪帮领袖科西莫·焦尔达诺(Cosimo Giordano)曾是一名效忠波旁王朝的士兵,去年秋天为躲避皮埃蒙特的追捕遁入山林。那一年,成千上万名旧秩序拥护者被关押进意大利北部的监狱,遭受残酷的折磨。[7]1860 年 12 月新政府征召 20 岁出头的年轻男性参军,焦尔达诺手下的山匪大多是些躲避或意外错过兵役的年轻人。政府军在年初寻遍意大利南方的城镇与村落,挨家挨户彻查逃兵役者。在巴西利卡塔的阿格罗迪拉特罗尼科和萨拉切诺堡,任何看上去在 20 岁至 25 岁之间的男子都被逮捕并被集体枪决。[8]

焦尔达诺等人(在装束上向 19 世纪初波旁时代的著名匪帮"魔鬼的兄弟"团伙致敬)得到了蓬泰兰多尔福农民的热情接纳。1860 年末以来,当地农民与政府的关系日益恶化,因为"意大利"不仅带来了义务兵役,还强征苛税,招致天主教廷的暴怒:1861 年 3 月,教皇公开谴责皮埃蒙特"暴力窃取"了他的领土,拒绝与加富尔继续展开和谈。与此同时,当地富裕地主如今个个戴上了三色帽章,束起了腰带,因为都灵政府不计前嫌,任命他们为地方议会代表。由此一来,地主自 1806 年非法侵占的公共土地更无望回到贫民手中。阿希莱·亚科贝利(Achille Iacobelli)是当地最富有的地主之一,其家族自 1799 年以来始终强烈反对任何自由主义运动,如今却摇身一变成为新省级政府的关键人物(同时在与临镇的长期土地纠纷案中获得了满意的解决方案)。[9]

焦尔达诺一行人的出现激励了蓬泰兰多尔福民众,他们集结了约 3 000 人,向市镇挺进,要求唐埃皮法尼奥在教堂为被废黜的波旁国王吟唱《感恩曲》。紧接着,民众洗劫了国民警卫队总部,将维克托·伊曼纽尔与加里波第的画像摔得粉碎,从国旗上撕掉萨伏依的徽章。他们还闯进市政厅销毁出生登记簿（为了增加征兵难度），扯掉阳台上的三色旗并将其焚毁，以波旁王朝的金百合旗取而代之。监犯得到释放，几个大地主的宅邸被洗劫一空，房子的主人们则在一天前仓皇逃离。收税员米开朗琪罗·佩鲁吉尼（Michelangelo Perugini）听人建议返回镇上，企图改称效忠波旁以躲过此劫（保住他的财产），结果却惨遭杀害，房屋被付之一炬。一名被民众视为皮埃蒙特"间谍"的男子躲在马厩的干草堆里，也被揪出来枪毙。暴动的民众在一天内解决了诸多深仇宿怨，当焦尔达诺带人在 8 月 7 日晚迅速撤离蓬泰兰多尔福时，这座偏远城镇已经成为新国家的一道恶疮。

事实上，若不是坎波巴索派出一支步兵小队前来探察劫匪的消息，局势本可以逐渐缓和。然而，这支部队轻率地违反命令进入了蓬泰兰多尔福，结果与全副武装的愤怒民众正面遭遇。士兵们在一处中世纪要塞外围躲避几日后，决定退回 5 千米外相对安全的圣卢波，却在穿过卡萨尔杜尼（Casalduni）附近的开阔乡间时遭到持枪农民的攻击，41 人丧生。[10] 此次袭击的最终负责人很难确定，但人们完全有理由相信其罪魁祸首是强势地主阿希莱·亚科贝利的佃农。在世界各地的动乱中，像亚科贝利这样操控当地民怨、两面逢源以谋求个人政治经济地位的精英人物屡见不鲜。他为民众暴动煽风点火，趁机击败敌手，自己则成为法律与秩序的守护者。事实上，正是亚科贝利添油加醋地将蓬泰兰多尔福描述为残暴杀戮的法外之地，将事件上报新任南部意大利军事及民事指挥官——皮埃蒙特将军恩里科·恰尔迪尼（Enrico Cialdini），敦促其一举歼灭这野蛮的"土匪老巢"，以儆效尤。[11]

恰尔迪尼接到报告后立刻召来下属军官卡洛·梅莱加里（Carlo

Melegari，当时正在享受晚间歌剧），命其即刻前往贝内文托，皮耶尔·埃莱奥诺洛·内格里（Pier Eleonoro Negri）上校将在那里等待会合，这位来自意大利东北部的铁血士兵去年曾为皮埃蒙特立下累累战功。他们一同挺进蓬泰兰多尔福和卡萨尔杜尼，将两座城镇打得"片甲不留"。8月13日夜间，梅莱加里和内格里率领500名步兵以及4个步兵连从贝内文托出发，破晓时分抵达目标附近。卡萨尔杜尼居民早已得到消息，梅莱加里的军队闯进了一座仅剩3人的空城。他们没有留下一个活口，就连卧病在床的居民也被枪毙。[12]蓬泰兰多尔福就没有这么幸运了，当内格里率步兵横行街道，砸破窗户四处扫射时，许多居民还在熟睡之中。士兵们得到命令，除妇女、儿童及病弱者以外格杀勿论，但为此前41名牺牲战士复仇的冲动使这场行动很快演变成狂热的无差别杀戮。主教唐埃皮法尼奥被普遍视为蓬泰兰多尔福暴乱的始作俑者，成为重点惩治对象，内格里下令首先将其逮捕并枪毙。我们无从知晓确切的结果：他可能死于清晨；可能试图逃跑，晚些时候被击毙；也有可能成功地逃过一劫。但无论如何，他从此销声匿迹。

军队的残暴行径持续了五六个小时，造成的伤害缺乏实际统计。有人估计遇难者人数在100到200之间，也有人估计更高，综合来看，大约400人当场死亡，另有几十人被捕，在随后几周中被处决。[13]内格里的士兵被鼓励任意劫掠，他们什么都没有放过，蓬泰兰多尔福很快沦为狂欢的地狱，房屋火光冲天，街头遍布死尸，醉醺醺的士兵到处搜刮金银珠宝，肆意强奸妇女。卡洛·马尔戈尔福（Carlo Margolfo）是一名应征入伍的步兵，来自伦巴第北部阿尔卑斯山脚下的小村落。蓬泰兰多尔福炙热的火光、濒死者的哀号与充裕的伙食最令他印象深刻：

我们进入城镇，马上就向教士与所有迎面而来的男人开火。士兵们开始抢劫财物，最后我们放火烧了整座城……那场景太过惨烈，灼热的空气炙烤得让人待不下去。那些可怜的鬼东西注定要跟着房子一起烧成灰烬，惨叫声真让人难以忍受。但在大火持续蔓延的同时，我们也得到了我们想要的一切——鸡肉、面包、美酒还有阉鸡。我们什么也不缺了。[14]

撤离令在中午下达，部队撤回了贝内文托。次日，内格里向省长报告："昨天早上，正义在蓬泰兰多尔福和卡萨尔杜尼降临。正义之火仍在燃烧。"[15]之后的几个月里，在 8 月 14 日的大屠杀中躲过一劫的居民都被抓捕，573 人接受审判，其中 146 人被判处终身监禁或苦役。匪帮领袖科西莫·焦尔达诺在当地地主与政客的帮助下逃离了正义的审判，在罗马暂居几年后，他靠假护照移民马赛，成了一家果蔬店的老板。内格里的军事仕途一路高升，在 1866 年对奥作战中升至少将。[16]蓬泰兰多尔福和卡萨尔杜尼基本被夷为平地，约 3 000 人流离失所。

蓬泰兰多尔福事件只是众多所谓"剿匪行动"中的一例，这些行动在国家统一之初便给数百万意大利人留下了创伤回忆。直到 20 世纪，南部内陆及西西里部分地区的人们还对 19 世纪 60 年代初的遭遇记忆犹新。这些回忆有时体现在对富裕地主及政府代表的愤怒之中，有时则助长了贫民那逆来顺受的宿命论心态。[17]发生在蓬泰兰多尔福的极为残忍的杀戮产生了广泛影响——尽管报道大多极为偏颇，一家都灵报纸称"我们的军队"遭到了"最凶恶的野蛮行径"的攻击，如今已恰当处置。[18]身为议员的米兰民主主义者朱塞佩·费拉里在事发后不久前往该镇，并将从幸存者口中听到的恐怖细节报告给议会（1973年，蓬泰兰多尔福鼓起勇气以他的名字命名了一条街道）。但这类披露被视为不爱国行为，被认为会对新生王国的国际地位造成潜在的破坏。当费拉拉指出意大利南部的局势已与"内战"无异时，他迎来了一顿怒斥：他被严厉提醒，南部的暴动仅仅源于"盗匪之乱"。[19]

出于政治原因，意大利的新统治者别无选择，只能将统一初年意大利南部的骚乱归咎于常规犯罪：除此之外，一个符合人民意愿，并在人民公投中获得压倒性支持的新政权又怎么会遭到其他反对呢？但仅从规模上看，南部动乱就不可能被如此轻易简化。到1864年，共有超过10万名士兵负责维持南部秩序，相当于意大利全部武装力量的一半。现场指挥官常常哀叹（正如在蓬泰兰多尔福表现的那样），他们很难在所谓"盗匪"与当地常有的与匪帮有联系者或犯下暴力行径的普通人之间划下清晰界限。更糟的是，民众的沉默如高墙般阻隔了士兵的信息来源，使之根本无法获悉反抗运动的可靠线索。恐惧只是一方面原因——农民往往害怕因与当局交谈而遭到报复——一份记述土匪农齐亚托·梅科拉（Nunziato Mecola）及其众多支持者进入阿布鲁齐小镇奥尔索尼亚的报告显示：

> 1861年1月4号清晨，梅科拉率领一群土匪仰首阔步开进奥尔索尼亚，迎接他们的是……4名大地主与举着圣尼科洛与圣母塑像的教士，身后跟着乐队……大约100名男子手持来福枪，超过200人携带手枪、刀具及各式农具……但最让人毛骨悚然的是那一群群淫乱放荡的女人竟也武装起来，背着麻袋，这预示着一场劫掠近在眼前。在广场聚集后，他们一同前往悬挂波旁国王及王后画像的圣尼科洛教堂，参加庄严的弥撒……[20]

此情此景让许多北方人认为，南方各省人民并不只是政治上稍有落后，而是全然属于另一种文明层次。早在统一前，过了罗马就是非洲的观念就已经较为普遍，但北方官员突然来到被吞并的南方，激起了强烈的反感。偏见与狭隘招致粗暴的评判，而粗暴的评判又加深了不理解的裂痕，使偏见持续滋长。1860年10月，罗马涅政治家路易吉·卡洛·法里尼（1862年成为意大利第四任首相）在出任那不勒斯总督时认识到了南方局势的严峻性。"可我的朋友，这是一片怎样的土地啊！"他在致加富尔的信中写道，"……野蛮不堪！这不是意大利！这简直是非洲：跟这里的农民比起来，贝都因人都称得上文明之花了。"[21] 那段时间里，一份份控诉南方人"野蛮"、"无知"、"道德沦丧"、"迷信"、"懒惰"与"懦弱"的报告几乎将加富尔淹没，他也自然得出结论，南方人"已经烂到了骨子里"。[22] 怀有这样贬低之意的不仅是北方人，流亡人士以皈依者的狂热做出了最尖刻的评判。1848年那不勒斯革命后从普利亚逃往都灵的朱塞佩·马萨里如今呼吁"皮埃蒙特开展大规模道德攻势"，清洗"肮脏不堪"的腐朽南方。[23]

这类歇斯底里的评论大多源于自私与恐惧：之所以说自私，是因为皮埃蒙特通过将南方描述为落后腐败之地，树立了在全国范围内推行其宪法、法律与行政体系（更不要说行政人员）的合法性；之所以说恐惧，是因为他们恐惧南方的动乱会如同瘟疫一般摧毁"统一不可分割"的意大利。这一时期的报告、演讲与通信中充斥着这类医学意象（之后几十年也是如此），常常将南部描述为需要紧急动手术治疗的"伤口"或"坏疽"，或者急需看医生的病人。[24] 马西莫·德·阿泽利奥把兼并那不勒斯视为与天花病患躺在一张床上（所以他一开始就反对兼并），法里尼则认为，尽管不可能将那不勒斯的"伤口在一夜之间清理干净",但至少不能让南部变成为害"全国的坏疽",造成"意大利的伦理崩坏"。[25]

但如果南部已病入膏肓、腐败不堪,又该怎样治疗呢?加富尔那坚信自由主义疗效的北欧式思想显然在 1861 年 6 月困扰着他,在去世之前,他要求给予南方自由而非军事管制("我将向他们展现,10 年的自由能为这片可爱土地带来怎样的财富。不出 20 年,这一带就能成为意大利最富有的省份")。[26] 面对这些观点,加里波第等民主人士表示,如果说南方人真的落后,那也是因为几百年的专制独裁。所以出路不在于更具压迫性的统治,而是耐心发展教育的自由政府。但意大利领导人自 1860 年末开始便被强烈的不安全感左右,上述观点因而显得幼稚而不切实际,尤其是在出现了南部暴动受到被废黜的波旁王室代理人(1861 年,一位名叫何塞·伯耶斯的西班牙军官以罗马前任国王的名义开始南方之行)与神职人员煽动的证据之后。[27] 另外,他们也害怕民主派趁机卷土重来,完成 1860 年那不彻底的人民革命。在这样的情势下,政府决定采取大范围武力镇压。

结束几个世纪的冲突与分裂,以和谐友爱为纽带创造新民族可谓统一运动时期最盛行的文化理念。但事实上,意大利却建立在遮天蔽日的鲜血与憎恶之中,何其讽刺。在某种程度上,问题源于梦想与现实,或者说诗歌与白话间的鸿沟。许多意大利人将在之后几十年里为此焦虑难安,尤其是那些受出身背景与家教影响而分外执着于完美理想的人——对他们而言,理想或许成了传统宗教的替代品。幻想的破灭往往能够轻易激起愤怒。年轻的民主主义者卡洛·涅沃(Carlo Nievo)出身意大利东北部,1860 夏天,他在强烈爱国使命感的驱使下加入加里波第的军队。但他行走在意大利南部脏脏的城镇与贫瘠的乡间时，几乎看不到一丝文明的痕迹，这简直令他不堪忍受。10月，他从那不勒斯北部的塞萨镇写信给兄弟伊波利托·涅埃沃（杰出的作家，曾在5月与加里波第的千人军一同航行）：

> 我昨天晚上来到这可怕的地方，根本不知道什么时候能离开……我必须待在这个城市——只不过勉强算得上个城市，不像之前去的那些南部城镇，光是走进去都让人疯狂作呕。忘了什么兼并和人民公投吧，我简直想放一把火从这儿烧到特龙托，把住里面的人全活活烧死才好，简直是个土匪民族！[28]

我们无法得知究竟有多少南部意大利人死于统一的最初几年，该数据至今仍会招致尖锐而高度情绪化的争论。那一时期，各政府对局势深感尴尬而且拒绝全面探讨此事，这是可以理解的。一向清醒自持的皮埃蒙特温和派昆蒂诺·塞拉（Quintino Sella）也私下承认，一场"真实的内战"已经打响。[29] 1862年，议会组建调查组专门调查匪患问题，但该小组几乎只关注南部的社会经济问题，不曾提到人们对新政治秩序的普遍抗拒。即便如此，其调查结果依然尽可能保密。另一个问题在于军队反感任何形式的民事干预，认为自己不对议会负责（宪法的确规定军队只向国王负责），导致蓬泰兰多尔福屠杀这类事件的规模与破坏程度并未得到调查。据官方数据估计，1861年6月至1865年12月的交战中约有5 200人被处决或击毙。但地方传闻和外国媒体报道等消息来源表明总数字远高于此，可能达到数万。最近的统计显示，约15万或更多的人民在这些年间丧生。[30] 这些数字并非过分夸张，正如蓬泰兰多尔福案例显示的那样——士兵们置身于满怀恶意的人群之中，于是反过来视人群为"土匪民族"。这类杀戮自然不在官方记录的范围内。

皮埃蒙特与意大利

在数百年的衰落后重新崛起曾是意大利复兴运动的中心思想，但大多爱国者都认识到了其中的悖论：意大利若不能恢复曾经的（所谓）美德，则很难赢得独立；然而若没有独立，又要从哪里获得美德呢？1848年至1849年的创伤经历使许多民主派认识到，意大利不太可能"成就自己"，他们不再相信民族起义，而是转向了外交、外国干涉与战争。1860年，加里波第在南方令人瞩目的成就为统一事业争取到了些许认可，但奥地利1859年在亚平宁半岛失势主要应当归功于皮埃蒙特与法国，而非全体意大利人。当加里波第在泰阿诺与维克托·伊曼纽尔握手并交出南方各省后，皮埃蒙特在1860年一举成了胜利玩家。但皮埃蒙特的成功带来了新难题：在达成物质统一之后（除威尼托、罗马和特伦蒂诺以外），"精神"统一要如何实现？既以皮埃蒙特人担任新统治者，又怎样才能将意大利从地理概念转变为"民族"概念？

19世纪六七十年代的意大利文化界泰斗、知名文学学者弗朗切斯科·德·桑克提斯对这些问题尤为警惕，他曾任加里波第的教育部长，又在1861—1881年历任四届意大利政府的教育大臣。德·桑克提斯1817年出生于那不勒斯东部的一个山区小镇，与许多同代人一样，他年轻时深受浪漫主义影响，尤其热衷于沃尔特·司各特的小说（"他对我们来说仿佛一个全新的世界"）。[31]由于支持自由主义和参与1848年革命，他于1850年至1853年被关押在波旁王朝的监狱，而后流亡至都灵与苏黎世，谋得了一份意大利文学教职。德·桑克提斯有着超脱尘世、落拓不羁的气质。他永远套着不合身的衣服，把雨伞到处乱丢，一头浓密的灰白头发，凌乱厚重的长胡须里探出一个雪茄头儿（他不厌其烦地重新点燃它）。他博学洽闻、德行高尚且胸怀坦荡，广受人们的爱戴。与马志尼一样，德·桑克提斯也任金丝雀在房间里自由飞翔（还给它们起了波利齐亚诺、薄伽丘之类的昵称，常常对它们讲话），却不像马志尼那样处处树敌。被问到为何在 1861 年任命其为教育大臣时，加富尔表示，因为德·桑克提斯是唯一一位意大利同胞们不会对其恶言相向的那不勒斯人。[32]

通过教育引导意大利人走上自由之路是德·桑克提斯的梦想，在他看来，自由无法简单依靠特定体制或司法管理取得，它是一种精神状态，是一套信仰、态度与实践，只能在耐心的智识与情感教育中培养起来。人们要学会尊敬法律，担起国家的责任，关心并尊重全体同胞，同时积极成熟地参与国家的政治生活。德·桑克提斯深受德意志浪漫主义者的影响，而德意志浪漫主义相信真正的自由需要自我的扩展，以及对更广大集体的自发认同，由此一来，个人、家庭或地方利益就会自愿让步于民族国家的重大需要。这意味着必须抛弃过去腐败的陋习，消解地方忠诚，成为精神上统一的意大利人。正如他在 1860 年游说家乡阿韦利诺的居民在公投中选择"是"时所说：

> 迄今为止，我们是什么呢？我们分裂为无数小国，无法自我防御，被法国人、西班牙人和德意志人肆意侵略，踩在脚下……我们将成为有着 2 600 万人口的民族国家，拥有共同的

语言、宗教、记忆、文化、学识与品性。我们将成为自己家园的主人。我们将能够带着罗马的骄傲宣称："我们是意大利人。"曾经对我们颐指气使的外国人也会承认："这是个伟大的种族。他们曾两度伟大，而经过几百年的压迫，我们以为意大利已彻底灭亡。但现在请看，他们是怎样重新抬起头颅，甚至比以往更加强大。"[33]

德·桑克提斯等人认为统一后的主要任务是"创造意大利人"，对于他们而言，这个新生的王国正滑向一个不详的开端。马志尼与大多民主派不曾认定一种理想的宪政及治理模式，但他们明确表示"意大利"必须代表整个民族国家，其各部分必须协同合作，必须明显区别于从前。在全国范围强行推行一个地区的体制，这是不能接受的。在 1860 年夏天意大利南部的革命中，加里波第向解放的城市推行皮埃蒙特法律与《宪章》，但这本质上只是一种应急措施与战术策略（为安抚加富尔与国际舆论）。在许多人的想象中，加里波第一旦成功夺取罗马，将召开全国大会共同决定宪法、法律法规、区域自治与地方政府等关键问题。然而加里波第没能攻下罗马。他将南方拱手让给维克托·伊曼纽尔，使皮埃蒙特在 1860 年秋天完全掌握了主动权。相比意大利统一事业，许多人始终怀疑皮埃蒙特更执着于自身的扩张野心，而皮埃蒙特的所作所为也丝毫没有消除这种疑虑。

这也不能全怪加富尔——意大利各地自由主义者的思想在 1860 年秋冬经历了重大转变。10 月公投之前，人们普遍认为新的意大利国家必将赋予地方较大的自治权；事实上，1860 年初夏，都灵就在加富尔的许可下成立了一个专项委员会，探讨近期扩张后的皮埃蒙特的权力下放计划。但到 1860 年底，意大利南部的骚乱愈演愈烈，农村社会濒临无政府状态，城市则不堪经济政治失序的重压。成群结队的失业工人、解散后的加里波第志愿兵、财产尽失的波旁官员、幻灭的民主派以及前政权的支持者纷纷涌上街头反对新政府，让加富尔及其盟友（许多是南部人士）意识到，权力分散无异于拆毁意大利刚刚筑成的新地基，使意大利分崩离析。[34] 西西里问题尤其让人头痛：一旦推行自治，这座岛屿古老的独立愿望不就又被点燃了吗？

但是，中央集权，以及皮埃蒙特的法律及制度的推行几乎没有经过事先协商，匆忙与不恤民情的做法严重破坏了地方的情绪与利益。诚然，皮埃蒙特是当时唯一拥有宪法的意大利国家，因此占据了一定的道德优势。但在其他方面——比如教育、地方治理与司法公正——伦巴第、托斯卡纳甚至两西西里王国都比皮埃蒙特做得更好。事实上，皮埃蒙特不久前还被视为全半岛思想最滞后的地区。在伦巴第，1859 年夏秋两季颁布的法令推动了很快被称为"皮埃蒙特化"的进程。在缺乏议会商讨的情况下，米兰商人们突然面对皮埃蒙特里拉与皮埃蒙特关税。律师们须遵照皮埃蒙特的法律和司法体系，教师们也被纳入皮埃蒙特教育系统，尽管奥地利教育系统的优势（尤其在初等教育阶段）广受认可。

在其他地区，"皮埃蒙特化"开始于 1860 年。该进程在 1861 年持续加速，到了秋季，皮埃蒙特的政治制度与行政体系几乎已被完整复制到意大利全境。时任首相贝蒂诺·里卡索利解释道：

> 此时此刻，最重要也最紧急的需要是……统一……意大利民族国家拥有一个普遍的，应该说绝对理性的愿望，那就是建

立起强势的中央政权，该政权能够在所有领域展开行动，并统一指导各地公共事务……[35]

这些话可谓虚伪至极，显示出意大利统治者有种危险的能力，那便是将抽象的、几乎柏拉图式的民族国家主张与人民的声音分离开来。因为在现实中，1861年底的意大利笼罩在对一切遵照皮埃蒙特标准的愤怒中，一位民主派领袖称这种标准为皮埃蒙特的"约束衣"。[36]在意大利南部，强制推行的兵役制度造成了严重问题，尤其是在此前没有征兵历史的西西里，问题最为严重。与此同时，曾经依靠波旁的保护性关税而生的工厂作坊在皮埃蒙特关税制度的打击下纷纷倒闭，成千上万人失去了工作。

但在某些方面，比统一和集权的驱动力更具破坏性的（而随着国内的混乱和不满情绪的滋长，政府感到须从都灵加强管控力，极易造成恶性循环），是一些形式上的"皮埃蒙特化"，人们很难将其归结为政治需要。首先是1861年召开的第一届意大利议会。会议在都灵的卡里尼亚诺府召开，会场是一座匆忙盖起的小房子，里面摆放了500个木椅（其中空出57个给未来的威尼托和罗马代表）。[37]这场会议被正式命名为第八次立法大会，表明其与1848年5月的皮埃蒙特立法会议一脉相承。国王称号的确定也丝毫不顾其他地区的意见。许多民主派人士尤其认为，维克托·伊曼纽尔二世应该自建国之初改变其称号，表明"意大利"与撒丁王国的区别。弗朗切斯科·克里斯皮希望将其正式称谓定为"维克托·伊曼纽尔，意大利国王"，并指出"查理曼、拿破仑以及所有新王朝建立者"在签署法令时都只写一个名字。[38]但议会恭顺地屈从于国王的愿望，保留了维克托·伊曼纽尔二世的名号。在许多人（当然是非皮埃蒙特人）看来，官方文件上国王称号前的礼仪套话同样不可忍受："蒙上帝的恩典与民族（国家）的意愿，意大利国王"，前半句"蒙上帝的恩典"与后半句根本水火不容，同时动摇了公投的法律地位。此外，"意大利国王"的说法早已过时，"意大利人民的国王"才更加符合现代的自由主义理念。维克托·伊曼纽尔显然不愿改变其王朝的专制传统，所作所为皆显示出他仅将意大利视为自己征服的土地，这坐实了人们的猜疑。

事实上，这位君王在统一后最初的 10 年里，几乎没有像德·桑克提斯等人希望的那样与民族国家站在一起，促进人民大众对"意大利"的认同。维克托·伊曼纽尔一次又一次表明，他希望民族国家来认同他，而不是相反。他绝不改变自己的生活方式，像以前一样整日在皮埃蒙特的阿尔卑斯山谷中打猎，或者与体态丰盈的情妇罗萨·韦塞尔拉娜（Rosa Vercellana）调情厮混。他从不花时间学习政治或出门体察民情——某种程度上这也是好事，因为他经常因不耐烦和不善言辞而惹人反感，有时甚至会招致嘲笑——他曾在雨中用鞋油染白发，结果弄脏了衣领和衬衫。时机合适时，他粗俗古怪的行为倒能赢得部分民众的爱戴，其中发挥作用的还有两则传闻：一是其傲人的性能力（他是"全国之父"的玩笑也随之产生），二是国王其实是屠夫的儿子，婴儿时期和真正的继承人被人调了包。[39] 但在短期内，大多数意大利人，特别是南方人对他没有什么好感：蓬泰兰多尔福农民不辞辛苦地撕掉意大利国旗上的萨伏依徽章，这表明在统一之后，他们的愤怒很大程度上针对的是这位僭位的君主。马西莫·德·阿泽利奥为他起的绰号"il re galantuomo"更是火上浇油：在北方，galantuomo 象征着正直的绅士，但在南方，它基本是被人唾弃的地主阶级的同义词。[40]

1861 年，最受欢迎的民族英雄加里波第身处远方。只要维克托·伊曼纽尔和加富尔敞开心怀，认可加里波第及其追随者为民族统一做出的卓越贡献，新国家的开端本可更加稳固。但 1860 年夏秋的事件显示，都灵政府将南部志愿军视为亟待消除的一大威胁；加里波第正因为深得民心，被政府当作敌手而非盟友，一有机会就会被推至政治舞台的边缘。不过，维克托·伊曼纽尔和加富尔之所以对加里波第心怀警惕，也不全然因为他受到人民爱戴。另一个原因在于加里波第已被意大利南部赋予神性，狂喜的人群在他面前跪地膜拜，争相触碰他的衣物与马镫，或亲吻他的双手。在民间颂歌中，他的名字常被与大天使米迦勒或耶稣基督相提并论，人们抱着孩子蜂拥而至，希望得到他的祝福甚至洗礼。[41] 狂热的盛景甚至蔓延至意大利以外，1860 年夏天，英国出现了无数颂扬加里波第英雄业绩的小册子、诗歌和书籍。公众为其公开募捐，全英境内的志愿者纷纷前往助力——包括格拉斯哥和伦敦的工人阶级团体，他们以不服管教、酗酒无度闻名，差点意外枪杀了维克托·伊曼纽尔。[42] 而在其他国家，加里波第也很快成为在世的传奇：伟大的俄国无政府主义者巴枯宁曾从西伯利亚农民口中听到"加里波尔多夫"会来解放他们的言论。[43]

维克托·伊曼纽尔和加富尔对加里波第及志愿军的忘恩负义与敌视，使许多最忠诚的爱国者与他们二人疏远，并且对新意大利产生了隔阂，消极革命的神话久久不散。建国伊始，意大利大众热情的淋巴就被切除了。为与人民建立联系，使民族焕发新的生机，就必须再次进军罗马。马志尼对 1860 年的结局尤为失望。在他看来，这一切代表着皮埃蒙特假公济私，代表着物质主义与武力战胜了信仰："我曾想唤起意大利的灵魂；但如今在我眼前的，是一具尸体。"他回到伦敦，继续为新的革命计划奔走，以夺取罗马和威尼托为目标。他承认加富尔是一位卓越的政治家，却遗憾其"马基雅弗利式的权谋算计"阻碍了国家的精神重建，极易将腐败的遗产延续下去。[44] 许多英格兰人持相似的看法。乔治·梅瑞狄斯（George Meredith）在 1866 年出版的小说《维多利亚》（Vittoria）中为马志尼及其观点辩护，乔治·艾略特亦在《罗慕拉》（Romola，1863 年）中写下了关于意大利双重灵魂的绝妙寓言——马基雅弗利式与严守道德式——并以一场暗示意味十足的演讲结尾，直指这个新民族国家的未来（"罗慕拉妈妈，我将成为什么？"）。[45] 艾略特在文中强调摒弃享乐与利己主义，选择通往真正美德之路的重要性。马志尼读后非常喜爱。[46]

许多其他重要民主派人士或同马志尼一道反对统一后的意大利，或从此不干预政治，或在意大利南部密谋抵抗新王国。但也有一些人感到有责任从国家内部做出改变，弗朗切斯科·克里斯皮是其中之一。纵使面对政府内部的众多反对，克里斯皮依然于 1861 年 1 月当选为故乡西西里某选区的议会代表。克里斯皮流亡海外逾 10 年之久，曾不顾生命安危投身意大利民主事业，但这不妨碍加富尔在 1860 年夏天将其列为加里波第身边最危险的"红色共和派"以及"社会主义煽动者"，需要"被扔进大海"。[47] 维克托·伊曼纽尔还说过更不客气的话，11 月两人在那不勒斯附近相见，国王拒绝与这位未来的首相握手。克里斯皮从未忘记这次怠慢。当克里斯皮以议员的身份来到都灵时，加富尔也不肯直视他。

这种冷酷无情的狭隘态度，也波及曾在意大利南部作战的部队。在 1860 年至 1861 年，北部和中部被吞并领土的常备军团被热情纳入了皮埃蒙特军，但相比之下，那些曾在波旁王朝或教皇麾下服役的士兵却面对严重的猜忌怀疑与截然不同的待遇。上万人沦为囚犯，被发配至监禁他们的岛上或伦巴第与皮埃蒙特的堡垒营（其中一个在阿尔卑斯山的高峰之上）。许多人在监禁中死于疾病、饥饿与寒冷，具体人数不得而知。军官们普遍待遇较好，最终有2 000多名被意大利军队征用——虽然并非出于对融合的渴望，主要是为了夺走南部叛乱民众的潜在领袖。而一旦进入军队，他们的日子就不好过了，由皮埃蒙特人全盘控制的军队体制高度歧视南方士兵，在未来许多年里，皮埃蒙特人始终垄断着意大利军队的上层职位。战争大臣对议会解释说，南方由于文化道德落后太久，不可能有好士兵。[48]

加里波第的志愿军甚至遭到了更加严重的猜疑。的确，南方部队可谓东拼西凑而成，记录在册的5 000名士兵大多只图一份工作，或欲赚取一点可供吹嘘的军事（或爱国）履历。部队管理上也有诸多不规范之处，常有士兵同时在多个军团登记以诈取多份津贴（我们无从得知军队腐败的全貌，因为担任高级行政官的作家伊波利托·涅沃在1861年3月神秘溺水而亡，一并带走了所有的账簿）。但从政治层面来看，1861年1月加富尔关于清算南部军队的决定以及他不愿将南部军官收编进意大利军队的态度非常冷酷无情，触怒了志愿军前统帅西尔托里（Sirtori）将军。那年3月，西尔托里在议会上厉声指控皮埃蒙特人以敌人的姿态南下，"为了攻击我们这些意大利人！"[49]这还不是最糟的后果。4月13日，加里波第身穿红衫与斗篷现身众议院。在讨论如何弥合国内分裂局势时，他控诉政府触发了一场"自相残杀的战争"，现场顿时陷入混乱，会议被迫中止。无论国王如何努力从中调停，加里波第与加富尔仍拒绝握手言和。几天后，克里斯皮在致友人信中提到，他决定记述1860年的革命历史，书名定为：《内战》。[50]

议会

全新的意大利王国实行议会君主制。当加富尔在 1860 年 12 月决定举行选举时，他相信自己能获得多数支持。现实没有让他失望。皮埃蒙特的选举法很快推行至全意大利，根据规定，只有每年上缴 40 里拉税款或拥有大学文凭（或职业资格证）的公民有权投票。最终只有 42 万意大利人拥有选举权，也就是说 25 岁及以上的男性只有十分之一获得了选举权（在英国，这一比例约为五分之一）。限制选举权的做法更多是为确保国家的治理者具备足够的教育基础与经济实力，能够做出理智而独立的政治判断，而非仅仅是为了捍卫"财产"。然而实际上，许多选民——尤其是来自蓬泰兰多尔福之类小村落的民众——会在法律和秩序受到威胁或崩溃时近乎本能地选择支持政府，1861 年初尤为如此。最终，第一届全国选举在 1861 年 1 月底 2 月初举行，返回议会的 443 名议员中，超过 300 名是加富尔的支持者。

与大部分同胞不同，加富尔曾调查了解过其他国家的议会制度，因而不费吹灰之力地掌控了议会。其部分原因是 19 世纪 50 年代加富尔在皮埃蒙特的统领地位，许多新人议员选择毫不犹豫地支持他，朱塞佩·威尔第正是其追随者之一，这位作曲家对英雄人物怀抱不加批判的浪漫景仰，曾成为皮埃蒙特首相（"我们民族的普罗米修斯"）、马志尼、加里波第、拿破仑与克里斯皮的坚定支持者。[51] 1861 年 1 月，加富尔请威尔第竞选其家乡布塞托（Busseto）的议员，他欣然同意，希望尽其所能帮助"这个长期饱受分裂与内部纷争的国家"。[52] 而一经被选入卡里尼亚诺府，威尔第立刻感到无所适从，孩子一般依赖着加富尔的支持。正如他在 1861 年对朋友所说："只要加富尔仍在世，我就完全跟随他在议会中的一举一动，支持他所支持的，反对他所反对的。因为我可以肯定，跟着他不会有错。"[53]

对于以音乐为本业的威尔第而言，亦步亦趋地扮演加富尔的追随者（他很快就完全不出席议会了）或许是可以原谅的（他的身份亦越来越转向一位经营庄园的乡绅，与当地议会争执不休）。[54] 但这也揭示出意大利面临的更普遍问题：除皮埃蒙特以外，整个意大利极度缺乏议会制经验，对于国家政治如何在此体制下运作不甚明了。更令人忧虑的是，在 1861 年的选举中，有资格投票的人中只有 57% 实际参加了选举。这意味着，在许多地区，议员仅得到了几百甚至几十张选票，却代表着 5 万居民出席议会（威尔第得到 339 张选票）。部分弃权源自意识形态上的异见，这本已糟糕透顶——入侵教皇国的行动与政府反宗教的立场激怒了天主教徒，而被推翻的统治者亦有其忠实追随者——但很多时候，大多数民众对新政权的漠视与怀疑才是本质原因。[55]

事实上，意大利议会并不拥有英国议会那样的光辉地位。即使在 19 世纪 50 年代的都灵，这一体制也被普遍认为有损君主制威望，同时与皮埃蒙特传统格格不入，因而招致强烈敌意。诚然，萨伏依与皮埃蒙特早在中世纪便产生了议会机构（一位学者在 1829 年指出此事，其作品很快遭审查机关查禁）。但作为皮埃蒙特建国之父的埃马努埃莱·菲利贝托（Emanuele Filiberto）与维托里奥·阿梅迪奥二世（Vittorio Amedeo II）皆以加强集权、削弱议会权力闻名。[56] 在意大利其他地区，还存在一些关于中世纪公民大会与议会的零碎记忆，而西西里岛则是唯一将这些记忆凝结成严肃历史传统的地方，从诺曼人时代到 1848—1849 年，议会被认为是西西里从外国（通常是那不勒斯）统治下争取独立的关键因素。

意大利代议制政府面对的另一个主要问题是，议会从来不是"民族"呼声中的重要成分。在争取统一与独立的过程中，挣脱外国压迫始终是第一要务，而个人牺牲、教育、团结、密谋、叛乱与战争都可以作为手段，唯独无人将"议会制"看作争取自由的手段之一。莱尼亚诺之战、西西里晚祷事件、巴列塔决斗、佛罗伦萨之围等关键历史事件营造的爱国主义神话中亦没有为公民大会或集体决策留出空间：本能的个人英雄主义与行动才是焦点。即使在1848—1860年的事件中，皮埃蒙特议会的微薄力量也为维克托·伊曼纽尔、拿破仑三世与加里波第的军事行动，以及加富尔的秘密外交，还有行政机关（负责重要的宪法安排，包括《宪章》与1859年秋季颁发的法令，这些法令确立了全新意大利国家的基本行政和法律架构）的运作所掩盖。

　　议会之所以没有出现在民族神话中，一个重要原因是人们容易将其与不和谐、分裂和软弱联系起来。协商会议曾广泛出现在中世纪的市镇，这类机制在保障了较大程度民主的同时，却无力遏制（事实上可以说是鼓励）宗派主义，正是这种宗派斗争最终使城邦国家难以为继，沦为外国侵略者的猎物。伟大的"爱国主义"诗人但丁正是因为希望终结佛罗伦萨与其他意大利共和国的内部斗争，所以才试图呼唤一个粉碎混战各方、确立统一与秩序的全能帝王。团结一致是意大利复兴运动爱国者的至高理想，因此不出所料，他们往往怀疑议会能否为统一的意大利提供合适的领导。著名诗人、前马志尼主义者乔苏埃·卡尔杜齐曾在1876年写诗庆祝莱尼亚诺战役700周年，诗中提出了代表大会的理想运作范例——必须协调一致，不得相互对立。这首名为《议会》(Il Parlamento)的诗作以一场米兰召开的会议为主题，会议就是否向腓特烈一世开战展开讨论。几年前，这位德意志皇帝彻底摧毁了米兰城。如今，阿尔贝托·达·朱萨诺（Alberto da Giussano）骑士站在荆棘丛生的断壁残垣中，让人们回想起外国侵略者曾带来的剧烈羞辱与痛苦。议会对他的演讲回以真切而明确的表态："整个议会沉浸在剧烈的震颤之中，好像凶猛的野兽。"妇女们也从四面八方伸出双手，向男人们恳求呼喊："杀了巴巴罗萨！"[57]

议会问题还触动了另一根敏感的神经，那就是意大利的文艺风尚对民族特性造成的影响。弗朗切斯科·德·桑克提斯和其他评论家曾分析文艺复兴时期意大利的衰败之势，提醒人们注意人文主义文学的腐蚀作用，它重风格轻实质，重修辞轻真相。他们认为意大利人从此变成了雄辩的演说家与语言大师，擅长辞藻华丽的演讲与精巧工整的十四行诗，却导致了被动与怀疑主义的危险倾向——在1494年后这导致了致命后果。德·桑克提斯指出，修辞的发展致使思想与行动分离，从而制造出"无感受的思想、无作为的感受，成为意大利种族的特性与耻辱"。[58]他反复强调，意大利人必须学会将思想和行动统一起来，从而焕发出当年激励阿尔贝托·达·朱萨诺和米兰人民战胜德意志时的热血激情。而意大利议会不可避免地抬高了演讲与辩论的重要性，因此自建立之初便引发了上述爱国焦虑，被贬斥为软弱无力、效率不足。早在1862年，一位重要民主派人士便出版了一部都灵新议员钢笔画像集，题为《卡里尼亚诺府的濒死之人》（*The Moribund Men of Palazzo Carignano*）。[59]

此外，议会体系建立之初还面临这样一个终极问题：如果"意大利人"正像人们普遍认为的那样尚有待创造，那么怎么能指望一个本质上代表民众的机构去弥补国家的缺陷呢？议会难道不是仅仅映照出民众的现状吗？这个问题将自19世纪70年代起越发受人关注，但在 60 年代，议员们就已经按地区抱团结盟，将议会当作为老乡和朋友争取工作、补贴和合同的工具，令人警觉。讽刺的是，有产阶级之所以较少对僵化的中央集权表示反对，其中一个原因就是他们在议会中看到了保障地方利益的途径——尽管《宪章》第四十一条明确规定，议员代表"整个国家"而非其选区与选民。更加讽刺的是，为培养无私的"民族"精神，当局明确反对组建政党——"政党"仍带有非常负面的宗派主义意味——议员们本能的地区忠诚意识却因此在议会中浮现出来并得到了充分表达的自由。[60]

对于那些希望议会成为民族教育重要源泉的爱国者而言，一切都令人沮丧不已。德·桑克提斯如今坚信，必须克服对政党的反感情绪，像英国一样形成左派和右派两个强大集团（目前，"左"和"右"标签的使用十分随意，无法与议会中的集团对应）。每个集团应有明确和独特的国家计划，由其议员与大臣坚持贯彻执行。这样一来，政治家（包括支持他的选民）将开始考虑为"意大利"利益而战的"重大政治斗争"，停止目前困扰议会的"肮脏的个人争论和琐碎矛盾"。正如他在 1864 年所言：

> 今天，意大利人透过各自省区的棱镜看待意大利。所以不能想着仅仅喊喊"意大利万岁"就算把意大利建成了。所有人心里都留有一些过去的东西、记忆和传统，我看得清清楚楚。我们每一个人，虽然都是意大利人，却在某种程度上觉得自己是那不勒斯人、伦巴第人或者托斯卡纳人。

过去的遗产究竟能否抹去呢？他提出疑问："这是我们的任务，路漫漫其修远兮！"（Hoc opus, hic labor.）[61]

通向罗马之路，1861—1870

12 月 30 日晚，［维克托·伊曼纽尔］抵达罗马……太伟大了，没有哪个罗马皇帝曾以如此简单的方式登场！……看到他的身影，整座城市热情欢腾，用千百种不同方式表达自己的热情与感激。市议会与国民警卫队的军官们前来致谢，他发表了如下宣言……坦诚而动人，这些语句充分展现了他的灵魂："我们终于到达罗马，正如我梦寐以求的那样。任何人都不能再将它夺走。"

I. 吉龙，《意大利第一位国王》

（ *Il primo re d'Italia* ），传记，1878 年

如此重大的事件却遭遇了史无前例的冷漠。国王在傍晚抵达，却几乎无人到站外迎接。围过来的都是些穷苦的可怜人，没有一个体面的公民……当国王在奎里纳尔宫的中庭步下马车，他就像一个舟车劳顿的旅行者一般用皮埃蒙特语对拉马尔莫拉小声嘀咕："总算到了。"

A. 奥里亚尼，《意大利的政治斗争》

（ *Lotta politica in Italia* ），目击记录，1892 年

阿斯普罗蒙特

罗马并没有在 1860 年被攻下：加里波第及其追随者——无疑有马志尼的参与——在卡匹托尔广场上庆功的可怕前景以及法国干预的风险让加富尔认为，这座城市还是应该留在教皇手中。然而在过去 20 年间，罗马的归属始终居于民族问题的中心，在焦贝尔蒂与马志尼的鼓吹下成为复兴与统一的强大标志。历经 1860 年的波澜壮阔，爱国主义热情达到了全新高度，一个不属于"意大利"的"永恒之城"简直无法想象。最重要的是，一旦放弃罗马，温和派与民主派势必分道扬镳。所以当议会在 1861 年 3 月讨论该议题时，加富尔起身宣布罗马出于"重大精神原因"必须成为意大利首都，因为它是唯一一个重要性不仅仅限于地理上的城市，其记忆也不"专属于地方"。作为回报，新成立的王国将像一个自由主义国家那样，保证教皇的精神使命："我们准备在意大利宣布一项伟大的原则：在自由的国家里建立自由的教会。"[1]

教皇庇护九世不能接受这样的解决方案，而法国天主教徒对教皇国发生的一切——马尔凯和翁布里亚皆被吞并，教会只剩下拉齐奥——怒不可遏，导致拿破仑三世亦拒绝这项安排。因此，大批法军继续驻守罗马，意大利政府被迫推迟占领罗马城计划，等待合适的时机。不过，并非所有人都认为罗马应成为意大利首都。马西莫·德·阿泽利奥认为，一个"为 2 500 年现实暴力与历任政府向世界施加的精神压迫所污染"的城市，对现代自由主义国家而言是个糟糕的选择。[2] 作为一个温文尔雅的艺术家兼作家，他自然而然地偏好佛罗伦萨。德·阿泽利奥的岳父亚历山德罗·曼佐尼也对罗马唤起的辉煌与血腥颇为反感，尽管他后来出于政治考量接受以罗马为首都,但自己却从未想过踏上那片土地。[3]那不勒斯的重要温和派人士鲁杰罗·邦吉(Ruggero Bonghi)认为,罗马"醉人的微风"将不可避免地飘至整个意大利,而这个新国家最好忘记过去,集中精力解决目前面临的实际问题。[4]出于以上原因,有些人建议意大利效仿美国,从无到有建立一个新首都,例如在半岛中心的翁布里亚,完全挣脱历史记忆的沉重枷锁。[5]

　　但持这样观点的只有少数人,即使那些对"永恒之城"的过去不为所动的人,也难免畅想它未来的改变。马志尼关于具有普世使命的"第三罗马"的愿景激起的共鸣已超出了民主派的圈子,其中包括许多让人意想不到的人物。皮埃蒙特羊毛制造商和经济学家昆蒂诺·塞拉曾在19世纪六七十年代担任财政大臣,长期与国家的巨额债务顽强搏斗。这样一个平日里与修辞或诗歌绝缘的人物却也坦言,当他听到有关罗马的言论时,一把老骨头都"战栗起来"。[6]他梦想将新首都打造成一个伟大的国际科学中心——在胜利废止教皇世俗权力后举起实证与进步的旗帜——建立完备的学院和学校,物理、化学和生物研究所,植物园与艺术中心。从此,罗马将成为不可撼动的民族精神与物质方面的象征,将意大利人团结在一个共同的目标中,"抵御无知、偏见与错误,为真理而奋斗",从而激发出"像保家卫国的岁月里那般的团结一致"。[7]

　　加里波第怀有相似的世俗愿景,他也认为夺取罗马,将其提升为一个伟大的现代首都是意大利实现精神统一的必要条件。自1861年4月与加富尔在众议院交锋后,加里波第认为意大利复兴事业遭到了皮埃蒙特首相机会主义行径的背叛,他返回卡普雷拉岛,决定尽快找机会恢复进军罗马。在前一年诗意的英雄壮举后,如今回归现代辛辛纳图斯式的生活——捕鱼、耕作、筑墙、读书——虽然时常有游客慕名乘船前来求取"两个世界的英雄"的一缕头发或其他纪念品，加里波第获得的满足感必然十分微弱。他一度考虑接受美国政府的邀请，在南北战争中担任北方军的将军（"在意大利的华盛顿手下战斗，千千万万美国公民将深感荣耀"），[8] 但他的条件是亲任总司令且林肯总统宣布彻底废除奴隶制，这显然不太可能。事实上，他始终心系意大利局势。

1861 年末，加里波第和他的民主派友人希望利用意大利南部日益严重的乱势为重新进军罗马打下基础。各色政治协会开始在全国各地涌现，以动员公众舆论，为加里波第提供一个新借口，同时希望——这也很关键——迫使政府在国际社会的监督下减少干预，让"人民的意志"大行其道。1862 年 6 月，加里波第从卡普雷拉岛起航驶向西西里。他也许还不清楚自己要在那里做什么，但无论走到哪里，人群都蜂拥而至，热烈欢呼，呼喊"罗马和威尼斯"，"要么攻下罗马，要么战死"，铺天盖地的压力迫使他必须着手行动。志愿军开始集结，但其中大部分人并非千人军那样受过良好教育的学生，而是渴求面包与酬劳的失业和饥贫的民众。谣言四起，人们都以为加里波第与国王达成了秘密协议（维克托·伊曼纽尔可能暗示了什么）[9]，西西里叛乱已势不可当。8 月 24 日，两艘挤满志愿军的蒸汽船越过卡拉布里亚南端，加里波第开始向北挺进。

与此同时，都灵政府承受着法国干涉的强压。8 月 3 日，国王已发表公开声明，极力劝阻意大利人切勿响应加里波第，警告他们这样做有导致内战的危险。但心怀期待的民众始终认为这不过是应付巴黎的权宜之计，维克托·伊曼纽尔应已在暗中准备重演 1860 年的计策：让加里波第展开进攻，自己则在最后关头出手，攻占罗马，将教皇从叛军的魔掌中"拯救"出来。但实际上，政府过于畏惧拿破仑三世，根本不敢玩这样危险的把戏。此外，驻守南部的皮埃蒙特将军拉马尔莫拉与恰尔迪尼也不愿看到加里波第与其可恶的志愿军大出风头。8 月 20 日，意大利南部宣布实行军事管制。几日后，帕拉维奇尼上校率领 3 500 人前去镇压叛军。

　　加里波第和他的 2 000 名士兵从卡拉布里亚沿海撤至阿斯普罗蒙特山附近的茂密林间，希望避免与意大利军队正面冲突。8 月 29 日清晨，他们经过两天的行军后又累又饿，眼见帕拉维奇尼的军队就在前方，他们决定在一片松林的边缘布置防御阵地。加里波第严令禁止志愿军开火，他不希望导致"同胞流血"。但面对按叛军处置志愿军的指示，帕拉维奇尼作为一名职业皮埃蒙特军官完全没有留下谈判余地，率步兵直接开始冲锋，同时开枪射击。沉不住气的志愿军开火反击，大约十几人在之后的 10 分钟里被击毙。加里波第身中两枪，左边大腿伤势较轻，而右脚踝的情况则严重得多。帕拉维奇尼走近时，发现加里波第正躺在一棵树下抽着雪茄。他请加里波第投降，随后，这位"两个世界的英雄"被抬上担架，送往最近的港口。他要求乘坐英国轮船，但恰尔迪尼将军置若罔闻。他被转送至拉斯佩齐亚（La Spezia），关押在附近的一座要塞中，直到 10 月得到特赦。帕拉维奇尼上校获得晋升，他的 76 名部下因此次英勇之举被授予勋章。[10]

　　在往后的岁月中，加里波第深受脚伤之苦，甚至失去了行动能力。全欧洲的医生都匆匆赶来为其医治，其中著名的法国医生奥古斯特·内拉东（Auguste Nélaton）在他的踝关节深处找到了子弹。子弹一经取出便迅速成为众人争求的目标，许多人愿意为这份纪念物支付巨额费用。阿斯普罗蒙特之役并没有折损国际社会对加里波第的广泛敬重，或许还强化了加里波第勇敢无私的形象，这位一腔热血的爱国者为其民族奋不顾身，甚至愿只身抵抗职业政客的欺诈诡计。慰问的礼物不断送来（帕默斯顿勋爵送来了一张病床），人们发起了公开募捐，那一时期有关加里波第的印刷品、漫画和颂词（无论诗句还是散文）无一不将意大利（至少是意大利官方）设定为反面角色。一副法国石版画将加里波第描绘为被钉在十字架上的耶稣基督，意大利内阁成员站在十字架脚下，挥舞着刑具为争夺他的衣服抓阄。背景中，拿破仑三世和教皇正欢乐地跳着吉格舞（jig）。[11]

在意大利，阿斯普罗蒙特事件进一步动摇了政府在被吞并地区摇摇欲坠的统治，南部局势尤为凶险。西西里的军事管制致使数千人被捕，数十人被当即处决。任何支持加里波第的示威游行皆遭禁止，就连著名的爱国歌曲《加里波第颂歌》（*Garibaldi hymn*）都不能唱。颠覆性的暴力事件不断升级，法律与秩序的维护者四面受敌，变得越发偏执。一系列神秘事件令当局更加疑神疑鬼，其中包括 1862 年 10 月的刺客案（pugnalatori）——共有 13 人一夜之间在巴勒莫不同地方遇刺。当局为这些目无法纪的行为冠以"camorra""camorristi"（意为"秘密组织"）等称呼，并赋予其强烈的犯罪形象（从而掩盖政治层面的问题）；1865 年，一个全新的词出现在巴勒莫的政府报告中：黑手党（mafia）。尽管没有证据表明这个词的出现与官方有何联系——西西里人后来声称（不无道理）黑手党是北方人"发明"的——但它无疑成了当局坚持采取紧急措施所需的概念武器，即存在一个大规模的秘密组织。[12]

政府在南方采取的高压统治让议会中的民主派代表陷入尴尬处境。有些人认为有必要通过辞职表达厌恶，而弗朗切斯科·克里斯皮等人则声称，他们将竭尽所能维护宪政，坚守阵地，在卡里尼亚诺府的一隅之地战斗到底。1863 年 12 月,当皮埃蒙特高级将领朱塞佩·戈沃内(Giuseppe Govone)在议会发表讲话之时,危机终于彻底爆发。戈沃内在去年夏天带领 20 个营的部队前往西西里逮捕逃兵役者,曾经动用极端暴力的(非法)手段,包括围城、停止供水以及将妇女儿童押为人质。在为其行为辩护时,他无意中愚蠢地提及西西里社会的不文明特征,声称岛上仍"野蛮"不堪。一时间,席间爆发剧烈骚乱(克里斯皮向一位重要的北方议员提出决斗——不过这也是非法的)[13],最后共有 21 名民主派人士提出辞职。加里波第是其中之一。

政府急需努力恢复道德可信度,首相马尔科·明盖蒂(Marco Minghetti)决定将王国的重心从都灵转移。明盖蒂是一位学识渊博、彬彬有礼的博洛尼亚爱国者,却也在 1863 年 6 月一次议会争执后的决斗中击伤了一名前首相。正如马西莫·德·阿泽利奥所言,国家面临的最大挑战是减少其他地区对皮埃蒙特的憎恨。[14]经过匆忙的谈判,意大利在 1864 年 9 月与拿破仑三世签订了一份协议,要求法国从罗马撤军,同时教皇得到可以保有其剩余领土的保障,意大利的首都则迁至佛罗伦萨。表面看来,这项协议仿佛是对"永恒之城"的抛弃,但政府希望意大利人将其视为向正确方向迈进的一步(至少在地理上)。明盖蒂不幸未能如愿——9 月的协议在都灵掀起了一场暴怒的风潮,3 天的街头骚乱后,他被迫辞职。皮埃蒙特将军阿方索·拉马尔莫拉接任新政府首相,9 名内阁成员中有 5 个是皮埃蒙特人(剩下 4 人中 2 名是伦巴第人)。

在拉马尔莫拉的领导下,意大利加强了中央集权。1865 年,一系列法律推动了意大利民法与商法的统一,但刑法很难推广至半岛其他地区,因为托斯卡纳以其开明的统治为荣,不愿引入死刑。因此，各地区刑法始终存在一定差异，直到1889年才最终实现统一。皮埃蒙特的行政体系早已应用于1859年至1861年间吞并的领土，但1865年的一项法律做出了重要改进，明确了"省长"（prefect）在体系中的重要地位。全国共被划分为60余省，各省省长均由内政大臣委任。这些长官重权在握，负责维持公共秩序，进行媒体审查，监督市议会（市长亦由中央任命）并落实选举——实际上，这就意味着尽一切可能帮助政府候选人。不出所料，在统一的最初几十年里，大部分省长都来自皮埃蒙特，或至少出身北部，而米兰、佛罗伦萨、那不勒斯和巴勒莫等省的省长则几乎都是内政大臣的朋友。[15]

然而，行政与法律的统一并不能掩盖全国上下深深的精神裂痕，那几乎是对意大利"统一而不可分割"理念的嘲讽。温和派与民主派针锋相对，旧有的市镇竞争与地区竞争不减当年，南北间的裂痕因相互反感与实际上发生的内战而不断加深，天主教徒则时刻受到抵制新国家的鼓动（1864年12月，教皇在所谓的《谬论举要》中谴责自由主义的核心原则，为紧张局势推波助澜）。马西莫·德·阿泽利奥在离世前一年审视着这颇为凄凉的景象，对参议院表示，团结"分裂的人心"要比统一"分裂的城市与省份"困难得多。[16]他认为，意大利人必须经历深刻的再教育过程，国家才能真正强大起来。他在人生最后的日子里写下回忆录，希望帮助同胞认识到面前的重任：

> 抵抗外国势力的斗争使命几乎已经完成，不再是眼前的最大挑战……意大利最危险的敌人不是奥地利人，而是意大利人……因为人们既不愿改变以前的身份，又想要建立新的意大

利，身上带着几百年来的衰弱与道德缺陷，因为意大利……除非每一个意大利人，无论出身寒微、中产或高贵，都能在自己的领域里出色地履行职责，否则意大利永远无法成为一个有序善治、自由独立，足以抵抗外国入侵与国内宗派分裂的强大国家……意大利最迫切的需求是塑造能够履行自身职责的意大利人……可悲的是，我们每天都走在错误的方向上……[17]

德·阿泽利奥憧憬着一个全新的意大利种族，意大利人应该拥有"阳刚的品质"，血管里应流淌着"优质的热血"，而不是如今这样的"香草奶油"。意大利人是由"强韧的原料打造而成，而不是一块缝缝补补的破布头"——就像英国人那样，他们坚定的民族性格是在 17 世纪战争的磨炼中形成的。"或许终有一天，我们将拥有这些美德。但现在……看看吧！"[18]

库斯托扎和利萨，1866

1866 年 1 月 15 日，德·阿泽利奥在都灵去世。6 个月后，奥地利与普鲁士之间爆发战争，年轻的意大利将有机会一扫过去几年的灰心丧气，在战场上重整旗鼓。几个月来，柏林与维也纳的关系日渐紧张，意大利本能以保持中立为条件，向奥地利和平换取威尼托。但国内的好战情绪持续高涨，根本容不下这样不光彩的利益交换。2月，曾经的共和派、加里波第支持者安东尼奥·莫尔迪尼（Antonio Mordini）在议会宣称，在以自己的军队击溃奥地利之前，意大利不可能成为一个伟大的国家："为了在世界上获得应有的地位，我们必须承受流血与牺牲。"[19] 两个月后，弗朗切斯科·克里斯皮呼吁一场"血的洗礼",向欧洲各大国宣告"意大利也是一个伟大的强国,值得世界的尊重"。话音落下,席间响起热烈的掌声。[20]

面对共同的敌人,相互仇视的群体或许会冰释前嫌,友爱地团结在一起——这也是战争的魅力之一。1848年的头几个月里,意大利就曾短暂地呈现出如此情景。5月底,弗朗切斯科·德·桑克提斯跟随一艘满载志愿军与预备役士兵的轮船起航。各省各地不同出身的人因渴望为意大利作战而团结起来,德·桑克提斯瞬间陷入深深的喜悦,沉浸在浪漫的自我实现感之中:

> 我从未像现在这样强烈地感受到"意大利"的存在。我们站在甲板上,午夜将至,星光灿烂……突然,每个人都彼此拉起了手。船上包括1名都灵炮兵上尉、1名巴勒莫中尉与2名那不勒斯人、1名佛罗伦萨人,以及11名来自巴勒莫世家的西西里志愿军,全程自负旅费。我们一同站在无垠的大海前,唱着"再见了,我最亲爱的人,再见!"唱完这首古老的歌曲,我们又接连唱起无数1848年开始流行的歌曲……[21]

3周后,战争已近在眼前,德·桑克提斯兴奋地看到众议院与参议院搁置分歧,"为了团结全力以赴"。他深感欣慰:"在与侵占国土的外国人战斗时,意大利能够抛开个人及党派利益,组成坚实阵地。"[22]

6月20日,意大利对奥宣战,全国上下振奋喧腾。在作家埃德蒙多·德·亚米契斯(Edmondo De Amicis)的回忆中,激动的人群在街头狂欢,爱国主义的高昂情绪似乎笼罩着每个人("这是意大利的伟大日子!一场伟大的战役!……民族国家就是这样建成的！）[23]。彼时，西德尼·松尼诺（Sidney Sonnino）还是一名年轻的托斯卡纳学生，50 年后，他将成为外交大臣，主导意大利参与更大规模战争的谈判。他在日记中写道："对意大利来说，这是多么伟大的一天啊！纵观历史，意大利第一次作为整体，自发地奋起维护国家的权利！过去从来不曾有过类似的情形，从来没有。作为见证者，我们何其幸运！"[24] 松尼诺与其他许多人一样，根本不曾想过失败的可能性——不仅因为后果不堪设想，也因为奥地利人毕竟双线作战（"我们必须赢，我们这样的新生国家不可能在紧张的情况下维持太久……我们应该牢记，即使像法国这样的老牌民族国家都险些因吉伦特派与雅各宾派的斗争在 1793 年解体，法国可比我们统一得多！"），[25] 奥地利舰队的规模只有意大利的一半，奥地利在威尼托的军队人数也远远少于意大利所能动员的 40 多万人。至少从理论上讲，意大利成功概率极大。

这些期待在接下来的几周里转化为剧烈的痛苦。1848—1849 年的教训显然不够深刻，意大利人依然没有做好充足的准备。拉马尔莫拉拒绝了俾斯麦于春季提出的军事约定，意军总参谋部因而对盟友普鲁士的作战计划毫不知情。指挥系统混乱不堪，维克托·伊曼纽尔名义上担任最高领袖，实际指挥权却由恰尔迪尼和拉马尔莫拉分别掌控（在担任了两年首相和外交大臣后，拉马尔莫拉根本没有做好准备承担这一职责——他在 6 月 20 日才辞去首相职务）。加里波第则领导志愿军部队，拥有独立指挥权。恰尔迪尼和拉马尔莫拉没能与加里波第协同作战，更糟糕的是，这二人之间甚至也缺乏沟通——他们似乎都暗自希望占据主导权。于是在 6 月 17 日，当二人相会博洛尼亚协商作战计划时，他们没有清晰交代各自军队的具体行动。

这造成了毁灭性的后果。6月23日，拉马尔莫拉的部队跨越明乔河（River Mincio），由于没有得到有效的侦察报告，他似乎根本不知道奥军正在对岸严阵以待。次日，他的部队松散地排列于库斯托扎附近的宽阔战线上时，遭遇敌袭。当国王向恰尔迪尼发送电报告知这场激战时，恰尔迪尼完全不敢相信："他之前跟我保证只进行佯攻。"[26]恰尔迪尼离得太远，无法赶来帮助拉马尔莫拉。没有计划也没有参谋部的拉马尔莫拉狼狈逃窜，喃喃自语道："这真是一场惨败！……一场灾难！……甚至比1849年还要惨烈。"他一路苦苦寻找高级将领同僚，结果就连国王都不知他身在何处。午后时分，他莫名其妙地出现在距离战场20千米左右的戈伊托镇（Goito），自己也说不出个所以然。在无人提供连贯领导的情况下，一头雾水的意大利士兵迅速陷入混乱。若国王通晓战术，他本可以集结军队力挽狂澜。但事实上，他只是任由军队在混乱中向克雷莫纳撤退。恰尔迪尼的军队仍驻扎在东部的波河地带，但同样决定撤退，尽管拉马尔莫拉要求不要这样。溃败已成定局。[27]

　　库斯托扎惨败后的几个星期里，意军陷入消沉，国王与将军们都在试图重整旗鼓，制订下一步计划。与此同时，普鲁士在萨多瓦战役中重创奥军。在拿破仑三世的支持下，奥地利试图以威尼托为筹码，说服意大利退出战争。在没能打出胜仗的情况下，这显得灰头土脸、有损尊严。7月14日，维克托·伊曼纽尔、拉马尔莫拉、恰尔迪尼及其他高级将领和政治家在费拉拉会面，决定敦促海军发起攻势。唯一的问题是，海军统帅卡洛·佩尔萨诺伯爵（Count Carlo Persano）常常违抗命令，此前已经拒绝了追击奥地利舰队的指示，没有人敢对他寄予信心。佩尔萨诺在宫廷环境里吃得开，正是凭此一路高升，但他作战实力平平，曾经屡次失误，有一次曾导致国王与王室成员因乘坐的轮船搁浅而险些溺亡。他们也考虑撤换佩尔萨诺，却苦于找不到合适的继任者。于是佩尔萨诺保住了指挥权，但若仍然不按命令迎敌战斗，则会被立即革职。[28]

1861年以来，政府对海军进行了高额投资，佩尔萨诺的舰队因而装备精良、气势恢宏，拥有32艘战舰，其中12艘为装甲舰。相比之下，奥地利只有7艘装甲舰。然而，海军同室操戈的现象比陆军更加严重，其中以地区斗争为主。船员严重缺乏训练，3艘本该配有230余名炮兵的庞大舰艇上只有19名炮兵，[29]这也是佩尔萨诺迟迟不愿与敌人开战的原因之一。但面临革职的威胁，他也只能硬着头皮采取行动。他的舰队目前驻扎在安科纳，因此他决定进攻安科纳东南部的利萨岛（Lissa）要塞。但他手中没有地图，作战计划也没有敲定。7月20日上午，他的舰队在严重分散（主要是士兵不遵守命令的结果）的情况下与奥军迎面相遇。更糟糕的是，他在开战前最后一刻莫名其妙地换乘另一艘船，新船上没有统帅的旗帜，造成指挥权不明。这是第一次有装甲舰参战，也是最后一次运用攻城锤的重要战役。一艘意大利装甲舰被撞沉，另一艘爆炸起火，这虽不是惨败，却也是一场败仗。佩尔萨诺随后受到审判，参议院判其无能、失职且不服从命令。还有很多人或许都该为1866年的所作所为而面对类似的指控，但出于政治原因，意大利需要一个吸引公众愤怒的替罪羊。[30]

随后，库斯托扎和利萨的耻辱因普奥间停战而进一步加深了。奥地利同意放弃威尼托，却不是将它让给意大利——威尼托被移交给拿破仑三世，拿破仑以一派帝国主义风范将其赠予意大利。这真是耻辱至极。意大利曾希望以战争为契机，转变为受人尊敬的强大民族国家，在国际舞台上捍卫其独立地位，结局却是颜面扫地。

"以前，我们日思夜想成为意大利人，到如今成为意大利人却成了一种羞耻。"弗朗切斯科·克里斯皮在致友人的信中写道。[31]1866年的灾难性事件造成的影响比通常认为的更加深远，其后数十年里，意大利不仅因为承受军事上的屈辱而渴望复仇，更对以强硬能干的姿态主导1860—1861年民族国家设计方案的皮埃蒙特人提出了重大质疑。40多年后，意大利最富热情与影响力的知识分子朱斯蒂诺·福尔图纳托（Giustino Fortunato）对一位千人军老兵说，他是那么渴望与他谈谈在1860年的光荣事迹后，究竟哪里出了问题：

> 我将让你认识到，那些在1866年浪费了意大利历史上最佳机遇的人是何等愚蠢！自意大利诞生以来，所有地区的子民第一次在统一旗帜下为祖国而战……[32]

库斯托扎和利萨战役还将1859年至1860年的革命仅剩的一点乐观情绪消耗殆尽。自拿破仑时代以来，意大利民族运动始终秉持一个中心思想，即意大利需要一场颠覆性的精神变革，摆脱几个世纪以来的腐朽与堕落。如今这一理念再度浮出水面，许多人认为复兴运动远未完成——实际上尚未开始。战争刚刚结束，那不勒斯历史学家帕斯夸莱·维拉里写下名篇《谁是罪魁祸首？》（Who is to Blame?），充分表达了上述观点。他说，战争以最残酷的方式暴露了统一进程的缺陷。如果意大利当初是通过一场真正完全由本族人民策划的民族革命而诞生，那么一个"年轻好战的新"统治阶级就会从"长期血战的熔炉中"被锻造而出，取代旧式政权精英，为国家提供强有力的领导。但事实并非如此，相反，意大利依旧治理不善，深受古老缺陷的荼毒："在我们民族的腹地，有着比奥地利更强大的敌人，那就是我们自身的高度无知、文盲的民众、愚蠢的官僚、痴傻的教授、幼稚的政客、难以忍受的外交官、无能的将军、不熟练的工人、支持专制的农民，以及荼毒至深的修辞技巧。"[33]

仿佛是为了印证这番言论，巴勒莫在 9 月中旬战争刚刚结束之际就爆发了一场叛乱，约 4 万名叛乱分子在一周内夺下了城市的控制权，其中许多人来自 6 年前下山支持加里波第的农民兵团。这场起义既是社会起义，也是政治起义，缺乏明确的组织，共和派和分离派尝试接触波旁王室支持者和教会人士，效果并不理想。意大利政府刚刚吃了一场的败仗，此刻正极度紧张，军队领导层急切希望拔除其所谓的国家精神中的主要污染源，于是派皮埃蒙特将军拉法埃莱·卡多尔纳（Raffaele Cadorna）率领庞大的军队进入西西里，将巴勒莫炸得七零八落。军事管制下，全城实施大规模搜捕与当场处决（被处决的包括妇女）。为证明严厉举措的正当性，卡多尔纳起草了一份据称是西西里人犯下的暴行的清单，包括活活烧死、咬死警察，将士兵钉死在十字架上，在街上公开出售警察的肉。政府延续此前的做法，并将这些指控公布于世，尽管卡多尔纳后来承认他不过是道听途说。[34]内政大臣首次公开谈及一个被称为"黑手党"的狂妄秘密组织，声称其对西西里岛的恐怖事件负主要责任，使局势更加混乱。[35]意大利国内迅速出现了一个与国外恶势力同样凶险的恶魔。

攻占罗马

统一的代价相当高昂，过去一段时间以来，意大利公共财政始终岌岌可危。1866年战争成了在经济上和精神上压垮国家的最后一根稻草。此后4年里，意大利被迫集中精力处理眼前的平庸事务：规避破产、筹集贷款、大量印钞、变卖教会财产以及提高税收。1868年至1869年，意大利议会爆出一起重大丑闻：国家似乎将烟草垄断权贱卖给了一个银行家财团，盛传许多议员（甚至国王）从中攫取了丰厚个人收益。[36] 左翼人士尤为愤怒，指责意大利正被拖入道德的泥沼，"泥沼""泥巴"等词开始频频被用于指称众议院。将意大利比喻为现代"拜占庭"——衰弱、腐败和颓废——的说法开始流传，很快就深入人心。1869年初，新谷物税的推行引发了严重骚乱，这一次是在北方的罗马涅。政府同样实施军事管制并派遣卡多尔纳将军镇压起义，绝望情绪进一步蔓延。

进军罗马从而完成国家物质和精神统一的想法并未消失，1867年秋，年迈的加里波第孤注一掷地踏上了最后的攻城之征。他并未因可能与法军的交战而困扰，事实上他跃跃欲试：这将是成就意大利的绝佳时机。"几日的骁勇作战将解决一切，赢得整个国家的支持，"他对好友弗朗切斯科·克里斯皮说，"……全体人民，无论男女老少，将一同奋起，把前所未有的人民意志展现在世界面前。"[37] 但事实证明，他的希望只是一场空。几千名志愿军在佛罗伦萨集结，人们又一次传言加里波第和国王达成了秘密共识，罗马城会爆发一场起义，为武装干涉提供借口。但这一切未能实现——尽管加里波第已行进至教皇的领地，但政府却失去了派兵支援的勇气，从而使法国远征军畅通无阻地登陆奇维塔韦基亚（Civitavecchia）。得不到当地居民的帮助，此次冒险注定以失败告终。11月3日，加里波第及其支持者在门塔纳（Mentana）的小规模战役中被击败，寒冷的雨水使他们士气低落。去年的库斯托扎之耻和利萨之耻非但没有消解，反而雪上加霜。

罗马最终于 1870 年 9 月被收复，但许多爱国者梦想中的民族运动光荣盛景并没有出现。普法战争的爆发迫使拿破仑三世在 7 月从罗马城撤军，但在循规蹈矩、死气沉沉的皮埃蒙特医生乔瓦尼·兰扎（Giovanni Lanza）领导下，意大利政府坚持尽量在法国和教皇的同意下和平取得罗马，对动用军事手段犹豫不决。即使当拿破仑在 9 月初的色当战役中战败而被迫流亡后，意大利政府仍迟迟没有行动，最后还是因为担心共和派趁机夺取主动权，不堪爱国民主报刊的舆论重压（就连国王的情妇也激动起来：她发誓，如果维克托·伊曼纽尔再不拿下罗马，她就再也不跟他睡了），[38] 才被迫出兵。9 月 20 日清晨，意大利炮兵在罗马庇亚城门附近的墙上轰出一个洞。教皇要求士兵进行象征性抵抗，表现出被迫向武力屈服的模样，事实上只有少数人伤亡。很快，圣彼得广场上空升起白旗，教皇的世俗权力在一日之内收缩至梵蒂冈这样一小片区域。

对于那些在马志尼和其他爱国主义作家影响下成长起来的人来说，这瞻前顾后占领罗马的方式带来了极大的失望，似乎表现出对意大利作为民族国家的不自信：如果意大利像许多人希望的那样是天命所归，它当然有权在必要时以武力夺取理应属于自己的一切，不必担心外交礼节。如果国家领导层都对民族原则缺乏信心，民众又从何处获取爱国主义意识呢？政府在占领罗马城后依然紧张不安，简直像是为这一切感到尴尬，担心进一步惹怒教皇。直到 12 月 30 日，维克托·伊曼纽尔才首次来到罗马，他谨小慎微地选择在午夜抵达，仅仅停留了几个小时。即便如此，他依然借着慰问台伯河洪灾受害者的官方名义，而非以国王的身份踏入新都城。诗歌与白话之间出现可怖的裂痕，其所引发的焦虑和挫败感在往后几十年中慢慢蚕食着这个自由主义国家的精神基础，并在国家的重要知识分子中间催化出绝望的，有时甚至完全不切实际的矫正计划。

乔苏埃·卡尔杜齐是 19 世纪七八十年代意大利文坛的巨擘，也曾经是马志尼主义者，面对期许中的辉煌与灰暗现实的剧烈反差，他道出了内心的失望之情。1871 年，他在诗中将攻城的场面与 3 个月后维克托·伊曼纽尔的短暂访问合成起来，想象着"意大利"在夜晚登上卡匹托尔丘。

安静！安静！月光下何以如此喧闹？

卡匹托尔广场上的大雁，安静！

我是意大利，统一而伟大

我趁着黑夜前来

是因为兰扎医生畏惧阳光……

大雁，请小点声

不要让 [教皇的耳目] 听到……

永远跪在地上……

罗马的女儿

我将吻印在每一个脚印里

从那淤泥之中

我缓慢拖着我那塔楼之锁向前

上面铸着星星……[39]

在另一首纪念 1870 年亡故的罗马涅民主主义者温琴佐·卡尔德斯（Vincenzo Caldesi）的诗作中，卡尔杜齐将意大利比作新拜占庭，该作迅速成为反映爱国主义希望破灭的文学典例：

安息吧，我的温琴佐，安息吧，裹着你光荣的斗篷：

这个时代阴险者、软弱者当道

强大者也会被忘却……

不，我不想在你神圣的墓上

呼唤罗马的英名

然而，如果我低头向着你孤寂的墓

我可以满怀骄傲地对你说：

温琴佐，我们又一次来到了卡匹托尔广场……

你从大地中跃起

为了再见罗马，为了守卫罗马

你曾唤起它的自由

你曾为它献出了人生中最美好的部分。

但安息吧……

罪责的负荷仍需我们承担：

永无宁日的意大利问罗马

他们是否已把你变成拜占庭。[40]

    如今，意大利全国已彻底实现物质统一，如何把"拜占庭"转变为"罗马"将成为意大利政治阶级面临的主要问题。

来自南方的威胁，1870—1885

> 我想谈谈黑手党的事。你问我，何为黑手党？我们也许无法界定，但所有收集到的信息都表明，这是一个大规模强力社团、一个邪恶的组合、一个犯罪者享受赃物和摆脱法律制裁的组织。
>
> 斯特凡诺·卡斯塔尼奥拉（利古里亚人），
> 众议院发言，1874 年 6 月 8 日

> 西西里文明与意大利中北部文明并存的局面是无法造就繁荣国家的，从长远来看，这局面甚至与国家本身就不相容。它所造就的弱点会使国家在外部最轻微的压力下解体。这两种文明必有一者消失……
>
> 莱奥波尔多·弗兰凯蒂（托斯卡纳人），
> 《西西里岛的政治与管理现状》，1877 年

黑手党并非宗派或社团，它既无规章制度，也不遵循章程。黑手党成员并非小偷或罪犯。如果这个词近来不幸与小偷和罪犯画上等号，那只是因为不了解情况的大众没

时间思考词语的真正含义，也不愿费力了解……黑手党成
员只是不容侮辱的、勇敢而自信的男人。

朱塞佩·彼得雷（西西里人），
《关于西西里人的习惯、风俗、信仰和偏见》，1887 年

"以马基雅弗利的精神审视意大利"

1870 年夏天，弗朗切斯科·德·桑克提斯正伏案撰写一部不朽
的意大利文学史。他在库斯托扎和利萨的惨剧后离开了议会，专心
从事学术研究。这并非出于逃避或隐居的心态：在他看来，学术研
究亦是一种参与政治的方式，应当通过教育使人们从心底领悟现代
国家中公民的责任。他博览意大利自中世纪至今的海量文献，辨识
出两种典型的民族性格，希望以此告诫同胞，何者应当避免，何者
值得效仿。以 16 世纪初历史学家弗朗切斯科·圭恰迪尼为代表的第
一类人带着怀疑与疏离看待世界，他们对道德是非了如指掌，却不
愿为了实现更高的目标克服困难或承担痛苦。德·桑克提斯认为，
自宗教改革以来，圭恰迪尼这类人的精神已渗透至意大利社会的各
个角落，导致国家衰落。第二类人则站在圭恰迪尼对立面，代表人
物是另一位 16 世纪初的作家尼科洛·马基雅弗利，他们直面世界，
无情分析出意大利人民的弱点，而（最重要的是）他们认为这些恶
习应该且能够得到矫正。"马基雅弗利从未对祖国失去信念，不断
与腐朽堕落做斗争……而圭恰迪尼则带来了逆来顺受的一代人。"[1]

德·桑克提斯在那不勒斯市中心的小屋子里伏案写作，终日淹
没在雪茄的烟雾与繁杂的文献之中，200 年前，伟大的哲学家詹巴

蒂斯塔·维科就在不远处诞生。1870 年 9 月 20 日，他在屋中听到了教堂庆祝占领罗马的钟声，热切地期盼教皇的世俗权力崩塌后，意大利能迎来一个建立在马基雅弗利精神之上，兼具科学与理想主义的新时代，在这个时代里，人民的思想与行动将以民族、国家、祖国、自由和平等为方向。[2] 然而在全面进入现代世界之前，意大利首先要经历一个严酷的自我审视与觉醒过程：

> ［意大利］如今必须正视内心，找寻自我……其生命依然浮于表面。必须以清澈明亮的目光探寻自我，摆脱一切滤镜与曲解，以伽利略和马基雅弗利的精神体悟现实……我们必须审视……自己的行为方式、思想、偏见与品质，无论优劣；并且融入现代世界，研究、适应并塑造它……我们太过沉湎于历史，严重依赖他人的成就：我们还没有塑造出自己的生命与成就。在我们得意扬扬的吹嘘之中，自卑之情暴露无遗……[3]

在欧洲其他地区发展变革的背景下，意大利认真审视其精神与物质现实的任务变得越发迫切。1871 年，巴黎公社运动引起保守阵营的巨震。国际工人协会（第一国际）是这场运动公认的策动者，于 1864 年成立于伦敦，以协调西方国家工人运动的要求与行动为己任。一方面，相较于高度工业化国家，意大利似乎较少受到社会主义影响，其以农业为主的经济与农民的高文盲率说明革命的历史条件尚未成熟——至少从卡尔·马克思及其追随者的理论来看是这样。然而，农村的极度贫困与暴动传统——1869 年的罗马涅暴动中，死伤者总数超过一千人——令许多人担心意大利或许会成为接收第一国际信号的沃土，这里的贫民几乎没有民族情感，对可以预防新颠覆学说的政治体制更是毫无忠心。

颇具讽刺意味的是，1860 年推行的自由主义导致大部分意大利人的经济状况比专制时期更加脆弱。旧时代的统治精英曾通过价格控制、贸易保护主义、低税率、土地分配法律与教会布施——教会庞大的修道院、医院、学校、孤儿院、慈善资金与捐赠体系是社会福利的主要来源（更不用说其解决的就业问题）——来保护穷人免受市场不确定性与地主压榨的恶劣影响。[4] 而意大利统一刮来自由贸易的凛冽寒风，令脆弱的南部制造业饱受摧残。有产阶级获得了前所未有的权力，因为市镇议员和议会代表由最富有的社会团体选举产生并对他们负责——可以说只对他们负责——而不像过去那样要对一个家长式的君主负责。而在缺乏可以对抗一己私利的强大民族道德体系时，统治精英们可以轻而易举地利用特权扩大己方势力，其手段往往寡廉鲜耻。

统一初期的几十年间，政府在推行有利于工人阶级的立法工作时困难重重。在 19 世纪 60 年代，甚至 80 年代至 90 年代，政府曾展开一系列重大调查，揭示出意大利城乡居民极端恶劣的匮乏处境。即便如此，议会中任何试图推行公正税收制度、增加小农场数量或强制雇主对佃户和工人负责的举动，都会受到一心自保的相关利益集团的阻挠。即使某项理论上有利于穷人的措施被成功列入法规，实施过程中也往往会受到地方现实情况的制约。举例而言，国家在 19 世纪 60 年代末至 70 年代出售了 200 多万公顷的教会财产及前封建制的财产，明文规定以小单位售卖，以使农民受惠。然而，（尤其在南方）由于缺乏信贷机制，政府又急需现金收入，这些土地最终只能落进富人的口袋。此外，富裕的地主阶级常常操纵拍卖流程，威逼利诱下无人胆敢与其竞价。[5]

为偿还巨额国债，国家急需增加财政收入，这导致 1860 年后穷人肩负着不合理的税收重担。皮埃蒙特在 19 世纪四五十年代透支了远超 10 亿里拉的大量资金，用于对奥作战和铁路修建。不仅如此，新王国成立时又接手了各地的历史债务，南部剿匪和 1866 年战争也都要用钱，10 年之内陆续建了 3 个首都，难怪统一的意大利税收高得惊人。[6] 到 1870 年，政府已债台高筑，欠下 80 多亿里拉。直接税收在 1865 年至 1871 年增长了 63%，但由于难以获得准确的个人收入报告，政府只得过度依赖简单的消费税——食盐税、烟草税，特别是小麦等谷物的碾磨税——工人阶级受到的打击尤为严重。这一时期，间接税收提高了 107%，[7] 地方议会亦有权对粮食、牲畜等收税，首当其冲的依然是穷人。1876 年，当年轻的托斯卡纳自由主义者西德尼·松尼诺访问西西里时，他发现农民所有的驴骡竟比大地主家的牛承担着更重的税款。[8]

高额的财政负担不出意外地激起了广泛民怨，统治者与被统治者——或者说通常所谓"法律的"意大利与"真正的"意大利——之间的鸿沟或将成为新王国的致命伤。19 世纪 70 年代，以罗马涅（1874 年一度出现武装暴动危机）与意大利南部贫农为代表的农民群体中已出现无政府主义煽动者，引发了极大恐慌。对意大利未来忧虑最深的是那些自 19 世纪 40 年代起即参与民主运动的人，他们对"人民"怀有责任感，同时强烈意识到普通意大利民众爱国思想之淡薄。弗朗切斯科·克里斯皮是其中之一。1870 年以来，他始终担任巴西利卡塔内陆山区的议会代表，尽管直至 1873 年 10 月他才首次踏足这片土地——在当时，著名政治家在不到场的情况下得到选举团推选是很常见的。1873 年到访期间的所见所闻让他深感震惊。

最近的火车站在埃博利（Eboli），下车后需要乘坐马车在破烂不堪的陡峭山路上颠簸两日之久。在选举团覆盖的 13 个城镇与村落中，只有 2 个通过公路与外界连通，其余村镇四周只有崎岖不平的小路，冬季降雨时则变为泥沼。当地的赤贫程度已很难用语言形容。农民靠豆类与大麦磨成的粗面勉强度日，他们已被政府代理人无情征收的谷物税榨干，克里斯皮在许多地方遭到愤怒女性抗议者的袭击。高昂的运输成本让地主们找不到农产品的销路，只能任其腐烂。人民无知得可怕，各地迎接者多为神职人员——他们至少会说意大利语。某个小镇以意大利语命名街道——Plebiscito、Vittorio Emanuele、Garibaldi、Mille，甚至 Pisacane——算是克里斯皮此行少有的高兴事，但总的来说，他所感受到的是一个隔绝在民族国家之外、愤怒且反叛的世界。克里斯皮的朋友阿戈斯蒂诺·贝尔塔尼（Agostino Bertani）是一名医生及社会改革家，他曾听克里斯皮这样说：

> 国家政府可曾将文明带到这片土地，可曾试图赢得民心？不，政府什么都没做。政府所做的一切只产生了反效果……我不会将那些哭喊、谩骂与泪水向你一一道明，我只能告诉你一件事，那就是意大利政府受到人们的诅咒与憎恨。就算暴乱再次发生，又能抱怨什么呢？如果他们威胁到国家统一，我们又敢施以惩罚吗？一切都足以让人发疯。[9]

种种迹象显示，在统一后的最初 40 年里，意大利全体人民的生活水准毫无改善，甚至在很多时候有所下降。相比之下，同时期欧洲其他地区的繁荣程度至少有小幅提高。[10] 19 世纪 80 年代，意大利工业的确高速扩张，钢铁工业在国家的支持下建立起来（在几乎没有煤矿等矿产资源的情况下，这样的成就已相当可观），许多新工厂出现，主要制造业部门纺织业（棉、羊毛，尤其是丝绸，意大利是仅次于中国的世界主要丝绸产地）也持续发展。但这些进步景象仅局限于半岛西北部三个地区，意大利没有出现任何形式的工业"起飞"。工厂工人也不见得比务农者赚得多——在供大于求的劳动力市场中，工资很难上涨。意大利仍然以农业立国，在 19 世纪 70 年代至 80 年代，约三分之二的劳动力在农田里耕作。到了 19 世纪最后 20 年，低投资与物价下跌导致失业率上升，农民生活水准下降，一片暗淡之景，数百万意大利人移民海外。

"南方问题"

1870 年后，意大利南部的社会经济状况成为最受关注的棘手问题。统一之初的内战纷乱在 1865 年后逐渐平息，尽管匪乱时有发生，但政府与学术界的视线已由法律秩序转向南方各省落后与贫困的根源。南部与北部在任何领域都存在巨大差距，尽管人们希望政治与经济自由主义的推广可以迅速弥补南部的不足，但这个差距实际上正在不断扩大。除去个别实行精耕细作的地区——如生产柑橘、葡萄和橄榄的西西里东部沿海地区和普利亚沿海平原——南部农业普遍产量低下、投资有限且耕作技术落后。南部人民收入较低，失业率较高，死亡率与出生率皆较高，文盲率则几乎是皮埃蒙特与伦巴第的两倍。公民素质亦存在较大差异，北部的文化生活远比南部活跃、发达得多。例如在 1881 年，那不勒斯只有 5 家书店，尽管它是意大利最大的城市，而同年佛罗伦萨和都灵分别开了 12

家和 10 家书店。经济基础设施的差距尤为显著，1869 年，意大利北方有 25 家银行，南方却只有 3 家。10 年后，失衡现象变得更加严重了，南北方分别有 31 家和 193 家。[11]

19 世纪 70 年代以来，人们开始称其为"南方问题"（southern question），该问题一开始就笼罩在怨恨与偏见之中，是由 1860 年后为强制统一而采取的麻木不仁统治方式导致的。这不仅使得按德·桑克提斯所期望的"伽利略和马基雅弗利精神"展开讨论极其困难，也导致相关讨论画地为牢。事实上，"南方问题"的概念更多产生于人们的古老认知，即半岛南北存在深刻的精神和文化分歧，而非来自确凿的事实："南部"从来不是一个同质化的整体。[12]北方人将南方的问题主要归咎于当地地主的封建做派、无知、缺乏创业精神时，这通常只是长久以来的刻板印象。南方人则反过来将长期贫困归罪于新国家——自由贸易、中央集权、不公正的税收体系——这反映出他们对皮埃蒙特"征服"的不满（而忘记了南部早在统一之前就已经相对落后）。

在围绕南方问题的诸多偏见中，最突出的莫过于"黑手党"问题。在 19 世纪 60 年代，西西里是意大利最动荡的地区，到 1865 年和 1866 年，尤其是巴勒莫起义后，官方文件中开始出现邪恶犯罪组织的说法。很难说清"黑手党"到底是什么，部分群体强烈怀疑，所谓危险秘密组织的说法不过是为动乱找的一个原因，是为严厉的镇压措施寻找的合理借口。1874 年，政府对叛乱的恐惧进一步加剧，宣布采取特殊措施对付"黑手党"。西西里岛民众一片哗然，指责心怀敌意而不明真相的北方人诋毁了西西里的声誉。1875 年夏天，议会就此问题展开探讨，"黑手党"第一次引起了国际社会的关注。但此次讨论明显暴露出议员们对该现象所知甚少——甚至不确定它是否存在。事实上，普遍看法似乎倾向于不把"黑手党"理解为一个组织，而是一种夸大个人荣誉观、滥用私人暴力的行为方式。[13]

1876 年春天，一位名叫莱奥波尔多·弗兰凯蒂（Leopoldo Franchetti）的托斯卡纳年轻知识分子与好友西德尼·松尼诺共赴西西里，此行的目的之一便是探求"黑手党"的真相。同年晚些时候，他发表了关于西西里岛行政与政治状况的研究报告，一时以犀利的见解激起深重的忧虑。报告揭露出一个国家道德权威尽失的世界，任由威胁杀害他人而免受惩罚的恶人当道。他发现，"黑手党"并非秘密社团。当然，西西里岛肯定存在入会仪式和章程俱全的犯罪团伙，但它们往往规模很小，控制的经济领域也很狭窄。现实中的黑手党成员，即以暴力闻名的男人们，并不需要正规组织，因为他们在其活动的环境中（西西里岛中西部的大范围地区）树立了绝对威信，无人胆敢向警察告发。他们主导着人民生活的方方面面——从劳动力市场、政府沟通、争端调解、财产保护到选举的运行。鉴于这些人至关重要的地位，每个人（包括国家官员）无论是否情愿，最终都要与其打交道，实际上成了帮凶。[14]

弗兰凯蒂极富爱国热情——1917 年 11 月，他在得知意大利在卡波雷托（Caporetto）战役中惨败后选择自杀——他渴望看到西西里完全融入意大利民族国家，但他几乎看不到任何实现的可能。那些动用私人暴力的人，也就是黑手党，深嵌于社会的肌理之中，让研究这座岛屿的人找不到明确的答案，"永恒的疑问"像噩梦一般萦绕不散："是什么导致了这样的结果？"从警察和政治家到地主和农民，每个人都或多或少卷入其中，难辞其咎。"当一滴油落到大理石桌面上，它不会改变形状，可以被轻松擦去；但若是落在一张纸上，这滴油就会渗入纸张扩散开来，与材料融为一体，无法消除。"[15] 只有在国家获得足够的道德优势，剥夺黑手党的权力后，西西里才有希望摆脱困境。但他不知道如何实现这一目标，因为岛上并无具备足够独立性与影响力的社会团体可以扛起复兴的重任。如果找不到解决途径，他绝望地总结道，意大利应该放任西西里岛"自生自灭，同意其独立"。[16]

一位名叫切萨雷·龙勃罗梭（Cesare Lombroso）的维罗纳犹太医生则信心十足，认定自己拥有西西里问题乃至整个人性问题的答案。1858 年从帕维亚大学医学专业毕业后，龙勃罗梭随军前往意大利南部剿匪，对犯罪问题分外着迷。在对约 3 000 名应征士兵进行测量与检查后，他于 1864 年发表了一份关于士兵文身与越轨行为间联系的研究报告。1870 年某日，他在为一名 69 岁卡拉布里亚小偷及纵火犯尸检时获得顿悟。这个可能是匪帮成员的人名叫朱塞佩·维莱拉（Giuseppe Villella），龙勃罗梭在检查其头骨时注意到一处异常：其枕骨后脊与脊柱交界处，有一个长 34 毫米、宽 23 毫米、深 11 毫米的凹陷，显示出大脑的变形，原因或许是胎儿时期发育受阻。类似的枕骨凹陷常见于猴类与狐猴类物种："看到这凹陷的那一刻，"龙勃罗梭在若干年后写道，"我突然看到广阔的平原在我眼前无限延展，直至遥远的地平线。人类罪犯的本质在于，这些人明明身处现代社会，却被驱使着复制原始人类与食肉动物的行为。"龙勃罗梭一生都保留着维莱拉的头骨，将其视为"犯罪人类学派的图腾与圣物"。[17]

龙勃罗梭一手创建了影响深远的犯罪学流派，吸引了 19 世纪末许多意大利著名科学家或"实证主义"知识分子，其中包括几位重要的社会主义者。他最著名的作品《犯罪人论》（*Criminal Man*）出版于 1876 年，20 年内 5 次再版（在此过程中从 250 页扩充至 2 000 多页），被翻译成各种语言在欧洲与美洲出版。尽管他从未否认环境及社会条件对犯罪行为的影响（这也是许多社会主义者愿意接受其理论的原因之一），但龙勃罗梭的核心观点是，最顽固、最暴力的犯罪者几乎全部是基因倒退的产物，也就是他所说的"返祖现象"（atavism）。而从一开始，他就认定返祖现象的决定性因素是种族。在这次意义重大的头骨解剖的同年，龙勃罗梭受到查尔斯·达尔文出版不久的《人类的由来》（The Descent of Man）影响，称世界上不同层次的文明可以用人类从灵长类动物的不同进化程度来解释：欧洲白人进化程度最高（头骨比例完美），而蒙古人、布须曼人与黑人则处于底层。他宣称，黑人与猿猴一样，头骨很小，皮肤黝黑，头发卷曲，都有着眼膜与"特殊体味"。[18]

龙勃罗梭的观点向着意大利"南方问题"的种族主义解读迈进了一小步。虽然政府直到 1879 年才开始系统地收集犯罪统计数据，但从 1860 年开始，南方早已给人们留下了罪行滔天的印象，匪乱、绑架、仇杀、武装抢劫等暴力犯罪尤其严重。据龙勃罗梭及其追随者的说法，暴力是野蛮性——人种退化导致的野蛮——的重要指标。因此，巴勒莫地区的高谋杀率可以用古代"强取豪夺的柏柏尔人和闪米特人部落"曾在此定居进行解释，而西西里岛东部血腥事件普遍较少，是因为融入了更多的"雅利安血统"。[19] 那不勒斯的克莫拉 * 和西西里黑手党等犯罪组织的存在也证明南部地区返祖程度较高，因为秘密社团常见于原始人之中，例如塞内加尔

---

* 克莫拉（camorra）意为"赌摊老板"，是 19 世纪在那不勒斯形成的秘密社团，通过毒品交易、敲诈勒索来筹集经费，一度发展成颇有势力的政治组织。——编者注

的蒙博詹博（Mumbo Djembo）巫术。[20] 部分西西里的人种学者及相关人士认为黑手党实际上是"崇高之人"，是当地传统特殊价值观的化身。龙勃罗梭对此不屑一顾：黑手党只是"庸俗的罪犯"，他们的黑话、着装与对贵重戒指的喜好都显示出这一点。[21]

龙勃罗梭曾在帕维亚大学与都灵大学担任重要学术职务。他所创立的犯罪人类学派在19世纪最后15年间深刻影响着意大利知识界，这种影响在1909年他本人去世以后仍久久不散。他坚信自己正投身于爱国使命之中。1879年，他写道，自己的灵感"并非来自对某个教派或政党的爱，而是出于对民族国家的爱"，因此他被驱使着尽一切力量打击"这不断上涨，时刻可能将我们淹没的犯罪浪潮"。[22] 犯罪行为日益对国家构成致命威胁——他的这一观点得到了广泛认可（尽管没有可靠统计数据的支撑），并在19世纪80年代引发了全国范围的狂热关注。著名的那不勒斯法学家拉法埃莱·加罗法洛（Raffaele Garofalo）断言意大利谋杀案数量是英国的16倍，在押犯是其20倍。1882年，年轻的米兰律师及未来的意大利社会党领袖菲利波·图拉蒂（Filippo Turati）表示，意大利的确位于欧洲之首，可惜并非如"焦贝尔蒂梦想那般"，而是在犯罪领域。[23]

龙勃罗梭坚信自己与追随者们正以"马基雅弗利的精神行事：他出版的众多书籍（超过30本）与文章中数据考证充实，附以丰富的统计表、图表、照片和图解。而同代人之所以受其吸引，也正是因为这紧跟潮流的科学品质，以及他们为意大利痼疾找到确切病因的成绩。但他们使用的证据其实极为粗糙，对"天生罪犯"特征的分类标准——狭长的前额、浓密的黑发、多毛的四肢和躯干、稀疏的胡须、突出的下巴、大犬牙与罐把状的耳朵——成了偏见的力量塑造"公正"观察的一个经典教训（不过，龙勃罗梭对于自己的发现符合大众的刻板印象感到沾沾自喜："对罪犯外貌类型的认识……往往是普通人都有的本能"）。[24]此外，从基因角度论述意大利北部和南部的分化——北部居民是欧洲雅利安人的后裔，南部则是闪米特人或源自非洲的地中海种族的后代——更是没有多少实证支持。

南方问题的种族阐释出人意料地经久不衰，尽管这明显可能导致国家分裂。造成该局面的原因之一在于，种族思维符合意大利人天性堕落的旧有成见。同时，它也为认定现存政治法律结构无法满足意大利需要的人们提供了弹药。19世纪70年代，随着国家经济、社会与政治问题全面爆发，相信这一阐释的人迅速增加。龙勃罗梭相信，国家若想充分保护自身不受返祖现象的腐蚀，就必须改变整个司法体系的基础——从关注罪行的古典自由主义思维转向关注犯罪者。刑罚须针对罪犯而非犯罪行为，应对"天生罪犯"实施死刑（通过人工选择来加速进化），问题较轻的罪犯则接受相应的矫正与教育。而既然返祖现象呈现出巨大的南北差异，意大利需要给地方放权，允许其制定更符合当地情况的刑法。

无论是从犯罪还是从社会经济落后的角度考察南方问题，都威胁着自由主义的可信度，这种危险在19世纪八九十年代日益明显。虽然以巴西利卡塔地区的杰出政治家及学者朱斯蒂诺·福尔图纳托为代表的南部代言人曾充满激情地争辩称，意大利唯有坚持强势与充分的统一，由议会立法弥合南北差异，才能实现进步，但其他人士则认定有必要采取更加激进、专制的手段。现实的僵局也使得各方辩论日益激烈——意大利各届政府尽管从19世纪60年代开始组织了大量调查研究（1877年成立了调查意大利农业状况的专项委员会，它在 1885 年提交了一份沉甸甸的 15 卷报告）[25]，却迟迟没能制定出扭转南部局势的法律。在统一后的几十年里，意大利南部几乎看不到实质性发展，仅仅多修了几条铁路，而这几千千米的新铁轨背后的军事与经济动机不相上下。

1882 年，曾经的加里波第追随者、那不勒斯社会学家帕斯夸莱·图列洛（Pasquale Turiello）出版了重要的长篇研究报告《意大利的政府与治理》（*Government and Governed in Italy*），展现出意大利人对国家社会经济问题本质的讨论与对种族退化的恐惧如何动摇了自由主义信仰。[26] 该报告的中心论点是：1860 年后意大利推行的政治及行政体系过于教条并照搬外国（法国），未能充分考虑意大利的特性。几个世纪以来，种族、气候、地理、历史等因素的组合使意大利人形成了强烈抵制权威的个人主义倾向，也就是图列洛所谓"机敏性"（scioltezza，"他们在做决定与采取行动时，'我'比'我们'的立场更加鲜明"）。[27] 这些特征在南方尤其明显，表现为更高的犯罪率，特别是暴力犯罪。意大利人性格的基本特征已无法改变，却可以通过适当的外部控制进行调整。在中世纪，城邦国家曾使用行会、公民武装与海军等机构对意大利人严加管制。意大利人那时之所以能够成就伟业，也是出于这个原因。但在 1500 年后，外部控制已渐衰微，意大利人又回到了机敏状态。[28]

图列洛认为，政府在 1860 年错误地给予了意大利人过多自由，误以为放松中央控制就能实现进步。因此尤其在南方，机敏性得到了前所未有的扩张。但事实上，新的自由主义制度仅仅助长了自私自利与个人主义。他认为议会制政体千疮百孔，议员们被迫迎合地方选民的利益，但只要国家通过教育提升民族的集体意识，降低其个人利益诉求，该政体也不是无可救药。他提出了各种教育措施，其中包括建立"意大利式"的独特教育机构以增加社会与政治凝聚力，强化君主制在公共生活中的影响力，修建体育馆，在每个城镇与村庄强制推行健身计划，以及促进儿童的集体活动与军事活动（"从列队行进到打靶，能够让青少年体会到'我们'而非'我'，但我们从小学到大学的教育机构完全没有类似的安排"）。[29]

军队则是图列洛心目中克服机敏性、修复国家精神肌理的重中之重。学校经费有限，很难有足够精力去培养国民性格。"自视甚高的议员们忙于丑陋的纷争"，更是无法为意大利提供指引。兵役最能改善意大利人不守纪律的作风，训练有素的年轻人列队行进的场景将为公民理应追求的价值观提供振奋人心的榜样，国家的威望也会随之提升（他设想，数千名学生"刻意重演罗马祖先在战神广场的［军事集会］"，在公共仪式上肃穆地行进，也许能够解决政府与教皇间的争端）[30] 但是，军队只有在成功荣耀的支撑下方能发挥教育潜力。因此，一场属于全民族的伟大军事胜利是决定意大利未来的关键：

> 全新的、雄浑壮烈的攻势，第二次武力与鲜血的考验，将使意大利夺回如今丧失的力量……1866年至今，我们第三次回到了漫长的和平时期。正如历史展现的那样，和平只会让意大利人自取灭亡……我们的性格在和平年代衰弱，只能在残酷的战争中增强……我们如今只能抓住一切机会作战……意大利可以继续保持和平，但代价是逐步回落至1494年至1792年的精神水准，那正是长期和平所致……当军队与国家因一场精心部署的伟大战争而焕发活力之时，［敌人对国家］造成的破坏可以忽略不计。[31]

国民教育

腿一会动，匹诺曹就开始自己走了。接着他满屋子乱跑，最后跑出大门，蹦到街上，溜走了……

"抓住他！抓住他！"杰佩托大叫。可街上的人看见木偶跑得像匹小马驹，只是停下来望着他出神，哈哈地笑啊笑啊，笑得无法形容。

幸亏最后碰到了一个警察……一把就抓住了他的鼻子（这个鼻子真长，像是特地做出来给警察抓的），把他交还到杰佩托手里。杰佩托为了教训他，马上想狠狠拉他的耳朵。可诸位想象一下杰佩托是多么惊讶吧：他找来找去竟找不到耳朵。诸位知道为什么吗？因为他一个劲儿地刻啊刻啊，竟忘了给匹诺曹做一对耳朵。

卡洛·科洛迪，《木偶奇遇记》，1883 年

我也知道，意大利统一不过 10 年，没有稳定的基础，我们的老百姓是无知的……军队仍是塑造意大利统一的大锻炉……我常常说，军队即使别无他用，也应作为培养意大利精神的学校而长期存在。

尼古拉·马尔塞利，《1870—1871 年大事记》，1871 年

小学

　　对统一寄予厚望的不仅限于受教育精英。1859—1860年，旧制度下的各国政府之所以缺乏普通老百姓的支持，其中或许就有"意大利"光环已从城镇扩散至乡村的原因。信奉爱国主义的地主、教师、地方学者、演奏威尔第乐章的旅行音乐家、1848—1849年运动的志愿军，甚至教区神父都可能曾向闭塞滞后的乡村地区传递过复兴运动的口号。洗礼登记中也体现出民众对民族运动的期许——19世纪60年代，以"意大利""罗马"为新生儿命名在农村父母间风靡一时；加里波第名字的各类变形，如"加里波多""加里波达""加里波第诺""加里波第娜"等也很常见，特别是在意大利中部（加里波第第一任妻子的名字"阿妮塔"与地名"门塔纳"甚至也被使用）；而在利古里亚、罗马涅等地区，共和主义对工人阶级的影响印刻在"马志诺""马志纳"和"马志尼亚"等马志尼名字的变体之中。[1]

　　托斯卡纳的穷困百姓或许受爱国主义语言与情感熏陶最深，因为长期以来，该地区始终以地主与农民之间的家长式纽带为傲。维厄瑟、卡波尼、蒙塔内利、圭拉齐等开明改革家推行的教育方案是其中重要的促成因素。1863年1月1日，在佛罗伦萨与卢卡之间沼泽地带的辛托莱塞村郊外一栋拥挤的两层小楼里（此地距尼科洛·普奇尼修建著名宅邸与花园的皮斯托亚仅仅几千米），一位名叫加斯帕罗·多纳蒂的卑微毛刷匠家诞下一名女婴，她在受洗时得名"意大利"（Italia）。我们对加斯帕罗所知甚少，但他一定希望儿女能在世上有所作为。他的女儿意大利与大儿子意大利诺（生于1851年）都接受了体面的教育（不过另一个儿子加布里埃洛仍目不识丁，从事多年体力劳动后，像许多人一样抛弃了妻子与两个小女儿，只身移民美国）。意大利学习成绩不错，立志成为一名教师。1882年，她第二次参加教师资格考试，成功拿到了"小学女教师初级"的评定。[2]

她在辛托莱塞东南方向19千米处的波西亚诺村（Porciano）任教，与芬奇小镇相距不远——400多年前，文艺复兴时期最博学的伟人曾在这座小镇出生并接受教育。她的年薪（依国家标准）是550里拉，大约相当于一名务农者或手工艺人的年收入，她要靠这笔钱支付所有生活费用，包括住宿费。与她处境相似的人比比皆是。最近的1877年《科比诺法案》试图提升意大利初等教育教师的工资水平，但雇用与发放薪水的权力却掌握在地方议会手中。即使在相对进步的托斯卡纳，由地主组成的议会也很少愿意在教育农民方面多花一分钱。更糟糕的是，教师们（女性偏多）面对雇主时毫无保障措施（意大利很快将为此付出惨痛代价），无论是提高工资、增加教室面积，还是申请粉笔、水壶、黑板等基本物资的请求都得不到任何回应，有时还会面临被辞退。

刚到波西亚诺任教时，意大利还是位天真脆弱的23岁女孩。镇长拉法埃洛·托里贾尼（Raffaello Torrigiani）是个臭名远扬的好色之徒，公开与妻子和情人混居在一起。在他的强压下，意大利只能在他的一所房子里免费寄住。无须支付房租，可以将大部分薪水寄回给辛托莱塞年迈的父母，这的确很令她心动。但意大利同意寄住的真正原因在于她认识到，拒绝等于丢掉饭碗（就像此前两位女教师一样），因为整座镇子已仿佛是托里贾尼的私人领土，大多数议员处于他的绝对掌控之下。然而，一旦接受了寄宿提议，意大利不仅要抵挡镇长的求爱——她成功了——还要承受社会上的流言蜚语，在人们眼里她简直成了妓女。[3]

与当时许多小学一样，波西亚诺的学校只有一个房间，光线不足，装潢简陋。镇议会出资租下这间房子，希望能挤下 50 名 6 至 12 岁（或年龄更大）的男孩和女孩。意大利地图与国王画像或许是教室墙壁上仅有的装饰。《科比诺法案》规定 9 岁以下儿童应免费接受义务教育，并以严厉条文强制该规定落实。例如，第三条规定，父母若将孩子留下家中又无法向镇长提供合理解释，将被处以 50 分罚款，此后若再次触犯，最高将被判处 10 里拉的罚款。[4]但与意大利许多法律一样，该法案的目的与手段严重脱节，基本无法推行下去。即便市长愿意费心追捕违法者，也很少有人交得起罚款。无论如何，每到春夏时节，农民家庭都需要子女下地干活，这是不可改变的现实。1886—1887 年，一项针对罗马涅某省的调查发现，40 个市镇中仅有 3 个试图对逃学者征收罚款，5 个能提供出逃学者名单。[5]在这种情况下，意大利小学的出勤率自然极低，大多数孩子到了 9 岁依然无法读书认字，波西亚诺等地自然也是如此。

不过，意大利·多纳蒂与学生之间已没有语言障碍。19 世纪 60 年代，政府就意大利官方语言展开深入讨论，由资深作家亚历山德罗·曼佐尼提议的当代托斯卡纳口语最终赢得了多数认可。官员们普遍认为，政治统一需要辅以语言的统一，而曼佐尼希望当局通过学校贬低方言的地位，他与其追随者们甚至建议仅从托斯卡纳招募教师。[6]然而，这种严苛的方法引发了诸多实际问题，其中最严重的是，托斯卡纳与主要城市之外的大多数民众几乎从未在生活中接触过"意大利语"，在这种情况下强制推行，几乎是一个不可能完成的任务。19 世纪 70 年代初，一位名叫格拉齐亚迪奥·伊萨亚·阿斯科利（Graziadio Isaia Ascoli）的著名语文学家满腔热忱地请求当局尊重方言，希望在交流与文化传播的过程中，渐进地实施口语标准化。弗朗切斯科·德·桑克提斯等知名人物也倾向于支持这个切合实际的观点。然而，意大利官方仍遵循原路线不变，尽可能强制推行意大利语，要求学校使用"意大利语"课本，方言文字资料（很多地区有着优秀的方言文学传统）都被移出课堂。[7]

对于小学教师而言，日常遇到的文化困境远比这些语言问题严重得多。本地出身的教师（政府最初规定所有教师必须来自其他地区，但这一政策很快作废）随时可以用方言传递信息：1908 年的全国调查显示，半数教师常常这样做。更难弥合的是"新意大利的教士"与广大农民之间的文化断层，"新意大利的教士"是阿戈斯蒂诺·贝尔塔尼对教师们带有乐观的谐称。[8] 几个世纪以来，天主教会学会了体察穷人的日常需求，并据此调整教义与行动，神职人员因此能在大部分地区赢得权威与尊重。而信奉新的世俗实证主义的小学教师们，需要面对更加艰巨的任务。1872 年，一位罗马涅乡村小学教师这样解释道：

> 老师试图打破过去的错误认知、偏见与迷信，比如太阳绕地球旋转，以及月亮、女巫、黑色星期五和灵魂等所拥有的无限力量。但每当孩子们回到家中，将老师教授的知识告诉家里人后，他们很快会被大量的虚假说辞淹没。许多证据看似真实正确，都是家里人亲眼所见，时间、地点和环境全对得上。[9]

意大利·多纳蒂还发现，由于教师依赖于镇长和议员，在许多农民眼里，他们就与税吏、征兵人员和警察一道成了作威作福的国家权力体系中的一员。讽刺的是，意大利的贫寒出身反而让她的处境更加尴尬，她无法树立权威，成了农民眼里的投机分子，甚至是叛徒。来到波西亚诺的几个月里，村民们的闲言碎语与日俱增，尽管种种迹象表明，她是一位认真高效的教师。1884 年夏天，皮斯托亚的治安官收到了一封匿名信，指控她在镇长的协助下非法堕胎。始作俑者始终未能水落石出，但很可能是镇长的政敌。他们从意大利的窘境中看到了可乘之机，借此抹黑镇长以迫使他辞职。[10]

意大利却因此次指控而遭受了灭顶之灾。尽管警方没有找到任何可靠证据，但市民们的敌意早已失控。她请求接受医学检查来证明自己的清白，但司法机关与镇议会都不予批准。于是她上诉至地区督学、著名作家雷纳托·富奇尼（Renato Fucini），富奇尼却将此案移交给副省长，而后者毫无作为。她搬到新家，诋毁与攻击却没有随之消退，巨大的压力损害着她的健康，她却因此被诽谤为再度怀孕——汗水与苍白的面色便是证据。她申请转校，在 1886 年春天获得镇议会批准，但污名却如影随形。新学校附近的居民对这个强行安插进来的无耻女人明确表示愤怒，以匿名恐吓信辱骂意大利。[11]

5 月 31 日（星期一）傍晚，意大利给家人写了一封简短的道歉信，诉说自己的无辜。他对哥哥意大利诺写道：

> 这些指控没有一个是真的，我是清白的……我跪在地上全心全意地乞求你，我唯一的哥哥，请不惜一切代价帮我挽回清白。请不要为我的死讯惊慌，这将让我们家恢复荣誉。我是大众谗言的受害者，只有死亡才能终结这场迫害。请将我的尸体交给解剖医师，澄清一切谜团，为我洗刷冤屈……[12]

她告诉哥哥，希望死后能葬在家乡辛托莱塞村，但她知道家里可能付不起将尸体运回去的费用："如果不行的话，就把我留在这个可悲之地，在墓碑上留下这些话：这里安葬着不幸的受害者，名叫意大利·多纳蒂的波西亚诺女教师。"[13]

她在漆黑的夜幕中走向里马吉奥（Rimaggio）河老水磨的引水渠，这里距离镇子已有一段距离。她用两根安全别针将裙子紧紧钉住（她不愿承受光着大腿被人发现的耻辱），而后纵身一跃。尸检证实她确是处子之身。新闻记者闻讯赶来，米兰著名报纸《意大利晚邮报》（*Corriere della Sera*）记者进行了详细调查，将事情的始末缘由公之于众。舆论一片哗然。那不勒斯作家马蒂尔德·塞劳（Matilde Serao）奋笔疾书，以文章痛陈意大利女教师的悲惨境遇，同时记述下近期发生的其他自杀事件。人们发起募捐来筹措安葬意大利的费用，7月4日，她的棺材被挖出，在政要环绕的肃穆氛围中被运往辛托莱塞。当地的男女老少站在一旁，沉默地忏悔。她的墓地上竖起了一块镶嵌金字的精美黑色石碑，价值110里拉，由《意大利晚邮报》支付。"献给波西亚诺小学教师意大利·多纳蒂，一位美丽而高尚的女士。在卑鄙的迫害下，她被迫以死寻求安宁，证明清白。"时隔百年之后，石碑与坟墓早已消失不见。[14]

意大利政府的初等教育政策的核心面临着一道重大难题。民众应该接受引导或教育吗？现代国家显然需要一定程度的国民教导，但何种程度才算合适呢？——绝大多数意大利成年男女的生活中都用不上文化或算术知识。进一步说，如果他们真的学会了阅读和写作，又要用什么来阻止他们利用这些技能宣泄对政治与社会的不满，或者接收和传递国际主义、无政府主义或共和主义的危险思想呢？人们普遍认为，意大利真正需要的是教育——以此将孩子们塑造成尊重他人的恭顺公民，让他们学会诚实奋进，热爱祖国并坦然接受既定的社会地位。正如 1877 年改革方案的起草人米凯莱·科比诺（Michele Coppino）所言，小学的作用是确保民众"满足于自然界赋予他们的状况，而不是鼓励他们放弃这种状况"。他还指出，初等教育的总目标应该是"尽可能给予人民更多教导，但首要任务是教会他们诚实勤勉，做对家庭有用、对祖国与国王忠诚的人"。[15]

　　小学课本反映出对道德的优先重视。1860 年后的几十年里，旨在培养意大利人品格的书籍如雨后春笋般涌现，其中许多参考了英国作家塞缪尔·斯迈尔斯的畅销经典《自己拯救自己》（Self-help，1859 年）。"榜样"是大部分书籍背后的教育原则，作者们相信良好的行为榜样有助于培养穷人的意志，鼓励他们在生活中做出高尚选择。1867 年，首相路易吉·梅纳布雷亚（Luigi Menabrea）谈到，如果意大利也能出现一本像《自己拯救自己》这样的书，将带来诸多益处，"一经发行，书中的榜样必将吸引人们纷纷效仿"。[16] 米凯莱·莱索纳（Michele Lessona）的《意志就是力量》（Volere è potere，1869 年）是其中最受欢迎的模仿作品，以 13 章的篇幅囊括意大利全国各地伟大人物（不包括女性）的小传，包括艺术家、音乐家（比如威尔第、罗西尼）、作家、战士、实业家与学者。除此之外，保罗·曼泰加扎（Paolo Mantegazza）的《工作的荣耀与乐趣》（Glories and Joys of Work，1870 年）同样收录了值得效仿的伟人事迹（同样没有提及女性），包括伽利略、阿尔贝蒂和梅尔基奥雷·焦亚。该书前后共发行了 34 个版本。[17]

　　卡洛·罗伦齐尼（Carlo Lorenzini）或许是最著名的儿童教育书籍作家，这位曾经的马志尼主义者曾在 1848 年、1859 年和 1866

年参加志愿军，后以科洛迪（Collodi）为笔名从事写作。科洛迪是托斯卡纳靠近辛托莱塞和波西亚诺的一座小镇，他曾在那里度过童年时光。罗伦齐尼敏锐地意识到复兴运动的理想与统一后意大利的现实情况相距甚远，也意识到粗野无知的农民（他从小就与他们打交道）必须尽快被培养为成熟本分的现代国家公民。做了几年新闻工作与单调的政府办公室工作后，他在 19 世纪 70 年代决心创作儿童小说。1876 年，他出版了小男孩詹内蒂诺 7 卷故事集的第一卷。詹内蒂诺是一个红发碧眼的小机灵鬼，故事讲述了他闹哄哄的搞笑冒险，适当穿插着劝人向善的教育格言（"每增加一所学校，就会取消一座牢房"）。但他最成功的作品却是 1881 年为某杂志半心半意撰写的小故事（"就这么一篇幼稚的文章，你随便怎么改吧，"他对编辑说，"但请合理支付稿费，这样我才有动力继续写下去"）。[18]

《木偶奇遇记》的内涵涉及诸多方面，这也许就是它广受欢迎的原因。但这个以粗木块打造而成的木偶小孩目无法纪，追求享乐而且逃避义务，不顾学业与工作，显然反映出 19 世纪 80 年代意大利的重大忧虑：图列洛《意大利的政府与治理》中的意大利，其关键问题是如何遏制意大利人民不守规矩的本性倾向。科洛迪传递着一个冷酷的讯息：自我救赎之路由辛苦劳作与自我牺牲铺就，不能领悟这一点的人很可能走向毁灭（"每个人，不论生来贫穷还是富裕，都有义务在世界上做些什么，都需要上班，都需要劳作，不要落入无所事事的陷阱！懒惰是一种可怕的疾病，必须趁年轻尽快治好……"）[19] 但匹诺曹无法仅仅通过自我成长获得救赎，他还需要父亲和仙女（母亲）的爱与教导。随着人们对议会愈加失望，这个故事中暗含的君主制安排逐渐为左右两派人士所接受。在 1882 年，也就是《木偶奇遇记》出版的前一年，曾经的共和派乔苏埃·卡尔杜齐为新任意大利王后写下著名赞美词，称年轻貌美的玛格丽特为"永恒的王室女性"，是意大利未来的希望。[20]

科洛迪故事中的仙女，那"蓝发的可爱姑娘"也被赋予了相似的魅力（与救赎）品质。当时，欧洲的许多国家也沉浸在工作与自强的氛围中，但意大利的任务更加紧迫，因为人们相信国家的落后本质上是精神的落后，复兴运动的进程才刚刚开始。莱索纳（达尔文主义的坚定拥护者）在《意志就是力量》中认为，英国人成功的重要原因在于他们学会了自立自强，不像意大利人凡事怪罪政府，不愿自己承担责任。但这只是众多需要根除的恶习之一：

> 我们还远远没有履行全部义务。我们还有太多更难打赢的仗——怎么强调都不为过。无知、迷信、对工作的恐惧、对懒惰的美化、谬见、对个人尊严与良好声誉的无视、纷争、妒忌、党派之争与地方自治主义都是比奥地利更危险、更可怕的敌人。[21]

工人阶级的孩子很难受到此类教育文学的影响：大多数学生坐在拥挤的教室里听一位工资微薄的教师讲课（有时还听不懂），在相当短暂的学业生涯中，他们只需要懂得基本的算数与文字，科洛迪与莱索纳的作品很可能已超出他们的能力范围。这些书更不可能进入农民家庭，在 19 世纪后期，80% 的农村收入被用于满足基本饮食需要，剩余的钱也都被用来置办衣物（大多是循环利用，基本没有新衣服）和解决其他基本需求。[22] 农民仅有的休闲时光都在当地小酒馆里度过——19 世纪七八十年代，穷人酗酒的问题越来越严重，特别是在大量出售廉价烈性酒（往往是掺假的葡萄酒）的意大利北部。[23] 大部分农民不太可能想读一本赞颂勤奋工作美德的书，对书中伽利略、罗西尼或梅尔基奥雷·焦亚的生平也不感兴趣。

兵役

既然教育比教导重要，既然学校对大众的影响力极为有限，"创造意大利人"的重任便落到了军队身上，左翼与右翼政治家对此看法一致。正如 1879 年加里波第忠实的朋友、著名作家朱塞佩·圭尔佐尼（Giuseppe Guerzoni）在帕多瓦一场会议上解释的那样，军队是"民族国家最重要的小学老师"和"首席教育家"：

> 军队的抱负是：征用社会中的男性，为他们的一生留下永恒印记。将恶棍变成绅士……将无政府主义者变成公民，将粗鲁的农民或工人变成诚实有礼、富有教养的人……共同生活的男人们穿着统一服饰，遵守同一套规则，听从同一位上级指挥……上级循序渐进地将一种纪律观念、一种对等级制度的尊重与真正的平等感灌输至士兵的心中；士兵定期从半岛的一端换驻至另一端；……享受来自意大利不同地区、说着不同方言的战友们的同胞之情；……只注视着一面旗帜，那是祖国与国王的崇高象征……这一切将构筑起美好情感的全新宇宙，从而打造出一个截然不同的男人。如此一来，正如俗话所说：军队造就了意大利，如今正在打造意大利人。[24]

年迈的弗朗切斯科·德·桑克提斯表示同意。此前一年，他决定推行一项协助军队教育目标的法案，作为自己公共教育大臣第三个任期的重要政绩。他向众议院报告称，意大利人最大的问题不在于缺乏知识——事实上，他们往往懂得太多——而在于缺乏将知识转化为行动的能力。这是民族性格问题。"我们必须以教育培养意志，"他在同僚们的掌声与欢呼中宣布，"为了国家复兴，我们需要培育想象力，磨炼意志，确保大脑中的一切皆有助于发挥我们的才能。"因此，他决定将体操列为小学必修课。强健的体魄不仅能够带来身体上的悍勇，更重要的是能够提升精神上的勇气，使人光明正大地行事，憎恨"狡猾下作的行为……这些行为为意大利的历史蒙上衰颓的阴影"。他对普鲁士将军赫尔穆特·冯·毛奇（Helmuth von Moltke）的言论赞许有加，即学习本身并不能使一个人做好为理想或国家荣誉献身的准备。他表示，德意志与盎格鲁-撒克逊种族之所以在近几十年如此成功，正是因为他们的体能训练计划。"自幼接受的阳刚教育会造就一种道德能量，从中涌现出一种主动性、顽强意志与严肃的目标感……"[25]

　　全体议员几乎一致支持德·桑克提斯的法案，仅有一位极左翼议员提出严肃反对，他认为吃饱饭、少交税才是提升国民体质的好方法。[26]但是，新法案的根本目的并非改善人民健康水平——但在19世纪80年代，28%新兵因身高不及格（不到1.56米）或致残疾病而被拒绝入伍，这表明国民健康的确构成了一大隐患[27]——政治家真正担心的问题是，自1870年普法战争以来，大规模人民军队显然已经成为现代军队的必要模式，即"武装的民族国家"。战场上的胜负取决于大批量训练有素的公民战士，是他们在色当之战中击溃了法国人。学校的体操活动将是向正确方向迈出的一步。正如公布该法案的议会委员会所言，意大利重视智力与艺术而忽视武力成就的传统是有害的，如今意大利人民必须自幼为服兵役做好准备："当一个精神高雅的民族忘记了军事的严酷与纪律时，他们将走向何方？只要想想希腊人面对罗马人、希腊帝国面对土耳其人，以及 17 世纪至今意大利的命运就明白了。"[28]

　　让意大利人以积极心态面对兵役是非常困难的。尽管在 19 世纪 70 年代初，政府出台了一系列政策将兵役年限从 5 年减至 3 年（参照普鲁士模式，预备役时间更长），但人们仍然尽可能逃避 naja（对征兵的常见称呼）。意大利征兵采取抽签制度，每年，军方将决定符合条件的年轻人中多大比例必须服满兵役，排除的人数越多，得到豁免的概率就越大。人们常使用符咒、护身符和祈祷（特别是向圣米迦勒与圣塞巴斯蒂安祈祷）寻求好运，亦有人不惜一切代价逃避兵役，甚至采取自残手段：或将腐蚀性物质揉进眼睛，或灼烧头皮以冒充皮癣，或给脚趾紧紧箍上绳带。1875 年，一名医生观察到："尽管大多数人顺从地履行了法律要求的最神圣职责，但他们还是会千方百计地逃避。"[29]

　　政治宣传竭尽全力赋予兵役浪漫的光环，许多文章无疑触动了中产阶级读者的爱国之情，其中尤以意大利北部为甚，军队在那里往往颇受尊敬。来自皮埃蒙特的高产作家埃德蒙多·德·亚米契斯或许是最著名的宣传家，他的畅销经典《军旅生活》（*Military Life*，1869 年）描绘出一幅熠熠生辉的美好画面：热爱祖国的农民士兵们因兄弟般的同袍情谊团结在一起，军官们如同溺爱孩子的父亲，父母为参军的儿子感到自豪，可爱的姑娘忠贞不渝，公众们则报以钦佩感激的热情。"军营生活有时很艰苦，有时十分不适，但总是美好而温暖的。但凡经历过的人，有谁会不去爱它，幸福地回忆它并热切向往它呢？"[30] 19 世纪七八十年代，德·亚米契斯继续在作品中延续这一主题，其中小说《心》（*Cuore*，后改名为《爱的教育》）取得了惊人的成功，在 30 年内销售了 100 万册。这本书最初被都灵的小学选为教材，中心思想是：军队是民族国家的典范、锻炉与化身，它将各阶层、各地区的男人们混合在一起，组成和谐友爱的大家庭。因此，军队应当得到人们的敬仰与珍视：

> 昨天又有一个步兵团在街上通过，小孩们都聚拢在一处，和着军乐的调子，用竹尺敲击皮袋或书夹，依拍子跳舞。我们也聚集在路旁，看着……兵士分作四列进行，身上满是汗水和灰尘，枪在日光的照映下闪烁发光。校长先生对我们说："你们不能不感谢兵士们啊！他们是我们的防御者。一旦有外国军队来侵犯我国，他们就是代我们去拼命的人。他们和你们年纪相差不多，都是少年，也都要上学。和你们一样，他们也有的贫穷，有的富裕，来自意大利的各个角落。看哪！你们一看他们的面色，就会知道全意大利各处的人都在里面：西西里人也有，撒丁人也有，那不勒斯人也有，伦巴第人也有……大家听着！三色旗通过的时候，应该行举手注目的敬礼！"一个士官捧着联队旗在我们面前通过。旗帜已经破损褪色，旗杆顶上还挂着勋章。大家向着旗帜行举手注目礼。旗手对我们微笑，举手回礼……这时候，乐队已沿着河转了方向，小孩们的哄闹声与战歌般的号声彼此和着。[31]

对军队与军旅生活的赞美很可能逐渐向社会底层扩散，使征兵在穷人眼中有了更加积极的内涵。从 19 世纪 70 年代开始，征兵对于被选中者显然已经有了一种仪式性的地位。正如一位农民所回忆的那样："你必须竭尽全力逃避当兵，但如果必须参军，你好歹也有了一点谈资，因为那是男人的事业！"[32] 人们普遍将入伍视为对男子气概的肯定（当时有一句流行的黄色俗语，"对国王没用的人，在王后面前也没什么用"）虽然许多流行歌曲表达了离开亲人、前路坎坷的悲伤情绪，但也有一些歌曲提到男性的战友情谊以及当兵附带的性征服意味。[33] 按照当时的惯例，每个新兵都要在当兵的第一天到附近镇上的妓院里逛逛——这对其中许多人来说是第一次性经验。[34]

军营生活当然困难重重，很多人很难适应纪律严苛、各地区士兵混居，以及与社会隔绝的生活。军事法庭平均每年要处理 3 000 至 4 000 起违抗军令案（是 19 世纪 60 年代的两倍），而 19 世纪 70 年代的一项调查发现，军队中的自杀率几乎达到了全国平均水平的 10 倍。[35] 19 世纪 80 年代，几起引人注目的自杀事件凸显了兵役的严酷现实，其中最著名的是卡拉布里亚士兵萨尔瓦托雷·米斯迪亚（Salvatore Misdea）案。在 1884 年的复活节，他躲在那不勒斯皮佐法尔科内（Pizzofalcone）军营的宿舍中，用来福枪轰出了约 50 发子弹，打死了 5 名士兵，重伤 7 人。以切萨雷·龙勃罗梭为首的精神病学家委员会认为，米斯迪亚因反复遭受虐待与凌辱而精神失常，不应对其行动负责，但军事法庭不予认同，要求判处死刑。国王对公众要求宽大处理的呼声置之不理，米斯迪亚最终被枪决。[36]

意大利军旅生活的总体基调或许不比其他许多国家严酷，但至少对普通士兵而言，将他们派往家乡之外地区的政策似乎加重了社会孤立问题。军官们往往与当地大地主世家保持密切联系，常常参加欢迎会，教马术课，出入剧院与酒吧，而普通士兵却只有直奔妓院的份。兵营之外，他们几乎无事可做。（性病始终是军事当局的重点关心的问题。19 世纪 60 年代，月平均感染率已超过 1%。）中产阶级士兵的处境或许比工人与农民出身的服役者好一点，他们往往被分配到家乡附近的军营，代价是自付生活费。[37] 但对于大部分人来说，兵役肯定与德·亚米契斯笔下丰富而有价值的经历相去甚远，很多人的唯一安慰或许就是退伍后的少许荣耀（至少是性方面的）——就像朱塞佩·韦尔加（Giuseppe Verga）在著名短篇小说《乡间小路》（*Cavalleria rusticana*）中的人物图里杜·马卡一样，每个星期天"穿着步兵的军装，头戴红色贝雷帽在广场上大摇大摆地走来走去，将女孩们的目光牢牢锁定在他身上"。[38]

那么，军队是否真正扮演了"民族国家的学校"这一角色呢？有证据表明，军队对意大利社会的影响远远没有达到预期。毋庸置疑，新兵们的确掌握了基本的阅读和写作能力（特别是在 1873 年以后，一份内阁笔记显示，士兵在识字前不得退伍），许多士兵或多或少在国旗、君王与意大利历史和政治方面萌生了爱国之情。然而，军营中的教学工作缺乏中央规划与战争部的支持，反智主义风潮大行其道。[39] 军官们往往帮不上忙，语言差异与严苛的等级意识将他们与普通士兵割裂开来（拉马尔莫拉称，军官与下属间缺乏信任是 1866 年灾难的主要原因之一）[40]。大多数军官似乎认为，在基本的军事训练之外，他们与士兵理应毫无交集。意大利的军队体制根植于皮埃蒙特的旧体制，军队对国王负责，因而并不总是遵循文官政府的指令行事。

军队以团为单位在全国各地轮换驻防，试图避免滋生对省和城市的忠诚意识（在 19 世纪 70 年代至 80 年代，平均每三四年轮换一次）。新兵被派到家乡以外的地区，各团皆由来自半岛各地的士兵构成。这样做目的似乎有两个：一是将应征士兵"国家化"，二是试图确保军队在奉命镇压地方性动乱时（类似于 19 世纪 60 年代南方与罗马涅频发的骚动），不会与敌人相互勾结。将来自四面八方的士兵一股脑塞到一起是否就能提升他们的"意大利"意识？这着实令人怀疑。事实上，我们有理由相信这项政策产生了完全相反的效果：来自同一地区的士兵拉帮结派，"通过迫害、骚扰和折磨……来自另一地区的士兵来消磨无聊乏味的军营时光"，据观察者指出，"争吵斗殴，血腥暴力屡见不鲜"[41]（萨尔瓦托雷·米斯迪亚显然是受害者之一）。将士兵派遣至远离家乡的驻地也不见得能将他们"国家化"，毕竟他们与当地居民的接触相当有限。

尽管如此，大部分统治阶级成员仍将军队视为"伟大的锻炉"，认为它能将意大利人熔为一体。[42]正如复兴运动老兵路易吉·塞滕布里尼在 1876 年对参议院所言，军队是"将意大利缝合起来，维持意大利团结的钢线"。[43]19 世纪七八十年代，议会愈加深陷于腐朽堕落、党派斗争的泥沼，军队作为民族学校的声誉却日益提升（"军队依然是……我们拥有的最具意大利特性的机构，远非议会能及"）。[44]人们从武装部队中看到了民族国家所缺乏并需要学习的品质：纪律、凝聚力、爱国主义、尊重权威、无私奉献和愿为理想而牺牲的精神——知行完美合一。越来越多观察者认为，在这个国际竞争日益激烈的时代，意大利必须将这些品质灌输到人民心中，否则自由主义只会是难以消受的奢侈品。作为德·桑克提斯的得意门生，作家兼政治家尼古拉·马尔塞利（Nicola Marselli）曾说，意大利在教育群众之前预先引入了自由，却忘了在英国等国，教育才是第一步。他认为，目前的政治制度不能提供"将意大利社会转变为一个有机体所需的凝聚力"；与其他人一样，他也希望军队能够"创造意大利人"，将社会"军事化"。[45]此外，他希望国家能更加强势，以促进教育与道德的完善，还希望改良当前的代议制度，使其在精神上和技术上减少分裂，更加胜任其职责。[46]

颇具讽刺意味的是，当军队成为"民族国家的学校"时，其战斗力却被削弱了。当局出于恐惧而谨防地方有本地的士兵驻守，这意味着一旦战争爆发，军事动员将极为缓慢，因为预备役士兵必须跨越大片国土方能与战友会合。此外，各军团的复杂构成必然降低了潜在的凝聚力与士气：最明显的证据是，第一次世界大战中战勋卓著的两支最著名的意大利军团几乎完全由地方性部队组成：来自撒丁岛的萨萨里部队（Sassari）和来自北部的阿尔卑斯山地部队（Alpin）。[47]不过，尽管宣传家们使出浑身解数，军队最终也没能赢得广大民众的尊敬与爱戴。当然，军队在霍乱流行与自然灾害时期参与救援工作，一定程度上拉近了与民众的距离。但总体来看，人民将军队视为遥不可及的事物，认为其属于一个截然不同的、专属于国家的领域（服兵役有时被称为"去意大利"）；而国家的角色是负责镇压暴乱与骚动，比如19世纪60年代南方的野蛮军事行动。1866年惨案的伤口尚未愈合。基于这些原因，自18世纪70年代起，许多人愈加狂热地期盼一场伟大的军事胜利，以此消除过去的影响，抚平政府与被统治者之间的裂痕，巩固君主制与各项制度的威信，并最终维护意大利民族国家的精神统一。

象征与节日

意大利复兴运动留下了一个尴尬棘手的遗产，那就是异教团体与马志尼及其民主派追随者之间的密切联系。1860年后，问题日益凸显。究竟应当鼓励意大利人首先忠于"本民族国家",不惜冒险突出极左派在民族事业中的功勋,还是应当将意大利人引向更加安全保守的"国王"那一边?当然,两种策略并非泾渭分明,君主政体通常可以声称(某支宣传队伍就致力于宣扬这一主张)其始终在民族运动中起到了先锋作用——至少从 1848 年起。这番言辞经不住推敲,事实上,"意大利"往往让人联想到密谋起事、共和派烈士与重重街垒,而并非萨伏依王朝。"意大利"与"国王"之间即使有冲突,也很少被公之于众,但这个冲突始终在暗处潜藏,从一开始便阻碍着意大利建立强大民族国家的尝试。

与法国的玛丽安娜(Marianne)和德意志的拟人象征不同,意大利复兴运动时期头顶城堡形冠冕的女性形象(如"卡诺瓦")在 1860 年后并未得到推崇。邮票与钱币上印着国王的头像与萨伏依的十字架:直到 1908 年,随着民族主义者要求采取进攻性外交政策的压力不断增大,意大利的拟人形象才出现在硬币上——戴密涅瓦头盔,傲立于战车之上(但也手握象征和平的橄榄枝)。[48] 甚至连纪念意大利开国元勋与忠烈之士的公共纪念碑上,都看不见意大利的图像。1880 年建成的一座纪念碑是个重要例外,那是一尊屹立于米兰的宏伟人像,纪念 1867 年门塔纳之战中随加里波第解放罗马的牺牲者们(不过,它的赞助者主要来自极左派)。除此之外,就连罗马威尼斯广场上修建的维克托·伊曼纽尔二世纪念堂(所谓"维托里安诺")中也没有意大利的代表形象。这是意大利自 1860 年统一后兴建的最雄伟浩大的一项纪念工程。国王骑马像正下方的女性雕塑是罗马女战神,而非意大利的象征。

同样令人不解的是,1860 年后意大利没有诞生任何新的国家节日。正如国王的称谓仍维持"维克托·伊曼纽尔二世"不变,

1861 年召开的议会也被官方称为"第八次立法大会",以强调意大利与皮埃蒙特之间的延续性。意大利统一后唯一的国家节日还是皮埃蒙特自 1851 年起推行的"宪章节"(Festival of the Statuto),旨在纪念卡洛·阿尔贝托对宪法的让步。尽管该节日的法定名称于 1861 年被更改为"宪章与国家统一纪念日"(Festival of the Statuto and of National Unity),但可以想见,没有谁愿意一口气说一串这么长的名字,人们很快恢复了"宪章节"的笼统说法。节日的日期倒是从 5 月的第一个星期日改到了 6 月的第一个星期日,主要是为了确保庆典游行与烟火盛会能赶上个好天气。[49] 相比于美国的阵亡将士纪念日(Memorial Day,1868 年设立)、德国的色当日(Sedan Day,1871 年设立)与法国的巴士底日(Bastille Day,1880 年设立),意大利未能设立真正的国家纪念日,这反映出意大利统一的深刻争议性,也表明政治家与大众无法就代表性事件达成共识的现实。

另一方面的原因是,在 1848—1849 年与 1859—1860 年事件之后,公共场所的聚集人群也成为政府的恐惧之源:在那不勒斯、巴勒莫以及其他南部城市,成千上万愤怒的意大利人在外国游客与记者的注视下,以国家节日为契机抗议新政权,还有什么比这更耻辱吗?这也是宪章节始终在星期日举办的原因之一——星期日的教堂活动与其他传统社会休闲活动能够起到镇定的作用。实际上,该节日庆典的整体设计刻意避免了政治激情的产生,民众仅能扮演观众的角色,杜绝任何激起情绪的机会(19 世纪 80 年代,这个节日在皮埃蒙特被讽刺地称为"Staciuto",即"肃静!")。[50] 而展现在民众面前的,本质上是国家的权威。庆典通常以清晨的炮兵礼炮与阅兵式开启,伴以丰富的军乐与国歌——老派而欢快的《王家进行曲》。贵宾们乘着马车沿街缓行，为当地学童举行颁奖仪式，市长为他们分发奖金、奖章、银行存折等合适的礼品（南方通常发些鞋子和衣物）。[51] 只有到了晚上，民众才会参与赛马、赛艇、乐队表演、灯光秀、抽奖与焰火表演等较为轻松的活动。在罗马，人们已经习惯了教皇统治下的奢华仪式，故晚间活动往往盛大而壮观：圣天使堡灯火通明，将国王的巨型画像与意大利的象征画，以及爱国口号一同投射至半空。[52]

但除此之外，国家几乎没有通过庆祝仪式或节日的方式让新意大利的现实印刻在民众的心中。19 世纪 70 年代至 80 年代最重要的两件"国家"大事均与君主制有关，分别是 1878 年维克托·伊曼纽尔的葬礼，以及 6 年后组织的"朝拜"他陵墓的活动。直到 1895 年，意大利才将 9 月 20 日设立为第二个法定节日，以纪念 1870 年占领罗马。由此一来，教会仍有机会继续维持传统上对盛大公共仪式的主导权——丰富多彩的宗教节日中有精心编排的队列与仪式——地区活动的声势也盖过了全国性节日。事实上，许多最奢侈的庆祝活动都局限在小范围之内，无论是为了主保圣人（巴勒莫的圣罗萨莉亚、那不勒斯的圣真纳罗和佛罗伦萨的圣乔瓦尼），还是（讽刺地）为了复兴运动中的历史事件，例如 1848 年的革命：巴勒莫的庆祝日期为 1 月 12 日，帕多瓦为 2 月 11 日，佛罗伦萨为 5 月 29 日，博洛尼亚则为 8 月 8 日。甚至连 1885 年的千人军远征 25 周年纪念活动也主要是在西西里展开。

曾经接受马志尼核心理念的复兴运动爱国者们坚信，民族国家若想变得强大，就必须成为一种世俗宗教的焦点。而新生的自由主义国家未能通过奇观、意象与表演捕获大众的想象力，这让他们深感失望。从 19 世纪 70 年代晚期开始，随着天主教积极动员意大利人支持教会，社会主义者也带着振奋人心的解放学说向伦巴第和艾米利亚-罗马涅等地区渗透，强烈的焦虑情绪迅速蔓延。正如由19世纪末控制意大利政权的弗朗切斯科·克里斯皮掌管的报纸中所写：

> 我们需要将这种对祖国的宗教信仰——即使不是唯一的，也必须是我们的主流宗教——庄严贯彻下去，尽可能在民众中普及。我们这些进步的仆人，已逐渐摧毁了人民在过去几个世纪中赖以生存的信仰。这种信仰之所以能取得如此地位，正是由于那仪式化展现形式的感官吸引力，并通过感官控制住了大众的思想。大众往往易受影响，富有想象力并热衷于艺术，他们渴望用形状、颜色与声音来满足自己的幻想。我们又用什么替代这种信仰呢？面对大众，我们没有提供任何替代品。新的理性与责任之神被封闭在我们之中……而没有用宗教的外衣加以装饰。在缺少替代信仰的今天，这些外衣仍然吸引着原有的天主教民众，他们在美丽即将消失之际怀念着美丽。这是我们必须解决的问题，人民的特性不是一朝一夕就能改变的……[53]

复兴运动应当已为新意大利提供了神话基石，但19世纪四五十年代温和派与民主派各分支间的深刻分歧仍需时间来弥合。直到19世纪八九十年代激情消退之时，人们才达成了一定程度的共识。惯用的胜利说辞强调一种天命注定的巧合：无论在共和派与神职人员间、联邦派与中央集权派间、保守主义者与激进人士之间存在何种分歧，他们都对1860年的统一奇迹做出了贡献。这一全新的综合体环绕着两个焦点，即维克托·伊曼纽尔和加里波第。二人分别于 1878 年和 1882 年去世，大量圣人传记式文学与公共雕像随之涌现出来，一种不同寻常的偶像崇拜从此诞生。在统一运动的官方记录中，各方的深层裂隙被轻描淡写地带过，复兴运动被重新塑造为国家（维克托·伊曼纽尔）和民族（加里波第）、外交手段与人民主动性、战争与阴谋、君主与人民相结合的偶然幸事。

加里波第在生前已经声誉卓著，对他的崇拜不难培养。但在 1882 年，这种崇拜得到了官方的大力支持，全国各地城镇争相悼念这位"两个世界的英雄"。大约 300 座全身像与 400 座半身像在他去世后的几年内完工，凡是他曾到过的地方和曾在里面居住、用餐的建筑，都会设置一块庄严的纪念匾（有时连浴池也不例外，例如在卡萨米希尔拉："从阿斯普罗蒙特回来后，朱塞佩·加里波第在这个房间里洗了个澡。"[54] 他的形象通过明信片、印刷品、杂志、油画、横幅、奖章、被子、盘子、小雕像、海报、纸币与食品包装（1861 年英国首次生产加里波第饼干）等各类媒介广泛流通，不计其数的演讲、诗歌与回忆录宣扬着他的英雄品质与卓绝成就。

值得注意的是，对加里波第的个人崇拜赋予了他圣人甚至神的属性。在他去世之前，该属性已经构成了吸引大众的重要因素，而在 1882 年之后，上层文化也对其大力倡导。市场力量往往也起到了推波助澜的作用：一本书若是将英雄描绘得俊美动人（通常是金发碧眼），个人品德完美无瑕，那么它可能比更加清醒、更加有判断力的作品卖得更好。而民主主义者尤其希望利用民众的信任感，巩固左派的政治地位。因此，当朱塞佩·圭尔佐尼在 1882 年发表了一部关于加里波第的严肃传记后，他的同事、共和派记者及议员阿希尔·比佐尼（Achille Bizzoni）批评该作过于精致，并很快"为人民"撰写了一部简明版本，其中充满了梦幻般的传说。在这个版本中，加里波第是一位基督般的人物，他心思纯粹，勇敢公正，愿意为伟大的事业奉献生命。同时，他也长期受到忘恩负义、嫉妒与背叛的伤害。[55] 另一位知名左派人物也像比佐尼一样，对加里波第非常了解（私下里也曾批判过加里波第正常的人性弱点），他就是弗朗切斯科·克里斯皮。克里斯皮也能看到将爱国英雄神圣化所带来的巨大政治价值，因为民族国家急需一位世俗的圣人。1882年后，他成了加里波第的主要拥护者。正如他在1884年对博洛尼亚大学一位学生说的那样，保护这种崇拜是一种神圣的责任：

> 这个男人的生命仿佛是神圣的。他比古时候的赫拉克勒斯和阿喀琉斯更为高明。他若生在雅典或罗马时代，定会成为祭坛上敬奉的伟人……是上天的旨意，让如此卓越之人诞生于世，他的壮举与品质远非常人所能企及。他的非凡事迹牢牢吸引着人们的想象力，群众将他视为超人。我刚刚已经说过，现在我要重申：如果加里波第生于雅典或罗马，人们会将他奉为半神，设立神庙。而在今天这个时代，我们朴素了许多：加里波第的祭坛屹立在每个爱国者的心中，无论他属于哪个党派与阶级。那些根据全民公投结果，希望意大利自阿尔卑斯山以南至两海全境统一的人，那些衷心渴望祖国繁荣强大、受人尊敬的人，无一不对我们的英雄心怀崇敬，视之若神祇。[56]

19世纪80年代，对加里波第的神化构成了赞颂复兴运动各方面成果活动的重要部分。19世纪60年代及70年代早期，意大利政府由右派人士把持，鼓吹以加富尔和维克托·伊曼纽尔为中心的"温和的"、皮埃蒙特的统一观。1876年，左派掌权，将阿戈斯蒂诺·德普雷蒂斯（Agostino Depretis）、弗朗切斯科·克里斯皮等在 19 世纪四五十年代密谋起义的民主派活跃分子推上台面，为民族运动提供了更加普世化的解读，也体现了左派重新接近人民群众的决心。1881 年，为设计罗马市中心的维托里安诺纪念堂，各省接到调查问卷，以统计迄今为止维克托·伊曼纽尔与"意大利复兴运动主要人物"雕像的数量，结果显示足足四分之一的省并未建立相关纪念碑，也根本没有这个打算。[57] 在官方的鼓励下，这种情况在后来的 20 年里得到改善，全国各地涌现出大量纪念国家统一缔造者的纪念碑。举例而言，19 世纪 80 年代至 90 年代，共有 6 座雕像在佛罗伦萨竣工（分别纪念维克托·伊曼纽尔、加里波第、达尼埃莱·马宁、贝蒂诺·里卡索利、乌巴尔多·佩鲁齐和科西莫·里多尔菲），罗马则有 5 座（分别纪念卡伊罗利兄弟、泰伦齐奥·马米亚尼、加富尔、明盖蒂和加里波第）。马志尼被刻意遗漏在外——1860 年后，他的共和主义主张与对新国家的反对使他在很大程度上仍是政府憎恶的对象。克里斯皮在 1890 年终于获得议会批准，在罗马为马志尼（1872 年，隐姓埋名的马志尼，在孤独和无望中死在比萨一位友人家里）建一座纪念碑，但直到 50 多年以后它才真正建成。

国家举办的展览是传播共同历史观的另一渠道。在统一后的最初几十年中，最著名的展览当数 1884 年都灵举办的意大利综合展览会（General Italian Exhibition）。该展览会主要展示 1860 年以来意大利的科学和工业成就，但也设置了 5 个纪念复兴运动的展厅。除了官方文件、旗帜与海报，这些展厅还陈列着加里波第在阿斯普罗蒙特穿过的袜子、焦贝尔蒂的领圈、卡塔内奥的帽子、加富尔的手帕、马志尼的吉他、马梅利的一缕头发，以及 1849 年在保卫罗马时被炮弹炸死的爱国女青年科隆巴·安东涅蒂（Colomba Antonietti）的手（进行了防腐处理）。按照组委会主席的说法，本次展览的目的是唤起参观者的崇敬之情，消除一切宗派主义情绪（"在这样庄严的情景面前，朋党毫无立足之处"）。[58] 我们很难判断这一目的是否实现，但当局的确鼓励民众积极参观，提供了火车票折扣，并为"工人"写作观后感设置了一个重要奖项。一位来自那不勒斯修船厂的工头表示，他在参观复兴运动展厅时由衷为"我们的过去而自豪"，同时"被一种崇高的宗教式敬畏征服"。这或许是他的真实想法，也可能是他猜到了评委想听什么话。[59]

对于学校是否应该教授复兴运动历史，意大利政府始终犹豫不决，尤其是因为许多小城镇（特别是在《科比诺法案》之前）往往聘用神父作为教师，神父们当然不太可能为那些企图摧毁教皇神权的人美言。1867 年出台的一项法令规定，意大利任何中小学都不得讲授 1815 年之后的历史。直到 1884 年，中学才放宽了这一标准，将期限后移至 1870 年。在 19 世纪 80 年代末弗朗切斯科·克里斯皮出任首相时，国家推行大规模的学校课程"民族化"措施，复兴运动的重要性更加突出。在小学三年级的课堂上，孩子们仅能获知一些"与意大利王国建国有关的核心事实"，到了四五年级，学校开始教授意大利的全部历史，从罗马的建立到统一建国。教师们在就读师范学校时要花整整一年时间学习意大利复兴运动，他们被告知，必须确保未来的学生们能从意大利历史中汲取"对祖国的热爱"。[60]

当然，复兴运动的历史危机四伏，需经过谨慎处理方能呈现在学校课本与其他书籍之中。关键人物的声誉必须得到小心维护：加富尔与维克托·伊曼纽尔必须以无私爱国者的形象展现，不容修改。因此在 1860 年以后，文献资料的获取受到了严格管控。尽管意大利在 1875 年建立了国家档案馆体系，各地纷纷开办研究所和学院，出版《复兴运动历史期刊》（*Rivista storica del Risorgimento*，1895 年）等学术刊物——一切都鼓励着研究意大利历史的活动，但没有任何 1815 年以后的官方文件可供查阅。君主的声誉是重点保护对象，每当重要政治人物去世，政府将第一时间筛查他的文件，他与国王的私人信件和任何有失体面的物证都将被移至王家图书馆的安全储藏室。只有在极偶尔的情况下，个别受政府信任的学者才获准进入萨伏依档案馆，并被批准发表有文献支撑的（但经过严密审查的）近代政治史论文，但这种情况非常罕见。这种严防死守的管制手段也被用于维护加富尔的形象，他的信件在公开发表时被大幅删改——任何有关他对统一的怀疑，他在 1860 年对加里波第及民主主义追随者的浓浓敌意，以及他对意大利同胞极具攻击性的言论都被删得干干净净。[61]

权威之源: 国王、教会与议会，1870—1887

我希望教皇离开罗马，因为每当我从奎里纳尔宫向外看，梵蒂冈总是挡在我的眼前。这总是提醒着我——我和庇护九世都像是监狱里的囚犯。

维克托·伊曼纽尔二世致荷兰王后的信，
1871 年 11 月

绝大多数，九成以上的人民感到与我们的体制完全脱节。人民发现自己受制于国家，被迫用自己的鲜血与金钱服务国家，但并不觉得自己是国家重要的有机组成部分，对国家的存在及其相关事务根本不感兴趣。

西德尼·松尼诺，
众议院发言，1881 年 3 月 30 日

众议院再也得不到人民的任何支持。相反，它面临着普遍的嘲讽与讥笑。

《意大利晚邮报》，1879 年

教会与国家：罗马问题

1870 年 9 月攻占罗马后，意大利领导人面临两个选择。他们可以与天主教会正面交锋，积极宣扬国家的非宗教价值观；或者他们也可以采取和解的态度，通过圆滑的手法与含蓄的忏悔转移教皇的怒火。他们选择了后者。1871 年春，议会通过了《教皇保障法》(Law of Guarantees)，规定了教皇的特权以及教会同国家之间的关系。该法律慷慨赋予了教皇至高的地位与荣誉，宣布其不可侵犯。教皇有权保留武装警卫，配有专属外交代表，明确享有邮政与电报服务自由。国家放弃了对高级神职人员任命的诸多控制权，主教们不必宣誓效忠国王。正如批评者所言，这相当于建立了国中之国，使意大利在半岛最强大的精神力量面前毫无防御能力，因为教皇如今可以合法地抨击自由主义政权，任意指挥麾下众多神父、修士、修女、教众、学校、神学院、医院和福利基金会，传播他的旨意。教会的敌意毋庸置疑：许多温和派一度希望教皇自行放弃世俗权力，但这只是妄想——新法律公布当天，庇护九世发表通谕，轻蔑地拒绝了这种解决方案，要求恢复对教会领土的统治权。[1]

随后几年里，教会始终坚决反对意大利国家。尽管地方上时有非正式的迁就与妥协，但梵蒂冈直到 19 世纪末才真正走上缓和路线，面对高速传播的社会主义风潮，教会两害相权取其轻，选择自由主义作为抗击无神论唯物主义的有用盟友。与此同时，梵蒂冈为进一步扩大其在意大利社会中的广泛影响，鼓励信徒积极参与地方政府事务（教皇禁止天主教徒参与国家政务，但对教徒参与省市事务不做限制），还促进互助会、农村银行和合作社的发展，以此作为维护群众忠诚度、遏制个人主义和阶级冲突学说的手段。

1874 年，重要的教会组织"大会组织"（Opera dei Congressi）成立，在全国范围内统筹行动。[2] 有关和解的讨论时有出现，其中不乏秘密磋商（如 1887 年夏），但教皇清楚地认识到了自身鼓动冲突的能力与作为"梵蒂冈俘虏"的宣传价值，因此并不急于与国家达成协议。

但教会在象征层面上往往不予通融，经常与国家发生摩擦，国家遵循《教会保障法》而产生的问题也在这里暴露无遗。1877 年，著名民主派人士阿戈斯蒂诺·贝尔塔尼向议会报告了一个典型事件。此事涉及罗马一名爱国主义青年学生，他在临终前要求送葬队伍携带一面三色旗。然而，教区神父看到这面旗帜后拒绝靠近这具尸体，只要"那东西还在那儿"就不靠近。无论死者的亲友如何诚挚请求，神父坚持不松口，反复将三色旗称为"那东西"。一位大学教授站出来宣称："我们绝不会在任何枢机主教、教皇或暴君面前隐藏或降低自己的标准。我们以胜利者的姿态与爱国主义精神坚定地站在一起，那些天主教教士根本理解不了。"但教授的发言无济于事，神父的坚持换取了妥协：送葬队伍一分为二，死者的朋友们护送着三色旗更改路线前往教堂，与棺材分道而行。[3]

内政大臣指示，不得对该神父采取任何行动——只能动用"道德力量"，他说——贝尔塔尼只能对国家权威蒙受的巨大损害表示失望：

> 我想请问政府与议会：如今意大利存在这样一个公民阶级，他们手中的职权渗透进人民生活的方方面面，发挥着特殊的影响力，利用各种微妙的手段占据着天堂与人间的通路，时而与人便利，时而寻衅滋事，却总是密谋反对国家体制。这真

的可以容忍吗？他们本应受到两种权力的制约，一是绝对正确的君权，一是全民公投支持的政治与公民权力机构。[4]

鉴于意大利民族情感的脆弱，贝尔塔尼的愤怒完全可以理解。不过在1870年后，敢于展现强烈斗争意志的政治家相对减少。许多人本身就是天主教徒——尤其是右翼人士——许多人也担心对教会采取强硬手段只会进一步令群众与国家疏远。他们或许就像德·桑克提斯痛斥的"圭恰迪尼那类人"一样，无法坚决贯彻原则，倾向于息事宁人：不当着教皇的面鼓吹"意大利"，从而将摩擦的可能性降到最低。

维克托·伊曼纽尔自然也不愿向教会开战。他属于一个笃信天主教的王室，一向不愿攻击教会。而他（以及本身就是极端保守的宗教堡垒的宫廷）之所以远离罗马，或许不仅是出于对皮埃蒙特的忠诚，也源自对天主教的同情。住在从前属于教皇的奎里纳尔宫里，国王感到极度不安（他更想住在巴尔贝里尼宫，但它并不出售）。[5] 1870年底，他第一次短暂地来到"永恒之城"，随后也只是在11月召开议会或私会情妇时（他在庇亚城门外为情妇购置了一座别墅，常常穿着粗糙的户外服装驾车回到别墅，带着几只猎犬，谁看到都会以为他是一位"不错的乡村商人"）间或回到罗马。[6] 1871年11月，政府斥资450万里拉在波西亚诺城堡附近购置了一处大型狩猎庄园，以此鼓励他在罗马多待一段时间。但这只是白费力气。

国王与宫廷的缺失削弱了罗马作为王国新首都的象征力量，而尽管昆蒂诺·塞拉等人希望将罗马打造成现代化的大都市，但这座城市直至1870年后仍难以摆脱教皇的阴影，仍在艰难地给自己构筑一个新身份。卡尔杜齐尖锐地指出，意大利在罗马城里似乎如坐针毡。众议院设立在蒙特奇托里奥宫，那是一座没有历史背景的 17 世纪建筑，藏在梵蒂冈看不到的罗马市中心地段。尽管部分爱国主义政治家呼吁打造像华盛顿国会大厦与伦敦威斯敏斯特宫那样恢弘显著的建筑，但并未付诸实践。加里波第认为，新王国可以通过治理台伯河，结束几个世纪以来困扰罗马的洪水与瘴气来为罗马城打上王国的烙印——这是一项庞大的工程，既能改变首都的面貌，又能打破迷信，宣扬科学。尽管加里波第在生命的最后几年为其奔走操劳，这个想法仍然未能实现。[7]

19 世纪 70 年代，国家接管并出售了罗马的几十座修道院等宗教场所，掀起了一场房产买卖的狂潮，为财政上捉襟见肘的政府筹集了近 1 300 万里拉。天主教徒与"黑"贵族——奥代斯卡尔基、巴尔贝里尼、多里亚·潘菲利等名门望族——构成了主要购买力，他们无疑认为自己有责任将教会财产从无神论者手中"拯救"出来。据传言，教皇曾授权一位比利时高级教士购置土地与建筑，一旦教皇国复国，该教士就将这些归还教会。[8] 尽管政府的措施减少了教会在罗马占有的地盘，但神职人员的踪迹仍遍布城市之中，许多宗教团体争取到了继续运转的权利，还有的在被解散后又悄悄重组。1895 年，一份呈给政府的调查报告指出，罗马城仍有 160 个天主教修道院——只比 1870 年减少了约 40 个——容纳近 4 000 名男女成员。[9]

1876 年，左派上台后迫切希望罗马面貌焕然一新，银行不加甄别地向各路房地产开发商提供大量资金，以开展建筑工程。19 世纪 80 年代中期，约 8 000 名建筑工人涌入城市，脚手架随处可见，锤击声与砖石落地声永不停歇，优美的古老街道和宫殿为崭新的公共建筑及住宅所取代。在台伯河以西，普拉蒂区被打造为第三罗马的强势符号，坐落着宏伟的司法宫、政府大楼、兵营、高档住宅，以及宽阔的街道和异教徒风格的广场，它们皆被冠以反宗教、反教会的自由主义名字，如塞涅卡、西塞罗、格拉古、柯拉·迪·里恩佐、复兴运动和加富尔。正如城区规划者所言，普拉蒂区的建设旨在吞噬邻近的梵蒂冈并将其"埋葬"。[10]一条名叫"民族大道"（Via Nazionale）的主干道穿过罗马市中心，老城东北部的著名别墅和花园被卖给开发商并遭到破坏，其中包括卢多维西家族与卡普拉尼卡家族的产业。虽然市议会竭尽所能以规划方案控制银行与投机商，但收效甚微，许多地区在缺乏监管的情况下开展建筑施工，尤以郊区为甚。

在许多人看来，这酿成了一场深重的美学灾难。著名旅行作家奥古斯塔斯·黑尔（Augustus Hare）在 19 世纪 80 年代初表示："撒丁王朝长达 12 年的统治对罗马之美丽与逸趣造成的破坏，远超当年的哥特人与汪达尔人。"[11]优秀的青年诗人与小说家加布里埃尔·邓南遮于 1881 年抵达罗马，为贪婪卑鄙的牟取暴利者踩躏下城市千疮百孔的现状震惊不已。1893 年，他回忆起这段往事："铺天盖地的灰尘之中，一种建筑的狂潮扩张蔓延……那个时候，任何地方似乎都被庸俗粗野感染……对财富与权力的争夺无情而凶猛，一刻不曾停歇，斧头、铲子与坑蒙拐骗成为武器。"[12]弗朗切斯科·克里斯皮的马志尼主义思想使其更加敏锐地认识到了罗马的象征意义与潜力，他感到这座城市现在仿佛一个二流俗气的"廉价酒店"，并多次在议会中呼吁建立一个配得上新国家的首都："我们若想继续以罗马为都城，就必须在罗马打造意大利的形象，使得这座伟大城市的第三次生命与它的过去相称。"[13]

或许罗马城无论如何都无法实现复兴运动的浮华梦想，但它确实成了爱国者们幻想破灭后的宣泄口。在他们眼中，首都的缺陷恰恰象征着意大利的各种错误。教士与反教权者、温和派与民主派、中央集权派与反集权派在罗马的身份与地位问题上争执不休，任何连贯的城市重建计划都无法实施，许多公共建筑丑陋不堪，缺乏约束的投机热潮在 19 世纪 80 年代的可怕崩溃中终结……这一切都向愤怒的爱国者们宣告着新社会的分裂、道德缺失与物质主义。诗人卡尔杜齐是在 19 世纪最后几十年里抒发强烈不满的主要文人之一，他多次将时下的卑鄙猥琐（他在 1886 年的一次演讲中称之为"低劣小人的闹剧"）[14] 与"罗马"的光辉理想相比较。1881 年，他写下著名的讽刺诗，批判当时最重要的两位政治人物阿戈斯蒂诺·德普雷蒂斯和昆蒂诺·塞拉（从而也暗指整个议会）：

　　　　罗马，我的骄傲的灵魂飞向你的天空，
　　　　啊罗马，请把它收下，请用光芒包裹我的灵魂。
　　　　我到这里不是为了寻找你的琐屑，
　　　　谁会在提图斯拱门下寻找蝴蝶？
　　　　如果斯特拉代拉那个古怪的酒贩
　　　　在蒙特奇托里奥宫玩弄高卢人的鬼把戏，又与我何干？
　　　　如果比耶拉的纺织家拼命挣扎，
　　　　像蜘蛛在自己的网里挣扎，又与我何干？
　　　　拥抱我吧，罗马，晴空里，啊罗马，阳光照着我，
　　　　那是无垠的碧空下的神圣之光。[15]

　　美学上的批判，加之期盼意大利——被轻蔑地称为"小意大

利"（Italietta）——走出平庸泥潭的诗意理想，成为 19 世纪后期意大利文学盛极一时的主题。"上帝啊！意大利王国开创了丑态毕露的一代统治，"卡尔杜齐在 1881 年写道，"就连士兵的大衣和帽子都很丑陋，国徽和邮票更是丑不堪言。你还可能因感染黄疸病而变丑。"[16] 第二年，他呼吁进行高尚的战斗，用这种孤注一掷的手段将意大利民众从毫无希望的悲惨生活中解放出来："不管是奥地利、法国还是什么魔鬼的拥趸，至少要让意大利人光荣地死在敌人的炮火下！"著名作家卡洛·多西（Carlo Dossi）也认为意大利硬币上平平无奇的图案揭示出国家无可救药的道德堕落，让人想起拜占庭时期的低劣货币，"数字也是一样难看"。卡洛·多西曾在 19 世纪 80 年代末担任弗朗切斯科·克里斯皮的私人秘书，曾密切参与推动意大利通过欧洲战争实现精神复兴的计划。他对意大利硬币的拙劣设计感到非常遗憾，并认为意大利人的灵魂生来极具艺术敏感性，只需一点"微弱的火花，便能燃起熊熊烈火"。[17]

"第三罗马"未能成为新生意大利的强有力的、具有凝聚意味的象征。罗马虽然是国家的行政中心——也是教会的中心——但米兰才是"精神"之都，引领着全国商业、金融、出版、新闻与工业发展。其他城市则各自维护自己的传统地位，保持既有的文化与政治感召力。1870 年后，罗马城迅速扩张，人口规模在第一次世界大战前夕已经翻倍，达到 50 余万人，但仍少于米兰和那不勒斯。此外，罗马的居民缺乏凝聚力，公民身份意识淡薄，天主教徒与自由主义者、本地人与北方（随后是南方）移民之间存在明显的分歧——当地人轻蔑地称移民为"外国人"、"皮埃蒙特人"或者"卖栗子的"（buzzurri）。因此，自 19 世纪 70 年代起，这座城市便难以抑制日益增多的腐败与堕落现象——就像剧作家路易吉·皮兰德娄（Luigi Pirandello）对 19 世纪 90 年代罗马政治生活的描绘那般："到处都是泥浆和湿黏的液体，仿佛整座城市的阴沟全部泄漏，第三罗马的全新民族生活就浸没在这污浊腐败的臭水里……"[18]

国王翁贝托一世

1877 年 12 月底，维克托·伊曼纽尔得知了阿方索·拉马尔莫拉病危的消息。他始终没有原谅这位老将军酿成的库斯托扎之灾，十几年来拒绝与之联络。1866 年夏天的痛苦回忆无疑刻骨铭心。1878 年元旦，一队政治家代表团前来向他恭祝新年时，他原本对未来充满希望，声称意大利需要变得"强大，受人畏惧与尊敬"（但据《泰晤士报》报道，他实际所言太过极端，无法公开发表）。[19] 而 1 月 5 日拉马尔莫拉逝世的消息明显让他深受刺激，尽管身体状态不佳——他发烧了，全身发抖——他却还是强振精神发去一封唁电。随后他回到床上。这场可能由疟疾引发的高烧急剧恶化，国王很快面临生命危险。维克托·伊曼纽尔希望作为一名虔诚的天主教徒死去，他说如果不这样做，妻子将永远不会原谅他。教会方面表示反对，但最终同意为其举办临终仪式。国王的情妇希望去病榻边探望，但政府下令阻止：必须不惜一切代价避免丑闻。1 月 9 日凌晨，国王已进入弥留状态，半昏迷地倚靠在枕头上，达官显贵源源不断地前来探访，沉默地站在床前。国王的唇角不时浮现出淡淡的笑容。当天两点半，御医将耳朵贴近这位 57 岁君主的胸口，宣布意大利第一任国王驾崩。[20]

维克托·伊曼纽尔生前几乎谈不上是意大利民族国家的象征，

作为意大利王国（1805—1814）国王的拿破仑（Andrea Appiani，1805）

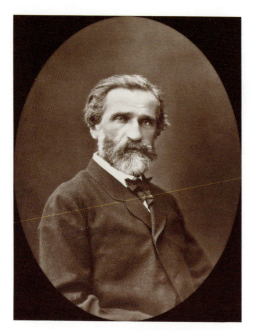

意大利著名作曲家朱塞佩·威尔第（1813—1901）（Ferdinand Mulnier，拍摄于约 1870 年）。本书书名便取自威尔第创作的著名歌剧《命运之力》

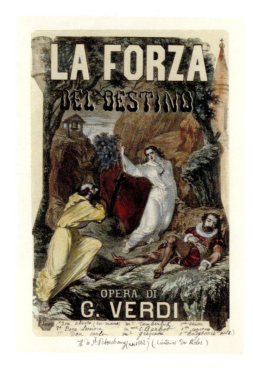

19 世纪六七十年代的一张《命运之力》的宣传海报

意大利著名雕塑家安东尼奥·卡诺瓦（1757—1822）为著名作家维托里奥·阿尔菲耶里（1749—1803）创作的纪念碑（1810 年落成，位于佛罗伦萨圣十字教堂中）

著名诗人贾科莫·莱奥帕尔迪（1798—1837）的雕像，位于其家乡雷卡纳蒂

上左 著名作家、《约婚夫妇》作者亚历山德罗·曼佐尼（1785—1873）（Francesco
　　　　 Hayez，1841）

上右 著名文学评论家、教育家弗朗切斯科·德·桑克提斯（1817—1883）
　　　　 （Francesco Saverio Altamura，1890）

下左 作家、统一运动重要领导人朱塞佩·马志尼（1805—1872）（Domenico Lama，
　　　　 1907 年刊出）

下右 19 世纪意大利最杰出的画家之一弗朗切斯科·阿耶兹（1791—1882）的自画
　　　　 像（1878）

阿耶兹的代表作《彼得罗·罗西》（1818—1820）

阿耶兹的另一代表作《帕尔加的流亡者》（1826—1831）

阿耶兹的《新约与旧约冥思》（1850），画中的少女是意大利的拟人化

统一运动重要领导人、意大利王国首任首相卡米洛·加富尔（1810—1861）（Michele Gordigiani，创作于 19 世纪 50 年代）

1848 年 3 月 4 日，卡洛·阿尔贝托签署皮埃蒙特《宪章》（佚名，创作于 19 世纪后半叶）

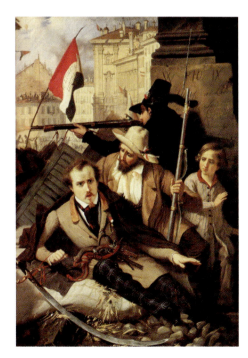

1848 年 3 月 18—22 日，米兰
五日（Baldassare Verazzi，创作
于 1886 年之前）

1849 年 3 月 23 日，皮埃蒙特军队在诺瓦拉被奥地利军队击败。图为奥方指挥官拉德茨基将军在视察战场（Albrecht Adam，1855）

1859 年 6 月 4 日，马真塔战役，拿破仑三世指挥的法国—皮埃蒙特联军战胜奥地利军队（Gerolamo Induno，1859）

1859 年 6 月 24 日，索尔费里诺战役，拿破仑三世指挥的法国—皮埃蒙特联军再次战胜奥地利军队（Carlo Bossoli，1859）

加里波第进入那不勒斯（Franz Wenzel Schwarz，1860）

加里波第穿过的红衫（收藏于米兰复兴运动博物馆）

1860 年 10 月 26 日，维克托·伊曼纽尔二世和加里波第在意大利南部的泰阿诺小镇会合（Pietro Aldi，1886）

1860 年 11 月 7 日，维克托·伊曼纽尔二世进入那不勒斯（Ippolito Caffi，1860）

1866 年 6 月 24 日，库斯托扎战役，意大利军队被奥地利击败（Juliusz Kossak，1868）

1866 年 7 月 20 日，利萨海战，意大利舰队被奥地利击败（Carl Frederik Sørensen，1868）

一幅表达威尼斯（狮）想要加入意大利（女神）的寓言画（Andrea Appiani jr.，创作于 1865 年之前）

1866 年，意大利趁普奥战争之机合并了威尼斯。图为维克托·伊曼纽尔二世进入威尼斯时的情景（Gerolamo Induno，1866）

1870 年 9 月 20 日，意大利炮兵在罗马庇亚城门附近的墙上轰出一个洞，进入罗马（Carlo Ademollo，1880）

上左　维克托·伊曼纽尔二世（1861—1878 年在位）（Elizabeth Siddal，1859）

上右　翁贝托一世（1878—1900 年在位）（Luciano Nezzo，1879）

下左　维克托·伊曼纽尔三世（1900—1946 年在位）（Arnaldo Casella Tamburini，1902）

下右　翁贝托二世（1946 年在位）（Philip de Laszlo，1928）

1887 年 1 月，道加里战役，一支意大利军队遭埃塞俄比亚人突袭，全军覆没
（Michele Cammarano，1896）

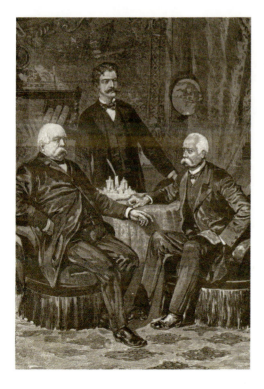

1887 年，俾斯麦和克里斯皮在腓特烈斯鲁厄举行会谈（佚名，1887）

朱塞佩·佩利扎·达·沃尔佩多创作的名画《第四等级》（1898—1901），画中成群结队的劳动者，有男有女，带着梦幻般平静的神情，自信地从黑暗走到明亮的阳光下，这为社会主义提供了强有力的视觉形象

1896 年 3 月 1 日，阿杜瓦战役，意大利军队被埃塞俄比亚军队击败（创作于约 1896 年）

1911 年，在利比亚的黎波里与奥斯曼帝国军队作战的意大利士兵（1911）

著名作家、民族主义者加布
里埃尔·邓南遮（1863—
1938）（拍摄于1904年之前）

1919年，邓南遮率人占领阜姆（1919）

1916 年 8 月 9 日，第六次伊松佐河战役后，意大利军队攻占奥地利的戈里齐亚镇（1916）

"一战"中意大利著名的阿尔卑斯山地部队（Agence Rol，1915）

意大利首相奥兰多（左二）与巴黎和会"三巨头"在一起（Edward N. Jackson，1919）

菲亚特创始人乔瓦尼·阿涅利与国王维克托·伊曼纽尔三世乘坐一辆菲亚特豪华轿车（1923）

贝尼托·墨索里尼（1883—1945）（拍摄于 1937—1940 年的某个时间）

1922 年 10 月进军罗马中的墨索里尼（1922）

1936 年 5 月，埃塞俄比亚皇帝海尔·塞拉西一世流亡英国的途中经过耶路撒冷（1936）

1936 年 5 月，进入埃塞俄比亚首都亚的斯亚贝巴的意大利军队（1936）

希特勒和墨索里尼 1940 年 6 月在慕尼黑（Eva Braun，1940）

1940 年 9 月 27 日，德意日三国在柏林签署《德意日三国同盟条约》。图为签约现场
（Hoffman，1940）

1940 年 6 月，翻越阿尔卑斯山入侵法国的一支意大利阿尔卑斯山地部队（1940）

1942 年阿拉曼战役后被俘的意大利士兵（1942）

1943 年 8 月 10 日，正在登陆西西里的一支英国军队（1943）

1945 年 4 月 28 日，墨索里尼及其情妇被意大利游击队处决，其尸体随后被吊在米兰洛雷托广场上示众（1945）

1947年12月27日，意大利临时总统尼古拉签署《意大利共和国宪法》（1947）

1980年8月2日，意大利博洛尼亚火车站发生一起恐怖袭击，造成84人丧生（1980）

菲亚特 500，意大利战后"经济奇迹"的象征

2009 年 4 月 29 日，意大利总理西尔维奥·贝卢斯科尼在欧洲人民党大会上发表演说（European People's Party，2009）

但他将在死后弥补此事。他将被葬在罗马：来自都灵的代表团本希望将他的遗体与其祖先的安置在一起，却被置之不理，只好带回了他的佩剑、头盔与勋章。葬礼盛大而肃穆，由内政大臣弗朗切斯科·克里斯皮精心策划，成为全国团结一心的高光时刻。庞大的人群涌入罗马，或许有 20 万人之多——大多是被高折扣的火车票吸引。人们争相一睹那 8 匹披着黑纱的骏马牵引的镀金灵车，它从奎里纳尔宫缓缓穿过街道直抵万神殿，棺材上静静放置着鲜花与花环。军乐奏响，浩浩荡荡的士兵引领着送葬队伍，从黄昏到黎明，每隔一分钟就有礼炮在罗马上空打响。维克托·伊曼纽尔的侍从武官佩着他的剑骑行在灵车前方，身后跟随着他在 1859 年圣马蒂诺战役中的爱骑。与此同时，葬礼仪式亦着重强调维克托·伊曼纽尔的立宪君主身份，将他突显为整个民族国家的化身。棺材的两侧是两院的 4 位最高官员，而护卫队成员包括全国全社会各阶层代表：众议员、参议员、省长、警察、市长、市议员、法官、医生、工程师、商人、地主、学者、艺术家、教师、学生、工匠、工人，甚至阿尔卑斯山的导游。[21]

葬礼标志着将维克托·伊曼纽尔神化为不朽"国父"过程的开始，随后，大量献礼与纪念性的书籍、小册子、印刷品纷纷涌现，2 月 16 日，凯鲁比尼的《安魂曲》（*Requiem*）在万神殿上演。大约 300 名代表受邀来到殿内，此外还包括大臣、大使、宫廷成员、外国王室成员等诸多重要人物（还有三个空位被留给被废黜的那不勒斯国王及其家人）。140 个覆着白色薄纱的星形盒子镶嵌在天花板上，由点燃的煤气灯照亮，巨大的穹顶仿佛闪闪发光的星海。墙壁上悬挂着全国各主要城市的徽章与颂扬国王团结意大利人民的铭文："意大利失序的疗愈者""殉道王之子"——

他为父亲复仇并建立了统一的意大利。一颗代表意大利的巨大星星被放置在穹顶中央的采光孔上，其下方矗立着金色与黑色布料覆盖的灵柩台，两侧立着 4 座狮子雕像与代表信仰、希望与慈善的雕像。棺材其实是空的——防腐工作出现重大失误，尸体被匆匆安置在小教堂中。[22]

维克托·伊曼纽尔的逝世对自由主义的意大利而言是一道分水岭。许多政治家对未来深感担忧：如今，又有谁能拥有足够的道德权威，能够将意大利人从派系斗争中拯救出来，抵挡教会的阻扰与社会主义的浪潮，防止脆弱的新国家架构分崩离析？维克托·伊曼纽尔确实有诸多不足之处，但他至少拥有确保国家统一与共同作战（虽然不是总能打赢）的威望。况且，他或许稍显粗鲁、有失庄重且缺乏政治才干，但他身上朴实的草根气质可能最终促使大多数民众萌生了爱戴之情。而他的长子作为下一任国王，能否顶替他的位置？目前的迹象并不乐观。翁贝托（他明智地选择翁贝托一世作为名号，没有遵从皮埃蒙特方面提出的"翁贝托四世"）是一位乏味无趣、相貌平平而智力不足的国王，只能通过频繁的拈花惹草填补内心深处的不满足。他最大的优势在于他的妻子（也是表亲）玛格丽塔，这位金发碧眸的女子性格强势，在文化方面兴趣浓厚。王室的宣传者们对她（以及死去的维克托·伊曼纽尔二世）寄予厚望，试图为意大利王室增添一道合适的光环。

他们需要营造一种神秘感。包括共和主义者在内的大多数意大利政治家都在 1860 年后认识到，王座是维护意大利统一的最大希望。"君王将我们团结在一起，而共和制只会造成分裂。"1864年，弗朗切斯科·克里斯皮在议会的一席话博得众人喝彩；其中的主要原因在于，大众与统治阶级之间存在着难以逾越的深渊。正如哲学家安杰洛・卡米洛・德・梅斯（Angelo Camillo De Meis）写于1868年的著名文章所言，在现代社会中，受教育者（"思考者"）与未受教育者（"感受者"）的领域是两个极端，在意大利尤其如此，不能指望信奉天主教的穷人认同自由主义的无神论抽象理念。只有一个方法能使两方阵营团结起来，防止国家在血腥的内战中四分五裂，那就是建立一个"光荣的民族王朝"，这个王朝同时体现"人民的宗教的、保守的本能"和精英们的宪政愿望。[23]

但萨伏依王朝的光辉稍显不足。1878年11月17日，一名年轻的无政府主义者试图在那不勒斯刺杀新国王，暴露出王室神秘感的局限性。多亏首相贝内代托・卡伊罗利（Benedetto Cairoli）奋勇相救，国王翁贝托才逃过一劫。这位曾经的共和主义者扑向袭击者，抓住他的头发并挡开利刃。"萨伏依家族的尊贵诗意已不复存在。"王后悲伤地评论道。[24]随后数日，佛罗伦萨和比萨遭遇一系列恐怖爆炸袭击，数人丧生。公众普遍感到国家政权摇摇欲坠，它正受到颠覆分子与数百万心怀敌意的意大利贫民的威胁。正如内容权威而立场相对克制的《新文选》（Nuova antologia）在袭击发生后评论的那样：

> 我们不禁深思，假如一向受到天意保护的意大利此次遭遇不幸——国王真的遇刺身亡——一场可怕的灾难将瞬间吞噬一切，只有奇迹才能阻止灾难。而就是这样恐怖的烈火，已经在我们的脚下隐隐生烟！[25]

即使是弗朗切斯科・克里斯皮等坚定的民主派人士都意识到，如今必须对政治自由做出限制。克里斯皮向议会指出，意大利无法承受英国式的政治自由，"在那里，对君主的崇敬与宗教情感深深扎根于人民心中，无人胆敢冒犯君王与宗教，也无人能够容忍它们受到冒犯"，会议总是在"上帝保佑女王！"的颂词中结束。相比之下，意大利人的爱国忠君之情是浮于表面的。[26]

19世纪80年代至90年代，政府为将君主打造为民族凝聚力的真正象征而费尽心血。一座巨大的维克托·伊曼纽尔大理石纪念堂"维托里安诺"在卡匹托尔丘脚下的威尼斯广场动工（最初有一些拖延：1880年在全球征集设计方案时，获胜者为一名法国人，国内爆发了强烈抗议，要求仅限国家内部重新征选），[27]1884年1月，为纪念维克托·伊曼纽尔逝世6周年，万神殿举行了一次"朝圣"（pilgrimage，官方指定名称），数以万计的"朝圣者"涌向万神殿，向这位已故国王致敬。维克托·伊曼纽尔的灵柩被搬出来，放置在圆形大厅中的巨大灵柩台上。新一轮纪念文学热潮随之席卷而来，维克托·伊曼纽尔被描绘为"和谐一致"的使者，[28]政治家、作家和艺术家通过演讲、书籍与绘画歌颂君主，宣扬维克托·伊曼纽尔与其父为民族统一做出的贡献，声称萨伏依王朝几个世纪以来一直致力于意大利建国的伟业。音乐家也参与其中。威尔第为歌剧《西蒙·波卡涅拉》（Simon Boccanegra）增添了一个新章节，讲述14世纪热那亚总督行使统治权，驯服了不服管治的臣民，制止了他们根深蒂固的派系斗争和阶级斗争。"手足相残者！庶民们！贵族们！有着野蛮历史的人们……当兄弟们在内乱中自相残杀……我哭喊着：和平！我哭喊着：爱！"这一章节在1881年3月首演，观众反响十分热烈。[29]

然而以君主作为意大利凝聚力的象征具有严重局限性。翁贝托虽然喜欢军事演习与阅兵仪式，但他的形象显然不如父亲那般冷峻尚武。他被称为"好国王"，与魅力无限的妻子巡视全国，向学童发放奖金，会见穷人，并为自然灾害与流行病的受害者们施以安抚与支持（例如，1884 年他访问那不勒斯体察霍乱疫情，广受好评）。然而，王权未能超然于政治之上，这使其变得脆弱。国王有权指定首相，有时可以违背议会的意愿行事——如 1892 年任命乔瓦尼·焦利蒂——但结果可能十分尴尬。更重要的是，在外界看来，君主与军队关系密切，因此 1894 年西西里与 1898 年米兰的军事管制等极具争议性的措施可能会对他个人造成负面影响。在国际政治层面上，萨伏依王朝的声望也与外交政策息息相关，因此从 19 世纪 80 年代起，意大利在国际舞台上的形象日益强硬好战。对于脆弱不堪、死气沉沉的意大利君主制而言，一场军事胜利将带来巨大回报——这也是克里斯皮这样的首相情愿在翁贝托的怂恿下玩火的原因。但如此高风险的战略一旦失败，代价将极为高昂。

议会

19 世纪八九十年代的君主崇拜部分缘于议会威信的衰弱。复兴运动中的爱国者们从未真正拥护代议制度：尤其对于民主派而言，议会往往是有产阶级争取派系利益的工具，因而危害着"人民"和"民族国家"。普选不失为一种潜在解决方案，许多左派人士自然有志于此。但在实践层面，考虑到民众仍然受到地主的压迫与神职人员的支配，似乎很难将投票权放心交给人民。因此，意大利代议制政府是在怀疑的眼光中诞生的，一旦爆出腐败或滥用特权的证据——如 1868—1869 年的烟草垄断丑闻（一些议员被指控利用欺诈手段中饱私囊）——悲观情绪便迅速发酵为普遍的鄙夷和厌恶。1873年，一位重要的极左派成员在给友人的信中写道："议会是个肮脏的猪圈，就连最诚实的人都会沾上荤腥，失去体面而不知羞耻。"[30]同年，另一位颇具影响力的民主派人士发表了一份针对意大利政治制度的重要研究报告，指出议会只是一群"愤怒宗派的集合，他们相互厮杀争夺政府的控制权……派系——不是说政党——好比阴谋集团，只受一己私利驱使"。[31]

1876年左派掌权，也未能改变议会的负面形象。事实上，舆论的评价急转直下，保守派唯恐阿戈斯蒂诺·德普雷蒂斯和贝内代托·卡伊罗利政府承诺的扩大选举权政策将向难以管治的大众敞开政治大门。早在1882年选举改革方案通过以前，许多右派人士已经指出议会变得越发粗俗了，蒙特奇托里奥宫挤满了生面孔——1876年选举产生的议员中有三分之一此前从未进入过议会——他们大多不属于任何党派，缺乏政治经验，之所以支持左派，似乎更多是为了摆脱温和派的严苛财政政策，而不是出于对民主或自由的真正关切。毫无疑问，老派自由主义者们对议会新成员的蔑视充满着趾高气扬的偏见，但对议员素质下降的看法或许是有根据的。托斯卡纳人费迪南多·马丁尼（Ferdinando Martini）对同僚们的无知感到震惊，他记得内政大臣乔瓦尼·尼科泰拉（Giovanni Nicotera，南方人，曾经追随马志尼）曾在演讲中被塞了一张写着"都铎王朝"的纸条，却反复将其误读为"特奥多罗国王"。[32]

在19世纪末的大众时代，许多西方国家议会普遍面临危机。但在意大利，黑暗的焦虑之源特别助长了这些危机。无论复兴运动带来了何种希望，历史上纪律涣散与分裂的流弊似乎没有得到任何改善。如果意大利人依然受困于数百年来的颓废陋习，那么建立在代表制基础上的政治体制除了如实反映这些陋习，建立一个堕落的议会以外，还能怎样呢？1876 年 11 月，一位温和派领导人物在调查议会现状时写下了但丁式的评论："今日的意大利仿佛狂风暴雨中的一艘船。船长在哪？我看不到。"[33] 而其他许多右派和左派旁观者亦通过同样不安的历史滤镜来看待现在。1880 年，德·桑克提斯曾对听众提到，议会中日益严重的混乱局势让人回想起中世纪暗无天日的宗派斗争乱局。"自 1860 年以来，多少大臣倒台，多少热情与野心私欲被挑起，又涌现出多少对立团体和个人团体！啊！关于团体与危机的故事已不新鲜，它是持久折磨意大利的古老疾病……"[34]

议会的缺陷很难补救，因为从基层选民开始，政治体制的每一层级似乎都问题重重。正如德·桑克提斯所言，在任何一个自由主义政权中，选民都常常在私人利益与公共政治考量的双重驱动下支持某位候选人，但二者的平衡至关重要。而在意大利这样的国家，人民缺乏自由的经验，集体性的主张被广泛当作"个人目的的通行证"。他指出，人们只会支持那些为自己或当地创造最好经济、工作、司法保障的议员，因此把票投给了那些"最有势力的人，而非最诚实和有才华的人"。如果社会普遍尊重并维护某种良好的原则，效果当然很好；但如果游戏规则只是口头承诺，谁会傻到把"意大利"这样遥远事物的需求置于家人和朋友的利益之上？这就又回到了知行合一的古老问题。依照德·桑克提斯的说法，每个人都庄严地宣布议员乃民族国家的代表，但心里都悄悄加了一句："道理的确是这样，但在理论与现实之间存在巨大差距。所以我们回到了起点。"[35]

地方势力构成了严峻问题。农村社会大多由少数富豪世家控制，这些人利用自身的威望、人脉与社会经济手腕控制选举。各种贿赂形式可谓司空见惯——金钱、礼品、工作机会、贷款——而在南方许多地区，匪帮或黑手党等暴力人士被广泛利用来恐吓选民。选举日常常办得像狂欢节一样，地主们在乐手、神父和达官显贵的陪同下，将支持者们组成一支封建军队，向投票站列队前进。即使不能确保选民投给预想中的人选——投票毕竟是保密的——也还有各项措施能够引向理想的结果。选票可以被预先填好，而后发给选民（选民只需像开收据一样原封不动交回去）。人们还可能根据指令以不同方式指称候选人，或者故意拼写错误，让它变成"个人票"，以备日后检查。计票员也可能迫于压力，以技术问题为由将竞争方的选票作废。1870年，弗朗切斯科·克里斯皮在西西里西部卡斯特尔韦特拉诺的选举中落选，因为所有写着"Francesco Crispi"、"Crispi"或者"Grispi"（西西里常常将C和G混用）的选票都因没有写出他的全名和律师头衔而被宣告无效。此事令克里斯皮怒不可遏。[36]

1875年，当德·桑克提斯40年来第一次回到家乡莫拉伊尔皮诺，参加一次最初结果受到质疑的选举时，他满怀信心，认定自己的名誉与国内地位能够超越派系纷争，使自己获得全票通过。但令他失望的是，自己所有有关和谐团结的激情演讲都仿佛对牛弹琴，最终他只得到了20张新选票。正如当地神父向他解释的那样，他一切为了"意大利"、超越狭隘地区纷争的言论对大多数城镇居民而言毫无意义：

> 您请看，在这些小地方，全部世界仅限于这弹丸之地。教堂的塔楼是这片小小天空中最亮的星。在这里，您口中的无关紧要的地方争执，就像法德之间的国家竞争一般承载着人们的

激情。每个人都有自己的伟业。孩童的伟业是他们用纸牌搭成的房子，镇民们的伟业是夺取市政厅的控制权。您将这些称为无关紧要的小事，还想要代表每一个人，但这意味着无法代表任何人……所谓道德热情不过虚幻的光影。粗暴的激情与利益才属于人间，您的事业必须着眼于此。[37]

选举中的违规行为也不仅是肆意妄为的地方势力与宗派主义的产物，其中亦有政府的参与。各省省长、副省长作为政府的地方代理人往往明目张胆地出手干预，帮助一方候选人击败对手。方法有许多种，包括骚扰或逮捕反对派支持者，禁止反对派集会，查封反对派报纸，以及下令国家官员（包括警察）利用职权为政府支持的候选人争取选票。编制选民登记册是一种极端强力的控制工具——文化与纳税水平是投票资格的两个主要指标，但文化程度非常难以界定，可操作空间非常广。直到 1894 年，编制选民名单的权力一直掌握在市议会手上（伴随着党派干预的风险），而后名单由各地长官审核，他们可以随意增减姓名。因此在 1867 年，那不勒斯省长为确保伊波利托·马希（Ippolito Masci）在第 12 选举团的决胜战当中当选，从地方议会提交的名单中删除了 204 个名字，并增加了187 个新选民。[38]

人们有权对违规行为提起上诉，将其交由议会委员会调查，选举结果作废并重新举行选举的情况并不少见（但有时，议会在查明违规现象后依旧支持选举，暴露出选举系统另一层级的失职）。[39]尽管存在审查制度，人们普遍感到意大利选举程序漏洞百出，可行性日益降低。到 19 世纪 80 年代初，作家和新闻工作者的谴责声已呈歇斯底里之态。反议会小说的流行（19 世纪末 20 世纪初共有几十部）以及《拜占庭编年史》(*Cronaca bizantina*)、《纳巴布》(*Nabab*)等知名期刊和《考丁岔口》(*Forche Caudine*，几乎完全由彼得罗·斯巴尔巴罗（Pietro Sbarbaro）一人撰写，因大肆抨击政治丑闻与营私舞弊而在 19 世纪 80 年代中期达到了 15 万份的发行量）等报纸的出现见证着公众对意大利自由主义的印象，这种印象往往是粗糙的、负面的。政治理论家也加入了批评者行列。1884 年，西西里政治理论家加埃塔诺·莫斯卡（Gaetano Mosca）在目睹了意大利选举中频频出现的"数以千计的不公正行为、权力滥用和残暴行为"后，写下了一篇严厉的批评文章，斥责议会制政府是少数人为服务自身而施于多数人的专制。[40]

政府为何无法遏制选举腐败？部分原因在于他们认为自己不能。评论家们乐此不疲地对议会与政客大加批判，往往使用最严厉的措辞，却习惯性忽略自己也参与了这一制度的造就和维持（"选民们，你们要对自己的问题负责，"1880 年，德·桑克提斯少见地直言道，"是你们在创造意大利的全新历史"）。[41]地方政府认为，它们有权利，甚至有义务为己方候选人出手干预（效仿法国自由主义模式），这主要是因为缺乏可供依赖的固定政党机制。而自相矛盾的是，政府干预选举的首要原因来自对意大利自由主义脆弱性的深刻认知：反动者和颠覆分子（教士、共和主义者、激进分子，有时还有社会主义者）的威胁无处不在，如果当局不能竭尽全力确保自己人被选进议会，宪法规定的自由价值如何得到维护？当然，此类专横行为很可能是搬起石头砸自己的脚，但在自由主义游戏规则普遍遭到忽视的情况下，他们面临着几乎无解的困境。

经过数年的艰难商议，意大利于 1882 年推出了新的选举法。右派人士尤其认为，扩大选举权并不能弥合政府与被统治者、"合法"与"现实"之间的裂痕：鲁杰罗·邦吉认为，将选举权赋予那些尚无"国家意识"的人，只会"危害体制与君权"。[42] 激进派、共和派和社会主义者是保守人士的主要提防对象，这也是保守人士之中竟有人支持普选的原因——没有文化的农村民众都是温顺的天主教徒，他们能为体制提供安全保障。左派则更加担心教会的余毒，不愿轻易赋予农民选举权。尽管左右两派同样对工人阶级的无知与缺乏爱国情怀深感忧虑，但整个西方世界对社会问题的讨论是如此执着和紧迫，拒绝民主改革就好比政治自杀。此外，若不将政治责任给予民众，又如何培养出他们的"国家意识"？

1876—1887年主导议会的阿戈斯蒂诺·德普雷蒂斯内心抵触改革，这位定期将白胡子染灰以增强气质的皮埃蒙特人谨慎细心、和蔼可亲，在上任之初提出实行免费的义务初等教育、加强地方自治、实施权力下放与扩大选举权，但这些改革举措并非出自真心实意的信念或原则——虽然他不够强势，许多人同他谈过话后都认为获得了他的支持——而是因为他感到必须做些什么（越少越好），以防止不满情绪在全国爆发。他在1879年提出一项举措，几乎能使选民数量增加一倍。而根据社会中的普遍看法，该措施的改革力度依然不够。两年后，他向议会提交了一份更加激进的提案，将投票权赋予所有完成了两年小学教育，或服完了义务兵役，抑或每年至少缴纳19.80里拉直接税款的21岁以上男性公民。法案通过后，意大利选民从62万增加至200多万。如此一来，教育程度取代财富成了选举权的主要标准：此前，约80%选民是通过纳税获得选举资格的。

新法案的核心是实行政党名单比例代表制（scrutin de liste）。此前508个由单个议员代表的选区被整合至135个较大选区，选民依照偏好投票制（preference voting）从竞争名单中选出 2~5 名议员。此举部分目的在于确保城市工人阶级势力被保守的农村选民稀释，但以弗朗切斯科·克里斯皮为代表的方案支持者所期待的是，地理范围更大的选区和人数更多的候选人名单能够打破地方利益对选举的束缚，同时促进有组织政党的建立，以"全国性"方案吸引选民。克里斯皮表示：

> 我坚信，必须强迫选民突破所在城镇限制，更广泛地了解这个国家……收买 400 个选民是可能的，但收买几千个选民就没那么简单了；小范围选区可能受到干预，但以整个省为单位则不太可能……我希望政党名单比例代表制能够使议会国家化，也就是说，先生们……将来进入这个大厅的人应该忘记他们的出生地、教区、地方关系，以及出身地区的愿望、需求和要求，而受到单一理念与概念的驱动——国家的利益。[43]

然而，政党名单比例代表制的美好愿景并未实现，意大利在 1891 年恢复了单人选区制度。贿赂腐败有增无减，选举权的扩大非但没有削弱地方利益对选举的主导权，反而意味着候选人（和议员）必须花更多时间满足主要选民的要求。与过去一样，政治家的日常任务主要是提供工作、晋升、奖章、抚恤金、贷款、许可证和合同，他们必须花费巨大精力答复来自当地支持者的无数"推荐信"。他们倒不一定要满足这些需求，重要的是让人们保持希望。选区范围扩大后，政治家们也没有按预期竞相提出政治方案，反而通过与对手谈判避免公开竞争的不确定性，他们往往如做复杂的赛马交易一样划分地盘和选票。正如某知名报刊在 1891 年悲叹的那样，议会制度的缺陷显然是由于统一的意大利未能成功改造意大利人民，而非由于国家的结构性问题："只有政治教育能改善我们国家的现存问题，但说实话，现在还毫无迹象。"[44]

政治家竭力满足选民的需求，议会被各种地方性事务搅得不胜其烦。许多议员选择游走于大臣和未来大臣之间，以手中的投票权换取对自己有利的条件，而不是根据施政方案优劣决定其支持的政府班子。因此议会投票不可预测，这也是政府经常倒台的重要原因之一：1861—1900 年，意大利共经历了 35 届政府。这也有助于解释议会为何难以通过重大改革方案，以及为何这些方案即便通过，也常常缺乏一致性：它们通常是大量错综复杂的利益交换的结果。1886 年 5 月，一名议员在发言中描述了议会那狂乱的自由市场氛围：

> 你真该看看重要投票临近时蒙特奇托里奥宫的景象。政府官员为了获得支持在房间里横冲直撞，在走廊上跑来跑去。为了当选，他们什么都能答应：补贴、奖章、运河、桥梁、道路；有时候，长期悬而未决的法律也能成为议会投票的筹码。[45]

我们可以从许多蛛丝马迹中看到，选区内部的利益不只是权宜性选举的结果，例如，近几年新修的铁路中有许多绕了不必要的弯路。事实上，大多数议员都在情感上归属于家乡而常常罔顾国家义务。正如新闻界常常哀叹的那样，议会缺席现象严重，在统一后的最初几十年里，愿意出席的当选议员不过半数。因此，众议院常年人数不足（不够全体议员的半数加一），导致许多投票严格来说是无效的（1870—1871 年立法机构做出的决定中，90% 都是这种情况）。[46]一些议员或许是远离首都以示抗议，另一些可能出于经济原因无法参加（毕竟没有议会津贴），但大多数议员似乎只是不愿为本省以外的事务操心——比如马尔科·米尼斯卡尔基·埃里佐（Marco Miniscalchi Erizzo），他在 19 世纪 80 年代至 90 年代对议会的贡献微乎其微，仅仅向公共工程大臣提议调查其家乡维罗纳至附近的圣乔瓦尼-卢帕托托的铁路干线存在的问题，并建议在彻底研究米兰新门车站计划之前，暂时搁置维罗纳主教门附近车站的修建计划。[47]

在德·桑克提斯、克里斯皮等志存高远的政治家看来，解决议员们缺乏责任感、地方主义猖獗与私下交易问题的方法是建立有纪律的政党，他们时不时发表慷慨激昂的呼吁，希望意大利效仿英国议会模式，为"左""右"标签构建真正的政治实体。但这些呼声没有激起任何回响，其中一个原因在于，同复兴运动时期一样，政党如今依旧被认定会妨害国家统一，与那些侵犯个体与集体自由的派系无异。人们普遍（且有充分理由）担心，组织完备的政党只会使意大利的宪政版图支离破碎，反体制力量——教士、地区势力、共和派、社会主义者——将借势崛起，使国家回到过去的混乱状态。正如著名立宪主义者多梅尼科·扎尼凯利（Domenico Zanichelli）在 1900 年所言，政党可能"在新意大利重现中世纪时期悲伤而独特的特质，数百年来的压迫与牺牲正是源于这些特质"。[48]不过，大部分政治家也看不出政党能带来什么好处，他们的权力很大程度上取决于在议会中自由斡旋，最大程度地满足选民的要求。

到 19 世纪 80 年代初，情况似乎进一步恶化。选举改革在议会的左右两派间都催生出严重焦虑，一种观点认为旧式的左、右集团应该"转变"为广泛的中间派联盟，以保护政府机构免受"狂热煽动"的摧残（马尔科·明盖蒂在1881年写下的一封信中如此描述）。[49] 所谓的"转变主义"（transformism）并非什么新鲜主张（加富尔就曾出于相似目的在19世纪50年代建立中左翼联盟），也并非意大利独有：法国的"机会主义"与之相似。起初，这种立场也并无负面含义：19世纪70年代，中间路线在瑞士杰出的政治学家约翰·卡斯帕·伯伦知理（Johann Kaspar Bluntschli）的拥护下成为流行理论，他认为中间路线本质上是进步的，如同一种进化。[50] 但意大利的问题在于议会面临普遍反感，国家"堕落"引发的焦虑与日俱增——1881年春天政府未能阻止法国占领突尼斯，极大地助长了这种情绪。"转变主义"因而很快被卷入憎恨的旋涡，成为打击统治阶级的另一根棍棒。正如卡尔杜齐在1883年初所写：

> 转变主义是个丑陋的词，更是一种丑陋的事物。将一个人从左派变为右派，既不完全是右派，也不完全保持左派。仿佛但丁地狱中的盗贼——既不是人也不是蛇，但毫无疑问是一种爬行动物，一种将两种形态合而为一的畸形爬行动物。它们无法说出理性的语言，它们消化不良且口水淋淋。[51]

意大利政界中的立场界限模糊不清，许多知名知识分子和政治家感到议会正陷入无原则派系分裂的泥潭，仅靠圆滑而本性善良的德普雷蒂斯的讨价还价勉强维系（同时代某位知名人物将他比作英国的抽水马桶，任污秽之物通过却能保持清洁），[52] 因而痛心疾首地着手对议会制度展开分析，其中包括邦吉、明盖蒂、亚奇尼、龙勃罗梭和奥兰多。在19世纪80年代，这些缺陷似乎尚且有待矫正；

但到了 90 年代，残存的乐观主义烟消云散，在达尔文主义和伊波利特·泰纳（Hippolyte Taine）所著当代法国史等有力研究的推动下，一种有关社会本质与进化的全新观点广泛传播，引发了恐慌情绪。若是民族国家如同自然有机体一般，在超出人类理性的领域缓慢进化，那会怎样？依照抽象理念建立并强加给民众的国家（如18 世纪 90 年代的法国与 19 世纪 60 年代的意大利）有可能运转良好吗？难道不应对国家体制进行调整，以适应民族的特殊秉性与心理条件吗？正如一份主流报纸所言，议会"衰弱、无用且有害"[53]，无法起到教育意大利人民的作用，也无法创造出复兴运动理想中的全新意大利。但是，又有什么替代方案呢？

第五章

战争，1887—1918

弗朗切斯科·克里斯皮与"欧洲新秩序",1887—1891

他目光如炬,机敏,善于表达而且变幻莫测;这个男人极端强势而且诡计多端。但这双眼睛少了点什么!克里斯皮阁下没有眉毛。你一旦认识到他容貌上的欠缺,就会发现他长得像谁:没有眉毛的俾斯麦……非常优雅……意大利特征明显,拥有律师的气质。他不需要那双德国军人的眉毛,俾斯麦正是因为这眉毛显得异常强势而残暴。克里斯皮阁下仿佛欲以魅力诱惑交谈对象,而俾斯麦则诉诸恐吓。

雅克·圣-塞尔,《费加罗报》,1890 年 9 月 29 日

克里斯皮先生最大的野心是带领意大利取得军事胜利,这或许也是他一切行动的驱动力——无论在何地,无论以何种方式……他认为,如今自己在意大利扮演着 1866 年和 1870 年事件之前俾斯麦在德意志扮演的角色。一旦意大利军队赢得胜利,克里斯皮先生会感到他此前设想的独裁统治势在必行,尽管他的同胞并未做出这番允诺。

英国临时代办致索尔兹伯里勋爵,1888 年 12 月 24 日

道加里

1887 年 1 月 26 日，一支由大约 500 名意大利士兵组成的长纵队在红海岸边岩石嶙峋的马萨瓦（Massaua）遭到 5 000 名埃塞俄比亚人突袭，全军覆没。这场灾难直至一星期后才被通报给罗马，外交部秘书长无法从电报中看出战争发生地，他推测那地方或许叫作"道加里"（Dogali）——该名称被沿用下来，尽管在地图上根本找不到。当首相德普雷蒂斯（拿着一本旧地图集）走进议会大厅报告这一悲剧时，他明显深受刺激：据在场的人说，他仿佛老了 10 岁。[1] 消息一经宣布便激起强烈愤慨，正如英国政治家查尔斯·温特沃思·迪尔克（Charles Wentworth Dilke）所写："议会中的争论凶猛惨烈，不熟悉意大利修辞力量的人或许会以为，除非第二天早上来个十几场决斗，或者准备好在会场上自由搏斗，否则这事无法收场。马萨瓦战败消息传来时，就是这样一幅场面……"[2] 类似情形在全国各地反复出现，示威者们愤怒地走上街头。

意大利政府是在外交政策上接连受挫后，于两年前被引诱至马萨瓦的。1878 年的柏林会议上，政府未能就奥地利占领波斯尼亚和黑塞哥维那（简称"波黑"）争取到赔偿：相比之下，英国拿下了塞浦路斯，法国（尽管仍是秘密）则得以全权处置突尼斯。"如果维克托·伊曼纽尔仍在世，他绝不会容忍此事。我们真的堕落了。"克里斯皮愤愤不平地在给朋友的信中写道。[3] 3 年后，法国正式入侵突尼斯，意大利在此拥有重要的经济（和战略）利益，政府因无力阻止这场新的羞辱而在责骂声中倒台。

如今，意大利担心地中海会被彻底"包围"，于 1882 年放弃传统的中立政策，与奥地利和德国组成防御性联盟，即三国同盟（Triple Alliance）。于是当英国在 1884 年表示希望意军驻扎埃塞俄比亚时（主要是为了避免法国在尼罗河上游流域可能造成的威胁），外交大臣帕斯奎莱·斯塔尼斯劳·孟西尼（Pasquale Stanislao Mancini）抓住机会，在尚未通报议会的情况下向马萨瓦派兵。过后，他试图证明自己的决定是正确的，故作神秘地宣称"地中海的钥匙"就在红海。但事实上，由于急于弥补最近遭遇的挫折，他的行动近乎草率（与他早先对殖民事业的厌恶截然相反）。

道加里本是一场灾难，却被转化为光荣的悲剧。与敌军对战时意大利军队直至阵亡仍保持队形整齐，这一事实迅速发酵，死于非洲的战士们那英勇而守纪的作风被拿来同议会怯懦的逃避责任的行为与懒惰风气相对比。鲁杰罗·邦吉宣称道加里英雄们的价值远远超过 500 名议会同僚，一首打油诗盛行一时："你身穿的丧服 / 代表生命延续 / 那五百名死者 / 正坐在议会里。"[4] 神庙遗址圣母堂附近刚刚出土的方尖碑被改造为巨大的阵亡者纪念碑，竖立在罗马中央火车站前，国王亦出席了豪华的竣工仪式（它又在 1925 年被移走，因为法西斯政府更愿庆祝胜利而非失败）。广场被更名为"五百战士广场"。艺术家米凯莱·卡马拉诺（Michele Cammarano）受教育大臣委托以道格里为主题创作了巨幅油画，"在现代艺术的殿堂记录下意大利士兵的英雄美德"。卡马拉诺受政府资助前往马萨瓦，花费五年时间在特制的工作室里完成画作。1896 年，这幅尺寸超过 9 米 ×6 米的成品首次公开于世。几个月后，意大利又在非洲遭遇了更加惨痛的战败。[5]

外交政策激起的失望情绪、议会威信的一落千丈、意大利人仍旧积弱的无力感，以及日益加剧的对群众暴动的恐惧（1885 年伦巴第出现了一个社会主义革命政党，很快被镇压下去。随着农业衰败，罢工及民众与当局的暴力冲突日益频繁）让意大利人逐渐相信，唯有轰轰烈烈的剧变——或许是一场伟大的军事胜利——才能巩固国家的精神根基。这个观点为左派与右派所共有。1881年，年轻有为的激进诗人兼议员费利切·卡瓦洛蒂（Felice Cavallotti）告知议会，意大利需要"些许鲜血的洗礼"，从而"跻身民族国家之列，获得与新命运相称的地位"。[6] 次年，著名记者、政治家与前加里波第追随者罗科·德·泽尔比（Rocco De Zerbi）发出著名呼吁，要求以"滚热的鲜血之浴"解决国家的问题。社会地位优越的保守派人士马基·亚历山德罗·圭乔利（Marquis Alessandro Guiccioli）于1882年在日记中写道："什么时候，我们才能靠意大利人的英勇赢得一场伟大胜利？……我愿意在那一天咽下最后一口气。新生之国唯有经过血的洗礼方能获得神圣的意义。"[7] 1883年5月，另一位保守派人士鲁杰罗·邦吉向议会诉说他是何等渴望看到意大利取得军事胜利，以洗刷库斯托扎和利萨的不堪回忆，这些回忆"曾是，也将一直是我们的弱点所在"。[8] 左派议员阿贝莱·达米亚尼（Abele Damiani）在写给密友弗朗切斯科·克里斯皮的信中（也是在1883年5月）提到，国家正滑入"堕落的深渊"。但他对改变现状心怀希望，"如果我们对祖国的守护精神能够将我们引向一个全新的英雄时代，或是一场战争"。[9] 达米亚尼在1887至1891年担任克里斯皮的外交副大臣。

克里斯皮与"欧洲新秩序"

道格里灾难过后，克里斯皮立即重掌大权。自1878年因重婚罪（证据确凿）辞去内政大臣一职后，这位曾经的马志尼主义者和加里波第的大臣就一直在幕后力主实行更强硬的外交政策并力主加强军备。他声称，意大利正面临着来自法国的重大外部威胁：法国人从未原谅意大利统一与对教皇世俗权力的破坏。他说，法国人自从被普鲁士击败后就一直企图主宰地中海，而意大利是他们必须清除的障碍。放眼国内，克里斯皮对教会及左翼构成的挑战忧心忡忡，民众的国家情感缺失也令他备感忧虑。他多次谈到以"精神统一"辅助"物质统一"的迫切需求，以完成复兴运动的未竟事业。尽管他满怀激情地相信，意大利需要一场政治与社会改革，来将民众吸引至国家的框架内；但他同时更加认识到，如果没有相应的"政治教育"，改革只能是一纸空文。

1887 年 4 月，克里斯皮以内政大臣的身份任职于德普雷蒂斯第八届也是最后一届政府。之后不到 4 个月，德普雷蒂斯便逝世了，克里斯皮毫无悬念地接替首相之位，兼管内政部与外交部。20 多年来，他始终活跃于意大利政治舞台，但因其强烈的民主观点、西西里的背景以及混乱的私生活而被排除于最高职位之外。但国家如今急需注入能量，以扭转发展方向；尽管一些皮埃蒙特和伦巴第政治家对南方人担任首相心怀警惕，试图阻止，但克里斯皮坚称会在任期内打造出史无前例的"国家性"政府。正如他对费迪南多·马丁尼所言：

> 我已被任命为首相，如果仅仅因为我是南方人就将我排除在外，这是一个错误。我们必须制止这种地域歧视。在阿尔卑斯山与大海之间，我们都只是意大利人。而且，说句公道话，还有谁能比我更支持中央集权呢？平心而论，我的一生——从巴勒莫到都灵——就是最好的证明。我来这里为国家工作，付

出全部的时间与精力。我希望能做些好事。我全心全意地属于意大利，请相信我。我感觉仿佛回到了1860年。

据马丁尼回忆，克里斯皮说这些话时眼中闪烁着泪光。[10]

他接手的第一个任务是与德国签署军事协定。欧洲局势极不稳定，各地纷纷议论重大变故的日益迫近。奥地利与俄罗斯深陷巴尔干争端，德法两国自1870—1871年的战争以及阿尔萨斯和洛林割让后便势不两立，此刻正因乔治·布朗热（Georges Boulanger）将军及其好战的民族主义支持者们极具煽动性的言论而关系紧张。年事已高的德国宰相俾斯麦无意发动任何战争：正如他在1888年初告知意大利政府的那样，为确保德意志统一，他曾在1866年和1870年参与两场重大战争，"但如今，德国能从战争中得到什么好处呢？我们的波兰人太多了，法国人也多到难以吸收"。[11]然而，年轻的皇子、即将成为德皇的威廉与势力强大的高级将领集团表示反对，他们认为面对法俄的重整军备计划，德国必须先发制人，以三国同盟获得决定性优势。克里斯皮也热衷于战争，但并非为了国防安全：他希望在对法作战中取得光辉胜利，巩固意大利民族国家，确立其大国地位，就像德意志的色当战役那样。他要迈出的第一步是加强柏林所谓的"主战派"的力量。

9月底，他出发前往腓特烈斯鲁厄会见俾斯麦，三名私人秘书随同前往。他信任这三位同样对意大利怀抱雄心壮志的年轻人（其中包括著名作家卡洛·多西），而对外交部谨言慎行的官僚不抱期待。此次访问直到最后一刻都保持机密，消息传出后，全欧洲议论纷纷，巴黎一片惊愕。近年来，克里斯皮一直公开批评法国，反复提及其侵略扩张的积习难改，认为它妄图在地中海击溃意大利。那么，他为何选择在上任首相之初就公然摆出此等挑衅姿态？克里斯皮声称，他此行只是对盟国的礼节性访问；事实上，他不仅希望加剧与法国的紧张关系，还意在为一场战争做出切实安排：意大利绝不能重蹈 1866 年的覆辙，不能在尚未与普鲁士协调的情况下贸然出兵。

俾斯麦渴望和平，但考虑到欧洲岌岌可危的局势，他也不愿拒绝与盟友签订军事协定这类实际性保障。另外，德国总参谋部也对这项提议非常满意。陆军元帅毛奇（克里斯皮称其为"值得全世界致敬的战略家"）[12] 应邀起草第一稿，经过一个月的谈判，协议于 1888 年 1 月 28 日在柏林签署。协定的主要目的是尽可能使战争对德国有利。据其条款，意大利同意用火车运送 20 多万士兵（6 个军和 3 个骑兵师）翻过布伦纳山口，穿越奥地利领土与莱茵河上的德军左翼会合。这项承诺非同小可，前提是担心意大利对法国南部的进攻——仍在计划之中——面对法国的阿尔卑斯山防御工事几乎没有成功的希望。[13]

据克里斯皮推测，一旦英法开战，英国不会允许意大利、德国和奥地利被法国与俄罗斯击败，尤其在法国身为入侵者的情况下。这种说法的确合情合理。因此自 1887 年底，他开启了有计划的挑衅行动。同时，布朗热将军的好战姿态与即将到来的法国大革命百年庆典使法国民族主义情绪空前高涨。他认为，法国人的傲慢是刻在骨子里的，只要予以充分刺激，定能诱使其做出反应，正如 1870 年的惨痛先例。因此，克里斯皮利用贸易关税、重整军备、军事演习、间谍行动、领事权利、马萨瓦的法国公民赋税、梵蒂冈阴谋、突尼斯未来等问题精心策划了一系列纷争，并在新闻媒体的煽动下，制造出日趋紧张的相互猜疑氛围。1888 年底，索尔兹伯里勋爵（Lord Salisbury）向新任英国驻罗马大使说明情况：

> 如果能打仗，克里斯皮肯定希望以阿尔巴尼亚为战场，尼斯也是有可能的，或者是突尼斯和的黎波里。前两个地点可能性最大，我非常确定……如果真要开战，意大利肯定希望越快越好。我听说……副大臣达米亚尼就是这么说的。结果是，克里斯皮一直在和法国人闹小别扭……我们……拒绝在他和法国的争吵中表态，也拒绝对未来做任何保证……我的看法是，如果法国无端从海上进攻意大利，英军将乐意支援意大利。但如果战争是由克里斯皮的胡闹行为引起，英国绝不会贸然出动。我承认，克里斯皮如果消失我会很高兴——尽管德国人挺喜欢他……当然，我们表面上关系不错——请你代我向他致以亲切问候。[14]

1888 年初春，克里斯皮为挑起战事可谓殚精竭虑，却在最后关头退缩了。他告诉德国，或许应该等到意大利新一轮军备重整完成后再行动（于是在 1888—1889 年，意大利的陆、海军开支提升到超过 5.6 亿里拉，达到 1860 年以来的最高额，而意大利此时正面临严重经济衰退）。与此同时，克里斯皮派遣特使陆军中校瓜朗（Goiran）前往柏林，将总参谋长恩里科·科森扎（Enrico Cosenz）的想法传达给俾斯麦。科森扎是 1860 年加里波第麾下的老兵，拥有与首相相似的军事野心。他提议，在明年纪念法国大革命百年的庆典与展会上，德皇应突然向意大利国王发出邀请，请他到被德国吞并的阿尔萨斯的斯特拉斯堡检阅军队，而首相将建议国王前往。此次访问的消息将引起巴黎的警觉，"随着展会引发的激情空前膨胀，火药将被引爆"。瓜朗还声称，布朗热将军有战争意愿，只需要得到一个宣战的良机，而俄国不会愿意在革命庆典期间调动军队。"这个想法不赖，但需要考虑一下。"俾斯麦说。[15]

事实上，俾斯麦一如既往地厌恶战争，奥地利人似乎也对此不甚热衷（"在维也纳，存在……一种对和平的感性慈善之爱"，瓜朗失望地指出），瓜朗的总体结论并不令人欣慰："看起来，我们很难仅仅为了本国利益共同挑起一场战争。"[16]但是，6月威廉二世的登基使柏林的"主战派"得势，为意大利带来了新的希望。当年轻的德皇对意大利进行国事访问时，他信心十足且趾高气扬，相继参观了军营、军火库与港口，惊讶地赞扬了陆军与海军的备战情况，并告诉翁贝托，两国将在巴黎胜利会师。"你将带着3 000名战士班师回国，把议会踢出门外。克里斯皮是个精力充沛的人，他能助你一臂之力。"翁贝托声称德皇对待议会的专横态度令他深感震惊，但也对一位朋友坦白，鉴于意大利目前的政治体系问题重重，德皇的说法也或许有道理："照这样下去，20年后统治将难以为继。"[17]

1889年春，翁贝托也对德国进行了国事访问。他在5月21日抵达柏林，德皇在第二天的宫廷晚宴上询问他，是否愿意在斯特拉斯堡检阅部队。翁贝托欣然同意。消息一经泄露，立即引起轩然大波。但事实很快证明，此次挑衅姿态过于极端，达到了相反的效果。随着意大利的股票在交易所价值暴跌，亲法示威活动爆发，俾斯麦选择息事宁人，于25日宣布德皇已"自发"决定放弃这个念头。当晚，克里斯皮在帝国议会的晚宴上发表演讲，谈到德国与意大利的共同命运，追溯两国何以在"两个强有力的战斗王朝"引领下团结一致，讲起他对民族国家"独立和彼此建立兄弟情谊"

的毕生追求。他驳斥了外界对他蓄意挑动战争的指控，认为这是敌人的"诽谤"：

> 没有什么比这更加离谱了。我想要和平，只要和平，别无他求。有些战争是无法避免的，且是神圣的。我们勇敢战斗，终于赢得了属于我们自己的意大利，德国也是一样。其他的战争都是犯罪。无论是谁挑起战争，都将犯下危害人类的罪行。[18]

克里斯皮更加急不可耐，他担心法国政府对他的挑衅继续充耳不闻。不过，他手上还有一张牌，牵涉到教皇权力——足以煽动数百万法国民众。6月9日，在一场盛大的共济会反教会庆典中，一尊致敬16世纪异端分子焦尔达诺·布鲁诺（Giordano Bruno）的雕像在鲜花广场竣工，不出所料地令教皇利奥十三世（Leo XIII）颜面尽失。此前，克里斯皮已刻意引导了一系列针对梵蒂冈的冒犯之举。三周后召开的枢机主教会议上，利奥向在座的枢机主教表示，面对"意大利政府对圣座的赤裸挑衅"，他在罗马一刻不得安宁。大多数旁观者认为，利奥根本不打算离开"永恒之城"，他此番强烈抗议不过是装腔作势，以求在整个欧洲争取支持与同情。但克里斯皮是利用这紧张的气氛诱发与法国的冲突——这次正逢攻占巴士底狱的百年纪念日。

7月13日，克里斯皮告诉国王，他收到了确切情报，法国正密谋将教皇带离罗马并从海上进攻意大利。他敦促国王立即采取防御措施，战争委员会随之成立，军事动员拉开序幕。随后数日里，克里斯皮竭尽所能地制造紧张氛围，他向欧洲各地大使发出危言耸听的电报，并派特使拜访索尔兹伯里勋爵（"告诉

［他］……如果战争来临，我将被迫应战")。[19]他让国王匆忙离开罗马前往意大利北部，并辱骂教皇轻率地危害欧洲和平。万事俱备，只待柏林方面的回应。克里斯皮已在6月底向德国首都派遣了一名代理人，7月14日，他又派出一位。意大利呈上的交战理由似乎让德国领导层陷入分裂局面。7月下旬，报纸上尽是关于德皇及"主战派"同俾斯麦之间存在严重分歧的推测。但最终，俾斯麦的"主和派"占据了上风。不靠谱的战争借口或许正是俾斯麦得势的原因，正如他对克里斯皮的代理人所说，法国不太可能"像强盗一样"挑起欧洲战争（那是自取灭亡）。他还补充说，从纯粹的实用主义和军事角度来看，他倒是希望法国人沉浸在"这疯狂的侵略行为"中："与其等法军两年后充实军官队伍，完善军备并建成防御工事，德国上层军官宁愿现在或明年春天对法开战。"[20]

因此，纵使克里斯皮已竭尽全力，欧洲局势仍维持稳定。法国政府没有上钩，法国民众的注意力全部聚焦于百年庆典，而意大利军事机构在危机期间的无动于衷更令克里斯皮的处境雪上加霜。克里斯皮深刻意识到意大利国家的弱点，以及各部大臣、外交官和其他高级公务员只顾自己的政治计划的倾向。因此他高度依赖一个由忠实支持者组成的秘书处，疏远内阁同事。军队尤其抵触行政控制，因其很大程度上隶属于王室，军队高官往往是国王的朋友或亲戚，他们中的许多人都不愿意帮助克里斯皮之流（激进的南方人）。总参谋长科森扎等与政府合作密切的军官则遭到同事的孤立。7月18日晚，克里斯皮在罗马火车站外偶遇科森扎。他向其询问军事动员进展如何，后者无法给出答案，因为战争大臣只愿在认定存在威胁时才谈论此事。[21]

"克里斯皮现象"

正如一位政府高官所说，克里斯皮无法挑起欧洲战事，从而"在预想的欧洲新秩序中"实现"意大利的命运"。[22] 根据设想，新秩序最好能够使意大利取代法国成为地中海地区的霸主，德国和奥地利掌握欧洲大陆的霸权，英国则是公海（以及全球其他大部分地区）的统治者。意大利的国内环境也将更加安全，军事胜利将提升政府的声望，克里斯皮也将趁机撕毁《教皇保障法》，强化国家与教会抗衡的实力。但克里斯皮终不能如愿，尽管他一直在寻找外交与军事突破口——包括 1890 年夏季以法国计划吞并威尼斯的传言为借口企图发动全面战争或动员意军入侵的黎波里——但没有盟友的支持，意大利将一无所获。他对英德两国心怀怨愤，1890 年，他秘密向法国发出试探，提出放弃三国同盟以换取的黎波里。国王对此震惊不已，这也是 1891 年初克里斯皮被迫下台的主要原因。

但克里斯皮在国际舞台上的强硬姿态也赢得了诸多赞誉，复兴运动带来的伟大希望又复活了，即便转瞬即逝，老朋友与同事们的赞许之情仍溢于言表。安东尼奥·莫尔迪尼是 1860 年意大利南部革命的策划者之一，他在 1889 年 7 月写给克里斯皮的信中称赞其外交政策为国家带来的"光辉"与"荣耀"；另一位著名的老民主派路易吉·奥兰多（Luigi Orlando）也在同年谈及意大利新树立的"尊严与力量"。一些人认为外交政策凸显了首相作为伟大爱国者的地位，朱塞佩·威尔第在 1889 年 11 月对克里斯皮说，他为"这位以智慧与无限精力把握我们亲爱祖国命运的男人感到骄傲。荣耀是属于你的！"。1893 年，他寄出一张写着简单致敬话语的照片："致伟大的爱国者弗朗切斯科·克里斯皮。"诗人卡尔杜齐对克里斯皮大加赞赏，他在 1889 年 2 月写下一封公开信，将克里斯皮称为拯救意大利尊严的"伟大的老爱国者"，几年后，他在另一封公开信中将克里斯皮描述为"自加富尔以来唯一一位真正的意大利首相"，克里斯皮和马志尼、维克托·伊曼纽尔与加里波第一样，希望意大利"强盛而尊贵"，"否则，统一的目的又是什么呢？"[23]

克里斯皮主导意大利政坛近 10 年，在 1893—1896 年连任首相，虽然面临某些势力（尤其是极左派）的激烈反对，他仍深得意大利民心。就连加富尔也没能像他一样最大限度地激发公众的想象力。杰出的社会学家古列尔莫·费雷罗（Guglielmo Ferrero）信奉社会主义，并非克里斯皮的支持者，但他也被这位精力充沛的老人深深吸引，他周身"仿佛有帝王光环"，留着厚重浓密的胡须（与俾斯麦非常相似，这绝非偶然），衣着得体，家庭生活丰富多彩，对戒指与珠宝颇有鉴赏力（他收藏有一个抵挡"邪恶之眼"的角状珊瑚）。费雷罗在 1895 年说：

> 克里斯皮将始终是 19 世纪意大利最奇异的现象之一，而他的个人独裁也将是未来历史学家百思不得其解的问题之一。在整个 19 世纪，没有谁像他一样手握如此重权，没有人曾像他一样将自己的人格强加给整个国家，为周边各个国家的政治轨迹打上如此鲜明的个人烙印，更没有人能够激起如此这般的热情、希望与仇恨。没有人像克里斯皮一样，令周围的政治世界黯然失色。[24]

与同时代许多旁观者一样，费雷罗试图用意大利社会的不成熟与议会领导力的衰微来解释克里斯皮的成就——经历了几个世纪被奴役的生活，意大利人民难以适应自由生活所需的严苛条件。克里斯皮是一位独裁者，他"像诗人写作或音乐家作曲一样，通过冲动与灵感的闪现"来进行政治活动。他高度感性，"每当他演讲的时候，他脸上仿佛透着光彩，双眼炯炯有神，手势果断有力，那简短而毫无矫饰的语言迸发出真正雄辩的光芒……"他激发出普通人深陷困境时的"救世主幻想"，（"相信有人能创造奇迹"）。国内的中产阶级尤对他情有独钟，他们缺乏独立力量，往往渴求有人能将他们从真实或想象的恐惧中拯救出来。克里斯皮之所以成功，根本原因在于他独树一帜：相比于大多数怠惰冷漠、疑心重重的意大利人，克里斯皮精力充沛而且英明果断。最重要的是，他拥有"意志"，而一般的意大利人往往"无精打采"。[25]

克里斯皮在国内的至高地位与众多追随者，加之其高调外交政策带来的狂热期待，确保他能在1887—1891年赢得多数支持，从而推动非凡的政治、行政与社会改革计划。在萎靡不振地运作多年后，议会突然被注入了全新活力。克里斯皮掌舵带来的巨大国际发展前景让政客们倾向于放下权力交易与对主要选民的无限迎合，让克里斯皮继续当权。这些年里，以下改革具有里程碑式的意义：立法将地方政府的选民人数增加近一倍，达到400万，并允许较大城镇的市长由选举产生（此前皆为中央任命）；通过了废除死刑并承认罢工权的新刑法典；制定了一部公共卫生法，从而增加了国家在控制疾病与监督地方卫生方面的责任；立法设立保护公民免受公职人员虐待的独立法庭；以及立法将全国2 000多个独立慈善机构（opere pie）置于地方政府的控制之下——走向福利国家的重要一步。

尽管克里斯皮本性倾向专制，但作为一个民主主义者，他坚信必须通过确保民众在国家生活中的利益来化解社会问题。但他与许多相同出身的人一样，已经失去了曾经马志尼式的分权自由主义国家理想，因为颠覆政府的威胁更加明显且越来越多。意大利政府需要变得强大，才能实现控制、约束与教育。因此，扩大地方选举权的法律——许多人认为这是一场可怕的赌博，因为它为极左翼和天主教会敞开了大门——同时要求当局加强监督，规定省长有权解散其认定为不负责任或行为不当的市镇议会。克里斯皮对此表示歉意，但他解释说："这就是人民的现状，等到我们的教育计划逐步完成之日，他们将焕然一新。"[26] 不久之后，新势力广泛崛起，尤其在罗马涅、伦巴第等地区，自 19 世纪 90 年代初，社会主义与共和主义组织开始迅速萌生。

非洲

没能在欧洲打出胜仗的克里斯皮有些不情愿地转战非洲。当初，克里斯皮正是在为道格里牺牲的 500 名战士复仇的公众呼声中上台的，但在成为首相后，他巧妙地淡化了埃塞俄比亚问题，集中精力应对可能与法国产生的冲突。然而在 1889 年，非洲局势似乎出现了转机，埃塞俄比亚皇帝死于内战之中后，长期受到意大利军方的支持的军阀曼涅里克（Menelik）占据了帝王之位。曼涅里克立即与意大利签署了《乌西亚利条约》（Treaty of Uccialli），承认意大利对马萨瓦大片内陆领土的合法权利，其中第十七条似乎同意埃塞俄比亚成为意大利的保护国。作为回报，意大利协助曼涅里克完全掌控整个国家。翁贝托国王热情地与曼涅里克通信，确认双方结成盟友，并告诉他一批新的武器正被运往埃塞俄比亚。[27]

非洲局势开始在意大利掀起一阵热潮，即将上任的皮埃蒙特议员乔瓦尼·焦利蒂等曾对意大利殖民主义持反对意见的人改变了看法，诗人卡尔杜齐此前也对道格里无动于衷，却在 1891 年发表了一首名为《战争》(*La Guerra*) 的颂歌，俨然成了一名狂喜的扩张主义者。代价低廉、(似乎) 成果显著的胜利前景让意大利国王与军队高官们兴奋不已，经济学家与社会学家也随声附和，称殖民行动或将为该国严重的农业问题提供解决之道，特别能为每年跨越大西洋寻求生路的南方贫困农民创造新的机遇。就连激进派与极左共和派内部也出现了分歧，乔瓦尼·博维奥 (Giovanni Bovio) 等人大肆鼓吹意大利以文明点亮黑暗大陆的使命。[28] 1889 年 10 月，克里斯皮在巴勒莫发表演讲，在提到非洲局势时赢得了最热烈的欢呼：

> 民族国家就像人类的身体一样，需要呼吸才能生存。没有空气，它们就会日渐衰颓，最终走向灭亡。我们已经理解了这一点，确保意大利之肺获得了足够空气……今日意大利正阔步前行，树立自身的权威。让我们倾听殖民地的声音：他们是如此欢欣鼓舞！"意大利！"的呼喊从地中海岸边传来，得到最遥远地方的回响……神秘而可畏的非洲向我们敞开了大门，带着信任与友好……埃塞俄比亚现已平定，通过一位渴望文明的君主向我们伸出双手……[29]

但事实证明，曼涅里克对意大利"文明"的渴望并不如克里斯皮想象的那般强烈。埃塞俄比亚是一个有着悠久历史的国家，民族自豪感极强，意大利将其视为野蛮而落后的轻率假设是错误的。

1889 年下半年，意大利军队从红海向内陆推进；1890 年初，意大利发布一项国王法令，宣告新殖民地厄立特里亚成立。克里斯皮有意向苏丹推进，向西夺取卡萨拉（Kassala），获得尼罗河上游河谷利润丰厚的贸易机会。然而，这将触及英国的利益，索尔兹伯里勋爵在过去 3 年里被克里斯皮搅得头痛不已，没有心情向意大利让步。遭到英国的断然拒绝后，克里斯皮立即被野心勃勃的曼涅里克狠狠摆了一道，受尽羞辱。根据前一年签订的意大利语版《乌西亚利条约》，埃塞俄比亚皇帝"同意"在与外国势力交涉时始终"使用"意大利政府；但在 1890 年秋，曼涅里克宣布，阿姆哈拉语版本的条约文本意思是"可以"而非"同意"。因此，埃塞俄比亚不是意大利的保护国。克里斯皮的非洲计划暂时告吹。[30]

19 世纪末危机

西西里局势越发令人担忧。蒙雷阿莱、贾尔迪尼、莱尔卡拉和瓦尔瓜内拉的人们正在烧杀抢掠，市政厅被洗劫一空。人们的口号是：国王万岁，推翻税收！但暴力事件的幕后推动者却另有所图，他们或许收了法国人的钱。这是一场新式的残酷战争，一场由我们亲爱的拉丁兄弟发动的战争！

多梅尼科·法里尼，《世纪末日记》，
1893 年 12 月 26 日

克里斯皮：我们衰落已久，不知道是否还能重新振作……懦弱的吗啡已经注入每个公民的体内，不再有人相信国家的力量……一个拥有 3 200 万人口的国家，在欧洲的地位还不如圣马力诺……国王必须真正扛起他的责任，纠正大臣们的所作所为。

玛格丽特王后：还有议会？

克里斯皮：议会群龙无首，没有方向……法国大革命带来阶级平等后，议会制并不适合拉丁民族。

弗朗切斯科·克里斯皮与王后对话，1897 年 1 月 2 日

西西里法西斯

　　1891 年，举止风雅的西西里贵族安东尼奥·迪·鲁迪尼（Antonio di Rudinì）取代克里斯皮成了新任意大利首相，但无论是他还是随后的乔瓦尼·焦利蒂都无法阻止国家陷入 1860 年以来最严重的危机。当 1893 年 12 月克里斯皮重新掌权时，意大利在许多人看来已处于崩溃的边缘。英国驻罗马临时代办在 12 月初写信给外交大臣，表示这个国家被一种"近乎绝望的情绪"笼罩——不过他认为这种消沉与伴随而来的对奇迹的渴望本身就是个问题：

> 他们容易夸张，正如他们的性情过激又软弱。意大利各阶层的人往往随时准备好预言国家未来的动乱……所有人的……目光……现在都转向了克里斯皮先生，因为他愿意承担起引导国家渡过难关的任务，并拥有足够的能力实现他的承诺。

　　他认为意大利无疑面临着极严重的政治经济问题，但他以英国人典型的道貌岸然口吻建议，意大利人最好检讨一下自己的行为，而不是把所有责任都推给国王或议会。例如，他听说 75% 的税款都因"虚假申报和收税人的贪污腐败"而未能上缴，虽然这可能有些夸张，但逃税"在这个国家并非不诚实的行为，甚至不被算作逃避爱国义务"，这是确定无疑的。[1]

　　19 世纪 80 年代末以来，意大利经济滑向深度衰退。1887 年，意大利开始对各种农产品与工业制品征收新关税，随后与法国爆发的恶性贸易战争对意大利也造成了严重损害——这是可以预见的，因为当时意大利近一半的出口货物（以生丝、酒和食品为主）以法国为目标市场。[2] 很多农民，尤其是南部农民受到了严重影响。

当时的工业主要局限于伦巴第、皮埃蒙特和威尼托的小型作坊，以纺织生产为主。在工程与化工领域连续几年实现显著增长后（1883 年，米兰成为欧洲第一个拥有中央发电站的城市，而橡胶制造商焦万·巴蒂斯塔·倍耐力在 1886 年率先生产出海底电报电缆），意大利工业也陷入艰难的停滞期。建筑业也经历了相似的蓬勃发展期与灾难性崩溃，1888 年至 1889 年，失业的工人在罗马街头暴动。

但最大的危机出现在银行业。意大利共有六家地方性发钞行，皆由私人管理，与强大的地方利益集团紧密相连。在 19 世纪 80 年代，这些银行被卷入了危险的投机活动中。罗马纳银行（Banca Romana）受牵连最深，该银行几乎不经考察就向许多地产开发商提供了巨额贷款，房市一旦崩盘，就只剩下漫天不值钱的纸片。这家银行还向政治家与记者借出大笔无须还款担保的资金，帮助他们支付不断上涨的选举与报业支出。国王也是银行豪爽手笔的重大受益者。[3]1889 年政府展开调查，揭露出大量违规行为。克里斯皮与财政大臣乔瓦尼·焦利蒂获知了调查结果，却向外人保密。1892 年 5 月，在国王（而不是议会）的唆使下，焦利蒂被任命为首相，几个月后，他试图任命罗马纳银行主管为参议员（使其免遭起诉）。但不待他安置妥当，1889 年报告的副本就落入了一位共和派议员手中，后者立即将其公之于世，在议会引起轩然大波。在接下来的几年中，罗马纳银行丑闻直接威胁到整个意大利政治体制的信誉，君主制亦受到波及。

更糟糕的是，国家似乎正逐步滑向革命。1892 年，一个新的全国性社会主义政党成立，在其鼓动下，意大利北部波河谷地的农业生产者组织了大量激进的劳动者组织。而在西西里，一场被称为"法西斯"（Fasci，源自 fascio 一词，意为"捆绑"，即通过团结获得力量）的运动正将农民调动起来，发起越发难以管控的罢工和示威活动。1893 年 8 月，暴动的狂潮在全国蔓延。反抗骚乱始于几名意大利移民工人在法国南部艾格莫尔特盐场惨遭谋杀（在热那亚和那不勒斯，法国公司所有的有轨电车被纵火烧毁，里窝那的比利时车辆也遭遇相同破坏），并迅速升级为更普遍的工人阶级反抗行动，许多地区都受到了无政府主义者的煽动。罗马的动乱持续了3 日，暴动者最终占领了特拉斯提弗列区，浸满汽油的路障物被扔过希斯托桥，在装甲部队赶到时被放火点燃。在那不勒斯，当局出动了足足 1.2 万名士兵方才平息长达 5 日的骚乱。[4]

在此背景下，大量资金从意大利流失，银行业瞬间崩溃。西西里警卫队与农民法西斯运动之间的冲突更加暴力，整座岛屿仿佛被卷入了"烈焰"，陷入无政府状态。当时存在一个普遍的说法，指责这场动乱的祸根是一项在整个半岛传播社会主义革命的总计划。12 月 20 日，克里斯皮向议会宣布成立新政府，呼吁议员们摒弃分歧，在他的领导下团结一致解决这场前所未有的危机：

> 为此，我向你们请求神命休战！危险来临，我们必须团结一致，共同抵御（听啊！听啊！）……从 1859 年到 1870 年，我们努力确保祖国的物质统一。现在，我们必须努力从精神上将国家凝聚起来，确保烈士们为之挥洒鲜血的大厦坚不可摧……为国家做出牺牲的时刻已经到来……今天我提醒你们，祖国高于一切……[5]

1894 年初，西西里宣布戒严，4 万人组成的军队被派往该岛。到 1 月底时，新成立的军事法庭已判处 1 000 多名嫌疑人驱逐出境。政府禁止一切公开集会，实行新闻审查制度并查抄武器。在自己的家乡实施如此大规模的镇压手段，这让克里斯皮痛苦不堪——毕竟，他个人的政治生涯正是开始于 1848 年的巴勒莫街垒之战。但他感到自己别无选择。无论如何，他可以说自己仍在为"意大利"而战。"深爱者必然恐惧。我非常热爱意大利，我害怕它会解体。"他告诉议会，目前的问题在于国家还没有融合为一个完善的整体，1859 年至 1860 年旧国家拼接之处出现了"裂隙"。极左派指控政府在西西里实施军事管制乃非法之举（理论上或许的确如此），克里斯皮回应说，意大利有责任保护自身不受内部或外部敌人的伤害，这些严厉举措依据的是超越人类法律的更高法律，"一种永恒的法律，一种要求保障民族国家存续的法律"。他的老朋友马志尼若还活着，定会激烈反对。[6]

努力获得全国人民的一致支持对克里斯皮而言至关重要。虽然激进派、共和派和社会主义者在议会中的规模并不庞大——大约 50 名议员——但他们的民众基础正在迅速扩张，尤其是在罗马涅与伦巴第。他们的领袖往往具有狂热的个人崇拜基础，例如豪饮的诗人兼剧作家、斗牛成瘾的费利切·卡瓦洛蒂，他被称为"民主派的游吟诗人"，他那好战挑衅、往往极具侮辱性的言辞激发了听众的巨大热情。伦巴第的局势尤其危急：它不仅是年轻律师菲利波·图拉蒂领导的新社会主义政党的根据地，同时是意大利工厂主与企业家的故乡。这些实干家对于自己的劳动果实被罗马腐败机构征收的税收吸干更加愤恨，更何况，该机构的首脑竟是由一个为外交政策而挥金如土的西西里老头。米兰向来对意大利统一缺乏热情，到 19 世纪 90 年代更是无动于衷，它呼吁实行联邦制，甚至坚持要求直接脱离。[7]

　　克里斯皮明白，西西里岛的混乱在根本上是由社会经济问题引发的，且为民众自动发起。但出于政治考虑，他更愿称这些混乱为某种阴谋的结果——最好是外国阴谋。没有什么比外部威胁更能促进国家团结，在艾格莫尔特谋杀案后，许多人愿意相信法国插手了此次暴乱。[8] 克里斯皮声称，法西斯运动领导人已与法国共和派与激进派结盟，法国的黄金与武器被偷运至西西里，有人发现法国轮船"燕子号"（Hirondelle）夜间在附近海域发出秘密信号，起义的最后准备工作已在马赛展开。他还预测，在这场起义之后，法国甚至会入侵皮埃蒙特，俄国将进军西西里，最终法军会攻占罗马。极左派激烈地驳斥这些说辞，议会中争执不断，更加混乱无序。但放眼全国，许多人似乎非常愿意相信克里斯皮的指控，这为他处理危机提供了强力支持。《泰晤士报》驻罗马记者在 1894 年 3 月写道："以全国人民目前的情绪来看，就算他想要成为终身独裁者，人们也会投出赞成票。无政府主义、革命运动、政府内外的混乱局势让人们分外渴望稳定，而除了他，人们已无所依靠。"[9]

　　在此背景下，克里斯皮与财政大臣西德尼·松尼诺通过一系列重大增税措施来稳定经济，并填补了超过 1.5 亿里拉的巨额预算赤字。他们亦成功劝说德国银行伸出援手，在德国银行的介入下，意大利的股票价值在 1894 年稳步上涨，银行业开始成功重组。他们也采取了一系列应对极左派威胁的措施。尽管革命阴谋论存在夸大，但无政府主义者与其他极端势力的政治暴力确实是人们每天面对的恐怖现实，暗杀与暗杀未遂事件屡见不鲜（克里斯皮遭遇过两次，他随身带着左轮手枪），炸弹袭击也相当频繁（1894 年 3 月，一个大型爆炸装置在蒙特奇托里奥宫外被引爆）。意大利当局通过法案，加强了新闻审查，使地方长官有权禁止颠覆性的社团或会议，逮捕任何"蓄意以暴力行动危害社会秩序的人"。[10] 同时，为了削弱社会主义者的选民基础，投票前的文化测试难度提升，选民登记册（众所周知，登记册的编制过程存在不公正现象）删除了大约 80 万个名字，其中大部分都在南方。[11]

但克里斯皮在议会的威望受到日益严重的挑战。一项通过给农民分配土地来解决西西里农业问题的基金法案被保守派谴责为"社会主义"，因而遭到阻挠，随着议会右派不满情绪的累积，克里斯皮的政敌发动了反击。其中包括前首相焦利蒂，他在 1893 年（克里斯皮的强势推动下）的罗马纳丑闻中为转移国王的罪责而被迫下台。他很快试图翻转局面，1894 年 12 月 11 日，他戏剧性地从蒙特奇托里奥宫的议员座位上走下来，将一份文件放在议会主席面前，里面指控克里斯皮与当前的丑闻有牵连（克里斯皮的妻子也有违道德：他们窃取了 102 封她写给男性密友的信件）。极左派议员在"民主派的游吟诗人"费利切·卡瓦洛蒂的带领下，吵嚷着要发起一场辩论。但克里斯皮里立即要求议会休会，理由是议会被"一小撮煽动者"蓄意破坏，因此必须保护自身声誉。[12] 国王很乐意签署这项法令：他不希望卡瓦洛蒂及其共和派同僚追查到底并含沙射影。与此同时，焦利蒂被以包含诽谤在内的 14 项罪名起诉，他在被捕前逃往德国。

在伦巴第与罗马涅最为激进的核心地带以外，议会的休会几乎没有引发惊慌或反对。19 世纪 80 年代以来，议会的声誉持续下降，并在 90 年代初堕至最低点。"议会的确是个藏污纳垢、道德沦丧的粪坑，"1892 年 9 月，杰出的历史学家、参议员及前教育大臣帕斯夸莱·维拉里向朋友坦言，"如果国家元首明天就把蒙特奇托里奥宫这肮脏马厩中的住户驱逐出去，全国人民都将为之欢呼。"[13] 一些权威人士呼吁恢复《宪章》的明文规定，令行政机关向国王而非议会负责；克里斯皮甚至建议完全废除众议院，代之以非选举、纯协商性质的参议院。"议会体制不适合拉丁人。"他告诉王后。这呼应了流行一时的社会学观点，即集会和聚众容易激发南方人的过度个人主义与情绪化特质。[14] 外国旁观者往往赞成这一观点。英国驻罗马大使认为，鉴于议会中的"丑陋的景象"，休会"是完全正当的"；而《泰晤士报》记者则对"意大利政治中的争吵与阴谋诡计……以及所有原则与爱国主义的缺失"深感厌恶，他认为这个国家的唯一希望就是由克里斯皮"独裁统治 10 年"。[15]

1895 年 5 月，意大利举行选举。为削弱极左势力，克里斯皮开辟了与梵蒂冈谈判的秘密渠道，甚至在一次演讲中公开呼吁"政府与宗教当局"团结起来对付社会主义势力，共同抗击将民众引向歧途的"邪恶党派"。[16] 他还特意在 1 月为女儿举办了一场华丽的教堂婚礼，两名枢机主教出席。但是教皇拒绝解除天主教徒投票禁令——至少在形式上不允许，因此天主教高层对自由主义候选人的支持可以忽略不计。严苛精简后的选举名单也没能带来预期效果。尽管政府确保了 300 多个席位，但激进派赢得了大约 45 个席位，仅仅略有减少，而社会主义者的席位则从 5 个增加到 15 个。1895 年夏季，议会恢复运作，极左派比以往更加自信，以卡瓦洛蒂为首的议员对克里斯皮展开更加猛烈的人身攻击，起哄、叫嚷与暂停会议都是常见景象。

阿杜瓦战役

克里斯皮于 1901 年去世。最后的日子里，他心灰意冷，双目失明，在几百张小纸片上潦草写下了对意大利问题的反思。他没有留下任何回忆录，或许打算将这些留作自己的知识遗产。在这些笔记中，他一次又一次地回到同一个主题，即意大利未能发动一场真正的民族革命，就像英国在 17 世纪、法国在 1789—1815 年和德国在 1870—1871 年成就的那样：

> 所谓的意大利统一不过是七个国家的聚合，而不是革命的成果。除了 1859 年和 1866 年为驱逐敌对王室而发动的战争，这里既无暴力也无改变。人们仍保持着新王国成立之前的状态，尽数保留旧有的习惯与缺点，顽强地坚持着地方传统，没有民族融合或混杂……那些导致半岛各地区人民相互分裂的特征根本不可能让国家走向一体化。[17]

在 1895—1896 年的秋冬，他像在 1887—1890 年一样，竭力寻求某种灾难性的事物：一场带来"血的洗礼"的军事胜利，正如他在 1866 年渴望的那样。

东方问题提供了一个机会。到 1895 年夏末，意大利对俄国夺取伊斯坦布尔的担忧越来越强烈。克里斯皮希望英国和三国同盟表明立场，并力主在达达尔海峡展开联合海军行动。意大利舰队已经做好准备，并采取紧急措施在阿尔卑斯山区抵御可能出现的法军袭击。在 11 月 15 日，一位海军指挥官向蒙特奇托里奥宫的议员发出呼吁："请给予我们最坚实的支持。在克里斯皮的领导下，我们信心十足。如果战争爆发，我们一定会赢，为1866年报仇雪恨。"[18]
翌日，克里斯皮指示舰队，一旦战争爆发，立即攻占的黎波里，争
夺奥斯曼帝国的剩余土地。但英国又一次浇灭了克里斯皮的希望。
索尔兹伯里勋爵表示，只有当法国坚决保持中立，他才会突破达达
尼尔海峡。克里斯皮逐渐失去耐心，一度召见海军大臣，命令他将
舰队派往特拉比松。海军大臣表示，此举将意味着即刻与土耳其开
战，可能也意味着与俄罗斯开战，因而拒绝。[19]

　　与1889—1890年一样，克里斯皮不得不在非洲寻求他在欧洲
无法实现的军事胜利。1894年，意大利军队从厄立特里亚向西南行
进，于7月占领卡萨拉镇（Kassala），有望在1895年初攻下提格雷
省全境（"但愿我们能赢！将这个深陷流言蜚语、无耻勾当与党派
仇恨的意大利，变为一个光荣与强大的理想之地！"罗马省省长亚
历山德罗·圭乔利在日记中写道，"为此我愿献上一生中的许多时
光"）。[20] 但意大利在该地区的野心迫使军阀纷纷投入皇帝曼涅里克
的怀抱，到1895年底，意大利发觉其正面临一场劳民伤财的全民
战争，对手已成为一个强大而统一的非洲国家，拥有庞大的军队。
同时，法国人在背后为其提供支持，通过吉布提港为曼涅里克运输
武器。12月，2 000名意大利士兵组成的军团遭到人数约为其20倍
的当地部队屠杀，形势的严峻性已非常明晰。但是，克里斯皮已深
陷其中，不愿退缩。当时，非洲驻军的指挥官是奥雷斯特·巴拉蒂
耶里（Oreste Baratieri）将军，他曾为加里波第千人军的一员。克里
斯皮认为他显然无法胜任大规模军事行动的领导任务，希望将他撤
换。但在国王的干预下，巴拉蒂耶里保住了指挥权。[21]

　　克里斯皮极度渴望胜利，不仅是为了拯救他的政府，同时
也希望帮助备受攻讦的君主。正如他旗下的报纸《改革报》（*La*

Riforma）在 1896 年 1 月发表的头条新闻《新意大利》所言，意大利人必须接受教育，摆脱过去的优柔寡断的行为，成为一个坚强、守纪、团结的民族。而战争是实现这一目标的最佳途径：

> 与此同时，我们应铭记战胜我们的伟大胜利……当我们回想起意大利的过去，再看看意大利的今天，我们不能不重吟一次——仅仅一次——毛奇元帅曾在帝国议会上为战争而唱的赞歌，仿佛祭司在德国的森林深处对奥丁的祭拜一般。"战争，"元帅说，"是上帝制定的，世界秩序的原则。人类最崇高的美德在其中稳固和增强：勇气、无私、忠于职守、热爱牺牲。没有战争，世界将逐渐腐化堕落，淹没于物质主义之中。请看，自非洲战争以来，意大利人民已大有长进……不，这个民族已不再像某些人希望的那样，如遭到阉割的饥饿太监，永远看守着法国政策的后宫……相反，这个民族可以成熟地从事政治，明白自己的权利与义务……哦，多么优秀的血统，不会说谎的血统，拉丁人的血统！就这样……我们种族原始与本质的要素已经取胜……新的意大利已经开始形成……当真理的时刻、至高的考验到来……我们发现自己……是一个严肃成熟的民族，一个真正优越的民族……愿胜利之光在非洲英雄身上闪耀……但与此同时，让我们认识到，正是因为他们，1860 年以来受尽奚落的古老愿望，如今可谓已经实现。我们现在可以自豪地宣称，我们不仅创造出了意大利，也成就了意大利人！！ [22]

6 个星期后，巴拉蒂耶里被来自罗马的一连串电报逼得精神崩溃，下令军队向曼涅里克的部队发起进攻。他听说一大批埃塞俄比亚部队已被外派执行搜寻任务，但消息不实，他那大约 17 700 人组成的三列纵队正向 100 000 人发动进攻。更糟糕的是，他的命令含糊不清，地形草图也错误百出，导致其中一支纵队完全脱离大部队，与部署在高处的 30 000 名埃军正面遭遇。1896 年 3 月 1 日的阿杜瓦战役（Battle of Adua）是殖民列强在非洲大陆经历的最惨重失败。约 5 000 名意大利士兵与 2 000 名当地雇佣兵被杀，其中包括 289 名军官，伤者不计其数，死者与部分俘虏遭到阉割。埃塞俄比亚方面的伤亡人数估计在 12 000 至 14 000 之间。巴拉蒂耶里本人在交战中死里逃生，颇具象征意义的是，他在混乱中丢失了夹鼻眼镜，看不清周遭情况，不得不骑在马背上被带离战场。[23]

蒙扎刺杀事件

克里斯皮在这场惨剧后引咎辞职，新政府与曼涅里克讲和，并削减了意大利在埃塞俄比亚的军事力量。但外交政策方向的改变并未带来本土的稳定。相反，阿杜瓦战役造成的羞辱，以及人们对国王应对此负责的合理质疑（他与克里斯皮一样，孤注一掷地寻求胜利，并极不明智地保住了巴拉蒂耶里的职位），给了极左派新的军火。随着社会主义者和激进派在伦巴第与罗马涅等地区迅速壮大，意大利领导人紧张地开展镇压，试图阻止这一浪潮。社会党在1894 年解散后重组，并在 1897 年面临严重迫害。1895 年 5 月初，高昂的粮价与费利切·卡瓦洛蒂去世（他在人生中第 31 次决斗中被对手的剑刺破了颈动脉）给人们带来的悲恸之情引发米兰大规模暴动，政府回以残暴举措。军队以大炮轰炸米兰城，据官方估计，共 80 人死亡，450 人受伤，但真实数字大概是其两倍多。数千人遭到逮捕，报纸被关停，"颠覆性"组织纷纷解散。仿佛为了强调意大利政治与现实之间的巨大鸿沟，国王为指挥米兰军队的将军颁发了奖章，为其"对我们的制度与文明……所做出的巨大贡献，表达我和国家的爱慕与感激之情"。[24]

暴乱结束后，政府试图通过一系列法案加强公共安全，限制罢工自由。然而，极左派在议会中掀起了一场轰轰烈烈的抵制运动，他们发表长篇大论的演讲，不断提出程序问题。1899 年夏天，身为首相的皮埃蒙特将军路易吉·佩卢（Luigi Pelloux）试图通过国王敕令的方式推行一些措施。这是对宪法的公然违背。议会大厅瞬间一片混乱，投票箱一度被打翻在地。

第二年春天，佩卢试图为议会辩论设置时间上限以解开僵局：该动议在激进派与社会主义者为表抗议离开议会后方才获得通过。佩卢如今只能恳求全国选民，而在随后的选举中，激进派、社会主义者与共和派共获得了近 100 个席位，比上一届议会多 30 个。局势一目了然：仅凭镇压无法阻止极左派的前进步伐。除此之外，这还意味着极左派能够设法在议会与法律的框架内运作，阻止佩卢的违宪行为，从而获得国内支持。

在大选结束约六周后，国王翁贝托于 7 月 29 日在米兰东北部蒙扎（Monza）的一个体育场内出席了"坚强和自由"（Forti e liberi）体操协会的表演。一位身材高大、衣着得体的 30 岁男子混迹在人群之中，他刚刚从美国回到意大利。加埃塔诺·布雷希（Gaetano Bresci）是一名熟练的纺织工人，1895 年，他在家乡托斯卡纳加入了无政府组织，随后被驱逐至兰佩杜萨岛。1898 年初，他移居美国，与年轻的爱尔兰妻子在新泽西州的帕特森市安家。帕特森是一个丝织品生产城市，居住着大量的意大利移民，其中许多是同布雷希一样的无政府主义者。[25] 布雷希为西西里法西斯运动遭到的镇压深感震惊，并对 1898 年国王"没有将五月屠杀的肇事者绳之以法，反而为其授勋"愤怒不已。[26] 加里波第等自由战士所捍卫的复兴运动精神竟遭遇此等出卖——他在来到蒙扎前不久参加了博洛尼亚的加里波第雕像落成典礼。

晚上 8 点 20 分，在为运动员颁奖后，翁贝托登上一辆敞篷马车，准备返回王家别墅。他在人群中看到一位朋友，因此站起身挥手示意。布雷希对他连开 4 枪。"我觉得不太严重。"国王在临终前说。[27] 布雷希被判处无期徒刑，但根据官方报道，他于 1901 年 5 月在牢房中上吊自杀，但相关证明文件却不翼而飞。

信仰之争：社会主义与天主教

最大的错误……在于认定阶级之间天然对立，劳动者与富人天生就应活在相互冲突之中。这种观点根本毫无道理，事实刚好相反……资本离不开劳动，劳动也不能没有资本……［而］教会以耶稣基督为主人与向导……寻求以友爱与和睦将各阶级联结在一起……上帝创造我们，不是为了此世易朽而短暂的东西，而是为了天堂的永恒之物……

教皇利奥十三世，《新事物》通谕，1891 年

对我们而言，思想并非抽象概念，而是实际力量。当思想力图在这个世界上具体化时，它是通过神经、肌肉和身体的动作来实现的……基督教的思想、圣墓的解放是在十字军运动的浩大军事远征和长期战争中实现的。同样，社会主义——彻底改变现有财产关系的新社会形式——将通过暴力和革命的形式来实现。

贝尼托·墨索里尼，《拉利马》，
1908 年 4 月 11 日

社会主义

作家加布里埃尔·邓南遮与费利切·卡瓦洛蒂一样，痴迷于与人决斗。他崇拜尼采，一生都有意努力成为"超人"的化身：突破传统，不可预测，残忍好战，极具艺术创造力与强势性能力。1885年9月，22岁的他在家乡阿布鲁齐的佩斯卡拉的基耶蒂火车站首次与人决斗，对手是一位当地兼职记者，曾在报纸上戏称他为"意大利诗坛的小高康大*"。尽管邓南遮素以剑术高超闻名，他还是被对手的马刀砍中了头部，随行的外科医生在那8厘米长的伤口上倒了一整瓶高氯酸铁，以阻止血液流动。邓南遮后来（令人难以置信地）声称这正是他过早秃顶的原因——他对自己的光头非常自豪，声称这是更高程度进化的标志，因为头发在现代文明中已失去功用。一位法国女子曾问他，是否因没有头发而烦恼，他回答道："夫人，未来将以秃头为美！"[1]

19世纪90年代，邓布遮在文学上取得了巨大成就，创作了一系列小说、诗歌和戏剧，在这些作品中，英雄主义、爱情、堕落与死亡的主题与世纪末风靡的唯美与残酷风格交织在一起。1897年，他以所谓"美的候选人"身份参与议会竞选，发表了辞藻华丽的演说，抨击意大利的腐朽和未能为阿杜瓦战役复仇的耻辱，谴责意大利无力继承古罗马的光荣传统，称其因反智的物质主义而将复兴运动的英雄理想贬至一潭"厚厚的灰色泥浆，无耻的大众在其中浮浮沉沉，仿佛构成它的自然元素"。[2] 我们无从知晓阿布鲁齐的

---

* 高康大（Gargantua）是拉伯雷讽刺小说《巨人传》中的巨人国国王。——译者注

奥托纳-马雷选区的选民们对邓南遮晦涩难懂的辞令抱有何种看法，但从新闻报道来看，一大群人曾将他的演说稿贴在柱子上，一边高喊"邓南遮万岁！阿布鲁齐诗人万岁！"，一边以胜利者之姿抬着柱子在大街上游行。[3] 1898 年春，他当选为极右派议员，反对者试图以通奸指控使其当选无效，但他幸免于难。但他并非一位称职的议员：事实上，在接下来的两年里，他在议会中的唯一发言就是宣誓时的"我发誓"（giuro）。[4]

1900 年 3 月 23 日晚，在针对佩卢将军采取的公共秩序措施展开激烈辩论后，邓南遮做出一个戏剧性的姿态。他走进蒙特奇托里奥宫的红色房间——激进派与社会主义者在此召开紧急会议——发表了一份精心准备的声明：

> 我向坚持不懈为自己思想激烈辩护的极左派表示敬意。目睹了今日这番场面，我知道有的人已经死去，而另一小部分人则生机勃勃，能言善辩。作为一名知识分子，我决定走向生机。[5]

有人出言讽刺，指出邓南遮这番"转变"不过是想刺激其新小说《火》（Il fuoco）的销量。但这毫无疑问是极左派的一次重大转折，肯定了近年来该阵营在全国地位的提升，尤其是在知识分子群体中地位的提升。该发言博得了热烈欢呼，社会党领袖菲利波·图拉蒂和莱奥尼达·比索拉蒂（Leonida Bissolati）走上前去与邓南遮热情拥抱。几个世纪以来，半岛不断涌现着各式社会主义、无政府主义、激进主义和共和主义团体与好战分子。在 19 世纪 70 年代，无政府主义大行其道。伟大的俄国革命家米哈伊尔·巴枯宁（Mikhail Bakunin）注意到了意大利数以千万计的贫困农民与根深蒂固的农村暴力传统，因而将意大利视为潜在的火药桶。在统一后的几年里，巴枯宁吸引了大批意大利年轻知识分子，他们已对马志尼不知悔改地从上帝、民族团结与阶级协作中寻求进步与救赎的行为心灰意冷。巴枯宁以不亚于马志尼的救世主式口吻提出，大众的自由只有在扫除资产阶级、推翻国家压迫的社会革命中方能实现。而所谓"祖国"和"民族"不过是多愁善感的蠢话：

> 马志尼畏惧内战，害怕民族统一的破灭……［他］声称，构成意大利民族的 2 500 万人民乃是具有相同信仰与共同愿望的"兄弟"。这是多么恬不知耻的谎言啊！还用我告诉你吗？……"上帝赋予的祖国！神圣的历史使命！陵墓崇拜！庄严的烈士纪念碑……古罗马！教皇的罗马！……但丁！……人民的罗马！"这一切都是那么梦幻，那么美丽，也那么荒谬，足以欺骗和蒙蔽那些倾向于狂热与信仰而非理智和论据的年轻人……今天，亲爱的朋友们，你们有责任组织一场智慧、诚实、发扬友善的运动，最重要的是坚持不懈地进行政治宣传……向［大众］解释国际工人协会的纲领……为了实现这一目标，你们要在整个意大利组织起来，以和谐友爱的方式进行宣传……我向你们保证，不到一年，马志尼和加里波第的信徒将不复存在，而所有人都将成为革命的社会主义者……这样，你们就将为即将到来的社会革命奠定坚不可摧的基础，这场革命将拯救意大利，使她凭借勃勃生机、智慧与主动性成为欧洲最先进、最人道的国家之一。[6]

这些语言因为极大地呼应了复兴运动的救赎理想主义而得到广

泛接受。无政府主义开始在罗马涅、坎帕尼亚等地区落地生根，特别是在 1871 年巴黎公社与两年后的西班牙革命彰显了第一国际发动起义的潜力后。1874 年，一支由 150 名无政府主义者组成的队伍从伊莫拉镇出发，希望发动当地农民（不久前参与了农业罢工和粮食暴动）起义从而占领博洛尼亚，但警察不费吹灰之力就阻止了他们。[7]1877 年春天，两名最著名的青年无政府主义者试图在那不勒斯北部的马特斯山区发动起义，他们分别是来自卡塞塔省的身材矮小的医学生埃里科·马拉泰斯塔（Errico Malatesta）和富裕的阿普利亚地主卡洛·卡菲耶罗（Carlo Cafiero）。卡菲耶罗有着深厚的神秘主义与宗教倾向，后来被关进疯人院，死前还在为窗前阳光不够充足而痛苦不堪。26 名无政府主义者进入莱蒂诺小镇，焚毁税收记录，宣布成立社会共和国，并向困惑的农民发放了几支旧枪（不过，当地一位神父显然试图提供援助，解释说社会主义与基督教教义大同小异）。但什么也没有发生，叛乱分子很快被军队围剿。[8]

马特斯起义的失败与随后的政府镇压严重削弱了无政府主义势力。在 19 世纪 80 年代至 90 年代，"法律平等主义"（legalitarian）社会主义蓬勃发展，强调以教育、组织、经济、社会和政治改革等和平方式为工人阶级革命做好准备。1881 年，个人魅力十足的前无政府主义者安德烈亚·科斯塔（Andrea Costa）成立了罗马涅革命社会党（Revolutionary Socialist Party of Romagna），以便在该地区传播"社会主义意识"。[9]1885 年，意大利劳动党（Italian Workers' Party）在伦巴第成立，主张实行普选制度，建立工会并争取罢工权。1892 年，来自 324 个左翼团体的 200 多名代表在热那亚（恰逢该市庆祝哥伦布发现美洲 400 周年，火车票优惠）召开大会，寻求将意大利劳工运动的各方势力团结在一起，并成立了全国性工人政党。3 年之后，该党发展为意大利社会党（Italian Socialist Party）。[10]

当邓南遮在 1900 年发表"走向光明"的戏剧性演讲时，意大利社会党已经成为国内一股强大的政治力量。该党以波河谷地为主要根据地，19 世纪八九十年代，该地区发生了旷日持久的农业危机，地主无情地压低劳动力成本导致许多农业工人的生活条件极端恶劣。但在分成租佃制盛行的托斯卡纳与翁布里亚的中部及意大利南部部分地区（尤其是普利亚和西西里），社会党也广受支持。社会党拥有机关日报《前进！》（Avanti!）、诸多由地方教师、律师或记者管理的政党办公室，以及由合作社、互助会和劳工之家共同组成的密集的经济组织网。工联主义在世纪之交迅速发展起来，到 1902 年，近 25 万产业工人加入了隶属于社会党的手工业联合会。1906 年，这些工会与劳工之家合并组成意大利总工会（General Confederation of Labour）。20 世纪头 10 年中，社会党亦迅速积累了大量选票：在 1900 年的大选中，该党共获得 216 000 张选票和 32 个席位；到 1913 年，席位增加至 79 个，且几乎获得了全部选票的一半。[11]

经济发展是社会主义传播的原因之一。1896—1908 年，意大利迎来了统一以来的第一个经济快速增长期。许多因素共同促成了此次增长：世界农业大萧条的结束与价格和需求的随之提升；保护主义与国家对钢铁、航运等产业的扶持；金融业的彻底改革与专用于企业投资的"混合"银行（来自德国和奥地利的资本）的引入；阿尔卑斯山水电站建立后带来的充足能源供应（有助于弥补意大利在煤炭方面的相对劣势）；以及数十万移民（以南方人为主）数十年来从海外——特别是美国——汇来的巨款。1896—1908 年，意大利的工业产值翻了近乎一番，工程、橡胶、化工和金属制造等

"较新"产业的发展尤其强劲，例如，钢铁产量从 1900 年的 14 万吨上升至 1913 年的 93 万吨。但纺织业（特别是丝绸，意大利直到第一次世界大战前夕仍占据着世界丝绸市场的三分之一）仍然是意大利制造业的基石。1911 年，该产业提供了全部工业岗位中的四分之一。[12]

汽车产业的出现是意大利突然迈入经济现代化的一个重要标志。皮埃蒙特和伦巴第的工程传统与电气、钢铁和橡胶制造业（1872 年，倍耐力在米兰建立了他的电缆和轮胎公司）结合起来，带来了世纪之交汽车产量的激增。一位名叫乔瓦尼·阿涅利（Giovanni Agnelli）的年轻皮埃蒙特骑兵军官一度尝试制造机动三轮车，而后在 1899 年协助创办了意大利都灵汽车制造厂（Fabbrica Italiana Automobili Torino，缩写为 FIAT，即菲亚特）。许多企业家纷纷效仿，伊索塔·弗拉西尼（Isotta Fraschini，米兰，1904 年）、蓝旗亚（Lancia，都灵，1906 年）、伦巴第汽车制造厂（ALFA，即阿尔法，米兰，1906 年）等知名企业相继诞生。到 1907 年，意大利共有 61 家汽车公司，每年生产 1.8 万辆汽车。虽然经济衰退迫使许多公司迅速倒闭，但在 1911 年，仅都灵就有 6 家大型汽车生产商，雇用了 6 000 多名工人。1914 年，菲亚特显然已成为市场领导者，占据意大利汽车市场的半壁江山。但意大利国内市场依然疲软，无法企及美国的惊人产量——50 万辆。直到第二次世界大战之后，菲亚特才能够考虑大规模生产。[13]

这些年的工业增长以及跨大西洋移民的激增深刻影响着民众内心的愿望。几百年来，数千万农民在乡村的拥挤土地上过着朝不保夕的生活，仰赖地主与神父的恩赐，受制于地理与气候的限制。此时此刻，他们突然看到了改变的一线希望。人们大量涌入城市，接触现代工业环境往往令人欣喜万分。几年来，每年净迁入米兰的人口达到1.4万，1880至1914年间，米兰人口几乎翻了一番，达到60万。19世纪90年代，年轻的贝尼托·墨索里尼从家乡普雷达皮奥（Predappio）的村庄来到法恩莎小镇时，被横跨于拉莫内河上的一座铁路桥深深震撼（或许很好理解，毕竟他的父亲是一名乡村铁匠）；[14] 1902年，当那不勒斯社会主义者阿尔图罗·拉布廖拉（Arturo Labriola）迁居伦巴第首府时，他为这座城市的经济活力而惊叹："对我这样来自老式手工业生产地区的人来说……工业企业家阶层的商业意识与胆魄可谓魅力十足，尤其是米兰的企业家。"[15]

长期以来，季节性或永久性海外移民始终构成了意大利经济生活的一个显著特点，但农业的衰退、轮船票价的低廉以及南美农场或北美建筑工地相对高薪的工作结合在一起，使得移民数量从19世纪末开始迅速上升。在19世纪80年代以前，大多数移民是来自北方的小农与工匠，他们翻过阿尔卑斯山前往中欧或乘船前往阿根廷、巴西。此后，南方人构成了移民的主体，他们通常是年轻的农村劳动者，在美洲工作几个星期所得报酬或许比家乡一年的收入还高。1900—1915年，超过800万意大利人走出国门，其中一半来自南方地区。大多数人出发前打算在海外打工几年，再回到家乡偿清债务，买下一块地，但大多最终在美国永久定居。遗憾的是，大多数返回故土的人没能实现梦想，他们花光积蓄买来的几公顷土地往往只是一块寸草不生的荒地。[16]

尽管如此，20世纪初的工业繁荣和大规模移民极大地改变了贫民的现世宿命论，这远比任何经济结构性变化更能激发人们支持社会主义，将社会主义视为有利于工人阶级进步的运动。入学率的升高是人们期望增加的标志之一，因为人们清楚地认识到，教育是向上流动的宝贵渠道，而不仅仅是身为国家成员的标志——国家仍受到广泛的漠视与敌对。西西里的小学入学率从1901—1902年的54.5%上升至5年后的73.5%；阿布鲁齐、巴西利卡塔和西西里的文盲率显著下降。[17] 对于在大城市找工作和通过埃利斯岛*的移民管控而言，识字至关重要；汇款至国内银行账户时，识字也有助于和银行或邮局打交道；与此同时，识字能够拓宽沟通渠道，无论是给亲人写信还是与意大利其他地区的人们交谈。进一步讲，成绩最优秀的人才还有可能在公务员系统或社会党及其附属机关中谋得一份差事——意大利社会党首先是一个知识分子政党。面对群众与体制之间的鸿沟、统治阶级的普遍腐败和物质主义、议会的缺陷、严重的贫穷与犯罪现象（特别是在南部），以及意大利在国际舞台上的弱势地位，意大利知识分子感到心灰意冷，许多曾受到意大利复兴运动的爱国主义理想鼓舞的人，开始急切地找寻新的信仰。尽管诗人卡尔杜齐、天才小说家卡洛·多西等人将灵感寄托于君主制与克里斯皮，但在19世纪90年代，几乎所有最优秀的知识分子都向社会主义靠拢。1895年，一份对105名作家、63名学者与26名艺术家的调查显示，其中110人"毫无保留"地支持社会主义，41位"有所保留"，支持者中包括犯罪学家切萨雷·龙勃罗梭和恩里科·菲利（Enrico Ferri）、历史学家加埃塔诺·萨尔韦米尼（Gaetano Salvemini）和埃托雷·奇科蒂（Ettore Ciccotti）、作家埃德蒙多·德·亚米契斯、艺术家朱塞佩·佩利扎·达·沃尔佩多（Giuseppe Pellizza da Volpedo）等杰出人物。沃尔佩多创作的巨幅油画中，成群结队的劳动者，有

---

* 埃利斯岛是美国东海岸的一个小岛，位于纽约市曼哈顿西南，1892—1954年联邦政府在岛上设有移民检查站。——编者注

男有女，带着梦幻般平静的神情，自信地从黑暗走到明亮的阳光下，为这一新信仰提供了强有力的视觉形象（尤其是这些画作刻意呼应了传统基督教的象征，如圣家庭、天使报喜、圣母与圣婴）。[18]

菲利波·图拉蒂直至第一次世界大战始终领导着意大利社会党温和派或"改革派"，从他身上，我们可以清晰地看到从失败的复兴运动理想到社会主义的转变。图拉蒂生于 1857 年，是一位伦巴第省省长的儿子。他的母亲是一位虔诚的天主教徒，但与许多受过良好教育的年轻人一样，他拒绝了教会，被 19 世纪 70 年代意大利北部仍然盛行的马志尼主义与共和主义民主潮流吸引。在博洛尼亚大学读书时，他为教授文学的卡尔杜齐深深折服：图拉蒂后来回忆说，卡尔杜齐的诗句与思想的强烈激情"撕扯着他的内心"，给他与许多同学，其中包括另一位未来的社会主义领袖莱奥尼达·比索拉蒂，带来一种"文艺复兴"的感受。图拉蒂一度写诗并出版了诗集，考虑从事文学创作。但在 1877 年毕业之际，他遭遇了严重精神危机，次年卡尔杜齐变节皈依君主制更让他彻底崩溃：

> 我的全部希望、目标、野心、崇高的梦想、年轻时的所有幸福尽数灰飞烟灭，消融在黑暗的痛苦深渊中，就像海市蜃楼的消逝；我感到自己仿佛在苦不堪言、神经衰弱的痛苦夜晚跌跌撞撞。我总是筋疲力尽，好像刚刚纵欲归来……荣升为这个废物国家的最典型的游手好闲者，靠鸦片、溴化物与亚氯酸盐来减轻痛苦……[19]

忧心忡忡的父母带着他游历欧洲，不惜花重金为他寻找治疗之法。但环绕意大利的旅行并没能将他从沮丧中解救出来：都灵死气沉沉，怯懦地"跪在萨伏依家族的纪念碑前"，罗马则让他感到彻底的"毁灭"。只有热那亚"明暗相间"的建筑和出人意料的美丽景色让他愉快。在那里，他还有机会参观斯塔列诺公墓与马志尼之墓，他"像一个狂热的信徒一样将名片丢到门外，像一个修辞学的学生一般对着福斯科洛的《墓地哀思》陷入沉思"。他看过许多医生，其中包括采用电击疗法的切萨雷·龙勃罗梭和著名维也纳精神病学家马克斯·莱德斯多夫（Max Leidesdorf）。1882 年夏天，他前往巴黎咨询伟大的神经学家让-马丁·沙可（Jean-Martin Charcot），被诊断为"头颅和脊柱神经衰弱"。沙可告诉他，只有完全放弃工作才有望痊愈。听闻加里波第死讯时，他身处法国首都：他说，这个消息"让我痛哭流涕，我已经很多年没有痛哭过了"。最终，治愈这场疾病的并非药物，而是他对意大利社会问题的日益沉迷与个人信念。他仿佛踏上了大马士革之路*，领悟到唯有从根本上改造社会的物质基础，才能解决国家的精神问题。他还通过爬山寻求疗愈（就像 19 世纪末另一位饱受折磨的理想主义者尼采那样），他一生都对阿尔卑斯山心怀热情。[20]

同许多在 19 世纪八九十年代身处进步思想激荡之中的知识分子一样，图拉蒂也不仅仅将社会主义当作一种新的信仰，而是将其视为行动纲领。因为无论他们多么相信历史终将遵循辩证唯物主义的铁律，走向无产阶级的胜利，现实情况则是，如果大众能够明白他们应该做什么，阶级战争将更有可能成功。因此，教育与宣传是至关重要的，尤其是大多数意大利劳动者（当然是农村劳动者）就

---

* 《圣经·使徒行传》记载，保罗在去大马士革逮捕耶稣门徒的路上遇到神迹，于是归信耶稣，此处指思想的重大转变。——编者注

像图拉蒂在 1895 年所描述的那样愚昧无知，还停留在"腐朽野蛮"的中世纪世界，对"现代世界与工业发展的迹象"一无所知，只有"最文明先进的地区迈进了工业时代，尤其是北方地区"。[21] 社会主义领袖应将组织打造为"全新的生命，一个优越的新种族"，与群众打成一片，"激励并鼓动他们，帮助他们明确立场"。[22] 正如富有影响力的精英政治理论家维尔弗雷多·帕累托（Vilfredo Pareto）对图拉蒂所说，"那些目前仅是软体动物的生物"通过这种方式才能变成"人"。[23]

社会主义精英们带着传教士般的热忱着手动员民众。与自由主义者不同，他们并不介意融入贫穷百姓之中——这也是既有秩序感到备受威胁的原因。著名历史学家埃托雷·奇科蒂（Ettore Ciccotti）之所以遭到保守派同行的攻击，主要是因为他常在夜里光顾米兰香烟弥漫的酒吧，而不是因为他颠覆性的信仰本身。[24] 社会主义活动家寻找一切可能的机会举行公开集会、辩论会、研讨会与演讲，举办地点包括各大俱乐部、礼堂、咖啡馆、劳工会议厅，甚至露天场所。他们撰写政治宣传册与报刊文章——自 19 世纪 90 年代起，意大利中北部兴起了无数地方性社会主义报社，在识字率较低的地区，这些报刊往往会在公众集会上被宣读。活动家们鼓励孩子们上学——主要因为小学教师多为社会主义者——并推行"大众图书馆"，让劳工也能读到书籍（图拉蒂对此尤其热衷）。不过，他们不一定读了许多"社会主义"文学：1905 年一项对米兰工人阶级读者的调查显示，儒勒·凡尔纳作品的借阅次数最多，其次是左拉和德·亚米契斯，卡尔·马克思几乎没有上榜。[25]

图拉蒂与许多社会主义者身上的十字军精神为许多教育与宣传活动蒙上了宗教色彩。但与半个多世纪以前的马志尼与民主派一样，他们也有着极强的政治企图，因为大众被广泛视为具有图拉蒂所说的"粗鄙的、半异教性质的宗教理想主义"，因而易倾向于"更高的社会理想"[26]。生于德国的知名社会主义者罗伯托·米歇尔斯（Roberto Michels）更直白地提及他们的"幼稚心理"与"跪拜在人间神明脚下"的意愿（米歇尔斯后来皈依了法西斯主义）。[27]因此，社会主义无论从形式上还是实质上，都需要表现为一种相似的信仰。"当人们完成祷告后走出教堂，你要站在外面的台阶或附近小店的桌子上，开始你的布道。"1893年，一位党内高层为小城镇和乡村的星期日宣传活动提供了这样的建议。[28]按照米歇尔斯的说法，社会党人传道的语言与腔调颇有"基督教创始时代"的风格：

> 毫无疑问，意大利社会主义最显著的特征之一……使其区分于其他各国社会主义的，正是那异常丰富的道德戒律与要求，随着成千上万本宣扬社会主义的小册子广为流传。这些宣传家……都是说教者、先知、使徒、净化者……他们痛斥这个国家遍地滋生的邪恶，谴责谋杀、屠戮与杀婴行为，责备民众的暴力倾向与酗酒成瘾。[29]

像新宗教一样出现的社会主义在许多农村地区产生了奇效，中产阶级活动家往往被尊崇为圣者（一位农民形容西西里法西斯运动领导人为"从天而降的天使"）。[30]但是，这种形式的大众狂热注定要以折中主义与意识形态不统一为代价。19世纪80年代，曼托瓦乡村的农民高举三色旗上街游行，旗帜上印有诗人维吉尔（他出生于此地）、辛辛纳图斯，以及扛着锄头、牵着小羊的加里波第的形象，[31]而在西西里西部，社会主义者于19世纪90年代初赢得了大量追随者，这在很大程度上归功于他们想象力十足的娱乐手段，如"社会主义"木偶剧与戏剧、舞蹈和家庭聚会、圣诞树的使用，以及将卡尔·马克思画像与圣母马利亚画像、国王翁贝托画像并排放置。[32] 翁贝托似乎深得民心，即使在罗马涅这样有着强烈共和主义传统的地区，他也是人们心中的"好国王"，这可能源自他的慈善之举与精心维护的个人形象。1898 年 5 月的事件或许使他的形象染上污点，但远远够不上破坏。贝尼托的父亲、地方革命社会主义者亚历山德罗·墨索里尼向普雷达皮奥议会公开宣布，他对1900 年的暗杀事件深感遗憾，并说翁贝托内心是一位"绅士"。[33]

对图拉蒂与其他社会主义知识分子而言，社会主义在农民中间的快速传播既令人欣慰又带来了重重困惑，因为根据"科学的"马克思主义，革命只应发生在资本主义发展至最高阶段而崩溃之时。但正如图拉蒂的伴侣、优雅而神经敏感的俄罗斯移民安娜·库利斯乔夫（Anna Kuliscioff）在写给弗里德里希·恩格斯的著名书信中所言，意大利仍然"有三分之二处于中世纪"，其农村人口在精神与物质上均极端匮乏，在国家历经长期现代化之前，不可能严肃谈及革命。鉴于上述原因以及 19 世纪末工业的迅速发展，图拉蒂与议会同僚们宣布意大利社会党应暂缓革命计划，以"最低限度的"经济、政治及行政改革方案取而代之，以"组织并教育无产阶级……使他们为进入并成功运作集体化社会做好准备"。[34] 或者用图拉蒂那令人备感亲切的比喻来说——他们应设法将资产阶级养得像圣诞火鸡一样肥美，以便在食用时获得更多享受。[35]

1809—1900 年的反动危机后，议会中的自由派开始明显左转，乔瓦尼·焦利蒂（在因罗马纳银行丑闻险些入狱后）的声誉恢复了，使"最低限度"的"改革主义"显得切实可行。自此直至第一次世界大战前夕，焦利蒂将持续主宰意大利政坛。焦利蒂来自皮埃蒙特，与加富尔、昆蒂诺·塞拉等皮埃蒙特政治领袖一样，他将实事求是的态度与通过物质发展求进步的启蒙信念结合在一起。他对引领复兴运动的理想情怀缺乏认同，在形而上学与艺术领域兴致寥寥：有一次，他在议会发言时居然引用了但丁名言，激起听众一阵惊呼。[36] 他倾向于将不满情绪视为个人利益受挫的结果，并据此认定，大多数反对者都能通过收买转化为盟友。这种观点往往带有愤世嫉俗的意味：当被问及为何他能如此平和地宽恕选举腐败时，他回答说，一个裁缝不会试图给残疾人套上正常的衣服。他对南方没什么好感，在长寿的一生中仅仅去过一次。

焦利蒂在 1901 年出任内政大臣，两年后成为首相，一开始就明确向社会主义者递出橄榄枝。如果图拉蒂与同僚想要"一个真正的、实现资本主义现代化的伟大国家"，资产阶级与无产阶级各司其职，那么他会帮助他们。[37] 但这并非为了加速社会主义革命的到来，而是为了将民众吸引至国家的体制之内，建立一个精神统一的民族国家：

> 意大利人民并无革命倾向，意大利人民有着信任政府的悠久传统。或许没有哪个民族像意大利人一样，几百年来凭借如此顽强的毅力承受着如此骇人听闻的弊病。如果政府和统治阶级能够严肃贯彻社会正义，人民将再次对我们的体制心怀爱意……我们正处在一个全新历史时代的开端。任何视力健全之人都能看到……正是我们，正是宪政党派与工人阶级打交道的方式，决定着这个新生阶级能否提供一种新的保守力量、一种繁荣伟大的新源泉，而不是毁灭国家前途的旋风！[38]

在焦利蒂的指导与议会中社会党改革派的支持下，意大利在20世纪初推行了大量进步性立法，奠定了福利国家的基础。法律规定每周休息一天，禁止雇用童工，限制妇女的工作时长（每天不得超过11小时），并建立疾病、养老与生育基金（国家为每个孩子支付10里拉，再从雇主与劳工的缴款中抽出30里拉）。公共工程计划的开支剧增——1900年至1907年间上涨了50%——南部获得的拨款尤其多，用于那不勒斯城市以及巴西利卡塔和卡拉布里亚地区的特别发展计划（修建道路和灌溉系统，提供饮用水并重新造林）、修建水渠和铁路的补贴、税收优惠、农村信贷基金，以及1908年墨西拿和卡拉布里亚地震后的赈灾。

但政府向社会党与意大利中北部工农业工会做出的最大让步在于其在劳资纠纷中的绝对中立。对焦利蒂而言，该问题不仅事关经济增长，也关乎社会公正，因为他声称，供求法则的自由运转为生产提供了最强刺激，"工业最先进的国家往往工资水平最高"的事实就说明了这一点。[39]新的自由放任态度在20世纪初掀起了罢工的浪潮——在1901至1905年间，平均每年有近千次罢工，共涉及25万多名工农业劳工，相比之下，19世纪90年代每年只发生了200次罢工，4万名劳工参与其中。1906—1910年，该数字进一步攀升，每年近35万名劳工参与了逾1 500次罢工。[40]许多罢工达到了预期成效，工农业薪资在1901至1911年间实现了2.5%的年均实际增长，劳工的生活得到了一定程度的改善：日均热量摄入曾在19世纪90年代的危机时期下降到2 119大卡*，如今在1900年至1910年间升至2 617大卡。[41]不过，考虑到意大利劳工生活水准的

---

* 1大卡≈4 186焦耳。——编者注

起点之低，大部分人的物质生存条件仍未发生明显变化，这种改善当然也不足以使其对体制"心怀热爱"。

天主教

焦利蒂期望通过自由主义改革和更高的薪酬来化解社会主义的挑战——很快，意大利富有影响力的声音纷纷谴责他的实用主义与物质主义，称其未能提供强有力的理想信念——而教会则根本不抱幻想。反宗教改革运动时期，教皇曾派遣一批耶稣会传教士进入半岛偏僻的内陆地区，将孤立的异教民众吸纳进基督教的阵营，自此以后，梵蒂冈一直以意大利农民为支持它的基石。社会主义狂热分子宣扬无神论，举办世俗婚礼与洗礼（"我的孩子，我将你献给人类的苦难，你将为生来所属之阶级的救赎而奋斗终生……"）[42] 的所作所为对天主教造成了深刻威胁，唐·安德烈亚·施特尔扎（Don Andrea Sterza）等神父做出了激烈回应，他在"基督的心肠中"呼吁神职同胞们"像吹响号角一样高声反对最凶恶的敌人——社会主义，它就像一场杀人的飓风……在乡村人民中肆虐，实施骇人的屠戮，而那些人曾经如此虔诚，将神父的每一句话奉为福音！"[43]

19世纪60年代出现的自由主义潮流与教会世俗权力的丧失已经糟糕透顶，但教会依然焕发出特有的生机，发布了《谬论举要》，颁布了绝对正确的教义，广泛宣扬圣母显灵与其他马利亚的神迹，同时发起了"大会组织"（Opera dei Congressi）运动，以"将意大利的天主教徒与天主教协会团结起来，重新组织，按照教皇的愿望与指示，在主教与神职人员的指导下采取协调一致的行动，捍卫……

教会和教皇神圣不可侵犯的权利，以及意大利人的宗教与社会利益"。[44]教会还充分利用了在场景编排与氛围营造方面的特长，在罗马举行大规模朝圣活动——如1875年的圣年和两年后的庇护九世受封主教50年纪念活动，大批民众拥进圣彼得教堂观看庆祝仪式（特意与宪章节同日举办，抢尽政府的风头），穿梭在梵蒂冈街头。教皇收到的琳琅满目的礼物令朝圣者们惊叹不已，其中包括镶满宝石的圣像、圣杯、十字裙、十字架、权杖和圣体匣（这些大部分被分发给全国各地的教堂与修道院，不过国王的小儿子奥斯塔公爵送来的珍贵圣杯被保留在西斯廷教堂，部分起到纪念之用）。[45]

随着社会主义的蔓延，教会加紧了动员工作，利用其教区体系以及虔诚的中产阶级和贵族信徒——他们对自由主义仍持敌对或漠不关心的态度——的组织能力，建立了一系列天主教协会、圈子、合作社、银行、报纸和期刊（主要在北方）。这些组织由"大会组织"常委会集中监督，19世纪90年代，在精力充沛的威尼斯人乔瓦尼·巴蒂斯塔·帕加内利（Giovanni Battista Paganelli）的主持下，常委会的活动迅速增多。帕加内利坚决反对自由主义国家（"我们不仅支持教皇的宗教领袖地位，也认为他是意大利的父亲与最高领袖，是唯一能够拯救意大利的人。我们把教会与祖国的事务交托于他"）。[46]到1897年，"大会组织"控制着3 982个教区委员会、708个青年支部、17个大学社团、588个农村合作银行、688个工人社团、24份日报与155份期刊。教会也同社会主义者一样，试图利用这些手段渗透民间社会，获取基层支持。

面对社会主义这一主要敌人，1860年来始终主导教会与国家关系的重大议题——恢复教皇的世俗权力——不知不觉变得无关紧要，教会向意大利政府做出了和解姿态。例如，1896年，枢机主教费拉同意参加米兰大教堂广场上的维克托·伊曼纽尔纪念碑落成仪式。[47]进入新世纪后，在焦利蒂的默默鼓励下，类似的表态越来越多，天主教徒甚至在"大会组织"的谨慎鼓励下为政府支持的候选人投票，目的是将社会党候选人排除在外。但矛盾的缓和仅仅建立在互利互惠的基础上，而非友善。猜疑与嫌隙从未消弭：就在几年前，克里斯多曾胁迫教皇利奥，使其难堪地向世界宣布他在罗马不再感到安全。此外，正如梵蒂冈针对社会问题发布的《新事物》（Rerum Novarum，1891年）通谕所表明的那样，天主教的合作、阶级团结、家长作风与慈善等核心价值观与自由主义的个人主义价值观严重相斥。

为宣传天主教价值观，教会拥有一套强大的工具，作为对布道和忏悔这类传统武器的补充。在威尼托和伦巴第等地区，各式各样的天主教印刷品在乡村流通：教区杂志，刊登教会新闻、寓言故事、教皇训谕、连载小说和农村小品的大众报纸，天主教协会的公报，以及修会与圣所的简讯（1898年于帕多瓦开始发行的《圣安东尼奥通讯》尤其成功，100年后达到全球150万的销量）。[48]天主教出版社纷纷成立，其中包括摩德纳的圣母无原罪出版社（Tipografia dell'Immacolata Concezione）与锡耶纳的圣贝尔纳迪诺出版社（San Bernardino），发行宗教手册、圣徒生活纪事与"天主教"小说——这是一个不断发展的流派，乔瓦尼·巴蒂斯塔·弗兰切西亚（Giovanni Battista Francesia）神父的《渎神者家庭》（The Blasphemer's Family，1904年）是其中的典型。这类小说旨在纠正现实主义文学中所谓不道德的现象——以充满同情的笔触描写杀人犯、妓女、小偷和酒鬼。[49]

在一个识字率普遍较低的社会中，印刷品的影响力有限。作为知识分子领导的政党，社会党特别重视"高等"文化；而教会甚至比社会党人更乐于诉诸其他媒介来传递信息。19 世纪末至 20 世纪初，大众戏剧是教会在意大利北部的重要宣传工具。这些戏剧强调了天主教的家庭价值观，谴责自由主义、共济会的罪恶及随之而来的淫乱、渎神和酗酒行径，社会主义也越发成为讨伐的对象。[50] 维琴察一家出版社 1916 年的书目中收录了 5 000 部"戏剧、喜剧、悲剧、闹剧、小品和独角戏"，供"天主教神学院、大学、研究所、娱乐行业和俱乐部"使用。[51] 体育运动也得到了广泛的推广，体操因其能够增强纪律和自控力而特别受到青睐（相比之下，足球显然被视为太过"新教式"，因为它鼓励个人的自我表达）。天主教体育联合会（Federazione delle Associazioni Sportive Cattoliche Italiane，缩写 FASCI 实属巧合）在 1910 年时发展出 204 个附属社团。[52] "一战"爆发前的几年里，电影亦被利用起来。1909 年，奥拉托利会（Oratory）的神父们在米兰成立了电影联合会，天主教的联合制片公司（Unitas）在 1909—1911 年生产出 30 多部电影——大部分是关于耶稣以及圣徒和模范神父生平的纪录片（《人民真正的朋友》）或道德故事（《你喝了几瓶酒？》《震颤性谵妄》《时尚的后果》《面包贼》等）。[53]

我们很难判断上述举措的实际影响力，在很多情况下，它们可能仅仅让虔诚者（和敌对者）更加忠实，令冷漠的反教会者更加心怀疑虑。但是，社会主义者常常声称，他们的宣传卓有成效地削弱了意大利北部农民的宗教情绪。他们指出，"自杀、性自由和皈依新教"的发生率在上升，而犯罪率与酗酒率在下降，这些都是新的——更高级的——世俗道德传播的证据。[54] 而官方数字明确显示，这些年来天主教徒人数骤降。在 1911 年的人口普查中，有 87.4 万名意大利人宣称他们"无宗教信仰",10年前则只有3.6万人。但造成人数下降的原因或许更多是神职人员未能灵活应对社会主义的挑战,而不是文化层面的转变——比如在卢卡附近的布萨提村,大理石采石场的工人被一位嘉布遣会(Capuchin)修士告知,他们如果加入工会,将不能领受圣餐。不出所料,正如教区神父在日记中悲伤地记录的那样,1910年只有"少数人"参加了复活节圣餐仪式,而在1900年,所有人都参加了。[55]

1905年,庇护十世为了更集中有效地组织抗击社会主义的斗争,宣布废除"大会组织",将其改组为三个"联会"以处理宣传、经济–社会事务与选举活动,统称为"公教进行会"(Catholic Action)。梵蒂冈的部分目的在于遏制平信徒与神职人员中过度热衷于社会政治问题以及异端"现代主义"的倾向——有时,天主教徒可能表现得像社会主义者一样激进,就像精力充沛的罗马涅神父罗莫洛·穆里(Romolo Murri,于1909年被逐出教会)一样。与此同时,与意大利国家和解的呼声带来了自下而上的压力,教皇庇护作为坚定的传统主义者,主张维护教义的纯洁性,希望通过公教进行会抑制此类呼声。他热爱托马斯·阿奎纳、格列高利圣咏与对圣母马利亚的崇拜,绝不赞同自由主义。公教进行会直接受到主教的管控,因此也在梵蒂冈的控制之下。虽然基层教徒因此产生了更强的凝聚力与更严格的纪律,但19世纪90年代以来中产阶级进步教徒萌生的改革热情也遭到了抑制。

焦利蒂不愿向梵蒂冈公开示好。事实上,在1904年,他曾将教会与国家描述为"两条永不相交的平行线"。如果教会愿意鼓励天主教徒在国家选举中战术性投票,从而驱逐社会主义候选人,就像1904年、1909年和(最明显的)1913年那样,那就请便吧,但他不会批准正式和解。他的优先事务是将工人阶级的安全纳入国家体制之内，任何表明他有意与保守的天主教徒做交易的举措，都有可能危及他与图拉蒂和社会党改革派的盟友关系，刺激革命力量。而正如他在回忆录中解释的那样，从精神上销毁革命派的军火至关重要：

> 我们现在最迫切的问题是如何提高新闻界的教化水平……工人阶级被排除在国家政治与行政事务之外……这必然使其易受革命政党与颠覆思想的影响，因为这些观念的推崇者认识到，受到排斥的民众除了暴力手段，再没有其他方法抵御统治阶级强加的不公正待遇，这为革命带来了不可撼动的支撑。[56]

焦利蒂的战略从表面上看非常合理，却面临着两个相互关联的巨大阻碍。首先，社会主义运动中包含着强势的革命派或"决不妥协"主义者，他们自始至终激烈反对图拉蒂的改革主义，担心与资产阶级国家合作的策略会腐化党的领导层，驯化工人阶级，从而毁灭无产阶级胜利的前景。图拉蒂认为大众太容易诉诸无政府主义的暴力行径，需要通过教育学会克制与成熟，而不妥协的革命派则与 19 世纪复兴运动中的许多民主派一样，认为意大利人被几个世纪的专制驯化得过于消极被动，需要以直接行动与富有感召力的理想激励他们。出于相似的原因，法国著名暴力斗争理论家乔治·索雷尔（Georges Sorel）在意大利的受欢迎程度远超欧洲其他国家（他影响深远的著作《暴力的沉思》在 1905—1906 年被引入意大利），他对于神话的动员力量的看法深刻影响了意大利工团主义革命运动（从而影响了法西斯运动）。

焦利蒂的第二大阻碍来自自由主义国家面临的巨大道德谴责，这种压力使得道德感极强的反妥协者宣称社会党改革派受到了误导，以至于错以为与一个腐朽的政治体系合作能带来好的结局。用年轻的革命派贝尼托·墨索里尼的话说（呼应了卡尔杜齐），"那个拜占庭"由"闹剧般的议会"组成，其领导人有着"官僚的贫乏灵魂"，缺乏理想主义和道德基础，可谓"英国人所说的……这个狂欢的民族应得的首相"。[57] 这种辱骂性观点几乎得到了当时所有最具影响力的知识分子的认同，其中包括作家邓南遮、皮兰德娄、科拉迪尼、马里内蒂、帕斯科利、帕皮尼和普雷佐利尼，社会学家帕累托、莫斯卡和席格哈里，哲学家克罗齐和秦梯利，艺术家波丘尼和卡拉，以及历史学家沃尔佩和萨尔韦米尼（他在 1910 年发表了一篇举世震惊的揭露选举腐败的文章，称焦利蒂为"地下犯罪大臣"）。[58] 这进一步降低了改革派说服大多数社会主义者与政府展开合作的可能性，无论这种合作是路线的修改还是只是权宜之计。

由此一来，无论焦利蒂做出怎样的妥协与改革，他始终无法将颠覆的尖刺从工人阶级运动中拔除。革命派"不妥协者"仍然是社会党中声势浩大的强大力量，他们不断谴责改革派的奴性，抓住政府政策中的自相矛盾之处作为其坚持斗争的根据。他们特别提出，尽管国家对劳资纠纷采取了中立政策，但始终有工人在与警察的冲突中受伤或死亡——1900 年至 1904 年间，约 200 人因此伤亡；尽管严格来说这并非政府之过——罢工往往演变成暴力行动，在南方尤其如此——但极端分子往往高喊"无产阶级大屠杀"，通过频繁的流血冲突获得了强大的精神弹药。1904 年 9 月，他们在一系列此类"屠杀"事件后组织了第一场意大利总罢工。同年，他们在社会党全国代表大会上赢得了多数地位。改革派在 1908 年的代表大会上重新夺回主导权，但在 1912 年又被彻底击败。

正如米歇尔斯所言，改革派与焦利蒂结盟所造成的社会主义运动分裂打开了"潘多拉魔盒"，引爆了旷日持久的内战，各个政客、党派、潮流与倾向彼此激烈竞争，争夺最高领导权，不妥协派、改良保守派、工团主义者、天主教因袭主义者（integralist）、中间派、顽固革命派和正统马克思主义者都参与其中。[59] 竞争是残酷无情的：1895 年，社会党不切实际地投票禁止其成员之间的决斗；但在随后的几年里，这项禁令一次又一次地被忽视，因为社会党的主要人物经常诉诸武力来解决他们的分歧。激情以及伴随而来的暴力成为革命信仰的证明，也成为不受怀疑主义、物质主义等令人憎恶的邪恶所污染的标志，长期以来，怀疑主义和物质主义始终被视作意大利的恶习，而"大腐败者"焦利蒂似乎就是这些恶习的典型代表。[60] 思想和行动是相互匹配的。在这剑拔弩张的氛围中，一种危险的智力相对主义（intellectual relativism）开始萌发。这种观点认为，对思想的评判更多要看其激发行动的能力，而不是其内在价值。正如邓南遮在拥抱社会主义时所说，"生命"关乎强度而非真理。

此类理想显然对政治生涯早期的贝尼托·墨索里尼极具诱惑力，他将在第一次世界大战前夕成为社会主义革命派的主导人物。1883 年，墨索里尼出生于罗马涅的普雷达皮奥小镇，父亲是一位自学成才的铁匠，母亲则是小学教师。在他的成长环境中，大多数人都是赤贫的农业劳动者，靠天主教、狂热的社会主义、酒精与性事缓解生活之苦，通奸与激情犯罪十分常见。墨索里尼在晚年时自豪地回忆起他年轻时与已婚妇女的风流韵事，以及十几岁时光顾妓院的习惯（还提到自己曾强奸一个女孩）。[61]墨索里尼的母亲笃信宗教，这位未来的独裁者早年常与与邻里教徒一同参加教堂仪式。但他的父亲并不信教：作为当地著名的社会主义者，他的父亲刻意远离教堂，将激情倾注在烛光、香薰、音乐和歌唱上（甚至到晕倒的程度）。[62]

墨索里尼在母亲罗莎的坚持下接受了洗礼，名字是由父亲亚历山德罗所取。贝尼托这个名字是为了纪念墨西哥著名革命家和总统贝尼托·胡亚雷斯（Benito Juarez）；中间名阿米尔卡雷来自当地著名的无政府主义者阿米尔卡雷·奇普里亚尼（Amilcare Cipriani），安德烈亚则取自罗马涅社会主义者安德烈亚·科斯塔。尽管罗莎希望家中长子延续天主教信仰，但事与愿违，对贝尼托而言，父亲那世俗的叛逆精神似乎更具吸引力。在法恩莎的萨勒斯长老会开办的寄宿学校度过一段时间后，他因屡次不服管教、不守纪律被开除。他最出格的举动是组织同学抗议被蚂蚁污染的食物，并在施洗约翰节上用刀子刺伤了一位同学。自此之后，他被送到诗人卡尔杜齐的兄弟瓦尔夫雷多·卡尔杜齐（Valfredo Carducci）在福林波波利开办的一所平信徒学院。这所学校更符合他的心意，他在这里接受成为教师的职业教育：他的父母至少都赞同学习的重要性（"要么学习，要么学铁匠手艺"，亚历山德罗一再威胁）。[63]

鉴于他的秉性与家庭背景，墨索里尼自然而然地走向社会党革命派。他生来对既定权威心怀颠覆意识与敌意——无论是教会还是自由主义国家。他也同许多19世纪末的作家一样，病态地沉迷于暴力与死亡：他仿照卡尔杜齐的风格创作诗歌（"神父从黑暗的彼方注视着那沾满平民鲜血的刀刃……在他死寂的双眼中，闪烁着未来百年的理想与希望之光"，一首描述处决法国平等主义者格拉古·巴贝夫场面的十四行诗这样写道）[64]，同时崇拜但丁，尤其是他热烈的道德意识，据说贝尼托曾在夜里徘徊于福林波波利的街头，诵读《地狱》与《炼狱》中的诗句。[65]他喜爱尼采，尼采给予他"精神上的性兴奋"，而尼采对"超人"的颂扬，对大众的贬低，对基督教美德的谴责和对"危险生活"的禁令让他万分着迷。[66]他亦欣赏索雷尔的神话和暴力思想，一度认同工团主义，于1908年在普雷达皮奥领导了一场农业罢工运动，煽动农民破坏脱粒机，与警察发生了冲突。他自然不认同社会党改革派以及他们对他所说的焦利蒂"懦弱的类社会主义意识形态"的默许。[67]

　　但正如著名无政府主义者埃里科·马拉泰斯塔所言，墨索里尼给人的印象是本能的革命者，他近乎随意地更改信仰，显然不确定自己想要何种革命。1912年，墨索里尼本人也曾向友人承认，他的社会主义观念基本是"宗教性的"，吸引他的是理想的力量，而非学说中的具体内容。[68]他父亲也对政治表现出相似的情绪化特征和折中的立场，既支持国际主义、共和主义和反军国主义，同时又崇拜意大利最伟大的爱国者加里波第（将他的画像与《庞贝圣母像》一同挂在家中）、国王翁贝托，以及激进的战争挑唆者、反社会主义者克里斯皮。有这样一则著名的故事：当墨索里尼在1901年申请普雷达皮奥市议会秘书一职被拒绝后，他的父亲为了安慰他，在中央广场大喊："不要气馁。你将成为明日的克里斯皮！"[69]

　　而克里斯皮所代表的民族复兴理想无疑是墨索里尼青年时代的政治主旋律，可以轻松与社会主义思想核心的憧憬与挫败相适应。当朱塞佩·威尔第于1901年去世时，墨索里尼"同志"被福林波波利的学生们推选至当地剧院致悼词，这位年轻的社会主义者做了一场精彩的即兴表演，在热烈的欢呼声中，他缅怀这位亲眼看着复兴运动理想被意大利统一后的现实，尤其是统治阶级与无产阶级之间无法填补的裂隙击碎的伟大爱国者。[70] 在接下来的几年里，随着民族主义意识形态开始成为社会主义强大的思想与政治敌手，墨索里尼时常发现意大利复兴的理想难以抗拒。1909 年，他写信给当时最知名的期刊《声》(La Voce)的主编，赞扬他为"打造意大利人精神团结"做出的努力："鉴于我们的历史与特性，这是一项艰巨的任务，但也并非不可能。创造'意大利'之魂是一项伟大的使命。"[71] 同年，他在另一篇报纸文章中阐述了《声》帮助国家从庸俗的泥潭中崛起的重要性：

> 教育本身不能创造文化，……光辉的过去不能证明当下平庸与堕落的合理性，一个民族国家的政治统一不能确保它完成在这个世界上的历史使命，除非心理上的团结将人们的意志融合在一起，引导精神的方向……[《声》] 将有助于解决民族(国家)之魂所面临的"可怕问题"："要么勇于创造第三个伟大的意大利，那个尚未诞生的意大利——不属于教皇和皇帝的意大利，而是属于有思想者的意大利——要么一事无成，只留下一串平庸的印记，被第一缕风吹走。"这就是《声》的任务……崇高的努力……[72]

民族主义

正如社会主义将阶级斗争的价值传授给无产阶级那样，我们也必须向意大利传授国际斗争的价值。但国际斗争不就是战争吗？那就开战吧！让民族主义在意大利唤起战争胜利的意志吧！

恩里科·科拉迪尼，在第一届民族主义者大会上
的致辞，1910 年 12 月 3 日

我们的目标是建立……一种宗教，将我们与人类最深刻、最普遍的冲动联系在一起，构建意大利新历史的强大精神结构，从而保障我们在世界上立足的前景，摆脱当下日日持续的屈辱……如果我们有办法为意大利精神带来如此深刻的变化，我们将创造出属于明天的意大利，一个让我们永远忘记过去苦难的意大利。

乔瓦尼·阿门多拉，《声》，1911 年 12 月 28 日

"意大利"一词必须优先于"自由"。

《未来主义者选举宣言》，1913 年

加布里埃尔·邓南遮对社会主义的热忱未能持续多久：他天性中的贵族化审美无法忍受关于基本生存资料的严肃政治探讨。他的议会生涯也匆匆落幕：1900 年 6 月的选举中，他未能胜选。自此以后，他又自觉恢复了尼采式的生活方式，一次又一次陷入热恋，与人决斗，大量创作出以英雄主义、荣耀、神话、美、情欲、暴力、残酷与死亡为主题的诗歌和戏剧。他始终沉迷于堕落颓丧的主题，但过去他的文章往往聚焦于个人摆脱精神腐朽贫瘠的斗争，现在则更多书写民族国家的振兴。他创作赞美但丁、中世纪城邦与古罗马的爱国颂歌，宣扬过去意大利人在战争和艺术中取得的辉煌成就，鼓励行动并预言国家光辉的未来（《天选之国的颂歌》）。在《五一劳动节之歌》中，他呼吁意大利工人——"上下起伏的宽阔胸膛下粗犷的灵魂，满身煤烟的英雄，微笑时牙齿在乌黑的青铜色里透出洁白的光芒"——将"咄咄逼人的［社会党］护民官"神圣的教义抛诸脑后，认识到真正的力量与目标只能来自历史，聆听"几百年的光荣之歌"，与孕育他们的"古老的丰饶之母"相认："让她的儿子们吮吸她的乳汁吧。"[1]

邓南遮对民族复兴的关注正逢其时。当时，广大中产阶级开始以一种全新的侵略性姿态面对社会主义的挑战，阿杜瓦事件之后外交政策越发胆怯，焦利蒂因缺乏理想主义而遭到批评，邓南遮因而摆脱掉不合时宜的天才形象，成了意大利当权人士的宠儿。1907年，卡尔杜齐在获得诺贝尔奖一年后与世长辞，邓南遮便被普遍视为卡尔杜齐衣钵的天然继承者、肩负民族精神良知的诗人。博洛尼亚大学立即授予他文学系主任的职务，此前，卡尔杜齐曾在此职位上做出卓越成绩。但邓南遮拒绝职务，他太执着于个人独特性，不愿置身于他人的阴影之下；但他乐于承认自己对这位前马志尼派人士的欣赏，也认识到了"拜占庭"般的堕落带来的灾祸，在《卡尔杜齐墓地哀歌》中，他颂扬这位年迈诗人对罗马的热爱，以及随之而来的征服、权力与荣耀之梦。

1908 年 1 月，他创作的戏剧《船》（La nave）在阿根廷剧院上演，台下掌声雷动，国王维克托·伊曼纽尔三世也在台下观看演出，这奠定了邓南遮非官方桂冠诗人的地位。首演结束后，邓南遮应召来到王家包厢中，接受君主的亲自祝贺。3 天后，他作为荣誉嘉宾出席一场高级政客宴会，教育大臣就位列席间。《船》的背景设定在公元 552 年的威尼斯，当时这座城市正试图脱离拜占庭统治而独立。故事讲述了马可（Marco）和塞尔焦（Sergio）两兄弟通过暗杀重要皇室成员夺取政权的故事（4 名皇室兄弟被刺瞎双眼，割下舌头）。美丽的巴西廖拉（Basiliola）为给兄弟们报仇，脱光衣服引诱马可和塞尔焦，令他们欲罢不能，最终马可在妒火的操控下杀死了塞尔焦。为弥补犯下的过错，马可决定乘坐威尼斯在建的一艘大船驶入地中海，为威尼斯更高的荣耀创造英雄伟业（"修好船头，驶向世界"是剧中最著名的台词）。他在最后一刻意识到自己被巴西廖拉欺骗，于是宣布要将她钉在船头作为艏饰像。然而，巴西廖拉挣脱了束缚，纵身跳入祭坛的烈火之中。[2]

《船》取得的巨大成功（它在全国各地巡演，并于 1912 年和 1919 年两次被拍成电影，又于 1918 年被改编为歌剧）部分是因为它响应了日益强烈的要求解放伊斯特拉（Istria）和南蒂罗尔这些所谓"未收复"（irredentism）地区的呼声（它们本应属于意大利），并强调在亚得里亚海域以强势政策应对奥地利（1908 年秋，奥地利正式吞并波斯尼亚和黑塞哥维那，给意大利带来沉重的战略打击）。然而，这部戏剧也反映出当时人们将战争视为民族国家堕落之解药的普遍心态——战争是 19 世纪意大利爱国主义思想的重要主题，也是新民族主义运动的核心。事实上，《船》中抗击拜占庭的斗争可以理解为一种道德隐喻（遏制堕落）和政治隐喻（抗击奥地利）。以战争挽救意大利的想法在邓南遮青年时代（19 世纪 80 年代）的作品中就已经显露出来，从 20 世纪初开始，该观念几乎成为他作品中不变的主题。1915 年，他热烈呼吁意大利介入第一次世界大战。1914 年 6 月，在弗兰茨·斐迪南大公于萨拉热窝遇刺事件发生的两周以前，邓南遮向法国驻圣彼得堡大使解释为何一场冲突势必爆发：

> 我们活在一个令人作呕的年代，身处大众的统治与暴政之下……拉丁人的天赋从不曾堕落至此。人们已丧失一切活力、骄傲与美德，在泥沼中打滚，在耻辱中狂欢……战争，一场伟大的民族战争成了仅剩的救赎希望。只有战争才能阻止化身野蛮人的人民继续堕落下去，因为战争提供了一个无法回避的选择：要么光荣，要么死亡……因此，您或许对即将到来的战争心怀恐惧，我却全心全意地期盼它的到来。[3]

在 19 世纪与 20 世纪之交，民族主义在欧洲许多地区成为一股强大的思想及感情潮流，而意大利国家地位的持续衰落，使民族主义取得了异常广泛的共鸣与接纳。焦利蒂试图通过传统的自由与经济现代化计划改善政治体制，但正如重要的保守派议员安东尼奥·萨兰德拉（Antonio Salandra）悲哀地指出的那样（他将自己视为加富尔与右翼温和派传统的继承者），这样做的显著效果是，颠覆分子被允许"亵渎祖国"（"我们必须亵渎！"极左翼高声回应），[4]并使大众在歧途中越行越远。"民族"与"祖国"需要用比"自由"更强大、更富激情（且危险与反作用力更小）的东西来共鸣，这样才能将1860—1861年建立的政权维系下去。1913年，萨兰德拉在议会宣称："任务固然艰巨，我们无法像天主教那般提供天堂，也无法像社会主义者那样提供人间天堂……但我们的确拥有一种火焰、一种理想：意大利自由主义核心的理想火焰是爱国主义……对祖国的热爱。"[5]

　　萌发于世纪之交的民族主义运动作为对社会主义与意大利统治阶级缺陷的回应，从一开始就带有强烈的知识分子特性。该运动的领军人物——朱塞佩·普雷佐利尼（Giuseppe Prezzolini）、乔瓦尼·帕皮尼（Giovanni Papini）和恩里科·科拉迪尼（Enrico Corradini）等年轻人——都接受过高等教育，往往心怀强烈的文学抱负：科拉迪尼将成为该运动中占据主导地位的帝国主义派代言人，他曾经受过成为神父的培训，并在19世纪90年代（失败地）转向创作小说和戏剧，作品题目具有世纪末的颓废风格，如《处女》（Virginity）和《死后》（After Death）。整个职业生涯中，他始终坚持在撰写政治作品与新闻报道之余创作小说与戏剧。许多民族主义者曾受到天主教的十字军高尚理想鼓舞（"在我的灵魂深处，始终存在一种教士式的宗教使命感。"乔瓦尼·阿门多拉在1904年坦言），[6]或希望重新激活马志尼那被挫败的民族理想——马志尼的声誉从20世纪初开始显著恢复。正如乔瓦尼·帕皮尼在1906年所写：

　　　　我感到——如同一个旧时代的马志尼主义者——我可以对祖国心怀使命，我必须竭尽全力将意大利从闭目塞听的状态中解救出来……罗马一直拥有一个普遍的主导使命……［它］必须再度成为世界的中心，必须建立一种新的普世权力……第三个罗马，理想的罗马，必须成为我们意志与奋斗的成果。[7]

传播民族主义思想最初的主要渠道是各大期刊，它们集中发行于佛罗伦萨，包括：1896 年创刊的《马尔佐科》（ Il Marzocco ）、1903 年创刊的《莱奥纳尔多》（ Leonardo ）和《王国》（ Il Regno ）、1904 年创刊的《赫耳墨斯》（ Hermes ）以及 1908 年创刊的《声》。其中《声》最具影响力，它最初由普雷佐利尼主编，而后被转交给帕皮尼，直至 1913 年休刊。这些期刊的发行量始终较小——即使在 1911 年的巅峰时期，《声》的销量也仅仅达到大约 5 000册——但其撰稿人几乎囊括国内最有才华的年轻作家与思想家。他们因共同纲领而走到一起，都对现状感到不满，相信应建立一个"知识分子政党"，将意大利从当前堕落的统治阶级手中拯救出来。他们追求一场精神革命：正如普雷佐利尼后来回忆的那样，民族主义者普遍认为"一切都庸俗不堪，与历史格格不入，也远不及欧洲其他国家和美国"。[8]

他们极其敏锐地感知到他们憎恶的事物，而对于喜爱的事物则不够明了。他们憎恨议会："蒙特奇托里奥宫是意大利最糟糕的负累；资产阶级官僚是现实中最虚幻的贵族，他们毫无用处……"[9]"那些当权者是整个意大利唯一在议会之外毫无支持者的群体。他们只为议会而活……从未扎根于国家。"[10]他们对首都的腐朽深恶痛绝："罗马是意大利中心的一条寄生虫……是我们一切经济、道德、智识落后的根本原因……上梁不正下梁歪：罗马毁了整个意大利。"[11]他们认为社会主义相当危险，认定社会主义学说是物质主义的，缺乏更高的精神价值且自私自利；与焦利蒂相反，他们认为意大利的经济和政治极其脆弱，以至于它无法从阶级力量相互作用中获益。他们还批判了许多意大利人偏狭的地方意识与自满情绪，以及民族性格的深层缺陷："缺乏纪律，义务观念淡薄，做事马虎，毫无信念，主动性有限甚至根本没有，对肮脏污秽的忍受力极强。"[12]

泛言之，更强的精神能量是这些问题的解药，这种能量将激励中产阶级为民族复兴贡献力量，缓解社会主义的威胁。焦利蒂的物质主义与支离破碎的改革措施太过乏力，无法对抗意大利资产阶级长期以来的怀疑主义与怠惰，这种怀疑主义与怠惰使国家成为国内外拥有信念与意志的势力的猎物。事实上，贯穿民族主义的一条重要线索是对侵略的颂扬与对人道主义和和平价值的蔑视（科拉迪尼声称正是意大利1896年在阿杜瓦的软弱反应促使他投身民族主义）。因为，在遵从达尔文主义的丛林世界中，任何阶级或国家若不做好战争的准备，又怎能希望幸存呢？焦利蒂试图以妥协手段收买社会主义者的政策是完全错误的。普雷佐利尼在1904年写道："［资产阶级］必须使阶级斗争……变为现实，但具体目标是将其终结。当敌人向你挑衅，并在挑衅之后发动攻击时，保证和平的最佳方式就是奋起反击，赢得胜利。"[13]

侵略性的最高体现是战争，尽管民族主义最初在应将精力倾注于国内政策还是对外政策上产生了分歧，但在第一次世界大战之前几年，对外政策，特别是非洲殖民征服政策明显占了上风。主要原因在于，战争被认定为大有裨益。"战争，只有战争，"1911年，著名民族主义者（也是杰出的但丁研究者）路易吉·瓦利（Luigi Valli）呼应图列洛写道，"在很多情况下，唤起和重新激发最高道德与纯粹理想的力量，能够以净化之火洗涤意大利民族——这个因和平而腐败，深陷琐碎狭隘的利益之中无法自拔，在可悲的地方或党派斗争中浪费生命的民族。"[14] 同年，年轻的民主主义者乔瓦尼·阿门多拉在《声》中发表文章，驳斥英国知识分子诺曼·安杰尔（Norman Angell）关于战争冲突主要源于经济冲突的论点。他指出，战争有着更强的精神感召力，因为战事尽管残忍而恐怖，却催生了"比小心翼翼、贪图安逸之人无限优越的存在，而前者仅仅在和平的摇篮里沉迷于酒色"。[15]

战争另有一个关键作用：它将阶级斗争的方向转向外部（按照民族主义者的说法，意大利作为一个整体相当于"无产阶级国家"，要在世界范围内争夺自己的合法地位），从而治愈了国家的内部裂痕。"民族主义的理想是创建一个集体主义的民族之魂，取代我们今日的地区之魂。"著名社会学家西皮奥·席格哈里（Scipio Sighele）宣称。[16] 正如未来的法西斯政府大臣路易吉·费尔代佐尼（Luigi Federzoni）所言，除了战争，还有什么机制能更好地创造"属于一个伟大有机共同体的意识"，并教导个人他们的生命与国家的至高利益相比不值一提？"从国家的角度来看，"科拉迪尼说，"个人的重要性相当于大海中的一滴水，地球表面广阔森林中的一片落叶……生命的最高要素即是无惧死亡。"[17]

民族主义者是激进与保守的奇异融合。他们虽然厌恶意大利政治生活的诸多方面——特别是议会——并渴求伟大的精神革命，但他们对社会主义的反对、对纪律与秩序的重视与认为个人应服从国家利益的观念却将他们引向右翼——君主、军队、教会、大企业与地主。第一届民族主义者大会于 1912 年 12 月在佛罗伦萨召开，以求汇聚各方力量，成立意大利民族主义协会（Italian Nationalist

Association）并商定共同纲领。此时，民族主义的支持者早已不限于早期的中产阶级知识分子。1908 年的经济衰退使早已对焦利蒂心怀质疑的众多有产阶级对政府未能解决社会主义问题更加愤慨：罢工提高了劳动力成本，利润迅速下跌。整个国家逐渐被一种绝望的情绪笼罩。"意大利正在向民族主义转变，"1911 年初，维尔弗雷多·帕累托对索雷尔说，"未来的战争成了唯一话题……我担心这将导向万劫不复的结局。"[18]

利比亚

1911 年秋，意大利突袭利比亚，举国上下为之振奋。民族主义者欣喜若狂：几个月来，他们一直在《民族理念》（*L'Idea Nazionale*）的专栏中呼吁征战北非，该报纸创刊于 3 月 1 日阿杜瓦战败纪念日，这也是古罗马人传统上集结军队的日子。民族主义者以及包括首相焦利蒂在内的许多人担心法国或许会抢先介入，认为意大利绝不能重蹈 1881 年突尼斯惨败的覆辙，而殖民利比亚早已成为意大利公认的首要战略——从历史层面看，利比亚曾经不正是罗马帝国的重要省份吗？天主教媒体热情高涨：教会在利比亚坐拥大量金融资产，侵略战争很快被宣传为针对异教徒的新十字军运动。就连部分右翼社会主义者也表示支持，认为这或许可以缓解农民的土地资源匮乏。邓南遮在《意大利晚邮报》上发表了一系列匆忙写就的颂诗，战争爆发后，另一位著名诗人乔瓦尼·帕斯科利（Giovanni Pascoli）的公开演讲迅速成为意大利爱国主义的经典之作：

伟大的无产阶级国家苏醒了……仅仅在重生不过 50 年之后，意大利，这个民族国家中的伟大殉道者，已为人民的进步与文明担起责任，不愿被圈养在自己的海域里窒息……啊！奇迹的 50 年，发生了如此惊人的巨变！……若想一览意大利如今的风貌，请看看它的海陆两军……陆地、海洋和天空，山地和平原，半岛和岛屿完美地融合在一起。肤色白皙、神情肃穆的阿尔卑斯士兵与瘦小黝黑的西西里人并肩作战，高大的伦巴第掷弹兵和矮小精瘦的撒丁燧发枪手齐心协力……请看那光荣的伤亡者名单——人们为光荣负伤而欢欣——你会发现自己会记住并回忆起许多此前仅仅听说过而已的地理区划……啊，你们这些为祖国牺牲的幸运儿！……50 年前，意大利诞生。在神圣的 50 周年之际……你们证明了意大利人也已被创造出来。[19]

即使那些一度强烈反对民族主义战争的自由主义者，例如南方问题专家朱斯蒂诺·福尔图纳托，也被爱国主义浪潮裹挟。许多年来，福尔图纳托坚称意大利应将有限的资源用于改善农民的社会经济境况，而非浪费在奢侈的对外政策上。但战争一打响，他立刻转变了态度。正如他在 1911 年 12 月对帕斯夸莱·维拉里所说：

我曾对远征的黎波里心怀恐惧，这恐惧延续至今。但我也获得了不可估量的巨大安慰。自从意大利在海天之间诞生以来，南部的农民（我很了解他们，他们不易迸发热情）第一次意识到自己有义务为祖国而战，他们的祖国名为意大利。是的，50 年的统一并非徒劳！[20]

他回想起 19 世纪 80 年代末克里斯皮带领国家走到战争边缘时,那些预备役农民却根本无动于衷,而如今竟发生了如此深刻的转变。当时那些农民这样告诉他:"意大利就是皮埃蒙特,而我们是那不勒斯人……法国统治也不会有什么不同。顶多……换一个地主罢了。"[21]

国内天花乱坠的吹捧与利比亚的现实情况形成了鲜明对比。远征军初始规模约为 3.4 万人,在 10 月的头两个星期里成功占了的黎波里、班加西、霍姆斯、图卜鲁格等主要城镇,驻守的土耳其士兵几乎没有反抗。但事实证明,阿拉伯人民欢迎意大利统治的假设是完全错误的。10 月 23 日破晓时分,约 1 万名装备精良的阿拉伯士兵与土耳其士兵在的黎波里附近的夏拉夏特(Sciara Sciat)绿洲对意大利防线发动猛攻,屠杀了 500 余人。士兵的尸体被钉在棕榈树上,眼睛被缝上,生殖器被割掉——这显然是对意大利士兵强奸当地妇女的报复。[22] 意大利采取极端镇压措施:几千名阿拉伯人被无差别屠杀,另有数千人被遣送至监禁他们的岛上。广场上架起绞刑架,实施公开绞刑以警告"叛乱分子"。

这是一个不祥的开端,此后情况几乎毫无改善。意军发觉很难向远离海岸的内陆地区进军,到 1912 年 10 月与土耳其签订和约时,意大利仅仅获得了该国 10% 的土地,而远征军规模已扩充至 10 万人。又过了 20 年,殖民地才最终被控制,代价是 10 万利比亚人的生命——约占利比亚总人口的八分之一。针对当地的抵抗运动,意军采取了极端严酷的措施,尤其是在昔兰尼加东部。1913 年 12 月,菲利波·图拉蒂甚至感到有责任向议会质询:以儆效尤的处决如此频繁,在利比亚进行"伟大文明使命"的说法是否还站得住脚(当地人拒绝行刑时,意大利士兵会被雇来作为刽子手)。"我扪心自问……政府是否意识到意大利曾诞生过切萨雷·贝卡里亚这样的人物？"但是，许多人已准备好了辩词：意大利在利比亚遇到的问题正是因为缺乏冷酷的手腕——一位曾经参与夏拉夏特战役及随后的血腥反击行动的民族主义志愿兵谴责自由主义者"多愁善感"，"染上了我们种族标志性的衰弱病症"。[23]

著名诗人菲利波·托马索·马里内蒂（Filippo Tommaso Marinetti）对政府此次的战争策略展开了尤为猛烈的批判，他曾作为新闻记者前往利比亚，谴责"愚蠢的殖民人道主义"正在毒害军事行动。[24] 马里内蒂是起源于 1909 年的"未来主义"运动的领军人物，该运动的《未来主义宣言》呼吁建立一个以赞颂能量、危险、勇气、侵略、速度、颠覆与现代性为基础的新艺术文化价值体系（"一辆汽车吼叫着，就像在机枪上奔跑，这种景象比萨莫色雷斯岛的胜利女神塑像更美。"）未来主义阵营吸纳了许多当时最富有才华的艺术家，包括翁贝托·波丘尼（Umberto Boccioni）、马里奥·西罗尼（Mario Sironi）、贾科莫·巴拉（Giacomo Balla）和卡洛·卡拉（Carlo Carrà）。宣言第九条赞颂了暴力的净化力量："我们要歌颂战争——清洁世界的唯一手段，我们要赞美军国主义、爱国主义和破坏行为。"[25]

这种观点很难引起应征前往利比亚的普通农民士兵的共鸣——仅仅助长了他们的无知和恐惧，鼓励他们残忍处置当地居民（"阿拉伯人就像动物——杀死一个阿拉伯人就像杀死一条蛇"）。[26] 起初，至少有一部分士兵曾满怀乐观主义前往非洲，相信他们会被当作解放者来欢迎，相信他们会发现"第二个美洲"，而后移民于此。[27] 但事与愿违，他们面对的只是一片贫瘠的土地与联合起来反抗的当地居民：

在沙漠帐篷里待了 18 个月……我们想："为什么要杀这么多人，就为换取一堆沙子、4 棵棕榈树和几个柠檬？"……这里什么都没有，空茫一片，只有沙子吹来吹去，填满洞口，太多人死于疾病或战斗……严酷的热风可达 45~50 摄氏度。我们总是口渴，只想喝水。而摩尔人憎恨我们……[28]

尽管如此，就连朱斯蒂诺·福尔图纳托这样头脑清醒的知识分子也仍然相信，一场胜仗将解决意大利的问题，驱散几个世纪以来的软弱与分裂。1912 年 11 月，福尔图纳在写给友人加埃塔诺·萨尔韦米尼的信中谈到，利比亚战役暴露了意大利长久以来的道德缺陷，意大利人仍需要证明他们有资格成为一个国家：

我得出一个确定无疑的结论：只有当意大利人民以雄伟的气概战胜了敌人——无论敌人是谁……只有到那时，意大利才算是洗刷了 1 500 年的可耻历史，并满怀信心地面对未来。我生平第一次对战争的神圣性心怀憧憬……自罗马帝国覆灭以来，作为一个民族，我们从未展现出任何勇气，在上百次入侵中，我们一次都没能击退入侵者，也没有宁死不屈的意志。从米兰五日战争（1848 年）到庇亚城门战役（1870 年），只有不到 6 000 名志愿兵牺牲了性命……可别以为如果 1859 年法国没有支援我们，我们也能想办法找到"自我"。上帝啊！就连希腊都能在 1823 年独立开展行动。我们呢？一次都没有。看在上帝的份上，这才是历史老师应该教授的……[29]

焦利蒂计划的失败

入侵利比亚为 1911 年春夏纪念意大利统一 50 周年庆典画上了一个戏剧性的句号。一场规模宏大的国际工业博览会在都灵举办，以彰显劳动与经济发展带来的友谊与和平，波河岸边建起了一批富丽堂皇的展馆，吸引了 30 个国家参加。4 月，国王在一个新建成的体育馆宣布博览会开幕，约 7 万名观众到场，6 000 名儿童带来了壮观表演。在罗马，庆祝活动以 6 月初的维克托·伊曼纽尔二世纪念堂竣工仪式为高潮，自由派媒体将络绎不绝的参观人群描述为人民与国家、王朝和谐统一的证明。与此同时，首都还举办了一场展示国家各地区艺术传统的展览，一座大型考古公园向公众开放，302 名女孩穿着现代"意大利"服饰（"不是巴黎或伦敦的时装，而是我们自己的服饰……"）参加意大利首届选美大赛，竞争"罗马女王"的称号。[30]

但在这些爱国主义言辞与盛景的背后，1911 年时，大多数人都难以忽视现实的分裂。教会官方抵制庆典活动，社会主义者则抨击政治统一的说法毫无意义（"南北根本是两个国家，其中一个国家的可怜人正逃往海外。城市与乡村也是两个国家……根本不存在单一的祖国"）。[31]此外，庆典活动本身也凸显了地区间的紧张与分裂，正如罗马"国家"艺术展上很难看到完整的"意大利"，呈现出来的只是各个地区独立成就的集合。虽然有些人认为多样性是积极而值得称赞的，任何试图将所有人绑缚在"普罗克汝斯忒斯之床"*的做法都将适得其反，[32]但许多人依然认为这种自由放任的经验主义非常危险，意大利需要一种更具道德性的手段。著名哲学家贝内代托·克罗齐（Benedetto Croce）对他观察到的意大利"社会团结"精神的衰落和腐朽自利冲动（"糟糕的个人主义"）的加深深感不安，渴望为"国王""祖国""民族"等词注入激情澎湃的统一力量。[33]

焦利蒂希望在利比亚的胜利能巩固其在国内的政治地位：战胜民族主义者，将温和的天主教徒吸纳至体制内，强化与社会党改革派的联盟，使革命派孤立无援。这些尤为重要，因为他正打算大范围扩大选举权：就像20多年前他的老政敌克里斯皮一样，他希望拓展国家的基础，同时相信积极的外交政策将使选民"国家化"，降低来自颠覆者的危险。然而，他严重失策。民族主义者宣称，动员政府入侵利比亚是他们的功劳，这帮助他们提升了知名度与政治地位，他们还组建了自己的政党；他们根本没有站在焦利蒂一边，而是谴责焦利蒂对战争指挥不当，同时更加蔑视自由主义议会民主制，称其没能激发人们的能量与理想（克里斯皮领导时期除外）；他们激烈地反对社会主义，主张将集体权利置于个人权利之上。许多天主教徒也认为，尽管自由主义好过社会主义，但民族主义似乎更好。

但社会主义者尤其让焦利蒂大失所望。1911年3月，焦利蒂曾有意将图拉蒂及其议会同僚吸纳至新政权里——尽管这是极大的诱惑，他们还是拒绝了。利比亚浇灭了任何进步的希望，激起了

---

* 普罗克汝斯忒斯是古希腊神话中的一名强盗，他会把过往的旅客捆绑在床上，体长者截其下肢，体短者将其拉长，使之与床等长。——编者注

社会党基层人员反对政府"军国主义"的情绪,引发了一场总罢工,改革派领导层遭到孤立。1912 年 7 月,在雷焦艾米利亚的党代表大会上,革命派赢得了社会党的控制权,博诺米、比索拉蒂等人因支持战争(更确切地说,是因为 3 月去奎里纳尔宫祝贺国王躲过暗杀)而被开除出党。他们随后成立意大利社会改革党(Italian Reformist Socialist Party),但失去了主流群众的支持。图拉蒂与其他温和派仍留在社会党内,却受到占据关键职位的极端分子摆布。此时,墨索里尼逐渐赢得声势,从 12 月起担任主要党刊《前进!》的编辑。

意大利陷入了严重的分裂。在 1913 年首次根据新选举法展开的选举中(几乎所有成年男性都获得了投票权,选民从 300 万增加至 850 万),"立宪派"政党只获得了 56.7% 的选票,而社会党、激进派、天主教徒与民族主义者支持率皆显著增长。更糟糕的是,选举结束后,公教进行会的选举联盟负责人声称,228 名自由派议员的席位来自教会的保障,作为回报,他们签署了一份关于宗教教育与离婚等问题的有着 7 条项目的协议。焦利蒂极力否认任何形式的协议,却已无法抵御质疑。1914 年,其政府在反教会激进分子收回支持后倒台。安东尼奥·萨兰德拉成为保守派阵营首脑,希望凭借"歌颂祖国"和庆祝"官兵"最近表现出的"民族团结"情绪,复兴自由主义遗产,"这些官兵来自贵族、中产阶级、工人和农民,在利比亚战场上抛头颅洒热血"。[34](可以理解他没有使用"沙漠"一词,而是使用了"战场"。)

6 月初,三名年轻的示威者在安科纳被警察枪毙,社会党宣布举行总罢工,这显示出"民族团结"意识的极端薄弱。无政府主义者、共和主义者与工团主义者也纷纷参与罢工,意大利中北部的大部分地区经历了一个星期的剧烈动荡。示威者们烧毁公共建筑，筑起街垒，销毁税务登记簿，剪断电报线，打造自由之树，占领火车站并洗劫教堂。数百名工人在激烈的抗争中被杀或负伤，许多地方自发成立治安会，以保护私人财产，将国家从逐渐逼近的革命中拯救出来。在米兰，墨索里尼在广大群众面前发表激情演说，敦促他们走上街头。在大教堂广场的一次事件中，他被打翻在地，险些被践踏致死。最终，工会呼吁结束罢工——这让革命党人非常恼火——秩序才得以恢复。但"红色星期"清楚地表明，意大利还远远不具备萨兰德拉梦想中的民族凝聚力。与近一个世纪以前的复兴运动爱国者一样，人们很难看到解决良方。萨兰德拉沮丧地承认："改变的进程将非常缓慢，需要许多届政府，甚至好几代人的努力……这是一个政治教育的问题，是用新道德秩序取代旧秩序——旧秩序的约束力已处处崩塌。"[35]

干涉

意大利本不必参与第一次世界大战。虽然根据1882年首次签署的三国同盟条约，意大利与奥地利和德国维系着正式盟友的关系，但奥地利在7月底对塞尔维亚宣战前没有同意大利协商，根据条约规定，意大利也就没有协同作战的义务。因此，当欧洲在8月整顿军备滑入毁灭性大战时，意大利宣布保持中立。包括焦利蒂与大多数议员在内的许多人认为意大利应始终保持中立，因为意大利经济过于脆弱，无法支撑大型战争，尤其是在入侵利比亚之后。焦利蒂认为，意大利在不参与战争的情况下，可以通过与双方协商的方式获得"巨大利益"。但萨兰德拉和外交大臣西德尼·松尼诺本着萨兰德拉所谓"神圣的利己主义"精神，一方面与英法政府秘密协商，一方面又与奥地利和德国谈判，试图为意大利争取到最优的价码。英法方面给出了最具吸引力的条件，1915年4月26日《伦敦条约》（Treaty of London）签订，将南蒂罗尔、特伦蒂诺、伊斯特拉、的里雅斯特和达尔马提亚大部分地区许诺给意大利。

　　5月初，条约内容通过流言泄露后，立即引爆了一场大型骚乱。议会关停，但超过200名议员前往焦利蒂暂住的酒店，留下访问卡以表示对中立的支持。萨兰德拉意识到自己失去了多数议员的支持，主动辞职。但焦利蒂明白，此时已不可能组建新政府：在背弃三国同盟，激怒奥地利与德国之后，又拒绝《伦敦条约》而失信于英法，将使意大利声名狼藉，国王很可能因此失去王座。与此同时，成千上万的请战者在民族主义者、自由主义者、工团主义者以及社会党中异见者的领导下涌上街头。其中就包括墨索里尼，他在前一年秋天认定实现革命的最好办法就是使国家陷入一场大冲突的旋涡之中：因为这叛逆性的观点，他以引人注目的方式被开除出党。

　　人群之所以呼吁军事干涉，一方面是出于对焦利蒂及中立派的愤怒，另一方面也缘于对战争的热情。事实上，邓南遮于5月14日在罗马发表演讲时，就将他们谴责为叛国贼，煽动听众杀了他们（"让鲜血飞溅，战壕中的鲜血将得到庇佑"）。[36] 示威者的愤怒更指向议会和整个政治制度，他们认为这些制度违背了复兴运动的梦想。正如民族主义报刊于5月15日发表的一篇文章解释的那样：

> 议会即焦利蒂，焦利蒂即议会：令人羞耻的一对组合。这
> 就是老旧的意大利。这老旧的意大利没有意识到，一个全新

的、真正的神圣意大利正从历史中和未来中重新崛起……斗争将持续，至死方休。要么是议会摧毁国家，干起拉皮条的老本行，将她那颤抖的神圣之躯再一次卖给外国人；要么是国家推翻议会，将这些挑唆倒卖之徒赶下席位，用钢铁与烈火净化皮条客的大本营……[37]

在这样凶险而失序的背景下，国王恢复了萨兰德拉的首相之职。焦利蒂承认失败，离开了罗马。他此前的盟友迅速顺势调整策略，5 月 20 日，众议院以 407 票对 74 票的多数授予政府完全紧急权力。社会党投了反对票，成为除俄国布尔什维克以外唯一不支持冲突的欧洲左翼政党。5 月 24 日，意大利对奥宣战；一周后，萨兰德拉在罗马人曾经用于庆贺军事胜利的卡匹托尔广场高地阐述国家的目标，提醒意大利人，只有在"伟大的精神统一"中"化解［他们的］内部纷争"，国家才能获得通往胜利的力量，完成复兴运动的事业：

> 既然命运赋予我们这一代人实现意大利民族理想的崇高伟业，而复兴运动的英雄们都未能完成，那么我们就要毫不畏惧地接受这个任务，准备好将我们自己以及我们拥有的一切完全献给祖国。[38]

在爱国热情的激流之中，民族精神的结构裂隙被暂时隐去，意大利军队向与奥地利接壤的阿尔卑斯山谷进军，隐约期待着某种有再生能力的"鲜血洗礼"。

大战，1915—1918

忆起学校、教堂塔楼与市政厅，
每一个角落都拥有鲜活的记忆，
那温柔的喜悦、悲伤与辛勤的操劳。
美丽的意大利，从她的山峰到海洋，
能将这一切带到你的心间。
（母亲、孩子、微笑、每一个记忆：
这就是祖国，这就是祖国的含义。）
哦，［士兵］说，我现在明白了：
祖国即家园……

> 《地理学》，发表于战地报刊上的诗歌，
> 《圣马可》，1918 年 5 月 24 日

向帕苏比奥山前进，嘟
长长的队列缓缓爬行，嘟
那些人前进而不再回来
那些人将力战至死……

向帕苏比奥山前进，嘟

除了十字架一无所有，嘟

除了风亲吻花朵的声音，什么都听不到

《帕苏比奥山》，第一次世界大战中的歌曲

战败卡波雷托

1917 年 10 月 24 日凌晨两点，奥地利炮兵部队在卡波雷托（今斯洛文尼亚科巴里德）小镇附近的山上，沿着 24 千米长的伊松佐河（Isonzo）战线开火，战争正式打响。自意大利参战以来，总参谋长路易吉·卡多尔纳（Luigi Cadorna）一直在伊松佐河河谷一带部署行动，这条河流从尤利安山脉蜿蜒向南，穿过峡谷和丰茂的谷地，一直流向的里雅斯特湾。意大利西线所在的特伦蒂诺太过荒僻而且防守严密，无法施展强势进攻。卡尔多纳是一位老资格的皮埃蒙特将军，性情专横而令人生畏，但才智有限。在他看来，勇猛的士气与步兵突击是成功的关键，1915 年 6 月至 1917 年 9 月，他在伊松佐河发动了 11 次战役，攻占了戈里齐亚镇（Gorizia）并向奥地利领土推进了几千米，但没能取得突破性进展，无法向维也纳和布达佩斯推进。然而，战争的代价分外高昂，伤亡士兵人数约达 100 万。[1]

许多警示信息表明，重大危机正在酝酿之中。空中侦察报告与逃兵的消息表明，德军已抵达伊松佐河地区，但显然无法估计集结的确切规模。除此之外，负责指挥意大利东线部队的路易吉·卡佩洛（Luigi Capello）与卡尔多纳的性情和出身截然不同，他是一位和蔼可亲的中产阶级共济会成员，而卡尔多纳则是不苟言笑的天主教贵族。两人的工作关系不好不坏，但卡佩洛有着取代卡尔多纳总参谋长职位的野心，使他几乎本能地优先考虑发动猛攻，以取得光荣的胜利（正如他在去年夏天夺取戈里齐亚）。因此，意大利在伊松佐河，尤其是在卡波雷托后方的防御兵力并不充足。10 月初，卡尔多纳得出结论，认为战争季节已经结束，要求离队 3 周，而此时卡佩洛正重病缠身，无法发布军令。[2]

持续的炮击夹杂着毒气攻击，在 30 分钟重迫击炮射击中到达高潮；10 月 24 日凌晨，当奥德两军冒着雨雾大规模冲锋之时，意军已伤亡惨重，通信也被严重干扰。奥德军队几乎没有遇到多少抵抗，就迅速突破了第 4 军与第 27 军的防线，向卡波雷托山谷方向猛攻而去，包围了几个师。战争第一日的傍晚时分，已有大约 1.5 万名意大利士兵被俘，意大利的战线被打开了一个巨大的缺口，南北陆续出现更多破绽。各处都有厌倦战争的士兵几乎毫无抵抗地投降。据日后将在军旅生涯中名扬天下的年轻德国军官埃尔温·隆美尔（Erwin Rommel）回忆，当他们要求萨莱诺旅（Salerno Brigade）的 1 500 名士兵投降时，这些意大利士兵立即扔下武器向他跑来："我瞬间被包围了，被意大利士兵举了起来。'德意志万岁！'几千人齐声呐喊。一名意大利军官由于投降时犹豫不决而被自己部队的士兵击毙。"[3] 第 27 军未能组织有效抵抗的行为尤为严重，其指挥官彼得罗·巴多利奥（Pietro Badoglio）后来受到了调查委员会的猛烈批判。但因为巴多利奥人缘不错，最后的报告中省略了整整 13 页有关其部队溃散的内容。后来，他官升总参谋长。[4]

卡尔多纳起初认为他的部队可以退回塔里亚门托河（Tagliamento）一线，但奥地利与德国军队向西推进的速度极快，意大利的指挥系统几乎完全崩溃，使该设想难以实现。到11月初，许多师已经处于彻底瓦解的状态：官方数字显示，伊松佐军队的100多万人中，有1万人在卡波雷托灾难中战死，3万人受伤，30万人被俘，还有40万人干脆不知去向——大部分似乎回到了农村的家中（前线部队大多是农民）。显然，目前仅剩下皮亚韦河（Piave）作为唯一的防线，这条宽阔的河流从贝卢诺北面的多洛米蒂山（Dolomites）流淌延伸至威尼斯潟湖的东端。11月9日，也就是阿尔曼多·迪亚兹（Armando Diaz）取代卡尔多纳成为总参谋长当天，最后几座桥梁被炸毁，奥军和德军的前进道路被阻断。有了英法军队的支援与17岁新兵的加入，意大利军队得以重整旗鼓，成功站稳了脚跟。但是，意大利东北部的大片领土在一年内被奥地利占领。

　　溃败的军队引得人心惶惶。各地泥泞不堪的道路上挤满了衣衫褴褛的士兵，这些人有时连只鞋子也没有，他们扔掉了步枪，好像战争已经结束，与大批难民——男人、女人及儿童，约60万人——一同缓缓前行，决定在敌人到来前逃离家园，用马车带走仅存的财物。遍地是残破的车辆、被遗弃的物资和死马，它们的侧面往往凝固着黑血，因为人们用刀或刺刀将马肉割下来充饥。筋疲力尽的人、病人和醉汉躺在地上。江河与溪流的水位在秋季大量降雨之后不断上涨，水里漂着尸体与垃圾。最令人痛心的莫过于从军队医院出逃的数千名负伤和患上炮弹休克症的士兵，他们"裹着床单、毯子和绷带，许多都半裸着身子，发出刺耳的尖叫，痛苦地比画着……带着难以释放的狂暴，仿佛野兽一般"。[5]

　　场面混乱不堪，有些地方甚至像是在纵酒狂欢。事实上，一名旁观者——作家库尔齐奥·马拉帕尔泰（Curzio Malaparte）认为，这些日子里的事件至少在人们的回忆中构成了意大利版的俄国革命（几乎同时期发生），陷入无政府主义中的（在他看来是正当状态的）民众抗击那些由坐在扶手椅上的资产阶级爱国者组成的"政治意大利"，这些爱国者把他们派去为祖国受难牺牲。他描写了这些士兵横扫威尼托平原的情景，就像希罗尼穆斯·博斯（Hieronymus Bosch）画作中的末日景象一样，他们抢劫、纵火、酗酒、强奸，以胜利者的姿态高举着军队妓院的"赤身裸体的"妓女。"他们常常把一些大腹便便的肥硕高官——就像酒神巴克斯和阿里阿德涅——同妓女们一起举上肩头，欢呼雀跃。这场'无枪'（sans-fusils）狂欢很快升级为骚乱斗殴，欲求不满的喊叫与淫荡的歌声不绝于耳。"⁶但实际上，这种情况并不普遍。撤退的士兵普遍比较冷静，他们陷入一种面对无法掌控的灾难时的认命情绪中——好比面对地震或山崩——同时也怀有一种在离开那陌生而无法理解的世界时的解脱感，在那里，仅仅几公顷的石头山就损耗了好几万人的生命。

另一位激进作家（和马拉帕尔泰一样，他后来成为热情的法西斯支持者）是未来主义者阿尔登戈·索菲奇（Ardengo Soffici）。他亦曾在伊松佐前线服役，并目睹军队瓦解，但他并未将其归因于不守规矩的农民因为渴望正义和复仇而发动的反抗，而认为这是一个被国家辜负的民族的宿命——国家没能让他们理解为什么自己要被迫离开宁静而熟悉的乡村，忍受这反人性的境遇：

> 让我感触最深的是……许多士兵的平静……有的躺在阳光下，仰面朝天，双手交叠枕于脑后，张着嘴，有的则脸朝下躺在草地上，享受着青少年时代的深眠……有的只穿着衬衫，把

外套挂在树上……有的四处徘徊，仔细研究庄稼与土壤的状态……这些人真的是败军，是逃兵、变节者或叛国贼吗？他们——让我们不必避讳——是懦夫吗？不……他们是受害者。他们不能理解战争。他们被欺骗了。邪恶并非来自他们。我们是扎根于悲惨土壤中的鲜花，如今正在枯萎。邪恶来自根部。邪恶在我们身下的土壤中：在那些［在罗马］搞分裂、散播不和、撒谎以及讨价还价的恶行中。他们抛弃了我们。邪恶无处不在，但绝不在这里。这里只有痛苦。这不是耻辱之路。这是神圣的苦路。[7]

在卡波雷托战役前的几个月里，有明显迹象表明，前线 250 万士兵以及平民的整体士气正在下降。战争初期，朱斯蒂诺·福尔图纳托曾对他所在的巴西利卡塔省里奥内罗镇的农民展现出的坚忍不拔和献身精神赞不绝口（"在意大利打的首场伟大的单一战争中，各阶级，尤其是农民群体的冷静、善良与自尊都让人震惊，真的令人震惊。是的，意大利已被造就！"）[8] 但从 1916 年底开始，逃兵的增多与当地人民日益积累的愤怒让他逐渐警觉。1917 年夏天，情况似乎已无法挽回。妇女们为丈夫和儿子遭遇的悲惨命运怒火中烧（像"鸟身女妖"一样），逃兵在乡村四处游荡，森林被放火烧毁。人们的愤怒大多指向他这样的地主阶级（这使他深感痛苦："直到去年，我还受人爱戴"），他们被谴责与政府合谋延长战争，蓄意屠戮农民。8 月，福尔图纳托本人也遭遇了一次暴力袭击。他警告好友萨兰德拉，一场起义（或者更糟糕的匪乱）即将爆发。[9]

士气下降的原因众多，但义务兵遭遇的超乎常理的严苛对待无疑是最重要的因素之一。阿尔卑斯山前线严寒的气温让营养供给成为重中之重，但第一年的口粮本就不算宽裕，又在 1916 年底被大幅削减。1916—1917 年冬季，每天的口粮只能提供不到 3 000 大卡的热量，前一年则是 4 000 大卡。军饷更是少得可怜，步兵每天半里拉，其家人亦每天收到半里拉（很多时候，这对于失去主要劳动力的家庭都是杯水车薪）。休假被限制在一年 15 天的固定时段中，这也是农民感到极端不满的原因，他们无法参与播种和收获。[10]娱乐需求更是几乎无人关心（除了简陋的军队妓院），当时没有战争报纸，即使在休息时间，部队也被禁止进入所谓战区内的电影院与酒吧。唯一值得一提的休闲活动是天主教神父乔瓦尼·米诺齐（Giovanni Minozzi）创办的"士兵之家"——通常是在战线后方一座简陋建筑里，置办一架钢琴、几本书，可能还有一台电影放映机。1917 年，大约 250 个"士兵之家"建立起来。然而军事当局对此态度冷漠，甚至心存疑虑。[11]

军事当局对士兵的冷漠无情背后隐藏着强烈的不信任感。他们认为大部分应征者（到 1918 年为止，550 万名意大利士兵中只有 8 000 名志愿兵）缺乏必要的爱国精神与纪律意识，只能用铁棒管制。因此即使以同时代的标准，惩罚措施也过分严厉了。战争期间，约 40 万名军官和普通士兵被军事法庭传讯，其中超过四分之一被定罪处罚；4 028 人被判处死刑（大多在缺席的情况下），其中750 人最终被执行。[12]此外，随机的草率处决和斩首（军事刑法允许）也很常见，但具体数量不得而知。文献证据记载了 100~200 起事件，但实际数字肯定更高，军官显然不愿报告这些事件。1916—1917 年，随着战事受挫，逃兵人数不断增加，有迹象表明，紧张的指挥官越来越依赖恐怖维持秩序。[13]

库内奥省农民亚历山德罗·斯科蒂（Alessandro Scotti）的回忆

揭露了当时战壕中的残酷氛围：1916 年 10 月 9 日，在特伦蒂诺的重要战略高地帕苏比奥山（Monte Pasubio，在罗韦雷托东南部），指挥官得知"贝里科山"营中一个阿尔卑斯连在行动前高喊"大雾万岁！"，希望恶劣的天气能迫使战争推迟。将军立即下到战壕中，下令将这 90 名士兵捆起来枪毙。随军神父在行刑队集合时出面调解（在战争中担任随军神父的 2 400 名天主教神父因其人道主义精神赢得了战士们的感恩之情），经过 15 分钟的交谈，命令改为斩首，每次 10 个人。神父们再次劝说，将军又一次退让："把帕苏比奥给我拿下，我就赦免你们的罪过。否则，这次进攻结束后我将继续行刑。"随后的战斗中，整个连几乎全军覆没。斯科蒂设法抵达格罗维格利奥峰顶，躺在杜鹃花丛下睡觉，并把头藏在一具尸体下面；天黑以后，他和其他 4 名幸存的阿尔卑斯连士兵逃回意大利防线。他被授予一枚铜质奖章（"因为我完全履行了自己的职责"），并在战争中幸存下来，成为一名教师。[14]

与其他国家不同，当局拒绝向被俘者提供援助，因其对士兵的信念缺乏信心。当局担心，一旦士兵听说战俘营的条件尚可以忍受，他们就会轻易投降。因此，政府竭尽所能地宣传被监禁的耻辱，并阻碍对战俘的救济。结果，最终被关押在奥地利和德国的 60 万意大利人不得不靠每天低于 1 000 大卡热量的口粮来维系生活。许多法国战俘死于饥饿和与饥饿相关的疾病——约 10 万人（是法国战俘死亡人数的 5 倍，这些法国战俘和英国战俘一样，定期领取食物）。[15] 幸存者自然满心怨恨。一位名叫安杰洛·布龙齐尼（Angelo Bronzini）的士兵在战后痛苦地讽刺"我们祖国的政府"是如何"完全抛弃"了他和军营里的其他意大利人，禁止他们获得必要的补给，并阻碍他们与家人联系（只许寄明信片）。[16] 另一个来自特雷维索的农民回忆道，他曾羡慕地看着法国战俘，"他们的政府每周给他们发放面包和肉罐头，而我们却拿着碗到处乞讨"。[17]

在这种情况下，大多数士兵似乎基本没有受到爱国主义语言与情绪的感召，尽管支持战争的知识分子与政治家们一直以此鼓舞群众。在保存至今的前线义务兵信件中，有一些或许是在下级军官或神父的帮助下写出的，不时会包含诸如"野蛮的敌人"、"美丽的意大利"、"保卫祖国"和"未收复的土地"（terre irredente，他们很少拼对）等短语，这表明官方宣传至少为士兵理解苦难和屠杀提供了概念性工具。但是，这样的固定短语通常像是书信中的不和谐音符，因为信件主题往往是对死亡与杀戮的恐惧、与亲人分离的苦痛，以及失去一切熟悉与令人心安的事物的悲恸（"这里连钟声都听不到，只有持续不断的大炮轰鸣，我们得不到一刻安宁"），[18]还有对尽早回家的渴望。

几乎没有证据表明农民士兵受到任何意识形态的驱使。一位皮埃蒙特士兵的回忆或能说明许多人的心态："我们什么也不懂，只是努力不要死掉。我们对杀死奥地利人没兴趣，但我们必须杀了他们，不然就会被他们杀死。"[19]他们对国家及国王、议会和军队体制也缺乏认同。事实上，上述概念在信中几乎不曾出现。至于"意大利""祖国"等词，它们在被使用时似乎缺乏"国家（民族）"的内涵，肯定也没有受教育中产阶级赋予它们的文学与历史意义。作家马里奥·马里亚尼（Mario Mariani）谈到，他所在的排只有两种士兵，"对于其中一类来说，祖国就是他们所在的城镇，至多是省份——这是千年奴役导致的结果；另一类人则认为祖国即是世界——这是50年来国际主义福音派的传教结果"。[20]而对于大多数人来说，战壕的经历很可能强化了这样一种感受：抽象的东西到头来什么也不是，真正重要的只有一个"祖国"。当一位曾在特伦蒂诺前线的奥尔提加拉山（Monte Ortigara）浴血奋战的阿尔卑斯老兵在战争结束多年以后被询问为哪个祖国而战时，他愤怒地用拳头捶着桌子说："天啊！我的祖国就是休假回家，就是我的家人和我的房子。"[21]

但对于许多知识分子而言，抽象的东西依然重要，伊松佐河沿岸士兵在卡波雷托溃散的景象令他们痛心疾首。著名的参议员莱奥波尔多·弗兰凯蒂悲痛欲绝，开枪自杀。知识分子普遍希望这场战争能将群众与国家联系在一起，使国家获得迄今缺乏的精神统一。贝内代托·克罗齐在 1916 年称，国民愿为"理想"献出生命是民族国家的特征；他还赞许地引用了法国诗人拉马丁的诗句："一群没有灵魂的人只能算是乌合之众……/ 斯巴达凭一日的英雄主义活了 300 年。"[22] 而就在卡波雷托战役前一个月，克罗齐还激情澎湃地谈到卡尔多纳的军队是如何消除"存在了 15 个世纪之久的污点"，表示意大利人终于拥有了"民族和政治凝聚力"。他说，来自全国每个角落的人，不论男女，就连"街头的闲人与顽童"，如今都领会到了"真正的统一"。[23] 而尤其令他满意的是，这种统一体现了意大利精神的日益提升："每一步都是向前迈进的，每一个错误都是一种教训。1848 年比 1821 年好，1859 年比 1848 年好，1915 年比 1866 年好；因此，这场战争不仅是对过去的改进，也是一场让我们更加了解自己的实验……"[24]

卡波雷托粉碎了这些幻想，在灾难后的恐惧与尖锐的指责声中，国家严重分裂的事实已非常明显。在卷入战争之际，意大利已经出现了深刻裂痕——军事干预派与中立派之间，广场与议会之间——而这些裂痕现在被广泛视为伊松佐前线士气崩塌的原因。

加埃塔诺·萨尔韦米尼（他也是战争的热情支持者，理由是战争将帮助群众在国家中获得更大的政治、经济和社会利益）主办的报纸《统一》（*Unità*）提到，卡波雷托是"精神上的倒退"，原因是政府未能阻止"反对战争的势力"——社会主义者、天主教徒和焦利蒂式的自由主义者——的宣传"从国家内部——从工厂和农民家中——恶毒地渗透至战壕"。几乎与所有军事干涉主义观点一致，该报呼吁在一位强势的首相带领下，打击"失败主义者"，并为战事投入更多精力。[25]

这不可避免地将国家进一步撕裂。在 1915 年所谓的"光辉五月"中，愤怒与暴力再次成为令人不安的主旋律。有人煽动性地谈论革命、军事政变、共和派阴谋，并将叛国罪名安在"中立派"头上——大多数议员仍忠于焦利蒂，而众所周知，焦利蒂对战争的态度最多是半心半意。警方报告提到了一些举行烧炭党式仪式和宣誓的秘密社团，他们致力于暗杀有名的社会主义者，如图拉蒂（"我们现在被一队由便衣警察组成的护卫队日夜包围和追踪"，他在 12 月告知安娜·库利斯乔夫）[26]，或试图炸毁梵蒂冈——天主教徒与天主教协会支持这场战争，但教皇本笃十五世拒绝宣布战争是"正义的"。他在 1917 年 8 月发表评论，称这场冲突是"无用的屠杀"，敦促裁军与仲裁。这可能严重损害了部队的士气，军队高层中有军官要求逮捕并绞死本笃十五世。

卡波雷托战役后，有一位军事干涉主义者的观点尤其激进，他就是贝尼托·墨索里尼。墨索里尼于 1915 年 9 月应征入伍，曾在伊松佐前线的一支步兵部队服役，并（像希特勒一样）升为下士，而后在一次训练中因手榴弹投掷器爆炸而受伤，于 1917 年 6 月退役。他回到 1914 年底在米兰创办的《意大利人民报》（*Il Popolo d'Italia*）做编辑，并利用其专栏谴责"神圣的教皇彼拉多十五世"的媾和企图，要求建立更加坚决果断的政府，发动"总体战"并改进政治宣传，改善军队的"精神健康"。[27]卡波雷托的消息让他心烦意乱（据他姐姐说，他非常沮丧，甚至谈到要去死），但他很快振作精神，要求毫不留情地制裁意大利的社会主义者，认为他们是比奥地利"更危险的敌人"，要求全国人民在精神上与军队融为一体。他希望农民士兵得到可以获得土地的承诺，从而振作士气；要求在国内前线实施更严格的纪律管制，关闭剧院、音乐厅、赛马场和咖啡馆。[28]他说，最重要的是意大利人需要一位铁腕领袖，将国家的"残破肌体"变得美丽崇高、坚强有力：

> 此时此刻，意大利人民是一堆珍贵的矿物，需要被锻造、清洗与加工，才可能成为艺术品。但需要一个政府，一个人，一个审时度势，兼具细腻的艺术家特质与战士重拳的人，敏感而坚定，一个了解、热爱人民，能给予人民方向与指引的人——必要时可以使用暴力。[29]

维托里奥威尼托大捷

卡波雷托的战事结束后，国王选择维托里奥·埃马努埃莱·奥兰多（Vittorio Emanuele Orlando）出任政府首脑，他是一位身材魁梧的西西里宪法教授（他在加里波第"千人军"进军巴勒莫之前几日生于该市），智慧过人、精力充沛——为31个月内有了3个孩子而自豪。[30]新任首相对这场灾难的反应是必须促进"民族统一"，尽管如今"团结"意味着与另一个民族国家对立。

焦利蒂与议会中的100多名支持者组成一个"议会联盟"；而各色主张军事干预的集团——民族主义者、保守派、民主派——则在1917年12月针锋相对地成立一个"国防议会联盟"（法西斯），吸纳了150名众议员与90名参议员，迫使奥兰多政府对"中立派"实施更严厉的审查与强硬举措。"抵抗委员会"（Resistance Committees）和"国防法西斯"在全国各地纷纷涌现（具有讽刺意味的是，"法西斯"一词来源于社会主义运动，但很快成了爱国主义词语），以帮助铲除"失败主义者"：一位摩德纳工人被判处40天监禁并被罚款100里拉，只因他"不想要战争"而拒绝认购国债。[31]

在这极端两极分化的氛围中，干涉主义者依然坚持他们的信念，即战争将大有益处，能够治愈意大利的痼疾。与许多欧洲国家不同的是，意大利知识分子几乎没有对战争的杀戮进行强烈抵制。菲利波·托马索·马里内蒂曾作为志愿兵在伊松佐河和皮亚韦河前线作战，他仍忠于未来主义原则，并以狂喜的笔调描述了战争经历，爆炸的炮弹、机枪的扫射与人类的哭喊交叠在一起，给他带来了强烈而愉悦的感官刺激。[32]邓南遮也参与了一系列精心安排、广为宣传的海空突袭，获得了1枚金质奖章、3枚银质奖章与2枚铜质奖章；他采用与马里内蒂类似的美学风格与赞颂态度，以充满神秘色彩和宗教典故的古典风格诗文记述了自己的事迹。他还创造了一些在全国范围内广为流传的战斗口号，其中包括"永远勇往直前"（Memento audere semper）、"狮子再次咆哮"（Iterum rugit leo，是驻扎在威尼斯附近的轰炸机中队的口号；与威尼斯的和平箴言"愿和平归于你，马可，我的福音传道者"背道而驰）以及战争呐喊声"Eia, eia, eia, alalà"（随后被墨索里尼的法西斯分子采用），这个口号显然来自古希腊，邓南遮命属下飞行员用它代替更传统的"Ip, ip, urrah！"[33]

其他军事干涉主义者对战争的看法不那么浮夸，但战时及战后出版的回忆录都描写了爱国军官与长期经受苦难的坚强士兵分享战壕中艰苦生活的故事，这些士兵从战争中学会将地区与家庭纽带置于国家的需要之下。其中，最成功的一些回忆录采用了德·亚米契斯早年描写军事生活的基调：通过兄弟般的友情与"我们闭上双眼接受的崇高原则——这些原则仿佛是一种信仰：祖国、必要性与纪律"，艰苦的生活变得可以忍受，甚至常常充满愉悦。如保罗·莫内利（Paolo Monelli）的畅销书《阳光下的鞋子》（*Shoes in the Sun*，1912 年），其副标题是："阿尔卑斯士兵、骡子与酒的悲喜冒险纪事"。[34] 即使是对战争最不感冒的知识分子也受到民族团结神话的吸引，而当神话与痛苦和屠杀的现实交织在一起时，它似乎获得了情感和意识形态上的诱惑力。正如年轻作家雷纳托·塞拉（Renato Serra）于 1915 年在戈里齐亚附近一个山坡上阵亡前不久做出的深刻解释。在他这样的人看来，与集体的融合，无论论在生前还是死后，都近乎一种不可或缺的道德需求。他这样的人对民族国家充满激情，却住在一个精英世界里，与大众的"真正意大利"疏离。明明有机会飞跃，却最终蹒跚而行，这将是一种耻辱：

> 我们一直在悬崖之上，在最危险的边缘。我们始终承受着大风的侵袭，头发被吹得乱七八糟；而我们站在那里，眩晕感在体内搅动着、颤抖着——却没有跳下去。我们本该带着这记忆老去……我一直活在另一个地方，那个当我看向它，它仿佛聋哑的意大利。但现在我感到，意大利可以由我这般的人填

满，我们怀着相同的忧虑，沿着同样的路线行进，相互扶持，生死与共——如果那一刻到来——甚至不问理由。[35]

在卡波雷托事件之后，民族团结显得更加紧迫，因为意大利东北部的大片土地又像1866年以前那样，处于奥地利的直接统治之下。威尼托与弗留利的许多居民在敌军到来之前已经逃亡，但逃走的主要是地主与地方官员，似乎尤以市镇长官为主（被士绅"signori"抛弃的感受此后深深扎根于人们的记忆中），大多数人留了下来，被迫承受巨大的苦难。掠夺与罔顾法律的行为极端普遍，当地经过几个月才恢复秩序。奥地利与德国士兵存在大规模的强奸行径（意大利政治宣传情绪化地以此宣扬"被侵犯国家"的新形象）。战时征用导致严重的食物短缺，死亡率飙升：一个调查委员会后来报告称，约3万人直接或间接因占领而死。然而，尽管东北部地区条件往往极端残酷，但少有迹象表明当地农民对侵略者心怀敌意。事实上，有报告指出，敌军在某些地区受到了热情欢迎。[36]

在全国需齐心协力洗刷卡波雷托之辱的思想驱使下，政治宣传力度不断升级。公务员、专业人士、商人、交易员与其他中产阶级团体在爱国主义的强势动员下成立了"意大利医生民族抵抗联盟"和"援助人民精神教师总会"等组织，以巩固决心并遏制失败主义。[37]在一次大规模提振军队士气的运动中，新成立的宣传办公室组织了萨尔韦米尼等知名人士的演讲（或称"座谈会"，毕竟其形式更民主化），并委托著名作家和艺术家制作生动活泼、图文并茂的"阵地报纸"。[38]口粮得到充实，年假也增加了十天，政府还提供了免费的人身保险（对心理上的创伤或许不够敏感）。政府常常允诺在战争结束后为农民分配土地。1917年12月名为"国家战士协会"（Opera Nazionale Combattenti）的军人协会宣告成立，负责士兵及其亲属的福利问题。

同时，意大利也改变了军事战术。迪亚兹将军比前任指挥官更加严谨，他首先关注如何守住皮亚韦河防线，而不是发动不必要的消耗士气的进攻。军队更加坚定地专注于防守，伤亡率亦随之下降（1918年死伤14.3万人，而前一年死伤52万人），对纪律的迷恋也减少许多，大批量处决不再实施。1918年夏末，奥匈帝国显然已经崩溃，德军被牵制在西线，奥地利人无法指望其支援，也无从巩固他们萎靡不振的战争信心。但迪亚兹仍犹豫不决，按兵不动。奥兰多积极敦促：他急需一场胜利加强他在未来和谈中的筹码。英法指挥官也看到了重大突破的曙光，与奥兰多怀有相似目的。10月初，迪亚兹终于同意进攻，于3周后进军格拉帕山（Monte Grappa），随后向皮亚韦河对岸推进。最初，意军遭遇了一些抵抗，但尚可应付。10月30日，意军得以进入维托里奥威尼托镇（Vittorio Veneto），将奥军一分为二，宣告胜利。11月3日，意军攻下特伦托，于的里雅斯特港登陆。奥地利签署了停战协议，意大利战争于11月4日正式结束。鉴于主要盟友已被击溃，德军除投降外别无选择。

两周后，在罗马举行的庆祝仪式上，带领意大利参战的安东尼奥·萨兰德拉高声宣告胜利，认为这是为祖国的福祉与荣耀奋斗的几代男人（仍未提及女性）爱国精神的结晶；如果意大利人能够保持他们在过去3年半战争中的纪律与自我牺牲精神，他预言，这个国家将走向"光荣与伟大"：

> 我们是烈士、诗人、政治家、士兵、王亲与平民的代表与

发言人。我们出身或显贵或寒微，我们都热爱意大利，喜欢意大利，赞美意大利，为意大利工作，为她受苦，为她而死。我们的灵魂彼此共鸣。不朽的意大利已经醒来，被荣耀与悲伤环绕，渴望重新征服她的王座……让我们向不朽而永恒的她致敬，她因最优秀的儿子挥洒最纯洁的鲜血而被历史的天堂接纳。为了她，我们发誓将余下的力量与生命全部奉献于她。意大利万岁！永恒的、超越一切的意大利万岁！ [39]

第六章

法西斯主义，1919—1943

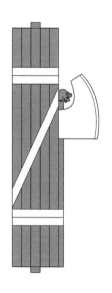

内战与法西斯主义的来临，1919—1922

和许多战友一样，离开战场后，我对政治与政客们心生厌恶……拼搏奋战后，回到焦利蒂领导下的国家，这个人竟将一切理想当作可供出售的商品？不，最好拒绝这一切，摧毁一切，从头创建……在我看来，如果没有墨索里尼，至少有四分之三从战场归来的意大利青年会成为布尔什维克。

伊塔洛·巴尔博，1922 年日记

起来……
全世界受压迫的人
在无产阶级的力量
胜利奔涌之时。
记住
可怕的屠杀
大规模的破坏。
为奴者久远的愤怒
终将喷薄而出。

胜利属于斯巴达克。

社会主义者的战争纪念碑，蒙泰拉

战争经济

　　尽管卡波雷托的耻辱犹存，军事干涉主义者仍在指控议会软弱无能甚至背叛祖国，但第一次世界大战中的胜利仍成为意大利作为自由主义国家的杰出成就。在 1915 年，人们曾普遍担心意大利脆弱的经济无法承受长期的军事冲突。当然，战争期间并非没有发生严重的冲突与社会动荡——1917 年 8 月发生在都灵的食物短缺暴动轰动一时，约 50 人在这场席卷全城的动乱中丧生。但总体而言，意大利可谓超常发挥。菲亚特成长为欧洲领先的卡车和货车制造商，在 1918 年生产了 2.5 万部车辆，是 1914 年的 6 倍。航空工业可谓横空出世，1918 年，意大利共制造出 6 500 架飞机。战争伊始，陆军只配有 613 挺机枪，而到停战之时，意大利已将 2 万多挺机枪与 7 000 多台重炮投入战场——数量超越英国。所有这些都是在基本原材料，特别是煤炭持续短缺的情况下实现的，而国内的钢铁工业也不过刚刚起步。[1]

　　意大利坚决无情的经济计划是成功的关键。一个全新的军火局（后独立为一个部）宣告成立，由务实精干的阿尔弗雷多·达罗里奥（Alfredo Dallolio）将军领导，不惜一切代价保证生产，并监督政府合同、低价贷款与原材料的分配。所有被认为能"辅助"战争的企业——到 1918 年 11 月已有 2 000 家——必须进行"工业动员"，工资与工时被严格规定，罢工被禁止，员工受到严格的军纪约束，武装警卫在车间巡逻。[2] 在这些工厂雇用的 90 万工人中，超过三分之一是免服兵役的，或是从军队暂时借调的，其余员工大多出身贫民。妇女的贡献尤为突出，近四分之一的军需工厂雇员为女性。[3] 工人们的生活绝不轻松——1916 年，菲亚特的常规周工时为 75 小时，战争期间大多数产业工人的实际工资都有所下降——但在前线作战的士兵们普遍认为这些工人不过是娇生惯养的"逃兵役者"（imboscati）——这也是 1918 年后意大利社会分裂和纷争谩骂的另一根源。

部分产业通过战争攫取了巨额利益。参与军事动员计划的主要企业迅猛发展，在此过程中吞噬了许多竞争厂商。菲亚特的资本从 2 500 万里拉增至 1.25 亿里拉，劳动力从 6 000 人增至 3 万人。百瑞达（Breda，工程领域）、安萨尔多（Ansaldo）和伊尔瓦（Ilva）（钢铁领域）、蒙特卡蒂尼（Montecatini，化工领域）亦实现了大幅扩张。然而，如此高速的增长几乎完全归功于国家在军需品与其他战争相关项目上的巨额支出（按战前价格估算，约为 410 亿里拉），其中大部分都是靠增加外国贷款和印钞（不可避免地导致通货膨胀）支付的。因此，许多大公司在和平秩序重建、政府订单萎缩后脆弱不堪。[4] 1918 年，安萨尔多、里瓦等工业巨头争相收购顶尖银行，谋求保证自身信贷，并拒绝向竞争对手借贷，场面十分不堪。而工人与退伍军人对发战争财的"诈骗者"心怀愤怒，这为意大利又划了一道深深的裂痕。

南北之间的鸿沟也进一步扩大，尽管在 19 世纪 70 年代，"南方问题"被提了出来，福尔图纳托、萨尔韦米尼、尼蒂等政治家、经济学家与历史学家开始重视半岛南北间的隔阂，并提供了可能的补救措施，但许多南方人仍自视为北方傲慢剥削的受害者，而北方人则坚持认为受到了腐败野蛮社会的拖累。极为讽刺的是，19 世纪 80 年代以来，讲述南方社会大庄园（latifondi）、黑手党、克莫拉、一般犯罪和贫困问题的文学作品大量面世，很可能进一步加深了旧有的成见，正如由西西里激进分子纳波莱奥内·科拉扬尼（Napoleone Colajanni）于 1906 年发表的一封威尼托人来信所写：

> 亲爱的教授，如果你能听到这里大多数人对贫穷南方的看法就好了！我们从小就被灌输了太多偏见！他们说，我们北方种族生来优越，诚实而勤劳。简言之，我们拥有一切美好的品质，而南方人则属于劣等种族，道德败坏。他们还说，加里波第去征服两西西里王国是个严重的错误，现在我们北方人也要为南方那些不想劳动的渣滓缴税。南方已彻底沦入黑手党与克莫拉的手掌心……相信我，教授，这些不只是穷人和无知民众的想法，几乎所有受教育阶级的意见领袖也都是这样想的。[5]

1915—1918 年的工业扩张集中在意大利西北部，皮埃蒙特与伦巴第主要城市的人口在 1911—1921 年至少增长了 20%，更加深了"两个意大利"的现实：日益繁荣的现代化北部城市与落后的南部农村。"一战"期间，尽管有 250 万农民被征召入伍，半岛南部的农业生产力却几乎没有下降，这足以体现劳动力的严重过剩。当复员士兵回到坎帕尼亚或卡拉布里亚的贫穷村落时，他们的怒火直指强行吞并了几十万公顷土地的地主阶级。同时，对政府的怨恨与对北方轻蔑言行的不满持续升温，在一些地区加剧了地方分裂。上述情绪使得一种传统观念再度兴起——"黑手党"是北方人为诋毁西西里岛而发明的概念，现实中的"黑手党"是该岛特有的一种高尚行为。1925 年，前首相奥兰多在巴勒莫的一场选举集会上宣布："我是一名黑手党，我为此而自豪。"[6]

残缺的胜利

意大利自由主义政权在战争期间的出色表现本应得到赞誉，但现实却并非如此。社会党在政治上处于比以往任何时候更加边缘的位置，1918 年后，社会党在俄国布尔什维克革命的鼓舞下采取了激进的革命立场，发动反击。教会和国家尽管在 1915 年至 1918 年间加强了合作，但距离正式和解仍十分遥远。各类军事干涉主义组织——民族主义者、未来主义者、工团主义者和异见社会主义者——仍视议会如仇寇。他们执着于这样一个神话：意大利人之所以在 1915 年 5 月介入战争，纯粹是因为他们的意志与决心；而维托里奥威尼托的胜利属于他们，也只属于他们。如今的和平也应该属于他们；60 万人殒身战场，奥兰多和外交大臣松尼诺等自由主义政治家却不能为意大利争取到应得的战利品，真是不可原谅。正如邓南遮在停战前不久发表的一首著名诗篇所写，他质疑美国总统伍德罗·威尔逊及其他协约国领导人是否有资格代表那些"承受了令悲悯的主于心不忍的苦难"的人说话：

在如今这满目疮痍的土地上，谁成了未来的仲裁者？

他从何处来？是来自苦难的深渊，还是如流亡的但丁那样，来自光明的顶峰？

还是说，他竟从未从椅子上挪开一步，是一位对 [地狱] 与战壕一无所知的智者？

谁会把暴力的雄浑之美，变成尔虞我诈的陈腐会议中老人间的冗长辩论？

文书蘸着烈士的鲜血书写？……

啊！我们的胜利女神，你绝不会残缺。无人胆敢打折你的膝盖，剪断你的翅膀。[7]

在 1919 年 1 月于巴黎召开的和平会议上，意大利代表团从一开始就面对极端不利的处境。在邓南遮与干涉主义者的鼓动下，公共舆论对领土回报的期待无限提升：不仅包括特伦蒂诺、南蒂罗尔、伊斯特拉、的里雅斯特与达尔马提亚北部（这是 1915 年《伦敦条约》的规定内容），还增加了克罗地亚海岸的阜姆（Fiume，今称里耶卡），这个城市与匈牙利保持着长期经济政治联系，但从 19 世纪中期开始，一个庞大的意大利中产阶级群体发展壮大，布达佩斯当局积极促成此局势，意图在这个战略重地扶持起一支抗衡当地斯拉夫人——被布达佩斯视为潜在的敌对力量——的势力。但意大利对"《伦敦条约》加阜姆"的要求相当于搅了意识形态的浑水，还给外界留下了只顾私利的机会主义印象，因为《伦敦条约》建立在旧式的"现实主义政治"（确保意大利在亚得里亚海的安全）基础上，而对阜姆的要求则是以"民族自决原则"为依据——事实上，很难说该城的意大利人是否占据主流，因为城郊的工人社区中几乎全是克罗地亚人。

人们对巴黎和会三巨头——伍德罗·威尔逊、英国首相劳合·乔治（Lloyd George）和法国总理克列孟梭（Clemenceau）——的刻板印象与偏见使意大利代表团的处境更加难堪，三巨头显然把意大利视为战争暴发户，认为它不配加入大国俱乐部。这种高傲的态度进一步激起了意大利的民族主义情绪，迫使奥兰多与松尼诺更加坚持主张，以避免在国内被扣上"残缺的胜利"（mutilated victory）的污名。总体来说，奥兰多在巴黎受到了合理的优待——劳合·乔治对他那开朗健谈的地中海式风度很有好感（尽管哈罗德·尼科尔森的描述或许更能反映英国的主流看法，即奥兰多是一个"苍白、虚弱、无力的人"）；[8] 但松尼诺与传统的意大利人截然相反，他性情古板严肃，不苟言笑，具有极强的知识分子观念，给人印象不佳。此外，尽管奥兰多运用了丰富的肢体语言，英美仍很难理解他的意思，于是松尼诺只得更多地参与会谈。

在阜姆问题上，最大的阻碍在于法国急于建立一个强大的南斯拉夫，使其作为中欧一连串新国家中的一环，从东部包围德国。此外，还有一个相对难以言明的因素。自 1860 年以来，法意关系始终非常紧张，虽然意大利在 1915 年背离了三国同盟，但那不过是短暂的权宜之计。从长远来看，正如克里斯皮等人所言，意大利与德国结盟共同对付法国、夺取地中海霸主之位才是更加合乎逻辑的做法。老练的克列孟梭对此心知肚明，也不抱有任何幻想，当意大利政府竭尽全力削弱南斯拉夫，批准煽动当地内战的计划——通过派遣特务怂恿挑拨，甚至鼓励意大利士兵通过勾引当地妇女以加剧紧张局势时，法国却致力于维护这一新生国家的统一，以此牵制不可预测的意大利。奥兰多痛心地感叹，虽然打垮了奥地利，却将亚得里亚海拱手让给了另一强权，着实羞辱难当。但他未能在巴黎博得多少同情。[9]

意大利代表团面临的另一个困难在于，英法两国都不认为意大利对战争的贡献足以支撑此刻的大量领土要求：除特伦蒂诺、南蒂罗尔、伊斯特拉以外，《伦敦条约》还许诺了佐泽卡尼索斯群岛与巴尔干地区的几个重要立足点，包括奥特朗托海峡对岸的发罗拉港（Vlorë）以及阿尔巴尼亚中部的保护国。英法指出，意大利蒙受的伤亡远远小于两国，而迪亚兹显然只是在胜局已定的前提下才愿发动进攻，这让它们非常愤慨（英国大使指出，"他们都说，停战的信号相当于意大利开战的信号"）。[10] 同样令人恼火的是，意大利海军明明承诺要在地中海与亚得里亚海巡逻，却几乎不敢从港口出海；而处境艰难的协约国不得不借给意大利巨额资金（英国借出150亿里拉），这些钱款并未被全部用于战争，因此引发了强烈的不满。巴黎许多与会代表都认为，意大利人很有魅力，却寡廉鲜耻。正如克列孟梭所言："意大利人以17世纪式的华丽脱帽礼向我致敬，然后递过帽子索求施舍。"[11]

那么品行高洁的威尔逊又如何呢？他曾宣称以"民族自决原则"作为欧洲新秩序的试金石，意大利不正是这神圣理想的发源地吗？1919年1月，在巴黎和会开始前不久，威尔逊前往热那亚拜谒马志尼墓，市长以这位伟大爱国者的著作全集相赠。当时，威尔逊透露说，他在普林斯顿大学担任教授时曾仔细研究过马志尼，如今希望实现这位"因上帝的恩赐而高于常人"的孤独思想家的愿望。他私下补充说，或许只有林肯与格莱斯顿对自由主义本质的清晰见解才能与马志尼相媲美。[12] 既然如此，意大利怎么能够坚持吞并那些明显不是"意大利"的领土呢（以意大利语为母语的人仅在特伦蒂诺与的里雅斯特占据多数）？威尔逊对此困惑不已，当奥兰多与松尼诺顽固地坚持《伦敦条约》加阜姆方案，使谈判陷入僵局时，他感到更加沮丧："太奇怪了，这些意大利人竟根本无法在原则问题上坚持任何立场。"他如此宣称，轻蔑与愤怒溢于言表。[13]

但正如著名哲学家乔瓦尼·秦梯利（Giovanni Gentile，不久将出任墨索里尼政府第一任教育大臣）在 1919 年出版的一本书中解释的那样，马志尼从未赞成过威尔逊在巴黎倡导的那种仅仅基于自决的民主民族主义。威尔逊忽略了马志尼思想的实质，即对自由主义的敌视，以及根植于宗教的生命观念。马志尼认为，权利源于义务，一个民族国家的公民有能力为共同的道德目标拼搏之时，才谈得上伸张权利。民族国家是精神的实体，而自由的个体必须将自身的精神与民族精神融为一体。语言、地理与种族只是民族的附带现象与"指标"，远非其本质。秦梯利指出，既然一个民族的健康与否在于动员人民采取行动的成功与否，那么马志尼的扩张或征服计划中便不存在必然禁止的事项。因此，马志尼在 1817 年声称，罗马帝国是"古代世界最强大的民族国家"，尽管它其实是由许多不同民族组成的。"在民族问题上，正如在一切问题上一样，唯有目的是至高无上的。"[14]

1919 年春，意大利的示威游行与暴力冲突日益升级，尤其是在干涉主义者与中立派的断层线上，奥兰多与松尼诺感到已经无路可退。奥兰多表示，如果他在没有谈下达尔马提亚的情况下回国，等待他的将是秘密组织的暗杀，松尼诺则预见到，"残缺的胜利"将使国家陷入无政府主义的乱局。奥兰多已经走投无路，在复活节那天与英、法、美举行的艰难谈判中，他痛哭流涕地离开了会议桌。克列孟梭面无表情地目送他退席，英国代表则感到难以置信（大会秘书莫里斯·汉基爵士表示，如果这是他的儿子，他恨不得为这可耻的情绪表露揍他的屁股）。[15] 4 天后，谈判已无转圜余地，奥兰多心怀憎恶地离开巴黎。他回到意大利后，激动的人群欢呼着迎接他乘坐的列车。当奥兰多抵达罗马时，教堂的钟声为他而鸣，飞机在上空盘旋，投下爱国主义传单，"奥兰多万岁！阜姆万岁！意大利万岁！"的热情呼喊不绝于耳。要求吞并阜姆的标语随处可见，都灵的学生们沿着威尔逊大街（Corso Wilson，为纪念威尔逊总统的访问而命名）行进，将所有路标改成"阜姆大街"（Corso Fiume）。[16]

奥兰多因其在巴黎的坚定立场而得到了议会 382 票对 40 票的强力支持，他宣称意大利的主张以"权利与正义的崇高庄严理由"为基础，需要得到协约国的全面认可。但他正在将自己逼至窘境，或许是有意为之（"我是……一个新的耶稣，必须为拯救国家的激情而受难"，他在几日前宣称）。[17]据旁人观察，他在 5 月初回到谈判桌前时，仿佛老了 10 岁，谈判能力跌至谷底。在他离席的日子里，英法继续瓜分德国的非洲殖民地，威尔逊也耗尽了最后一丝耐心，意大利代表彻底暴露在他冷酷的新教徒式的审视之下。奥兰多为自己的政治生命苦苦恳求，他对劳合·乔治说："我必须找到解决办法，不然等着我的就是议会危机或街头暴动。""如果你无法解决，"英国首相问，"你认为谁会接替你的位置呢？""大概是邓南遮。"[18]但奥兰多的恳求毫无作用。6 月 19 日，他失去了议会的信任，只得辞职，继任者弗朗切斯科·萨韦里奥·尼蒂（Francesco Saverio Nitti）是一位来自巴西利卡塔的激进经济学教授，他同意将达尔马提亚让给南斯拉夫，并同意使阜姆港成为国际联盟保护下的中立城市。

占领阜姆港

数百万意大利复员军人方才离开恐怖的战场，便要直面惨淡的经济现实。许多刚刚从监狱刑满释放的社会主义好战分子着手筹备革命，劳资关系不断恶化。他们"像在俄国一样"组织罢工和抗议，占领工厂并发动暴动。在通货膨胀与失业率飙升的背景下，邓南遮以激烈的言辞煽动着民族主义的烈火。在 5 月份的两次重要演讲中，他受到罗马大学最近奖励给他的荣誉博士学位的鼓舞，怒斥协约国的背叛，声称意大利作为交战国中最贫困的国家，在战争期间通过英雄主义与大量流血牺牲"拯救了世界"，指责三个最富裕国家的"三巨头"共谋利用国际联盟将意大利置于贫穷孤立的境地。他大谈法国在历史上的背信弃义（在门塔纳、突尼斯，甚至阿杜瓦的惨剧中，他们难道不也负有责任吗？），并将威尔逊讽刺为"克罗地亚化的贵格会成员"，称其为"长着马脸的"、戴假牙的怪异空心人。[19]

邓南遮对罗马政府的权威（如果仍有的话）构成了重大威胁。他在军队中有一批追随者，尤其在于卡波雷托战败后为提高前线士气而组建的阿迪蒂突击队（arditi）中颇有威望。这些士兵对残忍勇武之举及暴力语言的追捧与诗人狂热的世界观高度契合（他们的座右铭是"Me ne frego"，即"我不在乎"，它很快将被法西斯分子采用）。1919 年春夏之际，邓南遮积极参与了同心怀不满的将军、士官、民族主义者、未来主义者和其他爱国团体的协商，旨在武力夺取阜姆。而在阜姆，一个名为"青年阜姆"（Young Fiume）的社团继承了马志尼精神，为可能发生的政变打下基础，他们的活动助长了该市丑恶的沙文主义情绪：在一次事件中，意大利警察向一群野餐归来的孩子开枪，只因他们没有喊出"意大利万岁"，最终导致 9 人死亡，20 人受伤。[20] 新任首相希望以一个政府职位收买邓南遮，以阻挡风暴之势；但邓南遮不仅拒绝任职，还用绰号奚落尼蒂，用上了他著名的自创词"Cagoia"（狗屎病）。

在言语攻击（以及行动攻击，思想与行动间将没有隔阂）方面，邓南遮与墨索里尼势均力敌，后者在 1919 年 3 月开创了全新的组织 "战斗法西斯"（Fasci di combattimento），成立大会就在米兰市中心一间租用的大厅里举行，那里可以俯瞰圣墓广场。这是当时在自由主义与社会主义之间的空白地带出现的几个组织之一，几乎没有引起媒体的注意。大约 100 人出席了此次成立大会，他们大多是退役士兵与军事干涉主义者，有着不同的出身背景与政治倾向——未来主义者（包括马里内蒂）、无政府主义者、共和主义者、民族主义者、天主教徒与阿迪蒂成员（其中包括爱国者费鲁乔·韦基，他是阿迪蒂突击队重要的民族主义发言人）——这种异质性也是墨索里尼不想提出明确政治纲领的重要原因。法西斯将成为一种接纳所有相信战争者的精神力量（为强调这种折中主义，大会从第一排随机抽取了十人组成执行委员会）。将他们团结在一起的并非共同的希望，而是共同的仇恨。4 月，马里内蒂与韦基洗劫了社会党报刊《前进！》的总部，还将招牌作为战利品带回墨索里尼的《意大利人民报》办公室。[21]

墨索里尼一边喝着牛奶，一边源源不断地产出新闻报道，他的编辑座位旁边摆满了手枪、匕首、手榴弹与弹夹。墨索里尼在文学创造性上稍显不足，但他要靠激烈的情绪赶超邓南遮。他怒斥政府在和会上的软弱无能："在巴黎讨价还价的那个意大利……不是格拉帕与伊松佐的意大利。它是外国人与说书人的意大利，是乞丐与律师的意大利，是身处高位可悲地苟活的意大利，然而在低处的人民看来——人民能够感知她的骄傲与光荣——它已经死亡并被埋葬。"他将奥兰多称为"泪包"和"靠甜食维系生命的无脊椎动物"，催促奥兰多鼓起勇气与威尔逊及其他"国际财阀的强盗"撕破脸。[22] 他谴责英国是"世界上最肥硕、最支持资本主义的国家"，[23] 并抨击说布尔什维克 80% 的领导人都是为伦敦和纽约的犹太银行家服务的犹太人："种族不会背叛种族。"[24] 同时，他效仿邓南遮，讽刺尼蒂为"弗朗茨·约瑟夫·狗屎病"或"萨韦里奥·狗屎病"。[25] 墨索里尼认为，除了民族国家，再没有什么是神圣不可侵犯的："我们只忠于意大利和祖国。"[26]

1919 年夏，墨索里尼及支持他的法西斯分子与邓南遮及其他军队高层（包括国王的族亲奥斯塔公爵）保持着密切联系，不甚严肃地讨论过武装夺取阜姆港。邓南遮正为前往远东的长途飞行计划（及新恋情）分神，而当去年年底以来驻扎该城的意大利军队在急于推行阜姆港中立政策的盟军专员命令下，被迫于 8 月撤出该城时，他们最初向墨索里尼、佩皮诺·加里波第（Peppino Garibaldi，伟大爱国者的孙子）将军以及民族主义领袖恩里科·科拉迪尼和路易吉·费尔代佐尼寻求帮助，打算发动政变。而他们在联系邓南遮时，使用了充满复兴运动色彩的语言：

> 伟大的母亲不认识阜姆；她不被允许与最优秀的女儿、最圣洁的意大利女子相认……我们以所有为意大利统一而牺牲的烈士的姓名起誓：愿为阜姆献出生命！……你们难道不愿为阜姆做些什么吗？整个意大利都在你们手中——伟大、高尚而慷慨的意大利——你们难道不能将她从漫长的昏睡中唤醒吗？[27]

邓南遮为之动容。9 月 12 日，他带着大约 200 名意大利士兵与 26 辆从当地军械库偷来的装甲车从戈里齐亚以南的小镇龙基（Ronchi）出发。在向阜姆进军途中，许多爱国老兵、哗变士兵（包括许多阿迪蒂成员）、未来主义者、学生、冒险家甚至学童都加入了他们的行列，到达城郊时，队伍已扩大到 2 000 多人。驻阜姆指挥官维托里奥·埃马努埃莱·皮塔卢加（Vittorio Emanuele Pittaluga）将军接到严厉指示，阻止其前进。他在一处路障与邓南遮展开谈判，声称邓南遮此举将毁掉意大利，带来"不可估量的后果"。诗人反驳道："你若阻止意大利实现命运，毁掉意大利的人就是你。"就像在 1815 年，曾经的法国皇帝拿破仑在拉弗雷湖畔向追捕他的法军袒露胸膛那样，邓南遮敞开大衣，请皮塔卢加的手下瞄准他心脏附近佩戴的勋章（邓南遮始终渴望为高尚事业壮烈牺牲，圣塞巴斯蒂安殉难的事迹萦绕在他的心头，伴随他一生）。皮塔卢加踌躇片刻，而后上前与邓南遮握手："我不会让意大利人流血，也不会掀起一场手足相残的战争……意大利的阜姆港万岁！"[28] 邓南遮继续向城市挺进，城中旗帜飘扬，钟声响起，月桂树叶从阳台翩然飞落，阿迪蒂队员高唱起他们的行军曲《青年岁月》（Giovinezza）。

> 青年岁月，青年岁月
> 至美的春光
> 在生活的苦涩中
> 你的歌声响彻远方

遵循战歌（很快成为法西斯的官方赞歌）中的无政府主义精神，占领阜姆的行动带来了极具戏剧性与政治创造性的放纵盛景：精心编排的游行、列队行军、矫揉造作的演讲和模拟战斗、公共舞蹈、纵情豪饮、吸毒、滥交，以及奇异的时装实验。年轻的英国作家奥斯伯特·西特韦尔（Osbert Sitwell）在 1920 年秋天到访阜姆港，他这样描写城市的狂热氛围与歌剧表演般的情景：

> 一派生机与躁动的生命力似乎预示着一片全新的土地，全新的体制。我们惊奇地注视、倾听着。这里的每个人似乎都穿着自己设计的制服，有些人蓄须剃头，扮成统帅的模样……有些人则在前额留着半尺的厚重长发，脑后戴着平衡重量的黑色毡帽。满目皆是披风、羽毛与飘逸的黑领带，每个男人——女人很少见——都带着"罗马短剑"。[29]

神圣与世俗的交织互动是占领阜姆港行动中最引人注目的特征——罗马政府由于担心军队哗变而不敢派兵，苦苦寻找其他解决途径，前后花了15个多月。邓南遮常常站在住所的阳台上向聚集的人群发表即兴演讲，言辞充满宗教意味，还有誓言与礼拜仪式（"致我们！""Eia, eia, alalà!"），旨在与听众建立密切的情感联系（邓南遮声称这是"自古希腊时代以来的首次这种互动"）。[30] 这座城市（邓南遮称之为"大屠杀之城"）创造出许多有关殉道、鲜血和信仰的叙事，将阜姆发生的一切描述为一种救赎式的牺牲——一种"骑士精神"与"热情"——只为实现意大利的重新崛起。市民的仪式往往与宗教节日联系在一起，如在1月20日的圣塞巴斯蒂安节那天，城中的妇女郑重地将一把短剑献给邓南遮（"献给您……被上帝选中，为世界点亮新生的自由之光……［我们］献上这把神圣的短剑……请您在我们仇敌的肉体上刻下'胜利'二字"）。为表感谢，诗人用慷慨激昂的布道阐释圣人之死的意义：

> 生命的弓箭手在濒死的痛苦中呼喊："我为不死而死。"

他浴血高呼："不够！不够！再来！"

他呼喊着："我将再活一次。但为了重生，我必须死去。"

不朽的爱！永恒的牺牲！

献祭是最笃定的路途，英雄的鲜血永不干涸。

你们明白，主内的兄弟姐妹。这就是神秘的意义。[31]

1919 年选举

墨索里尼急于将邓南遮成功夺取阜姆港并羞辱罗马政府的事迹为己所用，他在《意大利人民报》专栏上向这位"英雄"表示充分支持，并发起了捐赠活动。但是，邓南遮对法西斯领袖心怀不满，因为对方没有直接参与"加里波第千人军以来最美的征程"。[32] 他寄去一封言辞尖锐的信件（毫不令人意外的是，这封信直到墨索里尼去世后才被公开发表），指责墨索里尼的懦弱与空虚的承诺。墨索里尼决定证明自己的行动力并不逊于邓南遮，提议发动全面政变，包括在的里雅斯特举行示威游行、废黜国王维克托·伊曼纽尔、举办制宪会议，以及派兵登陆罗马涅和马尔凯以支持一场共和起义。但事实上，墨索里尼并不愿与邓南遮牵连过深，他想获得自己的政治空间，他最关注的还是他羽翼未丰的新生组织。到 1919 年初秋之时，该组织大约吸纳了 4 000 名成员，组成了 150 个地方自治分部。[33] 他在 10 月 7 日乘飞机到阜姆与诗人会面，主要目的是宣传两天后即将于佛罗伦萨举办的第一届全国法西斯大会。

社会党刚刚召开了全国党代会，这时机绝非巧合：墨索里尼希望他的组织能取代极左翼成为干涉主义者的可靠选择（而马里内蒂在佛罗伦萨呼吁，将参议院改为由 30 岁以下年轻人组成的"发电机"议院，意大利"去梵蒂冈化"，以及强制将艺术家纳入政府，这些呼吁或许未能帮到他的事业）。[34] 社会党人无疑通过他们的会议加强了声势，他们宣称俄国革命是工人阶级历史上"最正面的事件"，并以压倒性多数通过了一部新党章，要求"暴力夺取政权"，实行无产阶级专政，摧毁一切资产阶级统治和压迫的机制。与会代表时不时地以挑衅性极强的手势和好战言辞。满面胡须、外表凶悍的前总书记尼古拉·邦巴奇（Nicola Bombacci）在 1921 年的大会上回应一位同僚的嘲讽，说自己不过是个"小折刀革命者"（penknife revolutionary），同时掏出一把手枪。[35] 邦巴奇本是意大利共产党（PCI）的创始人之一，但在 1930 年，他逐渐向法西斯主义靠拢，最终成为墨索里尼的傀儡政府萨洛共和国（Republic of Salò）的热情支持者。1945 年 4 月，他被游击队枪毙。

意识形态上的极端主义、经济上的混乱、肆无忌惮的愤怒与中央权威的削弱结合在一起，共同导致了危险动荡的局面。在意大利南部的广大地区，数百万农民为他们在战争中遭受的苦难索取赔偿，他们高举横幅，敲锣打鼓，在退伍军人协会代表与天主教合作社代表的领导下向荒地进发，立桩划地并着手掘地。政府不愿出手干预，许多土地所有者被迫将土地出售。在意大利中北部，左翼工会，如社会主义的总工会（其成员从 1918 年的 25 万增加到 1920 年的 200 万）、无政府主义的意大利工团主义联盟（Italian Syndical Union）与新近成立的天主教联合会，率先将愤怒的劳工动员起来。在 1919 年，超过 100 万人参与罢工，抗议飞涨的物价与飙升的失业率。在波河流域的农村地区，劳工之家成了激进分子的活动中心，被称为"capolega"的当地领袖往往是热忱的社会主义者，他们深信革命即将到来，藐视一切资本主义权威（如果资本主义尚存权威的话）——控制农民，对地主实行严格的劳工配额，并规定了工资与一般工作的条件。

在这样的氛围中，暴力行径司空见惯。社会党领导人鼓励支持者冲撞警察、亵渎三色旗、吓退阻拦罢工者并嘲弄士兵。群情激愤下的辱骂攻击使民众逐渐失控，纵火、破坏公物、偷盗、人身袭击与谋杀事件数不胜数。鼓吹革命的街头涂鸦随处可见，赞扬列宁和布尔什维克、社会主义和共产主义，就连最著名的国家建筑与纪念碑上也被鲜红的油漆肆意涂画。在社会主义势力强盛、基层领导人野心勃勃且颇具影响力的皮埃蒙特、伦巴第、艾米利亚-罗马涅、托斯卡纳等地区，动乱得到了充分关注（"我不承认您的权威——事实上，我正是前来剥夺您的权威的"，1919 年底，博洛尼亚总工会领袖向省长公然挑衅）。[36] 但在南部一些地区，尽管报道较少，旧式的宿怨斗争与强盗活动也对法律造成了恶劣破坏。数千人在西西里西部的宗派对立与黑帮（分裂为"新"、"老"黑手党）争霸中丧命。仅在特拉帕尼省，一年内就发生了大约 700 起杀人事件，其中 216 起发生在马尔萨拉小镇。[37]

在这样的背景下，意大利于 1919 年 11 月举行了战后第一次大选。政府通过了新的选举法，将投票权赋予所有曾在前线服役的年满 21 岁的男性公民，希望消解颠覆活动的影响。选民人数由此增加了超过四分之一，达到 1 100 万。但更关键的变化在于比例代表制与省级选举团的引入，使议员与地方赞助人的勾结被一举切断，自由主义政客失去了多年来维系权力的依仗，主动权落到了能够发动大众投票的政党手中。[38] 社会党成了最大受益方，共赢得了32% 的选票与 156 个议员席位，几乎是前一届的两倍。另外，新成立的天主教政党（严格来说并不属于教会）意大利人民党（Italian Popular Party）获得了 100 个席位。最终结果是，新议会中一半以上的议员要么对自由主义政权深表怀疑（天主教徒），要么公然敌视议会，只是打算利用议会平台诋毁这个国家（社会主义者）。其余议员来自不同的自由派、激进派与社会民主派政党，难以合作共事。法西斯主义者只得到了不到 5 000 张选票，包括阿尔图罗·托斯卡尼尼（Arturo Toscanini）在内的 17 名候选人无一人当选。[39] 当社会党人欢欣鼓舞地在米兰的街道上游行，当众展览一副象征着墨索里尼政治生命终结的棺材时，墨索里尼甚至动了移民海外的念头。

法西斯团体的崛起

议会既已四分五裂，政府更是不可能有效运作。尼蒂的首相任期艰难维持到 1920 年 6 月，但他对阜姆港问题、公共财政危机以及社会主义者日益滋长的好战倾向手足无措。中央政府的软弱无力使极端主义者越发咄咄逼人，他们鼓励意大利中北部有产者（和不少劳工）同当地法西斯以及其他爱国团体联合起来，组成抵抗团体和联盟，以遏制破坏法律的浪潮。意大利正迅速滑向无政府状态，随着混乱的加剧，对道德凝聚力缺失的忧虑再次浮现。乔瓦尼·阿门多拉感叹说，一旦意大利人不再共同抵御外敌，他们就恢复了传统的派系斗争旧习，沿袭"使其分裂几百年的宗派主义精神"，相互倾轧。[40] 1920 年初，一个著名知识分子团体——包括朱塞佩·普雷佐利尼、乔瓦尼·秦梯利和年轻有为的激进自由主义者皮耶罗·戈贝蒂（Piero Gobetti）——发出了组织一个"国民教育法西斯"(Fascio of National Education)的热情呼吁,希望提高学校和教师的质量,为"祖国的稳固统一与伟大复兴"奠定基础,并结束漫长的内部分裂。[41]

社会党领导层并不认为能在意大利成功发动革命——别的不说,英法定然不会容忍西欧的中心出现一个社会主义国家——但在1919年到1920年的两极化氛围中,他们不敢使用任何温和的措辞,因此不曾采取任何措施约束基层的活跃分子,或压制普通成员的野心。同样,他们也并未制订任何统筹全国的计划,导致社会主义运动极不协调,严重依赖地方主动性,在镇压措施面前不堪一击。罢工浪潮不曾减弱;1920年9月,由于担心一些雇主会因工资纠纷而关闭工厂(胁迫员工答应某些条款),40多万工人占领了工厂与造船厂,扛着红色或黑色(无政府主义)旗帜,驱赶管理人员。不久前重返首相之位的焦利蒂(尽管他已经78岁高龄,但人们普遍认为他是唯一有手段恢复秩序的人)担心未来将爆发一场全面起义(他随后表示曾在工厂中发现大量武器弹药),[42]于是向企业家施压,迫使他们做出让步,其中包括工会代表加入管理委员会的原则。焦利蒂的目的是拖延时间,他相信目前的政治动荡不过是战后的"神经衰弱",只要加以适当引导,终将转到合乎宪法的道路上去。但大多数人并不如此乐观,事实上,他对极左派的仁慈让许多人愤怒不已,认为是时候做出更有力的回应了。

1920年11月初的地方政府选举仿佛最后一根稻草。随着极左派在意大利中北部大获全胜,波河下游历史悠久的省级中心博洛尼亚、费拉拉等地(那里的文艺复兴时期的市政厅上方飘扬着一面红旗)作为社会主义的大本营,爆发出新的反抗情绪。11月21日,约300名武装法西斯分子在博洛尼亚市中心的街道上列队游行,目的地是市政厅阿库尔索宫，社会党领导班子将在那里宣誓就职。这是一场预先声张的攻击，议员们为了自保都躲在建筑物内。"赤卫队"（red guards）抛出 5 枚手榴弹，门外聚集者陷入恐慌，10 名社会党人与社会主义支持者在随后的混战中被杀，其中 7 人死于法西斯分子之手。在市政厅内，一名反对派议员被（警察）枪杀，使法西斯得以将其塑造为自己的第一位重要"烈士"。[43] 随后的几个星期里，波河流域其他地区的社会主义者也遭遇了相似的惩罚性袭击，法西斯运动陡然升级，这令墨索里尼在内的许多旁观者深感惊讶。

1920 年 10 月至 11 月，法西斯组织共吸纳了 1 065 名新成员，而 12 月的新增人数却骤升至 11 000。12 月底，88 个法西斯支部的成员总数还只有 20 165；5 个月后，支部数量已扩充至 1 000 个，成员多达 187 588 人。[44] 各方面因素共同助长了法西斯组织的气焰：一来，尽管中央政府不断要求各省省长公正维护法律，但警察与军队不愿出面阻止乃至惩罚法西斯的攻击行动；二来，1921 年 1 月的社会党全国代表大会上，许多核心成员脱离组织成立了意大利共产党，这暴露出社会党比其自信言论所声称的要脆弱。正如颇有威信的社会民主主义者伊瓦诺埃·博诺米（Ivanoe Bonomi）随后回忆的那样，当时的意大利北部城镇与乡村被一种新的激进爱国氛围笼罩：

> 博洛尼亚的悲剧发生后，农村的有产阶级在鼓动下接头并建立组织，曾在前线服役的年轻军官在波河流域的城镇中召集拥有土地的亲友，动员他们保护自身，抵抗那些曾经反对战争如今又贬低胜利的小人、那些煽动暴力与混乱之徒，以及那些

妄图效仿俄国建立无产阶级专政的革命力量。战斗的精神盘旋在乡村的上空。爱国庆典上，遵纪守法的人们不再因惧怕暴力而自我拘束于室内，而是高举国旗到广场上欢呼喝彩。墙上的口号——意大利政治文化的重要组成部分——如今也不仅仅有共产主义一种。在密密麻麻的"列宁万岁！""无产阶级专政万岁！"之外，还有一些歌颂祖国与战争胜利的标语。[45]

法西斯成员通常以"战斗小队"（action squad，即"黑衫军"）为单位展开行动。一支队伍十几人，大多是不到 20 岁的年轻退伍士兵或学生。他们或骑车，或乘火车，或搭着亲戚朋友乃至支持他们的地主、商人的汽车前往袭击现场，拿着各类武器：棍棒（臭名昭著的金属棍"曼加内洛"，有时以铅或厚皮革加重）、匕首、手榴弹、左轮手枪、步枪甚至机枪。当地警察局和军营有时会为法西斯组织提供武器。某些小队的武器相当古怪，一个曼托瓦的小队曾以用鳕鱼干殴打对手头部而闻名。每支小队都有专属绰号——"撒旦""亡命徒""无畏者""闪电""我不在乎"或某个爱国英雄、某起事件的名字，并高举一面画着骷髅和交叉骨或类似恐怖图案的旗帜。队长（ras，该词来自埃塞俄比亚语，意为地方酋长）则凭个人领导魅力脱颖而出。

法西斯小队的奇异作风与玩闹氛围很大程度上源自未来主义者、阿迪蒂和邓南遮所倡导的暴力美学。事实上，墨索里尼组织中的许多著名黑衫军成员此前都曾在阜姆港驻守一段时间，并经常试图模仿诗人邓南遮那颓废和浮夸的生活方式。酒精和可卡因是突袭前的必用品，费拉拉的"Celibano"小队习惯在战斗前畅饮樱桃白兰地（Cherrybrandy，醉汉会把樱桃白兰地说成 Celibano）。[46]但在浮夸的表面功夫之后，法西斯的目标是以残暴行动破坏工人运动。社会党和工会大楼被洗劫一空，左翼报社被捣毁，而社会党众议员、市长与市议员等关键人物则受到恐吓、殴打、酷刑，有时甚至是谋杀。官方数字显示，在 1921 年的头 5 个月，约 200 人在黑衫军与社会党人的冲突中死亡，约 1 000 人负伤。

但法西斯的暴力绝不仅是一种战斗工具，更是一种宣传机制，一种宣扬祖国"神话"、激发人们的十字军理想与狂热精神的手段。正如在"进军罗马"前夕，墨索里尼在那不勒斯宣称的那样："我们已创造出属于自己的神话。神话是一种信仰与激情……我们的神话即是祖国，我们的神话是这个国家的伟大辉煌。"[47] 黑衫军在突袭时高唱着颂扬法西斯神圣使命的歌曲，而被用作武器的金属棍曼加内洛——以"圣曼加内洛"（Saint Manganello）闻名——颇受崇拜（蒙特莱昂内-卡拉布罗的法西斯分子有一尊环绕着星形光晕的圣母像，圣母怀中抱着襁褓中的耶稣与一根法西斯的棍棒，这尊"曼加内洛圣母像"是他们的守护神）。[48] 法西斯常采用天主教苦修的手段惩罚敌人，比如强迫敌人吞食蓖麻油。据一份法西斯报纸解释，该做法是为了"清洗……此人的罪责，那布尔什维克的古老罪孽"。[49]（蓖麻油的强大致泻作用正切合战斗小队的下流幽默感。）在许多黑衫军成员心目中，法西斯运动普遍强调的信仰、责任和热情与意大利独特的激进理想主义一脉相承，该传统可追溯至马志尼时代，其核心是"民族的宗教"。[50]

随着法西斯运动的迅猛发展，墨索里尼发现自己像是一个初出茅庐的巫师，他所奋力掌控的运动正逐渐失去激进性，成为保守中产阶级豢养下反社会主义罢工的暴力机器。焦利蒂也对其构成威胁，这位首相在占领工厂行动后未能将温和社会主义者吸纳到自身阵营，于是将目光投向法西斯主义者，希望利用他们抑制极左派和天主教人民党。于是，他邀请墨索里尼加入自己的"国家"集团，为即将于 1921 年春末举行的选举展开合作。墨索里尼面对的风险是，该项合作可能会使法西斯运动进一步偏离最初的轨道（强烈的反议会制倾向）。但与此同时，议会将为他提供一个权威平台，他能借此控制不守规矩的地方队长。法西斯主义者也将因此获得官方认可（考虑到他们是何等公然藐视法律，这是非同寻常的成果）。焦利蒂希望驯服法西斯运动，将其纳入宪法的轨道，从而为意大利干枯的自由主义政治注入新鲜血液。

1921 年的选举对墨索里尼个人而言不啻一次重大胜利，他在米兰和博洛尼亚取得了压倒性胜利，获得了将近 40 万张选票，与其他 36 名法西斯主义者重返议会。在这些新议员中，仅有两名不是出身于意大利中北部选区。社会党虽连失城池，却并未满盘皆输，仍是占有 123 个席位的众议院最大政党，人民党则取得了 107 个席位。墨索里尼深受鼓舞，开始在激进派与保守派支持者的交锋中小心周旋，重申法西斯的共和主义倾向以及对重大社会经济改革的承诺。他甚至愿与社会主义者结盟，但同时强调其运动所需的秩序与纪律。在首次议会演讲中，他向社会党人同时递出胡萝卜与大棒（"在暴力的平原上，工人群众将不堪一击"），尽管和解的条件十分苛刻："对我们来说，暴力并非一种体制、一种美学，或是一种运动方式，它是我们被逼无奈后的残酷反击。我还得补充一句：我们愿意停止暴力，只要你们同样放下武器——特别是你们的精神武器……因为如果这种状态持续下去，国家终将万劫不复。"[51]

随后几个星期，墨索里尼一再敦促停止暴力（"内战即将结束……布尔什维克将被打倒"）[52]：他担心目无法纪的暴力将使法西斯运动陷入政治孤立。但战斗小队的无政府冲动很难遏制，他们从未停止攻击。7月，墨索里尼提议与社会主义工会达成"和解协议"，并确实在8月初签署了一份文件。然而，基层法西斯成员基本不可能遵守协议，特别是不久前，18名黑衫军成员在利古里亚的小镇中与当地警察和农民激烈交火后被杀。法西斯运动正面临一场权力危机，许多队长公开反对墨索里尼，其中最具影响力的是博洛尼亚的迪诺·格兰迪（Dino Grandi）和费拉拉的伊塔洛·巴尔博，他们甚至前去加尔达湖畔拜访邓南遮，请他接管法西斯运动。然而，邓南遮并无此意。两位队长意识到除墨索里尼之外无人具有领导法西斯运动的号召力，最终妥协。秋天，墨索里尼同意放弃协议，将法西斯运动转化为一个政党——国家法西斯党（National Fascist Party）——并建立集中指挥机制与地方分支来制衡黑衫军的势力。[53]

即便如此，中心与边缘、秩序与暴力之间的紧张关系从未真正缓和——事实上，在未来数年，法西斯运动还将在"精神革命"中面临自发性与纪律性的冲突。此外，墨索里尼在1921年秋天认识到，法西斯党能通过延续暴力和利用暴力来勒索政府，以便获取最大利益，因为焦利蒂（他无力维持日益分裂、剑拔弩张的议会，于春季选举后被迫辞职）在1921年至1922年的两位继任者伊瓦诺埃·博诺米和路易吉·法克塔（Luigi Facta）都无法驯服法西斯小队。警察公开与法西斯主义者交好（1922年7月，一位来自威尼托的神父报告称，"警察［与他们］一同驾车兜风……一同唱着赞美诗，饱餐痛饮"），[54]省长们无一例外地站在法西斯分子一边，共同抵抗社会主义者（博洛尼亚省长切萨雷·莫里曾坚决反对法西斯的攻击，随后被调任意大利南部的一个闲职）。就连司法部门也很少秉公执法：1921年春，7名法西斯分子被指控犯有6项谋杀罪，因而被带到曼托瓦法院，却全被无罪释放；同期，16 名社会主义者被认定谋杀了两名法西斯分子，被判处总共 100 年监禁。[55]

1921 年底以来，法西斯团体不曾停止活动，墨索里尼已全心全意支持各分队队长。法西斯党迅速扩张，积极发展广大妇女与年轻人入党，到 1922 年春末已吸纳超过 32 万名党员。法西斯党的工会网络亦持续扩张，到 1922 年初夏，近 50 万劳动者加入其中（大部分是务农者），这些工会是在社会主义组织的废墟上建立起来的，领导者是来自费拉拉的前工团主义者埃德蒙多·罗索尼（Edmondo Rossoni）。此外，法西斯党麾下共有 5 份全国性报纸、2 份杂志和约 80 份地区性报纸，密切接受罗马党中央的指挥。[56]虽然法西斯主义在很大程度上仍局限于中北部地区，在南部只在那不勒斯和普利亚占据优势，但它仍然可以自称为意大利首个吸引全阶层男女的真正全国性政党，它对权力的胃口越来越大。

政敌的无能也是法西斯所向披靡的重要原因。1922 年 7 月底，社会党改革派领袖菲利波·图拉蒂由于急于组建一个抵抗黑衫军的政府，生平第一次前往奎里纳尔宫，与国王探讨政治局势，表示支持建立反法西斯党的联盟。但自由主义者无法就行动方案达成一致，奥兰多希望建立全国团结的政府，但焦利蒂不愿与天主教人民党分享权力，声称对抗法西斯主义者的政策只会将国家推向全面内战。而随着社会主义工会开展总罢工，形势急转直下。尽管此次罢工参与率不高——在菲亚特的 1 万名员工中，只有不到 1 000 人选择参与罢工，但法西斯党牢牢抓住把柄，声称虚弱的国家仍面临布尔什维克的威胁，而自己则是国家的捍卫者，愿意维持公共服务运转，同时它发动了新一轮暴力袭击。在 8 月的头几天里，热那亚、米兰、里窝那、安科纳、巴里等地的几千名法西斯武装分子在市内横冲直撞，摧毁社会党集会场所，占领市政厅，胁迫左翼议员辞职，导致数人死伤。只有帕尔马组织起有效的反抗，在那里，由费拉拉队长伊塔洛·巴尔博领导的黑衫军被由当地社会党议员领导的部队与平民武装遏制。[57]

此时，墨索里尼政党的掌权不过是时间问题。总罢工的组织者本希望以行动在全国范围内为"维护政治与工会自由"及"民主的胜利"提供强大的支持，但多年以来，自由与民主已成了政府无能、颠覆行动，以及政治经济混乱的同义词，并不能激发意大利人的行动热情。民众缺乏反对法西斯的意愿。8月10日，众议院以247票赞成，122票反对通过了路易吉·法克塔领导的妥协性联合政府，其中法西斯党人、社会党人和共产党人向这位平庸的皮埃蒙特律师组建的领导集体投了反对票。一位法西斯党议员解释道："要么国家吸纳法西斯的新鲜血液，要么法西斯取代国家……议会强加给我们的任何解决方案，都是赤裸裸的暴行，牺牲了全国人民的意愿。"[58]议会在这样的威胁声中迎来了夏季休会。

进军罗马

法克塔考虑利用1922年11月4日的意大利胜利纪念日发起一项全国和解计划。据传言，墨索里尼的竞争对手邓南遮可能会走出加尔达湖的隐居地，呼吁所有意大利爱国志士放下分歧，团结在同一面国旗之下。这对墨索里尼造成了严重威胁，但在8月13日晚，邓南遮从别墅窗口坠落，身受重伤，这个威胁得以消除：他似乎吸食了太多的可卡因，在与情妇的妹妹调情时不慎坠落。[59]墨索里尼必须把握机会迅速反应，初秋时分，"进军罗马"计划已进入筹备阶段。10月中旬，行动已是板上钉钉。他们设想攻占各主要城市的邮局等公共建筑（切断各地与中央的通信），黑衫军将在意大利中部的集结点集合，向政府发出最后通牒，而后占领首都和各政府部门。[60]

如何处置国王是一个关键问题。墨索里尼始终坚持法西斯的"共和主义倾向"，但由于国王可能下令军队向叛乱者开火，他很快修正立场，在9月下旬的一次重要讲话中宣称，王室无须恐惧法西斯党，请维克托·伊曼纽尔不要反对"法西斯革命"。在此次演讲中，他强调了自己的意图是根据罗马独特的传统和复兴运动未竟的光辉希望，使意大利实现精神上的重生：

> 但如果马志尼和加里波第曾经三次试图抵达罗马，如果加里波第将他的红衫军置于"罗马或死亡"的悲壮选择之中，这就意味着，在意大利复兴运动的战士眼中，罗马对于意大利民族国家的新历史至关重要。因此，让我们摒弃怨愤，以澄澈的思绪关切罗马，这座世间罕有的精神之城……我们的目的是让罗马成为我们的精神之城，洗净一切曾使它深陷泥淖的腐朽之物。我们要将罗马打造为梦想中意大利帝国跳动的心脏与振奋的精魂。[61]

10月27日，法西斯小队开始在全国主要城镇集结，占领电话局、电报局、市政厅和地方长官的官邸，大多数情况下并未发生交火。寒冷的秋雨中，许多法西斯主义者不确定政府将如何应对危机，因而不愿出击，动员工作频频受阻。最终，仅有约1.6万名黑衫军（大多来自托斯卡纳）抵达罗马附近的集结点，将从此处向首都进发。他们大多手无寸铁，也无给养，当局只需要出动小规模的部队便可将其驱散。首相在10月28日凌晨与高级将领和大臣们召开紧急会议，随后又与全体内阁成员密切商议，大家一致同意从中午开始在全国实施军事管制。7 时 50 分，全国各省收到电报。但当法克塔在 9 点觐见国王时，维克托·伊曼纽尔拒绝签署法令。直至今日，这仍旧是个谜：就在前一天晚上，他还表现出绝不屈服的决心。[62] 或许他对部队的忠诚度产生了怀疑；或许他担心奥斯塔公爵与法西斯分子达成了协议，计划将他废黜；又或许他只是希望避免流血。不论原因为何，他的决定使"进军罗马"成为现实，这是一次政治勒索，而远非真正的革命或军事行动，与其说是一场政变，不如说是一场法西斯掌权的戏剧性转折。[63]

法克塔于 11 时 30 分辞职。半小时后，各省省长接到解除全国戒严的电报命令，法西斯主义者欢欣鼓舞地涌上街头。国王最初要求由萨兰德拉组建新政府，墨索里尼迫于民族主义者的重压，只得接受这一方案。但他知道，自己如今已取得话语权。"意大利北部大部分地区已在法西斯党控制之下，"他在 10 月 29 日的《意大利人民报》写道，"意大利中部完全被黑衫军占领……胜利成果不容破坏……必须建立明确的法西斯政府。"[64] 萨兰德拉拒绝出任首相，维克托·伊曼纽尔只得转向墨索里尼。10 月 30 日清晨，墨索里尼乘坐夜间列车从米兰来到罗马。他身穿黑色衬衫，驱车前往奎里纳尔宫。"陛下，我为您奉上维托里奥威尼托的意大利。"（据称）他向国王如是说。[65] 维克托·伊曼纽尔邀请他组建政府，同时要求解散黑衫军。但墨索里尼认为这无法实现，最后双方同意黑衫军进入首都举行胜利游行后返回家乡。翌日，约 5 万名法西斯主义者向"永恒之城"前进，更准确地说是"闲逛"，高唱《青年岁月》等歌曲。他们挥舞着刀枪棍棒，许多是从军营里搜刮而来的。60 多名游行者闯入前首相尼蒂的宅邸，将其洗劫一空。当地居民将他们称为"黑衣魔鬼"，心怀恐惧。[66]

独裁的确立，1922—1925

人类或许已厌倦了自由。纵情狂欢后，自由已不再是上世纪前半叶几代人为之奋斗与牺牲的纯洁处女。如今，勇敢强健的年轻人面向新时代的曙光，往往受到"秩序""等级""纪律"等词的感召。

贝尼托·墨索里尼，载于《等级》，1923 年 3 月

法西斯以暴力摧毁了意大利的民主，但其实它早已因我们 20 年来的猛烈抨击被从思想上摧毁了。

朱塞佩·普雷佐利尼，
载于《自由革命》，1，36，1922 年

阁下，此刻我愿向您展露默默守护已久的信念。

若阁下认为我有资格加入国家法西斯党，我将以成为您最谦卑顺从的追随者而深感荣耀。

路易吉·皮兰德娄，致墨索里尼的电报，
1924 年 9 月 17 日

新任首相

　　年仅 39 岁的墨索里尼成为意大利有史以来最年轻的首相。这位天马行空、性格冲动而且情绪化的首相有着根深蒂固的愤世嫉俗倾向，坚信一切人类事务进程都终将由强力决定。他高度紧张的神经常常促成残忍之举（他会成为马基雅弗利的忠实崇拜者显然不是没有理由的），却也拥有非凡的政治智慧。他身怀绝技，总能越过重重阻碍，时而通过甜言蜜语时而通过威逼胁迫编织出一张模糊不清的大网，令对手难以捉摸他的真实意图与筹谋。很多时候，他自己也对前路不甚明了，全凭机会与直觉做出决定。而正因为他年轻且出身寒微，没有自由派精英圆滑世故的做派，所以他的对手往往轻视他——他在就餐时展现的平民习惯与粗俗言语都让外交部十分头痛。政敌们往往将墨索里尼的轻浮与安全感缺失视为软弱，自以为能够操纵与利用他，在他被绊倒和不再能为己所用时，将他随意踢至一边。

　　依照宪法程序，墨索里尼被正式任命为首相，直至 1943 年 7 月下台。在这段漫长的任期中，《宪章》从未失效，维克托·伊曼纽尔三世始终是国家元首与军队总司令，负责签署一切法律指令。由于萨伏依档案馆拒不对外开放，我们仍对国王在两次世界大战之间这段时间所扮演的关键角色知之甚少，这令人深感遗憾，尤其是君主制传统上将外交政策与战争行动视为其特权领域。[1] 但是，墨索里尼自执政之初就把对秩序与礼仪的尊重与颠覆的威胁结合起来，他在首次议会演讲中宣称，自己的目标是将"黑衫军革命"打造为"国家历史中促进发展、进步和稳定的力量"，虽然他本可以将"这个灰暗的议院变为士兵的营地"，但他决定努力实现"精神的统一"。[2]

　　大多数旁观者以为，墨索里尼上台标志着正常状态的归来，而非新时代的开启，意大利将结束此前几年的动乱而恢复秩序。内阁成员包括 4 名自由主义者、2 名天主教人民党党员、民族主义者路易吉·费尔代佐尼、著名哲学家乔瓦尼·秦梯利和 2 位杰出军事人物——迪亚兹元帅和陶内·迪·莱费尔（Thaon di Revel）海军上将。这样的安排似乎能够保证稳定的秩序。墨索里尼为己方保留了外交大臣与内政大臣两大要职，并委任了一系列法西斯党员为副大臣，内阁的总体平衡似乎确保了所谓国民政府（National Government）的保守性质。正统金融专家阿尔贝托·德·斯特凡尼（Alberto De' Stefani）出任财政大臣使商业界（其中大部分都对墨索里尼掌权的前景紧张万分）得到安抚；与此同时，国内名声卓著的知识分子贝内代托·克罗齐在"进军罗马"前夕参加了那不勒斯的黑衫军集会，"狂热地"向墨索里尼欢呼鼓掌，对这位新首相赞不绝口。[3]

　　墨索里尼之所以能在执政之初的两年里（此后很大程度上依然）得到旧统治阶级的支持，关键在于他的行为和言论都趋于保守。在身穿黑衬衫与国王首次会面之后，墨索里尼习惯在与国王在一起的场合身穿晨礼服，戴高顶礼帽，而在其他多数公开场合则套上护踝鞋罩，打蝴蝶领结并戴圆顶礼帽（但他发现只有笑星劳雷尔和哈迪会在他爱看的好莱坞喜剧中戴这种礼帽后，便不再如此打扮）。[4]他常常在演讲中提及"纪律"、"秩序"与"努力"的重要性，并且总是回到意大利传统的爱国主题：意大利需要"重生"，摆脱过去的恶习，变得强大而受人敬畏，而不仅仅是一个"博物馆和图书馆"；[5]意大利需要寻求"精神统一"，弥合派系、政党与地方主义造成的分裂（"法西斯主义将摒弃狭隘的地方局限性，意大利人的视野中将只留下祖国的庄严形象"）；[6] 同时，必须遵循德·阿泽利奥的著名训谕"创造意大利人"（"意大利人是在艰难的战争、严酷的战后冲突与法西斯革命中锻造而成的"）。[7] 他亦对天主教会发表恭敬的评论，称宗教是"人民的神圣遗产"，[8] 并多次通过高调的举动突出他的态度，如增加教士津贴，在学校、法庭与罗马斗兽场重新安置十字架。

但在这些保守言论与姿态之外，墨索里尼发表了更多颠覆性评论，主要是在党内集会上向欢呼的黑衫军发表的。然而这些言论与半个多世纪以来批判意大利国家的主流言论没有什么不同，保守派故而没有受到强烈震动，许多自由主义者甚至深表赞同。议会是墨索里尼一再贬损的目标，他声称这个衰颓腐朽的机构近年来的所作所为已引起了全国普遍反感，让人们回想起"拜占庭"。[9] 1923 年10 月，他在党内讲话中解释了去年"进军罗马"的必要性：

> 20 年，或 30 年来，意大利政治阶级一步步走向腐朽与堕落。议会制度，以及这个词语带来的全部愚蠢衰败的联想，已成为我们生活的象征与我们耻辱的记号。政府形同虚设，官员只不过是所谓内阁多数派支配下的走狗……人们读到所谓的议会程序，看到所谓国家代表之间那些庸俗不堪的扯皮时，只会感到厌恶，差点呕吐。[10]

此外，自由也是墨索里尼攻击的对象，在这个问题上，他坚称自由绝不等同于放纵，国家应采取充分的措施保护自身不被颠覆。这些言论在 1919 年至 1922 年被社会主义者（黑衫军显然不在此列）

吓到的人群中引发了强烈共鸣。正如墨索里尼在 1923 年 10 月所言：
"如果自由的含义是有权唾弃宗教与祖国，那么我——作为政府首
脑与法西斯领袖（Duce）——宣布这种自由将永远不被允许！"[11]
有鉴于此，他驳斥了自由是一种权利的认知，而赞同马志尼所持的
自由即义务的理念，认为它是达到目的手段，而非目的本身，因此
要依势而变。他向那些声称自由主义是意大利统一根基的人指出，
复兴运动中的重要爱国志士大多不是自由主义者：

> 请慎重，我们不应夸大其词。首先，我不认为复兴运动时
> 期有所谓现代意义上的自由派。当时的确有自由主义的潮流与
> 团体，但除了以卡米洛·加富尔为代表的自由主义者以外，马
> 志尼、加里波第、班迪耶拉兄弟和卡洛·皮萨卡内等人并不信
> 奉自由主义，却与同伴们为了自由和复兴的梦想而殒身战场。[12]

在 1923 年与 1924 年，人们无从知晓墨索里尼将在颠覆的道路
上走多远。很明显，他希望将"进军罗马"当作某种革命的开端。
在向党员讲话时，他常常将法西斯与布尔什维克进行比较（自然对
后者极尽贬损："莫斯科仿佛奋力一跃，结果摔断了脖子。罗马给
人的印象则是精兵劲旅的行进"）。[13] 但是，鉴于他常常表示法西
斯开启了一场"道德"或"精神"革命，自由主义者有理由认为
这正是他的目标（他坚称攻击议会仅是为了敦促这个腐朽的机构更
有效地工作）。[14] 除此之外，他还提出，作为"正常化"进程的一
部分，需要对黑衫军严加管控——这对他上任头两年的意大利政治
局势至关重要。实现这一目标的最佳方式是以不妥协的言论缓和黑
衫军的激进目标，同时尽力将其纳入国家体制的框架内。

种种迹象表明，墨索里尼自上任之初便试图压制不服管教的法西斯团体——尽管他小心翼翼地以模糊的政治举措掩饰行动。1923年1月，法西斯民兵团（Fascist Militia）成立，这是一个以法西斯党为基础的准军事组织，将战斗小队纳入其中，宣称其目标是为军队和警察提供支持，"保卫法西斯革命"。该组织很可能是违宪的，尤其因为其总指挥官是墨索里尼而非国王，但它是中央集权的组织，因此可以被用作惩戒官兵、削弱省级法西斯队长的工具。与之类似的是当时创立的另一个机构——法西斯大委员会（Grand Council of Fascism）。这是一个高调的咨询机构，几乎使法西斯党领导层拥有了近乎内阁的地位，但墨索里尼依旧可以辩称这是他加强对党控制的一种方式，尽管此举仅是对黑衫军丧失自治权的补偿。[15]此外，在"进军罗马"后的数月里，法西斯党的性质发生了翻天覆地的变化，到1923年底，党员人数翻了一番，达到78.3万人。许多"体面"中产阶级人士的涌入将老党员淹没了。

墨索里尼遏制法西斯革命倾向的决心还表现在1923年2月对民族主义协会的吸纳。这是一个规模不大却极具影响力的政党，亲君主主义、专制主义与天主教会，受到军队高层、外交人士、大企业与学术界的强力支持。民族主义阵营在许多方面与法西斯相似，甚至也拥有自己的准军事力量——"时刻准备着（Sempre Pronti）"的蓝衫军。他们与黑衫军之间时有龃龉，许多激进法西斯分子强烈反对合并，担心法西斯党会因此迅速转向保守主义。但墨索里尼则认为合并极具吸引力，不但能够凸显其党派日益攀升的影响力，而且能为他补充（急需的）得力的行政人员及上层社会人脉关系。尽管人数不多，民族主义者却将为政权的发展带来深远影响，路易吉·费尔代佐尼、阿尔弗雷多·罗科（Alfredo Rocco）等人将在新国家体制的构建方面发挥核心作用。[16]

　　然而，墨索里尼上任之初的几个月里更多表现出一种受挫的民族主义气质。他一再呼吁让意大利在世界舞台上站稳脚跟，这尤其使他受到保守派的欢迎。他严厉抨击国际联盟（"英法一台戏"，"老牌国家对付无产阶级国家的周密计划"），[17]并宣称生殖力强大的"意大利种族"必须为高速增长的 4 000 多万人口寻觅出路。[18]他对弗朗切斯科·克里斯皮赞赏有加，在外交部为其纪念匾揭幕，宣称克里斯皮应与马志尼、加里波第、维克托·伊曼纽尔二世和加富尔并列为开国元勋（1927 年，意大利专为这位西西里政治家设立了全国纪念日）。[19]而在少数几次出国行程中，墨索里尼都坚决维护意大利作为强国的权利。1922 年 11 月，在探讨对土耳其和约的洛桑会议上，他要求英法代表公开宣告平等对待意大利。几周后在讨论德国战争赔款的伦敦会议上，他试图将法国代表逐出克拉里奇酒店，因为他们享有比意大利代表更奢华的套房。[20]

　　墨索里尼强硬外交手段的最夸张案例发生在 1923 年夏季。8 月 27 日，四名在希腊北部工作的国际边界委员会的意大利成员遭神秘谋杀。一段时间以来，罗马与雅典因佐泽卡尼索斯群岛所有权争端而关系紧张——意大利曾在 1912 年利比亚战争时期夺得该群岛。几乎可以肯定凶手（没能抓获）来自阿尔巴尼亚，但墨索里尼立即向希腊政府发出最后通牒，要求其正式道歉并给予巨额赔偿，还要求在雅典的罗马天主教大教堂中为受害者举行隆重葬礼，希腊内阁必须全员出席。希腊政府拒绝了这一要求，墨索里尼立即下令占领科孚岛。不幸的是，海军中队比预期迟到了数小时，没能给和平投降过程预留充足时间，而意大利指挥官明知该岛要塞内挤满亚美尼亚难民（包括数百名儿童），仍坚持持续轰炸，导致 16 人死亡，几十人受伤。[21]

科孚岛事件是对国际联盟权威及集体安全核心原则的公然挑战，引发了全世界的谴责。英国新闻界对此展开尤为猛烈的抨击，墨索里尼大发雷霆，伦敦与罗马的关系顿时剑拔弩张。墨索里尼本希望吞并科孚岛，但经过一个月的激烈外交谈判后，他被迫撤出意大利军队，希腊政府同意赔偿5 000万里拉，而印有"科孚岛"的邮票只得迅速停止流通。[22]尽管结局令人失望，墨索里尼依然决意将科孚岛事件宣传为重大成功，声称它极大提升了国家威望。在10月的黑衫军集会上，他形容这是1860年以来"最重要、最有趣的经历"，因为意大利"第一次展现出绝对的自主风范，并有勇气否定日内瓦最高法院的权力"。[23]

部分外交部高官对墨索里尼的手段深感震惊，尤其是秘书长萨尔瓦托雷·孔塔里尼（Salvatore Contarini）：危机发生时他正在休假，拒绝返回罗马掺和这场他口中的"政客作秀"。[24]但总体来说，意大利公众对突击行动展现出巨大热情，认为它在"残缺的胜利"与凡尔赛宫的冷遇后重新带来了些许民族自豪感。《意大利晚邮报》著名的自由派编辑路易吉·阿尔贝蒂尼（Luigi Albertini）在危机时刻全心全意支持政府，痛批英方的回应，并声称面对希腊人的"野蛮侵犯"，意大利已经足够温和与克制。[25]大多意大利报纸表现出相似姿态。意大利驻国际联盟代表安东尼奥·萨兰德拉承诺全力支持墨索里尼，毫不动摇地在日内瓦维护意大利的立场，坚称"意大利政府绝不让步"。[26]萨兰德拉在回忆录中写道，科孚岛事件"以武力提升了意大利的威望——这种情况下总是如此——尽管这种行为违反了……国际法的新规则"。[27]

墨索里尼认为，军事失败与外交受挫引发的痛苦，以及长期被外国人指摘纪律缺失、衰弱无力、民心涣散，从而导致意大利只能甘居"强国中最弱小者"所带来的伤害，这些都可以加以利用，为政府赢得广泛支持。衰落与新生是 19 世纪民族运动的核心意象，使得许多意大利爱国者将国家威望与"光荣和力量"紧密联系起来（如墨索里尼所言）。[28] 事实上，进攻科孚岛的主要策划者与其说是墨索里尼，不如说是皮埃蒙特保守贵族、翁贝托国王曾经的侍从武官陶内·迪·莱费尔上将，此人相信攻打希腊对于重铸破损的国家威望不可或缺。[29] 而祖国强盛的目标具有至高的道德地位，就连最坚定的自由主义者也愿为此做出精神牺牲。1924 年春，前首相维托里奥·埃马努埃莱·奥兰多必须在大选到来之际决定是否支持墨索里尼，他在热爱自由与忠于祖国之间左右为难，饱受煎熬：

> 我一生致力于两个理想：祖国和自由……一旦支持［法西斯］，我明白我将为祖国的激情与理想献身……同时我又不愿牺牲另一个理想——自由。我于是陷入了可怕的两难境地……但我知道必须做出取舍，牺牲祖国是不可能的，于是我舍弃了自由。[30]

马泰奥蒂危机

1924 年选举遵循的投票程序与此前不同。除了比例代表制的主要受益者社会党与天主教人民党，人们普遍将该制度视为一场灾难。1923 年春，法西斯大委员会提出"修正"比例代表制，得票最多的政党只要获得超过四分之一的选票便可自动占有三分之二的席位。这相当于彻底同过去决裂，并动摇了代议制政府的原则。但多年来，议会中多数派力量孱弱，且存在令人生畏的社会主义者，这让许多议员愿意接受这项改革。提案的主要反对者来自人民党，但其党员在是否支持法西斯主义的问题上产生了严重分歧：包括秘书长唐·路易吉·斯图尔佐（Don Luigi Sturzo）在内的诸多党员对墨索里尼日益反感，这引发了教会高层人士的不满，教皇庇护十一世亦是不满人士之一。7月初，斯图尔佐在梵蒂冈的施压下辞职，人民党开始解体。几天后，《阿塞博法案》（Acerbo Law）以 223 票赞同，123 票反对获得通过。焦利蒂、萨兰德拉、奥兰多都投出了赞成票。[31]

选举于 1924 年 4 月 6 日拉开帷幕，竞争分外激烈。墨索里尼曾希望尽可能压制暴力，但这不过是一厢情愿。法西斯分子大肆野蛮袭击，对反对派总部与其他建筑物发起一系列攻击，同时频繁破坏集会。除此之外，恐吓与欺诈亦司空见惯。政府支持的候选人（被称为 listone）包括曾经的民族主义者、自由主义右派、人民党党员和法西斯党人。反对派四分五裂，包括两个社会主义政党，以及共产党、共和党、社会民主党和各派自由主义者（其中包括焦利蒂），它们难以合作，也没能组成联合阵营，这使得法西斯党更有理由标榜自己为唯一有能力组建政府的"全国"力量。[32]此次选举的投票率高达 64%，政府支持的候选人共获得三分之二选票（使《阿塞博法案》显得多余），赢得了议会 535 个席位中的 374 个。政府及其盟友尤其得到了意大利南部地区的支持，自"进军罗马"以来，那里的老牌自由主义势力争相涌入法西斯浪潮。[33]

5 月 30 日议会重开之际，取代图拉蒂成为社会党改革派领袖的贾科莫·马泰奥蒂（Giacomo Matteotti）严厉控诉选举。马泰奥蒂是一位年轻无畏的律师，受过良好教育。他绘声绘色地讲述了法西斯政府的系统性暴力与腐败，称其阻碍了"人民主权的表达"。"或许他们在墨西哥习惯了不靠选票选举，而是依仗面对左轮手枪的勇气。如果说错了，我向墨西哥说声抱歉！"在整个演讲过程中，他不断受到政府支持的议员的刁难与辱骂。著名社会主义者、《前进！》编辑彼得罗·南尼（Pietro Nenni，他曾在 1911 年与墨索里尼被关在同一间牢房）对当时场景的描写如下：

马泰奥蒂：我们有一个来自选举委员会的提案，要求确认许多选区的选举结果。我们反对此提案……（有人出声：这是挑衅！）

马泰奥蒂：……因为如果政府多数派获得了 400 万张选票，我们都知道这个结果来自肆无忌惮的暴力。（法西斯分子在座席上挑衅地挥舞拳头。在会议厅的中央，最残暴的议员试图向马泰奥蒂猛扑过去。墨索里尼冷眼旁观，皱着眉头，沉默着，没有表态。）

马泰奥蒂：法西斯党领袖已明确宣布，其政府将不会与选举结果共进退。就算是少数派，它也会继续执政……

［阿希尔·］斯塔拉切（Achille Starace）：说的没错：我们拥有权力，我们将保有权力。（整个议会陷入了骚动。有人高呼：我们会打你一顿，背后一枪崩了你，好教教你什么叫尊重！另有人喊：你们这群懦夫！马泰奥蒂始终冷静自持，无视这些干扰，等待骚动自行平息。）

马泰奥蒂：为了支持这些政府提案，专门成立了武装民兵组织……（右方有人说：民兵万岁！）……它不为国家，而是为一个政党服务……（右方传来喊声：够了！够了！把他从这里赶出去！）……

马泰奥蒂：你们欲将国家拉回专制主义的老路。而我们尊敬意大利人民，我们要捍卫他们的自由主权，捍卫他们的尊严，因此我们要求选举一事公开透明。

（左侧有人起身称赞马泰奥蒂。右侧则是一片叫骂声：恶棍！叛徒！挑拨者！）

马泰奥蒂（微笑着对友人们说）：现在你们可以准备我的葬礼悼词了……

"领袖"不再掩饰他的愤怒……就在昨天，他打断一名演讲者，说："从身后打上 12 发子弹，就是解决这些心术不正的敌人的最好办法。"[34]

此次演讲使墨索里尼十分难堪，可能对他造成极大的伤害，尤其因为马泰奥蒂在国际社会主义圈子内声名卓著，人脉丰富。但更让政府警觉的是，有传言声称马泰奥蒂已整理好大量记录法西斯党内腐败的档案，即将公之于世。其中一个丑闻涉及以低廉价格向法西斯党的效忠者抛售大量战争剩余物资，后者再高价转售，赚取巨额利润。托斯卡纳法西斯队长阿梅里戈·杜米尼（Amerigo Dumini）是此项交易的受益者之一，这位极端暴力分子在 1920 年初被指控纵火及谋杀，他为逃脱追捕躲到米兰，进入墨索里尼最强大的心腹之一切萨雷·罗西（Cesare Rossi）门下。杜米尼凭借政界人脉从军队获得了数千支步枪和其他武器，将其转卖给了里雅斯特的一家银行，该银行又将其出口至南斯拉夫，杜米尼净赚 150 万里拉。虽然无法确定他就是交易主导人，但很明显，法西斯领导成员能够滥用政治地位，把国家资源转移到了私人口袋或党的库房。[35]

更严重的是，有指控称法西斯高层接受了美国辛克莱石油公司（Sinclair Oil）的高额贿赂，许诺给它在意大利独家经销石油的权利。这家美国公司的大手笔的确有回报：1923年夏天，国有石油分销公司方案的主要倡导者之一、米兰商业大亨兼农业大臣朱塞佩·德·卡皮塔尼（Giuseppe De' Capitani）被从内阁除名。[36] 据传，墨索里尼的弟弟还有墨索里尼的亲信阿诺德（Arnaldo）与法西斯党的秘密金融交易纠缠极深，阿诺德在"进军罗马"后接管了《意大利人民报》的编辑工作。另一位丑闻缠身的法西斯党成员是内政部副大臣阿尔多·芬齐（Aldo Finzi），他也与墨索里尼过从甚密（曾在几次决斗中做其助手），和马泰奥蒂一样来自意大利东北部波河平原的富裕家庭。[37] 墨索里尼对人性的轻蔑态度导致其对党内同僚的财务（及其他）违法举动放任不管，法西斯政权高度腐败。但墨索里尼并不希望丑闻被公开，因此，他不能放任马泰奥蒂再次揭露法西斯政权的罪行。

法西斯党财务大臣乔瓦尼·马里内利（Giovanni Marinelli）此前操控组建了一支名为"契卡"（Ceka，借用了全俄肃反委员会的名字）的半官方恐怖团队，对反政府人士施加恐吓。6月10日下午，当马泰奥蒂沿着台伯河走向议会时，阿梅里戈·杜米尼率领5名契卡成员将他拖入一辆汽车内，经过激烈的搏斗将其刺死。杀人凶手们开车在罗马附近转了几个小时，显然在思考解决方案，最后在城外24千米处的浅坑里抛尸。虽然尸体直到两个多月后才被发现，但所有人都很快意识到马泰奥蒂已遭遇不测。一位旁观者记下了车辆的牌号，很快查到了车主：那是法西斯《意大利信使报》（*Il Corriere Italiano*）的一位编辑，该报纸曾是阿尔多·芬齐的喉舌，目前由墨索里尼的新闻秘书切萨雷·罗西控制。谋杀发生的前一天晚上，这辆车停在内政部的院子里。6月10日深夜，杜米尼来到墨索里尼办公室，镇定自若地向首相展示了一小块沾满血迹的车内衬垫。[38]

此次袭击的下令者可能是马里内利，也可能是罗西，二人都与墨索里尼联系密切，不会在其不知情的情况下贸然行动。但我们不清楚的是，当初的目的究竟是杀死马泰奥蒂，还是要来一次当时很常见的残酷棒击，这类暴行或许只会被说成是目无法纪的黑衫军令人遗憾的"自发"做法。但墨索里尼很快意识到政府已处于危险之中。他告知手下为此次事件制造"尽可能多的疑云谜团"，并补充说，"如果我侥幸逃过一劫，我们都能幸存，否则我们必然同归于尽"。[39]汽车被曝光后，追捕凶手的任务随之开始，墨索里尼将最初调查权从地方治安官手中抽走，（非法）交给身为法西斯党员的警察局长，后者立即在两名民兵团高级干部的陪同下会见了杜米尼。[40]最终，杜米尼因此罪行被判两年监禁，但在此后长期获得墨索里尼的巨额抚恤金——到1939年累计超过200万里拉。他显然已将墨索里尼视为主人，他所做的一切，正如他在一封请求信中所言，"在危险的岁月里……是为了信念"。[41]

墨索里尼激烈否认对谋杀负有任何责任，而国家似乎也愿意暂时认定他无罪。全国各地没有出现抗议或罢工，即使近年来有着激进好战工会的大城市也是如此（表明了工人阶级运动的不堪一击）。梵蒂冈的《罗马观察报》(Osservatore Romano)宣扬宽恕："你们中间谁是没有罪的，谁就可以先拿石头打她。"*[42]而国王没有表态。政府的主要威胁来自新闻界——尤其是如今已成为反对派灯塔的

---

* 语出《圣经·约翰福音》。——编者注

《意大利晚邮报》——以及内阁。几位大臣以辞职相威胁，要求政府吸纳更多党派，以加快"国家和解"进程。[43] 墨索里尼妥协了，他将内政部交给众望所归的民族主义者路易吉·费尔代佐尼，将司法部交给另一位民族主义者阿尔弗雷多·罗科。反对派决定抵制议会，以此表达对谋杀案的抗议，此举随后演变为"阿文提诺退席"（Aventine secession），但结果只是保证了政府在信任投票中不被击败。主流保守派舆论仍支持政府（剧作家路易吉·皮兰德娄已明确加入法西斯党）。6月26日，参议院以225票对21票站在墨索里尼一边。贝内代托·克罗齐与多数派为伍，他解释道，法西斯"已做了善事"，应给它时间"完成转变"。[44]

但首相为名望而做出的妥协激起了法西斯分子的恐惧，他们担心"革命"暴露于危险之中。1924年夏天，墨索里尼为抚慰他们的情绪，不惜一切代价动员民兵团，召集群众集会，并公开支持党内由极端分子罗伯托·法里纳奇（Roberto Farinacci，克雷莫纳前法西斯队长）等人领导的"强硬"农村派。他号召民兵团成员保持警惕：是的，要放下手中的曼加内洛，但绝不是"穿上拖鞋并戴上便帽"，因为当他们携着"橄榄枝甚至一片橄榄树林"前行时，敌人可能正准备给他们迎头痛击。[45] 这样的言论自然无法消除保守派的疑虑，特别是在限制新闻自由的新法令通过后，就更是引起了人们的联想。夏末，墨索里尼精力充沛地巡访全国，宣称与工人阶级团结一致（"我的手上也满是老茧"）[46] 并承诺努力解决国家的经济社会问题。但到11月份议会重开时，他在中央的支持率显著下滑。

11月15日，焦利蒂成为第一个向政府表示公开反对的自由派核心人物。但最令墨索里尼担忧的是摇摆不定的萨兰德拉：他若背叛政府，国王可能被迫采取行动。主要的反对势力扔抵制议会，这就排除了墨索里尼在议会投票中落败的可能，但他仍认为必须采取进一步措施恢复常态，他命令法西斯党停止一切暴力活动，肃清队伍中不守规矩、不讲信誉的行为。与黑衫军的沟通并不顺利，对领袖的逆反情绪日益滋生。而随着陆军高级将领（与国王关系密切）向墨索里尼施加重压，要求限制民兵团的自主权，局势更加紧张。12月27日，反对派放出最有力的一招，公布了一份由切萨雷·罗西交给警方的报告，报告明确指出墨索里尼对契卡的成立与攻击命令负有责任（尽管并不确定马泰奥蒂是否位列攻击名单之上）。

墨索里尼已无回旋余地。12月29日，萨兰德拉加入了反对派。次日，墨索里尼惊险地避免了内阁辞职的局面，但在12月31日，一个民兵团指挥官代表团告诉他，除非他立即出手打击反对派，捍卫法西斯革命，否则法西斯党将夺取主动权。而在托斯卡纳和罗马涅，已有数万名武装黑衫军成员涌入城市，对反法西斯人士的活动场所发动袭击，甚至试图闯入监狱释放被关押的黑衫军成员。墨索里尼即将被撤职、全国即将实施戒严的传言甚嚣尘上。但国王没有表态，这或许是因为他恐惧内战，或许是因为他认为立宪君主必须等待议会先行动。但无论原因为何，墨索里尼在1月3日议会重新开会时得到了拯救自己政治生涯的最后机会。正如墨索里尼自己承认的那样，他当天下午的发言并非传统的议会演讲，而是直接向反对者提出挑战，要求他们援引《宪章》第47条对他进行弹劾：

有人说，我成立了契卡。在哪里？何时？如何成立？根本是捕风捉影！

俄国确实有契卡这样一个组织……但意大利从来没有……

有人说，法西斯是野蛮人的部落，是一场强盗和掠夺者引领的运动！他们试图将它转变为一个道德问题，我们知道意大利在道德问题上的历史极为悲惨。（听众表示赞同。）

我们绝不该在此浪费时间，先生们。我要说的是：此时此刻在大会面前，在整个意大利民族面前，我宣布自己，且只有我自己，对所发生的一切承担全部政治、道德和历史责任。（热烈的掌声经久不息。许多人高喊："我们与你同在！我们都与你同在！"）

如果这些乌烟瘴气的评论便可以致人于死地，那就拿出绞刑架和绳子吧！如果法西斯只是蓖麻油和曼加内洛这样简单，而与意大利最优秀青年们的宏大激情毫无关系，那么一切都是我的错！（欢呼声。）如果法西斯已等同于一个犯罪团伙，那么我就是这个犯罪团伙的头目！（掌声如雷。许多人喊道："我们都与你同在！"）……

先生们！你们自欺欺人！你们以为法西斯在我的约束下终将败落……但如果我把用在约束法西斯上的百分之一的能量用于释放它，你们就等着瞧吧。（雷鸣般的掌声。）

但是没有这个必要。政府足够强大，可以彻底解决阿文提诺退席问题。（响亮而持久的掌声。）

意大利想要的是和平、安宁与平静的勤劳，先生们。如果可能的话，我们会用爱给予她这种安宁与平静的勤劳。但在必要时刻，我们需要动用武力。（热烈的掌声。）

我可以保证，演讲后48小时之内，各条战线上的形势都将一目了然。（响亮而持久的掌声。议论纷纷。）

大家都知道，我不是个反复无常的人，驱动我的不是对权力的野心，更不是无知的激情，而是对祖国那毫无保留的强烈爱意。（热烈而高度持久的掌声。"墨索里尼万岁！"的呼喊回荡不息……）[47]

无人接过墨索里尼抛下的战利品，随着 1 月 3 日夜幕降临，自由主义意大利羞耻地悄然结束。内政大臣指示各省省长严格遵守法律秩序，监视颠覆分子，并关闭任何倾向于"破坏国家权力"的组织——这自然是指极左派，而不是法西斯主义。[48] 反对派观望数月，希望国内能有一些反响，并就是否返回议会展开争论。但他们微弱的声音不过是荒野中的哭泣，被消声只不过是时间问题。1925年 11 月，在墨索里尼遭暗杀未遂后，社会党改革派成为第一个被禁止活动的政党。1926 年 1 月，人民党代表试图返回蒙特奇托里奥宫，却被法西斯党的卫兵赶走。10 月，墨索里尼又一次遭遇生命威胁，于是其余党派皆被取缔。至此，意大利已成为一党制国家，事实上也是一个致力于实现民族复兴的独裁国家。复兴之梦是多年爱国精神的核心，而自由主义未能带领意大利实现梦想。

法西斯的道德国家

国家应对其人民进行公民道德教育，使其认识到自己的使命，鼓励他们团结起来……若国家意识衰退，个体和团体的分裂倾向和离心力占了上风，民族社会终将走向灭亡。

贝尼托·墨索里尼，1929 年 3 月 10 日

法西斯是一场精神运动……几个世纪以来，意大利高尚的文化生活爆发出的巨大能量与我们极度匮乏的公民教育之间存在显著的不平衡。这个问题……几个世纪以来始终折磨着意大利最伟大的思想家，加富尔临终前仍被这一问题困扰。意大利统一后，马西莫·德·阿泽利奥用这样一句名言概括了这一问题："意大利已被创造出来，如今我们必须创造意大利人。"法西斯主义是我们历史上创造意大利人的最伟大实验。

贝尼托·墨索里尼，

《芝加哥每日新闻》采访，1924 年 5 月 24 日

墨索里尼在 1925 年相对容易地建立起独裁政权，这在很大程度上是自复兴运动以来围绕"祖国"思想所产生的一系列复杂希望和忧虑的结果。独裁政权因而获得了一种超凡力量，自由主义遮羞布终究无法将其掩盖。在 19 世纪众多作家的梦想中，意大利民族将从古罗马的辉煌与但丁、彼特拉克和马基雅弗利的怀旧挽歌中破茧重生，重现过去的辉煌，在几个世纪的颓废与沉睡后苏醒。它应是一个团结友爱的大家庭，兄弟姐妹们决定放弃手足相残与分裂的邪恶传统，为集体利益无私奋斗。自由主义国家未能实现这些期望。正如那常见的轻蔑称谓"小意大利"一样，意大利自 1860 年以来陷入道德分裂、军事衰弱、政治腐败、经济落后与文化贫乏的境地。自由并未像人们期望的那样，释放出被奴役人民的美德。相反，它仿佛开启了潘多拉魔盒，将古老的罪恶——目无法纪、物质主义与派系分裂等长期以来人们眼中意大利的历史痼疾——淋漓尽致地暴露了出来。

法西斯主义为许多人带来了新的希望与曙光。"我们紧张地等待着……紧张地注视着地平线，等待一颗星星升上天空，为我们带来期待已久的那一天。"乔瓦尼·秦梯利在 1919 年一篇题为《道德危机》的文章中写道。[1] 怀着这样的心愿，墨索里尼从 1925 年起采取了一系列措施，旨在振奋意大利道德、经济和文化生活的各个层面，利用国家机制与好战言论动员人民，建立一个团结守纪、勤奋进取的社会，将整个社会的精神面貌与民族国家牢牢捆绑。正如他在 1930 年 10 月一次党内领导人会议中所言，这是一项艰巨的任务，因为意大利人的心智已在近几百年中受到了重创。

> 我们需要时间，大量的时间来完成这项事业。我这里讲的

是精神事业，而不是物质方面。1600 年至拿破仑崛起的几百年间，可怕的政治、军事和精神堕落在意大利人性情中积存了灰尘，我们必须将其彻底清除。这是一项艰巨的任务。复兴运动只是一个开端，它不过是极少数人的功绩。世界大战则带来了深刻的教育意义。如今的挑战是，我们每天都要在重塑意大利民族品格的道路上更进一步。举例而言，整整三个世纪的文化造就了意大利人没有战斗力的传说，而只有在拿破仑战争中展现出牺牲精神与英雄主义，才能打破这一传说。文艺复兴早期的意大利人，确切地说，是 11、12 和 13 世纪的意大利人，有着钢铁般的意志，将全部勇气、仇恨与激情倾注于战争。但近几个世纪颓丧的阴影仍重重压在我们的命运上，无论过去还是现在，国家的威望几乎全由军事荣誉与武装力量决定……这项事业是我们的十字架，也是我们的使命……[2]

为实现道德革命，法西斯党开始着力加强国家权力，将国家主张高于个人主张视为基本原则。因此，政府有权抛开自由主义的"权利"理念，采取任何必要措施来保卫社会。新闻审查收紧，所有报刊都在政府的实际掌控下。地方政府失去了许多自治权，自 1926 年起，市长不再由民选产生而是由省长直接任命（职务称为 podestà）。1926 年的《公共安全法》赋予警方更大的逮捕权，为其免除了全部责任，同时设立了一个采用军法（包括死刑，尽管很少使用）的"特别法庭"，以审判恐怖分子与其他危险的政治对手。根据新推行的监禁（confino）惩罚措施，一个人只要被怀疑具有从事颠覆活动的意图，便可能被流放至偏远地区（通常在南部）五年之久。到 1926 年底，法西斯已全然成为一个警察政权，对一切反对派零容忍，决意构建出同质的民族社会。治理西西里黑手党即是法西斯最早也最具代表性的坚决出击。

"国家即是一切，国家之外再无他物，敌对势力片甲不留"

1924 年 5 月，墨索里尼访问西西里岛，途中在巴勒莫以南几千米处阿尔巴尼亚人聚居的小镇皮亚纳德格雷奇（Piana dei Greci）稍作停留。进山的道路迂回曲折，尘土飞扬，随行人员提前清理了道路以免首相沾上一身泥污。墨索里尼摘下护目镜，亲自高速驾车前往。抵达该地后，他与随行的大臣政要们在大教堂的台阶上接受镇长弗朗切斯科·库恰（Francesco Cuccia）的热情迎接。一位希腊正教祭司按照传统的待客之道向墨索里尼献上一块面包。一群身穿民族服饰的女子唱起问候的歌谣。教堂中人头攒动，墨索里尼注意到一名孩童奋力挥动小旗希望看到他，便走过去拉住孩子的手，护送他走过长廊。一家当地报纸对首相此举赞叹不已，称其为"高雅的绅士之举"。仪式结束后，一场招待会在市政厅举办，由库恰在会上发表演讲，并留下了许多照片——这个环节是镇长精心设计的，他决心充分利用这个机会。从之前到此刻，库恰一直对墨索里尼的警察护卫表示惊讶：皮亚纳是他管治下的城镇，他可以确保首相的人身安全。[3]

库恰颇有名望，用当地的话说是一名黑手党，他自视甚高的姿态与明确的信念——皮亚纳德格雷奇的掌权人是他个人而非国家——深深激怒了墨索里尼。3 年后，当墨索里尼向众议院报告在西西里打击有组织犯罪的进展时，他特别提到了"那位想方设法在所有庄严场合给自己拍照的垃圾镇长"如今已被稳妥地关进了监狱。[4]他需要奥兰多等西西里自由派高层的支持，而鉴于黑手党人往往与主要政客有裙带关系（不论是否被拉拢），任何针对黑手党的举动都可能导致政府触动保守派的重要利益。但在1925年1月3日公开演讲并击败反对党之后，墨索里尼获得了更大的自由空间。同年10月，他宣称20世纪将由意大利"统领"，而为了达到这个目标，意大利国家必须变得前所未有地强大——"国家即是一切，国家之外再无他物，敌对势力片甲不留"[5]——打击有组织犯罪因而顺理成章。毕竟，黑手党的长期存在正显示出自由主义国家的无能。

切萨雷·莫里接到指令在西西里展开行动。莫里来自伦巴第，曾在都灵军事学院（Turin Military Academy）接受教育，但他对西西里岛了如指掌。1917年以前，他曾在西西里从事警察工作多年，因勇于剿匪而获得了令人敬畏的声誉。因此从表面来看，他在1925年10月出任巴勒莫省长似乎是顺理成章的。但莫里是一位民族主义者，并非法西斯分子。1921年至1922年在博洛尼亚担任省长时，他曾因试图维护法律权威而与黑衫军强势对立；"进军罗马"后，他立即被解雇。但在1925年秋季，墨索里尼再次试图掌控民族主义者。10月初，佛罗伦萨爆发了一轮残暴杀戮（在游客的见证下），令墨索里尼怒不可遏。党总书记罗伯托·法里纳奇（他在墨索里尼1月3日的演讲后上任，作为对激进派的弥补）因对其追随者管控不力而在大委员会会议上受到严厉批评。随后，新一轮的攻势进一步将法西斯党置于国家控制之下，以1927年初《致省长通告》（Circular to the Prefects）为高潮。通告将不服中央管控的法西斯团伙（squadrismo）斥为"彻底不合时宜"，宣称在

"法西斯这样的专制极权政权中"，只有省长才是各省"公共秩序"
与"精神秩序"的守护者。[6]

正是这些因素使得莫里成为打击黑手党运动的最终人选，也决
定了警察行动的特点。与当时所有熟悉西西里的人一样，莫里很清
楚，黑手党并非耸人听闻的作家们热衷描绘的秘密犯罪组织。正如
弗兰凯蒂五十年前观察到的那样，它是一种更为普遍的现象，因为
在历史上国家权力薄弱的地区，野心勃勃的人在追求经济、社会和
政治权力时动用私人暴力是被当地文化认可的。黑手党不是一个界
限分明的实体（尽管有时确实会出现具备等级制度与入会仪式的真
正秘密社团），而是黑手党人动用一切手段维系的复杂庇护关系网
络（像弗朗切斯科·库恰那样站在首相身旁合影，则是一种顶级成
就）。由于黑手党的界限模糊不清，警方做出判定的依据最终都是
政治性的。

在莫里的指示下，警方于1926—1927年在西西里岛西部和
中部农村共逮捕了几十名所谓"犯罪团伙"（associazioni a delin-
quere）成员，超过1.1万名男性（也有不少女性）被拘留。警方的
目标大多是向上层流动的农民、手工艺人与小地主，这些人在战争
期间与战争刚刚结束时利用动荡的局势提高了自己的地位。很难说
究竟多少人实际犯了罪，因为警方无须提供直接参与犯罪的证据即
可指控犯罪团伙。逮捕的依据往往来自道听途说，即某人在当地被
称为黑手党——许多见证此事的人指出，这是一个危险的前提，因
为当时这个说法相当普遍，包括多重含义——或者与某个臭名昭著
的人的家庭、政治派别或势力有关联。鉴于弗朗切斯科·库恰之辈
对其所在社会群体的生活影响深远，警察往往很难决定究竟应该逮
捕几十人还是几百人。[7]

逮捕方面的安排依旧出于政治考虑。墨索里尼希望在 1926 年至 1927 年间将西西里岛的强势地主精英吸收至政权之内：岛上许多显赫的保守派对法西斯党在巴勒莫等城市的激进风格感到不适，始终未与之合作。莫里清楚富人与黑手党相互勾结并经常为黑手党提供庇护，因此他们也面临"团伙犯罪"指控，于是他便拥有了争取他们合作的强力武器：要么支持政府，要么等待诉讼。为促成合作，莫里在 1927 年初对全岛最重要的法西斯分子阿尔弗雷多·库科（Alfredo Cucco）发动攻击，指控其与追随者贪污腐败并沾染黑手党事务。库科被开除党籍，这为法西斯在西西里岛重获保守势力支持铺平了道路，贵族成员陆续占据了许多关键职位。此举与全国动向相吻合。在 1926 年至 1927 年间，数以千计的前黑衫军成员（包括几名议员）被清除出党，取而代之的是大量受社会尊重的中上层阶级人士。[8]

　　莫里从未幻想仅仅依靠警察行动摧毁黑手党：他很清楚，捣毁几个黑手党网络无法一劳永逸地解决问题。据他分析，黑手党并不是严格意义上的组织，而是"一种病态的行为模式"，源于几百年来政权的软弱无能。解决此问题的唯一方法是劝阻地主与农民不要与黑手党勾结，明确告诉他们，国家如今有足够的权力支配西西里生活的方方面面。[9]问题在于如何弥合"法定意大利"与"真实意大利"（用 19 世纪的话来说）之间的巨大鸿沟，或者说，正如政府在 1927 年 4 月一份阐述法西斯主义统治下国家经济生活基本原则的文件中所言，民族与国家将融合为一个坚固的实体："国家是……一个在法西斯政权中得到完整呈现的精神、政治与经济体。"[10]

　　因此，莫里的行动必然动用武力，这不仅是为了镇压黑手党，更重要的是让全体民众铭记，唯有国家是他们服从与尊重的对象。曾经的自由主义政权死守陈旧的自由理念，无法对西西里实行强力管制，导致软弱的政权与黑手党相互勾结。如今，这样的日子已经结束。正如年轻有为的激进派作家皮耶罗·戈贝蒂在 1925 年 10 月的日记中所写，此事实为"启蒙民众的政治教育"，可以向西西里人传播"国家的重要性"，让他们第一次"切身体验"何为"意大利"。[11] 因此，随着大范围拘捕告一段落，西西里岛自 1927 年开始的审判工作极具象征意义，得到了广泛宣传。每个案件在被审理时，都有几十甚至几百名被指控为黑手党的受审者被带进临时法庭——由教堂一类的建筑改造——并迅速接受司法审判。在审判时，被告人仿佛野生动物一般被关进巨大的铁笼子，更加凸显了诉讼程序的仪式性质，所有人几乎都因"团伙犯罪"罪被判处长期徒刑。在此局势下，正义不可避免以粗暴的方式彰显，但重点也并不在此。正如莫里所言，他的目的是显示"法西斯与黑手党势不两立"，"法西斯主义是国家的力量与威信所在"。[12]

但在使用武力的同时，进行一定程度的宣传与教化也是必要的，因为法西斯国家的目标是培养道德品性，通过教育纠正民族的历史恶习。莫里在 1926 年 6 月的地方法西斯教师大会上提到，自己曾遇到一位牧童，他"孤零零地生活在一个名声不佳的大庄园中，备受孤独煎熬"。"他父亲在哪儿？他父亲正被通缉，流亡美洲。他的母亲患病已久，独自在家抚养两个婴孩。从哪个村子来？遥远的地方。有多远？他不知道，因为他不曾去过那里。上帝，祈祷，学校？没有。国王，意大利，国家？不存在。权利，义务，法律，是非善恶？一无所有。"他敦促西西里岛的教育工作者竭尽所能消除这可怕的无知，塑造出一个"由爱构成的、受到同一个信仰——上帝、国王和祖国——启发的全新灵魂"。[13] 可以肯定的是，许多教师的确为此付出了努力。普里齐（Prizzi）小镇的一名女教师为莫里寄来了小学生们写下的颂词，其中一名写道："老师告诉我们，西西里有许多强盗、恶棍和杀人抢劫的惯犯。你把他们关进监狱是正确的。"[14] 而在米洛卡（Milocca），一名男教师尽职尽责地告诉孩子们，他们都是意大利人（而不是西西里人），意大利是世界上最伟大的国家，有着辉煌的过去与光明的未来。但与此同时，另一个事实是大多数学校入学率极低，资源匮乏，对当地社会影响力有限。

莫里曾巡视西西里岛中西部的乡村，动员农民支持国家的事业。他为被捕罪犯的妻儿发放补贴，向穷人分发食品包，并在民众聚集的广场上发表慷慨激昂的演讲。广场四周三色旗与横幅飞扬，并以彩带装饰，还有凯旋门。与墨索里尼一样，他的修辞中也充斥着"纪律""信仰""勇气""工作""牺牲""清醒"等字眼。他恳请听众们记住，复兴的新意大利"是维托里奥威尼托的意大利，将势不可当地奔向光辉的未来……那是 60 万高尚牺牲者的光辉愿景"（当时，众多战争纪念碑纷纷落成，作为这一理念的有形象征）。[15] 并且，他也像墨索里尼一样颂扬农村生活，从坚忍不拔的农民身上看到了将国家引向足以匹配其辉煌历史的民族命运：

> 西西里农民勤劳而沉默地坚守在阳光炙烤的耕地上……在他们身上，我看到的不仅仅是今日的劳动者……更看到了为意大利奠定海外地位的勇敢先锋。我看到了英勇的步兵，他们的英勇气概重现了意大利的战斗传统，昨日的盛景将在明日重生，在传奇与史诗中永远闪耀。[16]

我们至今无从知晓莫里的宣传给西西里农民带来的影响（不一定能够理解：他的意大利语带有浓重的北方腔，大多数西西里人很难听懂），这种影响很可能极其微弱。在当时的西西里社会，人们很难应和自我克制与勤奋工作的呼吁，身材魁梧、悠闲富裕的黑手党人长期以来是西西里的成功典范，他每天在家乡的中央广场接待民众，像西班牙贵族一般等待人们向他求情并吻他的手以示感谢。也没有迹象表明近期的战争引起了当地民众的共鸣。一位美国社会学家在 1928—1929 年暂住卡尔塔尼塞塔省的米洛卡，他注意到当地人对战争近乎无动于衷：

> 两名青年只为逃避兵役，用药物残害双眼导致永久失明，他们并未受到旁人的谴责。另有一个人详细讲述了他前后两次逃役的手段——先是避免服役，而后又逃过战时征兵……这场战役没有公认的英雄。伤残的退伍老兵得到了地方政府下设的小职位的优先聘用权，但他们的战争事迹从未被颂扬过。[17]

莫里拉拢农民的计划还遭遇了另一个问题：农民没有倒向中央政府的任何经济动力。在"一战"刚刚结束的几年里，地主在高压下被迫卖掉部分田产，使得西西里岛上的小块农田数量激增。但这一趋势在 20 世纪 20 年代后期开始逆转，许多新农场主无力偿还抵押贷款，不得不卖掉土地。此外，1925 年政府发起了一场提高全国小麦产量的运动，即"谷物争夺战"。即使是生产效率最低的大地主也从中攫取了相当大的利润，巩固了旧式精英对西西里岛经济的掌控。20 世纪 30 年代初的大萧条进一步损害了穷人的地位，农村劳动者成千上万涌入城市寻找工作。据报道，西西里岛内部的许多城镇几乎出现了饥荒。[18]

　　1929 年，莫里被赶出巴勒莫，打击黑手党的运动彻底落幕。他对西西里法西斯党核心人物阿尔弗雷多·库科的攻击触怒了许多党内保守人士，但几乎可以肯定的是，压死骆驼的最后一根稻草是他与西西里著名将军安东尼诺·迪·乔治（Antonino Di Giorgio）之间的冲突：莫里曾指控这位前战争大臣包庇黑手党。政府对外宣称黑手党已被消灭，要求各大报刊与公开文件不得再提及。然而种种迹象表明，20 世纪 30 年代的西西里岛仍饱受暴力、腐败与罔顾法律的困扰。事实上，形势甚至可能比这更糟糕，因为新闻界不再关注犯罪行为，官员们也倾向于对任何可能违背官方论调——西西里岛已在法西斯统治下成为宁静天堂——的事件闭口不谈。人脉强大的黑手党领袖们纷纷出狱，据可靠观察者表示，岛上的局势很快恢复了原样。正如一位著名律师在 1931 年 12 月写给莫里的一封信中感慨的那样，巴勒莫东部的泰尔米尼-伊梅雷塞正向着混乱沉沦："至于公共安全，虽说政府发布了强制命令，但人们充耳不闻，肆意烧杀抢掠……我意识到，两次歉收带来的饥荒丝毫没有影响现状，而对当局缺乏信任才是元凶。每个城镇的黑手党头目几乎都得到了减刑，随后返回了故土……监狱里只留下了些小鱼小虾。在危险的卡卡莫（Caccamo），全西西里最恶劣的黑手党老大阿扎雷洛（Azzarello）兄弟……被地方政府驱逐出境，后又被巴勒莫委员会放行。类似的丑闻让老实人绝望无援，更是鼓励了欺诈犯罪之风。"[19]

　　在这样的局势下，西西里中西部农民对黑手党的信任胜过对意大利国家代表的信任，大概是理所当然的。

塑造法西斯思维方式

正如西西里岛反黑手党运动所展现的那样，法西斯政府在扩大国家权力和建立统一民族共同体的道路上面临重重阻碍。过去的忠诚、身份认同和思想行为模式很难清除，比启蒙运动的遗产更为根深蒂固——启蒙运动深信教育的力量可以塑造更加美好的世界，但这往往只是一厢情愿。强制力虽能使人顺服却也会带来隔阂；尽管政治宣传可能会对愿意相信的人产生积极影响，但在无法带来实际回报的情况下，法西斯主义价值体系强调的纪律性与为伟大的国家荣耀牺牲自我，不太可能拉拢到那些为温饱而挣扎的人。此外，尽管法西斯国家早在1925年就畅言"极权主义"的愿望，但该政权永远不可能使全国实现彻底的整齐划一。墨索里尼仅仅当上了首相，还称不上国家元首，他对军队、大企业、贵族、大地主等将君主制视为利益最终保障者的阶层掌控力有限。当然，他也无法主宰意大利最强大的精神权威之源——天主教会。

尽管有这些限制，法西斯政权依然认同天主教与其他主要宗教的看法，即教育是实现在精神上统一社会的关键。早在1922年之前，人们已强烈感受到意大利的学术体系——尤其是中学与大学——与工厂别无两样，只是生产文凭与学位的流水线罢了，并不考虑学生毕业后如何就业。很多保守派评论者倾向于将意大利在第一次世界大战前的政治问题归咎于社会中庞大的"无产阶级知识分子"，他们由教师、律师、医生、工程师和其他专业毕业生组成，希望仰赖社会党为自己受挫的希望与抱负提供慰藉。此时这个问题更加严重了：1919—1920年，大学毕业生人数是1913—1914年的两倍，而同期师范学校和技术学院的毕业生人数增加了两倍。[20]

1923 年，墨索里尼的第一任公共教育大臣乔瓦尼·秦梯利推行了一系列重大改革，对意大利教育体系进行彻底的重塑。他以重质不重量为指导原则（"少而精"），正如墨索里尼宣称的那样，最终目标是确保大学培养出为意大利民族复兴之"伟大而艰巨的任务做好准备的"统治阶级。[21] 绝大多数公民都将在 14 岁结束学校教育，而学校教育的最后三年将在新设置的"补充学校"（complementary school）中度过，其课程紧紧围绕职业基础技能，并不提供升入高等院校的通道。此次革新的结果（与目的）之一是阻止中下阶层的学童在学术道路上继续发展并因此（据怀疑）产生了超越自身地位的野心。而通过相关考试的精英们进入中等学校（包括 licei, ginnasi 和 istituti magistrali），从而获得考入大学的机会。经过上述改革，中学就读人数从 1922—1923 年的 33.7 万人下降到 1926—1927 年的 23.7 万人，而大学入学人数从战后的 5.3 万人下降到十年后的 4.2 万人。[22]

秦梯利不仅希望缩减意大利学历过剩的毕业生规模，更重要的是，他致力于使从中学与大学中走出来的人们能与国家共同体紧密联系在一起。克罗齐等诸多爱国知识分子对此表示认同。毕竟在秦梯利看来（墨索里尼也乐于支持他的观点），真正的自由在于个人与集体的自发融合。这也是为什么新的中学课程中如此注重古典研究（尤其是拉丁语）、文学、历史和哲学等科目，因为这些科目被认为最能有效传递意大利的精神实质。宗教也被赋予了重要地位，在小学阶段，地方神职人员可以监督宗教知识的教学。尽管秦梯利并不信奉宗教，但他认为天主教是"意大利特有的体制"和"民族传统的储藏室"，可以强化对等级制度与权威的敬重。[23] 秦梯利并不看重科学，他认为这类学科本质上是不分国界的，而且是物质主义的。女性也没能从改革中受益。秦梯利认为女性天然应当待在家中，尽管他承认她们或许会因为"明显的母性品质"而成为出色的小学教师，但他依然创造了一套"女子高中"体系，以歌舞与家务课程取代古典学与哲学，试图引导她们远离职场。[24]

秦梯利改革的问题在于目的与手段的关系。根据著名教育家埃内斯托·科迪尼奥拉（Ernesto Codignola）的观点，法西斯教育理念应铲除自由主义时期的"不可知论和对国家最高目标的漠视"，致力于创造一种"强大的精神统一，只有这样，国家才能以和谐的意志向共同目标奋进，才能成就伟业"。[25]但在试图为学术体系注入明显"国家"特性时——1923年的革新举措包括在公、私立学校推行"全国统考"、每天"向国旗敬礼"，以及全面加强对教师和课程体系的管控——政府施加的官僚束缚也不可避免地扑灭了"精神"复兴的火苗，令改革者的愿望落空。秦梯利认为教育乃是师生之间的精神互动，而这需要自发性与自主性。他希望通过缩减学校数量，集中培养高水平师生达成这一目的。但到了实践中，高度集权的灌输式教学却成了惯例。

自1925年起，教师群体越发"法西斯化"。同年12月，墨索里尼宣布"各级学校必须在教学中使意大利青年充分理解法西斯主义，在法西斯中重塑自我，并生活在法西斯革命所创造的历史氛围中"。[26]同月，一项新法律允许对任何"不符合政府总体政治目标"的公职人员实施强制退休，随后教育部展开了远比其他政府部门更加彻底、无情的清洗。[27]自1929年起，每一位中小学教师都必须宣誓效忠政权，4年后，法西斯党员身份成为强制要求（公务员亦如此）。1934年，小学教师被指示在工作时间穿上党或民兵团的制服，在学生中间树立自己不论在校内还是在校外，都是培养年轻一代"为法西斯祖国服务"的"军官、教育家和指挥官"的形象。[28]

　　学校课程同样被法西斯化，从20世纪20年代末开始越发加强对墨索里尼、军国主义和帝国的颂扬。为实现最大程度的统一，全国小学自1929年起全部采用国家指定教材，由特设的部级委员会选择并批准。意大利语教学从一年级开始，首先就要学习"贝尼托""法西斯""领袖""国王"等关键词，而后几年则要求以意大利语写作文，主题包括对政权及其成就，以及墨索里尼演讲的评论。数学教育被要求突出国家近来的物质进步，而物理学则应当"展示伽利略和马可尼的理论，强调意大利天才的卓越与优秀"。历史教育的核心在于将意大利宣扬为欧洲文明的摇篮，特别强调罗马帝国与意大利复兴运动（二者都被视为法西斯主义的起源，而文艺复兴则被批判为过于个人主义）。教师需要向学生灌输一种深深的自豪感，因为他们"出生在……这片浸润着鲜血的土地上，太多殉道者为它献出生命，［领袖］的伟大禀赋让它重焕生机"。除国家指定教材外，每位学生都会收到一本用于写作业的"国家笔记本"（封面上印着墨索里尼微笑的相片）和一部免费的领袖传记，作者为乔治·皮尼（Giorgio Pini）。[29]

　　相比之下，大学学者因其社会地位与研究自由的传统，并不像中小学教师那样易受操控。秦梯利努力动员知识界支持法西斯政权，并在1925年发表了一份由皮兰德娄、科拉迪尼、马里内蒂、索菲奇、马拉帕尔泰等人共同签署的宣言，呼吁国家的文化生活为新政权服务，从而实现马志尼的梦想，最终完成复兴运动的使命。但克罗齐随即拿出一份主张科学艺术独立于政治的反对宣言，签署人更为声名显赫。[30]直到20世纪20年代末与梵蒂冈达成和解

（1929 年）后，墨索里尼的权威才终于强势崛起，政府才有足够的信心对大学施加重压。1930 年，大委员会要求高校的校长和院长至少具备 5 年党龄；1931 年，又要求全体大学教授都必须宣誓效忠法西斯政权。教皇同意了这些要求（前提是天主教徒在精神上保留一片净土，使这些要求不与他们对上帝与教会的职责发生冲突），在 1 250 余名学者中，只有十几人没有遵守命令。在墨索里尼眼中，这些不服从者造成了宣传上的巨大麻烦；尽管此前许多学者已听从克罗齐的建议宣誓效忠，以确保意大利高校不被法西斯党彻底接管。来自博洛尼亚的外科医生巴尔托洛·尼格里索里（Bartolo Nigrisoli）因拒绝宣誓而遭到法西斯分子殴打，身受重伤。[31]

政府加强了对教育系统的控制，可以根据政权优先事务的变化调整教学大纲。与梵蒂冈和解后，宗教教育（由神父讲授）成为中学必修课，布鲁诺、卢梭、康德、黑格尔、叔本华等人被从哲学课程中删除。1935 年，反法反英宣传（这些忘恩负义的前盟友忘记了"世界大战首先是由意大利赢来的"）因入侵埃塞俄比亚的行动而激增，[32] 托尔斯泰、易卜生、雨果等作家也被从课程中删除，被奥里亚尼、邓南遮等好战的民族主义作家取而代之。（1924 年，意大利最终吞并阜姆港，邓南遮回到加尔达湖的宅邸静享晚年，直到 1938 年辞世。官方荣誉与头衔满足了他的虚荣心，其作品也以国家典藏本的形式发行。）30 年代末，法西斯政权中的种族主义特征更加明显，小学课本中开始出现《黑约翰的白色灵魂》一类的文章。在这个故事中，一位传教士从非洲带回一个男孩，他告诉一群孩子，这名非洲男孩在被发现时"简直是头野兽"（"他赤裸着身子走来走去，吃生肉"），但在意大利与教会的仁慈影响下，他如今已文明开化，信奉基督。神父宣布，男孩如今已"外黑内白",但周围的孩子仍不相信,其中一个问,是不是应该将他送去洗洗。[33]

以上所有中央主导的教育举措在多大程度上切实影响了年轻人的思想,我们很难下定论。尽管经历了 20 世纪 20 年代后期的大清洗,许多教师仍不可避免地秉持天主教、社会主义等旧有价值体系,他们对政权及其指令的支持无疑是浅层的,且往往出于实用主义而非真正的信仰(30 年代有这样一则流行笑话,说法西斯党的首字母 PNF——Partito Nazionale Fascista——代表"Per Necessità Familiare",即"为了家庭")。接连不断的中央指令引发了大量沮丧与愤懑情绪,特别是在传统人文气息根深蒂固的中学与大学。切萨雷·马里亚·德韦基(Cesare Maria De Vecchi,1935—1936 年任教育大臣),即第一代瓦尔·奇斯蒙伯爵,是一位更加固执地推行中央集权的教育大臣,秦梯利说他"倔得像头驴,极端狂热"。据警方报告,教师们常指责他无知又霸道,或者说他好像"一头猪"、"全俄的沙皇"和"卡利古拉"。[34] 据此我们有理由认为,学校课堂上的法西斯精神(除表面文章之外)少得可怜。"20 年的法西斯运动后,"一位评论家在 20 世纪 40 年代初写道,"每个人都必须承认,我们仍缺乏法西斯教育者,我指的是全心全意信奉法西斯政治军事观的教育者。"[35]

另外,学校持续低落的出勤率也使其很难培养"新意大利人",这个问题在农村地区尤其严峻。虽然中等及高等学校的学生(尤其是女学生)在 20 世纪 30 年代急速增加,再次使得中产阶级毕业生过剩(据政府调查,1938 年共有 10 万名无业教师);[36] 但农民仍然看不到初等教育的价值,每当天气不好或农忙时节,孩子们往往就不去上学。大多地方议会仍由保守的地主控制,教师与教室资源匮乏。有时，官僚主义的规章制度也遏制了上学积极性。在西西里中部的米洛卡镇，女孩必须穿上内衣才能上二年级，而大多数农村女性根本没有内衣。[37] 全国文盲率在两次世界大战之间那段时期持续缓慢下降，但在 1936 年，南方 21% 的新娘仍无法在婚姻登记簿上签名。[38]

塑造法西斯之躯

墨索里尼对知识教育的看法相当矛盾。他认为，意大利自文艺复兴时期已走向堕落，投机思想与对物质享受和文化的痴迷使统治精英不再积极进取，而是培养出了德·桑克提斯口中的"圭恰迪尼那类人"：受过高等教育，能言善辩，但常怀批判质疑之念，消极且以个人为中心，缺乏信仰。新意大利必须摆脱这种本质上的资产阶级心态（"与法西斯精神截然相反"），[39] 变得更加强硬、积极。外国人不把意大利人视为"一个种族，而是将其视为一群混杂居住的男女，最出名的行当就是为外人提供服务与娱乐"；他们认为意大利人只是曼陀林手、小提琴手、歌手和舞者的集合，而不是一个纪律严明的正经民族。[40] 正如墨索里尼在 1925 年 6 月的演讲中所言：

> 我们只有通过创造独特的生存或者说生活方式，才能真正书写历史，而不是仅仅留下一部枯燥的编年史。那是怎样一种生活方式呢？首先是勇敢。要无所畏惧，热爱冒险，拒绝安逸与轻松的生活。在个人与公共生活中都要敢拼敢闯，拒绝一切安稳平静的事物……每时每刻都以身为意大利人为荣。在工作场所遵纪守法。敬畏权威。[41]

由此看来，法西斯政权的目标是塑造整体的人格而非仅仅停留在知识层面。这一点在 1929 年得到了强调，教育部更名为国民教育部（Ministry of National Education），并专设副大臣负责体育训练。党很早便热衷于通过准军事组织引导儿童及青少年的法西斯主义精神与实践。这些组织在 1926 年被整合为国家少年先锋团（Opera Nazionale Balilla），由高大健壮、相貌英俊（略粗鲁）的前卡拉拉法西斯队长雷纳托·里奇（Renato Ricci）统领。该组织下设四个分部："巴利拉"（Balilla）由 8~13 岁的男孩组成（名称源于 1764 年向一名奥地利军官投掷石头从而引爆热那亚革命的男孩）、"意大利皮科莱"（Piccole italiane）由 8~13 岁的女孩组成，而 14~18 岁的男孩与女孩则分属"先锋队"（Avanguardisti）和"意大利乔瓦尼"（Giovani italiane）。后期，针对 6~8 岁儿童的"母狼的孩子"（Figli della lupa）团也成立了。

这些组织的主要目的是为年轻人适应未来社会角色做准备：男孩将成为战士，女孩将成为战士的母亲。毕竟，正如墨索里尼在 1934 年以特有的箴言式演讲所宣称的那样："战争之于男人，正如母性之于女人一样。"[42] 男孩们穿上军装列队游行，合唱进行曲，参加竞技运动；女孩们则练习急救，围着杆子跳舞，参加音乐会并学习插花、刺绣、编织、打字等课程。培养未来母性的训练也包括一部分军事化操练，女孩们以"母亲抱着婴儿的正确方式"抱着娃娃行进接受检阅。[43] 枪支是少年先锋团文化的核心。1930 年，里奇公开呼吁为每个"巴利拉"的训练馆配备枪支，他相信真正的男子汉绝不能离开真枪实弹。全国各地的广场上反复举行着一类广受欢迎的仪式：一名"意大利乔瓦尼"成员将一杆步枪交给"先锋队"，后者接过后传递给"巴利拉"，最终交至"母狼的孩子"，仿佛这支枪是法西斯生命的火炬。[44]

营地训练是少年先锋团的基本活动之一。到 1942 年，政府宣称每年有近 100 万儿童活跃于 5 805 个法西斯营地。营地活动充实紧凑，包括游戏、体操、讲座、为"法西斯烈士"祈祷，以及每日两次向国王与领袖敬礼。所有少年先锋团成员都有资格入营，但贫穷家庭的孩子、退伍军人子女等会得到优先考虑。自 1929 起，一年一度的"营地领袖"（Campo Dux）成了少年先锋团的重要演出时刻："先锋队"在罗马郊区的树林中进行长达一周的训练，墨索里尼与其他党内领导人物通常会出席。该活动亦吸引了海外代表团的参与：1937 年，营地的盛大行进队伍中包括 450 名希特勒青年团（Hitler Youth）成员。每年的"营地领袖"都会被制成纪念影片，在全国各地的影院放映。[45]

直到 1939 年，少年先锋团才成为强制性的，父母如果不愿孩子加入，必须向学校提供一份书面解释，这些孩子也将在国家奖学金与就业方面受到歧视。由于政府逐渐认识到党的青少年项目有助于弥补传统教育的不足，传授真正的法西斯革命精神（"书与毛瑟枪，完美的法西斯"），少年先锋团的控制范围因此迅速拓宽。1928 年，中央出台法令解散所有竞争组织，这一举措在政府与教会之间引发了冲突——近几十年来，教会出于对极权统治的渴望，也建立了一个天主教青年协会网络。墨索里尼为了与梵蒂冈达成和解而做出妥协，允许"以宗教为主要目的"的公教进行会的青年团继续活动，但封禁了"天主教童子军"（Catholic Boy Scouts），因为它是一个"半军事组织"。[46] 1929 年，少年先锋团被纳入国民教育部管理。

正如 1924 年《意大利人民》发表的一篇社论所言，体育被视为"实现种族威望与种族进步的全国必需品"，也是锻造新的法西斯男性的绝佳方式。女性则面临着模糊不清的处境：她们需要保持健康体魄以履行母亲的责任，但正如法西斯大学生协会负责人在1937年所言，她们应避免"无用和危险的过度竞争"，而应该致力于"优雅的"追求，例如箭术。[47] 自1878年德·桑克提斯改革以来，自由派领导下的意大利几乎没有鼓励民众参与运动，而无论是天主教徒还是社会主义者都未曾尝试填补这一空白。教会将足球等活动视为过度的自我表现，因而更推崇体操这种高重复性运动，而高重复性体现了天主教精神自律的传统。[48] 社会党倾向于强调体育的资产阶级性质，认为它可能会分散工人对阶级斗争的专注。因此，意大利体育活动主要发展的是精英项目，包括登山、击剑、自行车和赛车，尤其集中在北方富庶地区。足球最初也是上流社会的享受，而最著名的球队更是仅限于英国上流社会享受。1899年，米兰首次成立了米兰板球和足球俱乐部。[49]

法西斯政权大力支持各项体育运动，将个人勇气作为法西斯的核心品德加以颂扬，赞颂团体胜利，视之为国家团结精神的体现。1926年，意大利奥委会被收归于党的控制下。翌年，所有地方体育联合会的主席团中必须有法西斯党代表。在1932年的洛杉矶奥运会上，意大利在奖牌榜上名列第二，靠选手的耀眼成绩取得了巨大的政治资本。4年后，意大利又在柏林奥运会夺得第四名。飞行员弗朗切斯科·德·皮内多（Francesco De Pinedo）的惊人事迹（他在往返远东5.5万千米后被封为侯爵）得到了铺天盖地的报道，墨索里尼在1925年的一次重要讲话中赞扬他是"新意大利人"的早期典范。同样，20世纪30年代身高2.06米的世界级重量级拳击冠军普里莫·卡尔内拉（Primo Carnera，绰号"漫步的高峰"）的成就也得到广泛传播，而报纸被严禁展示他被击倒的照片。

　　尽管一份主要党刊在 1933 年声称，由恺撒军团引入威尔士的橄榄球是最符合法西斯精神的运动，[50] 但事实上，法西斯政权主要推广的运动是足球。20 世纪 20 年代末，几乎每个省会都有一支足球队。1929 年，国家开展全国联赛，顶级球队将在甲级联赛中角逐。1926 年，一座宏伟的新体育场在博洛尼亚前任法西斯战斗小队队长莱安德罗·阿尔皮那蒂（Leandro Arpinati）的主持下竣工开放，成为当时全欧洲最现代化的体育场，配备 4 个国际标准泳池、4 个网球场、1 个健身馆、1 个体育学院和 1 个可容纳 5 万名观众的看台。看台上矗立着一座领袖御马的大型青铜雕塑，颇具骑兵统领的风范（二战后被熔化重塑，改为男女游击队员的形象）。[51]佛罗伦萨的前任法西斯队队长亚历山德罗·帕沃利尼（Alessandro Pavolini）也在背后为当地一座恢宏的体育场馆助力 —— 乔瓦尼·贝尔塔体育馆（Giovanni Berta Stadium）于 1932 年落成（名称取自当地一位"法西斯烈士"），设计者是杰出的工程师皮埃尔·路易吉·奈尔维（Pier Luigi Nervi）。奈尔维为这座体育馆打造了别出心裁的悬臂式屋顶与一座 55 米高的现代主义垂直马拉松塔，塔身饰有巨型法西斯标志，底部延伸的广阔平台可供公共集会使用。

　　除此之外，罗马、都灵等地纷纷新建与翻修体育场馆，共同为 1934 年意大利成功申办世界杯奠定了基础。此次比赛为展现意大利政权的风采提供了理想舞台，并成功调动全国人民投入到这项短时间内跃升为国民运动的体育活动中来。意大利发行了以不同场馆为主题的纪念邮票，并在全国各地张贴马里内蒂设计的风格前卫的宣传海报，其上印有 1 个球门、1 只黑色足球与法西斯的标志，香烟包装亦被用于宣传。而据官方新闻所言，墨索里尼在颁发主奖杯时将同时颁发一座特殊的领袖铜奖杯，以彰显"独特的精神价值"。墨索里尼与其他党内高官亲临观看了多场比赛，国家队在《青年岁月》与《王家进行曲》的旋律中恭敬行礼。意大利队与捷克斯洛伐克队之间的决赛在罗马举行，这不仅是一场体育赛事，更是高度政治化的场面，"领袖！领袖！"的高呼响彻人群，民兵团乐队持续演奏着法西斯赞歌。幸运的是，比赛得到了预期的结果：意大利队在加时赛中进球获胜。除2座奖杯外，获胜球员们另获1枚金质奖章（表彰其英勇表现）和1张墨索里尼的签名照。[52]

法西斯的宣传常常为国家队的成就烘托出尚武的氛围，将球场上的胜利描绘为军事纪律与侵略精神的明证。1938年，意大利再次斩获法国世界杯冠军。而此时的国际政治氛围剑拔弩张，法西斯党也比四年前更加明显地在体育与备战之间建立联系。据球队教练维托里奥·波佐（Vittorio Pozzo）的回忆，首场对抗挪威队的比赛开始前，意大利球员在向法西斯党致敬时听到了嘈杂刺耳的口哨声：

> 我说不清那嘈杂的声音持续了多久，当时我正浑身僵硬地站在原地，一只手水平向前伸着，自然无法测算时间。同在场上的德国裁判与挪威球员都焦虑地盯着我们。某个时刻，骚动有所减弱，并逐渐消停，我这才下达了礼毕指令。但当我们刚刚放下手臂，抗议声便再次剧烈爆发。我马上说："全体队员，立正。敬礼。"我们于是又举起手，仿佛在表达内心的无畏……[53]

如果说体育是通过抵抗意大利的颓丧，助力民族复兴，那么提高生育力也是一项重要举措。墨索里尼在为社会党效力时曾赞成控制生育，但到了 20 世纪 20 年代中期，他开始受到科拉多·基尼（Corrado Gini）等民族主义人口学家的吸引。多年来，基尼始终坚称民族的经济文化活力与出生率密不可分。德国哲学家奥斯瓦尔德·斯宾格勒在畅销著作《西方的没落》（*The Decline of the West*，1918—1922 年）中做出了晦暗沉重的预言，引发了人们对于欧洲文明正逐渐被民主与物质主义侵蚀，繁育力强的亚非人种将崛起而代之的恐慌。这些观点促使多生育思想日渐流行。1927 年 5 月，墨索里尼在一次重要议会演讲中发起了所谓"生育之战"，声称一旦出生率开始下降，"任何民族国家与帝国都将感到衰落的剧痛"。意大利若想在世界上"有所作为"，就必须在今后 20 年内将人口增加 50%，至少达到 6 000 万。[54]

翌年，在德国社会学家理查德·科赫尔（Richard Korherr，未来的党卫军军官）所著《出生的衰减：民族之殇》（*Reduction in Births: Death of Peoples*）的意版序言中，墨索里尼更全面地阐述了国家面临的人口威胁。"黑人和黄种人"，当然还有斯拉夫人，正以惊人的速度增加和扩散，而"整个白人种族"时刻面临被淹没的危险。他写到，问题主要在于欧洲的城市发展与乡村全面性的人口流失，因为所有的人口研究都表明，城市人口的生育能力远远低于乡村。这并不仅仅是经济因素所致：城市生活本质上是物质主义的，缺乏精神信仰，造就了那些仅仅专注于自身幸福舒适的自私个体。

> 警钟已敲响……我们面临的挑战是，看清意大利法西斯的灵魂是否已不可挽回地受到享乐主义、庸俗市侩和资产阶级价

值观的污染。出生率不仅是祖国进步力量的一个指标……也是法西斯人民与欧洲其他民族的重要区别，因为它衡量着生命力，也衡量着将这种生命力延续几个世纪的决心。如果我们不去扭转这种趋势，法西斯革命迄今与将来取得的一切成就将毫无用处……[55]

致力于提升出生率，加之为了弘扬许多重要法西斯知识分子（紧随维托里奥·阿尔菲耶里的脚步）关切的意大利民族精神的本质，也就解释了法西斯政权为何如此强调"乡村性"（rurality）。墨索里尼定期巡访农村，与农民会面，赞扬他们对祖国经济生活的重要贡献与勤勉节制。他常常留下照片，有时还脱掉上衣，与农民一同下地干活。1933 年，政府专门设立"农村广播局"（Ente radio rurale），为农民提供广播——但大部分时间都在播放政治宣传、合唱曲和宗教训导，很难使农民对自身的处境产生积极看法（假如他们的确有收音机的话）。[56] 政府同时采取措施，尽可能阻止农村劳动力向城市流动，最终在 1938 年至 1939 年颁布两项法律，禁止任何人迁居至中心地区，除非在那里已有工作。

农村崇拜高度依赖早已有之的城市对田园风情的幻想，而对于勉强谋生度日的农村民众而言，这些神话于他们的生活毫无关系（简直怪诞）。官方对歌颂农民生活的电影和歌曲给予充分鼓励，尤其是在 20 世纪 30 年代后期，但结果仍是伤感老套的无疾而终。1940 年的流行电影《妈妈》（*Mamma*）是一个经典例子，影片中由著名男高音贝尼亚米诺·吉里（Beniamino Gigli）饰演的歌手在完成世界巡演后回到乡下的农场，在他外出打拼的日子里，农场一直交由母亲打理。村里衣着雅致的农民笑着迎接他，一起唱着："乡

间的小屋舍 / 小巧的院子，缠着葡萄藤 / 这里出生的人鄙视 / 也从不追求 / 大城市的生活……"[57] 而事实上，意大利农民憧憬着大城市，尽管政府明令禁止，仍有数以百万计的农民在 20 世纪二三十年代放弃土地，搬到罗马、米兰、热那亚等地——这三个地方是两次世界大战期间欧洲发展最迅速的三个中心地区。

法西斯政权为削减意大利的资产阶级习气，使社会更具活力的其他尝试同样收效甚微。但当局从未停止努力。1926 年，人口学家科拉多·基尼领导组建起一个中央统计局（意大利统计局），以测定国家的物质健康状况，并指示报刊定期发布最新的人口数据。墨索里尼（隔了将近 10 年后，他在 20 世纪 20 年代后期为家里快速添了 2 个孩子，他共有 5 名子嗣）邀请省长向他通报值得注意的人口动向，并在他认定形势需要时亲自出面干预（"我注意到，从上次人口普查至今，科莫的人口已减少了 27%。如果意大利所有省份都效仿这个惊人榜样，意大利种族可就时日无多了。告诉市长，他得为大家庭想想办法了。科莫需要改变"）。[58] 政府开始向未婚男子征税，1930 年法西斯政权新颁布的刑法典设有"反种族罪"类目，对任何参与、实施堕胎，或推广避孕的人施加严惩。1933 年，意大利在平安夜设立母子节（Day of the Mother and Child），国家在每年的这一天向养育了 6 个、8 个和 10 个孩子的人分别颁发铜牌、银牌和金牌。

法西斯宣传致力于推广"真正女性"的理想——面色红润，身材健美，丰乳肥臀，生育能力极强——同时抵制所谓的颓废外国女性，即"危险女性"，她们神经质地沉迷于外表，腰肢纤细，沉迷享乐，且很可能无法生养。墨索里尼的妻子唐娜·拉凯莱（Donna Rachele）是一位完全符合法西斯党刻板印象的魁梧女性

（但他的情妇往往并非如此）。他毫不掩饰对女权主义的厌恶，他公开宣称，妇女有义务服从于丈夫，应将注意力放在养育孩子这一"生命中的自然根本使命"上，而不应被解放运动干扰。[59] 法西斯党一再试图在性的问题上规范女性，对裙子长度与泳衣形状做出规定，并禁止报纸刊登过于纤弱的女性（节食会导致不孕）或女性养狗（孩子的替代品）的照片。[60] 这种清教徒式的限制不出意外得到了教会的广泛欢迎，但梵蒂冈也曾反对某些措施，例如鼓励妇女象征性参加一些健康的体育运动的措施："如果女性一定要举起双手，我们希望并祈求那双手仅为祈祷或施恩而举起。"[61]

当局还为实现人口目标提供了大量制度与财政支持。1925 年 12 月，国家母婴服务保护机构（National Service for the Protection of Maternity and Infancy）成立，为贫困或意外怀孕的母亲提供帮助，以求降低意大利居高不下的婴儿死亡率。得益于 1927 年开始收的单身税，该机构的基金从最初的 800 万里拉增加至 20 世纪 30 年代后期的 1 亿多里拉，但大量农民的贫困处境与城市高速发展时中下阶级身处的肮脏环境导致结果不尽如人意。20 世纪 20 年代末 30 年代初的婴儿（0~12 个月）死亡率下降到 10%（几乎是英格兰和威尔士的两倍），而在接下来的几年里几乎毫无变化，甚至在十年后再度攀升。南部情况尤其糟糕，在整个 30 年代，部分地区的死亡率仍超过 14%。[62]

1933 年雷吉娜·泰鲁齐（Regina Terruzzi）建立的农村主妇联合会（Federation of Rural Housewives）是另一个试图发扬法西斯"真正女性"理想的重要组织。泰鲁齐是一位精力充沛的前社会主义者，曾是一名教师，因生下一个私生子而失去工作。[63] 联合会的宗旨是通过宣传、教育和娱乐动员全国各地的农村妇女，其会员卡上印有一位头顶面包盘的家庭主妇形象，组织宣言为"赐生之母"（Alma Parens）。出席正式场合时，成员将身着制服，佩戴象牙色领巾，上面印有"领袖"字样，装饰着麦穗、法西斯标志与鲜花。联合会定期组织培训、讲座、电影放映、有奖竞赛，还有前往墨索里尼家乡普雷达皮奥、罗马或戈里齐亚附近的雷迪普利亚（Redipuglia）战争公墓的旅行。组织的月刊刊登多育母亲与农场生活的照片，以及关于儿童养育、家庭卫生、家禽养殖和烹饪（包括如何制作爱国特色的绿白红三色煎蛋）的大量信息。到20世纪30年代末，协会在全国范围内共有近150万名成员，但与大多数法西斯党组织一样，它们大多集中在北方。[64]

在平凡而真实的经济文化因素干扰下，法西斯政权为提升出生率所做的努力全部化为泡影。中产阶级缺乏工作岗位，城市与乡村的劳动者长期处于贫困之中，这使得晚婚晚育极为普遍，家庭规模很难扩大。人们的期望值不断提升，向往舒适的生活方式，这无疑也阻碍着出生率的提高——至少在大城市是如此。意大利自20世纪20年代末开始实施一项庞大的土地开垦方案，罗马郊外的蓬蒂内沼泽被抽干打造成新定居点。30年代，军队攻下利比亚内陆并进军埃塞俄比亚，部分理由是为国家开发必要生存空间，但从人口角度来讲，这些举措缺乏根据。至少在1936年以前，意大利的出生率持续下降，而在中北部地区，出生率直降至更替水平以下，直到30年代末才略有回升。就连党内高层也未能树立好榜样：1937年大委员会成员人均子女数不到两个。[65]理想与现实、期待与现状之间难以弥合的沟壑再一次暴露出令人沮丧的困境。

信徒共同体

万岁，英雄的民族，
万岁，不朽的祖国！
您的儿子们重生了，
带着对理想的信念。
战士们的胆气
先驱者的英勇
但丁的愿景
如今在每个人的心中闪耀……

诗人和工匠，
地主与农民，
因身为意大利人而自豪者
向墨索里尼宣誓信仰。
不会有哪个贫穷的地区
不派人前来
不打出旗帜，
救赎者法西斯的旗帜。

法西斯主义国歌,《青年岁月》

法西斯国家只能以宗教的方式来理解、信仰、侍奉与赞美。

保罗·奥拉诺,《法西斯主义》,1939 年

天主教的乐园

墨索里尼对自己的身体非常在意。1925 年后,"领袖崇拜"已成为法西斯政权赢取民众支持的关键机制,墨索里尼针对自己的身体特征设计出一套举手投足的模式,旨在传递超凡卓绝的领袖形象。他挺胸抬头,下颌前伸,侵略姿态明显,或者双腿开立,双手放置在臀部,微微皱眉(像拿破仑那样)。他在公共演讲时有一套华丽浮夸的动作,私底下却朴素克制,甚至冷漠生硬,只通过那双凸起的大眼睛展现着(至少在部分人看来)他的强悍意志力。他唯恐体重超标(这是资产阶级自我放纵的标志),严格控制进食:他常说,每天的吃饭时间不能超过 10 分钟。墨索里尼从不忽视体育锻炼,热衷于骑马与击剑,以保证肌肉发达。因此,他向来对公开展露身材无所顾虑。同家人在亚得里亚海滨的里乔内(Riccione)度假期间,他常常在众人的围观下下水游泳,或在岸边慢跑。[1]

1926 年 8 月,在里乔内短暂进行家庭度假时,他抽空走访了几座马尔凯城镇。他在佩萨罗镇市政厅的窗口发表演讲,宣布政府将在国际交易中展开拯救里拉行动("在这片广场上,我向文明世界宣布,只要一息尚存,我将永远捍卫里拉")。但他也借此契机强调法西斯主义并非只是一场政治运动:

法西斯不仅是政党，更是一种统治制度；它不仅是统治制度，更是一种信仰；它不仅是信仰，更是一种宗教，正在征服意大利的广大劳动人民……无人能使我们偏离这条坚定之路。你们准备好了吗？（观众一同高呼："准备好了！"）即使牺牲性命，也要遵循这条道路？（"是的！是的！"）那么，我会将你们的呐喊当作誓言……法西斯万岁！意大利万岁！[2]

或许是出于本能，又或许经过深思熟虑，法西斯主义以教会为范本，将自身打造为一种宗教。正如复兴运动以来所有重要大众政治运动所揭示的那样，天主教是人民心中最强大的文化样板。为赢得群众的情感支持，参考教会的语言、象征物与行事方法很有必要。自由主义政权因其"不可知论"而长期受到谴责，它未能以强势的理想信念与醒目的形象激发人民的热情。法西斯希望扭转局面。与天主教一样，法西斯主义将自身视为信徒组成的共同体，其中缺乏信仰者毫无立足之地（且应受到迫害），异见需要被扼杀（通过审查制度）。法西斯主义希望通过艺术、音乐、建筑、色彩、仪式和典礼激发信徒的狂热与虔诚。它建立起自己的圣人和先烈体系，安排民众到法西斯政权的新"圣地"朝圣，并将"领袖"抬高至神的地位。

领袖崇拜之风很大程度上归功于阿诺德·墨索里尼，他利用在《意大利人民报》的编辑身份极尽所能为兄长歌功颂德。从 20 世纪 20 年代中期开始，对墨索里尼的个人崇拜迅猛发展，得到了各大臣、党内高官的热情拥护，以及其情妇、米兰天才知识分子和艺术赞助者玛格丽塔·萨尔法蒂（Margherita Sarfatti）的支持。她在传记《领袖》（*Dux*，1925—1926 年）中将爱人描绘为完美的意大利天才，闪耀着罗马时代以来半岛所有伟人的精神光芒。这本传记在意共发行 17 版，总销量 20 万册，后被翻译为 18 种语言。[3] 随后几年中，源源不断的记者与作家大军接连推出颂扬首相的宣传册与书籍，竞相夸大溢美之词。几乎所有史上杰出人物都被拿来与墨索里尼相提并论，他的地位甚至盖过了苏格拉底、恺撒、华盛顿、拿破仑和林肯。我们很难弄清这些作者之中有多少真正对领袖心怀信仰，又有多少是出自自身对政治的痴迷，或只想借机谋求一份好工作。

墨索里尼对个人崇拜现象很感兴趣，他仔细审查与自身相关的文章与警察、党员和省长的报告，以了解自己在国家中的地位。他常说群众是极易受到影响的，还引用名噪一时的大众理论家古斯塔夫·勒庞的观点加以佐证。他一再将意大利人比作易受奖惩机制操纵的孩童（"在统治意大利人方面，有两件事不可或缺：警察和广场上的音乐"）。[4] 戏剧表演般的公共演讲是其个人魅力的重要来源，目的是激发人们的狂热与不经思考的信仰（"群众不必知晓，但必须相信"）。[5] 在墨索里尼看来，国民幼稚而轻信，他因而逐渐建立了一种融合了默剧与宗教仪式的演讲风格，以疯狂夸张的姿态、戏剧性的手部动作和抑扬顿挫的语气加强演讲者同听众的交流——邓南遮正是此类演讲模式的推广者。[6]

众多媒体成为宣传领袖崇拜的喉舌，各大报纸必须大篇幅报道他的日常活动，对他的演讲大加称赞（人群的欢呼声往往被描述为"发狂般"、"可怕"、"经久不歇"、"狂热"、"充满活力"、"震耳欲聋"和"热情"的）。印刷品中指代墨索里尼的"领袖"和"他"必须大写，记者们则在他的大名前加上"崇高"、"伟大"、"神圣"和"不知疲倦"（他在离开办公室后仍会留下一盏灯，这间办公室俯瞰威尼斯广场，更让他工作时间很长的形象深入人心）等修饰词。"相信、服从、战斗""生于忧患""宁可一日为狮，不可百年为羊"等墨索里尼的名言（相传为他所言）被刻在全国各地的碑文与墙面上，而他的面部特征与轮廓经现代艺术手法处理后，成为无数绘画、海报、雕塑、雕像和奖章的主题。20 世纪30 年代，广播和电影在领袖崇拜中扮演起日益重要的作用。

领袖往往被抬升至"弥赛亚"的地位，他"奇迹般"地在1925—1926 年的四次暗杀中幸存（"那些疯子企图夺走墨索里尼的性命，上帝拯救了意大利"，新闻头条这样写道），[7]教皇庇护十一世在 1929 年称其为"天选之人"，为领袖神圣化提供了教会支持。小学课本常在对墨索里尼的描写中注入宗教色彩——在一篇题为《聋哑人的"是"》的二年级课文中，一名小男孩在聆听墨索里尼的演讲时，病痛突然被治愈了，竟能高呼"是！领袖！领袖！"来热情回应领袖。在故事的结尾，作者总结道："天上有颗星注视着我们，那是神的眼睛。"[8]无数的文字都提到墨索里尼的性格与耶稣基督伟大品质的相似之处，即大公无私、不为俗物所累，以及面对流亡的艰苦与战争的创伤时的坚忍不拔（萨尔法蒂在传记中写道，他遍体鳞伤，"宛若被箭雨刺穿的圣塞巴斯蒂安"）。[9]

墨索里尼平凡的出身也成为个人崇拜中的亮点，其中与耶稣生平的相似之处更是唤起了人们的情感共鸣——领袖的父亲是一名铁匠，而耶稣的养父是一名木匠，领袖饱经苦难的坚强母亲罗莎则扮演了圣母马利亚的角色（"他们正如马利亚和约瑟之于耶稣，"埃德加多·苏利斯在 1932 年的《模仿墨索里尼》一书中写道，"上帝与历史的机制注定要关照这位伟大的民族救星——事实上是最伟大的救世主"）。[10]从 20 世纪 20 年代中期开始，领袖的家乡普雷达皮奥被开发为大众旅游中心，墨索里尼出生的房子与新建的家族墓地（埋葬着他的父母，1931 年阿诺德也下葬于此）成为热门观光地。参观者在引导下将自己视为朝圣者，心存敬畏，且大多数人似乎是自觉自愿的。据一份报道称，820 名农村主妇联合会成员曾在 1937 年从佩萨罗来此地参观：

> 前天夜里，农村主妇联合会从田野中摘下野花装饰车辆，还准备了放在［领袖双亲］坟墓上的巨大花束。成员们排起长队，身着特制服饰，怀中抱满鲜花，一派朝气蓬勃的可爱模样……随后，大家听到普雷达皮奥教堂为墨索里尼父母举行的弥撒……接着，她们怀着虔诚之心参观了领袖的居所，这里与她们自己的家一般简陋贫穷。一位母亲曾在这里辛苦劳作，受尽苦难，过着与她们同样朴素而充满爱意、幸福而奉献自我的生活，将善良、守纪与自我牺牲的美好品质传递给家中长子。据说，一位主妇联合会成员"虔诚地亲吻"了房内所有可触碰的物品。[11]

　　领袖崇拜在各种意义上都是法西斯政权凝聚力的关键，它将不同背景的男女团结在一起，自 1925 年后成为在法西斯党内，乃至在整个意大利社会蔓延的各种意识形态潮流的共同特点。它在知识与情感层面都发挥着作用，尤其是在色情层面：墨索里尼表面上是一位可敬的已婚男士，但很少有人否认他对女人有着致命诱惑力与贪婪性欲（据他的私人秘书说，他几乎每天都在威尼斯宫的办公室里与不同女人迅速做爱）。[12] 但是，领袖崇拜之所以如此普遍而强烈（对克里斯皮的崇拜也是如此），根本原因依然是意大利复兴理念所激起的无尽希望，这是君主与议会制度始终未能满足的。法西斯政权正是借助为人熟知的宗教象征，将这些政治、道德、经济、文化与军事上的希望转化为一种救世主降临的气氛。

法西斯主义运用各种仪式与符号凸显自身的宗教特征。正如党内重要知识分子朱塞佩·博塔伊（Giuseppe Bottai）在1923年解释的那样："庄严的仪式往往比教士的布道更能征服人们的心魂神智。"[13] 法西斯很早便提出一系列独特的特征、记忆场所与日期，从而建立起一个礼仪与纪念框架，将墨索里尼口中法西斯运动的"悲怆"存续下来。[14] 敬礼、黑衫、法西斯标志、《青年岁月》、10月28日（进军罗马）、4月21日（古罗马建城日，取代社会主义的五一劳动节）、5月24日（参战）、11月4日（1918年的胜利）、无名烈士墓（位于维克托·伊曼纽尔二世纪念堂）、1915—1918年战争的各大战场与墓地……不胜枚举。1927年，政府在基督教历法以外引入了一套以10月29日为一年之始的新历法，日期用罗马数字表示，1922—1923年为"法西斯元年"。

与天主教一样，法西斯也建立起死者崇拜。当局尊崇的人物主要是在1919—1922年反社会主义斗争中丧生的"3 000名法西斯烈士"，纪念他们的方式包括演讲、纪念碑以及公共建筑、党支部与街道的名字。同时，"民兵团阵亡者"也常常出现在祷告词与印刷品中。1935年，法西斯党出版了一册收录1923—1931年370名捍卫革命的黑衫军烈士的照片和传记集，该书将宗教与战斗意象结合起来，卷首印着火焰般鲜红的十字架，两旁是法西斯标志与直立的刺刀，还有为法西斯亡者而写的祈祷词：

> 上帝，你点燃了每一粒火种，鼓舞着每一颗心，让我们每

一天都对意大利焕发全新的热情。

你让死者的牺牲更具价值，让强大的他们回应生者：现在！

用你的智慧滋养我的书页，用你的意志填满我的火枪……

当未来的士兵同我在队伍中并肩前行，愿我听到他那赤诚之心的跳动声……

主啊！让你的十字架成为我军旗的标志。

让伟大领袖来拯救意大利吧，在我们壮美的死亡时刻。

阿门。[15]

通过天主教那种连接生者与死者的模式，当局得以将意大利的浩瀚历史变成法西斯的情感资源，将法西斯国家塑造为历史必然与天命所归。同样，那些被认为是外来的或无价值的因素也被从历史记录中删除，或遭到谴责——例如 1860 年至 1922 年的大部分历史。关于法西斯如何利用死亡崇拜将现在与过去相连，有一个经典案例：在"进军罗马"12 周年纪念日上，37 名"法西斯烈士"被重新安葬至佛罗伦萨圣十字教堂的地下室。这个仪式在法西斯政权、复兴运动（依靠福斯科洛与他的伟大爱国主义诗篇《墓地哀思》）和已经安葬于此的"意大利伟人"（如马基雅弗利、米开朗琪罗和伽利略）之间建立了联系。在这场奢华的仪式上，每一具棺材都被抬着穿过城市的街道，前方是写有烈士姓名与"现在！"（Presente！）字样的横幅，墨索里尼与所有党内高层均出席了此次仪式。新闻媒体着重报道此事，称其表明了法西斯主义如何通过宗教热忱成功统一了全国：

距离仪式只有几个小时，全体意大利人的灵魂都为此了做准备，向着至高无上且亲密无间的宗教力量延伸。没有宗教，生活将失去色彩与意义……法西斯主义的民间礼仪印证了民众的纪律性与对首相的高度信任。[16]

　　除此之外，1932 年的"进军罗马"10 周年庆祝活动最能彰显法西斯主义以生者和死者的精神共同体自居的意图。那年夏季，罗马的展览宫举办了一场展现加里波第生平与遗产的大型展览，其根本政治目的是强调"红衫军"与"黑衫军"的近似性。在最后一个展厅，参观者将走过一条长长的走廊，两侧展示着从 19 世纪中叶至"一战"期间三代加里波第式英雄所穿的军装，传达出明确信号：1848—1849 年、1860 年、1862 年、1867 年和 1915—1918 年的事件都在传承着同一信仰（亦都由鲜血铸就），最终以法西斯掌权达到高潮。著名的复兴运动历史学家安东尼奥·蒙蒂（Antonio Monti）担任策展人，他对加里波第手下大将朱塞佩·西尔托里（Giuseppe Sirtori）的军装尤为青睐——黑色的长款大衣内配有红色衬衫。这套服饰让他回想起 1922 年 10 月在门塔纳阵亡的一名黑衫军成员，其衬衫被鲜血染红，"这是两次'进军罗马'之精神纽带的华美象征"。[17]

　　加里波第展刚刚结束，展览宫的学院派（beaux-arts）风格外墙就被迅速改建，以迎接 1932 年 10 月 28 日开幕的法西斯革命展览：四座现代主义风格的黑色法西斯标志在入口楼梯上方的红背景前威严耸立，高达 24 米——仿佛为了强调这个国家从自由主义的娇弱女性气质向法西斯的阳刚、纪律和力量的蜕变。该展览由那个时代才华横溢的建筑师与艺术家共同设计，其中包括马里奥·西罗尼和朱塞普·特拉尼（Giuseppe Terragni）。他们将数千份原始资料与照片呈现在独具美感的展厅中，它们记录着意大利 1914 年至 1922 年波澜壮阔的岁月。从表面上看，墨索里尼和党内其他领袖人物的事迹是展览的核心，突显出政治叙事的至高性。但这背后的含义是，法西斯革命是一场精神运动，其目的是重建人民与国家间的联系，从而使意大利能够实现其成为世界强权的真正使命。

这个信息已暗藏在开头的几个展厅中，《意大利人民》的叙述为其中展示的战后事件提供了线索。墙壁与壁柱上饰有文字和语录，仿佛革命的真正主角"意大利人民"正通过墨索里尼发出自己的声音。但在最后一个展厅，法西斯主义作为新的精神共同体的缔造者与代理人的观点得到了强有力的表达。参观者在教堂大厅般的"法西斯画廊"中穿行，两边的巨型悬臂壁柱以法西斯礼的形态向上升起，天花板上刻着"领袖"的字样。随后的"墨索里尼大厅"则复原了这位法西斯领袖在米兰的最后一间办公室，电话听筒还躺在桌面上，仿佛他刚被匆匆喊走，死亡通知样式的文件则详细记述了他所经历的暗杀威胁。墨索里尼面临的生命威胁被用来强调（带有一丝警告的色彩）法西斯精神的永恒性，这在最后的烈士祠中得到了戏剧性的强调。在黑暗的半球形空间里，一个巨大的金属十字架上刻着"为了不朽的祖国"的字样，四周墙壁的金属板上写满上千个"现在！"。[18]

法西斯与梵蒂冈

墨索里尼在年轻时曾激烈反对教会，抨击其愚昧、道德堕落，批评神父为"黑暗的微生物"，并在 1910 年出版了一部关于枢机主教谋杀年轻情妇的低俗小说。[19] 尽管自 20 世纪 20 年代初起，墨索里尼为抗击自由派和社会主义者等反对派，明显缓和了对教会的态度，以求赢得梵蒂冈的支持，但他内心仍对天主教怀有深深的敌意。许多（尤其是有着激进左派背景的）法西斯主义者同样心怀反对态度，认为教会的道德力量威胁着法西斯党对群众心灵的控制。因此，将政权转化为世俗宗教的尝试往往包含故意亵渎上帝的成分——如同 19 世纪中期对加里波第的崇拜一般。20 世纪 20 年代中期，突尼斯的意大利学校向学生传授的《信经》版本肯定会引发天主教徒与教会人士的强烈愤慨：

> 我信伟大领袖，创造黑衫军的主。我信耶稣基督，领袖的唯一保护者；我们的救世主为良师与勤勉铁匠所生；他是英雄战士，亦有敌人；第三天他重建了这个国家。他登上至高办公室，坐在君主的右边；将来必从那里降临，审判布尔什维克。我信智慧之法，我信公民相通，我信罪得赦免，我信意大利复兴，我信永恒力量。阿门！[20]

教会并未高调谴责这明显的嘲弄之举，反映出其对法西斯的矛盾态度。法西斯政府成立之初支持天主教、反对自由主义与社会主义的姿态让教会为之振奋，同时，法西斯党承诺维护阶级与秩序，偏爱农村生活，鼓励阶级间合作并保守地看待女性作用，这些都让天主教会感到满意。但在法西斯主义的目标问题上，教会遇到了严重的困难。例如，法西斯在生育方面的斗争与教会对避孕的忧惧以及对家庭生活和生育神圣性的信仰不谋而合，但在教会看来，性行为的目的本该是帮助传播基督教价值观，而不是墨索里尼坚持的经济发展与军事实力。总体而言，教会对该政权的侵略性与军国主义文化感到不满，而法西斯政权坚持将国家的物质与精神力量完全用于追求世俗荣耀的做法也与天主教精神相悖（教皇一度愤怒地表示，"这是对国家的异端崇拜"）。[21]

摆在教会眼前的最大问题是，法西斯的极权主义野心直接威胁着公教进行会等天主教组织的运作，而教皇庇护十一世之所以在1926年开始为解决"罗马问题"（Roman Question）而进行严肃的秘密会谈，很大程度上是因为害怕丧失民心。1929年2月11日，梵蒂冈国务卿与墨索里尼在拉特兰宫的盛大仪式上签署了《拉特兰条约》（Lateran Pacts），结束了教会与国家政府之间长达70年的官方对立。《罗马观察报》宣布："意大利已被归还给上帝，上帝也已被归还给了意大利。"[22] 1870年的领土占领终获教会认可，回报是梵蒂冈成为一个拥有44公顷领土的完全独立的国家；教皇得到了7亿5 000万里拉的赔偿金，外加10亿债券，作为对1860年以来教会财产损失的补偿。条约宣布天主教为意大利国教，并给予教会一定特权，如免除见习神父的兵役。对庇护而言，最重要的是条约保证了公教进行会及相关组织在意大利的地位，"只要它们独立于所有政党……为传播和实现天主教准则而开展活动"。

墨索里尼和教会均从《拉特兰条约》中获取了巨大的政治收益。它被国际社会誉为一场伟大的外交胜利，巩固了意大利各领域人群对法西斯的强烈支持（这种支持此前已颇为普遍）。1929年3月的公民选举以高度的一致性体现了民意对《条约》的支持。400名新一届议员经选举产生，投票率超过90%，其中政府推选的代表获得了850多万张票（占投票人数的98.33%）。此次投票中不可避免存在胁迫现象，特别是在较小的中心市镇，市长和地方法西斯官员可以轻易控制选举结果（"我们会遵照他们的指令投票，但上帝知道我们心中所想",一位西西里米洛卡村农民对美国观察者表示,他当时正依时下流行的做法,在当地乐队的陪同下被遣送至投票站)。[23] 除此之外,某些地方的候选人名单上除了政府推选者外再无其他姓名,投票的意义相当有限。但政府与梵蒂冈的和解弥合了贯穿意大利社会的最具破坏性的道德裂痕,这一点是毋庸置疑的。数千万天主教徒对国家的认同感达到了1860年以来的最高程度。

然而,墨索里尼一旦承诺公教进行会可以拥有独立性,就不可避免地威胁到法西斯信仰者的极权梦想。他对此心知肚明,并在1931年对梵蒂冈发动了猛烈攻击,关停了所有天主教青年组织,声称这些组织具有政治企图(有违协定)。教皇以通谕反击,呼吁所有宣誓效忠法西斯政权者"在精神上有所保留"。[24] 双方均适可而止,不久即达成和解,政府允许天主教的青年组织继续进行纯粹的宗教性活动(不进行体育运动)。但真正的胜利者是教会,而非法西斯党。梵蒂冈成功地在民间社会占据一席之地,并充分加以利用。20世纪30年代,天主教青年团体的成员迅速增加至近40万人,而教会的学生运动——旨在培养平信徒的意大利天主教大学联合会(FUCI)——蓬勃发展,其中许多成员在1945年后成了天主教民主党领导者。私立的天主教中学也纷纷涌现,学生人数从1927年的3.1万人增加至1940年的10.4万人。[25]

信徒们因对祖国的信仰而团结在一起,努力摆脱过去几个世纪的恶习和恢复国家在世界精神、文化和政治上的卓越地位——这一理念得到了许多复兴运动中重要思潮的有力支持。包括艺术家、建筑师、小说家、剧作家、诗人、音乐家、记者、教师、学者和电影制作人在内的众多意大利知识分子都愿意与法西斯政权合作,并常常激情洋溢地讨论法西斯的本质与发展方向，这表明再创辉煌的神话具有强大的诱惑力，也证实了以赞助推动合作的可行性。正如后来成为意大利共产党领导人的达维德·拉约洛（Davide Lajolo）回忆的那样，20世纪20年代末30年代初，当他还是一名皮埃蒙特青年时：

> 从没有任何一个反对法西斯主义的人能够让我明白，我为法西斯燃烧的激情与渴望是错误的。无论是在学校、咖啡馆还是在与朋友聊天时，你都只听得到法西斯主义。"只有战争能为世界带来健康"，法西斯主义的宣传这样说，只有"在阳光下夺下一片天地"，意大利穷苦的芸芸众生才能过上好日子……只有"摆脱一切畏惧"——正如邓南遮诗中所言（极具诱惑力）——你才配活在世上。浮华的辞藻？的确……但它足以让我兴奋。我真诚相信必须走向人民群众，在任何战争中，我都愿扛起一支步枪与步兵们并肩作战，在枪林弹雨间冲锋。是的，是的："书与毛瑟枪，完美的法西斯。"这一切意味着：同伴死于我的身旁，希望被鲜血祭奠。这恐怖的遗产。[26]

然而，并非每个人都如拉约洛这般真诚地吸收法西斯传递的信息——接受水平不可避免地取决于人们的文化程度、接触媒体的机会以及对立价值体系的影响深度。在广大农村地区，特别是南方，法西斯党及其教义宣传很难取得进展。传统的生活节奏仍被家庭和当地社会问题主导，而在持续贫困的情况下，如何满足生存需要仍是第一要务。"法西斯？我不记得有什么法西斯，"20世纪70年代，一位年迈的农夫说，"我们脑子里只有干活。我从来不看报纸……"[27] 即使在大城市中心等政府宣传最有力、最持久的地区，传统的思想与情感模式——天主教、自由人文主义、社会主义——也很难被根除，党的部分较极端的思想会受到怀疑、讽刺甚至敌视。在 20 世纪 30 年代末，随着政权动员人心与创造法西斯新男女的局限性越来越显现，墨索里尼日益绝望，并常常向同僚抱怨"羊的种族"似乎不可能被改造为"狼的种族"：

> 我缺少的是可塑之才。即使米开朗琪罗也需要大理石才能创造雕塑。如果他只有陶土，那他也只能当个陶匠。一个当了 1 600 年铁砧的民族，不可能短短几年蜕变为铁锤。[28]

经受挫折后，他像此前许多受挫的爱国者一般寄希望于战争：

> ［意大利人］必须从早到晚一直穿着军装。他们需要的是棍棒，棍棒……为使一个民族变得伟大，必须将他们送上战场，即使是踹着他们的屁股。这正是我要做的。[29]

阳光之下，1929—1936

如果你在高原上看海，

如果你，黑色的小女孩，一个奴隶，

你会看到许多船只和一面三色旗向你致意，就像在梦里一样。

（副歌）

黑色的脸庞，美丽的阿比西尼亚人，

等待吧，那一刻已经接近！

那时我们将与你们同在，我们会给你们新的法律和新的国王。

《黑色的脸庞》，流行歌谣，1935 年

意大利与埃塞俄比亚是两个截然不同的实体。前者是伟大的民族国家，三大文明的摇篮；后者则是野蛮部落联合体。对欧洲而言，埃塞俄比亚是一个负面因素，危险的根源。而意大利则是欧洲合作的关键……

贝尼托·墨索里尼，1935 年 10 月 9 日

面包……

　　精神生活是法西斯的首要关切，但政府同样不能忽视金融问题。墨索里尼上台后，除在一定程度上恢复稳定外并未提出明确经济政策。此外，政治顾虑束缚了他的手段：他必须保障保守派的经济利益从而赢得支持。他因此着手削减政府开支（砍掉将近10万个公务员岗位），援助罗马银行（Banco di Roma），取消了股票强制登记制度，降低关税并减少部分课税。这些措施促使制造业在1923—1925年蓬勃发展（与欧洲其他地方一样）。而在农业方面，墨索里尼遏制了"一战"后大农场的分裂趋势。1925年，面对粮食歉收，政府出台一系列政策促使意大利实现自给自足。这场"谷物争夺战"的主要受益人是大农场主，而大规模投资灌溉工程、修路和造林以求提高产量的"综合土地开垦"计划亦是如此。计划所需费用本该由私人土地所有者承担，但由于缺乏严厉的惩罚措施，许多人拒绝出资。[1]

　　1925年巩固权力后，墨索里尼着手对经济实施更有力的中央管理。多年来，民族主义者坚持提议通过国家控制的辛迪加"规诫"劳工。1926年，政府出台法律明确规定法西斯工会对劳工代表权的垄断，严禁罢工，要求集体纠纷必须接受仲裁。理论上讲，此举是为建立一个成熟的"法团主义国家"（corporativist state）做铺垫。"法团主义"为许多左翼法西斯主义者所向往，他们深受"一战"前革命工团主义思想的影响，认为当国家的每一个经济类目，包括雇主与雇员，都在团体中拥有平等代表时，国家的资源便能得到合理利用，满足集体的需要——所谓资本主义与社会主义之间的"第三条道路"。但在实际操作中，法西斯未能像控制工人那样掌控企业家。况且，虽然政府采取了部分违背商界意愿的举措——如 1926—1927 年对里拉重新估价——但法西斯政府的经济政策总体上向中产阶级，而非农民与城市劳工倾斜。

与许多其他欧洲国家相比，1929 年大萧条对意大利的影响较小（主要是因其工业基础薄弱），但仍造成了巨大困境。1928—1934 年，平均工资骤降 25%，尽管此时的基本生活开支同样锐减，但工人的每周平均工作时间只减少了约 10%，这意味着总体而言，许多产业工人的生活质量可能有所下滑（部分法西斯领导人乐见这样严酷的经济考验：博塔伊表示，这将"以强制的严酷生活方式，带来宝贵的心理与道德的成果"）。[2] 意大利农村受经济大萧条破坏最严重，柑橘、橄榄、坚果、葡萄酒等农产品出口市场崩溃，加速了"谷物争夺战"提倡的向小麦种植的转型。小农户面临灭顶之灾。失业率急剧上升，消费能力减弱，南方的处境尤其危急——由于美国等其他国家在"一战"后实行严格的移民配额制，曾经的海外移民和从海外汇款回国的通路亦被堵塞。

为应对国家经济困境，政府大幅增加公共开支。公务员人数在 20 世纪 30 年代翻了一番，达到 100 万左右，而福利支出（包括生育津贴与家庭补助）则从 15 亿里拉增至 67 亿里拉，超过了国家总税收的 20%，福利国家初见雏形。[3] 公共工程开销也急速攀升。1930 年，仅有不到 20 万辆私家车行驶在意大利的马路上，而英法两国都有超过 100 万辆，但这并不妨碍国家开启一项雄心勃勃的高速公路建设计划——一方面是为了提供就业机会，另一方面则希望树立国家威望。《意大利百科全书》（*The Italian Encyclopaedia*）提到，意大利高速公路"完全由本国自主兴建"，但事实并非如此。高速公路项目与法西斯热衷营造的自身形象，即生命活力与现代性的化身高度吻合。[4] 20 世纪 30 年代，意大利汽车保有量升至 30 多万辆，这得益于菲亚特推出的排量 0.5 升的经济车型，它被亲切地称为"小老鼠"（Topolino）。这款车颇具现代气息，但很难称得上具有活力。

此外，国家还成立了两个重要的新机构——意大利动产协会（IMI，1931 年）和工业复兴协会（IRI，1933 年）——以拯救处境艰险的银行与企业。工业复兴协会对意大利经济发展产生了深远影响，参与挽救了从钢铁厂、造船厂、航运公司到电气工业、机床工业和电话系统的各行各业。该组织的最初目的是为公司提供资本与管理方面的建议，助其恢复财务健康，随后再将企业恢复私有。但实际上，许多公司仍完全或部分由国家管控，其经营者是一代满怀激情的改革派企业家，他们之中有许多人将在 20 世纪 50 年代至 60 年代带领意大利走向"经济奇迹"。据估计，二战前夕意大利工业中的国有化比例高于苏联以外的任何欧洲国家。[5]

法西斯政府喜欢将工业复兴协会展现为"法团主义国家"的组成部分。1934 年，国家设立了 22 个由雇主与工人组成的垂直结构社团，每个社团（据说）都要协调各自所属的不同经济部门的需要。但实际上，工业复兴协会大体上与这些新机构关联甚微，社团并未像发挥出政府最初宣传中的重要作用。它们本应根据社会的整体需求调节工资、生产水平和工作条件，但由于实权有限，大部分关键经济决策仍由法西斯党控制下的工人辛迪加、雇主自治组织、意大利实业家联合会（Confindustria）和墨索里尼做出。但这并未阻止意大利和外国的媒体为法团主义国家写下海量文章。历史学家加埃塔诺·萨尔韦米尼是少有的移民海外的意大利学者，1935 年他在哈佛大学提到"意大利已成为政治学、经济学和社会学研究者的麦加"，因社团体系似乎为资本主义的个人主义与共产主义的集体主义两者的弊端提供了革命性解决方案，学者们急切要研究该体系。[6]

……与娱乐

客观来看，大多数意大利人都在 20 世纪 20 年代末 30 年代初感受到了生活水准的下降；但主观上讲，许多人或许觉得生活更幸福了。领袖常严词斥责意大利人那沉湎肉欲、任性贪玩的游手好闲风气，声称要将国民"普鲁士化"。但矛盾的是，政府为了争取群众的支持，就必须广泛推进娱乐活动。1925 年，一个由娱乐场所与俱乐部共同组成的国家联合会正式成立，这些机构之前大多曾由社会主义者运营，两年后该联合会逐渐被置于法西斯党的控制下。国家下班后俱乐部（Opera Nazionale Dopolavoro）人气极高，其会员人数从 1926 年的 28 万（多为铁路与邮政工人）增至 1930 年的 140 万，1939 年则几乎达到 400 万。俱乐部组织音乐会、戏剧、舞蹈与电影放映，经营酒吧和台球室，为地方节日庆典助兴，同时也安排体育赛事、一日游与海滨度假。与法西斯政权的其他政策相似，该组织在城市的影响力远大于农村，在北方的影响力远大于南方。即便如此，它无疑仍是两次世界大战之间这段时期为争取民意所做出的最有效举措之一。[7]

但是，以热闹的娱乐活动弥补面包（尤其是白面包）短缺是有政治风险的。尽管政府已尽力通过娱乐活动培养"民族"热情，包括组织歌舞节与穿着传统农民服饰的游行，恢复（或在某些情况下创造）一些古老运动项目（如 1930 年复兴的佛罗伦萨 27 人制足球赛和 1931 年复兴的阿雷佐的萨拉齐诺竞武节，但事实上，最受欢迎的群众休闲活动却成了外国文化渗透的有力工具。以电影为例，政府虽极力鼓励拍摄爱国主义影片，但 20 世纪 30 年代占据主流的仍是资产阶级喜剧片，以"白色电话机"象征富裕生活是这类影片的特色。当然，的确有一些宣扬"法西斯"价值理念的电影较为卖座，其中包括墨索里尼之子维托里奥协助制作的《空军敢死队》（*Luciano Serra, pilota*）。当局动用进口限制与审查手段限制外国作品的发行，但收效甚微，1938 年美国电影斩获了四分之三的票房。[8]

大众节日与民俗的推广也问题重重。某份法西斯党出版物提到，展示各省艺术、音乐与服饰，恢复各地传统仪式以及纪念地方历史事件的目的是"防止意大利人盲目热爱和模仿外国事物，鼓励他们充分利用自己的文化，唤起'民族精神，没有民族精神，世界上就不会有任何辉煌伟业'"。[9]但是，颂扬"小范围故土"的荣耀可能会助长强烈的地方自治情绪，而这种自治情绪正是长期遭到批判的意大利特有的恶习，显然也是法西斯政权极力遏制的对象——正如它发起的迫害方言、推行意大利语的行动所展现的那样。这一隐患常常成为现实。20 世纪 30 年代，锡耶纳曾因其他城市模仿其传统的赛马节（palio）而愤怒不已，墨索里尼只得下令禁止其他城市的节日以该词命名。[10]而普利亚的脱拉尼镇（Trani）试图修建一座"巴列塔决斗"纪念碑，声称这里才是 1503 年那场著名的意大利与西班牙骑士交锋的真正发生地（而不是巴列塔）。这场历史事件争夺战在 1932 年彻底爆发，最终导致 2 人死亡，16 人负伤。内政部副大臣在向议会提及此类不幸事件时表示，暴力的成因在于"地方偏狭精神的顽固遗存"。[11]

帝国

　　法西斯政权总是将意大利的经济需要当作殖民扩张的理由。1924 年，墨索里尼对议会说："我们的半岛太小，岩石密集，山势陡峭，无法养活 4 000 万居民。"[12] 但这不过是场面话，掩饰了法西斯以对外扩张检验（并提高）国家道德水平的动机。国家若真的人口过多，又何必打什么"生育之战"呢？当局宣称能从利比亚与其他东非殖民地（厄立特里亚和索马里，自阿杜瓦惨败后意大利便紧紧抓住这两个殖民地）获得巨大经济收益，表示要在北非沿岸的绿洲与肥沃的棕榈林中安置 30 万甚至 50 万农民，使其获得在家乡无望享受的富裕生活。但直到二战爆发，仅有 3.9 万意大利农民被引诱至利比亚。[13] 殖民地也没能为国家财政创收：1941 年，每个殖民地都要由罗马支付其一半至四分之三的预算。

　　自执政之初，墨索里尼就宣称意大利有权建立起广阔帝国。政府对凡尔赛宫的羞辱怀恨在心——背信弃义的盟友仅从"丰富的殖民地战利品中"施舍了"一小部分"，就换取了意大利"67 万人死亡、40 万人残疾和 100 万人负伤的巨大贡献"。[14] 法西斯政权执迷于创造一个精神统一、人口充足且经济自足的国家，这个国家的人民应该奋勇好战，这种执迷背后暗含着弥补过去（1866 年、1896 年和 1917 年）的遗憾、确保意大利跻身世界帝国强权之列的决心。而墨索里尼心中已经确定这将在何时实现。正如他在 1927 年对众议院所言：

　　　　我们需要能在任何时刻动员 500 万士兵，并给予充分的武装。我们必须加强海军建设，空军规模虽有所提升，但仍需持续扩张并增强实力，让引擎的轰鸣响彻半岛，让战机的机翼遮天蔽日。如此，当明日——1935年至1940年——欧洲历史的关键时刻再度来临，我们定能发出自己的声音，伸张我们应有的权利。（热烈的欢呼经久不息）[15]

此次演讲中，他还提醒议员们，自己一直是暴力和"浴血"的辩护者，认定这是实现政治与道德进步的必要手段。[16]

法西斯政府认为此前自由主义政府在非洲的政策软弱无力、踌躇不定，决心终结这种政策。1922年，索马里大部分地区并未完全被意大利掌控，新总督切萨雷·马里亚·德韦基上任后采用残忍手段镇压索马里人，被称为"索马里屠夫"。德韦基曾是"进军罗马"的领导者之一，未来将出任国民教育大臣，就连墨索里尼也对其凶残暴力之举感到惊讶。[17]据悉，德韦基曾指使他从都灵带来的黑衫军团惩罚一位索马里宗教领袖，此人被怀疑在摩加迪沙南部的意大利香蕉种植园中教唆当地劳工反抗。"不要忘记你们是伟大战争的胜利者。"他对黑衫军说。黑衫军奉令行事，向当地人无差别开火，迫使酋长及其惊慌失措的追随者躲进一座清真寺。他们拒绝投降，清真寺随即遭到炮轰，设法逃跑者皆被追杀。总督下令不收留俘虏，200余名索马里人在此次攻势中死亡。[18]

截至"进军罗马"时，利比亚局势与索马里相似，意大利的管辖范围仅限于地中海沿岸的狭长地带。在总督朱塞佩·沃尔皮（Giuseppe Volpi）的积极管治下，的黎波里塔尼亚北部大部分地区已经臣服——这符合法西斯的信念，正如沃尔皮解释的那样，意大利拥有的"不仅是军事优势，更重要的是精神优势，这源于我们历史传统的强大内核，更源于几个世纪以来意大利肩负的伟大教化使命"。[19]1925年后，随着政府将开拓殖民地与提升意大利在地中海的地位作为主要外交目标，在利比亚的军事行动也加大了强度。1926年墨索里尼高调出访的黎波里，随后不久，朱塞佩·博塔伊在一本小册子中解释道：

> 意大利的帝国前景很大程度上取决于利比亚沿海，以及其腹地的政治效率。我们必须明白，地中海尚不属于我们。它对于我们来说就是一切，我们却毫无话语权。过去政府的习惯性犯罪与其他强权的介入将我们困在了这片海域。[20]

鲁道夫·格拉齐亚尼（Rodolfo Graziani）是利比亚行动中的关键军事人物，这位野心勃勃的军人屡屡立下战功，很快被誉为法西斯"新人类"，可与伟大的罗马将军西庇阿相媲美。20世纪30年代，身为元帅与侯爵的格拉齐亚尼享有盛誉，部分原因在于他孜孜不倦地标榜自己为浪漫的知识分子，每当内心动摇时便向恺撒、李维、塔西佗和撒路斯提乌斯（"我的主人与先知们"）寻求感召。他常因极端残忍而受到批判，却从文学中找到了慰藉。正如他在1931年所言：

> 如果我有时心有顾虑，为我所作所为的暴虐而不安，我会从马基雅弗利的语句中寻找肯定："王室为确保其臣民团结忠诚，不必因担忧行事残忍而瞻前顾后，杀鸡儆猴远比混乱失序仁慈得多，过度怜悯之情可能带来抢劫与杀戮。"……每个时代的历史都告诉我：不被当下接受的过去必须尽数（或部分）摧毁，否则任何新事物都无法确立。[21]

1930 年春，格拉齐亚尼与利比亚新总督彼得罗·巴多利奥元帅成功将殖民地西部置于管控之下，但东部的昔兰尼加却仍然难以驾驭。部分原因在于意大利当局对该地区的游牧文化知之甚少，而这些部落的居民凶猛、极度骄傲且虔信宗教，但在格拉齐亚尼看来，塞努西教派（Senussi）不过是一群野蛮人，在年迈的军阀奥马尔·穆卡塔尔（Omar el Mukhtar，"一个贝都因人……没什么文化，完全不知文明为何物……一个无知的疯子"）[22] 的误导下与文明力量为敌。但事实上，穆卡塔尔是一位学识渊博、品行高尚的苦行者，他在成为昔兰尼加抵抗运动领导人之前曾在一所穆斯林学校执教多年。他在同胞间享有极高声誉，军事才能亦十分出色，上千名穆斯林圣战者主动应征而来。

为粉碎塞努西教派的抵抗，格拉齐亚尼和巴多利奥于 1930 年 6 月制订了一项孤注一掷的计划，将昔兰尼加的全部游牧及半游牧居民关入集中营，以切断穆卡塔尔的供给线。此后数月，至少有 10 万人被驱赶着在沙漠中穿行，有时甚至跋涉 1 000 多千米，来到班加西附近有带刺铁丝网围绕的营地，他们之中大多是妇女、儿童和老人。任何掉队者都被立即枪毙。法西斯将集中营宣扬为现代文明的绿洲，清洁卫生，管理高效。但事实上，营地卫生状况极差，2 万多名贝都因人连同骆驼与其他牲畜挤在大约 1 平方千米的区域内，医疗服务简陋：索卢克（Soluch）和西迪艾哈迈德-埃尔马格伦（Sisi Ahmed el Magrun）两处营地共关押着 3.3 万人，却只配备一名医生。食物供应紧缺与强制体力劳动损害着他们的健康，斑疹伤寒等疾病乘虚而入，到 1933 年 9 月最后一个集中营关闭时，已有 4 万多名囚犯死于其中。[23]

昔兰尼加民众遭关押后，穆卡塔尔及其追随者的前路一片黯淡。

为进一步将他们孤立，阻断来自埃及的补给，格拉齐亚尼下令修建一道长 275 千米、高 4 米的铁丝网，从拜尔迪港（Bardia）向南穿越沙漠延伸至杰格布卜（Giarabub）绿洲。意军迅速高效地对叛乱分子及其家属施展最后一击，以轰炸机支援地面部队，向敌军阵地投掷烈性炸药与（违反国际法的）芥子气弹，用机枪横扫对方防线。此次交战未留下任何俘虏，妇女、儿童也被一并处决。一位试图约束格拉齐亚尼暴行的意大利高官被建议调回国内，格拉齐亚尼向政府解释道："道迪亚切博士的思维方式过时已久，我不得不反复推动他接受新事物。"[24] 意军侵占塞努西教派圣地库夫拉（Cufra）并屠杀当地居民的行动引发了伊斯兰世界的普遍谴责。一家阿拉伯主流报纸质问："法西斯此类'中世纪手段'又与'文明'有何关系？"[25]

1931 年 9 月，73 岁的穆卡塔尔被意大利军队抓获并立即遭到审判，被以叛国罪（"武装煽动殖民地与祖国分离"）判处死刑。[26] 一位意军上尉因为其辩护而被单独监禁 10 天，以惩戒他过分流露的同情。穆卡塔尔在索卢克集中营的 2 万名贝都因支持者面前被执行绞刑，随即成为整个阿拉伯世界的烈士。巴勒斯坦传来呼声，人们希望将他的尸骨葬在圣城耶路撒冷。至此，意大利基本实现了对利比亚的全面军事控制，但其与当地居民的恶劣关系已毫无转圜余地。1933 年 10 月，开罗的《圣战报》（Al-Jihad）刊登了一封写给墨索里尼的公开信，指出法西斯非洲策略的种种缺陷：

> 22 年的交战过后，你们凭着武器的优势成功征服了一个国家。但我可以告诉你，你在的黎波里没能赢下任何民心。人民的心意不像堡垒，无法用炸弹夺取，只有通过正义与善行博取……你们却试图消灭此地居民，以便为你们国家吃不饱饭的

穷人腾出地方。这项政策注定将徒劳无功……[27]

1981 年上映的大型（基本合乎史实的）历史影片《沙漠雄狮》（*The Lion of the Desert*）讲述了奥马尔·穆卡塔尔的生平事迹，以及利比亚塞努西教派抵抗运动遭到镇压的故事。意大利至今将该电影列为禁片，理由是"有损意大利军队的名誉"。

古罗马风潮

随着帝国主义逐渐成为法西斯主义的核心目标，政权的标志物亦越发呈现帝国特征。1929 年，墨索里尼将政府总部搬至威尼斯宫。此处曾是威尼斯驻罗马大使的宅邸，而威尼斯曾视统治地中海为城邦的使命（正如邓南遮在戏剧《船》中提醒观众的那样）。领袖的私人办公室"世界地图厅"（Sala del Mappamondo）装潢华丽，建于文艺复兴时期，长 18 米、宽 12 米、高 12 米。墨索里尼坐在角落的书桌前，拒人于千里之外（"你几乎需要一副望远镜才能看到他"，一位记者评论道）。[28] 重新装修的地板上是一系列神话题材与海军题材的镶嵌画，中心的巨大方形画描绘了朱庇特强奸欧罗巴的场景。据设计者解释，该主题象征着意大利艺术对世界的征服，不过它很容易让人产生更加好战的理解，尤其是考虑到画面两侧装饰着威严的法西斯标志。[29]

随着殖民在政治中的地位越发重要，罗马帝国成为法西斯政权的首要文化参照对象。墨索里尼与马志尼和加里波第一样，自小就陶醉在古罗马的神秘氛围中（"我日思夜想，苦苦追求，只为了心爱的罗马……罗马！这个词仿佛一道惊雷响彻我的灵魂"）；[30] 而法西斯否定民主，崇尚权威、纪律、爱国主义与战争，以自由主义永远无法实现的方式拥抱古罗马的历史与象征。历史与当下的断裂曾令许多复兴运动时期的爱国者备受折磨，1860 年后，它又使意大利丧失了支持新秩序的强大参照物。如今这道裂缝似乎终于得到填补，罗马帝国以法西斯的面貌重生了。正如"巴利拉"成员的教学手册所言：

> 仔细倾听……你或许还能听到罗马军团震慑人心魄的脚步声……恺撒在领袖身上复活；他骑马率领无数追随者，踏平一切懦弱与肮脏，重建罗马的文化与权威。走进他的士兵之列吧……[31]

罗马城本身即是法西斯全球野心的最佳诠释。墨索里尼要求罗马的建筑规划像奥古斯都时期的那样"庞大、有序且有力"。他表示，此前腐朽的几个世纪里，罗马重要古迹——万神殿、马切罗剧场、奥古斯都墓、卡匹托尔广场——附近盖起的破旧房屋应被全部铲除，以便让这些地标再次成为城市景观中的夺目灯塔，与帝国权威相匹配的宏伟建筑将取代随处可见的"肮脏城市景观"。他还提议建造世界上最长最宽的直线高速公路，将"地中海的进口物资"从复兴的奥斯蒂亚港（Ostia）运送至罗马市中心。他虽反对城市化，却希望罗马城大规模扩张，人口增加一倍以上，城区向西延伸 20 千米直至海滨。意大利终将拥有一个"精神上与政治上"都名正言顺的首都。[32]

如此宏大浮夸的计划自然无法成为现实，但墨索里尼的确促成了一个重要项目的落地，那就是在罗马斗兽场与卡匹托尔广场之间修建一条贯穿古罗马广场的主干道。"帝国大道"在征战利比亚的尾声中竣工，并在"进军罗马"10 周年之际正式通车，工程期间共拆除 11 条旧路，平整约 4 万平方米的土地（导致考古遗址的大范围破坏）。阅兵是"帝国大道"的首要功能，同时，它也在恺撒的古罗马与现代意大利的第三罗马之间连起一条实际的通路，以及一条象征之路：经过巍然耸立的维克托·伊曼纽尔二世纪念堂，情绪高涨的民众涌向威尼斯广场，聆听领袖站在宫殿阳台发表演讲。道路西侧还设置了一系列大理石及青铜制成的地图，展现罗马帝国的不同发展阶段。

20 世纪 30 年代，罗马精神（Romanità）已渗透至意大利的文化生活中。画家与雕塑家们大量借鉴古典艺术，试图创造出独特的"民族"艺术风格，而建筑师们则借鉴古罗马造型图案发明了一种"帝国式"建筑，兼具纪念意义与现代风格。凯旋门成为法西斯仪式与庆典中的一大特色，在博尔扎诺（Bolzano）等地，它是意大利军事胜利的象征。在利比亚班加西与的黎波里间的苏尔特沙漠（古代迦太基的边境），意大利修建起一座巨型凯旋门，其上刻着贺拉斯那有着帝国主义意味的语录："赋予生命的太阳啊，凡你所照耀的土地，皆为罗马。"[33] 当局还多次举办高规格的名人诞辰 2 000 年纪念活动——1930 年维吉尔、1935 年贺拉斯和 1937 年奥古斯都——将自身与古罗马的黄金时代相提并论。维吉尔与贺拉斯被誉为歌颂乡村生活与战后和谐的诗人，他们将自己的才华献给国家，而奥古斯都则被宣扬为领袖的光辉前辈。1937 年，罗马举办的"奥古斯都罗马精神"大型展览着重展现法西斯意大利带领古老帝国复兴的观念。展厅入口处印着墨索里尼的题词："意大利人，你们要让未来的辉煌超越昔日的荣光。"[34]

埃塞俄比亚

1896 年的阿杜瓦惨败常被法西斯党称为意大利民族形象的污点，需被清除。在征服利比亚之后，埃塞俄比亚自然成为意大利帝国野心的下一个目标。20 世纪 20 年代，入侵这个古老东非王国便不时被提上议程，其中一个重要原因在于它能将厄立特里亚与索马里这两个殖民地连接起来，但墨索里尼当时有更要紧的事务，所以仅仅通过经济渗透向该地区施加影响。但在 1932 年秋天，他沉浸在"进军罗马"10 周年庆典的喜悦中，下令殖民地大臣起草进攻计划。意大利军事领导人——海陆空三军参谋长与总参谋长巴多利奥元帅——就如何展开行动争执不下，这场长期辩论揭露出军队高层间毫无沟通与协调可言。尽管总参谋长是名义上的最高将领，但他对三军并无有效指挥权。能够实现集中管控的唯有墨索里尼一人，自 1933 年底，他开始逐步接管陆军、海军与空军（以及外交部、内政部和社团部）事务。[35]

1933 年，在希特勒上台的全新国际形势之下，意大利正式决定入侵埃塞俄比亚。墨索里尼推测，英法两国将被德国势力的崛起转移注意力，只要非洲攻势足够迅速，意大利就不会遭到国际社会的反对。再有就是奥地利问题。1934 年 6 月，当墨索里尼在威尼斯第一次会见希特勒时，这位德国总理长篇大论地讲述了自己的欧洲战争计划，并表示希望在维也纳建立一个亲纳粹政府。墨索里尼显然没有反对——或许因为他没能完全听懂希特勒的话（当时没有翻译在场）——因此让人误以为他并不担心奥地利的独立性。次月，墨索里尼的门徒、奥地利总理陶尔斐斯被纳粹分子杀害，德国吞并奥地利似乎只是时间问题。因此，意大利必须在希特勒（此时墨索里尼并未明确将其视为盟友）重整武装从而对意北部边境构成威胁之前夺下埃塞俄比亚。

1934 年底，墨索里尼向全国政治高层人士发布了一份秘密备忘录，透露他准备"彻底征服埃塞俄比亚"。9 个月后，即 1935 年 10 月 2 日，全国各地的民众聚集在广场上，聆听扩音器自威尼斯宫阳台传送而来的宣战书。墨索里尼的演说与加富尔和曼佐尼（以及帕斯科利）遥相呼应，"法西斯主义与无产阶级的意大利"正团结一心，争取国家应有的生存空间，要为长期以来受到的不公待遇报仇雪恨：

> 革命的黑衫军！全意大利的男女！……请听好。祖国历史上的庄严时刻即将到来。在意大利的各个角落，2 000 万人相聚在广场之中……2 000 万人，却有着同一颗心，同一种意志，同一个决定……这不仅仅是一支军队向目标进发，更是整个民族 4 400 万灵魂的共振。这个曾经遭遇黑暗与不公对待的民族，连阳光下一片狭小的土地也被夺去……我们已忍耐了 13 年，扼制我们天然力量的自私枷锁却收得更紧了！对埃塞俄比亚，我们已忍了 40 年，如今无须再忍！[36]

当最初的胜利消息（包括攻占阿杜瓦）传回国内后，支持战争的呼声更加热烈。10 月的第二周，国际联盟谴责意大利违反《国际联盟盟约》，55 个成员国中的 52 个国家投票支持对意大利实施经济制裁，一股异乎寻常的蔑视情绪席卷意大利全国。对法西斯持批判态度的维托里奥·埃马努埃莱·奥兰多、路易吉·阿尔韦蒂尼、贝内代托·克罗齐等著名自由主义人士此时亦承诺支持政府；

赫赫有名的社会主义者阿尔图罗·拉布廖拉同样为此前反对法西斯主义而致歉，结束流亡回到意大利；61 岁的诺贝尔物理学奖获得者古列尔莫·马可尼（Guglielmo Marconi）自愿报名参军。流行歌曲颂扬着最新的军事胜利，特别是阿杜瓦的战绩（"征服阿杜瓦／英雄再次崛起"），[37] 巴拉蒂耶里将军的遗孀则写信感谢墨索里尼为丈夫一雪前耻。就连平日对法西斯宣传无动于衷的农民也被帝国主义对土地、工作和财富的虚妄承诺吸引，陷入迷狂。[38]

法西斯党多年来不懈地颂扬战争美德，谴责自由主义软弱的人道主义在库斯托扎、利萨、阿杜瓦与卡波雷托打碎了复兴之梦。因此，法西斯政权必须取得一场压倒性的军事胜利。这在表面看来不难实现。埃塞俄比亚皇帝海尔·塞拉西一世（Haile Selassie Ⅰ）那不足 30 万人的军队无论在精神上还是组织上都停留在封建时代，士兵的效忠对象往往是个体军阀。他们大多使用现代步枪，却没有军用飞机，机枪和大炮也寥寥无几。而为了攻打这支东拼西凑的军队，墨索里尼动员了殖民战争史上最大规模的武装力量。最初仅计划派出 3 个师，但为安全起见，墨索里尼决定出动 10 个师（最终是 25 个师）。共约 65 万人被派往东非，消耗了 200 万吨物资，由490 架飞机支援，其中包括 200 多架轰炸机。[39]

尽管占尽优势，这场战争依然在首战告捷后陷入了严重停滞，埃塞俄比亚糟糕的道路条件使庞大的意军很难得到充足补给。墨索里尼立即开除了年迈的指挥官德博诺（De Bono）将军，由巴多利奥元帅取而代之。与利比亚战争一样，巴多利奥完全准备好以违反国际法为代价追求领袖所需的速胜。12 月底，墨索里尼通过电报授权巴多利奥"任意使用毒气……甚至可以大规模使用"。事实上，巴多利奥此时已经开始使用芥子气了。此后 3 个月里，约 1 000 枚填满致命化学毒气的重型炸弹被投向敌方阵地，或以飞机喷洒蒸气的方式对战斗人员与平民展开无差别杀戮，并污染河流和湖泊。[40]除此之外，意军还发射了40枚装有砒霜（砷的化合物）的炮弹。2月，双方激战仍在持续，墨索里尼催促巴多利奥使用细菌武器。但巴多利奥认为此举没有必要，因为敌人已经毫无招架之力。[41]

墨索里尼极力向外界隐瞒埃塞俄比亚的真实情况，当芥子气受害者的照片传到伦敦时，意大利大使馆成功将其掩饰为麻风病患者。当局的总体策略是将暴力指控斥为对法西斯主义的污蔑谰言，在英国宣布制裁后，意大利政府开展铺天盖地的舆论宣传，甚至暗指英国正向埃塞俄比亚军队提供芥子气。[42]受到严格审查的意大利新闻界称这场战争不仅是法西斯政权军事上的胜利，也是道义上的胜利。在老兵们随后对此次战争的记述中，无人提到非法武器的使用，很难说他们究竟是无知还是为保全军队的荣誉。1945年后，即使面对确凿无疑的文件证据，意大利公众依然保持沉默。直到1996年，国防部才终于承认在非洲战争中使用了芥子气与砷化氢。[43]

墨索里尼追求速胜是意军在埃塞俄比亚战争中动用残酷手段的诱因，法西斯精英群体所持的通过对国民进行再教育来培养其意大利种族优越感的观念也成了催化剂（"种族主义是一种教理问答，如果我们尚未了解，必须迅速学习并采用，"年轻记者因德罗·蒙塔内利在1936年1月写道，"如果没有强烈的宿命优越感，我们就永远不会成为统治者"）。[44]而在20世纪初，暴力也掀起一股强大的思想潮流，在民族主义与未来主义的影响下，战争被视为一种美学与感性经验，传递出自视优越、反人道主义的价值观。墨索里尼的长子维托里奥曾在埃塞俄比亚之战中与弟弟布鲁诺一同担任空军飞行员（两人都因作战勇猛而获得银质奖章），维托里奥在回忆录中告诉读者，战争首先是"最优美而完整的运动"，赋予参与者"男子汉证书"。他喜欢用"愉快"一词形容军事行动：看到一群埃塞俄比亚人被自己投放的炸弹击中，"像玫瑰般绽放"，令人"极度愉快"；当茅草屋顶被火烧毁时，看着人们"像着魔一般"跳出屋子逃命同样令人"极度愉快"（但他不无遗憾地感叹说，脆弱的埃塞俄比亚小屋不堪一击，他无法像美国大片中那样制造出戏剧性大爆炸）。[45]

1936 年 5 月 5 日，巴多利奥率兵挺进埃塞俄比亚首都亚的斯亚贝巴，3 天前海尔·塞拉西一世已弃城而逃。消息传回意大利，各处汽笛声大作，300 多万人涌向广场，聆听胜利的消息。在罗马，40 万人挤满了威尼斯广场与周围的街道，听领袖宣布战争结束，埃塞俄比亚"在法律与事实上"都已是意大利的了。墨索里尼不得不在阳台上反复宣布 10 次，以回应人们的欢呼与掌声。与此同时，由 1 万名儿童组成的合唱团在旁边的维克托·伊曼纽尔二世纪念堂台阶上演唱新创作的《帝国赞歌》。4 天后，当领袖在炫目的弧光灯下高呼"1 500 年后，帝国在已死去的罗马七丘上重新崛起"，并宣布国王"为自己与继承人"获得皇帝之称时，欢呼的人群已经欣喜若狂。墨索里尼问众人他们能否配得上他为他们创造的"帝国"。当"能"的呼声响彻云霄时，他宣布："这呼喊正如一份神圣的誓言，在上帝与人类面前将你们联结在一起，无论生死。"[46]

但现实是，埃塞俄比亚并未"事实上"属于意大利。大部分埃塞俄比亚领土仍在意大利的管控范围之外，且由于墨索里尼拒不接受任何地方王公（ras）的调解，坚持直接统治殖民地，意大利新总督（先是巴多利奥，而后是格拉齐亚尼）不得不去应对广泛的抵抗运动，意大利军队陷入了消耗战，大规模使用芥子气与砷化氢。[47]
不稳定局势很快导致过激反应。1937 年 2 月，两名厄立特里亚青
年在亚的斯亚贝巴的一场典礼上向意大利官员投掷手榴弹，导致 7
人死亡，约 50 人受伤（包括格拉齐亚尼）。在随之而来的报复行
动中，短短 48 小时内就有 3 000~6 000 名埃塞俄比亚人被肆意杀
害，而后几周中，又有数千人被处决、驱逐或押送至集中营。格拉
齐亚尼提议将老城夷为平地。墨索里尼认为这有些过分，但同意击
毙任何"哪怕有隐约"反对意向的埃塞俄比亚领导人。[48] 当有证
据表明，叛军与埃塞俄比亚最重要的科普特教会中心德卜勒利巴诺
斯（Debrà Libanòs）修道院可能存在联系时，格拉齐亚尼下令"彻
底清算"这座修道院。官方数字显示，共有 400 多名僧侣遭到枪
杀，而包括当地平信徒、教师和学生在内的受害者可能接近 2 000
人。[49] 格拉齐亚尼亦以可能传播抵抗运动信息为由，处决了众多流
浪歌手、算命人和女巫。在此局势下，当地居民与意大利驻军间关
系高度紧张便不足为奇了。直到二战爆发，埃塞俄比亚仍未被完全
征服。

堕入深渊，1936—1943

我的妻子和她父亲站在下方的葡萄园中……我向他们大喊："停战了！战争结束了！"……我们三个沉默着爬回山坡。

巴多利奥的消息模糊不清，却又非常明确："任何侵略企图，无论来自何方，都将被武力击退。"那么如今除了德国人，发动侵略的还能是谁呢？

农场的劳工正在欢呼庆祝。我在写作之时，能听到镇上隐约传来歌声：大家都在酒馆里。百姓们都很高兴。我们并不快乐。为什么会这样呢？难道我们不想要和平吗？但这一夜，普通人并不知道我们已堕入怎样的深渊。或者说他们已经意识到，却不在乎。和平，每个人都回到家中，在星期日一醉方休，去他妈的政府……

这是个宁静平和的夜晚。不久之前，我曾站在院中仰望天空，唯有星星在闪烁。敌军的轰炸机已消失不见。死寂环绕着祖国的尸身。

安德烈亚·达米亚诺，《红与灰》，1947 年

残酷友谊

征服埃塞俄比亚后，墨索里尼在意大利的声望攀至顶峰。国王听到亚的斯亚贝巴被攻陷的消息后喜极而泣，整夜目不转睛地凝望着非洲地图。他授予墨索里尼国家最高军事荣誉，以表彰其赢得了"史上最伟大的殖民战争，这场战争是他……为了法西斯祖国的声望、命运与强盛而策划并决心发动的"。[1] 年迈的邓南遮在加尔达湖畔的别墅中写信祝贺墨索里尼取得的辉煌成就，向"不朽的"领袖致敬，并将这场胜利描述为使他的灵魂"受到一种精神启示"所震撼的"无可比拟的勇敢姿态"："你已克服了一切命运的不确定性，击溃了人类的所有彷徨犹疑……你再没有任何恐惧，没有任何恐惧。"[2] 歌功颂德之词如潮涌来，宣传工作者们急忙将领袖称为上帝之手、"天才"、"恺撒"、"泰坦"，称其是"神圣的"、"无懈可击的"、"无法抵挡的"，是"一位宗教创始人"（"这宗教名为意大利"）。[3] 乔瓦尼·秦梯利宣告，帝国终于消除了"一切疑虑与不确定因素"，迎来了"全新的意大利"。[4]

事实上，埃塞俄比亚战争在很多方面都对意大利造成了灾难性的打击。人口方面的损失较为轻微（约 4 500 名意大利人丧生战场，但埃塞俄比亚则高达 7 万至 27.5 万人），但输送、供给物资带来了巨大的财政负担：大多数专家认为，参战意军规模远超所需，耗费的资金可能远高于 400 亿里拉，或者说几近于一年的国民收入。[5] 由此造成的一个后果是，当其他国家都在为即将到来的欧洲战争大规模重整军备时，意大利的军事力量无论在数量上还是在质量上都没有发展的余地。政治后果同样极具破坏性。意大利公然违抗国际联盟，在埃塞俄比亚展开令世界震惊的军事行动，致使其被英法疏远，不可避免地接近纳粹德国阵营。

从墨索里尼个人来看，帝国宣言后环绕在他身边的爱慕和崇拜越发使他脱离现实——正如许多他身边的共事者注意到的，他对自己编织出的神话深信不疑。他仿佛笃信自己是绝对正确的，对理性探讨越发无动于衷，反而相信他所谓的"幸运之星"与本能（"依我本能行事，从未失误，倒是总在遵从理性时出差错"）。[6] 此外，埃塞俄比亚战事的相对顺遂让他误以为10年的法西斯教育已经见效，意大利人终于达成"信仰与行动的统一"，而这将使他们在疾速展开的世界新秩序中占据统治地位：在这个世界秩序中，以英法为代表的西方腐朽民主国家将因低迷的出生率、物质主义、衰弱的统治阶级和反战情绪而被意大利与德国这样阳刚雄健的民族取代。谁若胆敢提出意大利财政已耗竭，以至于无力承担更多战争负担，只会得到他粗暴的驳斥：经济问题从来不曾阻止"历史的前进"。[7]

西班牙内战的爆发似乎使人们相信，法西斯主义可能成为一种普遍适用的意识形态，尽管墨索里尼因西班牙种族中的阿拉伯血统而轻蔑对待西班牙人，却还是同意派遣5万军队支援佛朗哥叛军。他本以为战争会迅速了结，但在1937年3月，由于做出了进攻马德里的错误决策，马里奥·罗阿塔（Mario Roatta）将军麾下的3支意大利部队在瓜达拉哈拉溃败。各国媒体对这场败仗进行了铺天盖地的报道，对意大利军队衰弱无力的传统嘲讽再度盛行（劳合·乔治讽刺地谈及"意大利人的仓皇逃散"）。[8] 更加屈辱的是，胜利的共和派部队中包含意大利反法西斯阵营的"加里波第纵队"（Garibaldi brigade）。如今，墨索里尼必须挽回其法西斯"新男性"的尊严，加大战争投入，向西班牙输送大量飞机、大炮、机枪与装甲车。到 1939 年春，意大利已为此花费至少 85 亿里拉，而大部分物资再也没能回到意大利。

国际联盟在意大利入侵埃塞俄比亚后采取制裁手段，令意大利全国的经济资源进一步枯竭。大多数制裁措施尽管直到 1936 年 7 月方才生效，且并未针对石油产业，但依然导致进口剧减，迫使政府大规模转向对德贸易。意大利发起自给自足运动，大力生产仿造代用品——以人造丝冒充棉花，以从牛奶中提取的纤维取代羊毛——但这一切都无法补足意大利原材料的长期匮乏。1939 年，国内生产仅能满足本国五分之一的初级产品需求。[9] 意大利推行新税制，增加了资本税，1935 年 12 月，意大利人被要求将婚戒与一切黄金制品"献给祖国"，而这仍未能阻止预算赤字的飙升。1936 年 10 月，意大利被迫放弃金本位制，里拉贬值 41%。通货膨胀率骤升，人民生活质量快速下降。第二次世界大战前夕，经济崩溃已近在眼前，报道称民众普遍陷入幻灭与不满之中。[10] 1939 年 5 月，当领袖来到都灵参加菲亚特公司米拉菲奥里工厂的落成典礼时，聚集而来的 5 万名工人中仅有几百人为他鼓掌，其余人则抱着手臂沉默以对。[11]

在西班牙内战的催化下，意大利与德国似乎不可避免地走向和解。1936 年秋，墨索里尼新任命的外交大臣、他 33 岁的女婿加莱亚佐·齐亚诺（Galeazzo Ciano）伯爵拜访希特勒，离开时齐亚诺对两国合作的前景满怀憧憬：德国将向东扩张至波罗的海，意大利则可自由支配地中海。这正是克里斯皮曾经梦想并为之奋斗的欧洲权力分割。墨索里尼闻之亦喜上眉梢，在齐亚诺回国后发表重要演讲，提醒世界"意大利人的生命"永远不能同"属于罗马的大海"分开，并警告任何将意大利"窒息"于地中海范围内的企图只会带来武力冲突。他同时宣布，德意两国已完成"和解"，组成柏林—罗马"轴心，所有渴望和平合作的欧洲国家都可围绕该轴心携手并进"。[12]

次年9月，两国关系已足够密切，墨索里尼正式出访德国。纳粹极尽所能为他留下深刻印象，举行大规模阅兵式，开展有史以来最盛大的军事演习（巴多利奥则向领袖保证意军在这方面更胜一筹）。[13]墨索里尼参观了军工厂、炼铁高炉和腓特烈大帝之墓，并在9月28日晚雷雨交加中，以德语向柏林露天集会上的近百万民众发表讲话。他说，两个国家在相似的时间以相似方式实现统一，法西斯主义与纳粹主义表明两国拥有密切的历史联系；他强调，两国的世界观高度一致，同样敌视共产主义与唯物论，以意志为历史的主要动力，尊重劳动与青年，相信纪律、勇气与爱国美德，蔑视舒适与轻松的生活。他还说，罗马—柏林轴心的存在是为了在"黑暗势力"煽动战争时捍卫和平。最后，他总结道，两国人民共同构成了"一个由1.15亿人组成且还在不断扩大的庞大群体"，应当团结在"同一个绝不动摇的意志之下"。[14]

墨索里尼从柏林归国后，坚信轴心国将在未来的战争中战无不胜（齐亚诺甚至蠢蠢欲动，想要立刻开启"终极游戏"）。[15]当希特勒在1938年5月回访意大利时，墨索里尼已经退出国际联盟，与德日签订了反苏条约，并默许（尽管并不情愿）德国吞并奥地利。然而，他不愿对正式联盟做出承诺，因为在真正看清这些国家为了维护与他的友谊准备走多远之前，与英法决裂是没有什么意义的。尽管墨索里尼费尽心机给希特勒的6天意大利之行留下了正面印象，让他看到了意大利人的纪律、财富与军事实力——行程中的每个环节都被仔细检查，破旧建筑物被拆除或重新粉刷立面，一路上绿树成荫，点缀着合宜的艺术品（在佛罗伦萨，车队路线上竖立起多那太罗创作的圣乔治像的复制品，作为法西斯"新人类"的原型）[16]——但他回绝了元首关于军事协定的提议。

但战争显然已步步逼近，为使意大利人做好准备迎接未来的残酷考验，进一步突出政权的反资产阶级性质与尚武文化，墨索里尼与他愚笨却热心的党总书记阿希尔·斯塔拉切采取了一系列措施"改良"人民的"习俗"。握手礼突然被斥为不卫生而被禁止，被以更具好战意味的"罗马式军礼"取代。敬语"lei"（您）因其外来属性而被扣上"奴性"的帽子，当局掀起一场激烈的运动，推行更能体现兄弟之情与男子气概的"voi"。公务员必须穿制服上班，喝咖啡则被视为颓废行为不予提倡。为强调强身健体的重要性，党的领导人被要求参加体操表演，并在公共场所慢跑（许多时候这种景象令人厌恶）。墨索里尼尤为看重 1938 年推行的进攻性行军步"罗马步法"（passo romano）。在大多观察者看来，这似乎是一种对德式正步的模仿，但墨索里尼声称，"罗马步法"实际上源于皮埃蒙特的步法，采用该步法对破除意大利人体质羸弱的错误印象至关重要（国王因无法做出标准动作而十分尴尬，他的腿非常短）。新式行军步的目的是展现"意志"与"精神力量"。[17]

在所有"反资产阶级"举措中，最残酷的是种族主义立法。自政权成立之初，墨索里尼和其他党内高层便在演讲与著作中多次提及意大利种族，但这更多是出于民族主义考量，旨在催生民族凝聚力与认同感，而非明确的生物性划分。然而，切萨雷·龙勃罗梭及其拥趸的犯罪人类学观点逐渐渗透至社会文化之中，社会主义者尤其受其影响，"种族"被视为现代与进步的知识范畴，许多法西斯主义者（包括墨索里尼）都是这样的环境中成长起来的。恩里科·菲利是犯罪人类学派最权威的人物之一，也是种族退化理论的关键倡导者，直至 1929 年逝世，他始终大力支持法西斯主义。在两次世界大战之间的这段时间，多数意大利大学的人类学系都设在理学院，学术研究由生物学方法主导。有色人种为低劣人种的假设被普遍接受。正如著名人种学家利迪奥·奇普里亚尼（Lidio Cipriani，此前自愿参军赴埃塞俄比亚作战）在 1938 年所言：

> 我们意大利人对非洲有色人种的态度已不可更改。我们深信，这些种族远比白人低劣，这背后确有生物性因素，因其代代皆是如此。[18]

上述观点是政府阻止殖民地混种通婚的基础。1937 年 4 月的一项法令将意大利公民与非洲人结婚规定为犯罪行为，最高可判处 5 年徒刑。此后几年里，政府亦采取其他措施尽可能将黑人与白人隔离，以"维护种族威信"。[19] 在向纳粹德国靠近的过程中，意大利不可避免地倾向于推行种族主义政策，但柏林方面并未施加任何直接压力。法西斯主义仍更加强调种族优越感带来的心理与道德力量，而非生物学方面的收益。正如墨索里尼在 1938 年 10 月解释的那样，意大利人长久以来饱受"自卑之苦"，他们认为自己是"多种族混种"，而非"同一个民族"，南北之间如隔天堑。要使意大利人相信自己是"纯正的地中海雅利安人"，这种心态对于确保其成为被征服者眼中的"文明的旗手"是很有必要的。[20]

1938 年秋，当局开始出台反犹太人法案，同样也是为了给"资产阶级的肚子来一记重拳"——正如墨索里尼所说，并在意大利打造更凶悍、更无情的文化环境（古罗马人骁勇善战很大程度上不正是因为他们"特别的种族主义"吗？）。[21] 多年以来，墨索里尼和其他主要法西斯者否认国内 4.8 万名犹太人造成了任何问题，但事实上，犹太人在党内的比例明显超过了其在总人口中的比例，甚至在高层亦是如此：马泰奥蒂遇刺时的内政部副大臣阿尔多·芬齐是犹太人；墨索里尼在 20 世纪 20 年代交往密切的情妇、法西斯政权的文化领袖人物玛格丽塔·萨尔法蒂也有着犹太血统；1932—1935 年担任财政大臣的圭多·容（Guido Jung）同样也是一位犹太人。只有在埃塞俄比亚战争后，当种族问题上升为法西斯政权关注的对象时，反犹主义才突然变成了严肃的政治议题。1937 年，法西斯文化最权威的发言人之一、佩鲁贾外国人大学校长保罗·奥拉诺（Paolo Orano）出版了一部著作，指出犹太身份认同与意大利所捍卫的各个领域和各种表现形式的国家遗产"根本水火不容，因为"遗产的核心是完全属于罗马和意大利的巨大的教会工程"。[22]

　　几个世纪以来，天主教在人们心中种埋下了对犹太人的深深敌意，这个事实无疑有助于反犹太法案的推行。尽管教皇反对极端形式的种族主义，于 1937 年发表了《怀着焦灼的担忧》（Mit brennender Sorge）通谕，并在 1938 年 9 月告知比利时朝圣者，反犹主义是"不可接受的"；但几百年的迫害、歧视与犹太贫民区的存在让教会失去了道德立足点，没有资格采取强势立场。许多天主教知识分子直言支持种族主义立法。1928 年，庇护十一世不得不收回对反犹法律的谴责，这些法律禁止犹太人与"雅利安人"结婚、在中小学和大学教书、占有 50 公顷以上的土地，以及加入法西斯党或参军，这既是出于对教会分裂的恐惧，亦是因为担心政府可能报复。梵蒂冈仅能尽可能为与天主教徒结婚的或皈依基督教的犹太人争取更优待遇。[23]

大多数法西斯领导人对反犹太法案表示支持（签署法律的国王也同样），无论是为了讨好墨索里尼，还是为了坚持精神信念，抑或是相信这些措施将有助于巩固国家的结构和政权的革命形象。将在1945年后长期担任新法西斯党党魁乔治·阿尔米兰特（Giorgio Almirante）向来直言不讳，他在刚刚创办的期刊《种族保卫战》（*La Difesa della razza*）中写道，反犹太战争体现了"意大利史上最重大、最勇敢的自我认知"。[24] 而国民教育大臣朱塞佩·博塔伊则以其期刊《法西斯主义批判》（*Critica fascista*）为平台，宣扬法西斯那反犹主义的"卓越精神"特征。他说，这种精神特征总结了意大利3 000年来的"历史、思想和文艺"。[25] 从大众层面来看，不计其数的报刊以讽刺文章与漫画传播种族主义信息，挖苦黑人与犹太人的身形样貌，并将其所谓特性夸张化：非洲人的幼稚，犹太人的市侩与道德败坏。[26]

新法律并非没有遭遇抵制，但其影响力极其微弱。部分法西斯高层将能够保全犹太朋友与犹太客户作为个人权力的象征——以极端反犹的法里纳奇为例，他选择保护自己的私人秘书。但总体而言，法律得到了全面遵守，1938—1943年，意大利犹太人受到的迫害日益严重。约6 000名犹太人移居海外，留在国内的则面临失去工作、被社团与俱乐部开除、子女遭学校劝退等大大小小的羞辱与排斥。国民教育大臣博塔伊谨遵反犹太人法，规定大学在口试时实行严格的种族隔离，甚至禁止犹太人进入图书馆。在部分当时的人看来，意大利人对反犹太人法律的服从程度几近恐怖。一位来自特伦托的反法西斯主义者曾在1938年秋天写下一篇日记，据这位品行高洁之士所观察：

这项法律仿佛一管试剂，激发出雅利安人最恶劣的本性，暴露出愚蠢与无知，使迷信的仇恨死灰复燃……

雅利安意大利人有如下反应：

一、无公开抗议。

二、私底下，传闻有几位高层呈交了请愿书……

三、苟且服从命令，甚至将杰出的犹太人从各文化、学术和商业组织中除名……一位教授在某精英文化机构（那天刚刚将优秀的犹太人成员除名）举办的会议上对我说："但我们都是反对的。"当我问他为什么他们会那样做时，他回答说："我们都是软弱的羔羊。"（这是 16 年专制统治的结果。）[27]

意大利于 1940 年夏季参战后，全国所有外国犹太人均遭到监禁，一同被关押的还有其他所谓危险群体：吉卜赛人、少数民族（如斯拉夫人）和反法西斯者。几千名犹太人被遣送至卡拉布里亚的费拉蒙迪（Ferramonti）集中营，幸运的是，他们在 1943 年 9 月得到同盟国军队的解放。意大利籍犹太人的人身自由则更加受限，最终在 1942 年 5 月，政府下令征召他们从事繁重体力劳动（媒体声称这是一种适当的惩罚，因为"以色列部落"向来是不愿劳作的寄生虫）。[28] 此时，意大利政府已得到纳粹系统化消灭犹太人的消息，此后几个月里证据越来越多。意大利当局虽然的确顶住了来自纳粹的压力，没有交出其法国、希腊和南斯拉夫占领区内的犹太人，但也并未试图阻止盟友的行动。1943 年秋，新成立的萨洛共和国的内政部长圭多·布法里尼·圭迪（Guido Buffarini Guidi）下令将意大利中北部所有犹太人关进集中营并没收其财产。约 7 000 人随后被驱逐至奥斯威辛及其他集中营。[29]

非交战状态

  自 1936 年起，墨索里尼便狂言有 "800 万刺刀" 任其支配，意大利媒体也常常提及这个词。但实际上，意军实力与其夸大吹嘘相距甚远。陆军确实拥有优质步枪、机枪与火炮，但这些武器往往短缺，意军的火力远远弱于其他很多国家的军队。坦克的紧缺则更为棘手。总参谋部没能认识到装甲车的重要性（部分原因在于他们还想象着阿尔卑斯山的静态战争——"人、骡子、步枪和大炮" 是部队竞争力的关键），[30] 再加上国家日益深陷债务危机，1939 年，意军只有一种仅重 3 吨的小型坦克。空军与海军亦面临相似困境。意大利工业基础相对薄弱，制造一架飞机的时间几乎是德国的五倍，而菲亚特生产的主要战斗机型的速度也比新一代喷火式战斗机和梅塞施密特 109 战斗机慢得多，其装备的武器也更差。海军舰队颇具规模，但火炮装置千疮百孔（意大利战舰在战争中从未击中过目标）。而海军没有航空母舰与自己的空中掩护力量，最主要的是其拒绝与其他军种合作，致使意大利船只很难离开港口。[31]

  领袖的好战姿态不仅很好地向意大利民众（及许多外国观察者）隐藏了国家真正的军事实力，同时也成了希特勒发动侵略的助燃剂。墨索里尼在默许德国吞并奥地利后，明确告知柏林他不会阻挠德国入侵捷克斯洛伐克，意大利随时准备好打一场全面战争（必要时使用毒气速战速决）。[32] 9 月，英国首相张伯伦促墨索里尼运用其影响力制约希特勒，并表示英国可以接受部分捷克斯洛伐克领土被吞并。借此机会，墨索里尼在慕尼黑促成了一项广受好评的交易，使他赢得了国际赞誉。墨索里尼事后对此津津乐道，他对张伯伦 "卑躬屈节的讨好" 十分满意，并于罗马宣布，意大利自

1861 年以来第一次在欧洲发挥了"决定性主导作用"。[33] 墨索里尼越发深信英法不愿作战，当张伯伦在 1939 年 1 月前来访问，为劝说意大利脱离轴心国而做出最后努力时，墨索里尼对英国首相的资产阶级做派嗤之以鼻，扬言"随身携带雨伞的民族永远无法理解战争的精神意义"。[34] 两个月后，希特勒彻底吞并捷克斯洛伐克，墨索里尼随即入侵意大利的保护国阿尔巴尼亚。

德意两国如今已步调一致，共同进退，不可能与西方民主国家恢复友好关系。希特勒宣布波兰是他的下一个目标，墨索里尼则声称将从阿尔巴尼亚向巴尔干推进，征服希腊、土耳其和罗马尼亚。尽管诸多迹象表明，意大利公众对国家面临的巨大经济风险深感不安，但墨索里尼相信与德国缔结盟约的时刻已经到来。在事先未与任何政府成员协商的情况下，墨索里尼在 5 月宣布正式结盟；《钢铁条约》（Pact of Steel，领袖本希望以《鲜血条约》为名）几乎完全由柏林方面起草，罗马对其盟友毫无限制。意大利承诺在德国卷入任何防御性或侵略性战争时予以支援，尽管意方在会谈时多次提到需要为重整军备争取时间，但条约中并未提及此事。德国人向齐亚诺保证此刻暂无入侵波兰的计划，齐亚诺显然打消了疑虑。然而，条约刚一签订，希特勒便向将军们下达秘密指令，准备进军波兰。[35]

随后的几个星期里，墨索里尼屡屡无视希特勒的会面请求，仅继续向柏林承诺，一旦开战，意大利将全力支援。他或许希望继续利用德国侵略获得更多领土收益，正如过去四年那样。而到了 8 月初，意大利清楚认识到德军即将入侵波兰，齐亚诺（他很快意识到自己过于天真地相信了希特勒）赶赴德国，解释意大利尚未准备好应对一场注定升级为欧洲全面战争的战争，要求推迟 2~3 年。但希特勒无意在这紧要关头刹车。他说，他相信英法俄不会介入战局，并告诉齐亚诺（令后者松了口气）自己并不指望意大利在攻占波兰方面提供直接帮助。他还建议意大利考虑将南斯拉夫或希腊收入囊中。墨索里尼起初犹豫不定，但8月底，希特勒宣布与苏联签订条约（并未与意大利沟通协商，这令墨索里尼深感震惊）。受此刺激，他重振信心，向军队发布新命令，为在巴尔干地区发动有限战争做准备。[36]

然而这注定不是一场局部战争——纳粹同苏联缔结条约后，英国宣布将维护波兰的独立。希特勒强迫墨索里尼就是否支持德国表态。墨索里尼不愿重蹈自由主义中立派在1914年至1915年的覆辙，因而倾向于做出肯定答复。但大量证据显示，意军目前缺乏基本作战装备，绝无能力承受长期军事冲突。他告诉希特勒自己将"立即"出兵干预，前提是德国提供600万吨煤、700万吨汽油、200万吨钢等一系列物资——德国不可能答应，他心知肚明。希特勒尖刻地指出，意大利此时对德国的做法与"一战"爆发前一模一样。[37]为消除对意大利懦弱且背信的指责，墨索里尼展现出政治家风范，告知民众他尽管拥有100个师、1 200万士兵，但仍决定保持"非交战状态"，以延续他长期以来在欧洲捍卫"基于公正的和平"的愿望。[38]事实上，正如他沮丧地向齐亚诺承认的那样，全军仅有10个师的兵力可供调遣。[39]

历史使命

1939年秋至1940年春，随着希特勒军队不费吹灰之力横扫东欧、波罗的海与斯堪的纳维亚半岛，墨索里尼渐渐不愿袖手旁观。他将自己描述为一只紧盯猎物的猫，等待时机成熟就一跃而起捕获猎物。[40]而至于进攻目标究竟是北非、巴尔干、科西嘉还是马耳他，他并无明确打算，也就不可能开展任何严肃的军事规划。意军亦未建立起有效的指挥机制，因为墨索里尼拒绝委任参谋部成员，也并未针对海陆空三军缺乏合作的问题做出任何补救。但到了1940年初夏，法国似乎败局已定，墨索里尼即刻决定是时候履行他的"历史使命"了。6月10日，墨索里尼面向困惑远大于热情的全国民众，在威尼斯宫的阳台上宣布（丝毫不为自己的投机取巧感到羞愧），[41]终于是时候"斩断"将意大利缚于地中海的"锁链"，参与到"富有生命力的年轻民族"对抗那些企图垄断世界财富却"垂垂老矣、虚弱无力"者的斗争中去。[42]

墨索里尼确信战斗很快就会结束，他仅仅需要"几千人的死亡"来确保意大利在谈判桌上的话语权。因此，意大利半岛西北部集结的30万大军被命令在参战后维持10天的防御策略（使希特勒大吃一惊）。直到巴黎沦陷，法方请求停战，意军才决定出击。但由于未经严肃规划（又一次），结局十分惨淡。炮兵布阵过于靠后，空军则从未接受过在阿尔卑斯山轰炸敌军阵地的训练，结果陆军只能独自面对防守严密的堡垒，几乎毫无胜算。意军停滞不前，到6月25日签署停战协定时，几乎没有攻下任何法国领土。与此同时，意大利的伤亡规模接近4 000人（而法国仅104人），衣服和鞋子（用从牛奶中提取的纤维制成的胶靴）供应不足还导致了超过2 000例冻伤。[43]

但在混乱的惨败结束后，齐亚诺还是被派往柏林争取意大利要求的领土，包括尼斯、科西嘉和马耳他，以及非洲中北部的大片区域。此时，希特勒已完全认清盟友的价值，提议在击溃英国后再做决定。法西斯媒体则已开始大谈意大利主宰地中海，提出建立从非洲西北部和西班牙跨越欧洲直至巴尔干半岛、土耳其甚至中东的意大利势力范围。舆论普遍支持意大利夺取巴勒斯坦，不仅因为教会对圣地有精神层面的需求，还由于维克托·伊曼纽尔的祖先曾被称为"耶路撒冷之王"。[44] 为提升日后在谈判桌上的地位，墨索里尼向希特勒施压，要求他允许意军参与对英作战，甚至还向比利时派遣了 300 架飞机（但很快因过于陈旧而被德方退回）。但希特勒敦促墨索里尼将有限的资源集中在北非，他正确地预见到北非战场将至关重要。

墨索里尼对希特勒的提议置之不理，在 10 月 15 日一次与大臣和陆军将领（海军与空军代表因种种原因未被邀请）的会议上宣布两周后入侵希腊。他们严重低估了希腊军队的实力与士气，自以为能够迅速轻松取胜，根本不把秋季的暴雨以及阿尔巴尼亚缺少承接物资的大型港口等问题放在眼里。显然，10 月 28 日战争刚刚打响，意军便陷入被动。士兵在泥沼与积雪中寸步难行，让希腊有时间动员力量发动集中反攻。援军大批涌入，到次年早春，共有 50 万意大利士兵分布在 250 千米长的战线上，却未能突破希腊的防守。直到希特勒认定掌控巴尔干半岛是未来进攻苏联的必要前提，僵局方才结束，4 月 6 日，德军轻松占领南斯拉夫和希腊。希腊人起初以未被意军击败为由，拒绝向意大利投降（希腊至今仍将 10 月 28 日当作成功抵抗意大利入侵的全国节日），但墨索里尼恳求希特勒允许他共享胜利：意大利毕竟折损了近 10 万名士兵。希特勒同意了，4 月 23 日，意大利和德国共同与希腊签订停战协议。

至此，法西斯政权四面受敌。1940 年 11 月，3 艘意大利重型战列舰在未设防的塔兰托港被英军鱼雷击沉；次年 3 月，舰队在希腊海岸的马塔潘角与英方交火，因没有航空母舰（或雷达）付出了惨烈代价，又失去了5艘军舰。屡遭重创的海军自此再不敢冒险出海。在利比亚，鲁道夫·格拉齐亚尼将军在指挥作战方面的无能暴露无遗。1941年初，其麾下近25万装备紧缺的庞大军队在3万英军和几百辆坦克的袭击下溃散，逾13万人被俘。士气低迷、衣衫褴褛的意大利士兵排成壮观的长队，其影像资料很快出现在世界各地的电影院，暴露了法西斯打造"新人类"的宣传实属虚构，意大利人不善于打仗的刻板印象再度盛行。[45]同一时期，索马里和埃塞俄比亚的驻军亦被来自肯尼亚的英军击败，形势急转直下。1941年5月，海尔·塞拉西一世在被迫逃亡整整5年后回到亚的斯亚贝巴，而意大利的新罗马帝国则走到了尽头。

法西斯政权摇摇欲坠，墨索里尼四处寻找替罪羊。他将希腊战役的惨败归咎于巴多利奥，迫使他辞去总参谋长职务，陆军部及海军部副大臣也被免职（但他顶住压力没有辞退齐亚诺，尽管他的女婿或许曾是巴尔干战争最强力的推动者）。[46]利比亚灾难爆发后，他将陆军参谋长格拉齐亚尼罢免，一度愤怒扬言要将其枪毙——但格拉齐亚尼毕竟是领袖的心腹，并未承受太多耻辱，1943年又成为萨洛共和国的武装部长。然而，意大利全体人民才是墨索里尼最强烈抨击的对象——20年过去了，人们竟仍然未能吸收法西斯教育的核心原则。他痛斥人民的浮躁、自私、懦弱、腐败、不服管教、不守纪律、缺乏组织，以及信仰空虚下的物质主义。他声称意大利简直不是个正经的民族国家，而是一群个体的集合。他担心意大利永远只能是一个旅游国家——一个比较大的瑞士。为支撑上述论点，他在私人档案中保存了一份卷宗，标注为"意大利人民的幼稚与罪责"。[47]

国内形势日益严峻。北部城市上空的轰炸搅乱了生产，也粉碎了人们的士气。1942 年底，都灵共有 2.5 万座住宅被毁，约 50 万人迁出米兰。食品与取暖燃料的短缺使生活难以为继，城市中尤其严重，鞋子、肥皂、药品等必需品均不见踪影。晚些时候推行的配给制（1941 年 10 月才实行面包配给制，部分原因是政府希望维持战争很快就会结束的幻觉）仅为成年人规定了每天 1 000 大卡的热量摄入。贪污腐败肆意横行，行政效率低下，使得主粮在高度管控下仍然短缺。有钱人只能从那些年兴起的黑市中购置物资：1943 年春，鸡蛋的售价是罗马官方价格的 15 倍（街道与广场上早已见不到猫的影子）。[48] 汽油供应收缩，1942 年起私家车被国家征用，许多城市的街道一片诡异的寂静，空荡荡的路上只剩下行人与自行车。

失败主义情绪不断增长，政治反对势力也越发壮大。年轻人们争相进入各大高校以逃避兵役，多年的爱国主义宣传与"相信、服从、战斗"的口号似乎毫无作用。1940—1942 年，大学生人数翻了一番，近 100 万意大利人找到了在战争期间免服兵役的手段。[49] 地下报刊（往往与成长中的共产党、社会党或天主教民主派的反法西斯团体有联系）开始流传，罢工随之爆发，并在 1943 年 3 月达到高潮：逾 10 万名都灵劳工持续罢工一个星期。更具颠覆意义的或许是针对当局的讽刺笑话的流行，警察竭力遏制那些笑话的散布——1942 年 2 月，米兰的理发师莱奥纳尔多·帕塔内（Leonardo Patanè）就因散播当时电影名字的改编版而被捕：《战争》被改为《无望之事》，《法西斯》被改为《一个笑话》，《胜利》被改为《永恒幻象》，《墨索里尼》被改为《只能忍受你一个小时》，《意大利人》被改为《悲惨的人》。[50]

1943 年春，挽救战争的最后希望已经破灭。希特勒在 1941 年夏季开始的对苏联的入侵，在 1943 年初灾难性地止步于斯大林格勒附近的茫茫雪地之中；而在墨索里尼坚持为这场战役投入的 20 万兵力中，有一半战死沙场。意大利驻军在斯洛文尼亚、达尔马提亚、克罗地亚遇到猛烈抵抗，对此，罗阿塔将军采取残忍的恐怖统治并大规模驱逐当地平民，其中数千人，甚至数万人死于集中营。[51] 格拉齐亚尼的军队在北非溃散后，陆军元帅隆美尔领导下的德军曾前来支援意军对抗英国，但在阿拉曼战役后被迫退守突尼斯。墨索里尼曾希望死守利比亚，直至兵穷，但这终究是徒劳。1943 年 5 月，梅塞将军（二战中为数不多有一定战绩的意大利指挥官之一）在做了最后的顽强抵抗后投降。英美军队现已掌控整个北非沿海地区，做好了进军意大利的准备。

墨索里尼脱离现实已久，在年轻情妇克拉拉·贝塔西（Claretta Petacci）的怀抱中为胃痛、失眠与其他神经病症寻找慰藉，有时他也会用行政琐事（比如决定《帕西法尔》（*Parsifal*）和《唐豪瑟》（*Tannhaüser*）哪个更适合罗马歌剧演出季）或智力劳动（比如将曼佐尼的《约婚夫妇》译为德文）分散痛苦。他已无法做出理性决定，在部分旁观者看来，他仿佛一个梦游者，对周围的一切视而不见。法西斯政权即将崩溃，在没有明显继任者的局面下，德国为接管半岛做好了准备。与此同时，许多法西斯高层为即将垮台的政府绝望地寻找补救之法，其中包括齐亚诺、格兰迪等领袖最亲密的同僚。他们的计划以国王为中心——作为国家元首，国王被宪法赋予了罢免首相的权利。

7 月 10 日，英法军队登陆西西里，几乎没有遇到任何抵抗。两周后，大委员会在罗马召开会议，以 19 票对 7 票通过一项动议，要求恢复《宪章》赋予国王的全部军事权力。博塔伊、格兰迪、费尔代佐尼、德博诺、德韦基、齐亚诺等法西斯领导人均支持这项举措；几个月后，墨索里尼处决了其中 5 名"叛徒"。在动议刚刚通过时，外界尚不清楚其真实意图，直到领袖在 7 月 25 日下午觐见国王，维克托·伊曼纽尔三世告诉他军队士气已彻底溃散，并决定任命巴多利奥为首相。墨索里尼在茫然恍惚中结束会面，随即被逮捕。当天晚上，电台广播宣布领袖已经"辞职"，呼吁意大利人民团结在君主身后。国内出现了少许庆祝活动，但巴多利奥关于战争将持续下去的不祥言论浇灭了人们的兴奋情绪。这位由数千万人热情追捧了 20 年的首相被推翻后，全国各地竟没有出现任何严肃的抗议活动。[52]

随后几周里，国王、巴多利奥和其他高级将领秘密商讨意大利向英美投降的条件。尽管西西里岛迅速沦陷（岛上的 30 万意大利士兵大多迅速逃散，只留下德军在墨西拿附近负隅顽抗），但盟军无法全面攻占意大利本岛，他们需要为后期登陆法国保留大部分兵力。因此，盟军若要在意大利取得迅速与重大的成果，必须仰赖意军的支持。当巴多利奥于 9 月 3 日在西西里岛费尔菲尔德营（Fairfield Camp）签署停战协议时，他承诺确保所有机场与港口不被德国人占领，并将舰队与空军全盘交出。盟军尤其希望占领罗马，从而将半岛一分为二，这就需要罗阿塔将军统领下的 6 万罗马驻军——远超此地的德军规模——的配合。

此后数日发生的悲惨事件揭示出，在 4 000 多万意大利人的心中，国家（或许还有民族）意识是何等脆弱。9 月 8 日，意大利正式宣布投降，在这个关键时刻，无论是巴多利奥、维克托·伊曼纽尔还是任何一位高级将领都没有表现出背负国家命运之重担的意愿。他们之所以如此怠惰，一方面缘于对军队的彻底失望——并非毫无道理，但可能反应过度，一方面也出于对德国的恐惧。除了首相下达的如遭攻击应予以反击的无用指示，军队没有接到任何明确命令，也没有采取任何实际行动来确保停战协议要求的机场与港口安全。罗阿塔将军在逃离罗马前的唯一行动是指挥一支装甲军撤至蒂沃利，避免罗马城遭受"没有意义的惨痛损失"。海军负责人德·库尔唐（De Courten）上将本应在黑夜的掩护下将军舰派向北非海域，向英方投降。但他却命令舰队驶向撒丁岛，最终遭到德国飞机拦截。其中"罗马号"（Roma）被击沉，无数士兵因此丧命。[53]

9月9日破晓时分，德国军队大规模涌入意大利，国王、巴多利奥和200多名将军与高官离开罗马，逃往本岛最南部寻求盟军保护。全国上下陷入水深火热的混战，希腊、巴尔干半岛与法国南部的占领地亦骚动不断。失去高层指挥后，各地意大利士兵惊慌失措地丢弃步枪与军装，许多人选择向德国投降，共计约100万人被俘。意大利人在恐惧的同时感到怨愤，这愤怒首先是针对丧权辱国的国家领导层，他们在战败的耻辱之上无端增加了对德国人与意大利人民（更不用说英美人民了）的双重背叛。[54]在停火后的情感动荡中，一些曾盲信法西斯主义的人在新的救赎信仰中找到了慰藉：以努托·雷韦利（Nuto Revelli）为例，他回到故乡，背上武器出发寻找共产党或社会党游击队，他认为唯有"那些以生命为他人之罪孽付出代价的可怜人"心中的"祖国"才值得相信。[55]另一部分人仍坚信法西斯主义最能诠释祖国的概念，面对巴多利奥与国王的背叛之举，他们宣誓效忠萨洛共和国——9月12日，德国人在一次突袭中将墨索里尼从大萨索山的监狱中释放，后者在意大利中北部建立了这个傀儡国家。

但或许，绝大多数人在那段日子里只感到走投无路。接连发生的事件似乎是对数十年期望的可怕总结，无论这些期望曾有多么崇高的起源，最终却导致了一个可怕的深渊，"意大利""民族""国家"的观念都在其中被粉碎、埋葬。年事已高的贝内代托·克罗齐夜不能寐，痛苦地认识到"意大利人几个世纪以来在政治、经济与精神上构筑的一切"都已被"不可挽回地摧毁殆尽"。[56]哲学家乔瓦尼·秦梯利则从9月8日以来的动荡撕裂中看到了他铸造"意大利人的意大利"梦想的破灭：

> 顷刻间，我们曾经相信的意大利，意大利人的意大利，我们曾生长于斯，并企盼在思想和感情上团结一致地生长于斯的那个意大利，似乎已经消逝。如今，我们应该为怎样一个意大利而生活、思考、做诗、教学和写作呢？若没有一个可以依赖的祖国——换句话说，没有一份人人赖以生存的精神遗产，又无法在生者与死者的永恒对话中感受民族的身份，人们将很难，甚至不可能释放灵魂和迸发创造活力，即使是在抽象的思维领域。祖国消逝后，空气与呼吸也不复存在……今日不可估量的灾难不在于外国入侵与我们城市遭到的破坏……而在于我们的灵魂，在于拆散我们的争斗……在于我们共同信仰的消解，我们曾凭着这信仰以同样的目光看待过去，以同样的激情畅想未来。如今我们不再认识或理解彼此，因而无法与自己和解。[57]

就在写下这些文字的几个月后，秦梯利在佛罗伦萨家门口的汽车里被一伙青年共产主义分子枪杀。据称，刺杀者在近距离开枪时哭喊道，他们要杀死的不是这个人，而是他的思想。[58]

但大多数意大利人无法如知识分子一般，以深奥晦涩的语言描述这场灾难。数千万普罗大众关注的仅仅是不惜一切代价生存下去。"就像巢穴倾覆的蚂蚁一样，意大利人四处逃窜，不论是步行、骑马、乘火车还是轮船，"记者莱奥·隆加内西（Leo Longanesi）回忆道，"他们如今必须自我拯救，守卫家园，保护好与我们时刻相伴的小小意大利。"[59] 对绝大多数地位卑下的意大利人而言，"小小意大利"即是几个世纪以来塑造他们道德与物质眼界的元素：家庭、朋友、村庄、熟悉的钟声、教区神父、主保圣人、节日、方言、民间传说与祖先记忆。数十年来，理想主义者始终致力于将这些轮廓扩展至更广阔的国家范围。而如今在战败的狼藉中，"国家"、"民族"或"意大利"这样遥远而抽象的理念似乎已失去意义。年轻的米兰银行职员路易吉·贝卢斯科尼（Luigi Berlusconi）是一位 9 月 8 日在意军中服役者的典型代表，他面临着道德选择。正如其子西尔维奥后来解释的那样，路易吉决定将自己与家人的利益放在第一位：

> 1943 年来临了：危机爆发，法西斯垮台，9 月 8 日，德国人，恐惧与轰炸。战败时，我父亲正在军队中服役。当时德军已经开始追捕意大利士兵，他被朋友们劝服，一同前往瑞士避难。他的选择是正确的。他救了自己，也让我们的家族得以延续。[60]

经过这么多年的民族意识培养之后，如今的意大利能成为怎样一个国家呢？

第七章

政党

共和国的基石，1943—1957

我认为自己有资格发言……作为一个反法西斯民主派和新共和国的代表……新共和国将朱塞佩·马志尼的人道主义志愿、基督教的普世理念，以及国际工人的希望聚集起来，努力重建你们所寻求的持久和平……

阿尔奇德·德加斯贝利在和平会议上的发言，

巴黎，1946 年 8 月 10 日

禁止以任何形式重组已解散的法西斯党。

《意大利共和国宪法》条款，1947 年 12 月 27 日

我们必须以真正的面貌示人，那就是意大利社会共和国的法西斯主义者……我们是仅存的激进力量……我们的勇气，或者说我们的胆量，体现在 1946 年以意大利社会运动党（MSI），即一个积极政党的身份参与民主政权。

乔治·阿尔米兰特，意大利社会运动党

第五次大会，米兰，1956 年 11 月

"什么意大利？"

1945 年 4 月 27 日清晨，欧洲战争已步入尾声，一支满载着德国士兵和意大利法西斯主义者的汽车、卡车和装甲车队在科莫湖西岸唐戈（Dongo）小镇以南的路障处，被第 52 加里波第纵队的共产党游击队拦截。这支车队的前行方向并不明确：农村聚集着大量抵抗军成员，穿越边境进入瑞士或向东经瓦尔泰利纳进入奥地利的可能性微乎其微。经过几个小时的谈判，双方一致同意将德国人放行，而意大利人全部留下。加里波第纵队对车辆进行搜查，在一辆卡车角落的毯子下，一名男子显然醺然入睡，戴着德国头盔，穿着德国大衣，衣领翻开遮在脸上。"喝醉了。"德国人解释道。但游击队员起了疑心，一把扯下他的头盔。男人站起身来，无神的双眼尽显疲乏而不见恐惧。他顺从地交出冲锋枪与手枪，被押送至附近的唐戈镇政府。围观者兴奋地叫喊道："是他，是他！墨索里尼！"车队中许多其他法西斯党要员试图躲进当地民舍或跳进湖边岩石附近的水中，也被围捕起来，带到市政厅，其中包括马尔切洛·贝塔西（Marcello Petacci）和他的妹妹克拉拉——墨索里尼的情妇。他们在逃亡途中伪装成西班牙领事夫妇。[1]

当天夜里，米兰领导人就如何处置墨索里尼展开讨论。有人赞成将他交给英国和美国，但多数人希望大众法庭当即审理。摧毁法西斯的或许是盟军，过去的 18 个月中他们奋力向着半岛北部厮杀，但至少意大利"人民"代表可以因为杀死领袖而立下大功。[2] 于是，人们决定派出以瓦尔特·奥迪西奥（Walter Audisio，战时被称为"瓦莱里奥"上校，是一名共产党员，曾因反抗法西斯而在 20 世纪 30 年代被监禁 5 年之久）为首的一支队伍作为代表主持正义。

他于 4 月 28 日下午抵达唐戈，得知墨索里尼和情妇昨夜被看守在附近小村庄邦扎尼戈（Bonzanigo）的一间农舍中。

瓦莱里奥与手下来到邦扎尼戈，看到身着灰色大衣的墨索里尼站在卧室中，精神萎靡，贝塔西陪在一旁。独裁者英勇无畏的公共形象与平凡现实间的对照极具冲击力，一位游击队员回忆道："他的外表与法西斯宣传中强壮有力的形象天差地别……他微微抬起小臂，双手各拿着一只眼镜盒。"[3] 瓦莱里奥表示自己是来解救墨索里尼的，墨索里尼起初并不相信，但离开农舍时似乎重燃信心，转身对瓦莱里奥说："我将给你一个帝国。"[4] 一行人走下斜坡（路面潮湿，贝塔西穿着她黑色高跟麂皮鞋跌跌撞撞）来到小广场上，一辆汽车在此等候。三位本地妇女正在村中的泉水处洗衣裳。墨索里尼和贝塔西被带到不远处梅泽格拉的朱利诺村的贝尔蒙别墅门前，瓦莱里奥命令二人下车，将他们推到墙边。我们不确定他是否宣读了死亡判决（"奉自由志愿军总指挥部的命令，我负责为意大利人民伸张正义"），或许并没有。贝塔西抱住墨索里尼，瓦莱里奥高喝放手。他扣下了冲锋枪的扳机，却卡住了。他不得不借来另一支武器：一杆从昨日被捕的法西斯分子身上搜来的法国冲锋枪，枪管末端还系着三色丝带。瓦莱里奥开枪前，领袖还敞开了外套喊道："瞄准我的心脏！"[5] 共产党官方记录中对此毫无记载。

下午 4 点过后不久，瓦莱里奥返回唐戈。两小时前，他浏览了唐戈镇关押的法西斯囚犯名单。尽管第 53 加里波第纵队成员对这位米兰派来的人是否有权处决"他们的"俘虏深表怀疑，瓦莱里奥仍不顾反对，在需要被立即枪毙的人名上打叉。名字被打叉的包括曾经的革命社会主义者、意大利共产党创始人之一尼古拉·邦巴奇，他在 20 世纪 30 年代后期倒向法西斯主义，并成为墨索里尼在萨洛共和国的亲密支持者与朋友；还包括曾经的佛罗伦萨法西斯党领导人亚历山德罗·帕沃利尼，他在1943年9月被任命为意大利中北部重组后的法西斯党的总书记。死刑判决被宣读后，15人被押送至唐戈的中央广场，在围观人群的目光中背对矮墙排成一排，面向科莫湖，行刑队站在他们身后。萨洛共和国曾经的一位副部长弗朗切斯科·巴拉库（Francesco Barracu）要求对着胸口开枪，那里有一枚表彰英勇的金制徽章。瓦莱里奥拒绝了。在最终开火的命令下达前，被处决者举起手臂行法西斯礼，高呼"意大利万岁！"瓦莱里奥愤怒反驳："什么意大利？"他们的回应是："我们的意大利，不是你们的，你们这些叛国贼！"据报道，邦巴奇曾喊道："墨索里尼万岁！社会主义万岁！"帕沃利尼的临终遗言则是："意大利万岁！法西斯万岁。"[6]

尸体被收集起来扔上驶向米兰的卡车。卡车目的地为洛雷托广场，去年8月10日，意大利法西斯分子（奉德国指令）为报复游击队突袭在该地枪杀了15名政治犯，尸体被堆在烈日下炙烤，以惨不忍睹的景象警示公众。货车在梅泽格拉的朱利诺停靠，将墨索里尼与贝塔西的尸首也搬上车，最终于4月29日凌晨抵达洛雷托广场，并将运载的"货物"随意卸在地上。尸体附近很快聚集了大量人，遭到各种方式的羞辱和破坏——吐口水、枪击、撒尿、拳打脚踢和嘲弄（"现在你倒是演讲啊！演讲啊！"）。[7]墨索里尼、贝塔西和其他几位著名人物被倒吊在加油站的龙门架上。前法西斯党总书记阿希尔·斯塔拉切很快也被吊在一起，他一生痴迷于强身健体，而这最终竟将他置于死地。4月27日，他在提契诺门附近慢跑时被一个路人认出，消息被举报至游击队。随后他便被带到人民法庭，在经过迅速审判后被判处死刑（他莫名其妙地提出愿意帮助教育年轻一代的共产党员，不出意外这引起一片哄笑）。4 月 29日上午，他被押送至洛雷托广场，双手被绑在背后。当被问到女子身边挂着的男人是谁时，他颇有些挑衅地答道："我的领袖！"临刑前，他转身向悬空的尸体行罗马礼。[8]

　　正如 1860 年的统一过程与 1918 年"一战"结束后那般，意大利在二战后再次陷入严重分裂，对国家身份深怀疑虑。20 多年来，法西斯主义始终占据国家与民族之名，拥护君主制、宪法、行政制度和（自 1929 年起）教会，将自身视为复兴运动的合法继承人，立志于统一、精神复兴与政治伟大，并宣称自身为半岛两千多年历史的化身。如今，在法西斯政权的残骸之上，人们的愤怒喷涌而出——从洛雷托广场的骇人景象可见一斑，但意大利要从何处寻找未来的基石？浓烈而阵发性的民族主义热忱是法西斯主义的核心，既然如此，依靠"民族性"共鸣的事物还能否为人民所信服？在两次世界大战之间的那段时间，社会主义与共产主义均遭到打压，因此强烈要求在新秩序中占据一席之地；天主教尽管在 1929年与法西斯达成协定，但仍合理地坚称，其在法西斯政权下努力保持了一定程度的独立性。但这三种意识形态都具有明显的普世倾向，与"意大利"的关系也存在许多问题。这些意识形态能在多大程度上为重建后的意大利提供一个稳固基础呢？

　　在战争导致各地区与各政治派别分裂的形势下，举国上下似乎迫切地需要一个共同理想。1943 年 9 月以来，意大利南北面临截然不同的处境，裂痕日益延展。维克托·伊曼纽尔与巴多利奥在德国人进军前逃离罗马，于被盟军解放的领土上建立起一个南方王国（到秋季，英军与美军已推进至那不勒斯，德方则在北部亚平宁山脉布下重兵防线）。但这个重生的意大利王国实际上毫无自主权，南部大部分地区直接由盟国军政府管辖。国王维克托·伊曼纽尔竭力试图以一个完全同盟国成员的身份参战，以提高自己的地位，但丘吉尔坚决反对。尽管意大利于 10 月 13 日对德宣战（其军队所剩无几，充其量只有 20 多个装备简陋的师），但其角色只是模糊不清的"共同交战国"（cobelligerent）。

该局势带来的后果是，意大利南部（与北部相反）在 1943—1945 年几乎没有积极的反法西斯的举措，战争末期严重的通货膨胀、粮食短缺、疾病流行、基础设施破坏等惨绝人寰的痛苦与匮乏未能构建起任何可以为战后国家提供政治支持的政治潮流或道德立场。相反，南方人再次回归传统的谋生方式，靠黑市、轻微犯罪、贪污腐败、裙带关系和土匪活动过着朝不保夕的日子，本已脆弱不堪的国家意识进一步被侵蚀。西西里的黑手党活动井喷式复发（所谓美国人刻意将黑手党重新引入西西里岛的说法是毫无根据的：他们只是再次浮出水面，每到重大政治危机来临时皆是如此，他们充分利用了盟军入侵后的半无政府状态），社会一派肮脏卑鄙，让库尔齐奥·马拉帕尔泰等高尚的旁观者深感恐惧，他认为这个国家被一种特殊的中世纪瘟疫袭击，尽管肉体完好无损，灵魂却被啃噬殆尽，使每个人都"被玷污、腐蚀并走向堕落"。[9]

满目的道德沦丧让心怀爱国倾向的人们不寒而栗，他们尤其体会到，这 80 多年来的统一甚至没能渗透至社会的最表层。百姓几乎没有对国家承受的灾难表现出明显的悔恨或羞愧，在各地，占领军都受到狂热的欢迎，穷人喧嚷着索要巧克力与香烟，富人急忙敞开大门，为胜利者举行招待会。卡拉布里亚作家科拉多·阿尔瓦罗（Corrado Alvaro）在恐惧与震惊交织中写道，公共舆论似乎以为"国家尊严"与"国家荣誉"的含义不过是阻止擦鞋匠和妓女满街拉客。[10] 人们似乎不仅仅为脱离法西斯而欢欣鼓舞，同时也为摆脱"意大利"而心怀喜悦（"我希望英国人和美国人永远不撤离……他们对生活的憧憬与我们至今体验的悲惨生活截然不同"，1944年1月，一位那不勒斯人在信中写道）。[11] 一种毛骨悚然的似曾相识感从历史深处传来——同样的罪恶（正如佛罗伦萨学者、反法西斯主义者皮耶罗·卡拉曼德雷伊所感叹的那样："意大利人似乎永远渴望外国人的拯救"）似乎需要同样的解药："我们又一次需要创造意大利人……我们必须将他们从臣民变成公民。"[12]

与南方相反，意大利中北部在停战后的 18 个月里经历了一场激烈内战。傀儡政权萨洛共和国的官方名称为意大利社会共和国，其政府机构分布在北方主要城市中，首都则位于加尔达湖西岸的度假小城萨洛，靠近墨索里尼在加尔尼亚诺的费尔特里内利的私人别墅。领袖试图最大限度地掌握自主权，但实权仍在德国人手中，他们控制着大部分政府机构，并向格拉齐亚尼元帅手下装备匮乏的小型义务兵部队发号施令（约 60 万意大利士兵被关押在德国的战俘营强制劳动）。共和国东拼西凑而成的警察系统也处在德国的管制（或者说试图管制）之下，这些派系复杂的警察主要由原来的警察与民兵团成员组成；正是这些人应为围捕和驱逐约 7 000 名意大利犹太人负主要责任，这些犹太人最后几乎全部丧生于毒气室。

然而，这些都并不影响相当多的意大利人真诚支持萨洛共和国。国家法西斯党重组为法西斯共和党（Fascist Republican Party）后，重拾法西斯运动初期的反资产阶级精神，采取了一系列激进措施，包括将大公司"社会化"以及选举工人进入管理委员会。但共和国所获得的支持与其说来自上述政策，不如说源于墨索里尼残留的影响力，以及政府娴熟运用爱国主义言论，将向盟军投降者斥为"祖国"之敌的手段（1943 年 7 月 25 日，在墨索里尼的命令下，包括领袖的女婿加莱亚佐·齐亚诺在内的 5 名"通敌者"在维罗纳被枪决）。共和国的宣传机构不遗余力地将保卫共和国与祖国荣誉捆绑在一起，不断重复马志尼、加里波第和其他复兴运动英雄的名字。来自萨洛志愿军的信件表明，他们中许多是在墨索里尼上台后出生的，生长于法西斯创造的民族主义语言与文化中——萨洛共和国的爱国宣传瞄准了易接受的人群。正如一位 17 岁年轻人所写：

> 复活的意大利，再一次以钢铁般的意志，向着宿命的目标前进。多年的牺牲决不能以如此不光彩的方式毁于一旦……从那陷落的深渊、疾如闪电的突发事件与叛徒的卑劣之举中，我们——尤其是我们这些志愿军——全力奋起，要为挽回荣耀努力。我们唱着新战歌，心中怀着永恒不变的信念，道出那伟大的名字：意大利！[13]

但意大利中北部的爱国主义宣传并非全由共和国垄断，1943 年秋天，停战后逃离德意两国当局管治的老兵们组织起抵抗运动，同样鼓吹"意大利荣光"、"祖国理想"和"民族独立"。[14] 至于 1943—1945 年意大利游击队规模究竟多大，各方估计的数字差异巨大。虽然共产党宣扬的"大规模"反法西斯人民起义并不存在，但抵抗运动的力量也绝对不容小觑。据萨洛政府统计，到 1944 年初夏，有超过 8 万名"叛乱者"在逃，其中大部分是为了逃避共和国征兵而遁入山中的年轻人。次年春天，人数增加了一倍多。但并非所有逃兵都成了游击队员，许多人只是躲藏起来，等待和平的到来，他们只愿回归正常的家庭生活，对民族和祖国的斗争无动于衷。[15]

而投身战斗者也是出于一系列纷杂的动机。有些人将抵抗运动视为一场解放战争，目标是将德国占领军赶出意大利；有些人则受到社会主义理想的鼓舞，认为斗争是为了解放穷人，实现更广泛的社会正义；还有人认为，消灭"法西斯主义"的目标高于一切。千差万别的目标很快落实为不同的政治立场，共产党、天主教民主党（后文简称天民党）、社会党和其他反法西斯政党代表于 1943—1944 年在大城市迅速崛起，随后渗透至游击队中，并将游击队拉入自己的轨道。但正如杰出的社会主义者维托里奥·福阿（Vittorio Foa）后来回忆的那样，抵抗运动的核心是一个共同愿望，即在法西斯之灾过后，为意大利寻找振奋人心的新意义：

> 法西斯的民族主义宣传过犹不及。它将国家像神祇一样供奉于祭坛上，最后又将其摧毁。9 月 8 日法西斯政权的垮台将这个民族从意大利人眼中抹去；而法西斯在最后一刻懦弱地参战却还是战败的劣迹，则将这个民族从世界人民的眼中抹去。法西斯毁灭了民族的一切价值。这是抵抗运动……最根本的原因：……经过法西斯主义的统治后，我们需要重建身份……[16]

但无论他们是在何种激励下拿起了武器，也无论他们的目标如何崇高，抵抗运动都是一场意大利人手足相残的凶恶内战。据官方统计，1943 年 9 月至 1945 年 4 月，共有 44 720 名游击队员被杀，另有 10 000 名平民在报复性袭击中丧生，这些人大多死于萨洛共和国近乎无法无天的庞大警察机构（各色警察与民兵部队）手中。同一时期被杀的法西斯分子人数则不得而知。[17]赞颂暴力与抛弃人道主义价值观可谓两次世界大战中文化的核心，这让共和国军队在残暴对待敌人时毫无顾虑。同时，他们希望通过展现自己也可以像自己的纳粹盟友那样冷酷无情，来缓解战败的羞辱，而这也助长了暴行。在这场残酷的斗争中，酷刑、强奸、公开处决、尸体示众（往往为尸体钉上简陋的大字报说明罪行），甚至对支持游击队的社区实施全体屠杀都十分常见。[18]

双方都将暴力视为必需，对许多游击队员——也就是共产党或社会党游击队成员——而言，既然抵抗运动代表"人民"，那么在攻击法西斯或纳粹分子时波及无辜平民的做法也是合理的。而民众若能在报复心理的驱使下憎恨敌人，从而积极支持游击队员，则更是一举两得。[19]与100年前复兴运动中的民主主义者一样，抵抗运动的战士们也希望流血与牺牲能够造就积极可靠的人民与涅槃重生的国家。他们中许多人痛苦地看到，意大利社会仍受到"长期惰性"的困扰，"如同一个生锈的巨型车轮"，几乎无法转动，就像共产主义者佛朗哥·卡拉曼德雷伊（Franco Calamandrei）在日记中指出的那样。[20]阿尔弗雷多·皮佐尼（Alfredo Pizzoni）是抵抗运动的最高权力机构——北部意大利解放组织全国委员会的主席，据他回忆：

> 人数庞大的循规蹈矩者（benpensante）过着凄惨卑贱的生活……他们心中只有一个念头：每晚带着装满食物的袋子回到家中。意大利已被夺去武装、撕成碎片，并被以各种可能的方式践踏折磨，而令人震惊的是，这些循规蹈矩者对此无动于衷。他们或许曾经想过这个问题，是的；但那不过是物质问题外的次要问题。他们只关心自己的私事，战争一结束就大肆抨击随后发生的事……意识不到自己应该做些什么，对此前的英勇之举与伟大成果视而不见。[21]

在意大利统一后的岁月里，弗朗切斯科·德·桑克提斯也曾对这个问题苦恼不已，那就是："圭恰迪尼那类人"的冷漠，以及思想和行动间的脱节。但考虑到"意大利"在前几十年里为半岛大多数人民展现的面貌——持续的贫困、虚幻的希望、社会冲突与毁灭性战争——民族救赎新福音的领军人物面临重重怀疑也就不足为奇了。据努托·雷韦利所言，皮埃蒙特库内奥省的农民几乎都认为1943年至1945年发生的事件是毫无意义的"兄弟相残"，最好静观事变，不要卷入其中。[22] 对许多人而言，抵抗战士似乎只能惹出麻烦，征用本已稀缺的食物和其他物资，还可能招致报复——1944年9月底10月初，在博洛尼亚以南农村的马尔扎博托小镇附近，德军屠杀了近1 000名居民，其中包括200多名儿童，以惩戒向当地游击队提供援助的农民。

"抵抗运动的价值观"

战后政府曾迫切地对外宣布，新意大利正是建立在"抵抗运动的价值观"之上，尽管从实际来看，民众对游击队的支持远未达到这个程度，但在1944—1945年，反法西斯势力对权力垄断是不容忽视的。1944年6月，盟军攻占罗马后，共产党、社会党、天民党和"行动派"（Actionist，自由民主派组织，深度参与抵抗运动，但其精英主义特性导致它在1945年后销声匿迹）的领导人走向台前，成功从巴多利奥手中赢得了政府控制权（在美国人的支持之下——罗斯福总统需要考虑美国境内60万意裔选民的愿望——但丘吉尔对此十分恼火："我不知道……对那些让我们付出高昂生命与物资代价的意大利人，我们竟容许他们不征询战胜国意见就组建任何形式的政府，甚至连民众授权的表面文章都没有”）。[23]
1945 年 5 月，欧洲战争结束后，这些反法西斯政党继续联合执政，
并将在未来 45 年里主导了意大利的政治格局（行动派除外）。

　　"抵抗运动的价值观"得到了所有主要政党的郑重认可，它
为战后的意大利提供了道德基础，并在每年 4 月 25 日的国庆节得
到赞颂。1943 年 7 月至 9 月发生的事件以及随之而来的中北部内
战——在 1945 年 5 月后又持续了很久，至少 2 万名法西斯分子在
随后两年里被地方治安队追捕杀害——留下了愤怒与痛苦的恶疮，
而恶疮将在未来的几十年里不断腐化流脓。因此，数百万意大利人
在 1945 年后公开拒绝认同国家官方政治取向，平均约 7% 的选民
坚持为新法西斯主义政党投票。直到 20 世纪 50 年代，墨索里尼
行动队（Mussolini Action Squads）、意大利解放军（Italian Army of
Liberation）、革命行动法西斯（Fasci of Revolutionary Action）和意
大利反布尔什维克阵线（Italian Anti-Bolshevik Front）等秘密组织仍
以法西斯为名展开恐怖行动。其中一个名为法西斯民主党（Fascist
Democratic Party）的组织在 1946 年 4 月的一天夜里，从米兰的公
墓中掘走了墨索里尼的尸体（几个月后，尸体被发现藏在帕维亚修
道院的一间柜子中），引起了国际关注。[24]

　　"抵抗运动的价值观"的另一个问题在于其仅被北方地区认同。
许多南方人，尤其是有产阶级，曾在 1943—1945 年经历了法纪缺
失的社会动荡期，农民又一次占领庄园，要求分得田地。在这种
情况下，法西斯时代很容易被怀旧者视为一个"有秩序"的时代，
而新的民主党派则被当作威胁，尤其是共产党与社会党。1944—
1946 年，西西里岛的地主们发动了一场独立运动，甚至资助了一
支由土匪和黑手党组成的庞大私人军队，与"意大利的"安全部

队作战。而在本土南部，一位名叫古列尔莫·詹尼尼（Guglielmo Giannini）的那不勒斯剧作家在战争结束后不久创建了"普通人阵线"（Fronte dell'Uomo Qualunque），该组织蔑视"抵抗运动的价值观"，支持那些只愿在和平中享受生活的人——他们不想要"职业政客"强加的赋税、强推的法律，以及高谈阔论的"民族"与"祖国"（"如果世界上有什么东西终有一死，那就是祖国的概念"）。[25] 该阵线在 1946 年的选举中获得了超过 100 万张选票。

或许，君主制问题最能说明"抵抗运动的价值观"引发的共鸣极为有限（以及南北政治分裂严重）。维克托·伊曼纽尔与墨索里尼的密切关系，以及停战后逃离罗马的怯懦之举严重损害了他的政治声誉（似乎已无法挽回）。1946 年 6 月 2 日，在制宪会议召开的同一天，意大利人前往投票站，以全民公投决定萨伏依王室的命运。一个月前，维克托·伊曼纽尔宣布退位，其子翁贝托二世继任。事实证明这于事无补，6 月 13 日，翁贝托离开奎里纳尔宫流亡葡萄牙。此前几日里，他坚持要求公投应经过最高上诉法庭批准才能生效（最终政府自行宣布共和国成立，国王因而称其为"政变"），政治形势高度紧张。而最终投票结果停留在 1 270 万票对 1 070 万票，差距较小。虽然中北部所有省份几乎都跟随共产党、社会党与天民党的立场，赞成建立共和国，但在罗马与意大利南部，君主制支持者显然占多数（在那不勒斯接近 80%）。

由国家全体男性和（意大利历史上首次）女性普选产生的制宪会议于 6 月 2 日回归，由三个主要反法西斯党派主导：在 556 个席位中，天民党获得了 207 个，共产党占据 104 个，社会党则拥有 114 个。经 1946 年至 1947 年制宪会议的快速商议推出的宪法充分肯定了"抵抗运动的价值观"。共和国将是民主、自由且分权的——与法西斯主义完全对立——总统由选举产生，行政机关对议会负责，同时建立一个强大的众议院，以及比例代表制、地区政府、独立司法机关、宪法法院和允许公众提出或废除立法的相关机制。公民的许多政治自由及社会权利得到了保障。最具争议性的隐患在于教会：天民党极力维护天主教的国教地位，非宗教党派则表示反对。但随着冷战的铁幕落下，共产党领袖帕尔米罗·陶里亚蒂（Palmiro Togliatti）不愿过度煽动民意，在他的支持下，1929年签订的《拉特兰条约》被新宪法接纳。社会主义者怒不可遏。"陶里亚蒂宣布投出赞成票时，席间的社会主义者爆发出愤怒……高呼背叛，"彼时年轻的天民党代表朱利奥·安德烈奥蒂（Giulio Andreotti）回忆道，"我们许多人眼含泪水。"[26] 这是贯穿意大利社会的另一条深刻的情感断层线，未来它将使意大利政治版图更加支离破碎。

正如意大利历史上的许多时刻一样，新宪法的出现（1948年1月生效）加深了人民群众与精英阶层间的裂隙，因而亦凸显出精英在国内的精神权威颇为有限。反法西斯领导层的工作没有得到英美的支持，在1945—1946年和平协议起草时，两国拒绝承认意大利为击败德国做出了巨大贡献，他们的工作也无法弥补法西斯主义的罪过。自1943年以来，贝内代托·克罗齐与其他知名意大利知识分子始终努力争辩称，两次世界大战间的这段时期不过是国家历史上的诡异插曲，偏离了复兴运动期间铺就的自由主义与和平的道路。但是，这种试图将法西斯主义的影响贬到最低，免除国家对法西斯主义所负责任的做法，并未得到战胜国的认可。根据1947年2月于巴黎签署的和平协议，意大利不得不对第二次世界大战爆发承担很大的责任。作为惩罚，意大利的殖民地都被剥夺，而且被迫将达尔马提亚、伊斯特拉和阜姆交予南斯拉夫，同时背上了沉重的赔款账单。

但对于将"抵抗运动的价值观"当作民族凝聚力基础的理想来说，最大的打击来自冷战爆发后反法西斯联盟的破裂。1944 年3 月，帕尔米罗·陶里亚蒂从莫斯科流亡归来。从那时起，这位戴着眼镜、严肃而谨慎的知识分子就试图打造一个令人安心的党派形象，强调对民主与民族团结的坚守，并利用老朋友安东尼奥·葛兰西（Antonio Gramsci，他与陶里亚蒂一样，是在 1921 年创立意大利共产党的人之一）的著作证明，意大利通向社会主义的道路不是暴力夺取政权，而是和平地逐渐建立起社会的道德、文化和政治"霸权"。但无法回避的事实是，意大利共产党与苏联关系密切，陶里亚蒂曾担任共产国际（第三国际）副总书记，亦是斯大林的忠实支持者。而随着 1946—1947 年世界开始形成东方集团与西方集团的两极分化，意大利国内外要求将共产党及其社会主义盟友排除在政权之外的压力也日益增加（1947 年初，意大利社会党分裂为亲莫斯科和反莫斯科两派）。1947 年 5 月，时任总理的天民党人阿尔奇德·德加斯贝利（Alcide De Gasperi）宣布成立一个不包含极左派的新政府。这一决定打破了反法西斯阵线，并奠定了接下来45 年意大利的政治格局：由天民党主导的一系列中间派联盟执政，而共产党则沦为永久的在野党。

教会的立场使此次分裂变得更为尖锐。1943 年，法西斯的崩溃与政府的屈辱投降为教皇庇护十二世提供了"重新征服"意大利的黄金时机。数百万意大利人在战败的废墟中主动寻求教会的慰藉与领导，似乎证明意大利可以转变为"基督教文明"的旗帜。但"基督教文明"不接受共产主义者与社会主义者。1945 年以后，梵蒂冈动用一切传统的和现代的渠道，动员信徒反对教会的敌人，这些渠道包括广播电台、报刊、布道、公教进行会、朝圣、神迹报道、圣徒崇拜（以圣母马利亚为主——吸引妇女是一个重要任务，如今她们已拥有投票权）和电影——那是一部关于庇护十二世的纪录片，将教皇描绘为一个魅力十足的公正领袖，影片在全国巡回放映，吸引了大量观众。上个世纪被构想出来的意大利"国家"，如今已丧失了其大部分道德信誉，教会于是匆忙赶来接过它的责任。一家权威的天主教报纸将教皇誉为"我们祖国至高无上的巅峰"，意大利的"独立、自由、荣耀、生命和美丽——这一切都归功于他！"[27]

随着意大利意识形态上的两极分化——一边是天民党与天主教会，另一边是共产党与社会党——加之美国明确告知德加斯贝利，只有在遏制极左势力的前提下才会继续提供经济重建的援助，"抵抗运动的价值观"再也无法为新共和国提供明确的道德基础。由于两个阵营都无法坚持将"国家"当作最重要的立足点，意大利政治生活的本质主要是内部斗争，而非对集体目标的追求——正如历史上大部分时期一样。此等相互辱骂诋毁的场面，令那些自己的意大利民族信念尚未被法西斯击碎的人心灰意冷。正如恪守己见的反法西斯神父普里莫·马佐拉里（Primo Mazzolari）在 1949 年所写：

> "道路、桥梁、工厂……一切都在重建。但我们却没有。尽管我们的人数在增加，与复兴运动时期的人们说着同一种语言，但我们仍未恢复意大利人的身份……信奉共产主义的无产阶级向往俄国，其他人则向往美国……意大利人仍处在 9 月 8

日的境遇中，有些人出于对自由的热爱进行了反抗。抵抗运动仍在继续，却是以一个政党的名义对抗祖国，使分裂局势更加深化持久……在缺乏一致的政治意识、相通的情感与共同的圣坛的情况下，我们如何才能放下自相残杀的武器，走向和平？我看到了集体的痛苦与贫困，或许这即将导致集体的毁灭。但我唯独没有看到集体的祖国。有的只是法西斯分子与游击队员，而不是情同手足的意大利人。[28]

意大利深陷宗教战争中，双方不仅仅为政府政策而战，更是为其背后的整个文化世界而相互对抗。因此，"抵抗运动的价值观"所依托的原则被普遍斥为因过度理想化而不切实际，最终严重损害了政府的威信。保守的最高上诉法院将宪法中的许多内容解释为理想化或"纲领性"的，而不去实施。[29]因此，除西西里岛、撒丁岛和阿尔卑斯山周边地区外，意大利直到20世纪70年代才建立起地区政府：天民党领导的政府无法接受共产党在艾米利亚-罗马涅、托斯卡纳和翁布里亚等地掌权（共产党的支持者集中在那些地区）。意大利宪法法院在20世纪50年代末成立，与此同时，法西斯政权推行的许多法律法规仍然有效，尽管其公然违背了共和国的民主理念。毕竟，无论是在南部乡村还是在工业化程度较高的北方，控制与镇压机制对遏制左翼激进主义行之有效。20世纪40年代，共产党曾在南方积极组织农民占领土地，1949年10月，在卡拉布里亚的一个村落，3名示威者在与警察发生冲突时丧生，15人受伤。1948—1954年，博洛尼亚省有近1.4万人因破坏公共秩序而被审判，其罪行包括张贴海报和出售共产党报纸《统一报》（*L'Unità*）。[30]

更能说明"抵抗运动的价值观"与战后共和国现实之间差距

的是，前法西斯分子并未完全从国家政权中消失。1944年颁布的一系列法令要求对官僚机构进行清理，但未能得到严格执行。部分原因在于，法西斯政权中的全体公务员都必须入党，因此很难证明谁是"法西斯"（或至少是真诚的"法西斯"）；而更根本的原因是，天民党人以及他们背后的英美势力不希望看到国家机器被共产党人与社会党人毁坏和填补。由此一来，法院仍由墨索里尼当年任命的法官执掌，遵循着极温和的审判路线。例如，在审判领袖的秘密警察"警惕与镇压反法西斯主义组织"（OVRA）的头目、后来的萨洛共和国副警察局长圭多·莱托（Guido Leto）被控协助维持政权运转一案时，法院以他有责任履行公职，而没有资格决定国家法律和机制是否符合宪法为由，于1946年4月将其无罪释放。[31] 另一种应用广泛且同样有效的辩护方法是声称自己实际上是秘密的反法西斯主义者，许多被指控与萨洛共和国合作的受审者通过人脉（往往还有伪造的文件）证明自己与游击队确有联系。[32]

而法庭维护"抵抗运动的价值观"的失败还体现在一个特别反常的事例中，该事例关乎战争罪行的起诉。1946年6月颁布的政治与军事犯大赦令目的是为新成立的共和国注入和解色彩，但那些曾做出"极端残忍暴行"的罪犯则被排除在外。然而，面对法西斯分子对抵抗运动成员施加的暴力，法庭往往既不将其判为"暴行"，也不认定其"极端"残忍。因此，一名队长曾准许队员将抓获的女游击队员捆绑起来，蒙住双眼反复强奸，却被判定为没有实施"暴行"，而只是"最大限度地侵犯了该女子的清誉与尊严"。[33] 相比之下，游击队员却经常被视为普通罪犯而非抵抗运动战士，被排除在大赦令范围之外。1954年，最高军事法庭甚至将萨洛共和国判定为合法政府，"尽管它犯下了错误"，但为其战斗的人没有犯罪。相较之下，游击队员作为非正规部队，却不适用于军法的保护。[34]

法庭未能充分起诉战争罪行造成了深远的影响。许多1945年没有被逮捕枪毙的法西斯高官成功避免了被严惩，意大利并未举行可与德国纽伦堡审判相比的高调审判。法西斯政权对第二次世界大战的爆发，对利比亚、埃塞俄比亚、巴尔干和其他地区发生的暴行，以及对种族法和犹太人迫害等国内政策应负的责任未能得到公开披露与谴责，共和国也未能明确界定自己与法西斯主义的关系（实际上也包括与意大利近代史其他方面的关系）。曾经的法西斯政权支持者们借着这混沌的政治氛围创作了几部畅销书，试图为法西斯主义添上人道主义的温和属性，极力为墨索里尼美言。（因德罗·蒙塔内利在1947年出版的《墨索里尼的善良灵魂》中向世人提问，领袖除了"做做怪相"外，又有过什么"可怕"举动吗？法西斯政府除了将几百人关进牢狱，难道不是"温和"之至吗？）[35] 随着天主教文化（劝告人们宽恕与仁慈）对意大利的逐渐渗透，这些观点得到了强力支持。[36]

尽管共和国号称建立在"抵抗运动的价值观"之上，但其实只有共产党人与社会党人将反法西斯当作核心信仰。而在冷战高潮期，他们被限制在政治反对派的贫瘠角落（却是一个举足轻重的群体：在1948年的选举中获得31%选票，1953年则获得35%）。由于没有进行深刻彻底的政治清洗，意大利政治明显延续了法西斯主义的特性。据1960年的统计，全国64名省长中，有62名曾在墨索里尼手下任职，135名警察局局长及其139名副官也是如此。[37] 军队与司法部门中的许多高官同样在法西斯时期就身居高位：1957年成为宪法法院院长的加埃塔诺·阿扎里蒂（Gaetano Azzariti）曾在 1939—1943 年担任种族法庭主席。当然，这些官员并非都认同法西斯的反自由主义和激烈反社会主义的价值观，但认同者的确颇多。于是，官场上聚集着许多反对宪法原则、有意阻碍意大利民主运作，甚至积极谋划反对民主的公务人员。

1957 年 8 月 31 日，在墨索里尼尸体在洛雷托广场遭众人亵渎唾弃 12 年之后，两名嘉布遣会修士从一辆汽车后座上拖下一只大木箱，来到普雷达皮奥附近的圣卡夏诺公墓门口。领袖的遗体在帕维亚修道院被人发现后，便一直被秘密存放于米兰附近的一座修道院中，家属要求将其迁至普雷达皮奥安葬，却无人理睬。如今，随着仰赖议会中新法西斯主义议员（其中包括 1946 年偷走墨索里尼遗体的多梅尼科·莱奇西；与此同时，处决墨索里尼的瓦尔特·奥迪西奥就坐在议会的极左派区域中）支持的天民党人阿多内·佐利（Adone Zoli，他也是普雷达皮奥人）出任总理，政府决定同意这一请求。9 月 1 日，在众多举起右臂敬礼的忠实支持者注视下，装有墨索里尼遗体的箱子被安葬于圣卡夏诺公墓，直到今天参观者仍络绎不绝。[38]

经济奇迹，1958—1975

来吧，到城市来
为何在乡间闲逛
若想过上好日子
请一定要到城市来

城市光彩照人
城市四通八达
城市生机勃勃
城市妙趣满盈

这里有许多街道与商店
商店的橱窗灯火通明
许多人在工作
许多人在生产
广告牌越来越大
还有商店与自动扶梯
摩天大楼越来越高

还有数不清的、数不清的汽车

乔治·加贝尔，《城市多美丽》，

流行歌曲，1969 年

20 世纪 60 年代初，由于空气和水源的污染——特别是在农村……萤火虫逐渐消失……在它们消失之后，古老的农村与旧式资本主义世界的"价值"……突然不再重要。教会、祖国、服从、秩序、节俭与道德全部失去了意义……被一种新型文明的"价值"取代，一种与农村文明迥异的文明……

皮耶尔·保罗·帕索利尼，《意大利的权力真空》，

载于《意大利晚邮报》，1975 年 2 月 1 日

天民党与共产党

共和国的诞生十分低调。20 年的民族主义论调最终迎来了军事失败、经济颓靡与内战，很少有人愿意在意大利统一的最新场合中颂扬爱国主义。人们普遍认为，1943—1955 年被摧毁的不仅仅是法西斯主义，而是整个国家的近代史（"看到复兴运动时期人们所缔造的意大利就此覆灭……我接受不了"，克罗齐在 1946 年 9 月心灰意冷地写道），[1] 很难想象该用什么来庆祝新政权的建立。1946 年 10 月发行的纪念邮票上不包含任何明显的"民族"象征图像。设计中体现了中世纪的各个海权共和国和佛罗伦萨共和国，却并未加入任何现代元素（包括抵抗运动）。三色旗也没有出现：直

到 1952 年，国旗才被印在邮票上，而且只是被慎重地附在的里雅斯特大教堂的图像中（战争结束时，南斯拉夫对的里雅斯特提出领土要求，而后它一直是英美占领下的"自由领土"，直到 1954 年才被移交给意大利）。[2]

共和国无力的身份在其他象征领域表现得也非常明显。《王家进行曲》已不能被用作国歌，但各界人士对新国歌无法达成共识。许多意大利士兵在 1943 年 9 月被德国人带到战俘营时，自发唱起了威尔第的《飞吧，思念》。战后多年以来，不断有人呼吁将这首歌或《伦巴第人》(*I Lombardi*) 中的《主啊，从家乡的屋顶上》(*O Signore, dal tetto natio*) 定为意大利国歌。但是，这两首合唱曲蕴含的情感是对遗失之故土的渴望，并不适合表达国家的集体主张。1946 年秋，《马梅利之歌》(*Hymn of Mameli*，又名《意大利兄弟》) 被临时指定为共和国国歌，此后由于没有更加合适的选择（并无正式决策），国歌便这样固定了下来。但是，这首赞歌中的好战措辞引发了诸多不满，共和国从未对其产生强烈认同（1959 年 5 月，当意大利队在温布利足球场对阵英格兰队时，英方显然不知该演奏哪首曲子，因而错误地选择了《王家进行曲》）。[3]

除此之外，在修改具有明显法西斯特征的街道名称与重要节日，如 4 月 21 日、5 月 9 日（帝国宣言）和 10 月 28 日时，当局也无法就新方案达成一致。宪法宣布 4 月 25 日、5 月 1 日、6 月 2 日和 11 月 4 日为公共节日，但除 11 月 4 日（意大利在"一战"中获胜）以外，这些节日蕴含的更多是分裂而非统一的意义。共和国也不可能设计出足以引起强烈情感（和审美）共鸣的国徽。在 1948 年 1 月举办的设计竞赛中，主办方提供了蜜蜂、齿轮（皆为工业的象征：宪法第一条宣布意大利是一个"建立在劳动基础上"的民主国家——

这是一个各方都能接受的折中说法）、星星、印有塔楼式王冠的盾牌、鹰（可能过于罗马化）和灯塔作为可供选择的主题，[4] 最终胜出的作品中间是一颗镶嵌在齿轮上的五角星，两侧装饰着月桂树和橡树叶，象征和平与力量，以及意大利人民的尊严。

由于缺乏扎根于国家历史的坚实基础，从 1946 年到 20 世纪 90 年代初占主导地位的政党无法构建其合法性，因而很大程度上仰赖与"意大利"无关的权威来源。天民党高度依托于教会。他们并非教派政党，所做的政治选择——例如与美国建立密切联系，支持美式消费主义——在 20 世纪 50 年代并未得到梵蒂冈的完全赞同。但是，该党致力于维护天主教价值观和与极左派做斗争，教会也相应成为其精神上与组织上的后盾，利用讲坛、忏悔室、新闻界和公教进行会的强大机制动员选民（特别是妇女，她们占天民党支持者的 60%）。20 世纪 50 年代后，农民不断流向城市，世俗化进程无疑削弱了天主教组织对选举的影响力，但教会的支持依然是该党直到 80 年代初长期保有 40% 左右选票的重要原因（最高点是 1948 年的 48.4%）。[5]

社会党与共产党的威望很大程度上来自 20 世纪 40 年代末和 50 年代意大利左翼选民对苏联近乎神化的崇拜。红军击退纳粹的非凡成就——列宁格勒战役、斯大林格勒战役、1943 年至 1945 年的胜利、攻克柏林，以及国会大厦废墟上升起的红旗——对于那些本国军队战果极度惨烈的人来说，堪称一段传奇。而军事成就又为这个短短 20 多年就从一个落后的农业大国转变为工业巨头的国家塑造了更加立体的形象。斯大林是数百万意大利人的崇拜对象，是超人力量与父爱的化身，众多共产主义与社会主义集会将他的肖像高高挂起。1953 年斯大林去世时，其追随者营造出非同寻常的集体悲痛场景：据一位积极的党员回忆，3 月 6 日黎明时分，他站在菲亚特公司的大门外分发《统一报》，头版标题写着"为人类解放做出最大贡献之人离世"，工人们读后皆泪流满面。[6]

国家分裂为两大阵营，双方（在两大阵营及新法西斯主义者之外，非主流的中间党派是唯一值得注意的政治集团，其中包括社会民主党、共和党和自由党，共获得了约 10% 的选票）为巩固支持者，各自对社会进行殖民，运用了法西斯政权的诸多技巧。共产党与该党下属工会"意大利劳工总联盟"（CGIL）共同为数百万支持者打造了强大的机构网络，这是一个与他们对手建立的系统完全平行的世界。这些机构中，有些专为前游击队员与妇女所设（意大利妇女联合会到 1954 年已成立 3 500 个地方分会，吸纳超过 100 万名成员），也有"人民之家"（Case del Popolo）这类组办辩论与会议，放映电影，举办儿童活动与体育赛事，甚至提供医疗服务的小城镇社区生活中心（与地方教堂功能相同）。除此之外，共产党还举办深受大众喜爱的"统一节"（Feste dell'Unità）为党报募集资金，号召各家各户尽享歌舞，围在一起吃烧烤，或开展其他家庭活动。[7]

天民党尽管高度依赖教会组织动员支持者——特别是在公教进行会（20 世纪 50 年代中期已有超过 250 万成员）势力最盛的北部地区——却也建立起自身的侧翼组织。其中最重要的当数意大利基督教工人联合会（ACLI）、意大利工会联合会（CISL，与共产党和社会党领导的意大利劳工总联盟形成竞争），以及名为"Coldiretti"的农民协会。战后的意大利仍是一个以农业为主的国家，农民协会因而在当时扮演着尤其重要的角色，从一开始就被设想为积极的反共组织（其创始人指出，"除非以明确信念为基础激励民众……号召其投入战斗……否则我们无法打败共产主义，也不会筑起反共的堤坝……")。[8]农民协会有内部发行的新闻简报和杂志，为妇女与青少年（"田野青年"）特设分支机构，还创办了以"努力、生产、进步"为宗旨的培训学校。1956年，该组织已有超过13 000个地方分会，160多万个家庭加入其中。[9]

法西斯主义者曾以"祖国"之名动员意大利人，如今的两大阵营却很少鼓励支持者将国家或民族视为首要效忠对象。相反，双方都将自身打造为至高无上却身处险境的价值观引领者（天民党的徽章是一个印有"自由"的十字军盾牌），相互妖魔化的做法常常使人回忆起当年法西斯的粗暴宣传手段，他们甚至可以为对抗反对者的邪恶势力而牺牲道德准则：为党或个人目的挪用公款，公然接受犯罪分子的支持，并封锁具有潜在破坏性的真相，比如苏联20世纪30年代的大清洗——许多意大利知名共产党员（包括陶里亚蒂）至少在1956年苏联共产党第二十次代表大会上赫鲁晓夫的发言中对此有所耳闻。[10]

两大阵营都继承了复兴运动以来，将政治视为向群众灌输知识的教育斗争这一根深蒂固的观念，不过共产党显然在教育、观念与文化方面投入最大。这一方面是因为知识分子在共产党高层所占比例较高，包括许多当时的著名作家、艺术家和电影制作人；另一方面也缘于理想主义在意大利思想界的支配地位。尤其因为经过20年的法西斯统治，左派对经济的重要性与政治力量更加迟钝了。因此，在西方世界即将迎来翻天覆地的物质变革之际，共产党却没能提供一个通过促进公共领域的发展，及公共部门与私营部门的合作来实现社会繁荣的明确方略。他们将大部分精力用于守护高雅文化的堡垒，传播马克思主义历史观和批判理论，利用报刊攻击资产阶级的个人主义，论证社会主义价值观的优越性，鼓励制作说教性的社会写实主义影片，宣扬安东尼奥·葛兰西和其他获得人们认可的共产主义作家的文章。

共产党或许成功地建立了强大的亚文化流派——党内积极分子互相称呼"同志"，给小孩取名"伊万"、"弗拉基米罗"、"乌利亚诺"和"伊利奇"，身穿皮制"政治委员"上衣，赞美抵抗运动，演唱游击队歌曲，崇拜苏联，并将斯大林、葛兰西的著作与斯坦贝克和多斯·帕索斯的著作一起摆满书架。[11]然而，左派在中北部腹地以外地区的文化宣传日益受到消费主义的挑战，难以施展拳脚。面对20世纪五六十年代的好莱坞电影、色彩艳丽的杂志和电视节目中宣扬的豪华公寓、家用电器、昂贵服饰、凯迪拉克等富裕城市生活的图像，左派那以社会正义和更高集体利益为根本，强调劳动与克己忘我的宣传很难与渴望成功的野心相匹敌。相比莫斯科，大多数意大利人内心憧憬着美国。而自20世纪50年代末以来，他们越发拥有了圆梦的财力。

"经济奇迹"

对大多数意大利人而言，战后初期的处境异常艰难。1945年，国民的实际工资仅为1938—1939年的一半。据估计，一个典型工厂工人需要将总收入的95%用于购买食物。1941—1950年意大利人的日均热量摄入只有2 171大卡（20年代为2 834大卡），1951—1952年的一项全国调查发现，共有86.9万个家庭（其中74.4万个来自南方）吃不到肉类和糖。调查还发现，48%的家庭不配备厨房，73%没有卫生间，而只有7.4%的家庭接通了自来水、电力并配备室内厕所。[12]农村最常见的交通工具仍是骡车，城市则是电车与自行车——正如 1948 年维托里奥·德·西卡（Vittorio De Sica）在近乎没有噪音的罗马街头拍摄的经典现实主义影片《偷自行车的人》（*Bicycle Thieves*）展现的那样。菲亚特 500 "米老鼠"是当时最便宜的汽车，价格却是 1950 年产业工人与白领年收入的两倍，普通人根本无力承担。直到 20 世纪 40 年代末韦士柏（Vespa）踏板摩托车（其动力源自战时未能投产的飞机启动发动机）与其竞争者蓝贝塔（Lambretta）问世，大多数意大利人才第一次体验到私人机械化旅行的乐趣。[13]

但在 20 世纪 50 年代中期至 60 年代中期的 10 年间，制造业的发展尤为迅猛，使意大利从一个相对落后的农业国转变为世界上最强大的现代经济体之一。国内生产总值（GDP）平均每年增长 6%，工业总产量翻了一番，发展速度仅次于日本（可能还有联邦德国）。大部分经济增长集中在西北部的"工业三角区"（都灵-米兰-热那亚），领头羊是菲亚特（到 1967 年，菲亚特在欧洲的销量超过任何其他汽车公司，包括大众汽车）与一系列专门生产冰箱、洗衣机、缝纫机、电视机等电器的制造企业。1951 年，意大利每年只生产 18.5 万台冰箱；到 1957 年，这一数字升至 37 万台；到 1967 年则达到 320 万台，成为仅次于美国与日本的第三大生产国。意大利还是欧洲领先的洗衣机制造国，卡迪（Candy）、金章（Zanussi）和意格尼斯（Ignis）都可谓当时家喻户晓的品牌。[14]

上述非凡发展不仅改变了意大利人对自身的看法，也使外界对意大利刮目相看："自行车小偷之国"摇身一变，以费德里科·费里尼（Federico Fellini）的《甜蜜的生活》（*La Dolce Vita*，1960 年）的面貌示人。观众沉浸于吉娜·洛洛布里吉达（Gina Lollobrigida）和索菲娅·罗兰（Sophia Loren）的美貌，与马提尼酒、沁扎诺酒和法拉利跑车的奢华情调。这样的迅猛发展得益于多个因素。首先，意大利的工业与基础设施并未在战争中遭到严重破坏，因而恢复速度较快。其次，美国为重建欧洲市场（并防止贫困助长极左势力）而提供的马歇尔计划带来了大量物资与低息贷款（1948—1952年总额超过14亿美元）。[15] 再次，意大利经济也受益于一代高材生的商业天赋，他们中许多人曾在法西斯政权先进的工业重建研究所（Institute for Industrial Reconstruction）中锻炼出卓越的管理才能。最后，燃料也是经济奇迹背后的重要因素：战争即将结束时，波河流域勘探发现了大量天然气资源；与此同时，头脑活络、不择手段的意大利国家石油公司负责人恩里科·马泰（Enrico Mattei）通过与海外供应商谈判，以极其有利的条件大量进口石油，确保了意大利工业拥有西欧最廉价的能源供应。

另外，欧洲经济共同体（European Economic Community，简称欧共体）也使意大利工业受益匪浅。民族自信心的动摇、天民党领导层信奉的天主教普世主义，以及意大利对商品与劳动力出口市场的迫切需求（为了缓解南部人口压力），这些因素共同促使德加斯贝利及其后数任总理成为欧洲合作的热情支持者。继1949年加入北约后，意大利又于1952年参与欧洲防务共同体（European Defence Community）计划；1957年，意大利签署《罗马条约》（Treaty of Rome），成为欧共体创始成员国之一。该条约提供的全新市场机遇很快显现，制造业蓬勃发展，将冰箱、汽车、洗衣机源源不断运向阿尔卑斯山的另一边，满足复兴的西欧经济体的消费需求。1955年，意大利23%的产品出口至欧共体国家。1960年，该比例升至29.8%，5年后则飙至40%以上。[16]

但"经济奇迹"背后最关键的因素或许是意大利的大量廉价劳

动力储备。战争结束时，意大利4 500多万人口中近50%仍依靠农业为生。在生活水平可谓全欧洲最低的南部乡村，劳动者每日收入仅几百里拉（前提是能找到工作）——大约是产业工人的一半。[17] 1950年，天民党试图通过一系列改革，征用大宗田产分给穷人，以缓解农民的土地匮乏——或至少是化解1943年后南方各地强占土地造成的冲突形势。这项激进举措最终打破了数百年来南方精英的势力，但只有一小部分农民家庭最终成为受益者，而即使成为小农户，人们也很难靠着几公顷贫瘠土地过上体面的生活。因此，在20世纪50年代，数以百万计的农村劳动力背井离乡进城谋生，他们几乎愿意从事任何工作。

这正是实业家乐见的局面，政府通过正统自由主义政策（主要是与法西斯的"计划性"对立）保持高失业率，削弱工会力量，使之无法对抗工厂主对集体行动的工人采取的严厉惩罚措施。许多来自南方赤贫地区的农民紧抱着破旧的行李箱与橄榄油罐子前往西北城市谋生（20世纪50年代末60年代初，每年约有20万南方人移居工业三角区），他们被迫在毫无安全保障与保险金的条件下长时间工作。生产事故与伤亡事件屡见不鲜，1961年夏天的一个月内就有8人死在都灵的建筑工地上，而意大利工人的平均工资位列全欧洲最低水准。[18]不过，工人们的工作时间至少是固定的，工资也远远高于移居之前。尽管条件肮脏恶劣，大城市依然有着难以抵挡的诱惑力。当时有人这样说："在撒丁岛，人们谈起都灵就像在谈论上帝。"[19]

"经济奇迹"从根本上改变了无数意大利人的生活方式与预期。许多家庭几个世纪以来一直生活在小镇与村庄，遵照农时与季节的节奏，平日以方言交流，只会讲几句基本的意大利语。而如今，他们突然置身于一个全新世界，往往感到困惑不安。"我孤零零的，就像身处再没有其他活人的森林之中。"安东尼奥·安东努佐（Antonio Antonuzzo）回忆道。他是一位 1962 年来到米兰的西西里农民，此前在托斯卡纳做过烧炭工与矿工，但都不太顺利。[20] 曾经的意大利移民（不论迁居至国内其他地区还是海外）也许只希望攒够钱回家买上几公顷土地，而 1955—1971 年背井离乡的 914 万意大利人大多已认识到，已经没有返乡的必要了。

不过，许多意大利人并不仅仅为了生计而离开家乡。"经济奇迹"掀起的惊涛骇浪挑战了许多农村社会的传统价值（围绕教会戒律与固定不变的道德与物质观建立），甚至可能摧毁了"存在时间远超过基督教 2 000 年历史的古老文化"，正如作家及电影导演皮耶尔·保罗·帕索利尼（Pier Paolo Pasolini）哀叹的那样。[21] 人口迁移正是消费主义非凡吸引力的重要衡量标准，战争结束后，消费主义通过美国电影（1953 年，全国各地电影院共计放映了约 5 000 部美国影片，吸引了无数观众）、杂志与电视（自 1954 年起）等媒介迅速渗透意大利社会。20 世纪 60 年代初，最受欢迎的电视节目《传送带》（Carosello）每天有 800 多万观众准时收看。这是一档每期 10 分钟的包含了喜剧小品、动画、故事与音乐的综艺节目，同时为一系列"经济奇迹"时代开发的新产品做广告。[22]

这种新价值观的扩张让教会深陷恐惧之中——他们意识到，农村人口向城市的迁移将削弱教会对意大利文化的控制力，也明白消费主义的核心观念与天主教教义是对立的。庇护十二世试图在现代生活中筛选出令他舒心的成分（他对电视的出现表示欢迎，因其为"全家提供了真诚的快乐，让人们远离病态的陪伴与不健康的场所"，但有些节目会传播"物质主义、虚荣心和享乐主义的有毒氛围",这让他"不寒而栗"),[23] 但他认为美国文化总体上丑恶不堪。在人生的最后几年里(他在 1958 年与世长辞),他花了很多精力谴责美国文化的弊病:放纵的性观念、个人主义、功利主义、薄弱的家庭意识、对健康与身体机能的执迷,以及对妇女在社会中的地位与角色的错误认识。

在 20 世纪 50 年代,天民党总体而言对教会维护天主教严格道德观的斗争给予支持。从 1947 年 6 月起,未来的国家总理朱利奥·安德烈奥蒂(Giulio Andreotti)出任中央电影局局长,对电影实行严格审查,任何可能违背公共道德的元素皆被删除(特别是亲密的性行为与脏话)。而对记者与电台主播而言,过去曾为颂扬领袖与法西斯主义而练就的口才如今又要被用于规避敏感词和曲折委婉地发表观点。因此,"堕胎"变成了"中断生育","怀孕"是"有趣的状况","自杀"则是"疯狂的状态","乳房"要以"胸部"取代,"成员"*要改成"组成者"(就连"议会成员"一词也遭禁用)。1954 年,《今日》(*Oggi*)周刊将研究美国人性行为的第二期《金赛报告》作为增刊发行,对天主教道德观造成重大挑战。因此,报告全篇中的"性"一词必须用"情趣"代替,而以诡异的诗意短语"感性的扩张"代替"性交"一词的做法则彻底抹去了身体的意味。[24] 电视节目从一开始就受到严格管制,新成立的国家广播公司 RAI(1954 年)的首席执行官菲利贝托·瓜拉(Filiberto Guala)禁止播放任何煽动"阶级仇恨"、破坏"家庭制度"或"婚姻关系神圣性"的片段。[25]

但天民党人明白,他们注定会在这场战斗中败下阵来。面对消

---

* member(意大利语为 membro)有男性生殖器之意。——编者注

费主义的扩张与世俗化浪潮的席卷而至，顽固维护梵蒂冈的道德禁令将使他们显得荒谬可笑，面临失去民心的风险。1956 年，在一场芭蕾舞直播中，芭蕾舞女演员身穿近乎透明的紧身衣，据说教皇震惊地关上电视，匆匆做起祷告。RAI 试图做出补救，要求舞者在之后的演出中套上长衬裤。此举引发了诸多媒体的严词谴责，RAI 被斥为梵蒂冈的走狗，瓜拉被迫辞职。瓜拉不久后退居特拉比斯特修道院（Trappist Monastery），一位意志坚定的党内管理者接替了他的职位。新任 RAI 首席执行官更加主动地适应意大利社会急速转变的价值观念，准备提供大众喜闻乐见的智力问答和娱乐节目。

天主教会最终也没能制定出应对消费主义及相关价值观的策略。梵蒂冈在约翰二十三世（1958—1963 年在位）任期内试图为天主教探寻新方向，与左派展开对话，并召开第二次梵蒂冈大公会议，努力适应世界的变迁而非与之对抗。但是，教会无论以何种标新立异的方式参与"经济奇迹"，都难免带有强烈的不协调感，且日益落后于潮流。例如在 1964 年 10 月，总理、工业复兴协会理事和佛罗伦萨大主教为庆祝那不勒斯与米兰间的"太阳高速公路"（Autostrada del sole）新路段通车而聚集在佛罗伦萨北部服务站前的一座小教堂，齐唱《感恩曲》感谢上帝。[26] 20 世纪 60 年代，大多数意大利人已经认识到奇迹（包括经济奇迹）产生于人间，而非来自天堂。1956 年，69% 的意大利人每周日参加弥撒。12 年后，这一比例下降至 40%，其中也仅有 6% 称得上是"虔诚"信徒。这种情况在北部城市不断扩张的郊区中尤为显著，到 1968 年，仅有 11% 的进城务工者定期参加弥撒。[27] 随着教会权威的下降，天民党当局被迫另寻合法性来源以维系权力。但他们又有什么可选呢？没有了上帝，他们只能依靠财神玛门（Mammon）了。

国家的殖民化

    1961 年，意大利迎来统一 100 周年纪念，但庆祝活动的基调却显得紧张而飘忽不定。纪念演讲与会议在各地举行，加里波第、马志尼与维克托·伊曼纽尔二世的陵墓上布置了花圈（"意大利共和国献给祖国之父维克托·伊曼纽尔二世"）；相关纪录片与电影陆续上映，其中包括著名导演罗伯托·罗塞利尼（Roberto Rossellini）接受特别委托拍摄的《意大利万岁！》（*Viva l'Italia!*），为现代电影观众重现了 1860 年的往事；都灵开办了诸多关于复兴运动、各大区与"劳动"的大型展览（"为了说明……这个时代最显著的特征，就是技术与社会的惊人进步"），这座城市拥有菲亚特光鲜亮丽的生产线，是意大利在"经济奇迹"中复兴的象征。[28]然而，在所有这些官方行动的背后，人们普遍感到一种难以言说的抵触情绪。人们意识到，19 世纪爱国者极力寻求的精神统一仍未实现，政治统一虚有其表。正如意大利最权威的报纸《意大利晚邮报》于 1961 年 4 月刊登的一篇文章所言：

    物质发展、经济的繁荣与活力自然重要……但意大利仍需要一个共同的基础、团结的基石，最重要的是一个精神的中心——让国家获得民众的忠诚与本能的服从。这些基础若被破坏，就很难临时拼凑起来，对任何政权而言都是如此。但是，至少应该尝试以耐心、善意、牺牲和对公共生活基本原则的恪守，一点一滴将其重建……二战与抵抗运动结束至今的 15 年间，我们没能做到这一点。[29]

在 1961 年关于意大利历史的论战中，"共同基础"的缺失是显而易见的。天民党人认为，真正的意大利是天主教信徒的共同体。经过 1929 年《拉特兰条约》的签订与二战后共和国的建立，虔诚的信徒终于在上帝的指引下投入国家的怀抱，从而为这个"国家"赋予应有的轮廓与特征。整个自由主义时期往往被视为误入歧途，是一个充满"问题与缺陷"的时代，正如天主教媒体所言，这是由于"急于通过近乎随性的外交和军事手段解决意大利的问题，最终走进了死胡同"。[30] 共产党人与社会党人则对此这类解读提出强烈质疑，同时将 1961 年的纪念活动斥为"垄断资本主义"的代表们自吹自擂的虚荣表现，而正是这些人使国家陷入了"一系列血腥战争与 20 年的独裁统治"。[31] 共产党人与社会党人认为，意大利历史的主角本该是工人阶级，但他们却被教会蒙蔽，又先后被自由派、法西斯分子与天民党剥夺了社会正义。只有边缘化的中间派小党有意维护复兴运动的成就，他们指出了纪念活动的讽刺之处：在意大利统一 100 周年之际展示加富尔与自由主义国家，就如同"向我们的前辈展示拉德茨基与哈布斯堡王朝，他们阻碍了意大利人民本可以取得的光荣成就与进步"。[32]

事实上，20 世纪五六十年代的经济发展已逐步化解了许多阻碍统一的传统物质因素：电视、大规模移民、教育、汽车、城市化、基础设施改善和社会繁荣水平大幅提升使意大利人的文化统一性达到了历史上的峰值——这就更加突显了围绕历史记忆的冲突与激烈的意识形态分歧。这一时期，意大利人的饮食变得大同小异，衣着、工作与休闲方式趋同，多数情况下他们可以使用标准意大利语交流（但在 20 世纪 70 年代，半数以上人口仍以方言为第一语言）。[33] 正如许多敏锐观察者所指出的那样，当意大利逐渐崛起为一个现代工业民主国家时，其对共同民族价值观与强势国家意识的需求较以往更加迫切了。因为，个人与各方利益集团如果不愿为社会整体做出牺牲，又如何能够对经济发展进行合理规划和管理，又如何调节紧张的社会关系？正如政治评论家多梅尼科·巴尔托利（Domenico Bartoli）在 1959 年所言（与百年前马志尼、德·桑克提斯的相似反思遥相呼应）：

> 没有爱国精神的民主政体将难以维系。在爱国主义缺失的情况下，专制政府更能填补裂缝、遮掩伤疤，因而更容易生存。但是，爱国主义绝不能自上而下强行灌输……只能发自内心。为了找到它，人们需要克制过度的自我意识，认识到作为公民的责任……现在，我们危险的民族主义幻想已被彻底摧毁，唯一恰当的爱国主义形式（事实上也是真正的爱国主义）是类似当今斯堪的纳维亚人、瑞士人以及英国人身上的那种民族自豪感。人们应以过去与未来的改革为傲，以社会秩序井然为傲，以进步发展为傲。没有良好的政府治理便没有爱国主义；但没有爱国主义，善政也不可能出现。[34]

这类忠告的涌现很大程度上是因为观察者认识到，那发源于复兴运动时期、为抵抗国家历史上的分裂而产生的教化冲动如今已荡然无存，而"经济奇迹"似乎将使意大利再度陷入 19 世纪爱国志士奋力纠正的极端个人主义与物质主义。上述问题的部分原因在于，合法表达"民族"情绪的渠道在法西斯垮台后迅速收缩，如今主要限于体育赛事（尤其是国家男子足球队"蓝衣军团"的傲人成绩）；[35]再者，许多政治家与知识分子（与其他欧洲同行一样）

倾向于认为民族国家本质上已不合时宜，欧洲一体化的超民族主义才是和平稳定、繁荣发展的最佳长期保障。但意大利的情况尤其糟糕，天民党无法提供一种足以抵消政党政治离心力的公民或国家伦理观念，而这主要是由于天民党人要不惜一切代价掌控政府，驱逐共产党势力。为此，该党从 20 世纪 50 年代起采取了减少对教会的依赖、建立独立政党体系的策略，利用国家资源构建出庞大的支持者网络，特别是在经济高度依赖国家扶持的南方地区。由此一来，公共部门更逐渐沦为党派政治野心的工具，而不是实施法律与政策的中立机构（自由主义与法西斯主义统治时期已出现这一苗头）。不过，天民党无法树立公民的道德标准还源于一种观念，即意大利精神教化的首要来源应该是天主教会，而非国家。毕竟，正如德加斯贝利在 1946 年所说，上帝才是人类事务的最高仲裁者："统治一个国家就是与全能的上帝、我们的父亲建立一种亲密的联系，并且……对人民负有直接责任，但国家必须是神圣意志统治我们的中介者。"[36]

天民党（有时包括其联盟伙伴）对国家的殖民远非系统性运作，而多源于党内派系分裂所导致的权力混战的推动。这些党内分立派别的领袖包括右翼的马里奥·谢尔巴（Mario Scelba）、中间派马里亚诺·鲁莫尔（Mariano Rumor）和朱利奥·安德烈奥蒂、左倾的实用主义者（及前法西斯主义者）阿明托雷·范范尼（Amintore Fanfani），他们各自努力发展政治支持者网络，确保伙伴和盟友占据公共管理与国家控制的行业中的关键职位，这些获得任命的人再进一步招募盟友巩固自身地位，由此顺着行政级别层层扩散，庞大的毛细血管网建立起来，几乎渗透至意大利社会的每个角落。整个国家因而权力涣散、四分五裂，公共服务不再是国家机关的主要目标，为党派忠实分子提供工作倒成了第一要务，且往往不管其是否具备任职资格。

该体系在南方酿成的恶果最为明显。在那里，政治家与选民之间的关系紧紧围绕利益（工作、抚恤金、商务合同）与选票的交换；而在北方，意识形态起到了更重要的作用。天民党很快掌控了为实施1950年土地改革而设立的专项机构，确保持有教区神父证明信的农民获得优待，而共产主义支持者则被拒之门外。[37]众多公共机构受天民党的地方权威控制，为国家庇护主义提供了肥沃土壤。到20世纪70年代中期，西西里的卡塔尼亚市（Catania）共设18个负责卫生、养老金、疾病补助和社会保障，11个经营公共服务（如水和煤气），以及5个管理公共住房的机构。1950年，这些机构中有17位理事与8位主任是天民党人；1955年，两个数字分别上升至33与13；到60年代中期，则达到79和22。[38]

从政治角度来看，国家庇护主义是一种强有力的工具。20世纪50年代至60年代，天民党政客的盟友和伙伴通过中标大量开发项目而将地方政府的巨额公款收入囊中。1950年，国家成立"南部基金"（Cassa per il Mezzogiorno）以协助全国最贫困地区实现经济复兴，在成立之初的几年里它花费逾1万亿里拉用于道路、电力、住房、供水和其他基础设施建设。1957—1975年，它又为促进工业化投入了超过8万亿里拉（大多失败）。该项目的主要受益者往往是像弗朗切斯科·瓦萨洛（Francesco Vassallo）这般贪婪无度的企业家——由于同乔瓦尼·焦亚（Giovanni Gioia）和萨尔沃·利马（Salvo Lima）这两位西西里最有权势的天民党政客（他们被普遍认为在黑手党中人脉广阔，利马于1992年遭到谋杀）关系密切，瓦萨洛在20世纪50年代至60年代主宰着巴勒莫的建筑行业。[39]

　　由于党派利益高于审慎的财政和对公共利益的考量，意大利的公共部门更加臃肿、腐败和低效。在 20 世纪 50 年代，国有经济的竞争力大体尚存，但到了 60 年代，政客依政治标准与裙带关系任命管理层的做法损害了企业效率，使国有经济陷入困境。随着天民党人不断加紧寻求支持，地方政府的人事名单也越来越长。从 20 世纪 50 年代初到 1968 年，那不勒斯市政府雇员人数翻了两番；据估计，巴勒莫的全部劳动力中超过 35% 就职于公共部门。[40] 光是街道保洁员与垃圾清理工就能组成一支大军（尽管如此，意大利南部城市的脏乱不堪仍闻名欧洲）。就连医疗服务也被卷入庇护关系的旋涡之中。卡塔尼亚的维托里奥·埃马努埃莱医院是该市人员规模第三大的机构，从顾问至清洁工，每个职位都根据党派需求安置（也留出一些空缺：吊人胃口是地方政客争取更多支持者的绝佳方式）。1963 年，院长（天民党员）急于寻求连任参议员，特地将病人转到这家医院，好指使他们在病床上为自己投票。[41]

　　天民党及其盟友对国家的殖民式统治给意大利经济带来了长远的灾难性影响。由于政府的吸引力几乎完全取决于其为支持者带来的经济利益及抵抗共产党的能力（从 60 年代起，在许多选民眼中，意大利共产党的主要威胁是其较强的法律与公共道德意识，反而不是其社会主义主张），历届政府不得不大量借贷以维系运转（强制提高税收将适得其反）。整个公共部门也深受其害：地方与中央官僚机构推脱责任，体制僵化，而邮电、医疗保健、教育等服务的效率日渐低下。规划已荡然无存。1966 年 7 月，在西西里的阿格里真托镇，一个违反工程报告的非法高层公寓项目在山坡上动工，最终导致坍塌，滑落至下方山谷的古希腊神庙。党派的政治需要与私人投机利益占了上风，公共福利则成为牺牲品。

腐败低效的国家庇护主义背后隐藏着一个循环。公共部门越是病态，个人就越是需要代表自己的"庇护者"（patron，被称为"天堂圣人"）。当人们的工作、各项合同与许可证都取决于是否有中间人疏通关系时，即使最高尚的人也难免屈从，推动这扭曲的循环。国家的软弱无力与司法机关的退缩（试图维护法律或反腐的法官可能会被指控带有"政治"目的，其职业生涯可能被毁掉）自然会让人在"无关道德的家庭主义"（一位美国人类学家的说法）[42] 中寻求庇护（且教会将家庭奉为不容侵犯的社会细胞）。甚至在更极端的情况下，人们会求助于地下组织，例如南方黑手党或"P2"，后者是一个明显具有颠覆性的秘密共济会式组织，成员包含数百位著名政治家、公务员和记者，于 1981 年曝光于世。

从农村涌向城市的大规模移民、传统习俗与价值观的衰落、消费主义的冲击、飙升的物质期许、意大利接近充分就业导致的工会力量的增强，以及人们越来越认识到天民党治理下的国家太过无能和保守，以至于无法应对"经济奇迹"的新需求，这些共同导致了 20 世纪 60 年代末不满情绪的爆发。与其他西方国家一样，现代经济的急速变革引发了意大利剧烈的社会冲突与文化冲突。学生们走上街头抗议大学的过度拥挤与设施陈旧，其激愤迅速蔓延至对战后天民党治下的意大利许多关键特征的谴责，这些特征包括：资本主义、亲美主义、性压抑、因循守旧、个人主义与权威。数百万产业工人表达了对低工资与恶劣工作条件的不满，他们对国家未能提供与现代工业化民主国家形象相匹配的住房、交通、教育与福利感到失望。共产党则因无法形成有效反对力量而广受抨击。

天民党及其盟友——包括 1956 年以来疏远共产党而走向政治

中心的社会党——以一系列零碎的改革应对社会的骚动。1970年春，为使国家对社会经济需求迅速做出反应，意大利终于设立了地区政府（在该制度被写进宪法的22年后）。地区议会由选举产生，被赋予在卫生、社会福利、城市规划、公共工程等领域立法的权力。结果证明，天民党的恐惧是正确的，共产党在其主导的艾米利亚-罗马涅、托斯卡纳和翁布里亚大区构建起一道"红带"（Red Belt）。国家还在养老金、公共住房方面推行了新法律，并立法将工资与物价指数挂钩。国家投入南方的资金大幅增加。自1975年起，下岗工人有权从国家保险基金中领取至少80%的工资，最多可领取一年。同时进行的还有一些重要的社会改革，最令人注目者当数1970年坚决推行的离婚合法化，尽管这遭到了来自天民党、新法西斯主义者以及教会的强烈反对。随着1978年（同年，罗马圣彼得大教堂迎来了450多年来第一位非意大利人教皇）堕胎合法化，世俗化进程迎来了新的里程碑。

但这些变化几乎无法挽救国家的根本弱点。同时，政府对工会及其他压力集团提出的要求慷慨满足（到70年代中期，意大利福利水平已达欧洲之最，意大利工人享有最优越的工资待遇与保护），显示出天民党的权威几乎完全依赖其所提供的物质保障。尽管政府接连爆出惊人的财务丑闻，内部腐败迹象明显，但选民们依然支持天民党：在1976年的选举中，该党获得了近39%的选票。然而，20世纪70年代至80年代的巨额预算赤字、无节制借贷和飞涨的国债揭示出，支持一个不能对国家利益做出明确承诺的政府贻害无穷。许多19世纪爱国者的担忧似乎即将成为现实：在缺乏强烈集体意识的情况下，"政党"政治或许会对意大利造成毁灭性的影响。

通往"第二共和国"

帕达尼亚是我们的骄傲，是伟大的财富之源，是我们在完整个人存在与集体认同中表达自我的唯一方式。

与此相反，意大利国家的历史早已成为一部殖民压迫、经济剥削与精神暴力的历史……通过系统性剥削，意大利国家阴险榨取了帕达尼亚人民勤奋工作创造的经济资源，任其被无数政府庇护下的黑手党支持者浪费。

我们，帕达尼亚人民，庄严宣布：

帕达尼亚是一个独立的联邦制主权共和国。

北方联盟宣布帕达尼亚独立，1996 年 9 月 15 日

在学校里，几乎所有老师都说贝卢斯科尼是个法西斯分子，谁愿意出钱，他就把学校卖给谁……但如果贝卢斯科尼是个法西斯分子，为什么他总是一副笑眯眯的开心模样？据我所知，法西斯分子都穿着黑色制服，一心想要打仗，用棍棒打人……他们当然不可能笑眯眯的……但如果贝卢斯科尼穿上制服，用棍棒对待人民，渴望战争，那大家就不想在电视上看到他了。

13 岁孩子笔下的西尔维奥·贝卢斯科尼，罗马，1994 年

科萨·诺斯特拉

20世纪五六十年代，意大利南部的有组织犯罪问题很大程度上被理解为经济落后问题，黑手党被认定为西西里中西部半封建大庄园的产物，那是一个由柑橘柠檬果林、牲口的叫声、土匪、古老荣誉准则、神秘的仪式和象征，以及游吟诗人兜售的奇异传说组成的世界。人们普遍相信，一旦西西里岛完全被现在资本主义社会吸纳，这种乡村亚文化将迅速消亡。战后几年里居高不下的谋杀率（尤其是针对左翼活动家的）确实令人惊慌恐惧，20世纪50年代巴勒莫街头的黑帮暴力事件与大量公共资金涌入带来的致富有所牵连，使得坚持要求政府展开正式调查的呼声越来越大（共产党的呼声最高）。共产党推测，但凡查出任何蛛丝马迹，天民党肯定脱不开干系，这无疑是正确的。1962年，负责调查"黑手党现象"的议会专门委员会正式成立。但即使在这个时候，许多人仍然认为解决西西里问题的最佳方式是经济投资。[1]

真正的变化始于70年代，当时，人们对"现代化"积极效果的信心逐渐减弱——黑手党没有改变过去的行为模式，他们的手段显然在这个以奔驰汽车、劳力士手表和城市阔绰生活方式（不再是以往的土地与休闲模式）为成功标志的时代畅通无阻。政府在基础设施与工业方面的巨额投资未能打造出自给自足的经济，反而将大量资金浪费在毫无意义的项目上，而裙带关系、贪污腐败与规划不周正是罪魁祸首。花费高额公共资金打造的工厂往往选址极不合理，最后因无法运转而被闲置，被戏称为"沙漠中的大教堂"。1973年起，全球油价的大幅上涨引发了世界经济大衰退，更凸显出以工业投资解决西西里问题不过是一场徒劳。悲观情绪随之蔓延，100 年来将西西里岛（乃至整个意大利南部）复兴与经济、社会和政治改革联系在一起的讨论悄然落幕，法律与秩序成为新的焦点。黑手党不再被视为一种症状，而成了西西里问题的根源。

在 20 世纪 70 年代，政府主要关注的地区一度是国家北部而非南部。1968—1969 年左翼运动展现出的激进好战性引起了右翼的激烈进攻。1972 年的民调显示，新法西斯主义者的支持率上升了近 9%，各类极端准军事团体向学生领袖、工会成员与共产党员发动攻击，还采取了"紧张战略"——利用随机的爆炸袭击制造恐慌与动荡氛围，并（希望）触发一场专制主义军事镇压，正如 1967 年希腊发生的那样。1969 年 12 月，米兰发生了一起重大恐怖袭击事件，一枚炸弹在市中心附近丰塔纳广场的银行爆炸，导致 16 名无辜旁观者死亡，80 余人受伤。警方急于将责任归咎于无政府主义者，但真相很快暴露：肇事者很可能来自威尼托的新法西斯团体，与意大利特务机关也脱不开干系。面对要求调查意大利特务机关活动的呼声，政府以国家安全为由置之不理。[2] 此后几年里，其他新法西斯主义袭击接踵而至，包括 1974 年 8 月佛罗伦萨北部快车上被安装的炸弹引起的爆炸事件，该事件造成 12 人死亡。1980 年 8 月，共 84 人在博洛尼亚火车站的一场爆炸中丧生。

恐怖主义行动不仅限于右翼，20 世纪 70 年代中期以后，左翼恐怖主义日渐升级。共产党近年来缺乏战斗精神的表现让革命知识分子团体大失所望，后者因而试图通过打击所谓"跨国公司的帝国主义国家"的核心，让资本主义垮台。这些团体的领导人多为二战时期游击队员的子女，他们感到争取社会正义的斗争自 1945 年以来遭到背叛；还有些人，例如这一时期最著名的恐怖组织"红色旅"（Red Brigades）的创始人雷纳托·库尔乔（Renato Curcio）

和玛格丽塔·卡戈尔（Margherita Cagol），则来自虔诚的天主教家庭。[3]不同于新法西斯主义者，他们精心挑选目标人物进行暗杀，包括著名的警察局长、商人、记者和政治家。1978年春，他们达成了最引人注目的成就：一支红色旅小队绑架了天民党领袖人物阿尔多·莫罗（Aldo Moro）并对其公开"审判"，在将其关押7周后枪杀。他的尸体被遗弃在罗马市中心卡埃塔尼路的一辆汽车后座上，此地位于共产党总部与天民党总部的中间。

阿尔多·莫罗绑架事件引发了一场关于国家及其价值的危机。与恐怖分子的期待相反（他们受时兴的马克思主义社会学影响，以高度抽象的方式解释意大利社会，而对普通意大利人心怀保守愿望的现实视而不见），国家没有出现内战的苗头。相反，正如绑架者之一、年轻的女权主义者安娜·劳拉·布拉盖蒂（Anna Laura Braghetti）沮丧地回忆的那样，愤怒与声援的浪潮席卷全国，"广场上挂满红旗，学生与工人们称我们为法西斯"。[4]尽管公众对红色旅报以强烈谴责，天民党却只是不情不愿地摆出不与恐怖分子谈判的姿态，态度并不明确，共产党则坚决反对谈判。社会党声称，拯救莫罗性命的人道主义姿态将切实巩固意大利民主；而另有人指出，天民党诉诸"国家意识"为其强硬姿态辩护，这种做法极度虚伪。著名作家莱奥纳尔多·夏夏（Leonardo Sciascia）问，天民党在其掌权的30年中表现出了什么"国家意识"？他们不是一直将意大利的利益置于政党利益之下吗？[5]

莫罗之死迫使国家采取进攻姿态。情报部门的无能已暴露无遗，他们花了整整55天也没能找到红色旅在罗马郊区的藏身之处（引发了诸多阴谋论猜测）。[6]1978年夏，国家决定以更加团结一致的姿态投入反恐斗争。行事高效的警长卡洛·阿尔贝托·达拉·基耶萨（Carlo Alberto Dalla Chiesa）被任命为新行动领导人，其家庭出身既体现出皮埃蒙特人为国家服务的信念，也突显出向国家传统的顽固地区灌输法律意识的必要性：20世纪20年代，他的父亲曾参与切萨雷·莫里在西西里发起的打击黑手党的运动，他本人则在1966—1973年再次驻扎在该岛。虽然左翼组织的暴力行径在1979—1980年有所增多，但这表明恐怖分子已越发绝望——在达拉·基耶萨的安全部队的包围下，各组织彼此分离，竞相争夺公众关注。公共舆论也已对武装斗争丧失了仅剩的同情。1981年通过的新法律允许给与当局合作并"悔过自新"（pentiti）的人减刑，迅速削弱了恐怖主义的气焰，于是政府带着刚刚培养起的决心投入对有组织犯罪的打击。

20世纪80年代初，专门从事贩毒、武器走私、卖淫等犯罪活动的犯罪团伙在南方已极为强大。向海外移民本来能缓解南方的社会问题，但这个安全阀因70年代的经济衰退而被关闭，日益壮大的失业大军又为犯罪团伙输送了新成员。暴力事件在增加，尤其在巴勒莫和克莫拉家庭组织盛行的那不勒斯。1981年春，西西里首府的黑手党派系间爆发了残酷的战斗。此后数年里，该市及周边地区共发生数百起凶杀事件。犯罪分子有意以地方法官、政治家等政府要员为目标，令当局深感忧虑。1980年1月，该地区天民党主席因试图摆脱与黑手党的关系而遭暗杀。巴勒莫首席检察官紧随其后遇害，1982年春天又轮到皮奥·拉·托雷（Pio La Torre），一位德高望重、精力充沛的西西里共产党领导人兼反法西斯委员会（Anti-Mafia Commission）成员。拉·托雷被杀后，卡洛·阿尔贝托·达拉·基耶萨立即成为巴勒莫归入意大利后的第五十八任省长。

自上任之初，达拉·基耶萨就感受到了来自朱利奥·安德烈奥蒂支持者的反对，这是一个在西西里岛占据主导优势的天民党集团。与打击恐怖主义时的状况截然不同，达拉·基耶萨此时发现自己孤立无援。正如他在 8 月 7 日对一位记者所言，当一个人独自置身危险之中时，黑手党便会出手将他消灭。[7]自从来到巴勒莫，他就面临着此前许多省长所承受的进退两难的境遇——是将自己置于层层安保之下，与公众隔绝，还是以个人安全为代价争取当地人的同情与支持。他选择了后者。1982 年 9 月 3 日晚，他与年轻的妻子一同离开巴勒莫市中心的办公室，乘坐一辆米黄色小轿车返回宅邸，身边只有一名警卫。汽车驶上伊西多罗·卡里尼路时，两名骑宝马牌重型摩托车的男子手持 AK-47 冲锋枪将达拉·基耶萨及其妻子当场击毙，警卫也未能幸免于难。葬礼于次日仓促举行，全国电视直播了这一场面。围观人群向前来吊唁的政府官员抛掷硬币，而达拉·基耶萨的姐夫大声喊道："是你们谋杀了他，在议会里！"[8]

达拉·基耶萨遇刺事件促使政府在随后几年里无情打击有组织犯罪。巴勒莫成立了一个特别调查官"人才库"，由乔瓦尼·法尔科内（Giovanni Falcone）、保罗·博尔塞利诺（Paolo Borsellino）等公民责任感极强的西西里人领导。[9]新闻界通过对反黑计划的持续跟踪以及对黑手党多年来累累罪行的生动报道，促使政府将这场行动长期坚持下来：对黑手党残存的任何"浪漫"念头都将被坚决消除。反黑行动在 1984 年迎来重大突破：一名黑手党头目托马索·布西达（Tommaso Buscetta）同意与当局合作，将一个名为科萨·诺斯特拉（Cosa Nostra）的组织和盘托出。这是一个具备入会仪式与"章程"的完备组织，它以巴勒莫及周边地区为大本营，专门从事毒品交易与武器贩运。根据他与其他随后"悔过自新"的黑手党人的证词，1986年，巴勒莫专门打造了一座"地堡"，对该庞大犯罪团伙的450多名成员进行审判，344人最终获罪。

当时，人们普遍乐观地认定，西西里岛的命运已出现决定性转折。受国家决心与警察、司法部门成就的鼓舞，全岛各地兴起了反黑手党运动，学生与工人们走上街头，声援对科萨·诺斯特拉的斗争。教会也首次公开表明立场（1976年，巴勒莫大主教萨尔瓦托雷·帕帕拉尔多成为第一位公开谴责黑手党的高级神职人员），同时，西西里天民党已摆脱过去的腐败领导层，团结在颇具领袖魅力的年轻巴勒莫市长奥卢卡·奥兰多（Leoluca Orlando）的领导下。奥兰多是1917—1919年的意大利首相的后裔，承诺将打击黑手党作为其首要施政目标。学术界同样给予大力支持。过去，学术界一度将黑手党解读为一种根植于大众文化的行为模式，而非独立的组织。如今这一观点被新的正统观点取代，即认为黑手党始终是拥有完备组织的犯罪团伙，就像总部设在巴勒莫的科萨·诺斯特拉一样。[10]虽然这个说法缺乏充分的历史证据，但它的政治优势在于将黑手党与其社会环境明确区分开来，从而将国家对黑手党的坚决打击视为最恰当解决方法。

但在20世纪80年代末，打击有组织犯罪的行动遭遇了与此前许多行动同样的困难。布西达与另一位悔过者拒绝透露科萨·诺斯特拉与政客之间的联系，司法部门内部则就如何展开下一步调查争得面红耳赤。1988年，广受关注的法官乔瓦尼·法尔科内未能晋升巴勒莫"人才库"领导层，而是被派往罗马任职，对黑手党的调查势头立即放缓，直到法尔科内被刺杀后才有所恢复——1992年，法尔科内与保镖在巴勒莫附近一条高速公路上被埋设在此的近400公斤烈性炸药炸死。与此同时，媒体对黑手党的持续披露却引起了些许不安。西西里岛是一个犯罪与野蛮之地的旧有印象重新开始流行，当局十字军般的执着讨伐可能造成了严重不公，从而加强了西西里人对国家早已有之的敌意。1987年，莱奥纳尔多·夏夏曾在两篇报纸文章中表达出这种忧虑，当即激起一场愤怒的风暴，他被指控是黑手党的同路人。[11]

《安逸人生》

20世纪80年代对有组织犯罪的密切关注遮掩了意大利南北差距扩大的问题。50年代至60年代的发展方案依托于这样一个理念：有针对性的干预可以帮助南方经济步入正轨，建立可持续发展的工业基础。而70年代的经济衰退使这些发展方案彻底失去信誉。阿布鲁齐、莫利塞、普利亚等南部地区的制造业已初具规模，但其他地区的总体形势十分黯淡。到1990年，南方GDP按比例计算仅为国内其他地区的59%（低于1980年和1970年），而失业率（特别是年轻人的失业率）飙至惊人高位：14~29岁人口中44%以上被归为无职业者，而这一数字在中北部仅为14.6%。[12]诚然，自20世纪40年代以来，大多数南方人的生活水平已发生翻天覆地的变化，其现代消费主义的特征与北方同样鲜明。但这种新的生活方式多是靠社会保障体系（补贴、养老金、残障福利，且普遍存在欺诈性分配）与冗余的公共部门岗位带来的财政资助维系的。

在意大利中北部，20世纪70年代的经济衰退在80年代让位于一些评论家口中的"第二次经济奇迹"时代。与其他西方国家一样，意大利北部制造业大刀阔斧调整产业结构，雇主不顾工会（在70年代似乎势力强大）阻挠，裁减数十万工人以降低劳动力成本，舍弃利润较低的业务。倍耐力等公司 10 年来首次扭亏为盈。同时，包括休闲娱乐、广告、银行、保险在内的服务行业也出现高速增长，到 1995 年，超过五分之三的工作岗位都集中在这一经济领域，而在 15 年前，其比例还不足二分之一。[13] 在 1976 年 RAI 结束了对广播电视行业的垄断后，电视行业也经历了壮观的繁荣发展。短短几年内，雄心勃勃的米兰地产大亨西尔维奥·贝卢斯科尼利用政界强大关系的保护，不顾法院裁决，近乎垄断了全国的商业电视台。到 80 年代中期，黄金时段中 44% 的观众都在收看他拥有的频道。[14]

但是，80 年代意大利的经济活力主要由中小型企业提供，其中多为集中在中北部工业区的家族企业，比如维杰瓦诺的鞋业、萨索洛的陶瓷业、卢梅扎内的餐具业、贝卢诺的眼镜业、波吉邦西的家具业、阿雷佐的珠宝业以及特雷维索的服装业（贝纳通）。它们凭借传统的手工艺、设计与工程技能，将勤奋工作、灵活性、家长式管理以及地方政府的大力支持与合作相结合，在激烈的竞争中（尤其是来自远东的竞争）脱颖而出，在欧洲出口市场中牢固占据了一席之地。同时，来自大型制造商降本外包的订单也使它们收益颇丰。[15] 在 20 世纪 80 年代初，意大利近 60% 的工业劳动力受雇于规模不过百人的小型企业，这一比例与日本相当，但远远高于美国（23%）、英国（25%）、法国（29%）与德国（30%）。[16]

然而，这些小型企业的成功也在很大程度上仰赖于国家对许多财务及其他违规行为的视而不见。整个行业逃税现象猖獗。1983 年，一项法律试图对这种情况进行纠正，却遭到 100 万名私营企业劳工的抗议（公共部门的雇员同时罢工支持该项法律，因为他们负担国家税收的比例越来越高）。[17] 政府不愿强力推进此事，直到意大利在 90 年代初因恶劣的公共财政状况而被排除在欧洲主流经济体之外，政府才真正着手处理此事。企业还曾通过以下方式降低成本：无视布鲁塞尔颁布的劳工健康与安全规定（历届政府也没有表现出解决此问题的意愿）；以短期合同雇用员工以避交社保；使用大量隐藏劳动力或"黑工"——或是未申报的兼职者，或是领着养老金在家中工作的人，又或是来自巴尔干或（越来越多）北非的移民。据估计，意大利在20世纪90年代初约有200万黑人劳动力，他们大多在极端恶劣的环境中工作。[18]

国家似乎终于跻身伟大的工业化民主国家之列，人民情绪普遍高涨，因而忽视了80年代经济增长背后的严重结构性弱点，其中最致命的是政府不得不大量借贷以填补贫瘠的财政收入的缺口，以维持长期的高额公共支出。1976年，意大利被接纳为主要资本主义国家精英俱乐部（G7）的成员（尽管法国提出了抗议）。仅仅10多年后，意大利政府又傲然宣布，意大利已赶超英国成为世界第五大经济体。英国财政大臣对这一说法提出强烈质疑——显示出英国在经历多年工业衰退后，对自身地位的深深不安——但两国的官方GDP数字证明该情况的确属实。接下来的几年里，两个经济体的人均收入与GDP基本保持不变，直到英国在世纪之交重新开始大幅领先。[19]

在普遍的经济乐观情绪中，人们开始希望共和国走出几十年来的政治僵局，天民党对政府的控制已有所松动，而社会党在精力充沛的党魁贝蒂诺·克拉克西（Bettino Craxi）领导下，开始取代共产党成为意大利主要左派政党。克拉克西来自米兰，在20世纪80年代，他与追随者充分体现了"第二次经济奇迹"（伦巴第对此做出了突出贡献）的大部分精神内核。这些新社会主义者信心十足，相信技术官僚统治，他们西装革履，配备手机，嘴上说着社会正义与包容的旧式左翼理想，实际却似乎普遍鼓吹个人成就——无论以何种手段取得。克拉克西与贝卢斯科尼是密友，曾一同前往圣莫里茨和波托菲诺度假。1984 年，在克拉克西任职总理一年后，这位社会党领袖同意成为贝卢斯科尼私生女的教父，此举显然意味着从天主教庇护主义向后天主教庇护主义的转变。此后几年里，克拉克西帮助贝卢斯科尼巩固了媒体帝国；而作为回报，贝卢斯科尼的电视台向意大利家庭灌输了大量克拉克西及其政党所推崇的现代消费主义价值观。[20]

共产党号召力的减弱与天民党权威的衰落是克拉克西上台的重要前提。1973 年，恩里科·贝林格（Enrico Berlinguer）当选共产党总书记。这位性格腼腆却魅力十足的撒丁贵族提议三大政党迈向"历史性妥协"，以抵抗恐怖主义，捍卫意大利民主。而天民党领导层则因世俗主义扩张与国内社会经济的持续动荡而忧心忡忡，倾向于与共产党结盟，作为保障选举的可能手段。但在 1979 年，共产党的支持率急剧下滑，加之冷战在苏联人侵阿富汗后骤然升级，"历史性妥协"戛然而止，共产党再次回到无实际权力的反对派位置。与此同时，一系列腐败丑闻的曝光使天民党深受打击，1981 年，意大利总统山德罗·佩尔蒂尼（Sandro Pertini）——一位年高德劲、严肃克己而充满斗志的前游击队领袖——任命小党共和党的党魁乔瓦尼·斯帕多利尼（Giovanni Spadolini）为总理，这位德高望重的大学教授是 1945 年以来首位非天民党总理。两年后，天民党在选举中惨败，社会党的克拉克西成为总理。

克拉克西的领导风格激进而浮夸（漫画家们喜欢给他套上墨索里尼的马靴和黑衬衫），与此前几十年一潭死水的天民党政府形成了鲜明对比。但是，他在任的四年未能改变自始至终困扰着共和国的国与党、公与私的病态失衡。20 世纪 80 年代，政治腐败空前猖獗，社会党内的野心家通过高层的消息，利用回扣和其他非法手段，以牺牲对手为代价夺取赞助与权力；而他们的对手因害怕失去阵地，只得以同样的行为反击。地方政客利用私营企业急于获得利润丰厚的市政合同订单的心理，以担保中标为条件索取巨额秘密抽成，金额往往是合同价值的 10% 左右。这些钱通过外国银行几经周转落入政客的口袋，或只是被若无其事地（也更常见）塞进公文包，随后进入党的金库或个人的口袋。[21]

1992 年 2 月，米兰一位普通的社会党政客马里奥·基耶萨（Mario Chiesa）被捕，当时他正疯狂地企图将 3 000 万里拉冲下马桶。此前，他在接受回扣时被当场发现，为所谓的"贿赂之都"（Tangentopoli）丑闻揭开了帷幕，该丑闻动摇了意大利的政治基础。基耶萨之案体现出当时的惯用贪腐手段：他在米兰经营一家由市议会补贴的养老院，本人则是当地的社会党书记、克拉克西之子博博（Bobo）的支持者（米兰市长则是克拉克西的内弟保罗·皮利泰里，此人公开将反腐败者斥为"不了解世界如何运作的白痴"）。[22] 基耶萨还控制着体育与娱乐设施，他自己的小帝国或许能带来 700 张选票。养老院的功用尤其显著，不仅能在选举时得到院中老人的选票，其管理委员会席位的分配也能帮助基耶萨吸引赞助。揭发基耶萨的是一位小型清洁公司的老板，为拿到清扫养老院的合同，他不得不给基耶萨 10% 的回扣，最终不堪欺压，将基耶萨卖给了警察。[23]

"第一共和国"的终结

20 世纪 80 年代的经济增长使意大利北部跃升为欧洲最繁荣的

地区之一，但在金钱狂潮席卷了皮埃蒙特、利古里亚、伦巴第、威尼托、艾米利亚-罗马涅和托斯卡纳的城镇与乡村后，意大利的道德参照物已被彻底淹没。文艺复兴时期意大利沉迷奢华而玩世不恭的影子再次浮现，19世纪爱国者试图构建的整体国家框架让位于小范围的家庭、党派与裙带关系。而这些年的繁荣发展多以牺牲公共财政为代价，人们却对此视而不见，不论克拉克西还是10年后短暂接任的弱小天民党政府都几乎没有做出任何控制公共开支的努力。财政部向储户发行了大量高收益债券（储户往往用本应作为税收上缴国家的盈余收入购买债券），意大利债务已升至欧洲前所未有的水平。1982—1990年，年度预算赤字翻了一番；到1992年，意大利的政府债务已远远超过全年GDP，光是偿还债务就已十分吃力：在1990年，到期债务约占GDP的10%。[24]

由于政府缺乏挽救这种严峻局势的权威与意志，人们转向欧共体寻求援助。1990年，朱利奥·安德烈奥蒂第六次担任国家总理，宣布里拉加入欧洲货币体系，相信市场不会对意大利岌岌可危的公共财政过分担忧。此后两年，他力主实现更全面的政治经济一体化，引导欧洲的部长们签署《马斯特里赫特条约》（Maastricht Treaty），规定了欧洲货币统一的准则。该条约于1992年生效，实际上是一把顶在意大利头上的枪——但至少是欧洲握着的枪，而意大利人历来对欧洲表现出巨大热情。为能获得使用统一货币的资格，意大利必须将预算赤字（从GDP的9.9%）减少到GDP的3%，并将公共债务降至GDP的60%以下。从表面上看，这几乎是一项不可能完成的任务，但条约最后几句话提供了些许回旋余地：若能证明国家财政正向着正确方向良性发展，那么超过60%的公共债务也可以接受。[25]

此后几年里，对意大利可能掉出顶级欧洲国家之列的忧虑频频见诸报端，这恰恰说明在拿破仑横扫半岛并触发意大利复兴运动200年后，人们仍对意大利的世界地位心怀焦虑。而若想避免忧惧成真，意大利必须进行大刀阔斧的改革。1992年9月，当里拉被迫退出欧洲货币体系并大幅贬值时，严峻的形势暴露无遗。一届届政府绝望地尝试以各种方案处理公共债务，包括出售国企、冻结工资、增加课税、减少养老金与官僚机构开支。但在多年的富庶之后，人们不可避免地抗拒这些举措，抗议削减开支与就业岗位的大规模游行随即爆发。同时，体制改革的呼声日渐增强，并一如既往地将重点放在改变投票制度上，希望建立起更强大的政府。1993年通过的新选举法规定，议会中四分之三代表通过单一选区制选出，但这无法解决根本性问题：意大利政党缺乏必要的权威与信誉，无法维系内部凝聚力与广泛的民众支持。

随着不满情绪的蔓延与不确定性的增加，脆弱不堪的共和国开始崩塌。20世纪80年代末，随着冷战结束，苏联解体，意大利失去了支撑其战后秩序中的一个重要支柱。1991年1月，意大利共产党在成立整整70年后召开了最后一次代表大会，投票决定解散，重组为左翼民主党（Democratic Party of the Left）。另有相当一部分成员难以与过去一刀两断，遂从中分离出来，成立了名为"重建共产党"（Communist Refoundation）的组织。如今，共产党的红旗、斧头与镰刀已被左翼民主党的温和的橡树标志取代，那么天民党又有什么理由维持那面十字军之盾呢？在1992年的选举中，天民党有史以来第一次支持率低于30%（前共产党人只获得了不到16%选票）。而随着他们不再能够随意动用公共资金来满足"顾客"的需求，以及反腐败调查力度的不断加强，党派中的内斗与相互指责也不断升级。1994年，天民党一分为二，中间派与左派恢复了人民党的旧称，右派则自立为"天主教民主中心"（Christian Democratic Centre）。

1992年2月，马里奥·基耶萨被捕后爆发的"贿赂之都"丑闻成为旧政治体系解体的催化剂。米兰首席检察官弗朗切斯科·萨韦里奥·博雷利（Francesco Saverio Borrelli）与一个特别治安官小组共同领导了此次调查，彻查非法收取回扣为党派集资的现象。一位名叫安东尼奥·迪·彼得罗（Antonio Di Pietro）的治安官因其强大的审讯技巧与戏剧化的法庭风格（或许源自其卑微的南部出身）而迅速获得众人崇拜，米兰建筑外墙上常常出现"感谢迪·彼得罗"和"迪·彼得罗，你比佩莱强得多"等涂鸦。[26] 调查人员之所以能够从政客与商人那里轻松获得证词，很大程度上是由于主要政党势力的明显式微（从前的贪腐调查皆被迅速扼杀），也是因为公众近乎狂热地为国家的混乱局面寻找替罪羊。调查通过社会党与天民党（还有一些小党派，而共产党基本未受影响）的基层官员逐级向上，到1993年，共有130名议员面临调查。

当克拉克西于1992年底第一次接到反腐调查通知时，他像其他卷入丑闻的官员一样，声称这是别有用心的政治迫害。[27] 但米兰的治安官群体并未表现出明确的党派倾向，有些人无疑支持左派，但迪·彼得罗（曾任警察）等人则偏向右翼。尽管如此，大量国际媒体的广泛关注与一家意大利媒体对最新嫌疑人的"担保通知"的密切跟踪使氛围越发狂热，调查主角们逐渐不再仅将自己视为普通的执法者。全国上下暗流涌动，一场翻天覆地的剧变，或者说某种革命似乎近在眼前，而治安官也做出了回应，博雷利在1993年5月自豪地宣布："我们正在进行一场法律与智慧的革命，它已经持续了一年多。请记得，法国大革命始于 1789 年，却到 1794 年才结束。"[28] 在这样一个充满期待的氛围里，司法不公现象几乎无法避免（就像在打击科萨·诺斯特拉时那样）。

随着共和国的政治组成要素在耻辱与累赘感中瓦解，围绕意大利身份认同的古老斗争重新开始。如此一来，前两个世纪的历史便呈现为意识形态的战场，不同团体在这个战场上争夺民意合法性。20 世纪 80 年代的富庶，似乎被有组织犯罪掌控的南方（媒体加深了这一印象），以及 90 年代初实行的财政紧缩政策，共同促使意大利北部出现了一个重要抗议党派，名为"北方联盟"。联盟领导者是翁贝托·博西（Umberto Bossi），一位发型凌乱、言语粗暴且不修边幅的伦巴第参议员，他的领带总是解开一半，仿佛刚刚开完一场冗长而激烈的董事会议。北方联盟称赞北方的工业与企业家精神，谴责罗马政府将北方商人辛苦赚来的税款挥霍在南方黑手党盘根错节的庇护关系中，宣布 1860 年的统一就是一个灾难性的错误，南北根本就应该是两个独立的国家。按照米兰作家卡洛·卡塔内奥的说法，这个国家最多是一个联邦。[29]

这些主张尤其受到意大利北部的小商人、商铺店主和其他小城镇个体经营者的欢迎，近年来，由于东欧与非洲移民大量涌入，这一群体的仇外及排他主义情绪日益强烈（而针对意大利南方人的种族主义心理则由来已久，可能因为 20 世纪五六十年代的移民潮而更加强烈）。[30] 在博西颇具人格魅力的领导下，北方联盟创造出一种强势的伪民族文化：他们假想了一个叫作帕达尼亚（Padania）的意大利北部民族，推崇伦巴第及其他地方方言，有选择地利用历史为其北部统一的主张提供依据。12 世纪的伦巴第联盟被大肆渲染（讽刺的是，"意大利"爱国者在复兴运动时期也曾借助这段历史），在北方联盟的党徽上，1176年莱尼亚诺战役的英雄人物亚伯托·达·朱萨诺举起剑，召集波河流域城邦共同抗击腓特烈一世。

在1992年的选举中，名不见经传的北方联盟竟赢得了全国8.7%的选票（在伦巴第、皮埃蒙特、利古里亚和威尼托赢得了20%），其发展势头严重威胁着国家的完整性，引发了知识界与政界的反击。如果说"南方问题"在过去意味着承认（和解决）国家弱势地区问题的一种方式，如今它却成为一种负累，使北方联盟得以将南方彻底斥为（低等的）独立国家。一个重要的新历史学派随之诞生，致力于证明"南方"概念是虚构的，指出南方人往往同北方人一样具有创业精神与现代观念。（该学派同时大力宣扬"黑手党"皆为科萨·诺斯特拉一类的有组织犯罪团体，并未扎根于大众文化——这是对北方联盟声称南方基本人人都是黑手党的反驳。）[31]

面对意大利统一对北方是一场灾难的控诉，虽然部分南方人反击称南方也深受统一之害（20世纪90年代出现了许多书籍、宣传册与网站，展现南方在1860年后如何受到北方残暴的殖民主义行径，甚至是种族灭绝的迫害），但大多数南方人都认为，必须不惜一切代价捍卫国家统一。毕竟，一旦南方与半岛其他地区分裂开来，它还能有什么未来？国家完整性越发引起人们的忧虑，其中一个表现即是极右派支持率的激增。1993年秋，新法西斯政党意大利社会运动党圆滑老练、风度翩翩的党魁詹弗兰科·菲尼（Gianfranco Fini）参选罗马市长，仅以微弱的差距落选。同样的情况出现在那不勒斯：领袖的孙女（也是索菲娅·罗兰的外甥女）、模特兼电影演员亚历山德拉·墨索里尼（Alessandra Mussolini）也成了候选人。第二年，将自身重新定义为"后法西斯主义"势力并采用"民族联盟"（National Alliance）之名的极右派在大选中赢得了13.5%选票。在其

109 名代表中，有 94 名来自罗马与南部选区。[32]

随着半岛政治分裂为不和谐的碎片，统一的概念受到质疑，许多评论家开始对意大利如此稀薄的民族意识发出疑问，这不禁让人回想起 19 世纪爱国者对国家未能实现"精神统一"的痛苦争论。许多著名知识分子著书分析当下的不和谐局面，书名往往危言耸听：《如果我们不再是一个国家》《意大利的末日：复兴运动意识形态的衰亡》《祖国之死》等等。[33] 历史、地理、宗教和民族性格都受到了不同程度的指责（正如在此前诸多讨论中一样）；同样，1945 年以来主导意大利的政党也因未能灌输强烈的法律与国家意识，无法提供明确的共同记忆与价值框架而受到批判。

公共讨论再次集中到国家这一顽固问题上，道德力量的天平急剧向右倾斜，前共产党人（和现共产党人）因缺乏对"意大利"的坚守而受到保守派，尤其是复兴的新法西斯势力舆论的广泛攻击。除此之外，极左派被指控于 1945 年后在全国造成分裂，主要因其对"抵抗运动的价值观"的颂扬与对法西斯主义现实的肆意歪曲。墨索里尼的政权难道不比纳粹政权仁慈温和得多？而共产党竟毫无公正可言地将二者混为一谈。萨洛共和国的支持者难道不是出于爱国主义理想吗？他们难道不是与游击队员一样完全值得敬重与纪念吗？领袖无疑犯下了错误，但他至少曾试图提升"祖国"意识，弥合国家内部的裂痕。况且，无论如何，鉴于苏联共产党与抵抗运动本身犯下的暴行，共产党又有什么资格站在道德制高点上反对极右派呢？

1994 年 1 月 26 日，评论家们笔下的"第一共和国"已基本坍塌为一片废墟，西尔维奥·贝卢斯科尼向 RAI、路透社与私人商业电视频道发送了一盘录像带，他在其中简短地宣布将于 3 月举行的大选中踏上政治舞台：

> 意大利是我深爱的家乡。这里是我的根，我的希望，我的
> 地平线。在这里，我从父辈与生活那里学会成为一名企业家。
> 在这里，我获得了生活的热情……意大利从未像今天一样……
> 需要一位头脑清醒、有一定经验的人主持大局，帮助国家重新
> 运转起来……政治体系要正常运行，就必须出现一个反左翼联
> 盟的"自由之柱"，将意大利最诚实、最合理与最现代的部分
> 集中在一起。"自由之柱"的四周，必须汇聚起代表西方民主
> 国家基本原则的力量，首先是天主教世界，它在过去的 50 年里
> 为国家统一做出了慷慨贡献……我告诉你们，我们能行，我告
> 诉你们，我们必须为自己与后代创造一个新的意大利奇迹。[34]

在他的主要政治庇护人贝蒂诺·克拉克西名誉扫地，许多商界
友人及同僚深陷贿赂丑闻后，贝卢斯科尼认识到，亲自掌权才是保
护其庞大媒体帝国的最佳方式。他的公司此刻负债累累，左翼联盟
一旦获胜，很可能会通过立法结束其在商业广播领域几近垄断的地
位。近年来，贝卢斯科尼利用先进的营销、民意调查和广告技术创
建了一个新政党，旨在最大限度地引起选民共鸣。而这些选民对过
去与未来心存疑惑，对 19 世纪及 20 世纪大部分时间里指导意大利
思想与行动的意识形态也没有信心。该政党名为"意大利力量党"
（Forza Italia），取自一首足球运动的赞歌（贝卢斯科尼取得的民意
支持部分源于他拥有意大利最成功的球队 AC 米兰）；它所宣扬的
价值观是经济成就、家庭、消费主义、天主教（有些含糊不清）和
自由——主要是指摆脱国家可憎枷锁的自由。[35]

这可谓制胜之道。1994 年春，贝卢斯科尼顺利掌权，其盟友包括本不大可能成为其盟友的北方联盟与民族联盟。意大利力量党以 21% 的得票率成为意大利最大政党，其支持者大多为家庭主妇、年轻人与个体经营者。然而，胜利只是短暂的，所谓"新的意大利奇迹"也没有出现。执政联盟内部很快产生龃龉，贝卢斯科尼在 11 月收到了一份"担保通知"（尴尬的是，他那时正在那不勒斯主持 G7 会议），告知他因多项腐败罪名需要接受调查，罪名包括贿赂金融警察以便虚假报税，北方联盟趁机撤回了对政府的支持。随后几个月里，米兰地方治安官对贝卢斯科尼及其许多密切的商业和政治伙伴提出新指控。贝卢斯科尼似乎前路一片黯淡，却最终幸运过关：司法部门陷于内部斗争（就连迪·彼得罗都一度接受调查），反腐行动亦放缓了脚步。在 1996 年春天举行的新一轮选举中，意大利力量党再次成功获得 20% 以上的选票。但这次获胜的是中左翼，在接下来的 5 年里，意大利由一系列左翼联盟统治，他们为处理国家财政问题与恶劣的公共服务费尽心思。他们既无清晰远见，也未能提出系统性改革方案——这或许是不可避免的，毕竟该执政联盟是共产党、前共产党、天主教势力、共和党、绿党和其他团体的大杂烩——因此并未激起国民的热情。这届政府最引人注目的成就是 1998 年获准使用欧洲统一货币，但其公共债务水平依然是《马斯特里赫特条约》规定的两倍。2001 年 5 月的新一届选举中，贝卢斯科尼以相当大的优势重新掌权。他在此后 5 年一直担任总理（尽管同时面对不断的腐败指控），却依然找不到解决意大利问题的妙方。在 2006 年的选举中，中左派以微弱的优势将其击败。

21 世纪初，意大利早已不是 200 年前马志尼、加里波第与加富尔所生活的那个贫穷国度。大多数国民的饮食状况都得到大幅度改善，人们接受了更好的教育，也更加富足健康（或许也更快乐）。毋庸置疑，他们也变得更加"意大利"了。那些困扰着意大利复兴运动爱国者的问题依然步步紧逼。与烧炭党和青年意大利党时代一样，如何建设一个拥有共同历史、强烈的集体命运感与目标感的国家，依然令意大利力量党时代苦恼。意大利民族自始至终难以界定，更难以打造；秉持各种信念的诗人、作家、艺术家、宣传人士、革命者、军人和政治家尽管坚持不懈地努力，却难以撼动旧式的思想与行为模式，许多爱国者期望的"意大利"理想信念并未产生。然而，或许正是二战前对"创造意大利人"计划的坚持推进，使得人们对集体主义的国家价值缺乏信任。一个国家若想运转良好，则必须拥有更普遍的集体意识，使个人、团体或政党的利益最终服从于这一整体。在新千年的开端，"意大利"这个概念似乎仍有太多不确定性与争议，以至于无法构建起一个国家的情感内核——这个国家至少是一个内部和平共处、自信面对未来的国家。

注 释

序言

1 J. Budden, *The Operas of Verdi. Vol. 2: From Il Trovatore to La Forza del Destino* (London, 1978), p. 435.

2 G. Verdi, *Letters of Giuseppe Verdi. Selected and Translated by Charles Osborne* (London, 1971), pp. 124,129.

1 拯救，1796—1799

1 F. Venturi, 'L'Italia fuori d'Italia', in *Storia d'Italia. Vol. 3: Dal primo Settecento all'Unità* (Turin, 1973), p. 1131.

2 E. Passerin d'Entrèves and V. E. Giuntella (eds.), *Storia d'Italia. Vol. 3: Dalla pace di Aquisana all'avvento di Camillo Cavour* (Turin, 1959), p. 230.

3 Ibid., pp. 237–8.

4 R. Sò riga, *L'idea nazionale italiana dal secolo XVIII all'unificazione. Scritti raccolti e ordinati da Silio Manfredi* (Modena, 1941), pp. 35–7.

5 Venturi, 'L'Italia fuori d'Italia', p. 1036.

6 G. Angiolini, *Lettera di Gasparo Angiolini a Monsieur Noverra sopra i balli pantomimi* (Milan, 1773), pp. 11,110.

7 Só riga, *L'idea nazionale*, p. 39.

8 Stendhal, *La Chartreuse de Parme. Préface, commentaires et notes de Victor del*

Litto (Paris, 1983), p. 21(Ch. 1, 'Milan en 1796').

9   Sóriga, *L'idea nazionale*, p. 41.

10 G. R. Carli, 'Della patria degli italiani', in S. Romagnoli (ed.), *'Il Caffe' ossia brevi e vari discorsi distribuiti in fogli periodici* (Milan, 1960), pp. 297–302.

11 A. Saitta, *Filippo Buonarroti. Contributi alla storia della sua vita e del suo pensiero*, Vol. 2 (Rome, 1950–51), pp. 1–2.

12 G. Pécout, *Il lungo Risorgimento. La nascita dell'Italia contemporanea (1770–1922)* (Milan, 1999), p. 67.

13 Venturi, 'L'Italia fuori d'Italia', p. 1131.

14 A. Saitta, *Alle origini del Risorgimento. I testi di un 'celebre' concorso (1796)*, Vol. 1 (Rome, 1964), pp. x–xi.

15 Ibid., Vol. 2, pp. 51–2,66, 73.

16 Ibid., Vol. 3, pp. 268–71.

17 Ibid., Vol. 2, pp. 191–6.

18 Ibid., Vol. 3, pp. 233–4.

19 Ibid., Vol. 2, pp. 337–40.

20 Ibid., Vol. 3, pp. 382–6.

21 Passerin d'Entrèves and Giuntella (eds.), *Storia d'Italia*, Vol. 3, p. 233.

22 A. De Fournoux, *Napoleèon et Venise 1796–1814* (Paris, 2002), p. 210.

23 C. Cantuù, *Della indipendenza italiana. Cronistoria*, Vol. 1 (Turin, 1872), p. 99.

24 Fournoux, *Napoleèon et Venise*, pp. 213–14.

25 *Edizione nazionale delle opere di Ugo Foscolo. Vol. 2: Tragedie e poesie minori*, ed. G. Bezzola (Florence, 1961), pp. 331–41 ('Bonaparte liberatore (1797–99)').

26 Ibid. *Vol. 6: Scritti letterari e politici dal 1796 al 1808*, ed. G. Gambarin (Florence, 1972), p. xxv.

27 A. Lyttelton, 'The national question in Italy', in M. Teisch and R. Porter (eds.), *The National Question in Europe in Historical Context* (Cambridge, 1993), p. 75.

28 U. Dotti, *Storia degli intellettuali in Italia. Vol. 3: Temi e ideologie dagli illuminati a Gramsci* (Rome, 1999), p. 180.

29 V. Alfieri, *Il Misogallo*, in *Opere di Vittorio Alfieri. Scritti politici e morali*, Vol. 3, ed. C. Mazzotta (Asti, 1984), p. 200.

30 Ibid., pp. 199,201.

31 Dotti, *Storia degli intellettuali*, Vol. 3, p. 177.

32 Alfieri, *Il Misogallo*, p. 411 ('Conclusione').

33 A. Pillepich, *Milan capitale napoleèonienne 1800–1814* (Paris, 2001), p. 139(to Eugène de Beauharnais, 18 May 1808).

34 S. Woolf, *A History of Italy 1700–1860. The Social Constraints of Political Change* (London, 1979), p. 175.

35 G. Candeloro, *Storia dell'Italia moderna. Vol. 1: Le origini del Risorgimento* (Milan, 1956), p. 174.

36 Stendhal, *La Chartreuse de Parme*, p. 24.

37 C. Capra, *L'età rivoluzionaria e napoleonica in Italia 1796–1815* (Turin, 1978), pp.108–9.

38 Ibid., pp. 113–17.

39 R. Salvadori, 'Moti antigiacobini e insorgenze antinapoleoniche in Val padano', in *Storia della società italiana. L'Italia giacobina e napoleonica*, eds. G. Cherubini et al. (Milan, 1985), p. 192.

40 Ibid., pp. 120–21.

41 T. Coleman, *Nelson. The Man and the Legend* (London, 2002), pp. 177–8.

42 J. A. Davis, *Naples and Napoleon. Southern Italy and the European Revolutions 1780–1860* (Oxford, 2006), p. 44.

43 N. Moe, *The View from Vesuvius. Italian Culture and the Southern Question* (Berkeley, 2002), pp. 61,67.

44 B. Croce, *La rivoluzione napoletana del 1799* (Bari, 1948), pp. 39–40.

45 Candeloro, *Storia dell'Italia moderna*, Vol. 1, p. 260.

46 R. De Felice (ed.), *I giornali giacobini italiani* (Milan, 1962), p. 455 ('Educazione della plebe', in *Monitore napolitano*, February 1799). Cf. Davis, *Naples and Napoleon*, pp. 99–100.

47 Capra, *L'età rivoluzionaria e napoleonica*, p. 138.

48 C. Albanese, *Cronache di una rivoluzione. Napoli 1799* (Milan, 1998), p. 111.

49 P. Colletta, *Storia del reame di Napoli*, Vol. 2, ed. N. Cortese (Naples, 1969), pp. 46–7.

50 Albanese, *Cronache di una rivoluzione*, p. 112.

51 Ibid., p. 120.

52 C. De Nicola, *Diario napoletano, dicembre 1798–dicembre 1800*, ed. P. Ricci (Milan, 1963), p. 277.

53 Albanese, *Cronache di una rivoluzione*, p. 135.

2 寻觅民族之魂

1　A. Ottolini, *La Carboneria dalle origini ai primi tentativi insurrezionali (1797–1817)* (Modena, 1936), pp. 14–16.

2　R. Sò riga, *L'idea nazionale italiana dal secolo XVIII all'unificazione. Scritti raccolti e ordinati da Silio Manfredi* (Modena, 1941), pp. 45–7.

3　V. Cuoco, *Saggio storico sulla rivoluzione napoletana del 1799*, ed. F. Nicolini (Bari, 1929), p. 28.

4　Ibid., p. 90.

5　Ibid., p. 21.

6　S. Patriarca, 'Patriottismo, nazione e italianità nella statistica del Risorgimento', in A. M. Banti and R. Bizzocchi (eds.), *Immagini della nazione nell'Italia del Risorgimento* (Rome, 2002), p. 125.

7　G. Calò, *Pedagogia del Risorgimento* (Florence, 1965), pp. 4–6.

8　Ibid., p. 4.

9　V. Cuoco, *Platone in Italia*, Vol. 2, ed. F. Nicolini (Bari, 1928), pp. 157–8.

10　Caloó, *Pedagogia*, p. 8.

11　E. Noether, *Seeds of Italian Nationalism, 1700–1815* (New York, 1969), pp. 79–82.

12　S. Woolf, *A History of Italy 1700–1860. The Social Constraints of Political Change* (London, 1979), p. 197.

13　G. Candeloro, *Storia dell'Italia moderna. Vol. 1: Le origini del Risorgimento* (Milan, 1956), pp. 308–9.

14　C. Capra, *L'età rivoluzionaria e napoleonica in Italia 1796–1815* (Turin, 1978), p. 160.

15　C. Zaghi, *Napoleone e l'Italia. Studi e ricerche* (Naples, 1966), pp. 309–22.

16　Stendhal, *La Chartreuse de Parme. Preèface, commentaires et notes de Victor del Litto* (Paris, 1983), p. 38.

17　L. Patetta, 'Il neoclassicismo', in *Storia della società italiana. L'Italia giacobina e napoleonica*, eds. G. Cherubini et al. (Milan, 1985), p. 421.

18　P. Colletta, *Storia del reame di Napoli*, Vol. 2, ed. N. Cortese (Naples, 1969), p. 266.

19　M. Meriggi, *Gli stati italiani prima dell'Unità. Una storia istituzionale* (Bologna,

2002), pp. 72–4.

20 U. Foscolo, 'Orazione a Bonaparte pel Congresso di Lione', in *Edizione nazionale delle opere di Ugo Foscolo. Vol. 6: Scritti letterari e politici dal 1796 al 1808*, ed. G. Gambarin (Florence, 1972), pp. 212,231–2.

21 U. Foscolo, 'Dei sepolcri', in ibid. *Vol. 1: Poesie e carmi*, eds. F. Pagliai, G. Folena and M. Scotti (Florence, 1985), p. 130.

22 U. Foscolo, 'Ultime lettere di Jacopo Ortis', in ibid. *Vol. 4: Le ultime lettere di Jacopo Ortis*, ed. G. Gambarin (Florence, 1955), p. 260.

23 U. Foscolo, 'Dei sepolcri', in ibid. Vol. 1, p. 130.

24 U. Foscolo, 'Essay on the present literature of Italy', in ibid. *Vol. 11, part 2: Saggi di letteratura italiana* (ed. C. Foligno), p. 476.

25 U. Foscolo, 'Dell'origine e dell'officio della letteratura', in ibid. *Vol. 7: Lezioni, articoli di critica e di polemica (1809–1811)*, ed. E. Santini (Florence, 1933), p. 17.

26 Ibid., pp. 33–4.

27 Ibid., pp. 36–7.

28 E. Francia, *Delfina de Custine, Luisa Stolberg, Giulietta Reècamier a Canova. Lettere inedite* (Rome, 1972), p. 73.

29 F. Mazzocca, 'L'iconografia della patria tra l'etaà delle riforme e l'Unitaá', in Banti and Bizzocchi (eds.), *Immagini della nazione*, pp. 100–101.

30 Ibid., pp. 94–7.

31 Ibid., pp. 97–8.

32 E. Irace, *Itale glorie* (Bologna, 2003), pp. 124–7.

33 M. Gutwirth, *Madame de Staél, Novelist. The Emergence of the Artist as Woman* (Urbana, 1978), p. 285.

34 Madame de Staél, *Corinne, or Italy*, trans. S. Raphael (Oxford, 1998), pp. 11,89.

35 J. C. Herold, *Mistress to an Age. A Life of Madame de Staél* (London, 1959), pp. 301–3.

36 S. Balayè, *Madame de Staél. Écrire, lutter, vivre* (Geneva, 1994), p. 326.

37 De Staél, *Corinne, or Italy*, p. 27.

38 Madame de Staél, *Correspondance geèneèrale. Vol. 6: De Corinne vers De l'Allemagne. 9 novembre 1805–9 mai 1809* (Klincksieck, 1993), p. 245.

39 De Staél, *Corinne, or Italy*, pp. 261–2.

40 Ibid., p. 24.

41 C. Garry-Boussel, 'L'homme du Nord et l'homme du Midi dans *Corinne*', in *Mme de Staeël. Actes du colloque de la Sorbonne du 20 novembre 1999* (Paris, 2000), p. 62.

42 De Staél, *Corinne, or Italy*, p. 99.

43 Ibid., p. 99.

44 Ibid., p. 304.

45 Ibid., pp. 110–11.

46 G. Montanelli, *Memorie sull'Italia e specialmente sulla Toscana dal 1814 al 1850* (Florence, 1963), p. 30.

47 A. Codignola (ed.), *Goffredo Mameli. La vita e gli scritti. Vol. 2: Gli scritti* (Venice, 1927), pp. 279–80.

3 阴谋与抵抗

1   Cf. J.-E. Driault, *Napolèon en Italie (1800–1812)* (Paris, 1906), pp. 477–8.

2   D. Gregory, *Napoleon's Italy* (Madison, 2001), p. 181.

3   F. C. Schneid, *Soldiers of Napoleon's Kingdom of Italy. Army, State, and Society 1800–1815* (Boulder, 1995), p. 76.

4   F. Della Peruta, 'Dai particolarismi all'idea di nazione. L'esperienza degli anni "giacobini" e "napoleonici" ', in F. Tarozzi and G. Vecchio (eds.), *Gli italiani e il tricolore. Patriottismo, identità nazionale e fratture sociali lungo due secoli di storia* (Bologna, 1999), p. 71.

5   Schneid, *Soldiers of Napoleon's Kingdom of Italy*, pp. 129–30.

6   F. Della Peruta, *Esercito e società nell'Italia napoleonica* (Milan, 1988), pp. 422–3.

7   R. Salvadori, 'Moti antigiacobini e insorgenze antinapoleoniche in Val padana', in *Storia della società italiana. L'Italia giacobina e napoleonica*, eds. G. Cherubini et al. (Milan 1985), p. 205.

8   Ibid., p. 206.

9   M. Broers, *Europe Under Napoleon* (London, 1996), p. 132.

10 J. A. Davis, *Naples and Napoleon. Southern Italy and the European Revolutions 1780–1860* (Oxford, 2006), pp. 209–31.

11 Gregory, *Napoleon's Italy*, p. 171.

12 G. Cingari, *Brigantaggio, proprietari e contadini nel sud (1799–1900)* (Rome, 1976), pp. 44–60.

13 Ibid., pp. 77–9.

14 Cf. B. Amante, *Fra Diavolo e il suo tempo (1796–1806)* (Florence, 1904), p. 458.

15 Gregory, *Napoleon's Italy*, p. 173.

16 A. Ottolini, *La Carboneria dalle origini ai primi tentativi insurrezionali (1797–1817)* (Modena, 1936), p. 54.

17 G. Candeloro, *Storia dell'Italia moderna. Vol. I: Le origini del Risorgimento* (Milan, 1956), p. 362.

18 Ottolini, *La Carboneria*, pp. 48–9.

19 R. John Rath, ' "The Carbonari": their origins, initiation rites, and aims', in *American Historical Review*, 69,2 (1964), pp. 359–61.

20 R. Sò riga, *Le società segrete, l'emigrazione politica e i primi moti per l'indipendenza. Scritti raccolti e ordinati da Silio Manfredi* (Modena, 1942), p. 99.

21 Ottolini, *La Carboneria*, pp. 124–6.

22 J. Rosselli, *Lord William Bentinck. The Making of a Liberal Imperialist 1774–1839* (London, 1974), p. 155.

23 D. Mack Smith, *A History of Sicily. Modern Sicily after 1713* (London, 1968), p. 350.

24 Rosselli, *Lord William Bentinck*, pp. 151,161–3.

25 R. Sò riga, *L'idea nazionale italiana dal secolo XVIII all'unificazione. Scritti raccolti e ordinati da Silio Manfredi* (Modena, 1941), pp. 184–202.

26 Rosselli, *Lord William Bentinck*, p. 168.

27 Ibid., p. 172.

28 Ibid., p. 176.

29 C. Mozzarelli, 'Sulle opinioni politiche di Federico Confalonieri, patrizio e gentiluomo', in G. Rumi (ed.), *Federico Confalonieri aristocratico progressista* (Bari, 1987), p. 56.

30 Candeloro, *Storia dell'Italia moderna*, Vol. 1, pp. 371–2.

31 D. Mack Smith, *The Making of Italy 1796–1870* (London, 1968), p. 18.

32 A. Manzoni, 'Il proclama di Rimini', in *Tutte le opere di Alessandro Manzoni. Vol. 1: Poesie e tragedie*, eds. A. Chiari and F. Ghisalberti (Milan, 1957), pp. 119–20.

33 J.-P. Garnier, *Gioacchino Murat re di Napoli*, trans. G. F. Malquori (Naples, 1959), p. 346.

4 复辟、浪漫主义与叛乱，1815—1830

1 Cf. *Pelagio Palagi: artista e collezionista. Mostra organizzata dal Museo civico con il contributo della Regione Emilia Romagna* (Bologna, 1976).

2 F. Hayez, *Le mie memorie dettate da Francesco Hayez* (Milan, 1890), p. 21.

3 M. C. Gozzoli and F. Mazzocca (eds.), *Hayez* (Milan, 1983), p. 86.

4 I. Marelli, *Brera mai vista. Il Romanticismo storico: Francesco Hayez e Pelagio Palagi* (Milan, 2001), p. 16.

5 F. Mazzocca, 'La pittura dell'Ottocento in Lombardia', in E. Castelnuovo (ed.), *La pittura in Italia: l'Ottocento*, Vol. 1 (Milan, 1991), p. 102.

6 Cf. F. Venturi, 'L'Italia fuori d'Italia', in *Storia d'Italia. Vol. 3: Dal primo Settecento all'Unità* (Turin, 1973), pp. 1217–18.

7 Cf. A. Scirocco, *L'Italia del Risorgimento 1800–1860* (Bologna, 1990), pp. 35–55.

8 A. Balletti, *Storia di Reggio nell'Emilia* (Rome, 1968), pp. 615–32.

9 Cf. L. C. Farini, *Lo Stato Romano dall'anno 1815 al 1850*, Vol. 1 (Florence, 1853), pp.6–15.

10 G. Candeloro, *Storia dell'Italia moderna. Vol. 2: Dalla restaurazione alla rivoluzione nazionale 1815–1846* (Milan, 1974), p. 61.

11 D. Laven, *Venice and Venetia under the Habsburgs, 1815–1835* (Oxford, 2002), pp. 122,140–42.

12 Scirocco, *L'Italia del Risorgimento*, p. 61.

13 Ibid., pp. 64–5.

14 M. Meriggi, 'Centralismo e federalismo in Italia. Le aspettative preunitarie', in O. Janz, P. Schiera and H. Siegrist (eds.), *Centralismo e federalismo tra Otto e Novecento. Italia e Germania a confronto* (Bologna, 1997), pp. 52–5.

15 Candeloro, *Storia dell'Italia moderna*, Vol. 2, pp. 28–9.

16 Laven, *Venice and Venetia*, pp. 79–80.

17 Venturi, 'L'Italia fuori d'Italia', pp. 1218–19.

18 Madame de Staél, 'Sulla maniera e le utilità delle traduzioni', in *Biblioteca italiana* (Milan), January 1816, pp. 16–18.

19 G. Berchet, *Lettera semiseria di Grisostomo*, introduction by A. Galletti (Lanciano, 1913), pp. 109–12,118, 121,146–7.

20 Cf. M. Thom, *Republics, Nations and Tribes* (London, 1995), pp. 289–305.

21　Candeloro, *Storia dell'Italia moderna*, Vol. 2, pp. 33–4.

22　Cf. *Scritti editi ed inediti di Giuseppe Mazzini*, Vol. 39(Imola, 1924), p. 9('Parties and affairs in Italy').

23　Candeloro, *Storia dell'Italia moderna*, Vol. 2, p. 106.

24　Cf. R. Balzani, 'I nuovi simboli patriottici: la nascita del tricolore e la sua diffusione negli anni della restaurazione e del Risorgimento', in F. Tarozzi and G. Vecchio (eds.), *Gli italiani e il tricolore. Patriottismo, identità nazionale e fratture sociali lungo due secoli di storia* (Bologna, 1999), pp. 146–7.

25　Candeloro, *Storia dell'Italia moderna*, Vol. 2, p. 114.

26　P. Giudici, *Storia d'Italia narrata al popolo. Vol. 4: Il Risorgimento* (Florence, 1932), p. 335.

27　L. Gigli, *Santarosa* (Milan, 1946), pp. 221–323.

28　G. Mazzini, *Note autobiografiche*, ed. R. Pertici (Milan, 1986), pp. 52–3.

29　F. Lemmi, *Carlo Felice (1765–1831)* (Turin, 1931), p. 182 (9 May 1822).

30　Cf. S. Romagnoli, 'Narratori e prosatori del Romanticismo', in E. Cecchi and N. Sapegno (eds.), *Storia della letteratura italiana. Vol. 8: Dall'Ottocento al Novecento* (Milan, 1968), pp. 150–57.

31　R. J. M. Olson, *Ottocento. Romanticism and Revolution in 19th Century Italian Painting* (New York, 1992), p. 152.

5　分裂的过去与分裂的当下

1　C. Petraccone, *Le due civiltà. Settentrionali e meridionali nella storia d'Italia* (Rome, 2000), p. 6.

2　G. Bollati, 'L'italiano', in *Storia d'Italia. Vol. 1: I caratteri originali* (Turin, 1972), p. 954.

3　Cf. I. De Feo, *Manzoni. L'uomo e l'opera* (Milan, 1971), pp. 131–2,158, 596–8.

4　A. Manzoni, 'Marzo 1821', in *Tutte le opere di Alessandro Manzoni. Vol. 1: Poesie e tragedie*, eds. A. Chiari and F. Ghisalberti (Milan, 1957), pp. 115–18.

5　Ibid., pp. 854–5.

6　A. M. Banti, 'Le invasioni barbariche e le origini delle nazioni', in A. M. Banti and R. Bizzocchi (eds.), *Immagini della nazione nell'Italia del Risorgimento*

(Rome, 2002), p. 22.

7 A. Manzoni, *Il Conte di Carmagnola*, Act 2, Chorus, in *Tutte le opere di Alessandro Manzoni*, Vol. 1, p. 337.

8 Manzoni, 'Discorso sur alcuni punti della storia longobardica in Italia', in *Tutte le opere di Alessandro Manzoni. Vol. 4: Saggi storici e politici*, ed. F. Ghisalberti, pp. 198,206–11.

9 Manzoni, *Adelchi*, Act 3, Chorus, in *Tutte le opere di Alessandro Manzoni*, Vol. 1, pp. 613–15.

10 A. M. Banti, *La nazione del Risorgimento. Parentela, santità e onore alle origini dell'Italia unita* (Turin, 2000), p. 47.

11 G. Mazzini, 'De l'art en Italie, à propos de "Marco Visconti", roman de Thomas Grossi', in *Scritti editi ed inediti di Giuseppe Mazzini*, Vol. 8 (Imola, 1910), pp. 45–7.

12 L. Settembrini, *Lezioni di letteratura italiana*, Vol. 2 (Florence, 1964), pp. 1072–3('La rivoluzione interiore. Il Manzoni').

13 M. L. Astaldi, *Manzoni ieri e oggi* (Milan, 1971), p. 319.

14 J. C. L. Sismondi, *Histoire des rèpubliques italiennes du moyen age*, Vol. 10 (Paris, 1840), pp. 364–401.

15 Ibid., Vol. 2, pp. 42–4.

16 F. Venturi, 'L'Italia fuori d'Italia', in *Storia d'Italia. Vol. 3: Dal primo Settecento all'Unità* (Turin, 1973), p. 1177 (Sismondi to Madame de Staél, 20 March 1804).

17 Ibid., p. 1178.

18 Cf. M. O'Connor, *The Romance of Italy and the English Political Imagination* (Basingstoke, 1998), pp. 40–55.

19 C. Botta, *Storia d'Italia continuata da quella del Guicciardini sino al 1789*, Vol. 1(Capolago, 1832), p. 42.

20 C. Botta, *Storia dei popoli italiani*, Vol. 2 (Pisa, 1825), p. 16.

21 Ibid., p. 111.

22 Botta, *Storia d'Italia continuata da quella del Guicciardini*, Vol. 1, p. 44.

23 Botta, *Storia dei popoli italiani*, Vol. 5, pp. 164–5.

24 Bollati, 'L'italiano', p. 972.

25 *Goffredo Mameli. La vita e gli scritti. Vol. 2: Gli scritti*, ed. A. Codignola (Venice, 1927), pp. 76–7.

26　G. Mazzini, *Doveri dell'uomo*, in *Scritti editi ed inediti di Giuseppe Mazzini*, Vol. 69(Imola, 1935), pp. 61–2.

27　G. Pescosolido, 'L'economia e la vita materiale', in G. Sabbatucci and V. Vidotto (eds.), *Storia d'Italia. Vol. 1: Le premesse dell'Unitaà. Dalla fine del Settecento al 1861* (Rome and Bari, 1994), pp. 107–9; G. Montroni, *La società italiana dall'unificazione alla Grande Guerra* (Rome, 2002), p. 7.

28　A. Scirocco, *L'Italia del Risorgimento 1800–1860* (Bologna, 1990), pp. 239–43.

29　A. M. Banti, *La nazione del Risorgimento. Parentela, santità e onore alle origini dell'Italia unita* (Turin, 2000), pp. 19–22.

30　D. Mack Smith, *The Making of Italy 1796–1870* (London, 1968), p. 85.

31　R. Romeo, *Cavour e il suo tempo. Vol. 2: 1842–1854* (Rome, 1977), pp. 214–20.

32　A. M. Banti, *Storia della borghesia italiana* (Rome, 1996), p. 81.

33　S. Woolf, *A History of Italy 1700–1860. The Social Constraints of Political Change* (London, 1986), p. 286.

34　V. Zamagni, *Dalla periferia al centro. La seconda rinascita economica dell'Italia: 1861–1981* (Bologna, 1990), pp. 37–9.

35　Woolf, *A History of Italy*, pp. 285–6.

36　Banti, *Storia della borghesia*, pp. 82–3.

37　M. Petrusewicz, *Latifondo. Economia morale e vita materiale in una periferia dell'Ottocento* (Venice, 1989), pp. 185–219. Cf. S. Lupo, 'I proprietari terrieri nel Mezzogiorno', in P. Bevilacqua (ed.), *Storia dell'agricoltura italiana in etaà contemporanea. Vol. 2: Uomini e classi* (Venice, 1990), pp. 112–18.

38　Romeo, *Cavour e il suo tempo*, Vol. 2, pp. xii–xiv.

39　Ibid., p. 142.

40　L. Serianni, *Storia della lingua italiana* (Bologna, 1990), pp. 17–18.

41　G. Visconti Venosta, *Ricordi di gioventuù. Cose vedute o sapute 1847–60* (Milan, 1904), p. 277.

42　E. J. Hobsbawm, *Nations and Nationalism since 1780. Programme, Myth, Reality* (Cambridge, 1990), p. 94.

43　Cf. R. Price, *A Social History of Nineteenth-Century France* (London, 1987), pp. 349–52.

44　T. De Mauro, *Storia linguistica dell'Italia unita* (Rome, 1984), p. 44.

45　Ibid., p. 31.

46 Ibid., p. 32.

47 Banti, *La nazione del Risorgimento*, p. 25 (Olimpia Savio).

48 Stendhal, *Rome, Naples and Florence*, trans. R. Coe (London, 1959), p. 316.

49 Ibid., p. 220.

50 Ibid., pp. 36–7,51, 56–8,68, 105,128.

51 Ibid., p. 93.

52 Ibid., p. 122.

53 Ibid., p. 220.

54 Ibid., p. 453–4.

55 Cf. R. Damiani, *Vita di Leopardi* (Milan, 1992), pp. 41–77.

56 G. Leopardi, *All'Italia, Sopra il monumento di Dante, Ad Angelo Mai, Nelle nozze della sorella Paolina*, in *Opere*, Vol. 1, ed. S. Solmi (Milan, 1956), pp. 3–28.

57 Leopardi, 'Discorso sopra lo stato presente dei costumi degl' italiani', in *Opere*, Vol. 1, pp. 853–4.

58 Leopardi, *Zibaldone*, Vol. 1, ed. R. Damiani (Milan, 1997), p. 1004 (27 Julyo 1821).

6 使徒和烈士：马志尼和民主派，1830—1844

1 C. Dédéyan, *Lamartine et la Toscane* (Geneva, 1981), pp. 36–42.

2 B. Croce, *Pagine sulla guerra* (Bari, 1928), p. 219.

3 G. Garibaldi, *Le memorie di Garibaldi nella redazione definitiva del 1872* (Bologna, 1932), pp. 321–2,365.

4 G. Peëcout, 'Philhellenism in Italy: political friendship and the Italian volunteers in the Mediterranean in the nineteenth century', in *Journal of Modern Italian Studies*, 9,3 (2004), p. 408.

5 Cf. M. Isabella, 'Italian exiles and British politics before and after 1848', in S. Freitag (ed.), *Exiles from European Revolutions. Refugees in mid-Victorian England* (Oxford, 2003), pp. 61–9.

6 F. Della Peruta, 'Le teorie militari della democrazia risorgimentale', in F. Mazzonis (ed.), *Garibaldi condottiero. Storia, teoria, prassi* (Milan, 1984), pp. 63–4.

7   Ibid., p. 64.

8   G. Montanelli, *Memorie sull'Italia e specialmente sulla Toscana dal 1814 al 1850* (Florence, 1963), p. 7.

9   F. Chabod, *Storia della politica estera italiana dal 1870 al 1896. Vol. 1: Le premesse* (Bari, 1951), p. 16.

10   *Carteggi di Michele Amari,* Vol. 1, ed. A. D'Ancona (Turin, 1896),p. 452 (Amari to Arrivabene, 24 November 1848).

11   Ibid., p. 91 (Amari to Panizzi, 10 March 1843).

12   G. Procacci, *La disfida di Barletta. Tra storia e romanzo* (Milan, 2001), p. 63.

13   Ibid., pp. 56–60.

14   G. Candeloro, *Storia dell'Italia moderna. Vol. 2: Dalla restaurazione alla rivoluzione nazionale 1815–1846* (Milan, 1974), pp. 182–5.

15   R. Soòriga, *Le società segrete, l'emigrazione politica e i primi moti per l'indipendenza. Scritti raccolti e ordinati da Silio Manfredi* (Modena, 1942), p. 261.

16   G. Mazzini, 'La peinture moderne en Italie', in *Scritti editi ed inediti di Giuseppe Mazzini*, Vol. 21 (Imola, 1915), pp. 292,301.

17   M. C. Gozzoli and F. Mazzocca (eds.), *Hayez* (Milan, 1983), p. 114.

18   Mazzini, 'La peinture moderne en Italie', pp. 301–3.

19   A. Lyttelton, 'Creating a national past: history, myth and image in the Risorgimento', in A. Russell Ascoli and K. von Henneberg, *Making and Remaking Italy. The Cultivation of National Identity around the Risorgimento* (Oxford, 2001), p. 35.

20   P. Barocchi, F. Nicolodi and S. Pinto (eds.), *Romanticismo storico* (Florence, 1974), p. 30.

21   F. Mazzocca, *Hayez dal mito al bacio* (Venice, 1998), p. 108.

22   S. Mastellone, *Mazzini e la 'Giovine Italia' (1831–1834)*, Vol. 1 (Pisa, 1960), pp. 89,117–18.

23   D. Mack Smith, *The Making of Italy, 1796–1870* (London, 1968), pp. 48–9.

24   E. E. Y. Hales, *Mazzini and the Secret Societies* (New York, 1956), p. 26.

25   Mastellone, *Mazzini e la 'Giovine Italia'*, Vol. 1, pp. 334–8.

26   D. Mack Smith, *Mazzini* (New Haven, 1994), p. 156.

27   Hales, *Mazzini and the Secret Societies*, p. 188.

28 Ibid., p. 192.

29 G. Mazzini, *Della Giovine Italia* (1832), in *Scritti editi ed inediti di Giuseppe Mazzini*, Vol. 20 (Imola, 1907), p. 99.

30 L. Salvatorelli, *Il pensiero politico italiano. Dal 1700 al 1870* (Turin, 1949), p. 261.

31 A. M. Banti, *Il Risorgimento italiano* (Rome, 2004), p. 66.

32 A. Giardina and A. Vauchez, *Il mito di Roma. Da Carlo Magno a Mussolini* (Rome, 2000), p. 169.

33 N. Costa, *Quel che vidi e quel che intesi*, ed. G. Costa (Milan, 1983), p. 121.

34 Mack Smith, *Mazzini*, p. 5.

35 A. Scirocco, *L'Italia del Risorgimento 1800–1860* (Bologna, 1990), pp. 184–6.

36 Mastellone, *Mazzini e la 'Giovine Italia'*, Vol. 2, pp. 73–4,82–3.

37 Hales, *Mazzini and the Secret Societies*, pp. 163,166, 173.

38 E. Morelli, *L'Inghilterra di Mazzini* (Rome, 1965), pp. 14–15.

39 Mack Smith, *Mazzini*, p. 24.

40 Gozzoli and Mazzocca (eds.), *Hayez*, p. 98.

41 G. Rumi, *Gioberti* (Bologna, 1999), pp. 37–8,47, 50.

42 L. Settembrini, *Ricordanze della mia vita*, ed. M. Themelly (Milan, 1961), pp. 68–71.

43 P. Alatri, 'Benedetto Musolino, biografia di un rivoluzionario europeo', in *Benedetto Musolino. Il Mezzogiorno nel Risorgimento tra rivoluzione e utopia. Atti del convegno storico in Pizzo 15/16 novembre 1985* (Milan, 1988), p. 26; Mack Smith, *Mazzini*, p. 86.

44 C. M. Lovett, *The Democratic Movement in Italy, 1830–1876* (Cambridge, 1982), p. 126.

45 Montanelli, *Memorie sull'Italia*, p. 156.

46 Mack Smith, *Mazzini*, p. 41.

47 L. Carci, *La spedizione e il processo dei Fratelli Bandiera. Con una appendice di documenti* (Modena, 1939), pp. 12–13,89–90,100.

48 Ibid., pp. 130–33.

49 G. Mazzini, *Ricordi dei fratelli Bandiera* (1844), in *Scritti editi ed inediti di Giuseppe Mazzini*, Vol. 31 (Imola, 1921), pp. 69–70.

50 Carci, *La spedizione e il processo dei Fratelli Bandiera*, pp. 28–35,158–66.

51 Ibid., pp. 157–8.

52 Ibid., pp. 49–59; G. Ricciardi, *Martirologio italiano dal* 1792 al 1847 (Florence, 1860), pp. 231–3.

53 Ricciardi, ibid., p. 233.

7 教育者与改革者：温和派

1 A. Tennyson, 'Locksley Hall', in *Alfred Tennyson: In Memoriam, Maud and Other Poems* (London, 1977), pp. 58–64.

2 R. Romanelli, *Italia liberale* (1861–1900) (Bologna, 1979), p. 119.

3 A. M. Banti, *Storia della borghesia italiana* (Rome, 1996), p. 181.

4 G. Montroni, *La società italiana dall'unificazione alla Grande Guerra* (Rome–Bari, 2002), pp. 135–40.

5 S. Woolf, *A History of Italy 1700–1860. The Social Constraints of Political Change* (London, 1986), p. 333.

6 A. Scirocco, *L'Italia del Risorgimento 1800–1860* (Bologna, 1990), pp. 213–15.

7 Ibid., pp. 216–17.

8 R. Romeo, *Cavour e il suo tempo. Vol. 2: 1842–1854* (Rome, 1977), pp. 219–20.

9 D. Bertoni Jovine, *I periodici popolari del Risorgimento. Vol. 1: Il periodo prerisorgimentale (1818–1847). Le rivoluzioni (1847–1849)* (Milan, 1959), pp. xi–xii, xv–xvi, lviii–lx, 233–56.

10 M. Isnenghi, 'Il ruralismo nella cultura italiana', in P. Bevilacqua (ed.), *Storia dell'agricoltura italiana in età contemporanea. Vol. 3: Mercati e istituzioni* (Venice, 1991), p. 878; M. Berengo, 'Appunti su Luigi Alessandro Parravicini. La metodica austriaca della Resaurazione', in A. Mastrocinque (ed.), *Omaggio a Piero Treves* (Padua, 1983), p. 1.

11 Isnenghi, 'Il ruralismo nella cultura italiana', p. 883.

12 *Monumenti di Giardino Puccini* (Pistoia, 1845), p. 16.

13 Ibid., p. 533.

14 C. Mazzi and C. Sisi, 'La collezione di Niccolò Puccini', in *Cultura dell'Ottocento a Pistoia. La collezione Puccini* (Florence, 1977), p. 16.

15 S. von Falkenhausen, 'L'immagine del "popolo": dal centralismo al totalitarismo

in Italia e in Germania', in O. Janz, P. Schiera and H. Siegrist (eds.), *Centralismo e federalismo tra Otto e Novecento. Italia e Germania a confronto* (Bologna, 1997), p. 196

16 P. Luciani, 'Le committenze di Niccolò Puccini', in *Cultura dell'Ottocento a Pistoia*, pp. 25–6.

17 Bertoni Jovine, *I periodici popolari del Risorgimento*, pp. 42–3.

18 A. Gamberai, *Memorie storiche della vita di Niccolò Puccini* (no place, no date), pp. 7–8.

19 C. M. Lovett, *The Democratic Movement in Italy, 1830–1876* (Cambridge, 1982), p. 51.

20 C. Sorba, *Teatri. L'Italia del melodramma nel età del Risorgimento* (Bologna, 2001), pp. 96–8,118, 145–6.

21 Ibid., pp. 26,33–4,40, 45.

22 C. Sorba, 'Il Risorgimento in musica: l'opera lirica nei teatri del 1848', in A. M. Banti and R. Bizzocchi (eds.), *Immagini della nazione nell'Italia del Risorgimento* (Rome, 2002), p. 141; C. Sorba, ' "Or sia patria il mio solo pensier". Opera lirica e nazionalismo nell'Italia risorgimentale', in F. Tarozzi and G. Vecchio (eds.), *Gli italiani e il tricolore. Patriottismo, identità nazionale e fratture sociali lungo due secoli di storia* (Bologna, 1999), p. 187.

23 C. Sorba, 'La patria nei libretti d'opera verdiani degli anni '40', in P. Ballini (ed.), *La rivoluzione liberale e le nazioni divise* (Venice, 2000), pp. 345–6.

24 Sorba, 'Il Risorgimento in musica', p. 136.

25 J. Rosselli, *The Life of Verdi* (Cambridge, 2000), p. 77.

26 G. Mazzini, *Filosofia della musica* (1836), in *Edizione nazionale degli scritti di Giuseppe Mazzini*, Vol. 8 (Imola, 1910), pp. 131,141, 150.

27 Sorba, 'Il Risorgimento in musica', p. 139.

28 Ibid., p. 145.

29 L. Settembrini, *Ricordanze della mia vita*, ed. M. Themelly (Milan, 1961), p. 163.

30 Scirocco, *L'Italia del Risorgimento*, pp. 223–4.

31 V. Gioberti, *Il rinnovamento civile d'Italia*, Vol. 1 (Milan, 1915), pp. 65–6.

32 Ibid., p. 55.

33 Ibid., Vol. 4, pp. 164–6,192.

34 R. Romanelli, 'Nazione e costituzione nell'opinione liberale avanti il '48', in

Ballini (ed.), *La rivoluzione liberale e le nazioni divise*, p. 276.

35 C. Balbo, *Le speranze d'Italia* (Turin, 1948), pp. 62–95,141–2,264–8.

36 Scirocco, *L'Italia del Risorgimento*, p. 225.

37 Balbo, *Le speranze d'Italia*, p. 133.

38 Ibid., p. 200.

39 Ibid., pp. 145–50.

40 A. M. Banti and M. Mondini, 'Da Novara a Custoza: culture militari e discorso nazionale tra Risorgimento e Unità', in W. Barberis (ed.), *Storia d'Italia. Annali 18: Guerra e pace* (Turin, 2002), p. 432.

41 M. d'Azeglio, *Epistolario* (1819–1866). Vol. 2: 1841–1845, ed. G. Virlogeux (Turin, 1989), p. 149.

42 M. d'Azeglio, *I miei ricordi* (Turin, 1949), pp. 553–4.

43 M. d'Azeglio, *Raccolta degli scritti politici* (Turin, 1866), pp. 13,72–5.

44 G. Pallavicino, *Memorie di Giorgio Pallavicino pubblicate per cura della moglie. Vol. 2*: 1848–1852 (Turin, 1886) p. 435.

45 Romanelli, 'Nazione e costituzione nell'opinione liberale avanti il '48', p. 304.

46 Ibid., pp. 285–6.

47 Ibid., p. 282.

48 G. Durando, *Della nazionalità italiana. Saggio politico-militare* (Lausanne, 1846), pp. 87–91,176–80.

8 革命，1846—1849

1 G. Montanelli, *Memorie sull'Italia e specialmente sulla Toscana dal 1814 al 1850* (Florence, 1963), p. 150.

2 Ibid., p. 154.

3 C. Sorba, 'Il Risorgimento in musica: l'opera lirica nei teatri del 1848', in A. M. Banti and R. Bizzocchi (eds.), *Immagini della nazione nell'Italia del Risorgimento* (Rome, 2002), p. 143.

4 G. Mazzini, 'A Pio IX, Pontefico Massimo' (8 September 1847), in *Scritti editi ed inediti di Giuseppe Mazzini*, Vol. 36 (Imola, 1922), p. 232.

5 A. Scirocco, *Garibaldi. Battaglie, amori, ideali di un cittadino del mondo* (Rome–

Bari, 2001), p. 135.

6   Cf. L. Settembrini, *Ricordanze della mia vita*, ed. M. Themelly (Milan, 1961), p. 34.

7   M. d'Azeglio, *Raccolta degli scritti politici* (Turin, 1866), pp. 213,216, 247–8('Proposta di un programma per l'opinione nazionale italiana', July 1847).

8   Sorba, 'Il Risorgimento in musica', p. 148.

9   Montanelli, *Memorie sull'Italia*, pp. 259–60.

10 Ibid., p. 261.

11 R. Romeo, *Cavour e il suo tempo. Vol. 2: 1842–1854* (Rome, 1977), p. 314.

12 R. Marshall, *Massimo d'Azeglio. An Artist in Politics 1798–1866* (Oxford, 1966), p. 118.

13 M. Minghetti, *Miei ricordi. Vol. 1: Dalla puerizia alle prime prove nella vita pubblica* (1818–1848) (Turin, 1889), pp. 365–7.

14 M. d'Azeglio, *Lettere di Massimo d'Azeglio a Giuseppe Torelli*, ed. C. Paoli (Milan, 1870), p. 327 (to wife, 16 April 1848).

15 A. Scirocco, *L'Italia del Risorgimento 1800–1860* (Bologna, 1990), p. 304.

16 D'Azeglio, *Raccolta degli scritti polittici*, p. 475 ('Timori e speranze').

17 Ibid., pp. 432 ('L'onore dell' Austria e l'onore dell'Italia', 16 August 1848), 468–73,501–4 ('Timori e speranze').

18 Ibid., p. 540 ('Ai suoi elettori', 8 January 1849).

19 G. Asproni, *Diario politico 1855–1876. Vol. 1: 1855–1857,* eds. C. Sole and T. Orrù (Milan, 1974), p. 584.

20 A. Ricci, *La repubblica* (Bologna, 2001), p. 94 (Cernuschi to Cattaneo).

21 Scirocco, *Garibaldi*, p. 149.

22 G. Garibaldi, *Le memorie di Garibaldi nella redazione definitive del 1872* (Bologna, 1932), p. 502.

23 Ibid., p. 624.

24 C. Osborne, *The Complete Operas of Verdi* (London, 1973), p. 201.

25 C. M. Lovett, *The Democratic Movement in Italy, 1830–1876* (Cambridge, 1982), p. 138.

26 Ricci, *La repubblica*, pp. 88–91.

27 *Goffredo Mameli. La vita e gli scritti. Vol 2: Gli scritti*, ed. A. Codignola (Venice, 1927), p. 370 (Mameli to Girolamo Boccardo, 29 August 1848).

28 Montanelli, *Memorie sull'Italia*, pp. 459–60.

9 皮埃蒙特和加富尔

1 B. Tobia, 'Riti e simboli di due capitali (1846–1921)', in V. Vidotto (ed.), *Storia di Roma dall'antichità a oggi. Roma capitale* (Rome and Bari, 2002), pp. 372–3.

2 F. Mazzonis, *La monarchia e il Risorgimento* (Bologna, 2003), p. 93.

3 L. Cafagna, *Cavour* (Bologna, 1999), p. 84.

4 V. Gioberti, *Del rinnovamento civile d'Italia*, Vol. 3 (Milan, 1915), pp. 151–2,157–61,212–14,239–44.

5 E. Casanova, "L'emigrazione siciliana dal 1849 al 1851", in *Rassegna storica del Risorgimento*, XI (1924), pp. 841–3.

6 C. M. Lovett, *The Democratic Movement in Italy, 1830–1876* (Cambridge, 1982), p. 176.

7 D. Mack Smith, *Mazzini* (New Haven and London, 1994), p. 83.

8 S. Woolf, *A History of Italy 1700–1860. The Social Constraints of Political Change* (London, 1979), p. 419.

9 H. Adams, *The Education of Henry Adams. An Autobiography* (London, 1918), pp. 92–3.

10 H. Rudman, *Italian Nationalism and English Letters* (London, 1940), pp. 97–8.

11 Mack Smith, *Mazzini*, pp. 95–6.

12 E. Morelli, *L'Inghilterra di Mazzini* (Rome, 1965), pp. 40–45,79–82,108–12,187.

13 Ibid., pp. 8–9.

14 S. Patriarca, 'Patriottismo, nazione e italianità nella statistica del Risorgimento', in A. M. Banti and R. Bizzocchi (eds.), *Immagini della nazione nell'Italia del Risorgimento* (Rome, 2002), p. 127.

15 G. Aliberti, *La resa di Cavour: il carattere nazionale italiano tra mito e cronaca, 1820–1976* (Florence, 2000), p. xvii.

16 *Carteggi di Michele Amari*, Vol. 2, ed. A. D'Ancona, p. 23 (Amari to Giuseppe Ricciardi, 11 October 1853).

17 R. Romeo, *Cavour e il suo tempo. Vol. 1: 1810–1842* (Bari, 1969), p. 241.

18 Cafagna, *Cavour*, p. 41.

19 D. Mack Smith, *Cavour* (London, 1985), p. 65.

20 R. Romeo, *Cavour e il suo tempo. Vol. 2: 1842–1854* (Rome–Bari, 1977), pp. 617–23.

21 D. Mack Smith, *Vittorio Emanuele II* (Rome–Bari, 1975), p. 353.

22 Ibid., p. 356.

23 R. Grew, *A Sterner Plan for Italian Unity. The Italian National Society in the Risorgimento* (Princeton, 1963), pp. 153–6.

24 Ibid., pp. 140–41,151.

25 Cafagna, *Cavour*, p. 194; N. Moe, *The View from Vesuvius. Italian Culture and the Southern Question* (Berkeley, 2002), pp. 87–120,139–53,158–64.

26 R. Romeo, *Cavour e il suo tempo. Vol. 3: 1854–1861* (Rome–Bari, 1984), pp. 333–6.

27 Cf. N. Rosselli, *Carlo Pisacane nel Risorgimento italiano* (Turin, 1932), pp. 315–41.

28 C. Pisacane, 'Seconda dichiarazione a bordo del "Cagliari" (28 June 1857), in *Opere complete di Carlo Pisacane*, Vol. 3, ed. A. Romano (Milan, 1964), p. 364.

29 C. Pisacane, 'Testamento politico' (24 June 1857), in ibid., pp. 353–9.

30 L. Mercantini, *La spigolatrice di Sapri*, in *Poeti minori dell'Ottocento*, Vol. 2, eds. L. Baldacci and G. Innamorati (Milan, 1963), pp. 1079–80.

10 统一，1858—1860

1 F. Orsini, *The Austrian Dungeons in Italy. A Narrative of Fifteen Months' Imprisonment and Final Escape from the Fortress of S. Giorgio*, trans. J. M. White (London, 1856).

2 M. Packe, *The Bombs of Orsini* (London, 1957), pp. 250–61,272–3.

3 R. Romeo, *Cavour e il suo tempo. Vol. 3: 1854–1861* (Rome–Bari, 1984), p. 340.

4 C. Cavour, *Epistolario. Vol. 15: 1858 (January–July)*, ed. C. Pischedda (Florence, 1998), pp. 520–30 (Cavour to Victor Emmanuel II, 24 July 1858).

5 D. Mack Smith, *Cavour* (London, 1985), p. 143.

6 J. Rosselli, *The Life of Verdi* (Cambridge, 2000), p. 77.

7 F. Nicolodi, 'Il teatro lirico e il suo pubblico', in S. Soldani and G. Turi (eds.), *Fare gli italiani. Scuola e cultura nell'Italia contemporanea. Vol. 1: La nascita dello Stato nazionale* (Bologna, 1993), pp. 257–8.

8 R. Villari, *Cospirazione e rivolta* (Messina, 1881), pp. 303–6,373–80.

9 Romeo, *Cavour e il suo tempo*, Vol. 3, p. 515.

10 Ibid., p. 527.

11 Ibid., p. 538.

12 Mack Smith, *Cavour*, p. 163.

13 R. Martucci, *L'invenzione dell'Italia unita 1855–1864* (Milan, 1999), pp. 54–61.

14 Romeo, *Cavour e il suo tempo*, Vol. 3, p. 576.

15 Martucci, *L'invenzione dell'Italia unita*, p. 94 (Cavour to Farini, 3 July 1859).

16 Ibid., p. 70.

17 Mack Smith, *Cavour*, pp. 169–70.

18 L. Firpo (ed.), *Henri Dunant e le origini della Croce Rossa* (Turin, 1979), pp. xvii–xxx, 27–31.

19 *Il carteggio Cavour–Nigra dal 1858 al 1861. Vol. 2: La campagna diplomatica e militare del 1859* (Bologna, 1961), pp. 291–2.

20 A. Saffi, *Ricordi e scritti di Aurelio Saffi . Vol. 6: 1860–1* (Florence, 1901), p. 33.

21 Cf. D. Mack Smith, *Victor Emanuel, Cavour and the Risorgimento* (Oxford, 1971), pp. 256–9,264.

22 F. Guardione, 'La spedizione di Rosalino Pilo nei ricordi di Giovanni Corrao', in *Rassegna storica del Risorgimento*, IV (1917), p. 822, n. 6.

23 L. Riall, 'Storie d'amore, di libertà e d'avventura: la costruzione del mito garibaldino intorno al 1848–49', in A. M. Banti and R. Bizzocchi (eds.), *Immagini della nazione nell'Italia del Risorgimento* (Rome, 2002), pp. 161–71.

24 F. Crispi, *I Mille, da documenti dall'archivio Crispi* (Milan, 1911), pp. 93–5.

25 C. Duggan, *Francesco Crispi. From Nation to Nationalism* (Oxford, 2002), pp. 179–85.

26 L. Riall, *Sicily and the Unification of Italy. Liberal Policy and Local Power, 1859–1866* (Oxford, 1998), pp. 71–4.

27 Crispi, *I Mille*, p. 193.

28 A. Scirocco, *Garibaldi. Battaglie, amori, ideali di un cittadino del mondo* (Rome–Bari, 2001), p. 289.

29 Romeo, *Cavour e il suo tempo*, Vol. 3, p. 762.

30 A. Mario, *La camicia rossa* (Venice, 1977), pp. 209–10. Cf. G. C. Abba, *Da Quarto al Volturno. Noterelle d'uno dei Mille* (Bologna, 1956), pp. 257–8.

31 Mack Smith, *Victor Emanuel, Cavour and the Risorgimento*, p. 253.

32　Duggan, *Francesco Crispi*, p. 598 (Costantino Nigra, 7 August 1890).

33　C. Tivaroni, *L'Italia degli italiani*, Vol. 3 (Turin, 1897), pp. 136,207.

11　新的国家

1　M. G. De Lucia, *Brigandage and Political Unrest in the District of Cerreto: The Case of Pontelandolfo, August 1861*, unpublished MPhil, University of Kent at Canterbury, 2001, pp. 51–2,61.

2　Ibid., p. 51; G. Pescosolido, 'L'economia e la vita materiale', in G. Sabbatucci and V. Vidotto (eds.), *Storia d'Italia. Vol. 1: Le premesse dell'Unità. Dalla fine del Settecento al 1861* (Rome–Bari, 1994), pp. 22–3.

3　V. Zamagni, *Dalla periferia al centro. La seconda rinascita economica dell'Italia: 1861–1981* (Bologna, 1990), p. 44.

4　De Lucia, *Brigandage and Political Unrest*, pp. 52–6.

5　Ibid., pp. 66–7.

6　Ibid., pp. 67,70–71,119.

7　R. Martucci, *L'invenzione dell'Italia unita 1855–1864* (Milan, 1999), pp. 208–20.

8　Cf. F. Molfese, *Storia del brigantaggio dopo l'Unità* (Milan, 1964), pp. 63–6,99–100.

9　De Lucia, *Brigandage and Political Unrest*, pp. 129,139–41,168, 171–2.

10　Cf. G. Di Fiore, *I vinti del Risorgimento. Storia e storie di chi combatté per i Borbone di Napoli* (Turin, 2004), p. 256; A. De Jaco (ed.), *Il brigantaggio meridionale. Cronaca inedita dell'Unità d'Italia* (Rome, 1969), pp. 190–92.

11　De Lucia, *Brigandage and Political Unrest*, pp. 150–53, 162–6.

12　Cf. C. Melegari, *Cenni sul brigantaggio. Ricordi di un antico bersagliere* (Turin, 1897), pp. 12–13,17–19.

13　S. Lupo, 'Il grande brigantaggio', in W. Barberis (ed.), *Storia d'Italia. Annali 18: Guerra e pace* (Turin, 2002), p. 468.

14　De Lucia, *Brigandage and Political Unrest*, p. 159.

15　Ibid., p. 161.

16　Di Fiore, *I vinti del Risorgimento*, p. 339.

17　Cf. C. Levi, *Christ Stopped at Eboli*, trans. F. Frenaye (London, 1982), pp. 135–7.

18　De Lucia, *Brigandage and Political Unrest*, p. 169 (*Gazzetta di Torino*, 15 August

1861). Cf. P. Calà Ulloa, *Lettres napolitaines* (Paris, 1864), pp. 84–93.

19 Martucci, *L'invenzione dell'Italia unita*, p. 323 (parliamentary session of 20 November 1861).

20 Lupo, 'Il grande brigantaggio', p. 489.

21 *Carteggi di Camillo Cavour. La liberazione del Mezzogiorno e la formazione del Regno d'Italia. Vol. 3 (October–November 1860)* (Bologna, 1952), p. 208 (Farini to Cavour, 27 October 1860).

22 Mack Smith, *Cavour*, p. 412.

23 C. Petraccone, *Le due civiltá. Settentrionali e meridionali nella storia d'Italia* (Rome–Bari, 2000), pp. 45–6.

24 N. Moe, *The View from Vesuvius. Italian Culture and the Southern Question* (Berkeley, 2002), pp. 172–3. Cf. N. Moe, ' "Altro che Italia!" Il Sud dei piemontesi (1860–61)', in *Meridiana. Rivista di storia e scienze sociali*, 15 (September 1992), pp. 78–84.

25 Moe, *The View from Vesuvius*, pp. 175–6; Petraccone, *Le due civiltá*, p. 31.

26 Moe, *The View from Vesuvius*, p. 183.

27 Molfese, *Storia del brigantaggio dopo l'Unitá*, pp. 75–80.

28 I. Nievo, *Lettere garibaldine*, ed. A. Ciceri (Turin, 1961), p. 89 (29 October 1860).

29 Lupo, 'Il grande brigantaggio', p. 494 (to De Sanctis, August 1861).

30 Cf. Martucci, *L'invenzione dell'Italia unita*, p. 313; Lupo, 'Il grande brigantaggio', p. 494; L. Del Boca, *Indietro Savoia. Storia controcorrente del Risorgimento* (Casale Monferrato, 2003), p. 222.

31 F. De Sanctis, *La giovinezza*, ed. G. Savarese (Turin, 1961), p. 10.

32 Ibid., pp. 432,477, 537.

33 F. De Sanctis, *Il Mezzogiorno e lo Stato unitario*, ed. F. Ferri (Turin, 1960), pp. 80–81 (16 October 1860).

34 Cf. R. Romanelli, 'Centralismo e autonomie', in R. Romanelli (ed.), *Storia dello stato italiano dall'Unitá a oggi* (Rome, 1995), pp. 131–7; R. Romeo, *Cavour e il suo tempo. Vol. 3: 1854–1861* (Rome–Bari, 1984), pp. 859–63.

35 A. Scirocco, *L'Italia del Risorgimento 1800–1860* (Bologna, 1990), pp. 448–9.

36 A. Bertani, *Discorsi parlamentari di Agostino Bertani pubblicati per deliberazione della Camera dei Deputati* (Rome, 1913), p. 70 (19 June 1863).

37 *Il Mondo illustrato* (Turin), 23 February 1861.

38 F. Crispi, *Discorsi parlamentari di Francesco Crispi*, Vol. 1 (Rome, 1915), p. 11 (17 April 1861).

39 G. Barbèra, *Memorie di un editore. Pubblicate dai figli* (Florence, 1883), pp. 342–3.

40 A. C. De Meis, *Il sovrano. Saggio di filosofia politica con riferenza all'Italia*, ed. B. Croce (Bari, 1927), p. 15.

41 A. M. Banti, *La nazione del Risorgimento. Parentela, santitá e onore alle origini dell'Italia unita* (Turin, 2000), p. 173; R. Leydi, *Canti sociali italiani. Vol. 1: Canti giacobini, repubblicani, antirisorgimentali, di protesta postunitaria contro la guerra e il servizio militare* (Milan, 1963), p. 112.

42 D. Mack Smith, 'Britain and the Italian Risorgimento', in M. McLaughlin (ed.), *Britain and Italy from Romanticism to Modernism* (Oxford, 2000), pp. 24–6; H. Rudman, *Italian Nationalism and English Letters* (London, 1940), pp. 296–305.

43 F. Venturi, 'L'immagine di Garibaldi in Russia all'epoca della liberazione dei servi', in *Rassegna storica toscana*, 6 (4) (October–December 1960), p. 313.

44 D. Mack Smith, *Mazzini* (New Haven and London, 1994), p. 159.

45 George Eliot, *Romola*, ed. D. Barrett (London, 1996), pp. 581–3.

46 Rudman, *Italian Nationalism and English Letters*, pp. 138–41.

47 Romeo, *Cavour e il suo tempo*, Vol. 3, p. 801.

48 A. M. Banti and D. Mondini, 'Da Novara a Custoza: culture militari e discorso nazionale tra Risorgimento e Unitá', in W. Barberis (ed.), *Storia d'Italia. Annali 18: Guerra e pace* (Turin, 2002), p. 436.

49 Romeo, *Cavour e il suo tempo*, Vol. 3, p. 917.

50 C. Duggan, *Francesco Crispi. From Nation to Nationalism* (Oxford, 2002), p. 223.

51 J. Rosselli, *The Life of Verdi* (Cambridge, 2000), p. 123.

52 G. Verdi, *Letters of Giuseppe Verdi. Selected, Translated and Edited by Charles Osborne* (London, 1971), p. 126 (Verdi to mayor of Borgo San Donnino, 6 January 1861).

53 F. Della Peruta, 'Verdi e il Risorgimento', in F. Della Peruta, *Uomini e idee dell'Ottocento italiano* (Milan, 2002), p. 232.

54 Cf. Rosselli, *Life of Verdi*, pp. 82–5,93, 128–31.

55 F. Chabod, *Storia della politica estera italiana dal 1870 al 1896. Vol. 1: Le premesse* (Bari, 1951), pp. 512–28.

56 A. Mattone, 'I miti fondatori del parlamentarismo italiano', in L. Violante (ed.), *Storia d'Italia. Annali 17: Il parlamento* (Turin, 2001), pp. 18–20.

57 G. Carducci, 'Il parlamento', in *Edizione nazionale delle opere di Giosuè Carducci. Vol. 4: Odi barbare e rime e ritmi* (Bologna, 1944), pp. 259–65.

58 F. De Sanctis, *I partitie l'educazione della nuova Italia*, ed. N. Cortese (Turin, 1970), p. 516.

59 F. Petruccelli della Gattina, *I moribondi del Palazzo Carignano* (Milan, 1862).

60 F. Cammarano, 'Nazionalizzazione della politica e politicizzazione della nazione. I dilemmi della classe dirigente nell'Italia liberale', in M. Meriggi and P. Schiera (eds.), *Dalla città alla nazione. Borghesie ottocentesche in Italia e in Germania* (Bologna, 1993), pp. 142–5.

61 De Sanctis, *Il Mezzogiornoe lo Stato unitario*, pp. 201,215 (2 July 1864).

12 通向罗马之路，1861—1870

1 R. Romeo, *Cavour e il suo tempo. Vol. 3: 1854–1861* (Rome–Bari, 1984), pp. 908–9.

2 M. d'Azeglio, 'Questioni urgenti. Pensieri', in M. d'Azeglio, *Scritti e discorsi politici. Vol. 3: 1853–65* (ed. M. De Rubris) (Florence, 1938), p. 374.

3 F. Chabod, *Storia della politica estera italiana dal 1870 al 1896. Vol. 1: Le premesse* (Bari, 1951), p. 320.

4 F. Curato, 'Aspetti nazionalistici della politica estera italiana dal 1870 al 1914', in R. Lill and F. Valsecchi (eds.), *Il nazionalismo in Italiae Germania fino alla Prima guerra mondiale* (Bologna, 1983), p. 17.

5 Chabod, *Storia della politica estera italiana*, p. 318.

6 E. Gentile, *La grande Italia. Ascesae declino del mito della nazione nel ventesimo secolo* (Milan, 1997), p. 48.

7 Chabod, *Storia della politica estera italiana*, p. 203.

8 A. Scirocco, *Garibaldi. Battaglie, amori, ideali di un cittadino del mondo* (Rome–Bari, 2001), p. 311.

9 D. Mack Smith, *Vittorio Emanuele II* (Rome–Bari, 1975), pp. 169–77.

10 Scirocco, *Garibaldi. Battaglie, amori, ideali*, pp. 322–3; G. Garibaldi, *Le memorie*

di Garibaldi nella redazione definitiva del 1872 (Bologna, 1932), pp. 496–9.

11 D. Pick, *Rome or Death. The Obsessions of General Garibaldi* (London, 2005), p. 101.

12 C. Duggan, *Fascism and the Mafia* (New Haven and London, 1989), pp. 24–7.

13 Cf. A. M. Banti, *La nazione del Risorgimento. Parentela, santitá e onore alle origini dell'Italia unita* (Turin, 2000), pp. 141–2.

14 M. d'Azeglio, *Lettere di Massimo d'Azeglio a sua moglie Luisa Blondel*, ed. G. Carcano (Milan, 1870), p. 523 (25 October 1864).

15 S. Sepe, 'Amministrazione e "nazionalizzazione". Il ruolo della burocrazia statale nella costruzione dello Stato unitario (1861–1900)', in M. Meriggi and P. Schiera (eds.), *Dalla cittá alla nazione. Borghesie ottocentesche in Italia e in Germania* (Bologna, 1993), pp. 310–35.

16 M. d'Azeglio, *Lettere di Massimo d'Azeglio a Giuseppe Torelli*, ed. C. Paoli (Milan, 1870), p. 440 (3 December 1864).

17 M. d'Azeglio, *I miei ricordi* (Turin, 1949), p. 38.

18 D'Azeglio, *Lettere di Massimo d'Azeglio a Giuseppe Torelli*, p. 212 (8 February 1865).

19 F. D'Amoja, 'La sinistra e i problemi di politica estera', in *Rassegna storica toscana*, XI, 2 (1965), p. 61.

20 F. Crispi, *Discorsi parlamentari di Francesco Crispi*, Vol. 1 (Rome, 1915), pp. 716–17 (8 May 1866).

21 F. De Sanctis, *Un viaggio elettorale*, ed. N. Cortese (Turin, 1968), p. 391(31 May 1866).

22 Ibid., p. 400 (23 June 1866).

23 E. De Amicis, *La vita militare* (Florence, 1869), p. 384.

24 S. Sonnino, *Diario 1866–1912*, Vol. 1, ed. B. Brown (Rome–Bari, 1972), p. 43 (20 June 1866).

25 Ibid., p. 9 (17 May 1866).

26 A. Pollio, *Custoza (1866)* (Rome, 1925), p. 32.

27 Ibid., pp. 138,233, 257,315, 319.

28 Mack Smith, *Vittorio Emanuele II*, pp. 212–13,253–4.

29 I. Massabò Ricci, 'L'Alta Corte di giustizia e il processo Persano', in L. Violante (ed.), *Storia d'Italia. Annali 17: Il parlamento* (Turin, 2001), p. 1100.

30 Ibid., pp. 1117–22.

31 C. Duggan, *Francesco Crispi. From Nation to Nationalism* (Oxford, 2002), p. 283 (Crispi to Bertani, 12 August 1866).

32 G. Fortunato, *Carteggio. Vol: 1: 1865–1911*, ed. E. Gentile (Rome–Bari, 1978), pp. 234–5(Fortunato to Abba, 6 August 1910).

33 P. Villari, 'Di chi è la colpa? O sia la pace e la guerra', in P. Villari, *Le lettere meridionali e altri scritti sulla questione sociale in Italia* (Naples, 1979), pp. 113,138.

34 E. Pantano, *Memorie. Dai rintocchi della Gancia a quelli di S. Giusto. Vol. 1 (1860–70)* (Bologna, 1933), pp. 232–6; M. Da Passano (ed.), *I moti di Palermo del 1866. Verbali della Commissione parlamentare di inchiesta* (Rome, 1981), p. 103.

35 Duggan, *Fascism and the Mafia*, pp. 29–30.

36 F. Petruccelli della Gattina, *Storia d'Italia dal 1866 al 1880* (Naples, 1882), pp. 46,55–6; G. Candeloro, *Storia dell'Italia moderna. Vol. 5: La costruzione dello Stato unitario (1860–1870)* (Milan, 1968), p. 346.

37 F. Crispi, *Carteggi politici inediti di Francesco Crispi (1860–1900), estratti dal suo archivio, ordinati e annotati da T. Palamenghi Crispi* (Rome, 1912), p. 248 (27 September 1867).

38 G. Finali, *Memorie* (Faenza, 1955), p. 346.

39 G. Carducci, *Canto dell'Italia che va in Campidoglio*, in *Edizione nazionale delle opere di Giosuè Carducci. Vol. 3: Giambi ed epodi e rime nuove* (Bologna, 1944), pp. 85–8.

40 G. Carducci, 'Per Vincenzo Caldesi otto mesi dopo la sua morte', in ibid., pp 76–7.

13 来自南方的威胁，1870—1885

1 F. De Sanctis, *Storia della letteratura italiana*, Vol. 2, ed. N. Gallo (Turin, 1962), p. 612.

2 Ibid., pp. 606–7.

3 Ibid., pp. 974–5.

4   Cf. G. Farrell-Vinay, *Povertàe politica nell'Ottocento. Le opere pie nello Stato liberale* (Turin, 1997), pp. 32–60,95–124.

5   E. Sereni, *Il capitalismo nelle campagne, 1860–1900* (Turin, 1968), pp. 142–5.

6   Cf. V. Zamagni, *Dalla periferia al centro. La seconda rinascita economica dell'Italia: 1861–1981* (Bologna, 1990), pp. 219–29.

7   G. Candeloro, *Storia dell'Italia moderna. Vol. 5: La costruzione dello Stato unitario (1860–1870)* (Milan, 1978), p. 253.

8   L. Franchetti and S. Sonnino, *Inchiesta in Sicilia. Vol. 2: I contadini* (Florence, 1974), p. 184.

9   C. Duggan, *Francesco Crispi. From Nation to Nationalism* (Oxford, 2002), pp. 344–5.

10   Cf. A. Capatti, A. De Bernardi and A. Varni (eds.), *Storia d'Italia. Annali 13: L'alimentazione*, pp. xlix–liv.

11   G. Montroni, *La società italiana dall'unificazione alla Grande Guerra* (Rome–Bari, 2002), pp. 21–2.

12   Cf. M. Petrusewicz, *Come il Meridione divenne una Questione. Rappresentazioni del Sud prima e dopo il Quarantotto* (Catanzaro, 1998), pp. 35–8,135–6,144–50.

13   C. Duggan, *Fascism and the Mafia* (New Haven and London, 1989), pp. 33–6.

14   L. Franchetti and S. Sonnino, *Inchiesta in Sicilia. Vol. 1: Condizioni politichee amministrative* (Florence, 1974), pp. 5–7,23–5,31–3,92, 101,106–7.

15   Ibid., pp. 52,101.

16   Ibid., pp. 132–4,224.

17   Cf. D. Frigessi, *Cesare Lombroso* (Turin, 2003), pp. 97–101; R. Villa, *Il deviante e i suoi segni. Lombroso e la nascita dell'antropologia criminale* (Milan, 1985), pp. 147–56.

18   M. Gibson, *Born to Crime. Cesare Lombroso and the Origins of Biological Criminality* (Westport, 2002), p. 100.

19   Ibid., p. 106.

20   C. Lombroso, *L'uomo delinquente in rapporto all'antropologia, alla giurisprudenza ed alle discipline carcerarie*, Vol. 1(Turin, 1889), p. 85.

21   Ibid., p. 577.

22   Gibson, *Born to Crime*, p. 127.

23   F. Turati, *Il delitto e la questione sociale: appunti sulla questione sociale* (Bologna,

1913), p. 14.

24 Gibson, *Born to Crime*, pp. 29–30.

25 *Atti della Giunta per la inchiesta agraria e sulle condizioni della classe agricola (Presidente della Giunta: Conte Stefano Jacini)* (Rome 1881–5).

26 R. Molinelli, *Pasquale Turiello precursore del nazionalismo italiano* (Urbino, 1968), pp. 12–14.

27 P. Turiello, *Governo e governati in Italia. Fatti* (Bologna, 1889), p. 106.

28 Ibid., pp. 109–11.

29 Ibid., p. 309.

30 P. Turiello, *Governo e governati in Italia. Proposte* (Bologna, 1890), p. 113.

31 Ibid., p. 238; Turiello, *Governo e governati in Italia. Fatti*, pp. 8,53, 319.

14 国民教育

1 S. Pivato, 'Tricolore e simboli patriottici nell'onomastica post- risorgimentale', in F. Tarozzi and G. Vecchio (eds.), *Gli italiani e il tricolore. Patriottismo, identità nazionale e fratture sociali lungo due secoli di storia* (Bologna, 1999), pp. 161–5. Cf. A. C. Jemolo, *Anni di prova* (Vicenza, 1969), p. 4.

2 G. Bini, 'Romanzi e realtà di maestri e maestre', in *Storia d'Italia. Annali 4: Intellettuali e potere*, ed. C. Vivanti (Turin, 1981), pp. 1201–2.

3 E. Catarsi, 'Il suicidio della maestra Italia Donati', in *Studi di storia dell'educazione*, 1,3 (1981), pp. 35–6.

4 S. Pivato, *Pane e grammatica. L'istruzione elementare in Romagna alla fine dell'800* (Milan, 1983), pp. 45–6.

5 Ibid., p. 53.

6 T. De Mauro, *Storia linguistica dell'Italia unita* (Rome–Bari, 1984), p. 325.

7 Ibid., pp. 88–9; A. Asor Rosa, *La cultura*, in *Storia d'Italia. Vol. 4: Dall'Unità ad oggi* (Turin, 1975), pp. 903–9.

8 A. Bertani, *Discorsi parlamentari di Agostino Bertani pubblicati per deliberazione della Camera dei Deputati* (Rome, 1913), p. 564 (22 June 1884).

9 Pivato, *Pane e grammatica*, pp. 43–4.

10 Catarsi, 'Il suicidio della maestra Italia Donati', p. 36.

11 Ibid., pp. 36–7.

12 C. Paladini, 'Le sventure di Italia Donati', in *Corriere della Sera*, 10–11 June 1886.

13 Ibid.

14 Catarsi, 'Il suicidio della maestra Italia Donati', pp. 41–2,44–6.

15 Bini, 'Romanzi e realtà di maestri e maestre', pp. 1204–5.

16 M. Lessona, *Volere è potere* (Sesto San Giovanni, 1915), p. 6.

17 S. Lanaro, *Nazione e lavoro. Saggio sulla cultura borghese in Italia 1870–1925* (Venice, 1979), p. 121.

18 P. Pancrazi, 'Vita del Collodi', in *Tutto Collodi. Per i piccoli e per i grandi*, ed. P. Pancrazi (Florence, 1948), p. xxix.

19 C. Collodi, *Le avventure di Pinocchio. Storia di un burattino*, ed. F. Tempesti (Milan, 1983), p. 154.

20 G. Carducci, *Eterno femminino regale. Dalle mie memorie* (Rome, 1982).

21 Lessona, *Volere è potere*, p. 31.

22 A. Capatti, A. De Bernardi and A. Varni (eds.), *Storia d'Italia. Annali 13: L'alimentazione* (Turin, 1998), p. xlviii.

23 L. Magliaretta, 'Alimentazione, casa, salute', in S. Lanaro (ed.), *Storia d'Italia. Le regioni dall'Unità a oggi. Il Veneto* (Turin, 1984), p. 681.

24 F. Mazzonis, 'L'esercito italiano al tempo di Garibaldi', in F. Mazzonis (ed.), *Garibaldi condottiero. Storia, teoria, prassi* (Milan, 1984), pp. 204–5.

25 F. De Sanctis, *I partiti e l'educazione della nuova Italia*, ed. N. Cortese (Turin, 1970), pp. 227–30,255–6.

26 G. Bonetta, *Corpo e nazione. L'educazione ginnastica, igienica e sessuale nell'Italia liberale* (Milan, 1990), p. 83.

27 G. Montroni, *La società italiana dall'unificazione alla Grande Guerra* (Rome–Bari, 2002), pp. 163–4.

28 Ibid., p. 84.

29 G. Oliva, 'La naja', in M. Isnenghi (ed.), *I luoghi della memoria. Strutture ed eventi dell'Italia unita* (Rome–Bari, 1997), pp. 98–9.

30 E. De Amicis, *La vita militare* (Florence, 1869), p. 257.

31 E. De Amicis, *Cuore. Libro per i ragazzi*, ed. L. Tamburini (Turin, 2001), pp. 47–8.

32　Oliva, 'La naja', p. 98.

33　Ibid., pp. 97,100; R. Leydi, *Canti sociali italiani. Vol. 1: Canti giacobini, repubblicani, antirisorgimentali, di protesta postunitaria contro la guerra e il servizio militare* (Milan, 1963), pp. 348,366, 382–94; S. Lanaro, 'Da contadini a italiani', in P. Bevilacqua (ed.), *Storia dell'agricoltura italiana in età contemporanea. Vol. 3: Mercati e istituzioni* (Venice, 1991), p. 938.

34　Cf. N. Revelli, *Il mondo dei vinti. Testimonianze di vita contadina*, Vol. 1 (Turin 1977), p. 57; Oliva, 'La naja', p. 100.

35　Mazzonis, 'L'esercito italiano al tempo di Garibaldi', pp. 240–1.

36　Ibid., pp. 206–7; Leydi, *Canti sociali italiani*, pp. 401–3.

37　R. Romanelli, *L'Italia liberale (1861–1900)* (Bologna, 1979), p. 55.

38　G. Verga, 'Cavalleria rusticana', in *Tutte le novelle di Giovanni Verga*, Vol. 1 (Milan, 1959), p. 107.

39　N. Labanca, 'I programmi dell'educazione morale del soldato. Per uno studio sulla pedagogia militare nell'Italia liberale', in *Esercito e città dall'Unità agli anni Trenta. Atti del Convegno di studi, Spoleto 11–14 maggio 1988*, Vol. 1 (Rome, 1989), pp. 523–5; Mazzonis, 'L'esercito italiano al tempo di Garibaldi', pp. 237–8.

40　Mazzonis, 'L'esercito italiano al tempo di Garibaldi', p. 205.

41　P. Del Negro, 'L'esercito italiano da Napoleone a Vittorio Veneto: fattore di identità nazionale?', in S. Bertelli (ed.), *La chioma della vittoria. Scritti sull'identità degli italiani dall'Unità alla seconda Repubblica* (Florence, 1997), p. 73.

42　N. Marselli, *Gli avvenimenti del 1870–71. Studio politico e militare* (Turin, 1871), pp. 141–2.

43　Mazzonis, 'L'esercito italiano al tempo di Garibaldi', p. 202.

44　A. Guiccioli, *Diario di un conservatore* (Milan, 1973), p. 22 (2 June 1877).

45　Marselli, *Gli avvenimenti del 1870–71*, pp. 31,139; N. Marselli, *La politica dello Stato italiano* (Naples, 1882), p. 402.

46　Marselli, *La politica dello Stato italiano*, p. 398.

47　Del Negro, 'L'esercito italiano da Napoleone a Vittorio Veneto', p. 78.

48　I. Porciani, 'Stato e nazione: l'immagine debole dell'Italia', in S. Soldani and G. Turi (eds.), *Fare gli italiani. Scuola e cultura nell'Italia contemporanea. Vol. I: La nascita dello Stato nazionale* (Bologna, 1993), pp. 398–9.

49 I. Porciani, *La festa della nazione. Rappresentazione dello Stato e spazi sociali nell'Italia unita* (Bologna, 1997), pp. 22–3,37.

50 Ibid., p. 207.

51 Ibid., pp. 105–7.

52 Ibid., pp. 123–33.

53 'L'isola sacra', in *La Riforma*, 10 June 1882.

54 E. Irace, *Itale glorie* (Bologna, 2003), p. 176.

55 R. Certini, *Il mito di Garibaldi. La formazione dell'immaginario popolare nell'Italia unita* (Milan, 2000), pp. 99–102,117–18.

56 F. Crispi, *Scritti e discorsi politici di Francesco Crispi (1849–1890)* (Rome, 1890), pp. 655–8('Giuseppe Garibaldi', 1 June 1884).

57 C. Brice, *Monumentalité publique et politique à Rome. Le Vittoriano* (Rome, 1998), pp. 43–4.

58 Irace, *Itale glorie*, p. 188.

59 S. Montaldo, *Patria e affari. Tommaso Villa e la costruzione del consenso tra Unità e Grande Guerra* (Turin, 1999), pp. 312–13.

60 S. Soldani, 'Il Risorgimento a scuola: incertezze dello Stato e lenta formazione di un pubblico di lettori', in E. Dirani (ed.), *Alfredo Oriani e la cultura del suo tempo* (Ravenna, 1985), pp. 154–6.

61 D. Mack Smith, 'Documentary falsification and Italian biography', in T. Blanning and D. Cannadine (eds.), *History and Biography. Essays in Honour of Derek Beales* (Cambridge, 1996), pp. 182–4.

15 权威之源：国王、教会与议会，1870—1887

1 Cf. A. C. Jemolo, *Chiesa e Stato in Italia negli ultimi cento anni* (Turin, 1963), pp. 175–6,186–7.

2 Cf. P. Scoppola, *Dal neoguelfismo alla democrazia cristiana* (Rome, 1963), pp. 32–68.

3 A. Bertani, *Discorsi parlamentari di Agostino Bertani pubblicati per deliberazione della Camera dei Deputati* (Rome, 1913), pp. 372–3 (25 July 1877).

4 Ibid., p. 374.

5   G. Finali, *Memorie* (Faenza, 1955), p. 525.

6   U. Pesci, *I primi anni di Roma capitale (1870–1878)* (Florence, 1907), p. 68.

7   D. Pick, *Rome or Death. The Obsessions of General Garibaldi* (London, 2005), pp. 1–9,183–200.

8   A. Caracciolo, *Roma capitale. Dal Risorgimento allo Stato liberale* (Rome, 1956), p. 121.

9   A. Riccardi, 'La vita religiosa', in V. Vidotto (ed.), *Storia di Roma dall'antichità a oggi. Roma capitale* (Rome–Bari, 2002), p. 278.

10   G. Pácout, *Il lungo Risorgimento. La nascita dell'Italia contemporanea (1770–1922)* (Milan, 1999), p. 286.

11   C. Hibbert, *Rome. The Biography of a City* (New York, 1985), p. 280.

12   P. Alatri, *Gabriele D'Annunzio* (Turin, 1983), p. 27.

13   Caracciolo, *Roma capitale*, pp. 190–92.

14   A. Asor Rosa, *La cultura*, in *Storia d'Italia. Vol. 4: Dall'Unità ad oggi* (Turin, 1975), p. 831.

15   G. Carducci, 'Roma', in *Edizione nazionale delle opere di Giosuè Carducci. Vol. 4: Odi barbare e rime e ritmi* (Bologna, 1944), pp. 30–31.

16   Carducci, in ibid., *Vol. 24: Confessioni e battaglie, serie prima* (Bologna, 1944) pp. 127–8 (preface to *Levia Gravia*, 1881).

17   C. Dossi, *Opere*, ed. D. Isella (Milan, 1995), p. 1324.

18   L. Pirandello, *I vecchi e i giovani*, in L. Pirandello, *Tutti i romanzi*, Vol. 2, ed. G. Macchia (Milan, 2003), p. 273.

19   D. Mack Smith, *Vittorio Emanuele II* (Rome–Bari, 1975), p. 334.

20   Cf. U. Pesci, *I primi anni di Roma capitale (1870–1878)* (Florence, 1907), pp. 589–91.

21   C. Duggan, *Francesco Crispi. From Nation to Nationalism* (Oxford, 2002), pp. 379–81.

22   Ibid.; U. Levra, *Fare gli italiani. Memoria e celebrazione del Risorgimento* (Turin, 1992), p. 18.

23   A. C. De Meis, *Il sovrano. Saggio di filosofia politica con riferenza all'Italia,* ed. B. Croce (Bari, 1927), pp. 20,53, 67.

24   S. Romano, *Crispi. Progetto per una dittatura* (Milan, 1973), p. 121.

25   *Nuova antologia*, 1 December 1878 (23), p. 535.

26 Duggan, *Franceso Crispi*, p. 393 (7 December 1878).

27 M. Casciato, 'Lo sviluppo urbano e il disegno della città', in Vidotto (ed.), *Storia di Roma dall'antichità a oggi*, p. 152.

28 B. Tobia, *Una patria per gli italiani* (Rome–Bari, 1991), pp. 140–41.

29 Cf. H. Busch (ed. and trans.), *Verdi's Otello and Simon Boccanegra (Revised Edition) in Letters and Documents*, Vol. 1 (Oxford, 1988), pp. 29,37–41.

30 A. M. Banti, *Storia della borghesia italiana* (Rome, 1996), p. 239.

31 A. Mazzoleni, *Il popolo italiano. Studi politici* (Milan, 1873), p. 322.

32 F. Martini, *Confessioni e ricordi (1859–1892)* (Milan, 1929), pp. 120–21.

33 G. Lanza, *Le carte di Giovanni Lanza. Vol. 9 (luglio 1873–1877)*, ed. C. M. De Vecchi di Val Cismon (Turin, 1940), p. 445 (Dina to Lanza, 20 November 1876).

34 F. De Sanctis, *I partiti e l'educazione della nuova Italia* (Turin, 1970), p. 380 (11 May 1880).

35 F. De Sanctis, *Il Mezzogiorno e lo stato unitario* (Turin, 1960), p. 358 (*L'Italia*, 16 February 1864).

36 Duggan, *Francesco Crispi*, p. 333.

37 F. De Sanctis, *Un viaggio elettorale*, ed. N. Cortese (Turin, 1968), p. 32.

38 R. Romanelli, 'Le regole del gioco. Note sull'impianto del sistema elettorale in Italia (1848–1895)', in *Quaderni storici*, 69 (3) (December 1988), p. 699.

39 Ibid., p. 700.

40 Cf. G. Mosca, *Teorica dei governi e governo parlamentare. Studii storici e sociali* (Palermo, 1884), pp. 295–302,318–22; Banti, *Storia della borghesia italiana*, p. 243.

41 De Sanctis, *I partiti e l'educazione della nuova Italia*, p. 389.

42 R. Bonghi, *Discorsi parlamentari*, ed. G. Gentile (Florence, 1934), pp. 282,291 (13 May 1881).

43 *Atti parlamentari, Camera dei Deputati, Discussioni*, 18 June 1881, pp. 8726–8.

44 *La Riforma*, 25 April 1891 ('Il ritorno al collegio uninominale').

45 F. Crispi, *Discorsi elettorali di Francesco Crispi 1865–1886*, p. 230 (19 May 1886).

46 F. Soddu, 'Il ruolo del Parlamento nella costruzione dell'unità politica e amministrativa', in L. Violante (ed.), *Storia d'Italia. Annali 18: Il parlamento* (Turin, 2001), pp. 102–4.

47　C. Fumian, 'Patroni e padroni. La grande possidenza tra declino e metamorfosi', in S. Lanaro (ed.), *Storia d'Italia. Le regioni dall'Unità a oggi. Il Veneto* (Turin, 1984), p. 113.

48　F. Cammarano, 'Nazionalizzazione della politica e politicizzazione della nazione. I dilemmi della classe dirigente nell'Italia liberale', in M. Meriggi and P. Schiera (eds.), *Dalla città alla nazione. Borghesie ottocentesche in Italia e in Germania* (Bologna, 1993), pp. 144–5.

49　F. Chabod, *Storia della politica estera italiana dal 1870 al 1896. Vol. 1: Le premesse* (Bari, 1951), p. 385(Minghetti to Luzzatti, 29 August 1881).

50　G. Sabbatucci, *Il trasformismo come sistema* (Rome–Bari, 2003), pp. 18–27.

51　Ibid., p. 26.

52　Martini, *Confessioni e ricordi*, p. 148.

53　*La Riforma*, 28 July 1885.

16　弗朗切斯科·克里斯皮与"欧洲新秩序",1887—1891

1　F. Martini, *Confessioni e ricordi (1859–1892)* (Milan, 1929), pp. 213–14.

2　C. W. Dilke, *The Present Position of European Politics or Europe in 1887* (London, 1887), p. 251.

3　G. Astuto (ed.), *Crispi e Damiani. Carteggio (1876–1899)* (Catania, 1984), p. 15 (Crispi to Damiani, 28 June 1878).

4　P. Turiello, *Governo e governati in Italia. Fatti* (Bologna, 1889), pp. 302–3.

5　M. Biancale, *Michele Cammarano* (Milan–Rome, 1936), pp. 84–92.

6　F. Chabod, *Storia della politica estera italiana dal 1870 al 1896. Vol. 1: Le premesse* (Bari, 1951), p. 14.

7　A. Guiccioli, 'Diario del 1882', in *Nuova antologia*, 16 August 1936, pp. 439–41 (22 April 1882,16 May 1882).

8　R. Bonghi, *Discorsi parlamentari*, ed. G. Gentile (Florence, 1934), p. 313 (14–15 May 1883).

9　C. Duggan, *Francesco Crispi. From Nation to Nationalism* (Oxford, 2002), p. 413 (19 May 1883).

10　Martini, *Confessioni e ricordi*, p. 224.

11 *I documenti diplomatici italiani. Seconda serie: 1870–1896*, Vol. 21 (31 July 1887–31 March 1888), ed. R. Mori (Rome, 1968), pp. 450–54 (31 January 1888).

12 *Die grosse Politik der europä ischen Kabinette 1871–1914*, Vol. 6 (Berlin, 1924–7), n. 1293 (Solms to Herbert von Bismarck, 20 October 1887).

13 Duggan, *Francesco Crispi*, pp. 515–18.

14 Ibid., p. 531 (Salisbury to Dufferin, 28 December 1888).

15 *I documenti diplomatici italiani. Seconda serie: 1870–1896*, Vol. 22 (1 April 1888–31 August 1889), ed. G. Carocci (Rome, 1994), pp. 21–2(Goiran to Cosenz, 22 April 1888).

16 Ibid.

17 A. Guiccioli, *Diario di un conservatore* (Milan, 1973), p. 157 (13 November 1888).

18 *La Riforma*, 27 May 1889.

19 Duggan, *Francesco Crispi*, p. 565.

20 Ibid., pp. 567–8.

21 Ibid., p. 567.

22 Ibid., p. 543 (Baron Blanc to Crispi, 10 January 1888).

23 Ibid., pp. 542–3.

24 G. Ferrero, *La reazione* (Turin, 1895), p. 7.

25 Ibid., pp. 12–15,18–20,28, 31,35–8,44–5.

26 Duggan, *Francesco Crispi*, p. 550 (1 December 1888).

27 D. Mack Smith, *Italy and Its Monarchy* (New Haven and London, 1989), p. 95.

28 Cf. N. Labanca, *Oltremare. Storia dell'espansione coloniale italiana* (Bologna, 2002), pp. 57–8,70–73,217–34.

29 F. Crispi, *Scritti e discorsi politici di Francesco Crispi (1849–1890)* (Rome, 1890), pp. 736–8.

30 Duggan, *Francesco Crispi*, pp. 599–605.

17 19 世纪末危机

1 Public Record Office, FO 45 700, Edwardes to Rosebery, 6 December 1893.

2 V. Zamagni, *Dalla periferia al centro. La seconda rinascita economica dell'Italia:*

1861–1981 (Bologna, 1990), p. 159.

3   N. Colajanni, *Banche e parlamentari. Fatti, discussioni e commenti* (Milan, 1993), pp. 236–7; N. Quilici, *Banca Romana* (Milan, 1935), pp. 74,458–9,514–15.

4   G. Manacorda, *Dalla crisi alla crescita. Crisi economica e lotta politica in Italia 1892–1896* (Rome, 1993), pp. 70–73. Cf. D. Farini, *Diario di fine secolo*, ed. E. Morelli (Rome, 1961), pp. 320–22(22–7 August 1893).

5   *Atti Parlamentari, Camera dei Deputati, Discussioni*, 20 December 1893.

6   Ibid., 28 February 1894.

7   Cf. F. Fonzi, *Crispi e lo 'Stato di Milano'* (Milan, 1965), pp. xvi–xxiii.

8   Manacorda, *Dalla crisi alla crescita*, pp. 97–8; C. Duggan, *Francesco Crispi. From Nation to Nationalism* (Oxford, 2002), pp. 640–41.

9   News International Archive, Stillman Papers, William J. Stillman to Wallace, 18 March 1894.

10 Manacorda, *Dalla crisi alla crescita*, pp. 113–14.

11 P. Ballini, *Le elezioni nella storia d'Italia dall'Unità al fascismo. Profilo storico-statistico* (Bologna, 1988), p. 124.

12 Duggan, *Francesco Crispi*, pp. 673–4.

13 A. Guiccioli, *Diario di un conservatore* (Milan, 1973), p. 172 (16 September 1892).

14 Duggan, *Francesco Crispi*, p. 677 (2 January 1897); L. Mangoni, *Una crisi fine secolo. La cultura italiana e la Francia fra Otto e Novecento* (Turin, 1985), p. 162.

15 Duggan, *Francesco Crispi*, pp. 679–80.

16 Ibid., p. 665 (speech in Naples, 10 September 1894).

17 U. Levra, *Fare gli italiani. Memoria e celebrazione del Risorgimento* (Turin, 1992), p. 340.

18 Duggan, *Francesco Crispi*, p. 698.

19 S. Sonnino, *Diario 1866–1912*, Vol. 1, ed. B. Brown (Rome–Bari, 1972), pp. 209 (10 January 1896), 213(15 January 1896).

20 Guiccioli, *Diario di un conservatore*, p. 201 (15 January 1895).

21 Duggan, *Francesco Crispi*, pp. 700–701.

22 *La Riforma*, 17 January 1896 ('L'Italia nuova').

23 H. G. Marcus, *The Life and Times of Menelik II. Ethiopia 1844–1913* (Oxford,

1975), pp. 171–3; A. Del Boca, *Gli italiani in Africa orientale. Dall'Unità alla Marcia su Roma* (Rome–Bari, 1976), pp. 645–8,652, 691–2; J. Gooch, *Army, State and Society in Italy 1870–1915* (Basingstoke, 1989), pp. 90–92.

24 G. Candeloro, *Storia dell'Italia moderna. Vol. 7: La crisi di fine secolo e l'età giolittiana* (Milan, 1974), p. 60. Cf. U. Levra, *Il colpo di stato della borghesia. La crisi politica della fine del secolo in Italia (1896–1900)* (Milan, 1975), pp. 115–20.

25 L. Ferraris, 'L'assassinio di Umberto I e gli anarchici di Paterson', in *Rassegna storica del Risorgimento*, 55 (January–March 1968), pp. 51–4.

26 B. Anatra, 'Gaetano Bresci', in *Dizionario biografico degli italiani*, Vol. 14 (Rome, 1972), p. 169.

27 S. Turone, *Politica ladra. Storia della corruzione 1861–1992* (Rome–Bari, 1992), p. 80.

18 信仰之争：社会主义与天主教

1 J. Woodhouse, *Gabriele D'Annunzio. Defiant Archangel* (Oxford, 2001), pp. 59–60.

2 Ibid., p. 167; P. Alatri, *Gabriele D'Annunzio* (Turin, 1983), pp. 189–90.

3 Woodhouse, *Gabriele D'Annunzio*, p. 168.

4 Alatri, *Gabriele D'Annunzio*, p. 196.

5 U. Levra, 'Il parlamento nella crisi di fine secolo', in L. Violante (ed.), *Storia d'Italia. Annali 17: Il parlamento* (Turin, 2001), p. 163.

6 G. Manacorda (ed.), *Il socialismo nella storia d'Italia. Storia documentaria dal Risorgimento alla Repubblica*, Vol. 1 (Rome–Bari, 1970), pp. 106–7,112, 117(Bakunin, *Circolare ai miei amici d'Italia*, 1871).

7 A. De Jaco (ed.), *Gli anarchici. Cronaca inedita dell'Unità d'Italia* (Rome, 1971), pp. 212–14.

8 P. C. Masini, *Gli Internazionalisti. La banda del Matese 1876–1878* (Milan, 1958), pp. 79–102.

9 Cf. G. Cerrito, *Andrea Costa nel socialismo italiano* (Rome, 1982), pp. 209–22.

10 G. Candeloro, *Storia dell'Italia moderna. Vol. 6: Lo sviluppo del capitalismo e del*

movimento operaio (Milan, 1970), pp. 383–8.

11 Ibid., *Vol. 7: La crisi di fine secolo e l'età giolittiana* (Milan, 1974), pp. 158–64,362–3.

12 V. Zamagni, *Dalla periferia al centro. La seconda rinascita economica dell'Italia: 1861–1981* (Bologna, 1990), pp. 116,121.

13 Ibid., pp. 128–9.

14 B. Mussolini, *La mia vita* (Rome, 1947), p. 28.

15 A. Labriola, *Spiegazioni a me stesso* (Naples, 1945), p. 118.

16 Cf. D. Cinel, *The National Integration of Italian Return Migration 1870–1929* (Cambridge, 1991), pp. 172–6,230–31.

17 T. De Mauro, *Storia linguistica dell'Italia unita* (Rome–Bari, 1984), pp. 62–3.

18 R. Michels, *Storia critica del movimento socialista italiano. Dagli inizi fino al 1911* (Florence, 1926), p. 191. Cf. L. Ellena, ' "Una donna nel quadro può venire in prima linea con essi": genealogia di un'immagine', in M. Nani, L. Ellena and M. Scavino, *Il Quarto Stato di Pellizza da Volpedo tra cultura e politica. Un'immagine e la sua fortuna* (Turin, 2002), pp. 65–7.

19 R. Monteleone, *Filippo Turati* (Turin, 1987), p. 16.

20 Ibid., pp. 15–30.

21 C. Petraccone, *Le due civiltà. Settentrionali e meridionali nella storia d'Italia* (Rome–Bari, 2000), p. 183.

22 Monteleone, *Filippo Turati*, pp. 146–7.

23 Ibid., p. 148.

24 C. G. Lacaita, 'Politica e istruzione popolare nel movimento socialista', in G. Genovesi and C. G. Lacaita (eds.), *Istruzione popolare nell'Italia liberale. Le alternative delle correnti di opposizione* (Milan, 1983), p. 25.

25 G. Turi, 'Intellettuali e propaganda nel movimento socialista', in S. Soldani and G. Turi (eds.), *Fare gli italiani. Scuola e cultura nell'Italia contemporanea. Vol. I: La nascita dello Stato nazionale* (Bologna, 1993), p. 490.

26 R. Michels, *Storia critica del movimento socialista italiano. Dagli inizi fino al 1911* (Florence, 1926), pp. 356–7.

27 Ibid., p. 197.

28 Turi, 'Intellettuali e propaganda nel movimento socialista', p. 487.

29 Michels, *Storia critica del movimento socialista Italiano*, pp. 367–8.

30 Ibid., p. 197.

31 Manacorda (ed.), *Il socialismo nella storia d'Italia*, Vol. 1, p. 156.

32 Cf. S. F. Romano, *Storia dei Fasci siciliani* (Bari, 1959), pp. 230–37.

33 I. De Begnac, *Vita di Benito Mussolini. Vol. I: Alla scuola della rivoluzione antica* (Verona, 1936), pp. 319–20.

34 Michels, *Storia critica del movimento socialista italiano*, p. 218.

35 Monteleone, *Filippo Turati*, p. 146.

36 D. Mack Smith, *Modern Italy. A Political History* (New Haven and London, 1997), p. 185.

37 C. Treves, 'Giolitti', in G. Pischel, *Antologia della Critica Sociale*, ed. G. Arfè (Manduria, 1992), p. 85 (1 August 1899).

38 *Discorsi parlamentari di Giovanni Giolitti pubblicati per deliberazione della Camera dei Deputati*, Vol. 2 (Rome, 1953), pp. 632–3(4 February 1901).

39 G. Giolitti, *Memorie della mia vita*, Vol. 1 (Milan, 1922), p. 166.

40 A. M. Banti, *Storia della borghesia italiana* (Rome, 1996), p. 293.

41 A. Capatti, A. De Bernardi and A. Varni (eds.), *Storia d'Italia. Annali 13: L'alimentazione* (Turin, 1998), p. xxxv.

42 Michels, *Storia critica del movimento socialista italiano*, p. 374.

43 L. Allegra, 'Il parroco: un mediatore fra alta e bassa cultura', in *Storia d'Italia. Annali 4: Intellettuali e potere*, ed. C. Vivanti (Turin, 1981), p. 945.

44 D. I. Kertzer, 'Religion and society, 1789–1892', in J. A. Davis (ed.), *Italy in the Nineteenth Century 1796–1900* (Oxford, 2000), p. 198.

45 U. Pesci, *I primi anni di Roma capitale (1870–1878)* (Florence, 1907), p. 48.

46 G. Miccoli, 'Chiesa e società in Italia dal Concilio Vaticano I (1870) al pontificato di Giovanni XXIII', in *Storia d'Italia. Vol. 5: I documenti (2)* (Turin, 1973), pp. 1508–9.

47 I. Porciani, *La festa della nazione. Rappresentazione dello Stato e spazi sociali nell'Italia unita* (Bologna, 1997), pp. 189–90.

48 M. Isnenghi, 'I luoghi della cultura', in S. Lanaro (ed.), *Storia d'Italia. Le regioni dall'Unità a oggi. Il Veneto* (Turin, 1984), pp. 348–9.

49 S. Pivato, *Pane e grammatica. L'istruzione elementare in Romagna alla fine dell'800* (Milan, 1983), pp. 128–9.

50 Ibid., pp. 131–4.

51 Isnenghi, 'I luoghi della cultura', p. 357.

52 Ibid., pp. 137–8.

53 Pivato, *Pane e grammatica*, p. 135.

54 Michels, *Storia critica del movimento socialista italiano*, p. 373.

55 M. Clark, *Modern Italy 1871–1995* (London, 1996), p. 149.

56 Giolitti, *Memorie della mia vita*, Vol. 2, pp. 307–8.

57 G. Pini and D. Susmel, *Mussolini: l'uomo e l'opera*, Vol. 1 (Florence, 1953), pp. 111,146–7.

58 G. Salvemini, 'Il ministro della malavita', in *Opere di Gaetano Salvemini. Vol. 4: Il Mezzogiorno e la democrazia italiana (1)* (Milan, 1962), pp. 73–141.

59 Michels, *Storia critica del movimento socialista italiano*, p. 255.

60 J. E. Miller, *From Elite to Mass Politics. Italian Socialism in the Giolittian Era, 1900–1914* (Kent, 1990), p. 8(*Avanti*, 12 May 1903).

61 Mussolini, *La mia vita*, pp. 60–61,69–71.

62 Ibid., pp. 25–6; Pini and Susmel, *Mussolini: l'uomo e l'opera*, Vol. 1, p. 32.

63 Pini and Susmel, *Mussolini: l'uomo e l'opera*, Vol. 1, p. 42.

64 De Begnac, *Vita di Benito Mussolini*, Vol. 1, p. 321.

65 R. Bosworth, *Mussolini* (London, 2002), p. 53.

66 D. Mack Smith, *Mussolini* (London, 1983), p. 15.

67 Pini and Susmel, *Mussolini: l'uomo e l'opera*, Vol. 1, p. 147.

68 R. De Felice, *Mussolini il rivoluzionario 1883–1920* (Turin, 1965), p. 116.

69 De Begnac, *Vita di Benito Mussolini*, Vol. 1, p. 239.

70 Pini and Susmel, *Mussolini: l'uomo e l'opera*. Vol. 1, p. 56; De Felice, *Mussolini il rivoluzionario*, p. 14.

71 Ibid., p. 77.

72 G. Prezzolini, *La Voce 1908–1913. Cronaca, antologia e fortuna di una rivista* (Milan, 1974), p. 933(*Vita trentina*, 3 April 1909).

19 民族主义

1 G. D'Annunzio, 'Canto di festa per calendimaggio', in *Tutte le opere di Gabriele D'Annunzio. Versi d'amore e di gloria*, Vol. 2 (Milan, 1952), pp. 543–8.

2 G. D'Annunzio, *La Nave*, in *Tutte le opere di Gabriele D'Annunzio. Tragedie,*

sogni e misteri, Vol. 2(Milan, 1950), pp. 3–210.

3   P. Alatri, *Gabriele D'Annunzio* (Turin, 1983), pp. 343–4(to Maurice Paláologue, 16 June 1914).

4   *Discorsi parlamentari di Antonio Salandra. Pubblicati per deliberazione della Camera dei Deputati*, Vol. 1 (Rome, 1959), p. 375(9 December 1901).

5   Ibid., Vol. 2, p. 792 (17 December 1913).

6   G. Amendola, *Carteggio. Vol. I: 1897–1909*, ed. E. d'Auria (Rome–Bari, 1986), p. 87 (to Eva Kuhn, 6 June 1904).

7   'Gian Falco' (G. Papini), 'Campagna per il forzato risveglio' (*Leonardo*, 1906), in D. Frigessi (ed.), *La cultura italiana del '900 attraverso le riviste. Vol. I: 'Leonardo'. 'Hermes', 'Il Regno'* (Turin, 1960), pp. 312,314.

8   G. Prezzolini, *L'italiano inutile. Memorie letterarie di Francia, Italia e America* (Milan, 1953), p. 93.

9   G. Prezzolini, 'Le due Italie' (*Il Regno*, 1904), in Frigessi (ed.), *La cultura italiana del '900 attraverso le riviste*, Vol. 1, p. 502.

10 E. Corradini, 'Tornando sul nostro programma' (*Il Regno*, 1904), in Frigessi (ed.), *La cultura italiana del '900 attraverso le rivirte*, Vol. 1, p. 518.

11 G. Prezzolini, *La Voce 1908–1913. Cronaca, antologia e fortuna di una rivista* (Milan, 1974), pp. 758 (11 August 1910), 761(28 August 1910).

12 Ibid., p. 327 (1 September 1910).

13 G. Prezzolini, 'A chi giova la lotta di classe?' (*Il Regno*, 1904), in Frigessi (ed.), *La cultura italiana del '900 attraverso le riviste*, Vol. 1, p. 490.

14 L. Valli, 'Che cosa è e che cosa vuole il nazionalismo', in F. Perfetti, *Il movimento nazionalista in Italia (1903–1914)* (Rome, 1984), pp. 185–6.

15 Prezzolini, *La Voce 1908–1913*, p. 701 (2 March 1911).

16 Perfetti, *Il movimento nazionalista*, p. 67.

17 A. Asor Rosa, 'La cultura', in *Storia d'Italia. Vol. 4: Dall'Unità ad oggi (2)* (Turin, 1975), p. 1254.

18 G. Busino, 'Il nazionalismo italiano e il nazionalismo europeo', in *La cultura italiana tra '800 e '900 e le origini del nazionalismo* (Florence, 1981), p. 67.

19 G. Pascoli, 'La grande proletaria si è mossa', in *Prose di Giovanni Pascoli. Vol. I: Pensieri di varia umanità* (Milan, 1952), pp. 557–69.

20 G. Fortunato, *Carteggio 1865/1911*, ed. E. Gentile (Rome–Bari, 1978), pp. 397–8

(18 December 1911).

21 G. Fortunato, *Carteggio 1912/1922*, ed. E. Gentile (Rome–Bari, 1979), p. 89 (6 October 1912).

22 A. Del Boca, *Italiani, brava gente?* (Vicenza, 2005), pp. 110–12,122.

23 Ibid., pp. 115–16.

24 Ibid., p. 116.

25 V. Zecchini (ed.), *Futurismo e fascismo: manifesti e programmi* (Bologna, 2000), p. 20.

26 S. Bono, *Morire per questi deserti. Lettere di soldati italiani dal fronte libico 1911–1912* (Catanzaro, 1992), p. 27.

27 Ibid., p. 20.

28 N. Revelli, *Il mondo dei vinti. Testimonianze di vita contadina*, Vol. 2 (Turin, 1977), pp. 124–5.

29 Fortunato, *Carteggio 1912/1922*, pp. 97–8(8 November 1912,10 November 1912).

30 M. De Giorgio, *Le italiane dall'Unità a oggi. Modelli culturali e comportamenti sociali* (Rome–Bari, 1992), pp. 160–62.

31 E. Gentile, *La grande Italia. Ascesa e declino del mito della nazione nel ventesimo secolo* (Milan, 1997), p. 63(*Critica sociale*, 16 April 1911).

32 S. Sighele, *Il nazionalismo e i partiti politici* (Milan, 1911), p. 118.

33 B. Croce, *Cultura e vita morale. Intermezzi polemici* (Bari, 1955), p. 163('Fede e programmi', 1911).

34 *Discorsi parlamentari di Antonio Salandra*. Vol. 3, p. 1429 (19 October 1913).

35 Ibid., Vol. 2, p. 893 (2 June 1914).

36 A. M. Banti, *Storia della borghesia italiana* (Rome, 1996), p. 335.

37 Ibid., p. 335('Il Parlamento contro l'Italia', in *Idea Nazionale*, 15 May 1915).

38 *Discorsi parlamentari di Antonio Salandra*. Vol. 3, pp. 1444–5 (2 June 1915).

20 大战，1915—1918

1 Cf. P. Pieri, *L'Italia nella prima guerra mondiale* (Turin, 1965), pp. 77–90,111–21,128–36.

2 G. Rocca, *Cadorna* (Milan, 1985), pp. 255–60.

3   C. Falls, *Caporetto 1917* (London, 1965), p. 75.

4   Cf. P. Melograni, *Storia politica della grande guerra 1915–1918* (Rome–Bari, 1977), pp. 420–23.

5   A. Gibelli, *La grande guerra degli italiani 1915–1918* (Milan, 1998), p. 272 (quoting G. Minozzi, *Ricordi di Guerra*).

6   C. Malaparte, *La rivolta dei santi maladetti* (Rome, 1923), p. 248.

7   A. Soffici, *La ritirata del Friuli. Note di un uffi ciale della Seconda Armata* (Florence, 1919), pp. 138–9,202.

8   G. Fortunato, *Carteggio 1912/1922*, ed. E. Gentile (Rome–Bari, 1979), p. 248(4 October 1915).

9   Ibid., pp. 268,275–80,282–3.

10 Lanaro, 'Da contadini a italiani', in P. Bevilacqua (ed.), *Storia dell'agricoltura italiana in età contemporanea. Vol. 3: Mercati e istituzioni* (Venice, 1991), p. 957.

11 M. Clark, *Modern Italy 1871–1995* (London, 1996), pp. 187–8.

12 E. Forcella and A. Monticone, *Plotone d'esecuzione. I processi della Prima guerra mondiale* (Rome–Bari, 1968), pp. 434,442.

13 Gibelli, *La grande guerra degli italiani*, pp. 123–4.

14 N. Revelli, *Il mondo dei vinti. Testimonianze di vita contadina*, Vol. 2 (Turin, 1977), p. 247.

15 Cf. G. Procacci, *Soldati e prigionieri italiani nella grande guerra. Con una raccolta di lettere inedite* (Rome, 1993), pp. 150–72.

16 G. Rochat, 'La prigionia di guerra', in M. Isnenghi (ed.), *I luoghi della memoria. Strutture ed eventi dell'Italia unita* (Rome–Bari, 1997), p. 389.

17 Gibelli, *La grande guerra degli italiani*, p. 158.

18 Ibid., p. 152.

19 Revelli, *Il mondo dei vinti*, Vol. 2, p. 174.

20 Gibelli, *La grande guerra degli italiani*, p. 96.

21 Revelli, *Il mondo dei vinti*, Vol. I, p. cvi.

22 B. Croce, *Pagine sulla guerra* (Bari, 1928), p. 134.

23 Ibid., p. 222(*Giornale d'Italia*, 24 September 1917).

24 Ibid., pp. 142–3.

25 R. De Felice, *Mussolini il rivoluzionario 1883–1920* (Turin, 1965), pp. 378–9(*Unità*, 29 November 1917).

26 *Filippo Turati–Anna Kuliscioff. Carteggio. Vol. 4: 1915–1918 (2)*, ed. F. Pedone (Turin, 1977), p. 811 (21 December 1917).

27 R. Bosworth, *Mussolini* (London, 2002), p. 118.

28 Ibid., p. 119; De Felice, *Mussolini il rivoluzionario*, p. 392.

29 B. Mussolini, *Opera omnia*, Vol. 10, eds. E. and D. Susmel (Florence, 1951–62), pp. 86–8.

30 M. Macmillan, *Peacemakers. The Paris Conference of 1919 and Its Attempt to End War* (London, 2002), p. 289.

31 Gibelli, *La grande guerra degli italiani*, p. 304.

32 F. T. Marinetti, *L'alcova d'acciaio: romanzo vissuto* (Milan, 1921).

33 P. Alatri, *Gabriele D'Annunzio* (Turin, 1983), pp. 392–3.

34 P. Monelli, *Le scarpe al sole. Cronaca di gaie e di tristi avventure d'alpini, di muli e di vino* (Milan, 1929), pp. 182–3.

35 R. Serra, 'Esame di coscienza di un letterato', in R. Serra, *Scritti letterari, morali e politici. Saggi e articoli dal 1900 al 1915*, ed. M. Isnenghi (Turin, 1974), pp. 543,547.

36 Gibelli, *La grande guerra degli italiani*, pp. 284–9.

37 Ibid., pp. 309–10.

38 M. Isnenghi, *Giornali di trincea 1915–1918* (Turin, 1977), pp. 53–66.

39 A. Salandra, *Discorsi parlamentari di Antonio Salandra. Pubblicati per deliberazione della Camera dei Deputati*, Vol. 3 (Rome, 1959), pp. 1448–51.

21 内战与法西斯主义的来临，1919—1922

1 M. Clark, *Modern Italy 1871–1995* (London, 1996), p. 190.

2 V. Zamagni, *Dalla periferia al centro. La seconda rinascita economica dell'Italia: 1861–1981* (Bologna, 1990), pp. 277–9.

3 A. Gibelli, *La grande guerra degli italiani 1915–1918* (Milan, 1998), p. 183.

4 Cf. D. Forsyth, *The Crisis of Liberal Italy: Monetary and Financial Policy 1914–1922* (Cambridge, 1993), pp. 101–24,247–51,254–7.

5 C. Petraccone, *Le due civiltà. Settentrionali e meridionali nella storia d'Italia* (Rome–Bari, 2000), pp. 251–2.

6　Cf. C. Duggan, *Fascism and the Mafia* (New Haven and London, 1989), pp. 99–118.

7　G. D'Annunzio, 'La preghiera di Sernaglia', in G. D'Annunzio, *Versi d'amore e di gloria. Vol. 2: Laudi del cielo del mare della terra e degli eroi* (Verona, 1952), pp. 1112–21.

8　M. Macmillan, *Peacemakers. The Paris Conference of 1919 and Its Attempt to End War* (London, 2002), p. 289.

9　Ibid., pp. 120,293.

10　Ibid., p. 292.

11　Ibid., p. 292.

12　D. Mack Smith, *Mazzini* (New Haven and London, 1994), p. 221.

13　Macmillan, *Peacemakers*, p. 310.

14　G. Gentile, *Mazzini* (Caserta, 1919), pp. 27,30–35,67.

15　Macmillan, *Peacemakers*, p. 288.

16　Ibid., pp. 308–9.

17　Ibid., p. 306.

18　Ibid., p. 311.

19　G. D'Annunzio, *Prose di ricerca, di lotta, di comando, di conquista, di tormento, d'indovinamento, di rinnovamento, di celebrazione, di rivendicazione, di liberazione, di favole, di giochi, di baleni*, Vol. I (Verona, 1947), pp. 870–71,878–80,892–3.

20　J. Woodhouse, *Gabriele D'Annunzio. Defiant Archangel* (Oxford, 2001), p. 327.

21　G. Giudice, *Benito Mussolini* (Turin, 1969), pp. 281,284.

22　B. Mussolini, *Opera omnia*, Vol. 13, eds. E. and D. Susmel (Florence, 1951–62), pp. 154,160.

23　Ibid., p. 72.

24　R. Bosworth, *Mussolini* (London, 2002), p. 133.

25　Giudice, *Mussolini*, p. 295.

26　Ibid., p. 293.

27　M. Ledeen, *D'Annunzio a Fiume* (Rome–Bari, 1975), p. 88.

28　E. Susmel, *La città di passione. Fiume negli anni 1914–1920* (Milan, 1921), pp. 241–3.

29　O. Sitwell, *Noble Essences or Courteous Revelations* (London, 1950), pp. 118–19.

30 Ibid., p. 123.

31 Ledeen, *D'Annunzio a Fiume*, p. 203.

32 Mussolini, *Opera omnia*, Vol. 14, p. 475(25 September 1919).

33 E. Gentile, *Storia del partito fascista 1919–1922. Movimento e milizia* (Rome–Bari, 1989), pp. 42–3.

34 Ibid., p. 49.

35 G. Belardelli, L. Cafagna, E. Galli della Loggia and G. Sabbatucci, *Miti e storie dell'Italia unita* (Bologna, 1999), p. 112.

36 M. Franzinelli, *Squadristi. Protagonisti e tecniche della violenza fascista 1919–22* (Milan, 2003), p. 64.

37 *Santa Riscossa* (Alcamo), 30 November 1924.

38 Cf. S. Noiret, *La nascita del sistema dei partiti nell'Italia contemporanea. La proporzionale del 1919* (Manduria–Rome–Bari, 1994), pp. 169–74.

39 H. Sachs, *Toscanini* (London, 1978), p. 140.

40 G. Aliberti, *La resa di Cavour: il carattere nazionale italiano tra mito e cronaca, 1820–1976* (Florence, 2000), p. 122.

41 E. Codignola, *Il problema dell'educazione nazionale in Italia* (Florence, 1925), pp. 331–6.

42 G. Giolitti, *Memorie della mia vita*, Vol. 2 (Milan, 1922), pp. 596–7.

43 Franzinelli, *Squadristi*, p. 62.

44 Gentile, *Storia del partito fascista*, p. 153.

45 R. De Felice, *Mussolini il rivoluzionario 1883–1920* (Turin, 1965), p. 657.

46 Franzinelli, *Squadristi*, pp. 56–7.

47 Mussolini, *Opera omnia*, Vol. 18, p. 457.

48 Franzinelli, *Squadristi*, p. 251.

49 Gentile, *Storia del partito fascista*, p. 503.

50 Ibid., pp. 516–18.

51 Mussolini, *Opera omnia*, Vol. 16, pp. 445–6 (21 June 1921)

52 Gentile, *Storia del partito fascista*, p. 250.

53 R. De Felice, *Mussolini il fascista. Vol. I: La conquista del potere 1921–1925* (Turin, 1966), pp. 173–89.

54 Franzinelli, *Squadristi*, p. 113.

55 Ibid., p. 103.

56 Gentile, *Storia del partito fascista*, pp. 545–51.

57 Ibid., pp. 604–9.

58 Ibid., p. 610.

59 Woodhouse, *Gabriele D'Annunzio*, pp. 361–4.

60 G. Albanese, *La Marcia su Roma* (Rome–Bari, 2006), pp. 70–71.

61 Mussolini, *Opera omnia*, Vol. 18, p. 412 (20 September 1922).

62 Gentile, *Storia del partito fascista*, p. 670.

63 A. Lyttelton, *The Seizure of Power. Fascism in Italy 1919–1929* (London, 1973), pp. 86–7.

64 Gentile, *Storia del partito fascista*, pp. 679–80.

65 Cf. Bosworth, *Mussolini*, p. 170.

66 Albanese, *La Marcia su Roma*, pp. 113–19.

22 独裁的确立，1922—1925

1 Cf. D. Mack Smith, *La storia manipolata* (Rome–Bari, 1997), pp. 91–7.

2 B. Mussolini, *Opera omnia*, Vol. 19, eds. E. and D. Susmel (Florence, 1951–62), pp. 17–23(16 November 1922).

3 G. Albanese, *La Marcia su Roma* (Rome–Bari, 2006), pp. 134–5.

4 D. Mack Smith, *Mussolini* (London, 1983), p. 123.

5 Mussolini, *Opera omnia*, Vol. 19, p. 50.

6 Ibid., p. 192.

7 Ibid., Vol. 20, p. 18.

8 Ibid., p. 62.

9 Ibid., Vol. 19, p. 195; ibid., Vol. 20, p. 72.

10 Ibid., Vol. 20, p. 72 (30 October 1922).

11 Ibid., p. 62(28 October 1923).

12 Ibid., p. 213 (23 March 1924).

13 Ibid., Vol. 19, p. 117(*Gerarchia*, January 1923).

14 Ibid., p. 254 (8 June 1923).

15 A. Lyttelton, *The Seizure of Power. Fascism in Italy 1919–1929* (London, 1973), pp. 163–5.

16 Cf. F. Gaeta, *Nazionalismo italiano* (Naples, 1965), pp. 203–5,227–31.
17 Mussolini, *Opera omnia*, Vol. 20, pp. 63(28 October 1923), 108(16 November 1923).
18 Ibid., Vol. 19, p. 191 (30 March 1923); ibid., Vol. 20, p. 289 (29 May 1924); ibid., Vol. 21, pp. 97–8 (4 October 1924), 221–2 (11 December 1924).
19 Ibid., Vol. 20, p. 149 (12 January 1924).
20 Mack Smith, *Mussolini*, pp. 69–71.
21 J. Barros, *The Corfu Incident of 1923. Mussolini and the League of Nations* (Princeton, 1965), pp. 20–79.
22 Mack Smith, *Mussolini*, p. 85.
23 Mussolini, *Opera omnia*, Vol. 20, p. 63 (28 October 1923).
24 Barros, *The Corfu Incident of 1923*, p. 46.
25 R. Bosworth, *Mussolini* (London, 2002), p. 188.
26 Barros, *The Corfu Incident of 1923*, p. 93.
27 R. De Felice, *Mussolini il fascista. Vol. I: La conquista del potere 1921–1925* (Turin, 1966), pp. 562–3.
28 Mussolini, *Opera omnia*, Vol. 21, p. 344 (6 June 1925).
29 Barros, *The Corfu Incident of 1923*, pp. 68–9.
30 A. Cucco, *Il mio rogo* (unpublished MS), p. 8.
31 Lyttelton, *The Seizure of Power*, pp. 128–34.
32 Ibid., pp. 136–7.
33 De Felice, *Mussolini il fascista*, Vol. 1, pp. 585–6.
34 P. Nenni, *Sei anni di guerra civile* (Milan, 1945), pp. 174–8.
35 M. Canali, *Il delitto Matteotti. Affarismo e politica nel primo governo Mussolini* (Bologna, 1997), pp. 106–7.
36 Ibid., pp. 161–73.
37 Bosworth, *Mussolini*, pp. 188,211.
38 Mack Smith, *Mussolini*, p. 90.
39 Ibid., p. 91.
40 Ibid.
41 Bosworth, *Mussolini*, p. 196.
42 Ibid., p. 198.
43 De Felice, *Mussolini il fascista*, Vol. 1, p. 645.

44 Lyttelton, *The Seizure of Power*, p. 243.

45 Mussolini, *Opera omnia*, Vol. 21, p. 39 (2 August 1924).

46 Ibid., Vol. 21, p. 78 (22 September 1924).

47 Ibid., pp. 236–40.

48 De Felice, *Mussolini il fascista*, Vol. 1, p. 723.

23　法西斯的道德国家

1 A. Asor Rosa, 'La cultura', in *Storia d'Italia. Vol. 4: Dall'Unità ad oggi (2)* (Turin, 1975), p. 1407.

2 B. Mussolini, *Opera omnia*, Vol. 24, eds. E. and D. Susmel (Florence, 1951–62), pp. 283–4 (27 October 1930).

3 *L'Ora* (Palermo), 6 May 1924,8 May 1925; Archivio di Stato, Palermo, Gabinetto Prefettura, 53, programme of Mussolini's visit to Sicily; E. D'Alessandro, *Brigantaggio e mafia in Sicilia* (Messina, 1959), p. 107.

4 Mussolini, *Opera omnia*, Vol. 22, p. 373 (26 May 1927).

5 Ibid., Vol. 21, p. 425 (28 October 1925).

6 Ibid., Vol. 22, pp. 467–70 (5 January 1927).

7 C. Duggan, *Fascism and the Mafia* (New Haven and London, 1989), pp. 147–63,237–43.

8 R. De Felice, *Mussolini il fascista. Vol. 2: L'organizzazione dello stato fascista 1925–1929* (Turin, 1968), p. 187.

9 C. Mori, *Tra le zagare oltre la foschia* (Florence, 1923), pp. 14,74; C. Mori, *Con la mafia ai ferri corti* (Milan, 1932), pp. 79,81.

10 Mussolini, *Opera omnia*, Vol. 23, p. 523(Carta del Lavoro).

11 P. Mignosi, 'La mafia', in *La Rivoluzione liberale*, 4,38 (25 October 1925).

12 Duggan, *Fascism and the Mafia*, p. 145.

13 Mori, *Con la mafia ai ferri corti*, pp. 46–7; Duggan, *Fascism and the Mafia*, p. 209.

14 Ibid., p. 210.

15 Ibid., pp. 215–16.

16 Ibid., p. 214.

17 C. G. Chapman, *Milocca. A Sicilian Village* (London, 1973), p. 155.

18 Duggan, *Fascism and the Mafia*, pp. 264–70.

19 Ibid., p. 263.

20 M. Barbagli, *Disoccupazione intellettuale e sistema scolastico in Italia* (Bologna, 1974), p. 169.

21 Mussolini, *Opera omnia*, Vol. 20, p. 130 (13 December 1923).

22 Barbagli, *Disoccupazione intellettuale*, pp. 203–4.

23 T. Koon, *Believe, Obey, Fight. Political Socialization in Fascist Italy, 1922–1943* (Chapel Hill, 1985), p. 55.

24 Ibid., p. 51.

25 E. Codignola, *Il problema dell'educazione nazionale in Italia* (Florence, 1925), pp. 149,225–6.

26 Mussolini, *Opera omnia*, Vol. 23, p. 23 (5 December 1925).

27 A. Lyttelton, *The Seizure of Power. Fascism in Italy 1919–1929* (London, 1973), p. 408.

28 Koon, *Believe, Obey, Fight*, p. 65.

29 Ibid., pp. 71,84.

30 Asor Rosa, 'La cultura', pp. 1465–9.

31 Cf. J. Charnitzky, *Die Schulpolitik des faschistischen Regimes in Italien (1922–1943)* (Tubingen, 1994), pp. 257–60.

32 Koon, *Believe, Obey, Fight*, p. 80.

33 Ibid., pp. 72,79–80.

34 Ibid., p. 70.

35 Ibid., p. 86.

36 Barbagli, *Disoccupazione intellettuale*, pp. 213–15,237, 245.

37 Chapman, *Milocca*, p. 148.

38 M. Clark, *Modern Italy 1871–1995* (London, 1996), p. 278.

39 G. Aliberti, *La resa di Cavour. Il carattere nazionale italiano tra mito e cronaca, 1820–1976* (Florence, 2000), p. 149.

40 Ibid., p. 145.

41 Mussolini, *Opera omnia*, Vol. 21, p. 362.

42 Ibid., Vol. 26, p. 259 (26 May 1934).

43 Koon, *Believe, Obey, Fight*, p. 97.

44 R. Bosworth, *Mussolini's Italy. Life under the Dictatorship 1915–1945* (London, 2005), p. 290.

45 Koon, *Believe, Obey, Fight*, pp. 101–3.

46 Lyttelton, *The Seizure of Power*, p. 409.

47 Bosworth, *Mussolini's Italy*, p. 290.

48 P. McCarthy, 'The beginnings of Italian sport', in *Journal of Modern Italian Studies*, 5, 3 (2000), p. 324.

49 Clark, *Modern Italy*, p. 168.

50 Bosworth, *Mussolini's Italy*, p. 410.

51 S. Martin, *Football and Fascism. The National Game under Mussolini* (Oxford, 2004), pp. 125,137.

52 Ibid., pp. 185–9.

53 S. Jacomuzzi, 'Gli sport', in *Storia d'Italia. Vol. 5: I documenti* (Turin, 1973), p. 929.

54 Mussolini, *Opera omnia*, Vol. 20, pp. 364–5 (26 May 1927).

55 Ibid., Vol. 23, pp. 209–16.

56 S. Lanaro, 'Da contadini a italiani', in P. Bevilacqua (ed.), *Storia dell'agricoltura italiana in età contemporanea. Vol. 3: Mercati e istituzioni* (Venice, 1991), p. 965.

57 M. Isnenghi, 'Il ruralismo nella cultura italiana', in Bevilacqua (ed.), *Storia dell'agricoltura italiana*, pp. 903–5.

58 C. Ipsen, *Dictating Demography. The Problem of Population in Fascist Italy* (Cambridge, 2002), p. 85.

59 D. Mack Smith, *Mussolini* (London, 1983), p. 186. Cf. E. Ludwig, *Colloqui con Mussolini. Riproduzione delle bozze della prima edizione con le correzioni autografe del duce* (Verona, 1950), pp. 164–6.

60 Koon, *Believe, Obey, Fight*, p. 25.

61 Mack Smith, *Mussolini*, p. 186.

62 Ipsen, *Dictating Demography*, pp. 165–9.

63 P. Willson, *Peasant Women and Politics in Fascist Italy. The 'massaie rurali'* (London, 2002), pp. 58–61.

64 Ibid., pp. 64,90–92,178–9.

65 Ipsen, *Dictating Demography*, p. 179.

24 信徒共同体

1 Cf. R. Bosworth, *Mussolini* (London, 2002), pp. 207–8,211–12.

2 B. Mussolini, *Opera omnia*, Vol. 22, eds. E. and D. Susmel (Florence, 1951–62), pp. 197–8 (18 August 1926).

3 L. Passerini, *Mussolini immaginario. Storia di una biografia 1915–1939* (Rome–Bari, 1991), p. 43.

4 R. De Felice, *Mussolini il duce. Vol. I: Gli anni del consenso 1929–1936* (Turin, 1974), p. 50.

5 D. Mack Smith, *Mussolini* (London, 1983), p. 145.

6 L. Passerini, *Fascism in Popular Memory. The Cultural Experiences of the Turin Working Class* (Cambridge, 1987), p. 113.

7 T. Koon, *Believe, Obey, Fight. Political Socialization in Fascist Italy, 1922–1943* (Chapel Hill, 1985), p. 17.

8 Ibid., p. 79.

9 M. Sarfatti, *Dux* (Milan, 1926), p. 185.

10 Passerini, *Mussolini immaginario*, p. 90.

11 P. Willson, *Peasant Women and Politics in Fascist Italy. The 'massaie rurali'* (London, 2002), pp. 155–6.

12 Q. Navarra, *Memorie del cameriere di Mussolini* (Milan, 1972), pp. 208–11.

13 A. Giardina and A. Vauchez, *Il mito di Roma. Da Carlo Magno a Mussolini* (Rome–Bari, 2000), pp. 217–18.

14 E. Ludwig, *Colloqui con Mussolini. Riproduzione delle bozze della prima edizione con le correzioni autografe del duce* (Verona, 1950), p. 121.

15 M. Berezin, *Making the Fascist Self. The Political Culture of Interwar Italy* (Ithaca and London, 1997), pp. 202–3.

16 Ibid., p. 120 (*La Nazione*, 26 October 1934).

17 C. Lazzaro and R. J. Crum (eds.), *Donatello among the Blackshirts. History and Modernity in the Visual Culture of Fascist Italy* (Ithaca and London, 2005), pp. 36–7.

18 Ibid., pp. 46–8. Cf. J. T. Schnapp, *Anno X. La Mostra della rivoluzione fascista del 1932* (Pisa, 2003), pp. 45–6,51–60.

19 B. Mussolini, *The Cardinal's Mistress*, trans. H. Motherwell (London, 1929). Cf. Mack Smith, *Mussolini*, p. 20.

20 S. Falasca-Zamponi, *Fascist Spectacle. The Aesthetics of Power in Mussolini's Italy* (Berkeley, 2000), pp. 64–5 (published in *La Tribuna*, 25 July 1927).

21 Cf. A. C. Jemolo, *Chiesa e stato in Italia negli ultimi cento anni* (Turin, 1963), pp. 437–40,447–50,486, 502–3.

22 J. F. Pollard, *The Vatican and Italian Fascism 1929–1932: A Study in Conflict* (Cambridge, 1985), pp. 49–50.

23 C. G. Chapman, *Milocca. A Sicilian Village* (London, 1973), pp. 155–6.

24 Jemolo, *Chiesa e stato in Italia*, p. 487.

25 M. Clark, *Modern Italy 1871–1995* (London, 1996), p. 256.

26 E. Albertoni, E. Antonini and R. Palmieri (eds.), *La generazione degli anni difficili* (Bari, 1962), p. 170.

27 N. Revelli, *Il mondo dei vinti. Testimonianze di vita contadina*, Vol. 1 (Turin, 1977), p. 60.

28 G. Ciano, *Diario 1937–1943*, ed. R. De Felice (Milan, 1980), pp. 444–5 (21 June 1940).

29 Ibid., pp. 394 (7 February 1940), 418 (11 April 1940).

25 阳光之下，1929—1936

1 V. Zamagni, *Dalla periferia al centro. La seconda rinascita economica dell'Italia: 1861–1981* (Bologna, 1990), pp. 324–30.

2 C. T. Schmidt, *The Plough and the Sword. Labor, Land, and Property in Fascist Italy* (New York, 1938), p. 165.

3 M. Clark, *Modern Italy 1871–1995* (London, 1996), p. 267.

4 'Autostrada', in *Enciclopedia italiana*, Vol. 5 (Rome, 1930), p. 589.

5 Zamagni, *Dalla periferia al centro*, pp. 337, 378–80 ; G. Toniolo, *L'economia dell'Italia fascista* (Rome–Bari, 1980), pp. 245–56 , 337–42.

6 G. Salvemini, *Under the Axe of Fascism* (London, 1936), p. 10.

7 Cf. V. De Grazia, *The Culture of Consent. Mass Organization of Leisure in Fascist Italy* (Cambridge, 1981), pp. 100–126.

8 G. P. Brunetta, *Storia del cinema italiano, 1895–1945* (Rome, 1979), p. 285.

9 S. Cavazza, *Piccole patrie. Feste popolari tra regione e nazione durante il fascismo* (Bologna, 1997), p. 99.

10 Ibid., p. 206.

11 G. Procacci, *La disfida di Barletta. Tra storia e romanzo* (Milan, 2001), pp. 79–90.

12 B. Mussolini, *Opera omnia*, Vol. 20 , eds. E. and D. Susmel (Florence, 1951–62), p. 289 (29 May 1924).

13 C. G. Segrè, *L'Italia in Libia. Dall'età giolittiana a Ghedafi* (Milan, 1978), p. 188.

14 Mussolini, *Opera omnia*, Vol. 27, p. 159 (2 October 1935).

15 Ibid., Vol. 22, p. 386 (26 May 1927).

16 Ibid., pp. 381–2.

17 D. Mack Smith, *Le guerre del Duce* (Rome–Bari, 1976), pp. 46–7.

18 A. Del Boca, *Italiani, brava gente?* (Vicenza, 2005), pp. 153–5.

19 A. Del Boca, *Gli italiani in Libia. Dal fascismo a Gheddafi* (Rome–Bari, 1988), p. 6.

20 Ibid., p. 84.

21 Ibid., p. 16.

22 Del Boca, *Italiani, brava gente?*, pp. 175–6.

23 Del Boca, *Gli italiani in Libia*, pp. 179–89.

24 Ibid., p. 183.

25 Ibid., pp. 196–7.

26 Ibid., p. 207.

27 Ibid., p. 230.

28 E. Ludwig, *Colloqui con Mussolini. Riproduzione delle bozze della prima edizione con le correzioni autografe del duce* (Verona, 1950), p. 17.

29 V. Vidotto, 'La capitale del fascismo', in V. Vidotto (ed.), *Storia di Roma dall'antichità a oggi. Roma capitale* (Rome–Bari, 2002), pp. 398–9.

30 Mussolini, *Opera omnia*, Vol. 20, p. 234 (21 April 1924).

31 T. Koon, *Believe, Obey, Fight. Political Socialization in Fascist Italy 1922–1943* (Chapel Hill, 1985), p. 21.

32 Mussolini, *Opera omnia*, Vol. 22, p. 48 (31 December 1925); ibid., Vol. 25, p. 86 (18 March 1932).

33 J. Welge, 'Fascism Triumphans. On the architectural translation of Rome', in C. Lazzaro and R. J. Crum (eds.), *Donatello among the Blackshirts. History and Modernity in the Visual Culture of Fascist Italy* (Ithaca and London, 2005), pp. 87–8.

34 P. Cannistraro, 'Mussolini's cultural revolution: Fascist or Nationalist?', in *Journal of Contemporary History, 7* (1972), p. 127.

35 G. Rochat, *Le guerre italiane 1935–1943. Dall'impero d'Etiopia alla disfatta* (Turin, 2005), pp. 15–19.

36 Mussolini, *Opera omnia*, Vol. 27 , pp. 158–9 (2 October 1935).

37 A. Del Boca, *Gli italiani in Africa orientale. La conquista dell'impero* (Rome–Bari, 1979), p. 423.

38 N. Revelli, *Il mondo dei vinti. Testimonianze di vita contadina*, Vol. 1 (Turin, 1977), pp. cxii, 130.

39 Rochat, *Le guerre italiane*, pp. 32–8.

40 Ibid., pp. 66–7; Del Boca, *Gli italiani in Africa orientale*, pp. 490–91.

41 Ibid., p. 489.

42 Mack Smith, *Le guerre del Duce*, p. 97.

43 Del Boca, *Italiani, brava gente?*, p. 198.

44 I. Montanelli, 'Dentro la guerra', *Civiltà fascista*, 3 , 1 (January 1936), p. 40.

45 V. Mussolini, *Voli sulle ambe* (Florence, 1937), pp. 27–8 , 48 , 78–9 , 141 , 150.

46 Mussolini, *Opera omnia*, Vol. 27 , pp. 268–9.

47 Rochat, *Le guerre italiane*, p. 96.

48 Ibid., p. 83.

49 Del Boca, *Italiani, brava gente?*, pp. 217–21.

26　堕入深渊，1936—1943

1 A. Del Boca, *Gli italiani in Africa orientale. La conquista dell'impero* (Rome–Bari, 1979), p. 711.

2 *Carteggio D'Annunzio–Mussolini (1919–1938)*, eds. R. De Felice and E. Mariano (Milan, 1971), pp. 364, 376.

3 R. Bosworth, *Mussolini* (London, 2002), p. 310.

4 Del Boca, *Gli italiani in Africa orientale*, p. 713.

5 Ibid., pp. 717–20.

6 R. De Felice, *Mussolini il duce. Vol. 2: Lo stato totalitario 1936–1940* (Turin, 1981), pp. 265–6.

7 Ibid., p. 266.

8 M. Knox, *Mussolini Unleashed 1939–1941. Politics and Strategy in Fascist Italy's*

Last War (Cambridge, 1982), p. 6.

9   V. Zamagni, *Dalla periferia al centro. La seconda rinascita economica dell'Italia: 1861–1981* (Bologna, 1990), p. 341.

10 De Felice, *Mussolini il duce*, Vol. 2 , pp. 182–90.

11 L. Passerini, *Fascism in Popular Memory. The Cultural Experiences of the Turin Working Class* (Cambridge, 1987), pp. 189–90.

12 B. Mussolini, *Opera omnia*, Vol. 28 , eds. E. and D. Susmel (Florence, 1951–62), pp. 69–71.

13 D. Mack Smith, *Mussolini* (London, 1983), p. 250.

14 Mussolini, *Opera omnia*, Vol. 28 , pp. 248–53.

15 G. Ciano, *Diario 1937–1943*, ed. R. De Felice (Milan, 1980), p. 45 (14 October 1937). Cf. ibid., p. 70 (19 December 1937).

16 R. J. Crum, 'Shaping the fascist "new man": Donatello's *St. George* and Mussolini's appropriated Renaissance of the Italian nation', in C. Lazzaro and R. J. Crum (eds.), *Donatello among the Blackshirts. History and Modernity in the Visual Culture of Fascist Italy* (Ithaca and London, 2005), pp. 136–7.

17 Mussolini, *Opera omnia*, Vol. 29, pp. 188–9.

18 M. Gibson, *Born to Crime. Cesare Lombroso and the Origins of Biological Criminality* (Westport, 2002), p. 118.

19 E. Collotti, *Il fascismo e gli ebrei. Le leggi razziali in Italia* (Rome–Bari, 2003), pp. 37–8.

20 Mussolini, *Opera omnia*, Vol. 29, pp. 190–91.

21 Ibid., pp. 188–90.

22 Collotti, *Il fascismo e gli ebrei*, pp. 42–3.

23 S. Zuccotti, *Under His Very Windows. The Vatican and the Holocaust in Italy* (New Haven and London, 2000), pp. 44–51.

24 R. Bosworth, *Mussolini's Italy. Life under the Dictatorship 1915–1945* (London, 2005), p. 421.

25 Ibid., p. 419.

26 Cf. *La menzogna della razza. Documenti e immagini del razzismo e dell'antisemitismo fascista*, ed. Centro Furio Jesi (Bologna, 1994).

27 Collotti, *Il fascismo e gli ebrei*, p. 84 (Ernesta Bittanti-Battisti).

28 Ibid., p. 114.

29 Cf. R. De Felice, *The Jews in Fascist Italy* (trans. R. Miller) (New York, 2001), pp. 448–72.

30 G. Rochat, *Le guerre italiane 1935–1943. Dall'impero d'Etiopia alla disfatta* (Turin, 2005), p. 183.

31 Ibid., pp. 216,233–4.

32 De Felice, *Mussolini il duce*, Vol. 2, pp. 508–10; Mack Smith, *Mussolini*, p. 259.

33 Mussolini, *Opera omnia*, Vol. 29, p. 192.

34 Mack Smith, *Mussolini*, p. 263

35 D. Mack Smith, *Le guerre del duce* (Rome–Bari, 1976), pp. 218–23.

36 Ciano, *Diario*, pp. 326–33.

37 Mack Smith, *Le guerre del duce*, p. 265.

38 De Felice, *Mussolini il duce*, Vol. 2, p. 670 (1 September 1939).

39 Ciano, *Diario*, p. 349 (18 September 1939).

40 Mack Smith, *Mussolini*, p. 289.

41 R. De Felice, *Mussolini l'alleato 1940–1945. Vol. 1: L'Italia in guerra 1940–1943* (Turin, 1990), pp. 683–4.

42 Mussolini, *Opera omnia*, Vol. 29, pp. 403–5.

43 Rochat, *Le guerre italiane*, pp. 249–51.

44 Mack Smith, *Le guerre del duce*, pp. 306–7.

45 Rochat, *Le guerre italiane*, pp. 296–7.

46 De Felice, *Mussolini l'alleato 1940–1945*, Vol. 1, pp. 298,329–32.

47 Mack Smith, *Mussolini*, p. 329.

48 M. Clark, *Modern Italy 1871–1995* (London, 1996), p. 290.

49 Bosworth, *Mussolini's Italy*, p. 476.

50 Ibid., p. 477.

51 D. Rodogno, *Il nuovo ordine mediterraneo. Le politiche di occupazione dell'Italia fascista in Europa (1940–1943)* (Turin, 2003), pp. 400–410, 416–26.

52 De Felice, *Mussolini l'alleato 1940–1945*, Vol. 1, pp. 1383–1402.

53 Rochat, *Le guerre italiane*, pp. 427–30.

54 C. Pavone, *Una guerra civile. Saggio storico sulla moralità nella Resistenza* (Turin, 1991), pp. 43–8.

55 N. Revelli, 'La ritirata di Russia', in M. Isnenghi (ed.), *I luoghi della memoria. Strutture ed eventi dell'Italia unita* (Rome–Bari, 1997), p. 374.

56 B. Croce, *Scritti e discorsi politici (1943–1947)*, Vol. 1 (Bari, 1963), pp. 223–4.

57 E. Gentile, *La grande Italia. Ascesa e declino del mito della nazione nel ventesimo secolo* (Milan, 1997), p. 225 (*Nuova antologia*, 1 January 1944).

58 S. Romano, *Giovanni Gentile. La filosofia al potere* (Milan, 1984), p. 299.

59 Gentile, *La grande Italia*, p. 229.

60 S. Berlusconi, *Una storia italiana* (Milan, 2001), p. 6.

27 共和国的基石, 1943—1957

1 G. Bianchi and F. Mezzetti, *Mussolini aprile '45: l'epilogo* (Milan, 1979), pp. 52–63.

2 Cf. P. Milza, *Mussolini* (Paris, 1999), pp. 879–81.

3 Bianchi and Mezzetti, *Mussolini aprile '45*, p. 95.

4 Ibid., p. 100.

5 S. Luzzatto, *Il corpo del duce. Un cadavere tra immaginazione, storia e memoria* (Turin, 1998), pp. 45–6. Cf. F. Bandini, *Le ultime 95 ore di Mussolini* (Milan, 1959), p. 329.

6 A. Zanella, *L'ora di Dongo* (Milan, 1993), pp. 502–3.

7 Luzzatto, *Il corpo del duce*, p. 64.

8 Cf. G. Pansa, *Il sangue dei vinti* (Milan, 2003), p. 39.

9 C. Malaparte, *La pelle. Storia e racconto* (Rome–Milan, 1949), pp. 40–42.

10 C. Alvaro, *Quasi una vita. Giornale di uno scrittore* (Milan, 1959), pp. 341–3,354.

11 N. Gallerano, 'L'arrivo degli Alleati', in M. Isnenghi (ed.), *I luoghi della memoria. Strutture ed eventi dell'Italia unita* (Rome–Bari, 1997), p. 460.

12 E. Gentile, *La grande Italia. Ascesa e declino del mito della nazione nel ventesimo secolo* (Milan, 1997), pp. 240,307.

13 Ibid., p. 235.

14 Cf. C. Pavone, *Una guerra civile. Saggio storico sulla moralità nella Resistenza* (Turin, 1991), pp. 169–89.

15 Cf. S. Peli, *La Resistenza in Italia. Storia e critica* (Turin, 2004), pp. 224–8.

16 C. Dellavalle (ed.), *8 settembre 1943: storia e memoria* (Milan, 1989), p. 209.

17 R. Battaglia, *Storia della Resistenza italiana* (Turin, 1964), p. 662.

18 Cf. M. Franzinelli, *Le stragi nascoste. L'armadio delle vergogne: impunità e rimozione dei crimini di guerra nazifascisti 1943–2001* (Milan, 2002), pp. 17–60.

19 Pavone, *Una guerra civile*, pp. 479–92.

20 Gentile, *La grande Italia*, p. 239.

21 A. Pizzoni, *Alla guida del CLNAI. Memorie per i figli*, (Bologna, 1995), p. 297.

22 N. Revelli, *Il mondo dei vinti. Testimonianze di vita contadina*, Vol. 1 (Turin, 1977), p. cxiv.

23 M. Clark, *Modern Italy 1871–1995* (London, 1996), pp. 306–7.

24 Luzzatto, *Il corpo del duce*, pp. 98–112.

25 A. Lepre, *Storia della prima Repubblica. L'Italia dal 1943 al 1998* (Bologna, 1999), p. 64.

26 G. Andreotti, *1947. L'anno delle grandi svolte nel diario di un protagonista* (Milan, 2005), p. 57.

27 Gentile, *La grande Italia*, p. 344 (*La Civiltà cattolica*).

28 Ibid., pp. 350–51 ('Ritorniamo italiani', in *Adesso*, 15 March 1949).

29 C. Pavone, 'La continuità dello Stato. Istituzioni e uomini', in *Italia 1945–48. Le origini della Repubblica* (Turin, 1974), p. 221.

30 P. Ginsborg, *A History of Contemporary Italy. Society and Politics 1943–1988* (London, 1990), p. 187.

31 Pavone, 'La continuità dello Stato', p. 242.

32 S. Lanaro, *Storia dell'Italia repubblicana. Dalla fine della guerra agli anni novanta* (Venice, 1992), p. 33.

33 Pavone, 'La continuità dello Stato', p. 252.

34 Ibid., pp. 249, 253.

35 Luzzatto, *Il corpo del duce*, pp. 123–4.

36 Cf. P. Spriano, *Le passioni di un decennio 1946–1956* (Milan, 1986), pp. 78–9.

37 Ginsborg, *A History of Contemporary Italy*, p. 92.

38 Luzzatto, *Il corpo del duce*, pp. 208–12.

28 经济奇迹，1958—1975

1 P. Scoppola, *La repubblica dei partiti* (Bologna, 1991), p. 90.

2   G. Vecchio, 'Tricolore, feste e simboli dello Stato nel primo decennio repubblicano', in F. Tarozzi and G. Vecchio (eds.), *Gli italiani e il tricolore. Patriottismo, identità nazionale e fratture sociali lungo due secoli di storia* (Bologna, 1999), p. 353.

3   Ibid., pp. 344–8.

4   Ibid., pp. 342–3.

5   Cf. G. Miccoli, 'L Chiesa di Pio XII nella società italiana del dopoguerra', in *Storia dell'Italia repubblicana. Vol. 1: La costruzione della democrazia. Dalla caduta del fascismo agli anni cinquanta* (Turin, 1994), pp. 596–602.

6   P. Spriano, *Le passioni di un decennio 1946–1956* (Milan, 1986), p. 153.

7   S. Gundle, *Between Hollywood and Moscow. The Italian Communists and the Challenge of Mass Culture, 1943–1991* (Durham and London, 2000), pp. 31, 65–7.

8   P. Ginsborg, *A History of Contemporary Italy. Society and Politics 1943–1988* (London, 1990), p. 171 (Paolo Bonomi).

9   Ibid.

10   Cf. A. Lepre, *Storia della prima Repubblica. L'Italia dal 1943 al 1998* (Bologna, 1999), p. 98.

11   Cf. P. P. D'Attorre, 'Sogno americano e mito sovietico nell'Italia contemporanea', in P. P. D'Attorre (ed.), *Nemici per la pelle. Sogno americano e mito sovietico nell'Italia contemporanea* (Milan, 1991), pp. 45–6.

12   S. Lanaro, *Storia dell'Italia repubblicana. Dalla fine della guerra agli anni novanta* (Venice, 1992), pp. 165–6.

13   Ibid., p. 166.

14   Ginsborg, *A History of Contemporary Italy*, pp. 214–15

15   J. E. Miller, *The United States and Italy. The Politics and Diplomacy of Stabilization* (Chapel Hill, 1986), pp. 250–55.

16   Ginsborg, *A History of Contemporary Italy*, p. 214.

17   V. Zamagni, *Dalla periferia al centro. La seconda rinascita economica dell'Italia: 1861–1981* (Bologna, 1990), p. 418.

18   Ginsborg, *A History of Contemporary Italy*, pp. 223–4.

19   Lepre, *Storia della prima Repubblica*, p. 175.

20   Ginsborg, *A History of Contemporary Italy*, pp. 217–18.

21 P. P. Pasolini, 'Le Madonne oggi non piangono più ' (*Lettere luterane*, 5 June 1975), in P. P. Pasolini, *Saggi sulla politica e sulla società*, eds. W. Siti and S. De Laude (Milan, 1999), p. 593. Cf. ibid., pp. 578–9, 651–2, 696–7.

22 Gundle, *Between Hollywood and Moscow*, pp. 79–80.

23 A. Ventrone, 'L'avventura americana della classe dirigente cattolica', inP. P.D'Attorre (ed.), *Nemici per la pelle*, p. 150.

24 Lanaro, *Storia dell'Italia repubblicana*, p. 187.

25 Cf. M. Caroli, *Proibitissimo! Censori e censurati della radiotelevisione italiana* (Milan, 2003), pp. 31–8.

26 S. Gundle, 'L'americanizzazione del quotidiano. Televisione e consumismo nell'Italia degli anni Cinquanta', in *Quaderni storici*, Vol. 21, 62 (1986), p. 588.

27 S. Burgalassi, *Il comportamento religioso degli italiani* (Florence, 1968), pp. 19, 27.

28 E. Gentile, *La grande Italia. Ascesa e declino del mito della nazione nel ventesimo secolo* (Milan, 1997), pp. 355–6.

29 Ibid., p. 369 (D. Bartoli, 'Italia centenaria', in *Corriere della Sera*, 18 April 1961).

30 Ibid., p. 360.

31 Ibid., p. 363 (*L'Unità*, 9 May 1961).

32 Ibid., p. 364 (R. Romeo, 'Gli abusi feudali', in *Il Mondo*, 25 July 1961).

33 A. L. Lepschy, G. Lepschy and M. Voghera, 'Linguistic variety in Italy', in C. Levy (ed.), *Italian Regionalism. History, Identity and Politics* (Oxford, 1996), p. 74–5.

34 Gentile, *La grande Italia*, p. 373.

35 Cf. D. Marchesini, 'Nazionalismo, patriottismo e simboli nazionali nello sport: tricolore e maglia azzurra', in Tarozzi and Vecchio (eds.), *Gli italiani e il tricolore*, p. 313; Lepre, *Storia della prima Repubblica*, p. 146.

36 A. Schiavone, *Italiani senza Italia* (Turin, 1998), p. 40.

37 Cf. Ginsborg, *A History of Contemporary Italy*, pp. 132–40.

38 M. Caciagli, *Democrazia Cristiana e potere nel Mezzogiorno. Il sistema democristiano a Catania* (Florence, 1977), pp. 274–9.

39 Cf. J. Chubb, *Patronage, Power and Poverty in Southern Italy* (Cambridge, 1982), pp. 67–71, 135–8.

40 Ibid., p. 89 ; P. Allum, *Politics and Society in Post-War Naples* (Cambridge,

1973), p. 38.

41 Ginsborg, *A History of Contemporary Italy*, p. 179.

42 E. Banfield, *The Moral Basis of a Backward Society* (Glencoe, 1958).

29 通往"第二共和国"

1   Cf. F. Ferrarotti, *Rapporto sulla mafia: da costume locale a problema dello sviluppo nazionale* (Naples, 1978), pp. 34–41, 62–3, 280–82.

2   P. Ginsborg, *A History of Contemporary Italy. Society and Politics 1943–1988* (London, 1990), pp. 333–4.

3   G. Galli, *Storia del partito armato* (Milan, 1986), pp. 13–15 ; G. Bocca, *Il terrorismo italiano 1970–1978* (Milan, 1979), pp. 7–8.

4   A. L. Braghetti and P. Tavella, *Il prigioniero* (Milan, 2003), p. 45.

5   L. Sciascia, *L'affaire Moro* (Palermo, 1978), pp. 31–7.

6   Cf. A. Giovagnoli, *Il caso Moro. Una tragedia repubblicana* (Bologna, 2005), pp. 75–80.

7   G. Bocca, 'I Dalla Chiesa', in *Morte di un generale. L'assassinio di Carlo Alberto Dalla Chiesa, la mafia, la droga, il potere politico* (Milan, 1982), pp. 15–16, 22.

8   N. Cattedra, 'Cronaca dall'interno di una città violenta', in ibid., p. 188.

9   Cf. A. Stille, *Excellent Cadavers. The Mafia and the Death of the First Italian Republic* (London, 1996), pp. 22–5.

10 Cf. S. Lupo, *Storia della mafia* (Rome, 1993); J. Dickie, *Cosa Nostra. A History of the Sicilian Mafia* (London, 2004).

11 L. Sciascia, 'I professionisti dell'antimafia', in *Corriere della Sera*, 10 January 1987, and 'Contro la mafia in nome della legge', in ibid., 26 January 1987.

12 P. Ginsborg, *Italy and Its Discontents 1980–2001* (London, 2001), p. 22.

13 Ibid., p. 340.

14 Cf. P. Ginsborg, *Silvio Berlusconi. Television, Power and Patrimony* (London, 2004), pp. 32–44.

15 Cf. C. Trigilia, 'Dinamismo privato e disordine pubblico. Politica, economia e società locali' in F. Barbagallo et al. (eds.), *Storia dell'Italia repubblicana. Vol. 2: La trasformazione dell'Italia: sviluppo e squilibri. 1: Politica, economia, società,*

pp. 736–44.

16 V. Zamagni, *Dalla periferia al centro. La seconda rinascita economica dell'Italia: 1861–1981* (Bologna, 1990), p. 438.

17 A. Lepre, *Storia della prima Repubblica. L'Italia dal 1943 al 1998* (Bologna 1999), p. 305.

18 Ginsborg, *Italy and Its Discontents*, p. 58.

19 Ibid., p. 6.

20 Ibid., p. 155 ; D. Lane, *Berlusconi's Shadow. Crime, Justice and the Pursuit of Power* (London, 2004), pp. 57–8.

21 Cf. D. della Porta, *Lo scambio occulto. Casi di corruzione politica in Italia* (Bologna, 1992), pp. 125–42, 162, 184, 243–7.

22 M. Andreoli, *Andavamo in Piazza Duomo* (Milan, 1993), p. 166.

23 Ginsborg, *Italy and Its Discontents*, pp. 182, 254.

24 M. Clark, *Modern Italy 1871–1995* (London, 1996), pp. 396–7.

25 Cf. K. Dyson and K. Featherstone, *The Road to Maastricht. Negotiating Economic and Monetary Union* (Oxford, 1999), pp. 523–5.

26 Ginsborg, *Italy and Its Discontents*, p. 268.

27 G. Bocconi, 'Tangentopoli in Parlamento', in L. Violante (ed.), *Il Parlamento. Storia d'Italia. Annali 17* (Turin, 2001), pp. 1066–9.

28 S. H. Burnett and L. Mantovani, *The Italian Guillotine. Operation Clean Hands and the Overthrow of Italy's First Republic* (Lanham–Oxford, 1998), p. 122.

29 I. Diamanti, *La Lega. Geografia, storia e sociologia di un nuovo soggetto politico* (Rome, 1993), pp. 69–85.

30 Cf. S. Lanaro, *Storia dell'Italia repubblicana. Dalla fine della guerra agli anni novanta* (Venice, 1992), pp. 235–43.

31 Cf. J. Morris, 'Challenging Meridionalismo: constructing a new history for southern Italy', in R. Lumley and J. Morris (eds.), *The New History of the Italian South: the Mezzogiorno Revisited* (Exeter, 1997), pp. 1–19.

32 Clark, *Modern Italy*, pp. 422–3.

33 G. E. Rusconi, *Se cessiamo di essere una nazione. Tra etnodemocrazie regionali e cittadinanza europea* (Bologna, 1993); S. Romano, *Finis Italiae. Declino e morte dell'idiologia risorgimentale. Perchè gli italiani si disprezzano* (Milan, 1995); E. Galli Della Loggia, *La morte della patria. La crisi dell'idea di nazione tra*

resistenza, antifascismo e Repubblica (Rome–Bari, 1996).

34 Ginsborg, *Italy and Its Discontents*, p. 290.

35 P. McCarthy, 'Forza Italia: the new politics and old values of a changing Italy', in S. Gundle and S. Parker (eds.), *The New Italian Republic: From the Fall of the Berlin Wall to Berlusconi* (London–New York, 1996), pp. 134–40.